KB204320

죽음과 부활의 신학

죽음과 부활의 신학

– 죽음 너머 영원한 생명을 희망하며 –

김균진 지음

Holy
WavePlus

머리말

지금 우리는 역사상 물질적으로 가장 풍요로운 시대를 살고 있다. 그래서 나이가 많은 분들은 "지금 우리는 이전과 전혀 다른 세상에서 살고 있다"고 말한다. 35년에 걸친 일제의 수탈과 3년간의 6·25 전쟁으로 온 국민이 가난과 굶주림, 무지와 질병에 허덕이던 과거 우리나라의 국민소득은 겨우 60-80달러에 불과했다. 그런 나라가 반세기만에 국민소득 28,000달러를 달성하며 급성장할 거라고 과연 어느 누가 상상이나 했겠는가!

하지만 요즈음 우리는 우리 주변과 길에서 마주치는 사람들에게서 밝고 환한 얼굴을 찾아보기 어렵다. 그 대신 염려와 불안, 근심과 걱정에 찬 표정들, 초조하고 쫓기는 듯한 표정들, 희망을 잃고 좌절해버린 듯한 표정들이 대부분이다. 왜 그럴까? 한마디로 살기가 어렵기 때문일 것이다. 국민 50% 이상이 빚 때문에 정신적 고통을 받지만 그 빚을 갚을 길은 도무지 보이지 않는다. 경제가 발전했다지만, 그 열매의 80% 이상이 20%에 속한 사람들의 소유가 되고, 80%의 사람들이 나머지를 가지고 살아가는 이 기막힌 현실 앞에서 많은 사람들이 좌절하고 있다. 많은 젊은이들이 결혼을 포기하고, 요행히 결혼을 한 젊은이들은 출산을 포기하는 악순환 속에서 사회는 빠르게 노령화되고 있다.

거기에 더해 우리 사회의 불의와 부패와 타락은 전보다 훨씬 더 심해지는 듯하다. 공직자들이 국민 세금으로 해외여행을 즐기거나 재정적자에도 불구하고 돈 잔치를 벌이고 있다. 뇌물을 받고 엉터리로 도입한 불량부품 때문에 원자로 가동이 정지되고, 거액의 국민세금으로 개발한 총기의 총신이 파열되고, 통영함은 아직도 작전에 투입되지 못하고 있는 현실이다. 정치인들은 나라의 미래를 염려하기보다, 다음 선거 때 정권을 차지하는 일에만 더 큰 관심을 쏟는 듯하다. 게다가 국회의원이나 지방자치단체 의원 거의 절반이 전과자라 한다. 전과자가 정당의 공천을 받을 때, 과연 그 막후에서 무슨 일이 있었을지 심히 통탄스럽다. 이 같은 현실을 보면서 국민들은 "이 나라에 무슨 희망이 있겠느냐"고 좌절에 빠지지 않을 수 없다.

살아 있는 사람에게 꿈과 희망이 없다는 것은 죽은 것과 진배없다. 거기에는 생물적 생존의 본능이 있을 뿐이다. 꿈과 희망의 상실, 미래에 대한 좌절, 그것은 곧 죽음의 전조(前兆)라 하겠다. 이것을 보여주는 객관적 증거가 우리 사회의 높은 자살률과 행복지수의 감소다. 인구 숫자 대비 한국의 자살자 수는 경제협력개발기구(OECD) 34개국 중 2012년까지 8년 연속 1위를 기록했고, 행복지수는 최하위권이다. "노인 빈곤율, 실질적 미혼율, 공교육비의 민간 분담률 역시 1위였다"고 한다.[1] 이런 현실에서 국민들의 밝고 명랑한 표정을 기대한다는 것은 어불성설일 것이다.

이 책을 처음 출판한 지 13년이 지난 지금, 더 어두운 죽음의 그림자가 우리의 현실을 암울하게 만들고 있다. 홍수, 가뭄, 폭풍, 허리케인, 쓰나미 등 지구 온난화 속에서 일어나는 대형 재난들, 자살테러, IS(수니파 무장조직 "이슬람국가")의 극악무도한 살인행위, 종족분쟁 및 영토분쟁과 종교분쟁으로 말미암은 대량학살, 북아프리카발 유럽행 보트피플(boat-people)의 죽음과 그 뒤에 숨어 있는 범죄조직, 아동과 여성의 인신매매와 살해, 10대

---

1) 박만, "속죄론적 십자가 죽음 이해에 대한 비판적 논고", 『한국조직신학논총』, 제39집, 한국조직신학회 편, 2014, 도서출판 동연, 332.

소녀들의 매춘행위, 중·고등학교 여학생들의 임신과 영아유기 등등, 시편 기자가 말한 "죽음의 음침한 골짜기"(시 23:4)는 바로 오늘 우리의 현실을 가리키는 듯하다. 학자들이 말하는 "위험사회", "감시사회", "절벽사회", "팔꿈치사회", "모멸감사회", "낭비사회", "피로사회", "탈감정사회" 등의 사회학적 개념들은 오늘 우리 사회에 만연한 "죽음의 현실"을 묘사하고 있다.

하지만 예나 지금이나 우리는 여전히 죽음을 제대로 실감하지 못한다. 34분마다 한 명씩 삶을 포기하고 있지만,[2] 우리는 이 사실을 내 자신과 관계없는 남의 일로만 생각한다. 죽음의 세력이 우리의 세계를 파멸과 죽음으로 이끌어가는 현실을 보지만, 나 개인은 아무것도 할 수 없지 않느냐고 체념하면서 각자의 생활에 골몰하는 것이다. 그리고 당장 살아야 할 현실이 중요하지, 죽음은 그 후의 문제가 아니냐고 미루어버리고 만다. 그래서 우리는 죽음에 관한 진지한 이야기를 좀처럼 들어보기 어렵다. 사회 전체가 죽음의 문제를 외면하고 있다. 교회에서도 죽음의 문제에 관한 이야기를 듣기 어렵고, 대학에서도 죽음에 관한 강의를 발견하기 어렵다.

그렇지만 우리가 외면한다 하여 이 문제가 자동으로 해결되는 것은 아니다. 오히려 사태가 더 악화될 뿐이다. 급속도로 상승한 한국인의 자살률이 이를 단적으로 증명한다. 우리에게 필요한 것은 문제를 외면하는 것이 아니라 우리 사회에 만연한 죽음의 현실을 정직하게 대면하고 그 해결의 길을 모색하는 것이다. 물론 이 책 한 권으로 시원한 해결책을 모두 찾을 수는 없겠지만, 이에 대한 관심이 조금이라도 커지기를 기대해본다. "평화를 원하거든 전쟁을 준비하라"(*si vis pacem, para belum*)는 말이 있듯이, "삶을 원하거든 죽음을 준비하라"(*si vis vitam, para mortem*)는 말을 상기할 필요가 있다.

이 책은 본래 『죽음의 신학』이란 이름으로 2002년에 출판되었던 것인

---

2) 곽혜원, 『자살문제 어떻게 할 것인가?』, 2011, 21세기 교회와 신학포럼, 28에 의하면, 2009년 우리나라 자살자 수는 15,413명으로, 하루 평균 42.2명, 34분에 1명을 기록함.

데, 이번에 새롭게 단장하여『죽음과 부활의 신학』이란 제목으로 재출간하게 되었다. 본문에 "부활"에 관한 신학적 주장들이 상당 부분을 차지하고 있기에 책 이름은『죽음과 부활의 신학』으로 수정했다. 필자의 전집 출판을 결단해준 새물결플러스 김요한 대표님과, 책이 완성되기까지 수고해준 출판사의 모든 분께 진심으로 감사드린다. 또 이 책을 전집으로 출판할 수 있도록 양해해준 대한기독교서회 서진한 대표님에게도 심심한 사의를 표하는 바이다. 기존의 책과 비교하여 "잘 죽을 수 있는 길은 무엇일까?"에 관한 짧은 글이 책 마지막에 보충되었고, 약간의 내용 보완과 문장 정리, 문단 조정이 있었을 뿐, 전체 구성과 내용에는 큰 변동이 없음을 밝혀둔다. 부족한 사람의 문헌들이 전집 형태로 남겨져 우리 민족의 문화 발전에 조그만 기여가 되기를 기대해본다.

김균진
2015년 4월 20일, 경기도 일산에서

III
죽음에 대한 성서의 기본 인식

V

죽은 다음에는 어떻게 되는가?
– 죽음 후의 상태에 대한 이론

VI

영원한 생명을 기다리며

VII

품위 있는 죽음을 위하여
- 안락사 문제와 함께

I

삶 한가운데 있는
죽음의 현실

오늘 우리 시대의 특징을 한마디로 요약한다면, "총체적 죽음의 위기 속에 있는 시대"라고 할 수 있다. 근대 계몽주의의 발흥과 함께 발전하기 시작한 과학기술은 인류에게 찬란한 미래를 약속했으나, 오늘날에는 자본주의적 시장경제의 원리와 함께 온 세계를 대혼란과 재난과 파멸의 수렁에 빠뜨릴 수 있는 무서운 세력으로 작용하고 있다. 근대 자연과학의 목적은 "자연에 대한 인간의 지배"에 있었다. 인간은 자연을 자기에게 예속시키고 그것을 지배할 때, "자연의 주인과 소유자"(데카르트)가 될 수 있으며 더 행복하게 살 수 있다고 믿었다. 그러나 오늘날 자연과학은 "자연의 종말"을 예고하며, 인간이 결코 자연의 주인이나 소유자가 될 수 없다는 진리를 보여주고 있다. 인간 자신의 몸속에 자연이 있기 때문이다.

오늘날 세계 거의 모든 나라가 경제 발전을 국가의 최대 목적으로 삼고 있으며, 이 목적을 달성하기 위해 자연과학에 대한 연구를 더욱 장려하고 있다. 그리하여 매년 엄청난 연구비가 여기에 투입되고 있다. 하지만 자연과학이 발전할수록 자연은 파괴되고 인간의 생명이 위협을 당하는 지경에 이르렀다. 이제 인간의 세계는 "생태학적 위기"의 차원을 넘어 "총체적 대재난의 위기", "총체적 죽음의 위기"에 처했다고 학자들은 말한다. 더 잘살기 위해 자연과학을 발전시키고 경제 발전을 꾀하면 꾀할수록, 죽음의 그림자는 점점 더 짙게 그 모습을 드러낸다. 자연과학의 발전으로 물질생활이 편리해지고 풍요해짐에 비례하여 죽음의 위험성은 더 커지고 있다. 이제는 먹는 것도 안심하고 먹을 수 없게 되었으며, 동물 복제와 인간 복제가 인류에게 어떤 재앙을 가져올지 불확실한 가운데 있다. 또한 우리는 언제 전쟁이나 테러가 일어나 우리의 생명을 위협할지 모르는 불안 속에서 살고 있다.

죽음과 부활의 신학

한마디로 이 시대는 "죽음과 함께 사는 시대", "죽음의 불안 속에 있는 시대"라 할 수 있으며, 우리는 모두 "죽음의 의식"과 함께 살고 있다. 죽음, 그것은 단순히 삶의 마지막 사건이 아니라 우리의 삶 속에 있는 현실이요, 우리의 삶을 위협하는 무서운 세력으로 작용하고 있다. 이러한 현대사회의 상황을 직시하면서, 이제 우리는 죽음의 의식이 어디에서 오며 어떻게 형성되는가를 밝히는 동시에, 성서에 나타나는 죽음의 의식이 어떤 내용을 함축하고 있는가를 분석하고자 한다. 그리고 죽음의 현실이 어떤 형태로 현대인의 삶 속에 현존하는가를 해명하고자 한다.

1. 삶 속에 있는 죽음의 의식

아우구스티누스는 죽음에 관해 이렇게 말했다. "이 세계의 모든 것은 불확실하다. 그러나 죽음만은 확실하다"(*incerta omnia, sola mors certa*). 이 말은 삶의 깊은 진리를 내포하고 있다. 이 세계의 모든 것은 항상 변화하고 지나가 버린다. 고정되어 있는 것은 아무것도 없다. 특히 사람의 마음은 더욱 그러하다. 오늘은 이렇게 생각하다가도, 내일이 되면 저렇게 생각한다. 이와 같이 세상 모든 것이 불확실하지만, 더 이상 의심할 수 없고 변경할 수 없는 단 한 가지 확실한 사실이 있다. 그것은 죽음이다. 곧 우리의 삶은 언젠가 죽음으로 끝난다는 사실이다. 죽음, 그것은 어떤 인간도 피할 수 없는 인간의 한계상황이요, 그 누구도 거부하거나 의심할 수 없는 가장 확실한 사실이다.

이와 같이 죽음은 우리 모두에게 확실하지만, 죽음의 시간이 언제 올 것인가는 어느 누구도 확실히 알지 못한다. 그것은 몇 년 후, 혹은 몇십 년 후에 올 수도 있고, 바로 지금 이 순간에 일어날 수도 있다. 그래서 우리는 다음과 같이 말할 수 있다. "죽음은 확실하다. 그러나 그 시간은 불확실하다"(*mors certa, hora incerta*). 이 말은 단지 죽음의 시간에 대한 진술일 뿐 아니라, 죽음 자체의 신비에 관한 진술이기도 하다. 즉 인간은 죽음이 언제 일어날지에 대해서도 확실히 알지 못하지만, 죽음의 순간 어떤 일이 어떻게 일어날지, 죽음의 정체가 무엇인지도 확실히 알지 못한다. 그 누구도 죽음을 궁극적으로 경험하고 살아 있을 수 있는 사람은 없으며, 죽음을 궁극적으로 경험한 사람들, 곧 죽은 사람들은 그들이 경험한 죽음에 대해 아무것도 우리에게 알려줄 수 없기 때문이다. 따라서 인간의 삶에서 가장 확실한 죽음은 언제나 우리에게 하나의 신비로, 또 비밀로 남아 있다. 가장 확실한 사실이지만, 우리가 지배할 수 없고 명백하게 규정할 수 없는 사실로 남아 있는 것이다. 죽음은 한편으로는 확실하지만, 다른 한편으로는 불확실성과 신비성, 규정될 수 없음, 곧 비규정성(Unbestimmbarkeit) 속에 있다.

모든 인간은 죽음의 이러한 양면성, 곧 죽음의 확실성과 불확실성에 대해 잘 알고 있다. 자신의 삶이 영원하지 않으며, 언젠가 죽음과 함께 끝난다는 사실을 모르는 사람은 아무도 없을 것이다. 신(神)의 존재는 영원한 반면, 인간은 언젠가 죽을 수밖에 없는 유한한 존재라는 점에 신과 인간의 차이가 있다면, 인간은 자기 죽음을 미리 안다는 점에서 인간과 짐승의 차이가 있다. 물론 자연의 다른 생물들도 자신의 죽음을 예감한다. 예를 들어 개는 자신의 죽음이 가까운 것을 느낄 때, 주인의 집을 떠난다. 주인에게 자기가 죽는 모습을 보이고 싶지 않기 때문이라고 한다. 작대기로 지렁이를 조금만 건드려도 지렁이는 온몸을 꿈틀거린다. 죽음을 의식하기 때문이다.

그러나 인간은 자신의 죽음을 전혀 느끼지 못함에도 불구하고, 죽음에 대한 지식 내지 의식을 가지고 있다. 따라서 인간은 자기의 죽음을 미리 알고 그 **죽음에 대한 태도**를 취할 수 있는 유일한 생물이라 할 수 있다.[1]

---

1) 이에 관하여 C. F. von Weizsäcker, *Der Garten des Menschlichen*. Beiträge zur geschichtlichen Anthropologie, 1980, 115.

생물학적 사건으로서의 죽음은 인간은 물론 자연의 모든 생물에게 공통된 현상이다. 그러나 죽음에 대한 의식 내지 지식, 그리고 죽음에 대한 의식적 태도를 취할 수 있음에서 인간과 자연의 생물들은 구별된다. 자기의 죽음을 미리 알고, 어떤 형태든 **죽음에 대한 태도**를 취하는 것은 모든 인류의 공통된 현상이다. 그것은 시대와 문화를 초월한 모든 인간의 보편적 현상이다. 따라서 우리는 역사적으로 존재했던 모든 문화권 속에서 죽음에 대한 의식을 문화의 구조와 삶의 의미 체계 속에 통합하고자 하는 노력을 발견할 수 있다. 그렇다면 죽음에 대한 인간의 의식 내지 지식은 어디로부터 오는가? 우리는 어떤 경로를 통하여 죽음에 대한 의식을 가지는가?

1) 생물학적·직관적 의식: M. Scheler

일반적으로 우리는 다른 사람들이나 생물들의 죽음을 경험함으로 말미암아 자신의 죽음을 알게 되며 죽음의 보편적 확실성을 얻는다고 생각할 수 있다. "오늘까지 태어난 모든 인간은 예외 없이 전부 죽었다. 자연의 모든 생물도 전부 죽었고, 앞으로도 그럴 것이다. 나도 인간이다. 그러므로 나도 언젠가는 죽을 것이다." 이 생각으로 말미암아 인간은 자신의 죽음에 대한 의식 내지 지식을 갖게 된다는 것이다.

막스 셸러(Max Scheler)는 우리 인간이 다른 사람이나 생물들의 죽음에서 연역된 이러한 지식을 갖기 이전부터, 인간의 의식 속에 내재하는 죽음에 대한 "본질적이며"(wesensmässig) "직관적" 지식,[2] 곧 죽음에 대한 지식의 현상학적 기본 형식을 갖고 있다고 주장한다. 자신의 죽음에 대한 인간의 지식은 죽음이라는 하나의 일반적 대상에 대한 지식과는 본질적으로 다르다. "관찰과 연역에 근거하는, 다른 사람과 우리 주변에 있는 생물의 죽음에 대한 외적 경험의 결과"로서의 죽음에 대한 지식, 곧 경험적 지

---

2) M. Scheler, "Tod und Fortleben," in M. Scheler, *Schriften aus dem Nachlass*, Bd. 1, 1933, 21.

식은 자신의 죽음에 대한 지식과는 질적으로 다르다. 그것은 하나의 객관적 지식, 자신의 존재로부터 추상화된 지식이다. 셸러에 의하면 인간의 유기체는 유한한 구조를 가지고 있으며, 이 구조로 말미암아 인간은 외적 경험과 관계없이 자신이 언젠가 죽을 것임을 의식하며 또한 그것을 알고 있다. 죽음의 필연성에 대한 인간의 지식은 외적 경험이나 관찰 혹은 연역으로 말미암은 것이 아니라, 하나의 **생물학적 직관**으로서 모든 인간에게 주어져 있다. 이것은 우리의 의식 속에 언제나 현존하는 하나의 **생물학적 확실성**이다.

따라서 비록 인간이 이 세계 속에 혼자 산다 할지라도, 그리하여 다른 사람들의 죽음을 경험하지 못하며 죽음에 대한 가르침을 얻지 못한다 할지라도, 그는 자신의 죽음을 직관적으로 의식한다. 죽음에 대한 직관적 확실성은 인간에게만 내재해 있는 것이 아니라 모든 생물에게 다 내재해 있다. 그것은 하나의 본능이며 직접적 직관이다. 그러므로 인간은 물론 모든 생물은 아무리 작은 일일지라도, 자신의 생명을 위협하는 일로부터 자신을 보호하고자 방어적 태도를 취한다. 이 점에서 인간은 자연의 다른 생물들과 구별되지 않는다.

물론 죽음에 대한 외적 경험에서 오는 죽음의 확실성과 지식이 있음을 셸러는 인정한다. 그러나 이 지식은 역사적으로 또 문화적으로 해석된 것이며, 개인의 삶과 사회의 의미 체계 속으로 중재된 것이다. 그것은 사실상 하나의 "성찰된 지식"이다. 전자가 직접적·직관적인 것이라면, 후자는 간접적·역사적·사회적으로 구성된 것이며, 문화사적으로 제약되어 있는 것이다. 이러한 죽음에 대한 지식은, 인간의 의식 속에 본질적으로 혹은 구조적으로 내재하는 직관적 죽음의 확실성 다음에 오는 것이다. 인간은 특정한 의미 체계에 따라 해석된 죽음을 경험하기 이전에, 자신의 "죽음의 확실성에 대한 생물학적 구조"를 지니고 있다. 물론 이 생물학적 구조로 말미암은 죽음의 직관적 지식은 문화적으로 해석된 죽음에 대한 지식에서 분리되어 나타나지 않는다. 그것은 문화적으로 해석된 죽음에 대한 지식의 전제 내지 기본 조건이 된다.

셸러에 의하면, 죽음이란 삶의 바깥으로부터 와서 삶에 영향을 주고 삶을 끝내는 사건이 아니라 "삶의 과정 자체를 통해 정립되어 있는 것으로 주어져" 있다.[3] 이러한 죽음에 대한 인간의 직관적 지식은 "죽음의 지향(Todesrichtung)의 체험"을 통해 구성된다. 죽음의 지향은 곧 삶의 지향이다. 삶이란 우리 앞에 놓여 있는 미래의 시간이 감소하고 개방된 가능성이 점점 더 작아지는 대신, 과거의 시간이 점점 더 길어지는 것으로 경험된다. 시간성에 대한 이러한 내적 체험을 통해 죽음에 대한 직관적 확실성이 인간의 의식 속에 구성된다. 자신의 마지막을 향하여 진행하고 있는 인간의 삶은 언제나 죽음을 하나의 "지향성"으로서, 곧 "죽음의 지향성"(Todesgerichtetheit)을 포함하고 있다.[4] 이로 인해 인간은 자기 삶이 죽음을 지향하고 있으며, 그 삶의 마지막 곧 죽음이 점점 더 분명해짐을 의식한다. 노화 현상과 함께 미래의 크기가 점점 작아지는 것을 체험하는 인간의 시간 경험은 자기 삶의 "죽음의 지향성"에 대한 체험과, 자신의 죽음에 대한 직관적 확실성에 대한 전제가 된다. 각 사람은 그의 죽음 속에서 하나의 보편적 현상을 체험하는 것이 아니라, 직관적 확실성 속에서 오직 자신의 죽음을 체험한다. 또한 인간은 질병, 수면, 꿈을 통하여 자신의 죽음에 대한 직관적 지식을 얻기도 한다.

셸러가 말하는 "죽음의 지향성"을 우리는 갓난아기의 탄생에서 포착할 수 있다. 갓난아이가 엄마의 뱃속에서 세상으로 나올 때 그는 두 손을 불끈 쥐고 큰 소리로 운다. 그것은 아기가 경험하는 환경의 급격한 변화 때문이기도 하지만, 갓난아기가 느끼는 거의 무의식에 가까운 죽음에 대한 생물학적·직관적 차원의 의식 때문이라고도 할 수 있다. 모든 인간의 생명은 태어나는 순간부터 죽음에의 지향성을 가진다. 그러므로 갓난아기는

---

3) Ibid., 18.
4) Ibid., 16.

아주 희미하지만 자기 생명을 위협하는 죽음의 위험을 감지하며, 죽음을 거부하고 살고자 하는 몸부림으로 작은 손을 불끈 쥐고 크게 소리를 치는 것이다. 이와 같이 죽음에 대한 의식은 갓난아기 때부터 우리 인간에게 하나의 "생물학적 직관"으로 주어지며, 우리가 살아 있는 한 언제나 우리 곁에서 동행한다. 그것은 인간이 생존하는 한 언제나 존재한다. 인간의 생명이란 인간이 존재하는 순간부터 죽지 않고 살아남기 위한 노력과 투쟁이기 때문에, 하나의 생명이 존재하는 바로 그 순간부터 죽음의 의식이 생물학적으로 생성되며, 인간은 이것을 태어나는 순간부터 직관적으로 느낀다.

이것을 우리는 인간의 기본 욕구에서 확인할 수 있다. 인간의 가장 기본적인 욕구는 굶주린 배를 채우고자 하는 욕구와 잠을 자고 싶어 하는 욕구다. 살기 위해서는 먹고 마셔야 하며, 매일 일정 시간 숙면을 취해야 한다. 극도의 피곤과 허기가 몰려올 때, 우리는 죽음의 위협을 느끼며 가까이 다가온 죽음을 직관적·생물학적으로 의식한다. 이것을 물리치기 위해 우리는 먹고 마시며, 잠을 잔다. 따라서 우리가 먹고 마시고 잠을 잘 때, 사실상 죽음에 대한 직관적·생물학적 차원의 의식이 우리 안에 내재되어 있다고 볼 수 있다.

죽음의 의식에 대한 막스 셸러의 직관적·생물학적 분석은 그 나름대로 타당성을 가진다. 인간도 자연의 모든 생물들 가운데 하나다. 따라서 인간도 다른 생물과 마찬가지로 자기 죽음을 직관적으로 의식하며, 죽음의 위협 앞에서 자신을 직관적으로 방어하기도 한다. 그러나 죽음의 의식에 대한 그의 생각은 여러 가지 문제점을 나타내고 있다. 그의 본성은 죽음에 대한 인간의 태도에 대한 **역사적·사회학적 분석**을 결여하고 있으며, 죽음 체험의 모든 내용적 특수성들을 배제하고 죽음에 대한 인간의 직관적·본성적 확실성만을 드러내고 있다. 한 인간에게 그 자신의 죽음이 어떤 **개인적·실존적 의미**를 가지는가의 문제는 그의 분석에서 고려되지 않는다. 죽는 사람 자신에게 그의 죽음은 인간의 본성적 사실(Wesensfaktum)

이 아니라 "무섭고 떨리는 사실"(faktum tremendum)[5]이라는 점이 간과되고 있는 것이다.

요약하여 말한다면, 셸러는 죽음의 생물학적 차원을 강조하는 반면 죽음의 실존적·문화적·사회적 의미를 질문하지 않으며, 죽음에 대한 인간의 의식 내지 지식의 **내용**이 무엇인가를 질문하지 않고 단지 이 지식의 생물학적 구조에 대해서만 말한다. 죽음에 대한 그의 생물학적 견해는, 인간이 정신적인 면에서 자연의 모든 생물보다 "특별한 위치"(Sonderstellung)에 있다고 보는 그의 인간학[6]에 모순된다.

2) 실존적 의식: M. Heidegger

20세기 실존주의 철학의 대표자 하이데거의 주요 저서 『존재와 시간』(*Sein und Zeit*)은 죽음에 대한 인간의 의식을 실존론적 차원에서 분석한, 탁월한 "죽음의 철학"이라 말할 수 있다. 인간의 "현존재"(Dasein)에 대한 그의 실존론적·존재론적 분석에서 죽음의 문제가 중심적 위치를 차지하기 때문이다. 이 책에서 죽음의 문제는 삶의 특정한 문제가 아니라 삶의 기본 구조로서 다루어지고 있으며, 실존의 모든 특징들, 곧 "세계 안에 있는 존재", "본래성과 비본래성", "염려", "불안" 등이 죽음의 문제에 집중되어 있다.

하이데거에 의하면 인간은 돌이나 짐승이나 기계와 다른 존재다. 어떤 점에서 다른가? 이 세계의 모든 존재자와 마찬가지로, 인간도 일상성 속에 묶여 있고 이 세계 속에 피투(被投)되어 있다. 그러나 그는 모든 존재자의 불확실성과 세계의 무성(Nichtigkeit)과 죽음의 불가피성을 직면하며 그것을 안다는 점에서 다르다. 그는 시간에 묶여 있고, 자기가 선택하지 않은 죽음에 피투되어 있으며, 비존재의 가능성 속에서 현존한다. 그는 언제나

---

5) E. Ströker, "Der Tod im Denken Max Schelers," in P. Good(Hrsg.), *Max Scheler im Gegenwartsgeschehen der Philosophie*, 1975, 210.

6) 이에 관하여 M. Scheler, "Die Stellung des Menschen im Kosmos," in *GS 9*, 1976, 31.

결정되지 않은 상태, 곧 가능성의 상태 속에서 존재한다. 그는 미결정된 존재다. 그의 삶의 시작과 함께 삶의 끝남, 곧 죽음이 시작한다.

삶이 끝난다는 것, 곧 죽음은 "완성"(Vollendung)을 뜻하지 않는다. 인간은 미완성 가운데서 죽기 때문이다. 또 그것은 "끝나버림"(Verenden)을 뜻하지 않는다. 삶이 끝난다는 것, 곧 죽음은 존재의 중지나 사라짐을 뜻하는 것이 아니라 **"끝남으로의 존재"**(Sein zum Ende)를 뜻한다.[7] 다시 말해 죽는다는 것은 인간이 태어나면서 받아들이는 존재의 방식이다. 그것은 언젠가 미래에 일어날 사건이 아니라 삶 속에 언제나 현존한다. 그것은 "모든 가능성의 존재론적 아프리오리"다. 그것은 존재 가능(Seinkönnen)의 피투된 기획(Entwurf)을 구성하기 때문이다.[8]

따라서 하이데거에게 죽음에 대한 의식은 **인간학적 기본 구조**에 속한다. 그러나 일반적으로 사람들, 곧 "일상적 사람"(Man)은 죽음을 다음과 같이 느끼거나 생각한다. 죽음은 삶의 마지막에 오는 일상적인 일이 아닌가? 우리 주변에 있는 이 사람 저 사람이 매일, 매시간 죽지만, 죽음은 나 자신과는 아직 관계없는 일이다. 모든 사람은 언젠가 죽겠지만, 나 자신에게 죽음은 아직 존재하지 않는다. 죽음에 대한 이러한 평범한 느낌 내지 생각을 통해 한편으로 죽음은 그의 위협적 성격을 상실하고 사람들의 특별한 관심의 대상에서 사라져버린다.

다른 한편으로 사람들은 자신의 죽음을 회피하며 "죽음에 대한…위안(Beruhigung)"을 얻는다. 사람들은 "죽음을 언제나 발생하는 일(Begegnis)로, '죽음의 경우'(Todesfall)로 '안다.' 이웃에 있는 이 사람, 저 사람이, 혹은 멀리 있는 사람이 '죽는다.' 매일, 매시간 우리가 알지 못하는 사람들이 '죽는다.' 죽음은 잘 알려진, 세계 내에서 발생하는 사건으로서 우리를 만난다. 이리하여 죽음은 일상적으로 만나는 것의 특징인, 특별한 관심의

---

7) M. Heidegger, *Sein und Zeit*, 11. Aufl., 1967, 245.
8) Ibid.

대상이 되지 못함(Unauffälligkeit) 속에 머물게 된다.…사람은 언젠가 마지막에 죽는다고 생각하지만, 그들 자신은 우선 죽음과 관계없는 것처럼 존속한다."[9]

죽음에 대한 이러한 일상적 생각을 가리켜 하이데거는 "사람은 죽는다"(man stirbt)라는 명제로 표현했다. 사람들은 흔히 말하기를 "사람은 언젠가 죽는다"라고 말하지만, 이 사실이 아직 자기 자신에게는 해당하지 않는 것처럼 말한다. 여기서 죽음은 "언젠가 어디로부터 일어날 수밖에 없는, 그러나 어떤 사람에 대하여 **아직 있지 않으며** 그러므로 위협적이지 않은 불확실한 그 무엇"이[10] 되어버린다. 그것은 "(인간의) 현존에 해당하지만, 그 누구에게도 속하지 않은 사건(Vorkommnis)으로 평준화되며", 그리하여 우리는 "언제나 발생하는 '경우'(Fall)로서의 죽음에 대하여 말한다."[11] "일상적 사람은 이렇게 말한다." "죽음은 분명히 올 것이다. 그러나 당분간은 아직 오지 않을 것이다." 이 문장에서 일상적 사람은 "그러나"라는 말과 함께 죽음의 확실성을 부인한다. 그의 죽음은 "나중에 언젠가"(Später einmal)로 미루어지며, 이를 통해 그는 자신의 죽음을 회피하고 "죽음의 확실성의 특유한 것, 곧 **죽음은 모든 순간에 가능하다**는 사실을

---

9) M. Heidegger, *Sein und Zeit*, 252f. 원문: "Die Öffentlichkeit des älltäglichen Miteinander 'kennt' den Tod als ständig vorkommendes Begegnis, als 'Todesfall.' Dieser oder jener Nächste oder Fernsehende 'stirbt.' Unbekannte 'sterben' täglich und stündlich. 'Der Tod' begegnet als bekanntes inner-weltlich vorkommendes Ereignis. Als solches bleibt er in der für das alltäglich Begegnende charakteristischen Unauffälligkeit…man stirbt am Ende auch einmal, aber zunächst bleibt man selbst unbetroffen."

10) Ibid., 253. 원문: "ein unbestimmtes Etwas, das allererst irgendwoher eintreffen muß, zunächst aber für einen selbst *noch nicht vorhanden* und daher unbedrohlich ist."

11) Ibid., 253. 원문: "Das 'Sterben' wird auf ein Vorkommnis nivelliert, das zwar das Dasein trifft, aber niemandem eigens zugehört…Die charakteristische Rede spricht vom Tode als ständig vorkommenden 'Fall.'"

은폐시킨다."[12] 그는 "그의 가장 고유한 죽음에의 존재를 자기 자신에게 은폐시키고자 하는 유혹"[13]에 사로잡히며, 자신의 죽음을 회피할 뿐 아니라 죽음 앞에서 도피한다(Flucht vor dem Tod). 죽음에 대한 이러한 태도를 가리켜 하이데거는 "**비본래적 죽음에의 존재**"[14]라고 부른다.

죽음에 대한 이러한 태도의 원인을 하이데거는 단지 죽음을 피하고자 하는 개인의 성향에서 발견하는 것이 아니라, 기능과 효력에서 가능한 모든 방해를 피하고자 하는 사회에서 발견한다. 이로써 하이데거는 죽음과 사회의 관계를 심각한 **사회학적 문제**로 다루는 최근의 "죽음의 사회학"에의 길을 열어놓는다. 사람들이 늙어 쇠약해져도 사회는 그의 기능에서 방해를 받거나 동요되기를 원하지 않으며, 사람들이 죽었을 경우, 사회는 그들의 죽음을 불편하게 여기는 현상을 자주 발견할 수 있다.[15] 이미 "죽음에 대한 생각" 자체가 "비겁한 공포로, 현존재의 불확실성과 어두운 세계 도피로 간주된다."[16]

하이데거에 의하면 인간의 현존재는 세계 안에 있는 존재다. 그는 언제나 세계 안에 살며, 세계에 속해 있다. 그러나 그는 결코 그 자신 속에 폐쇄되어 있지 않다. 그는 언제나 "그 자신을 넘어서" 있는 존재, 지금의 "자기 앞서 있는 존재"(Sich-Vorweg-Sein)이며, 언제나 "아직 아님"(Noch-nicht), "지속적인 완결되어 있지 않음(Ausstand)"이다. 따라서 그는 언제나 아직 아닌 바의 존재다. 아직 아닌 바의 존재가 존재하게 됨으로

---

12) Ibid., 258.
13) Ibid. 원문: "die *Versuchung*, das eigenste Sein zum Tode sich zu verdecken."
14) Ibid., 259. 원문: "ein *uneigentliches* Sein *zum* Tode."
15) Ibid., 254. 원문: "und selbst im Falle des Ablebens noch soll die öffentlichkeit durch das Ereignis nicht in ihrer besorgten Sorglosigkeit gestört und beunruhigt werden. Sieht man doch im Sterben der Anderen nicht selten eine gesellschaftliche nannehmlichkeit, wenn nicht gar Taktlosigkeit, davor die öffentlichkeit bewahrt werden soll."
16) Ibid.

써 더 이상 존재하지 않게 되는, 달리 말해 그의 현상태에서 끝나게 되는 존재다. 모든 현존재는 "더 이상 현존하지 않음의 성격"(Charakter des Nichtmehrdaseins)과 "끝나게 됨"(Zu-Ende-Kommen), 곧 죽음을 그의 "존재 양태"(Seinsmodus)로 가진다.[17] 따라서 현존재는 언제나 죽음에 내맡겨져 있으며, "더-이상-현존할-수-없음의 가능성"(*Möglichkeit des Nicht-mehr-dasein-Könnens*) 그 자체다. 그의 죽음은 인간의 삶의 시간이 소진되어(ableben) 삶의 마지막 시점에 일어나는 사건이 아니라 삶의 현재다. "현존재는…존재하는 한 언제나 그의 아직 아님(Noch-nicht)인 것처럼, 또한 그것은 언제나 이미 그의 끝(곧 죽음, 필자)이다. 죽음을 뜻하는 끝남(Enden)은 현존재의 끝나버림(Zu-Ende-sein)을 뜻하는 것이 아니라, 이 존재자의 끝으로의 존재(Sein zum Ende)를 뜻한다. 죽음은 현존재가 존재하자마자 받아들이는 존재의 방식이다. '사람은 태어나는 바로 그 순간에, 죽을 만큼 충분히 늙었다.'"[18]

따라서 인간은 그의 삶을 시작하는 순간부터 이미 죽음과 함께 살며, 죽음을 향하여 산다. 그는 "죽음을 향한 존재"(Sein zum Tode)다. 죽음은 삶의 마지막 시간에 일어나는 사건이 아니라 삶 자체와 함께 진행된다. 인간의 "현존재는 세계-안에-던져진-존재로서 언제나 그의 죽음에 넘겨져 있다. 그는 자기의 죽음을 향하여 존재하면서, 그의 마지막 소진(Ableben)에 아직 이르지 않은 한, 사실적으로 그리고 항상 죽는다."[19] 따라서 인

---

17) Ibid., 242.

18) Ibid., 245. 마지막 문장의 원문: "Sobald ein Mensch zum Leben kommt, sogleich ist er alt genug zu sterben."

19) Ibid., 259. 마지막 문장의 원문: "Seiend zu seinem Tode, stirbt es fakisch und zwar ständig, solange es nicht zu seinem Ableben gekommen ist." 시인 김소엽 씨는 그녀의 시 "죽음의 찬가"(문헌 근거: 김소엽, "죽음의 찬가." 삶과 죽음을 생각하는 회 창립 10주년을 축하하며, in: 삶과 죽음을 생각하는 회 창립 10주년 기념 행사 기록, 사회복지법인 각당복지재단 발행, 7)에서 삶과 죽음의 이러한 관계를 다음과 같이 나타낸다. "인생은 죽음에 이르는 과정/ 하루를 살면/ 하루만큼 죽어간다는 것을/ 우리는 왜 진즉

간은 자신의 죽음과 관계할 수도 있고 관계하지 않을 수도 있는 가능성을 가진 것이 아니라 언제나, 어떤 형태로든지 죽음과 관계할 수밖에 없다. 죽음은 현존재의 많은 가능성 중 어느 한 가능성이 아니라 그의 "가장 본래적인"(eigenste) 가능성이다. 또한 죽음은 각 사람 자신만의 가능성, 곧 "무관계적" 혹은 "직접적"(unbezügliche) 가능성이다. 각 사람은 언제나 자기만의 죽음을 죽으며, 다른 사람의 죽음이 내 죽음에 대하여 아무것도 해명할 수 없기 때문이다. 또한 죽음은 궁극적인 것이며 "되돌릴 수 없는"(unüberholbare) 가능성이다. 죽음과 함께 현존재의 존재는 궁극적으로 끝나버리며, 다시 되돌릴 수 없기 때문이다. 이런 뜻에서 죽음은 "현존재의 끝으로서, 현존재의 가장 본래적인, 직접적인, 되돌릴 수 없는 가능성이다. 죽음은 현존재의 끝으로서, 그의 끝을 향한 이 존재자의 존재 속에 있다."[20] 따라서 인간은 존재하는 한 죽음의 가능성에 피투되어 있으며, 죽음에 대한 실존적 의식을 선험적으로 가지고 있다고 할 수 있다.

자기 존재가 죽음의 가능성에 피투되어 있으며, 죽음은 "세계-안에-존재함"(In-der-Welt-sein)에 속한다는 사실에 대하여, 대개의 경우 인간은 분명한 지식을 가지고 있지 않다. 그러나 그것은 "불안"이라고 하는 인간 실존의 기본 상태에 나타난다. "죽음에의 피투성(Geworfenheit)은…불안의 상태(Befindlichkeit) 속에서 드러난다.[21] 불안은 특별한 대상을 갖지 않는다. 그것은 세계 안에 있는 특정한 대상으로 말미암아 일어나는 것이 아니라 죽음에 내맡겨져 있는 인간의 본래적 존재에 속한다. 인간은 이 세계 안에 존재하기 때문에 불안을 벗어날 수 없다. 따라서 "불안의 대상(Wovor)은 세계-안에-존재함 자체"[22]다. 인간은 이 세계 안에 존재하지만,

---

몰랐을까?/ 하루를 잘 사는 길이/ 잘 죽는 길이요/ 순간순간을 잘 사는 길이/ 인생을 잘 사는 길인 것을."
20) Ibid., 258.
21) Ibid., 251.
22) Ibid., 186.

그는 더 이상 존재하지 않을 수 있는 가능성을 앞당겨온다. 그의 존재에는 언제나 비존재, 곧 "더 이상 존재하지 않을 수도 있음"에 대한 불안이 숨어 있으며, 그의 존재는 이 불안에 의해 지배된다. 달리 말해 "죽음을 향한 존재는 본질적으로 불안이다."[23]

죽음에 대한 하이데거의 이러한 분석에 의하면, 죽음은 이 세계 속에 피투된 인간 삶의 기본 구조이기 때문에 인간은 자신의 죽음에 대한 실존적 의식을 필연적으로 가질 수밖에 없다. 죽음의 의식은 단순히 생물학적 직관으로서 주어지는 것이 아니라, 죽음을 삶의 기본 구조로 가진 인간의 실존으로 말미암아 주어지는 삶의 구성적 요소이며, 불안의 형태로 언제나 인간의 삶에 동반한다. 이 세계 속에 피투된 존재 가능의 존재로서 실존하는 한, 인간은 언제나 죽음의 의식 속에 있다. 그것은 인간이 버리고 싶어도 버릴 수 없으며, 변경하고 싶어도 변경할 수 없는 것이다.

이러한 죽음의 의식 속에서 인간은 자기 죽음에 대해 다양한 태도를 취할 수 있다. 그는 "일상적인 사람"으로서 자신의 죽음을 삶의 마지막 순간에 자기 존재의 바깥으로부터 오는 단순한 "생물학적인 사건"으로 생각하면서, 자기 죽음에 대하여 눈을 돌릴 수 있고 마음의 평안을 얻을 수 있다. 이리하여 그는 죽음을 향한 본래적 존재의 가능성을 은폐시키며, 자기의 유한성에 대해 적극적인 태도로 맞서려고 하지 않는다. 그는 자기 죽음과의 대결을 피한다. 그렇다 해도 그의 현존재는 자신의 죽음을 향한 존재로서의 성격을 결코 상실하지 않는다.

이에 반해 자기의 죽음을 의식하는 본래적 존재의 사람은 자신의 죽음의 사실을 외면하지 않는다. 그는 자기의 유한성 앞에서 도피하고자 하지 않는다. 오히려 그는 자기의 유한성을 인정하고 그것을 받아들인다. 그는 죽음을 향한 존재로서 살고자 하며, **"죽음 속으로 미리 들어감"**(Vorlaufen in den Tod)으로써 죽음과의 본래적 관계를 가진다. 이를 통하여 그는 그 자

---

23) Ibid., 266.

신의 존재로부터의 소외를 극복하고, 본래성 가운데서 실존하게 된다. 따라서 본래적 실존을 회복하고 참된 자아로 돌아갈 수 있는 길은, 자신의 죽음을 회피하지 않고 오히려 자기 죽음 속으로 미리 들어가는 데 있다.

"죽음에의 자유"(Freiheit zum Tode)는 언제나 자기 앞에 서 있지만 자기가 지배할 수 없는 죽음의 가능성을 단순히 긍정하는 것이 아니라, 오히려 죽음의 가능성을 피하지 않고 죽음을 의식적으로 앞당겨오는 데 있다. 죽음의 사실을 은폐하거나 그 앞에서 도피하지 않고, 오히려 죽음의 사실을 직시하고 죽음 속으로 살아감으로써 인간은 불안을 이길 수 있는 용기를 얻는다. "불안에의 용기"는 의식적으로 그리고 의지적으로 죽음을 직면하는 데 있다. 모든 외적인 요구와 기준은 여기서 그들의 타당성과 힘을 상실한다. 자기 바깥에 있는 다른 사람들, 세계 속에서 일어나는 일들은 그에게서 더 이상 의미를 갖지 못한다.[24]

죽음에 대한 이러한 분석에서 하이데거는 죽음으로부터 인간의 현존 전체를 파악하며 죽음을 진지하게 생각한다. 그러나 단지 죽음으로부터 인간의 전 현존을 파악하는 것은 매우 일면적이다. 물론 죽음은 인간의 삶과 함께 시작하며, 인간의 삶에 동반한다. 죽음은 인간의 모든 가능성 중에 가장 확실한 가능성이며, 삶의 현실이다. 인간은 존재하는 한 죽음을 향하고 있다. 그의 존재는 "죽음을 향한 존재"다. 그러나 에른스트 블로흐(Ernst Bloch)가 말하는 바와 같이 인간은 존재하는 한, 더 나은 내일을 기다리는 존재다. 그는 단순히 "죽음을 향한 존재"가 아니라, 더 나은 내일을 **"희망하는 존재", "기다림의 존재"**다.

물론 하이데거가 말하는 것처럼 죽음은 인간의 존재 자체에 속한다. 이것을 드러낸 점에서 하이데거의 분석은 타당하다. 그러나 그의 분석은 죽음의 실존론적 측면을 드러낼 뿐이다. 현실적으로 인간의 죽음은 수많

---

24) Ibid., 242. 하이데거의 죽음관에 대한 사르트르의 비판에 관하여 J. -Paul Sartre, "Mein Tod," in H. Ebeling(Hrsg.), *Der Tod in der Moderne*, 81-97.

은 **외적 요인**, 곧 정치적·경제적·사회적 요인으로 말미암아 일어난다. 전쟁, 고문, 살인, 대량 학살, 착취, 가난, 굶주림, 질병, 각종 사고 등으로 인하여 수많은 사람이 억울한 죽음을 당한다. 이러한 원인들로 말미암은 죽음이 과연 인간의 존재론적 구조에 속한다고 말할 수 있는가? 히틀러의 명령으로 가스실에서 죽임을 당한 600만 명의 유대인들은 그들의 죽음을 그들의 삶에 속한 존재론적 구조라고 말할 것인가? 만일 그들의 죽음을 존재론적 구조라고 말한다면, 그것은 그들의 죽음을 일으킨 원인자와 사회체제, 정치체제를 간접적으로 방조하는 것이며, 이는 억울한 죽음을 당한 사람들을 철저히 모욕하는 것이다.

죽음에 대한 하이데거의 분석은 현대사회에서 죽음을 일으키는 모든 원인을 분석하고 이것을 제거하며, 죽음을 일으키는 모든 세력에게 저항하는 일을 불필요한 것으로 만든다. 죽음은 결국 인간의 존재론적 구조에 속한 것으로 생각되기 때문이다. 죽음의 의식에 대한 그의 실존론적 분석은, 모든 사람이 자신의 죽음과 타인의 죽음에 대해서는 물론, 죽음을 일으키는 사회체제에 순응하도록 기여한다.

또한 죽음에 대한 하이데거의 철학적 해석에서 죽음은 자기 자신일 수 있는 가능성으로 **승화된다**. 참된 자기 자신에 이르게 하기 위해 죽음이 장려된다. 죽음의 허무성과 무의미함이 간과되며,[25] 죽음은 인간의 존재 자체에 속한 "자연적인 것"으로 파악된다. 이리하여 죽음을 거부하지 않고, 오히려 그것을 자기 자신에 도달하기 위한 가능성으로서 쉽게 받아들일 수 있게 한다. 죽음이 인간의 자기 "본래성"에 이르는 길이라면, 인간의 생명을 파괴하고 그들을 죽음으로 몰아가는 전쟁 미치광이들은 "본래성으로의 인도자"라고 보아야 할 것이다.

한마디로 죽음의 의식에 대한 하이데거의 실존론적 해석은 "죽음에 저항하는 철학"이 아니라 **"죽음을 장려하는 철학", "죽음에 순응시키는 철학"**

---

25) 이에 관하여 H. Küng, *Ewiges Leben?*, 53ff.

이다. 그것은 수백만 명의 젊은이들이 전쟁에서 당하는 죽음과 죽음의 고통을 존재론적 구조로서 정당화시키며, 그들의 죽음에 대해 침묵하도록 방조할 수 있다. 그것은 이 세계에서 일어나는 수많은 "억울한 죽음들"을 "본래성에 이르는 길"로 승화시키며, 억울한 죽음이 일어나는 이 세계의 현 상황을 있는 그대로 받아들이게 하는 위험성을 가진다.

야스퍼스(K. Jaspers)도 죽음에 대한 의식을 실존적 차원에서 파악한다. 죽음은 "존재의 깊이"다.[26] 인간의 삶은 죽음을 지향하고 있다. 따라서 인간은 자신의 죽음에 대한 의식을 그의 실존 속에서 언제나 지니고 있다. 죽음이 인간의 삶에 속한다는 사실에 대한 의식은 지울 수 없는 성격의 것이다.

삶 속에서 우리 인간이 도달한 모든 것은 죽은 것과 같다(wie tot). 완성된 그 무엇도 살 수 없다. 우리가 완성을 향해 노력할 때, 우리는 죽을 준비가 되어 있는 것을 향해 노력한다. 가장 적극적 삶이라 할지라도 그것이 자신의 완성을 향해 나아갈 때, 그것은 자신의 죽음을 향해 나아간다. 실존은 그의 가능한 완성의 필연적 한계로서의 죽음 앞에 서 있다.[27]

3) 문화적·사회적 의식: P. L. Landsberg/W. Fuchs

란츠베르크(P. L. Landsberg)에 의하면 인간은 전쟁, 질병, 불행 등을 통하여 죽음의 위험성을 경험하며 자신의 죽음에 대한 의식을 가질 수 있다. 그러나 죽음에 대한 의식의 궁극적 근원은 단지 자신의 죽음의 위험성이나, 자신과 인격적으로 관계없는 어떤 사람의 죽음이나 인간적 실존적 구조에 있는 것이 아니라, 구체적 "인격," 곧 참으로 사랑하는 "이웃의 죽음"에 있

---

26) K. Jaspers, "Tod," in H. Ebeling(Hrsg.), *Der Tod in der Moderne*, 69. 이 논문의 본래 출처: K. Jaspers, *Philosophie II, Existenzerhellung*, 220-229.
27) Ibid.

다.[28] 죽음의 위험성은 모든 사람에게 있지만, 참으로 사랑하는 사람의 죽음을 통해 비로소 우리는 죽음의 실재를 경험하며 죽음의 의식을 얻게 된다. 사랑하는 사람의 죽음이 가까이 왔을 때, 그의 "유기체에 특정한 일들이…일어난다."[29] 그의 신체가 고난과 고통을 당하며 힘을 잃는 것을 우리는 목격한다. 마지막 숨을 거두기 전, 그의 마지막 말을 우리는 들으며, 그의 신체가 굳어지는 것을 경험한다. 그의 신체는 아직도 거기 있지만, 그는 우리에게 더 이상 존재하지 않는다. 물론 그의 존재가 완전히 없어졌는지 아니면 다른 존재 방식을 얻게 되었는지는 확인할 수 없지만, 그는 우리에게서 사라졌다. 죽음에 대한 우리의 의식은, 단지 어떤 사람의 죽음을 경험함으로써 오는 것이 아니라 참으로 사랑하는 사람, 곧 **이웃에 대한 상실감**에서 온다. 참으로 사랑하는 사람 곧 이웃의 죽음을 실존적으로 경험함으로써, 우리는 죽음이라는 "외적 가능성"에 대한 무관심에서 벗어나 자신의 죽음에 대한 의식을 가지게 된다.

야스퍼스(Jaspers)는 이것을 다음과 같이 말한다. "이웃이 나에게 단 하나의 사람일 때, 그의 죽음은 총체적 성격을 가지며 이리하여 한계상황(Grenzsituation)이 된다. 여기서 결정적 한계상황은 나의 것으로서의 나의 죽음, 객관적인, 일반적으로 알고 있는 죽음이 아니라 이 유일한 것으로서의 나의 죽음으로 존속한다."[30] 여기서 죽음의 의식은 생물학적·실존론적으로 파악되지 않고 **상호 인격적**(interpersonal) **차원**에서 파악되며, 죽음의 의식을 **사회적 차원**에서 파악할 수 있는 길을 열어준다. 사랑하는 이웃의 죽음을 통해 인간이 부딪히는 한계상황은 인간이 결정할 수 없고 다스릴 수 없는 것이다. 그것은 전혀 낯선 것이며 인간의 한계를 넘어선다. 이 한계상황 속에서 인간은 세계 속에서 언제나 반복되는 죽음 이상의 것을 경

---

28) P. L. Landsberg, *Die Erfahrung des Todes*, 21.

29) Ibid., 22.

30) K. Jaspers, *Philosophie I*, 222.

험한다.

쉐러(G. Scherer)는 사랑하는 이웃의 죽음을 인격 상호 간에 일어나는 죽음으로 파악한다. 인간은 상호 주체성(Intersubjektivität) 가운데서 살 뿐 아니라, 상호 인격성(Interpersonalität) 속에서 사는 존재다. 상호 주체성은 사회적·문화적 존재로서의 주체들을 결합시킨다. 이에 반해 상호 인격성은 유일회적 구체성 속에 있는 인격들을 결합시킨다. 상호 주체성은 모든 사람이 참여할 수 있는 것임에 반해, 상호 인격성은 다른 사람으로 교체될 수 없는 구체적 인격들의 인격적 관계를 가리킨다.[31] 상호 인격적 관계는 모든 역할과 인격적 정체성 속에 있는 인간을 포괄하며, 상호 교통 속에서 형성된다. 사랑하는 사람의 죽음에 대한 체험은 "실존적 교통" 속에 있는 사랑 가운데서 이루어진다. 사랑 가운데서 일어나는 사랑하는 사람의 죽음에 대한 공동 체험을 통하여, 인간은 자신의 죽음과 유한성에 대한 확실성을 얻는다. 인격적 만남과 교통 속에 있는 사람들 사이의 상호 인격성과 상호 행위 가운데서 인간은 죽음의 치명성을 가장 강렬하게 경험한다.

하안(A. Hahn)에 의하면, 자신의 "죽음을 벗어날 수 없다는 지식"은 우리 인간에게 태어나면서부터 주어져 있는 것이 아니라 "사회적 경험이요, 삶의 과정의 결과이며, 이 삶의 과정의 기초는 다른 사람들의 죽음의 경험이다."[32] 물론 나와 관계된 사람들의 죽음에 대한 경험을 통해 얻게 되는 나의 죽음에 대한 의식은 하나의 이론적 지식이라기보다, 오히려 "하나의 정서적 확실성"(Gefühlsgewißheit)[33]에 속한다. 그러나 그것이 정서적 확실성이든 아니면 이론적 지식이든 간에, 죽음에 대한 인간의 의식은 그 본질에 있어 사회적으로 중재된 것이다. 달리 말해 그것은 **사회의 관계성** 속에서 인간이 배우고 습득한 것이다. 고립된 개인이란 존재하지 않는다. 인간

---

31) M. Scherer, *Strukturen des Menschen*, 152.
32) A. Hahn, *Einstellung zum Tod und ihre soziale Bedingtheit*, 59.
33) Ibid., 60.

은 존재하는 한 사회적 관계 속에서 존재한다. 그는 사회적 존재다. 따라서 그의 모든 의식 내지 지식은 사회적 관계 속에서 중재되고 습득된 것이다. 죽음에 대한 의식도 마찬가지다.

하안 교수는 이러한 생각을 죽음의 경험과 죽음의 의식이 어떤 관계에 있는가에 대한 설문 조사를 통하여 증명한다. 죽음을 직접적으로 대면하였거나 경험한 적이 있는 사람들은, 죽음을 한 번도 강렬하게 경험한 적이 없는 사람들보다 훨씬 더 자주 그들 자신의 죽음에 대해 생각하고 다른 사람들과 죽음에 대해 이야기하며, 죽음을 더 무서워한다.[34] "죽음과의 강렬한 접촉"이 있는 사람들은 어떤 사람의 죽음의 과정을 지켜보았거나, 그 자신이 친히 죽음의 문턱 가까이 갔던 사람들을 가리킨다. "강렬한 죽음의 의식"을 가진 사람들은 자주 그들 자신의 죽음을 생각하는 사람들, 자신의 죽음에 대하여 다른 사람들과 이야기하는 사람들, 항상 죽음에 대한 불안 속에서 사는 사람들을 가리킨다. 죽음과의 강렬한 접촉이 있는 사람의 73%는 강한 죽음의 의식을 가진다. 반면 죽음과의 강한 접촉이 없는 사람들의 88.7%는 죽음에 대한 강렬한 의식을 갖지 않는다.

푹스(W. Fuchs)는 셸러가 말하는 죽음의 직관적 지식을 비판하면서, 죽음의 지식 내지 의식이 언제나 **사회적 산물**임을 주장한다.[35] 역사적으로 모든 인간 집단은 그 나름의 죽음에 대한 상 내지 표상을 가진다. 죽음에 대한 그들의 지식은 결코 죽음 일반에 대한 지식으로 등장하는 것이 아니라 "언제나 특수한 형태들 속에서", 곧 죽음에 대한 그들의 상들과 표상들 속에서 나타난다. 이러한 상들과 표상들은 역사와 결합되어 있으며, 생물학적·직관적 확실성으로 추상화될 수 없다. 현실의 죽음 배면에 숨어 있지만 결코 그것과 동일하지 않은 죽음의 필연성에 대한 지식은 "역사적으로 늦게 생성되었다." 유럽 사회에서 일반적으로 3살에서 5살 된 어린이는 죽음의

---

34) Ibid., 37f.
35) W. Fuchs, *Todesbilder in der modernen Gesellschaft*, 1969, 117ff.

필연성에 대해 알지 못하며, 죽음의 의미에 대한 아무런 표상도 갖고 있지 않다. 6살 때부터 어린이는 죽음에 대한 분명한 윤곽을 얻기 시작하며, 인간이 살해당할 수도 있다는 사실을 처음으로 인지한다. 이때부터 어린이는 어른들이 가진 죽음의 상에 차츰 접근한다. 다양한 문화의 **중재** 형식들을 통하여 어린이는 죽음에 관한 성인들의 "인습적 표상들"을 습득한다.[36]

7살이 되었을 때, 어린이는 모든 사람은 죽는다는 사실에 대한 지식을 자기 가까이 있는 사람들과 자기 자신에게 적용하기 시작한다. 9살이 되었을 때, 어린이는 죽음은 노화 과정의 마지막에 온다는 사실을 실제적으로 보게 된다. 약 10살이 되었을 때, 어린이는 자연적 죽음의 개념에 접근한다. "...life as having a physiological basis in nutrition, growth, blood and breathing. Death comes when these essentials fail. Death is a negation of life, a biological process."[37] 이로써 어린이는 성인들의 사회에서 통용되는 죽음 개념의 주요 내용들을 받아들인다.

청소년기에 들어서면서 아이는 죽음의 필연성과 궁극성을 알며, 죽음을 야기하는 원인들과 죽음의 결과들에 대한 분명한 지식을 얻게 된다.[38] 학자들에 따라 이 과정의 연령 구분이 조금씩 다르지만, 한 가지 확실한 사실은 죽음에 대한 어린이의 지식은 선천적으로 주어져 있는 것이 아니라 성장 과정 속에서 주변 사회와 문화로부터 전해진다는 것이다. 따라서 어린이는 비록 수정되긴 하지만, 그의 사회와 문화로부터 죽음에 대한 상들(Bilder)과 표상들(Vorstellungen)을 받아들이며, 죽음에 대한 그의 지식은 그 아이가 속한 사회와 문화에 의존한다. 그러므로 브롬베르크(W. Bromberg)와 쉴더(P. Schilder)는 다음과 같이 말한다. "What death is and what it means must be taught to the child."[39]

---

36) Ibid., 122.
37) Ibid., 123. 본래의 문헌 출처: A. Gesell u. F. Ilg, *The Child From Five to Ten*, 432.
38) Ibid., 123.
39) W. Bromberg u. P. Schilder, "Death and Dying. A comparative study of the

이러한 관찰은 다음의 사실을 증명한다. 즉 죽음에 대한 인간의 지식 내지 의식은 그의 사회와 문화를 통하여 **중재**된다는 것이다. 이것은 죽음에 대한 다양한 표현 속에 분명히 나타난다. 곧 우리는 "눈을 감다", "떠나다", "돌아가다", "잠들다", "작별하다", "불러가다", "사라지다" 등의 표상으로 죽음을 나타낸다. 이 단어들 속에서 우리는 다양한 죽음의 상들을 볼 수 있으며, 이 상들은 우리가 태어나면서부터 가진 것이 아니라 사회적·문화적으로 우리에게 중재되었고, 또 전수된 것임을 쉽게 발견할 수 있다. 그러므로 문화권에 따라 죽음에 대한 의식이 다르며, 시대의 변천과 함께 죽음에 대한 의식도 변천한다.

각 문화는 그 자신의 삶의 스타일과 또한 그 자신의 죽음의 의식을 발전시킨다.…각 사람은 그 자신의 삶을 사는 것처럼, 또한 각 사람은 자신의 죽음과 관계한다. 그러나 우리는 단지 우리 자신을 위해서만 살지 않으며, 따라서 실존주의자들이 가르친 것처럼 각자가 "그 자신의 죽음"을 죽지 않는다. 우리의 개인적 삶의 스타일이 문화적으로 형성되어 있는 것처럼, 우리의 개인적 죽음의 의식도 문화적으로 형성되어 있다.[40]

지금까지 기술한 바와 같이, 죽음에 대한 인간의 의식이 사회적으로 중재된다는 것은 부인할 수 없는 사실이다. 그러나 그것이 단지 사회적 요인들에 의해서만 결정된다는 것으로 볼 수 있는가? 오히려 그것은 인간 존재 자체의 구성적 요소에 속한다고 볼 수 있지 않은가? 인간의 의식이 사회적 요인들의 영향을 받는다는 것은 사실이지만, 인간의 의식은 사회적 조건들과 요구들을 초월하여 인간 존재의 전체성과 새로운 세계를 추

---

attitudes and mental reactions toward death and dying," in *The Psychoanalytic Review* 20(1933), 166.

40) J. Moltmann, *Das Kommen Gottes. Christliche Eschatologie*(『오시는 하나님』, 김균진 역), 1995, 71.

구할 수 있는 능력을 가진다. 셸러에 의하면, 인간은 세계에 대해 무한히 개방적인 태도를 취할 수 있는 존재다. 인간이 된다는 것은, 정신의 힘을 통해 세계 개방성으로 고양되는 것을 말한다.[41]

겔렌(A. Gehlen)에 의하면, 인간 속에 잠재하는 세계 개방성은 문화와 사회적 조건들과 교육에 의해 결정된다. 그러나 문화와 사회적 조건들이 개인을 지배하는 힘을 가진다 할지라도, 세계 개방적인 인간은 이러한 조건들에 의해 전적으로 결정되지 않는다. "사회의 제도들이 어떤 방법으로 우리를 획일화한다 할지라도, 우리의 태도와 더불어 우리의 사고와 느낌을 형성하고 그들의 유형을 결정한다 할지라도, 인간은…창조적으로… 활동하기 위해 남은 에너지를 활용한다."[42] 이와 같이 인간은 문화적·사회적 조건들에 영향을 받는 동시에 이것들을 초월할 수 있는 능력을 가지기 때문에, 죽음에 대한 인간의 의식이 단순히 사회적으로 중재된다고 말할 수 없다. 인간 존재의 구조적 자유와 세계 개방성은 사회적으로 규정되어 있는 죽음에 대한 모든 인식을 넘어서서, 죽음에 대한 각자의 인격적 경험을 가능케 한다.

4) 종교적·신학적 의식—성서에 나타난 죽음 의식의 특색

그리스 델포이(Delphi)의 아폴로 신전에는 "*Gnothi seauton!*"(너 자신을 알라)이라는 유명한 구절이 새겨져 있다. 이 구절은 영원한 신이 거하고 있는 이 신전에서, 너는 신이 아니라 인간이며, 무한한 존재가 아니라 유한한 존재 곧 언젠가 죽을 수밖에 없는 존재임을 알리는 말이다. 여기서 인간의 죽음에 대한 지식은 영원한 신의 존재를 경험함으로써 생성된다. 신은 영원한 반면 인간은 유한하다. 신은 사멸하지 않는 존재인 반면 인간은 사멸할 수밖에 없는 존재다. 죽음의 필연성은 그의 존재에 속한다. 호메로

---

41) M. Scheler, *Die Stellung des Menschen im Kosmos*, 33.
42) A. Gehlen, *Anthropologische Forschung*, 1961, 72.

스(Homer)에 의하면 신들은 "불멸의 존재"인 반면 인간은 "사멸할 수밖에 없는 하루살이"요, "그림자의 꿈"과 같다.[43]

라틴어 *homo*, 곧 인간은 땅을 가리키는 *humus*로부터 파생되었고, 구약성서에서 인간, 곧 *adam*은 땅을 가리키는 *adamah*에서 파생되었다는 사실은, 신의 현존 앞에서 드러나는 인간의 유한성과, 땅으로 돌아갈 수밖에 없는 그의 사멸성과 죽음의 필연성을 암시하고 있다. 이것은 대표적으로 시편 90편에 나타난다. 시편 90편은 영원하신 하나님 앞에서 인간의 유한성과 죽음의 필연성을 다음과 같이 말한다.

주님은 대대로 우리의 거처이셨습니다.
산들이 생기기 전에, 땅과 세계가 생기기 전에,
영원부터 영원까지, 주님은 하나님이십니다.
주께서는 사람을 티끌로 돌아가게 하시고
"죽을 인생들아, 돌아가거라" 하고 말씀하십니다.
주님 앞에서는 천년도 지나간 어제와 같고,
밤의 한순간과도 같습니다.
주께서 생명을 거두어가시면,
인생은 한순간의 꿈일 뿐,
아침에 돋는 한 포기의 풀과 같을 따름입니다.
아침에는 돋아나서 꽃을 피우다가도,
저녁에는 시들어서 말라버립니다(시 90:1-6).

여기서 시편 기자는 하나님의 영광과 영원하심을 찬양한 다음, 인간의

---

43) J. Moltmann, *Mensch. Christliche Anthropologie in den Konflikten der Gegenwart*, Themen der Theologie(『인간』, 김고광 역), hrsg. von H. J. Schultz, Bd. II, 1971, 26.

유한성과 죽음의 필연성을 말한다. 영원하신 하나님 앞에서 우리 인간은 아침에 돋아나서 꽃을 피우다가 저녁에 시들어버리는 풀과 같으며, 한순간의 꿈과 같다. 그의 일생은 "한 뼘 길이"밖에 되지 않으며 "없는 것이나 같다." 비록 "살아 있는 사람일지라도 한낱 입김에 지나지 않으니…그 한 평생이 실로 한 오라기 그림자일" 뿐이다(시 39:5-6). 시편 49편은 죽음의 불가피성을 다음과 같이 말한다.

> 누구나 볼 수 있다. 지혜 있는 사람도 죽고,
> 어리석은 자나 우둔한 자도 모두 다 죽는 것을!
> 평생 모은 재산마저 남에게 모두 주고 떠나가지 않는가!
> 사람들이 땅을 차지하여 제 이름으로 등기를 해두었어도,
> 그들의 영원한 집, 그들이 영원히 머물 곳은 오직 무덤뿐이다.
> 사람이 제아무리 위대하다 해도 죽음을 피할 수는 없으니,
> 멸망할 짐승과 같다(시 49:10-12).

예언자 이사야도 영원하고 거룩하신 하나님의 영광을 경험하면서, 다음과 같이 인간의 죽음의 필연성을 고백한다. "이제 나는 죽게 되었구나! 나는 입술이 부정한 사람인데, 입술이 부정한 백성 가운데 살고 있으면서, 왕이신 만군의 주님을 만나 뵙다니!"(사 6:5)

위에서 우리는 죽음의 의식의 세 가지 차원, 곧 생물학적·직관적 차원, 실존론적 차원, 문화적·사회적 차원을 고찰했다. 이 세 가지 차원은 서로 배타적인 것이 아니라, 인간이 가진 죽음의 의식의 다양한 측면이라 말할 수 있다. 인간도 자연의 생물들 가운데 한 생물임은 틀림없는 사실이다. 그러므로 그는 다른 생물들처럼 자신의 죽음에 대한 직관을 가진다. 하이데거가 분석하는 바와 같이 인간은 자신의 삶이 죽음을 향하여 진행되고 있다는 것을 알고 있으며, 죽음은 삶의 마지막 사건이 아니라 이미 삶 속에 현존하고 있음도 알고 있다. 또한 인간이 가진 죽음의 의식 내지 죽음

에 대한 지식이 문화적 전통의 산물이며 그 사회의 가치관, 규범 등에 의해 영향받는다는 것도 사실이다.

성서는 죽음의 의식의 이러한 차원들을 부인하지 않는다. 오히려 이들을 수용한다. 인간은 본래 사멸의 존재로 창조되었으며(창 3:19, 22; 시 89:48; 전 2:16), 자연의 다른 생물들과 마찬가지로 언젠가 죽을 수밖에 없는 존재다(시 49:12, 20; 전 3:19-20; 7:2). 그의 삶은 죽음을 향하여 빠르게 진행하는 화살과 같다(시 90:10). 인간은 태어나는 순간부터 죽음을 향하고 있다. 태어날 때가 있으면, 죽을 때가 있기 마련이다(전 3:2). 그러므로 그의 인생은 헛된 것이다(전 12:8). 그는 자신의 죽음에 대한 의식을 가지고 있다(전 9:5). 이와 같이 성서는 죽음에 대한 의식의 다양한 측면을 수용하는 동시에, 영원하신 하나님 앞에서(coram Deo) 인간의 유한함과 죽음의 필연성을 고백한다. 그러므로 성서에서 죽음에 대한 인간의 의식은 하나님의 영원과의 대조 속에서 고백된다. 그것은 단지 이 세계의 내재적 원인으로 인해 형성되는 것이 아니라 초월적인 것, 곧 하나님의 영원의 빛 속에서 형성되며 또 고백된다. 이로 인하여 성서에 나타나는 죽음의 의식은 일반 다른 이론에서 보기 어려운 내용적 특색을 가지게 된다.

(1) 성서는 단순히 인간의 죽음의 필연성을 말하는 것이 아니라 **하나님의 영원성** 앞에서 인간의 유한성과 그의 죽음의 필연성을 고백한다. 이를 통해 성서는 하나님의 존재와 인간의 존재를 엄격히 구분한다. 하나님은 영원하신 반면, 인간은 유한하다. 하나님의 삶은 시간적 제한을 갖지 않는 반면, 인간의 삶의 시간은 죽음으로 제한되어 있다. 이리하여 인간의 신격화가 금지된다. 인간은 하나님이 아니라 인간이다. 하나님은 하늘에 계시고, 인간은 땅 위에 있다. 그러므로 인간은 자고(自高)하지 말아야 하며, 하나님 앞에서 자기를 낮추어야 한다는 것을 성서는 가르친다. 성서에서 죽음에 대한 의식은 영원하신 하나님과 유한한 인간의 **"질적 차이"**에 **대한 인식**과, 영원하신 하나님 앞에서 **인간의 겸손에 대한 인식**을 그 내용

으로 가진다.

(2) 성서는 하나님의 영원 앞에서 인간의 삶의 제한성과 허무함을 고백한다. 하나님의 영원성 앞에서 그의 삶은 제한되어 있다. 죽음과 함께 그의 삶의 모든 것이 끝난다. 그러므로 그의 삶은 지나가는 것, 곧 허무한 것이다(시 39:11). 삶의 허무함에서 모든 인간은 동일하다. 지혜로운 자나 우둔한 자나, 부유한 자나 가난한 자나, 지위가 높은 왕이나 지위가 없는 백성이나 이 점에서 모든 인간은 평등하다(시 49:10, 20; 82:7). 또한 이 점에서는 인간과 짐승도 평등하다. "사람이 제아무리 위대하다 해도 죽음을 피할 수는 없으니, 멸망할 짐승과 같다"(시 49:20). 그러므로 인간은 낮은 자, 가난한 자를 멸시해서는 안 되며, 스스로 낮은 곳에 처할 수 있어야 한다. 자연의 생물들과 그 자신의 생명이 죽음의 한계상황 앞에서 동일하다는 것을 의식하면서, 자연의 생물들을 천시하지 말고 그들의 생명을 돌보아야 한다는 가르침이 여기에 내포되어 있다. "의인은 집짐승의 생명도 돌보아 주지만…"(잠 12:10). 성서에서 죽음에 대한 의식은 **죽음 앞에서 모든 생명의 평등에 대한 인식, 그리고 모든 생명에 대한 자비의 인식**을 그 내용적 특색으로 가진다.

(3) 성서는 영원한 하나님 앞에서 인간의 삶의 제한성을 고백함으로써 삶의 지혜를 얻을 것을 시사한다. "우리에게 우리의 날 계수함을 가르쳐주셔서 지혜의 마음을 얻게 해주십시오"(시 90:12). 성서는 단지 인간의 생물학적 죽음의 사실이나 실존 구조로서의 죽음에 대하여 말하는 것이 아니라, 죽음에 대한 의식을 일깨움으로써 삶의 지혜를 얻게 하고자 한다. 곧 무엇을 위해, 어떻게 살아야 하며, 자기의 죽음을 어떻게 준비해야 할 것인가를 성찰하고 결단하게 한다. 맹목적으로 살려고 하는 인간이 자신의 죽음을 내다보면서 자기 삶의 목적과 의미가 무엇인지, 삶의 참 가치가 무엇인가를 반성하게 하며, 자기의 죽음을 준비하는 태도를 가지고 살게 한다.

그러나 여기서 말하는 "죽음의 준비"는 죽음 자체를 준비한다는 것을 뜻하지 않는다. 김경재 교수가 말하듯이 "삶이나 죽음이나 준비란 없는 것이다. 오직 삶이 있고 죽음이 있을 뿐이다. 우리는 삶이나 죽음을 초등학교 운동회 예행 연습하듯이 그렇게 할 수 없는 것이다. 삶과 죽음은 매순간 한 번밖에 주어지지 않는 실전이 있을 뿐이다."[44] 여기서 말하는 "죽음의 준비"는 ① 자기의 삶이 죽음으로 제한되어 있다는 사실을 늘 의식하면서 삶의 참 가치와 목적을 향하여 사는 **삶의 자세**를 가리키는 동시에, ② 죽음의 마지막 한계선에서 자신의 죽음을 받아들일 수 있는 **죽음에의 태도 내지 준비성**(Bereitschaft)을 가리킨다.

인간의 삶은 무한하지 않다. 그것은 죽음으로 제한되어 있다. 그러므로 그는 자기 삶의 날을 계수하는 마음으로 하루하루를 하나님 앞에서 의미 있고 가치 있게 살아야 한다. 자기 삶의 의미가 무엇인가를 알아야 하며, 그 의미를 분명히 알 때, 아름다운 죽음을 맞이할 수 있을 것이다. 그리고 "아름다운 삶"이 있을 때, "아름다운 죽음"이 있을 것이다. 이와 같이 성서에서 죽음에 대한 의식은 맹목적인 삶을 지양하고 자기 삶의 참 목적과 의미와 가치를 성찰하고 결단하며 죽음을 준비하는 태도로 삶을 살아가야 한다는 **삶의 지혜에 대한 인식**을 그 내용적 특색으로 가진다. 자기의 죽음을 의식할 때, 인간은 겸손해질 수 있고 인간다운 인간이 될 수 있다.

이러한 인식은 한국인의 죽음관에서도 발견된다. 최내옥 교수는 "민속 신앙적 측면에서 본 한국인의 죽음관"에서 죽음을 미리 생각함으로써 얻을 수 있는 삶의 지혜를 다음과 같이 말한다.

그리고 죽음도 없고 저세상도 없고 사후 심판도 없다면 사람은 얼마나 무례하고 오만방자할 것인가는 불문(不問)이 가지(可知)다. 이렇게 보면 죽음은 도리어 참되게 슬기롭게 뜻 있게 사는 길을 제시하는 반응이고 교사라고 수용을 해야 한다.

한마디로 한국인의 죽음관은 바로 참답게 충실하게 사는 생명체다. 잘 죽

44) 김경재, "죽음 준비의 의미", 『삶과 죽음을 준비하는 회 창립 10년사 1991-2001』, 159.

음은 잘 살음이니…그래서 죽음이 없다면 그 누가 사람답게 살겠는가를 평생 쉬지 않고 질문하고 해답하므로 결국 사람다운 사람을 만들어간다.[45]

정진홍 교수는 동일한 생각을 다음과 같이 말한다.

이 점이 참으로 중요합니다. "죽음의 자리에서 삶 되살펴보기"는 우리로 하여
금 지금 여기에서 삶을 완성할 수 있는 구체적인 조건을 마련해주기 때문입니
다. "죽기 전에 완성하거라", "죽음 이후에 삶이 지저분하지 않도록 단단히 삶
을 추스르고 다듬거라", "죽기 전에 화해하고 사랑하라" 하는 진지한 윤리 의
식은 죽음을 전제하고 이룰 수 있는 것입니다.
    그러므로 죽음을 의식하고 사는 삶은 죽음을 기피하며 살아가는 삶보다
훨씬 건강하고 의미 있고 보람찬 것일 수 있습니다. 자기 한계를 아는 삶의 태
도와 모르는 태도는 전혀 다른 열매를 거둘 것입니다.[46]

(4) 성서에서 죽음의 의식은 삶의 허무함을 말하는 동시에 삶의 향유
에 대해 말하고 있다. 이것은 특별히 전도서에 분명히 나타난다. 죽음으로
제한되어 있는 인생의 모든 것은 헛되고 헛되다. "지나간 세대는 잊혀지
고, 앞으로 올 세대도 그 다음 세대가 기억해주지 않을 것이다"(전 1:11). 그
러므로 "사람이 세상에서 아무리 수고한들, 무슨 보람이 있는가?"(1:3) "왕
으로서 통치하는 것도 헛되며 바람을 잡으려는 것과 다를 바 없다"(4:16).
이와 같이 인생의 모든 것이 헛되지만, 자기에게 주어진 모든 것, 아니 자
기의 삶 자체를 하나님께서 주신 것으로 감사히 받고 주어진 것에 만족하
며 그것을 기쁜 마음으로 향유하는 것이 삶의 지혜다.

---

45) 최내옥, "민속 신앙적 측면에서 본 한국인의 죽음관", 『종교와 한국인의 죽음관』, 전주
    대학교 인문과학종합연구소, 1999, 55, 86.
46) 정진홍, "죽음 준비교육은 왜 필요한가?", 『삶과 죽음을 생각하는 회 창립 10년사
    1991-2001』, 182.

그렇다. 우리의 한평생이 짧고 덧없는 것이지만 하나님이 우리에게 허락하신 것이니, 세상에서 애쓰고 수고하여 얻은 것으로 먹고 마시고 즐거워하는 것이 마땅한 일이요, 좋은 일임을 내가 깨달았다! 이것은 곧 사람이 받은 몫이다 (5:18).

인간의 삶의 정조는 하이데거가 말하는 "염려"(Sorge)가 아니라, 하나님이 허락하신 자기의 삶에 대한 감사와 기쁨과 더 나은 내일에 대한 희망이다. 그러므로 죽는 것보다는 사는 것이 낫다. 죽으면 이 세계의 그 무엇도 향유할 수 없으며, 하나님께 대한 감사와 삶의 기쁨도, 희망도 사랑도 사라지기 때문이다. "살아 있는 사람에게는 누구나 희망이 있다. 비록 개라고 하더라도, 살아 있으면 죽은 사자보다 낫다"(9:4). 이 세계를 지으시고 우리에게 생명을 허락하신 창조주를 기억하면서(12:1), "아침에 씨를 뿌리고, 저녁에도 부지런히" 일하며(11:6), 죽음이 오기까지 인생을 즐기는 것이 지혜다. "너의 헛된 모든 날, 하나님이 세상에서 너에게 주신 덧없는 모든 날에, 너는 너의 사랑하는 아내와 더불어 즐거움을 누려라. 그것은 네가 사는 동안에 세상에서 애쓴 수고로 받는 몫이다"(9:9). 성서에서 죽음에 대한 의식, 그것은 **제한된 삶에 대한 사랑과 감사와 삶의 향유에 대한 인식**을 그 내용적 특색으로 가진다.

(5) 성서는 영원하신 하나님 앞에서 인간의 유한성, 곧 그의 죽음에 대해 말한다. 이를 통해 성서는 비록 인간이 죽을지라도, 그의 삶에 대해 의미를 부여할 수 있는 영원한 희망이 있다는 것을 암시한다. 인생의 모든 것은 죽음과 함께 끝난다. 모든 것이 허사다. "재산을 늘리는 일조차도 다 허사"다(시 39:6). 그러므로 이 세상에는 궁극적으로 바랄 것, 희망할 것이 아무것도 없다. "그러므로 주님, 이제 내가 무엇을 바라겠습니까?"(시 39:7) 이와 같이 시편 기자는 이 세계에 대한 모든 희망을 포기하면서 그의 궁극적 희망을 하나님에게 건다. "내 희망은 오직 주님뿐입니다"(시 39:7). 인간의 삶은 죽음으로 끝나지만, 하나님은 영원하다. 인간은 죽을지라도, 하

나님은 살아 계시며 그의 구원 역사는 계속된다. 하나님과 그의 구원 역사가 인간의 궁극적 희망이다.

따라서 인간에게는 죽음을 넘어서는 희망이 있다. 이 희망이 그의 허무한 삶에 의미를 부여하며, 그의 삶의 힘이 된다. 그러므로 시편 기자는 인간의 죽음에 대하여 말하면서 하나님의 사랑과 신실하심의 영원함을 찬양한다. "내가 영원히 주의 사랑을 노래하렵니다.…내가 이르기를 '주의 사랑은 영원토록 서 있을 것이요, 주의 신실하심을 그 하늘에 견고하게 세워두실 것이다' 하였습니다"(시 89:1-2). 이처럼 성서에서 죽음에 대한 의식은 **하나님의 미래에 대한 희망의 인식**을 그 내용적 특색으로 가진다. 단지 죽음이 인간의 실존 구조가 아니라, 하나님의 미래에 대한 희망이 인간의 실존 구조다.

(6) 성서에서 죽음은 인간과 그의 세계를 파멸로 몰고 가는 하나의 세력으로 인식된다. 가난과 질병, 불의와 억압과 착취 속에 죽음의 그림자가 드리우고 있다. 하나님을 아는 지식이 없으며, 그리하여 죄와 악이 있는 곳에는 "죽음의 올가미"가 있다. "죽음의 올가미가 나를 얽어매고, 스올의 고통이 나를 엄습하여서, 고난과 고통이 나를 덮쳐올 때에…"(시 116:3). 신약성서에도 죽음은 부정적인 것으로 파악된다. 죄 안에는 죽음이 왕 노릇 하고 있다(롬 5:14, 21). 죽음은 "죄의 삯"이다(롬 6:23). 죽음은 하나님에 대하여 적대하는 것, 있어서는 안 될 것으로 인식된다. "다시는 죽음이 없고…"(계 21:4).

이와 같이 성서에서 죽음은 단지 삶의 마지막에 일어나는 생물학적 사건이 아니라 가난과 질병, 불의와 억압과 착취, 인간에 의한 인간의 소외, 하나님이 없으며 인간의 가치와 존엄성이 파괴되는 모든 것 안에 숨어 있는 하나의 파괴적 세력이요 현실이다. 그러므로 성서는 죽음의 의식을 삶의 현실적 고난 속에서 고백한다. 성서에서 죽음의 의식은 단지 영원한 하나님의 존재와 유한한 인간의 존재를 비교함으로써 등장하는 것이 아니라, 인간의 현실적 필요와 고난과 고통과의 연관 속에서 등장한다. 현실적으로 우리는 심한 굶주림을 느낄 때, 생계가 막막할 때, 몸 붙일 데가 없을 때, 병이 들었거나 병을 고칠 비용이 없을 때, 먹을 것과 입을 것이 풍족하지만 정신적으로 외롭고 고독할 때, 사랑하는 사람의 버림을 받았을 때, 이럴 수도 저럴 수도 없는 곤경에 빠졌을 때 죽음의 위협을 느끼며 죽음의 의식을 갖게 된다. 사실 우리는 건강하고 별일이 없을 때는 죽음의 의식을 갖지 않는다. 그러나 상술한 일이 일어날 때, 우리는 죽음의 의식을 느끼며 죽음에 대한 두려움을 느끼게 되는 것이다.

한마디로 인간의 **물질적·정신적 기본 욕구**들이 충족되지 않을 때 죽음의 그림자가 드리우게 되며, 인간은 죽음의 의식을 느끼게 된다. 배고프고 목마른데 먹지 않고 마시지 않으면 죽는다. 병이 들었는데 병을 고치지 않으면 죽는다. 죽음에 대한 가장 일차적인 의식은 물질적 욕구가 충족되지 않을 때 등장한다. 성서는 죽음의 의식의 이러한 측면을 간과하지 않는다. 성서는 죽음의 의식에 대한 모든 철학적·사변적 사색 대신, 인간의 삶의 고난과 고통 속에서 죽음의 의식을 고백한다.

이에 대한 한 가지 예를 우리는 아브라함의 애첩 하갈의 이야기에서 발견한다. 하갈이 아브라함의 아내 사라의 미움을 받아 어린 아들과 함께 내어 쫓긴다. 모자가 가진 것이라고는 "떡과 물 한 가죽 부대"밖에 없다. 날씨가 뜨거운 광야에서 물 한 가죽 부대는 오래가지 못한다. 물이 떨어져 어린 아들이 목말라 고통당하는 것을 보면서 하갈은 죽음의 의식에 사로잡혀 방성대곡한다. "아이가 죽어가는 꼴을 차마 볼 수가 없구나! 하면서, 화살 한 바탕 거리만큼 떨어져서 주저앉았다. 그 여인은 아이 쪽을 바라보고 앉아서 소리를 내어 울었다"(창 21:16). 또한 이집트를 탈출한 이스라엘 백성이 홍해를 눈앞에 두고 이집트군의 추격을 받아 이럴 수도 없고 저럴 수도 없는 진퇴양난에 빠졌을 때, 죽음의 의식을 느낀다. "이집트에는 묘자리가 없어서, 우리를 이 광야에다 끌어내어 죽이려는 것이냐?"(출 14:11) 시편 기자는 현실의 고난 속에서 죽음의 의식을 고백한다.

아, 나는 고난에 휩싸이고,

내 목숨은 스올의 문턱에 다다랐습니다.

나는 무덤으로 내려가는 사람과 다름이 없으며,

기력을 다 잃은 사람과 같이 되었습니다.

이 몸은 또한 죽은 자들 가운데 버림을 받아서,

무덤에 누워 있는 죽은 자와 같고,

더 이상 기억하여주지 않는 자와도 같고,

주의 손에서 끊어진 자와도 같습니다(시 88:3-5).

이와 같이 성서에서 죽음은 모든 종류의 고통 속에서 인간의 생명을 위협하는 세력으로 의식되기 때문에, 성서에 나타나는 **죽음의 의식은 죽음의 세력을 거부하며 죽음을 초래하는 모든 상황에 대하여 저항하는 태도를 그 내용적 특색으로 가진다.** 하나님은 죽음을 원하시지 않고 생명을 원하신다. 그는 "살아 있는 자들의 하나님"이다. 하나님의 아들 예수는 죽어가는 생명들을 살리는 분으로 나타난다. 그는 병들어 죽어가는 자들을 고치며, 사회적 소외와 인간 차별 속에서 신음하는 자들의 인간적 가치와 존엄성을 회복시켜줌으로써 그들의 상실되어가는 생명력을 회복시켜준다. 성령은 죽어가는 생명들을 살리고자 한다. 그는 "살리는 영"이다. 그러므로 사도신경은 역사의 마지막에 주어질 "영원한 생명"(vitam aeternam)을 약속한다. "영원히 살 것을 믿사옵니다."

하나님이 인간에게 궁극적으로 주시고자 하는 것은 "영원한 생명"이다. 사랑은 사랑받는 자의 죽음을 원하지 않고 생명을 원할 수밖에 없기 때문이다. 죽음은 이에 모순되는 세력이다. 따라서 죽음에 대한 성서의 의식은 죽음을 초래하는 모든 악한 세력들과 불의한 요소들에 대하여 저항하는 태도를 취할 수밖에 없다. 그것은 실존주의 철학자들처럼 죽음을 인간의 한계상황으로 받아들이지 않는다. 오히려 그것은 정치적·경제적 불의, 가난과 질병과 고난, 하나님에 대한 불신앙과 타락한 삶 속에 숨어 있는 죽음의 세력들을 제거하고 죄와 죽음이 없는 "생명의 세계"를 앞당겨 오고자 한다. 결론적으로 성서에서 죽음의 의식은 단순히 죽음에 대한 의식이 아니라 **죽음을 거부하는 의식**이요, 죽음과 죽음을 초래하는 세력들에 대한 **저항 의식**이다.[47]

2. 삶 한가운데 있는 죽음의 현실

죽음은 치명적인 것이다. 삶의 시간을 돌이킬 수 없듯이, 죽음도 돌이킬 수 없다. 죽음과 함께 삶의 시간은 끝나고, 한 인간의 존재는 이 세계에서 영원히 사라져버린다. 더 이상 사랑할 수도 없고 미워할 수도 없다. 아름다운 것을 경험할 수도 없고 추한 것을 경험할 수도 없다. 죽음과 함께 인간은 영원한 침묵 속으로 들어간다.

죽음의 치명성을 우리는 사랑하는 사람의 죽음에서 더욱 피부로 느낀다. 살면서 때로 다투기도 하고 거리감을 갖기도 하지만, 삶을 함께 나누던 사람이 침묵 속에서 싸늘한 시체로 굳을 때, 우리는 죽음의 치명성 앞에서 인간의 무력함을 뼈저리게 느낀다. 그 사람과 교통할 수 있고 사랑을 나눌 수 있는 가능성이 단절된다. 그는 나에게 더 이상 아무것도 말할 수 없고, 나를 쳐다볼 수도 없다. 울 수도 없고 웃을 수도 없다. 그를 사랑할 수도 없고 미워할 수도 없다. 어떤 책이나 음성 파일이나 그림도 그 사람의 말을 대신할 수 없다. 모든 활동의 가능성과 자기표현과 자기 발전의

---

47) 죽음의 의식에 대한 이러한 분석은 문화인류학자인 베커(Ernest Becker)의 "죽음의 부정"과 상응한다. 여기서 죽음은 소크라테스의 죽음의 경우처럼, 인간이 수납해야 하는 것으로 파악되지 않고, 거부해야 할 것으로 파악되기 때문이다. E. Becker, *The Denial of Death*, 1973 참고. 이에 관하여 정석환, "죽음의 불안과 중년기 성숙성의 과제," 「현대와 신학」 제24집, 연세대학교 연합신학대학원 발행, 1999, 6, 302. 그러나 우리는 죽음 자체의 부정에 대해서는 물론, 죽음을 앞당겨오는 세력들과 상황들에 대한 부정에 대해서도 말해야 할 것이며, 이에 대한 근거를 성서에서 발견할 수 있다.

잠재력이 중지된다. 그의 의식은 정지되고, 온몸은 굳는다. 그는 유기체의 영역에서 무기질의 영역으로 옮겨진다. 몸의 모든 부분은 썩어 없어지고, 무기질만 남게 된다. 그가 얼마나 많이, 얼마나 적게 남겨 두었는가는 죽음의 순간에 아무런 의미가 없다. 물론 이름과 명예와 업적을 남길 수 있지만, 죽은 사람 자신에게 이것은 더 이상 의미가 없다. 이 세계의 모든 것은 그에게 사실상 끝난다.

그러므로 죽음은 땅 위에 있는 삶의 냉정한 끝이요 단절이다. 아무것도 돌이킬 수 없고, 없었던 것처럼 만들 수도 없다. 절대적 부재(Abwesenheit), 다시 돌이킬 수 없고 단 한 번밖에 없는 삶의 유일회성(Einmaligkeit), 되돌려 수정할 수 없고 고칠 수 없는 삶의 궁극성(Endgültigkeit)이 사랑하는 사람의 굳어가는 시체에서 경험된다. 죽음의 치명성에서 인간의 무력함과 인간 존재의 한계가 침묵 속에서 마음 속 깊이 느껴진다. 죽은 사람이 어떤 상태에 있는지 확인할 수 없고, 그에게 내 바람과 생각을 전할 수도 없으며, 그를 위해 아무것도 할 수 없는 무력감 속에서 굳어가는 시체를 바라볼 뿐이다. 그래서 죽어가는 사람의 마지막 순간, 곧 임종을 지켜보는 사람들은 무엇을 어떻게 말해야 할지, 무엇을 해야 할지 모르는 당혹감과 무력감 속에서 깊은 침묵과 슬픔에 빠진다.

이와 같은 죽음을 우리는 일반적으로 삶의 마지막 시간에 오는 것으로 생각한다. 그것은 우리의 생명의 힘이 모두 소진되었을 때, 그리하여 우리의 몸이 더 이상 존재할 수 없게 되었을 때 오는 것이라고 생각한다. 혹은 질병이나 사고로 인하여 갑자기 일어나는 삶의 마지막 사건이라고 생각한다.

그러나 죽음은 삶의 마지막 시간에 오는 것이 아니라, 우리의 삶 한가운데 있는 현실이라 말할 수 있다. 시인 김소엽 씨는 그녀의 시 "죽음의 찬가" 몇 구절에서 삶 속에 있는 죽음의 현실을 다음과 같이 말한다.

죽음은 우리 안에 내재해 있고

죽음은 삶의 엄연한 동반자요

…

죽음은 풀꽃처럼 지천에 널려 있고

우리 삶은 그 위를 바람처럼 흐르거니[48]

삶 속에 있는 죽음의 현실은 무엇보다 먼저 자신의 죽음을 미리 아는 인간의 의식 안에 현존한다. 또 하이데거가 말하듯이 죽음은 인간이 이 세상에 태어나는 바로 그 순간, 인간의 삶 속으로 점점 더 가까이 오면서 인간의 삶을 동반하는 현실이라 말할 수 있다. 이러한 죽음의 현실성을 우리는 다섯 가지 측면에서 설명할 수 있다. (1) **존재론적 측면**, (2) **생물학적·의학적 측면**, (3) **정신 내지 영혼의 측면**, (4) **사회적 측면**, (5) **정치, 경제적 측면**, (6) **생태학적 측면**.

1) 존재론적 현실

죽음의 현실의 존재론적 측면을 가장 깊이 분석한 20세기 학자는 하이데거라고 말할 수 있다. 위에서 기술한 바와 같이, 하이데거에 의하면 죽음은 인간 존재의 **구조**에 속한다. 그의 존재와 함께 비존재, 곧 죽음이 함께 주어지며, 그의 현존은 죽음과 함께 진행된다. 죽음은 삶의 마지막 순간에 일어나는 사건이 아니라 인간이 태어나면서부터 받아들이는 "존재의 방식"이요, "모든 가능성의 존재론적 아프리오리"다.[49] 그는 "죽음을 향한 존재"(Sein zum Tode), "끝남을 향한 존재"(Sein zum Ende)다.

실존주의 철학자 야스퍼스(K. Jaspers)도 인간의 존재 자체 속에 숨어 있는 죽음의 현실을 지적한다. 그의 생각에 의하면, "나의 죽음"은 나에게 경험의 대상이 아니다. 나는 죽음의 불안, 피할 수 없는 죽음의 상황은 경

---

48) 김소엽, "죽음의 찬가", 삶과 죽음을 생각하는 회 창립 10주년을 축하하며.

49) M. Heidegger, *Sein und Zeit*, 245.

험할 수 있지만, 나의 죽음 그 자체를 경험할 수는 없다.

> 나는 죽어가면서 죽음을 당하지만, 죽음을 결코 경험하지 못한다. 나는…죽음
> 을 향하여 나아가든지, 아니면 죽음으로 인도할 수 있거나 인도할 수밖에 없
> 는 과정의 전 단계들을 당한다.[50]

그러나 야스퍼스에 의하면, 죽음은 "존재의 깊이"로 경험된다.[51] "죽음
의 깊이"는 인간 "자신의 존재"(das eigene Sein)다. 인간은 존재하는 한, **죽
음과 함께** 존재한다. "죽음은 나와 함께 다닌다."[52] 인간의 삶은 운명적으
로 미리 결정되어 있는, 세계 무대 위에서 일어나는 한 편의 "연극"과 같
다. 인간이 그의 적극적 삶을 통하여 자기의 완성을 향하여 나아감으로써,
"그는 그 자신의 죽음을 향하여 나아간다."[53]

죽음에 대한 하이데거와 야스퍼스의 분석은 사회적 차원을 결여하는
문제점을 지니고 있지만, 인간의 존재 자체 속에 숨어 있는 죽음의 현실을
가장 깊이 드러내고 있다. 그들의 분석에 의하면, 죽음은 단지 삶의 마지
막 순간에 일어나는 생물학적 사건이 아니라 인간의 출생과 함께 인간의
존재 자체에 주어져 있다. 그것은 인간의 **존재론적 구성 요소**다. 그것은
인간의 존재를 언제나 동반하는 "**존재의 동반자**"이며 존재의 **현실**이다.

물론 인간은 에른스트 블로흐(Ernst Bloch)가 말하듯이, 단지 "죽음을
향한 존재"가 아니라 더 나은 내일을 기다리는 존재, 희망하는 존재다. 그
는 죽는 순간까지 더 나은 내일을 기다린다. 그의 존재는 마지막 순간까지

---

50) K. Jaspers, *Tod*, 65. 원문: "sterbend erleide ich den Tod, aber ich erfahre ihn
nie. Ich gehe entweder dem Tode entgegen…oder erleide Vorsteufen eines
Prozesses, der zum Tode führen kann oder muß."
51) Ibid., 69.
52) Ibid., 70. 원문: "Der Tod wandelt sich mit mir."
53) Ibid.

기다림과 희망 속에서 진행된다. 그러나 기다림과 희망 속에 있는 인간의 존재는 유한하다. 그의 존재는 죽음으로 한계지어져 있다. 따라서 더 나은 내일을 기다리고 희망하는 인간 존재는 결국 죽음을 향한 존재이며, 죽음은 그의 존재 자체와 함께 주어져 있다는 실존론적 분석의 타당성을 우리는 부인할 수 없다.

2) 생물학적·의학적 현실

생물학적·의학적 측면에서 죽음은 먼저 **질병**을 통해 하나의 현실로서 삶 속에 현존한다. 질병은 신체 기능을 약화시키며 신체의 죽음을 초래할 수 있다. 우리의 신체가 이러한 질병에 걸렸을 때, 죽음은 우리의 삶 가운데 하나의 현실로서 현존하게 된다. 이 질병을 극복할 때, 죽음의 현실은 우리의 삶에서 물러가고 우리는 다시 건강한 삶을 영위할 수 있다. 그런데 질병이란 매우 상대적인 개념이다. 언제 질병이 시작하는지, 그것이 언제 끝나는지를 우리는 확정하기 어렵다. 예를 들어 감기가 언제 시작하는지, 언제 끝나는지, 정확한 시점을 확정하는 것은 거의 불가능하다. 오히려 우리는 이렇게 말할 수 있다. 감기 증세는 우리 몸속에 항상 있다. 그런데 우리 몸이 약해졌을 때, 몸속에 숨어 있는 감기 증세가 명백히 나타나서 우리는 "감기 걸렸다"고 말한다. 우리의 몸이 다시 회복되어 감기 증세가 약해지면, 우리는 "감기 기운이 떨어졌다"고 말한다. 그러나 감기 증세는 언제나 우리 몸속에 숨어 있다. 따라서 우리는 죽는 순간까지 질병의 잠재성과 함께 살며, 이 질병을 통해 죽음의 현실은 우리의 삶 속에 언제나 현존한다고 볼 수 있다. 이 문제와 관련해 한 의학자는 의학적·생물학적 차원에서 죽음의 원인을 다음과 같이 분석한다.[54]

---

54) F. Hartmann, "Grenzen ärzlichen Vermögens am Lebensende," in U. Becker u. a.(Hrsg.), *Sterben und Tod in Europa*, Wahrnehmungen, Deutungsmuster, Wandlungen, 1998, 38.

(1) 외적 원인들로 인한 죽음: 사고, 낙상, 익사, 총살, 독살 등으로 인한 죽음.

(2) 의학적으로 잘 알려져 있고 미리 발견된 원인들로 인한 죽음: 신체 내의 출혈, 심장마비, 폐병, 신장의 갑작스러운 기능 정지, 영양 불량 등으로 인한 죽음.

(3) 의학적으로 복잡한 원인들로 인한 죽음: 쇼크, 혼수상태, 심장과 혈액 순환의 기능 정지, 발작 등으로 인한 죽음.

이와 같은 다양한 죽음의 원인들 가운데 대부분은 이미 삶 속에서 오랜 기간 동안 진행되는 것들이다. 예를 들어 영양실조는 수년 혹은 수십 년 동안 진행된다. 영양 불량의 오랜 진행 과정 속에서 죽음은 삶의 현실로서 인간의 삶 속에 현존한다고 볼 수 있다. 치매 혹은 심각한 망각 증세도 죽음의 그림자다.

3) 영적·정신적 현실

인간은 단지 신체만을 가진 것이 아니라 정신과 영혼을 가진다. 그는 정신과 영혼과 신체가 하나로 결합되어 있는 총체적 존재다. 따라서 죽음은 인간의 신체와 관계된 생물학적·의학적 차원에서는 물론, 인간의 정신적·영적 차원에서도 인간의 삶 속에 현존한다고 말할 수 있다. 이에 대하여 우리는 **이별**을 예로 들 수 있다. 이별 속에서 우리는 영혼의 슬픔과 고통을 느낀다. **영혼의 슬픔과 고통**은 인간을 강하게 만드는 동시에 인간의 생명을 손상시키며, 생명이 손상되는 바로 거기에 죽음의 현실이 있다. 이별은 관계의 단절이며, 관계의 단절은 **고독과 불안**을 초래한다. 이 불안은 궁극적으로 비존재에 대한 불안, 곧 자신의 존재가 상실될 수 있음에 대한 불안이다. 불안은 생명의 훼손이요 죽음의 그림자다.

또 우리가 지속적으로 정신적 **스트레스**를 받거나, 살고자 하는 의지를 포기하고 삶에 대한 **좌절과 절망**에 빠질 때, 죽음은 우리의 삶 속에 현존하면서 우리의 생명을 훼손하게 된다. **삶의 무의미** 속에도 죽음의 현실이 현존한다. 자기 삶이 아무 의미도 없다고 생각할 때 인간은 삶의 의욕을 상실하며, 그의 삶은 생동성을 잃어버린다. 그의 영혼은 깊은 공허감 속에서 고통을 당한다. 그는 살지만 죽지 못하여 겨우 살아간다. 이러한 정신적 고통을 견디지 못하여 자살로 삶의 시간을 끝내는 사람도 있다.

4) 사회적 현실

오늘날 일단의 사회학자들은 다양한 차원의 사회적 죽음의 현실에 대해 말하고 있다.[55] **정년퇴직, 장기간의 실직, 사회로부터의 소외, 인간 차별, 무기징역** 등을 통하여 오늘날 인간은 서서히 죽어가고 있다. 사회적 기능과 관계의 심각한 상실은 인간을 심리적으로 압박하며 그의 신체 기능을 저하시키고, 마침내 신체적 질병을 유발할 수 있다. 자신의 존재가 그 사회 속에서 아무런 기능과 의미를 갖지 못한다고 생각될 때, 인간의 생명은 치명적 손상을 입게 된다. 전쟁의 패배로 말미암은 **사회적 패배 의식, 사회적 정체성의 위기**도 인간의 생명을 서서히 단축시키는 요인들이다. 추방이나 강제 이민을 통하여 인간은 자신의 문화, 자신의 사회, 자신의 언어, 자신의 고유한 사회적 위치와 역할을 상실하며, 이를 통해 죽음의 현실을 앞당겨온다.

오늘날 **병원 자체 속에 있는 죽음의 현실**이 지적되고 있다. 병원에서 환자의 생명은 의사와 간호사에게 의존한다. 이러한 환자의 생명의 가치를 의사와 간호사가 충분히 존중하지 않고 하나의 물건처럼 취급할 때, 환자의 생명은 손상을 당한다. 또 임종을 앞둔 환자가 관계된 사람들에 의하여 죽은 자처럼 취급되거나 버림받았다고 느낄 때, 죽음의 현실이 그림자를 드리우게 된다.

---

55) 아래 내용에 관하여 K. Feldmann, "Physisches und soziales Sterben," in U. Becker u. a.(Hrsg.), *Sterben und Tod in Europa*, 96ff.

일단의 사회학자들은 **노인 계층**에 있는 죽음의 현실을 하나의 심각한 사회적 문제로 지적한다. 자연과학 기술, 의학기술의 놀라운 발전을 통하여 인간의 평균수명은 과거와 비교할 수 없을 정도로 연장되었다. 이리하여 인구 구성에서 노인층은 지난 수십 년 동안 놀랄 만큼 증가했으며, 앞으로도 계속 증가할 전망이다. 이와 함께 노인들의 사회적 위치의 상실, 사회적 기능의 상실 문제가 하나의 심각한 사회문제로 등장하고 있다. 노인들은 사회에서는 물론 가족 내에서도 그들의 역할 상실 내지 역할 감소를 경험한다. 사회적 접촉의 기회가 거의 사라지며, 사회적으로 인정받을 수 있는 기회도 감소한다. 성 기능도 퇴화하기 때문에 성적 역할이 현저히 감소한다. 특히 성적 역할의 감소는 노인들에게 치명적 좌절감을 초래하며 그들의 생명력을 약화시키는 요인으로 작용한다. 자기의 인생은 이제 끝났다고 생각하게 되는 것이다.

경제력의 감소 내지 상실도 노인들의 생명을 훼손하고 단축시키는 요인이다. 양로원에서 마지막 여생을 보내는 동안, 대부분의 노인들은 깊은 사회적 상실감과 소외감에 사로잡히게 되며 깊은 슬픔 속에서 살게 된다. 이 슬픔은 사회적 죽음의 현실이라 말할 수 있다. 사회적 죽음의 현실에 대한 공포가 많은 노인들에게 신체적 죽음에 대한 공포보다 훨씬 더 크다.[56] 사회적 죽음의 현실이 신체적 죽음보다 훨씬 더 심각하게 생각되는 상황들을 우리는 아래와 같이 분석할 수 있다.

(1) 자기가 계속하여 사는 것을 자기 주변의 사람들, 특히 식구들과 친척들이 원하지 않는다고 생각될 때
(2) 사회적 활동의 능력을 상실하였으며, 이리하여 자신의 존재가 사회적으로 더 이상 필요하지 않거나 유익을 주지 못한다고 생각될 때
(3) 자기가 살아 있음이 주변의 다른 사람들에게 짐이 된다고 생각될 때

---

56) Ibid., 101.

　　　　　　　　죽음과 부활의 신학

(4) 정상적인 심리적 능력과 정신적 능력을 상실했을 때

(5) 신체의 기능들이 현저히 약화되고 신체적 고통을 당할 때

한국 사회의 현실에서 우리는 **성차별**로 말미암은 죽음의 사회적 현실에 대하여 언급하지 않을 수 없다. 유교의 가부장 제도로 인하여 한국인들은 아직도 아들을 선호한다. 이리하여 여성은 태어나면서부터 차별 대우를 당하게 된다. 자녀들의 성장 과정에서 딸에 대한 차별 대우 역시 한국 사회에서 지금도 계속되고 있다. 자녀들에 대한 유산 분배에서도 딸은 불이익을 당한다. 남성만이 호주가 될 수 있는 사회적 제도는 여성의 존재를 남성에게 예속시키며 비하시키는 결정적 요인으로 작용한다. 부부 관계에서 부인에 대한 남편의 폭력도 끊임없이 일어난다. 남편의 폭력을 견디다 못해 남편과 자녀를 버리고 가출하는 여성들도 있다. 직업 전선에서도 여성의 진출은 남성에 비하여 매우 어려운 현실이다. 이러한 사회적 차별 대우와 불이익은 여성의 인간적 가치와 존엄성을 훼손하며 그들의 생명력을 약화시키는 요인으로 작용한다. 죽음의 현실은 이러한 왜곡되고 불의한 사회적 제도를 통하여 인간의 생명을 직·간접적으로 파괴한다.

그러나 최근에는 여성에 의한 남성의 억압, 남성의 인간적 가치와 존엄성의 훼손도 간과할 수 없는 문제다. 부부가 연령적으로 중년층에 들어서면, 남성의 사회적·신체적·성적 역할과 기능이 약화되는 경우가 대부분이다. 남편은 사회적 기능과 역할, 그리고 경제력이 약화되고 성 기능까지 약화됨에 따라 아내에게 가장으로서의 역할을 제대로 감당하지 못한다는 좌절감에 빠지게 된다. 이리하여 남편은 아내에게 기를 못 펴게 된다. 반면 이 시기 아내의 신체에서는 남성 호르몬이 분비되기 때문에 아내의 성격은 남성적으로 변모한다. 그리고 가정의 생활권이 아내에게 속하기 때문에 아내가 남편을 지배하고 억압하는 경우도 적지 않다. 극소수에 불과하겠지만 어떤 남편은 아내와 가족들로부터 은근한 무시를 당하며 살고, 심지어 아내에게 구타를 당하는 경우도 있다고 한다. 하나님의 사랑

이 함께하지 않는 **그릇된 부부 관계**로 인하여 아내의 생명은 물론 남편의 생명을 훼손하는 경우도 있음을 우리는 간과하지 말아야 할 것이다.

잘못된 교육 제도는 청소년들의 생명을 훼손하고 사회의 도덕적 기초를 무너뜨리는 요인으로 작용한다. 대학 입학시험 경쟁 때문에 수많은 청소년들이 밤잠을 제대로 자지 못하고 암기식 교육에 시달리고 있다. 암기를 잘하고 학교 성적만 좋으면 우수한 학생으로 인정받는다. 학교 성적을 잘 받기 위해 중·고등학생들은 갖가지 사교육에 시달린다. 학교 수업이 끝나면 학생들은 이 학원에서 저 학원으로 수업을 받으러 다니기 바쁘다. 밤잠을 제대로 자지 못해 고통을 당하기도 한다. 이를 견디다 못해 자살하는 학생들도 있다. 상당수의 부모들은 자녀의 학교 성적에만 관심을 가질 뿐, 그들의 정신적·도덕적 발전에는 무관심하다. 이로 인해 청소년들은 그들의 삶에 대한 꿈과 비전을 갖지 못하게 되며, 인간으로서 갖추어야 할 기본 예의와 도덕도 제대로 갖추지 못하게 된다. 어떻게 사는 것이 인간답게, 그리고 바르게 사는 것인지를 생각해볼 정신적 여유가 그들에게는 없다. 아름답게 피어나야 할 그들의 삶과 생명력이 훼손되며, 그 결과 이 사회는 점점 더 병들게 된다. 이러한 사회적 현실 속에서 우리는 죽음의 현실을 발견한다.

또한 현대사회의 **그릇된 가치관**도 인간의 생명을 훼손하는 죽음의 세력으로 작용한다. 현대사회는 더 많은 생산, 더 많은 소유, 더 많은 소비와 향유를 최고의 가치관으로 가진다. 그래서 모두 가능한 한 더 열심히 일해서 더 많이 소유하고, 소유를 통하여 자기 삶을 안전하게 보장한 다음, 더 많이 소비하려는 모습을 보인다. "더 빨리, 더 많이, 더 좋은 것을!" 이것이 현대인들의 의식을 지배한다. 그러나 많은 소유를 가진 모든 사람이 100세를 넘기며 장수하고 살았는가? 오히려 적당한 소유를 가진 사람이 더 오래 장수하지 않던가? 하나님 없는 인간의 소유는 인간을 장수하게 하는 것이 아니라 오히려 인간의 생명을 단축시키는 경우를 우리는 흔히 발견할 수 있다.

더 많은 생산과 소유, 소비와 향락을 삶의 최고 가치로 삼기 때문에, 오늘날 인간의 가치를 소유에 따라 판단하는 분위기가 현대사회를 지배한다. 결혼할 배우자를 선택할 때에도 소유가 선택의 기준이 된다. 소유가 적은 사람은 어디를 가든지 차별 대우를 당하며 무시된다. 이로 인하여 소유가 적은 사람들의 생명이 훼손되며, 가진 자들에 대한 적개심이 그들의 마음속에 쌓인다. 적개심은 상대방의 생명은 물론 자신의 생명에도 해가 된다. 이와 같은 사회적 상황 속에 죽음의 세력이 작용한다.

5) 정치적·경제적 현실

오늘날 세계의 가장 심각한 문제 중 한 가지는 사회적 부유층과 빈곤층의 경제적 차이, 제1세계와 제3세계의 경제적 차이에 있다. 어느 사회를 막론하고 소수의 부유층과 다수의 빈곤층이 대립하고 있으며, 이 대립은 소위 제1세계와 제3세계의 대립으로 확대되어 나타난다. 르네상스, 종교개혁, 산업혁명의 과정 속에서 형성된 서구의 근대 세계는 중상주의와 식민주의를 통하여 제3세계를 태동시켰으며, 이로 말미암아 등장한 제1세계와 제3세계의 대립은 오늘에 이르기까지 해결될 기미를 보이기는커녕 더욱 심화되고 있다. 역사적으로 제1세계는 아프리카 흑인들의 노예 판매, 아메리카 대륙의 자연 자원의 착취를 통하여 산업혁명과 경제 발전에 필요한 자본, 자원, 노동력을 마련했다.[57]

17세기에 시작하여 19세기에 이르기까지 유럽, 아프리카, 아메리카를 잇는 세계 무역의 삼각관계를 통하여 유럽의 나라들은 막대한 부를 거두어들였다. 이 삼각관계는 아프리카에서 흑인들을 노예로 삼아 아메리카 대륙으로 판매하며, 아메리카 대륙의 금과 은, 설탕, 면화, 커피, 담배, 고

---

57) 이에 관하여 E. Galeano, *Die offenen Adern Lateinamerikas. Die Geschichte des Kontinents* von der Entdeckung bis zur Gegenwart, erw. Neuauflage Wuppertal, 1981. 흑인 노예 판매에 관하여 D. P. Manix, M. J. Cowley and Black Cargoes. *A History of the Atlantic Slave Trade*, 1962.

무를 유럽으로 판매하며, 유럽의 산업 생산품들과 무기를 아프리카 등지의 국가에 판매하는 세계 무역의 삼각관계를 말한다. 이 삼각관계를 통하여 서구 제국은 막대한 부를 거두어들였고, 자신의 경제적 기초를 형성하였다. 그러나 서구 제국은 이 삼각관계를 통하여 아프리카는 물론 그들이 식민지로 삼았던 나라들의 사회, 경제, 문화적 기초를 파괴했다. 노예 매매를 통하여 서구 제국은 아프리카의 나라들과 문화를 파괴했으며, 자연 자원의 무자비한 착취로 말미암아 중남미 제국의 경제적 기초를 파괴했고, 세계 많은 나라의 민족들을 그들의 경제적 발전을 위한 희생물로 만들었다. 그리고 이들 민족들이 자신의 능력으로 도저히 갚을 수 없는 채무를 안겨주었다.

제3세계에 대한 제1세계의 경제적 착취는 오늘날 다른 형태로 계속되고 있다. 과거에 경제적 착취는 유형의 형태, 즉 인간 노예, 자연 자원, 공업 제품을 통하여 이루어졌다. 그러나 오늘날의 경제적 착취는 더욱 교묘하고 눈에 보이지 않는 형태로 이루어지고 있다. 오늘날 서구 제국은 기술 대여, 상표권 대여, 자본 투자를 통하여 막대한 로열티와 이자를 제3세계로부터 거두어들이고 있으며, 이를 통하여 제3세계를 헤어날 수 없는 빚더미 위에 앉히고 있다. 최근에 일어나고 있는 산업 시설의 자동화를 통하여 제3세계의 값싼 노동력은 점점 더 불필요한 것으로 전락하고 있으며, 이를 통하여 제1세계는 제3세계의 노동력에 더 이상 의존하지 않게 되었다. 그 결과 새로운 형태의 잉여 인간 시장이 형성되고 있으며, 또한 새로운 형태의 인간 매매, 인간 노예화가 일어나고 있다. 절대 빈곤 속에 있는 제3세계 나라의 대다수 국민들이 슬럼가의 **"죽음의 골짜기"** 속에서 살고 있으며, 굶주림과 매춘과 질병과 에이즈의 희생물이 되고 있다.

가난한 사람들이 노후 생활을 보장할 수 있는 유일한 길은 많은 자녀를 낳는 데 있다. 따라서 가난한 나라일수록 높은 인구 증가율을 보이고 있다. 지난 60년 동안 세계 인구는 네 배로 증가했으며, 앞으로 더욱 증가할 전망이다. 인구 증가는 더 큰 경제적 빈곤을 초래한다. 이리하여 제3세계의 거의 모든 민족이 인구 증가와 빈곤의 악순환 속에서 인간 이하의 생활을 영위하고 있다. 또한 경제적 빈곤은 대도시를 형성한다. 많은 사람이 살고 있는 그곳에 그래도 먹고 살 길이 있으리라는 막연한 기대감에 도시로 몰리기 때문이다. 1950년 세계 인구의 29%가 대도시에 살았던 반면, 2000년에는 세계 인구의 46.6%가 대도시에서 살 것이라 추산됐다.[58] 그리고 실제로 현재 세계 인구의 절반에 가까운 사람들이 대도시에서 살고 있다. 그러나 대도시는 여러 가지 부작용을 초래한다. 그것이 초래하는 개인의 익명성과 극도의 개인주의, 이웃에 대한 무관심과 무감각, 사회의 비인간성, 고독과 불안, 사회 범죄 증가 등의 문제로 말미암아 현대사회는 점점 더 어두운 "사망(죽음)의 음침한 골짜기"로 변하고 있다.

대도시에서도 절대적 빈곤의 문제가 해결되지 않기 때문에, 제3세계의 빈곤층에 속한 사람들이 여러 가지 방법을 통하여 선진국으로 들어가는 현상이 일어나고 있다. 선진국에서 그들의 기본 생존의 문제를 해결하기 위해서다. 국경선을 몰래 넘어 미국으로 들어가는 멕시코의 불법 체류자들, 독일과 프랑스 등 유럽의 선진국에서 체류 허가를 얻고자 하는 제3세계의 난민들은 현대사회의 "가난한 자들의 십자군"을 연상케 한다. 이 가난한 "잉여 인간들"에게 미국, 유럽, 일본 등의 선진국들은 하나의 요새처럼 보인다. 이 요새 안으로 들어가려는 제3세계의 가난한 사람들과, 이들의 유입을 막으려는 "미국 요새", "유럽 요새", "일본 요새"의 치열한 싸움이 지금도 눈에 보이지 않게 일어나고 있다. 또한 설사 제3세계의 가난한 사람들이 이 요새 안으로 들어가서 체류 허가의 행운을 얻는다 해도, 인종 차별, 노동력 착취, 극우파에 의한 테러와 살해, 이에 대한 불안과 공포심이 그들을 기다리고 있다. 그들은 산다 할지라도, "죽음의 그늘"(욥 10:22) 속에서 살고 있다.

---

58) 이에 관하여 J. Moltmann, *Gott im Projekt der modernen Welt*. Beiträge zur öffentlichen Relevanz der Theologie, 1997, 23.

오늘날 부유층과 빈곤층의 갈등은 전 세계적인 문제인 동시에 모든 국가의 사회적 문제로 나타나고 있다. 이 문제는 각 사회의 정치, 경제, 금융의 부패한 삼각관계와 결부되어 있다. 경제인으로부터 뇌물을 받는 대신 금융계의 부실 대출을 청탁하는 정치인들, 정치인들에게 뇌물을 주는 대신 금융계의 부실 대출 등 각종 경제적 이권과 특권을 챙기는 경제인들, 이 틈에서 결국 자신의 이권을 챙기는 금융계 인사들의 부패의 악순환 속에서 극소수의 부유층이 형성되는 대신, 이들의 부패로 말미암은 국가의 경제적 손실이 결국 공적 자금이란 이름으로 전체 국민의 부담으로 돌아오고, 총체적 경제 위기 속에서 실직자와 노숙자들이 양산된다. 실직으로 인하여 가정이 파탄 나고, 수많은 사람이 비참한 생활 조건 속에서 살고 있다. 죽음의 현실이 바로 눈앞에 나타난다. 빈곤과 좌절감을 견디지 못하여 자살하는 일까지 일어나고 있다. 정치와 경제가 부패할 때, 멸망과 **죽음의 그림자가** 드리우게 된다.

6) 생태학적 현실

오늘날 전 세계적으로 일어나고 있는 환경의 파괴, 이로 말미암은 생태계의 위기를 통하여 지구상에 있는 모든 생물들의 죽음의 과정이 진행되고 있다. 오늘날 인간이 세계 경제 체제를 통하여 일으키고 있는 환경의 파괴는 온 인류와 모든 생물들의 생존을 위협한다.[59] 현대 산업사회는 땅과 유기체의 평형 관계를 파괴하였으며, 지금과 같은 발전의 과정을 수정하지 않을 경우 온 세계를 우주적인 생태학적 죽음으로 몰고 갈 것이다. 산업 시설과 각종 생활 기기들을 통하여 인간이 내뿜는 탄산가스와 메탄가스는 대기권의 오존층을 점점 더 크게 파괴하고 있으며, 오존층이 1% 파괴

---

59) 이에 관한 연례 보고서 World Watch Institute, Washington, hrsg. von Lester Brown 참조.

될 때, 피부암의 발생은 6% 증가한다.[60] 화학 비료와 각종 방충제 사용은 땅의 생명력과 생산성을 파괴하고 있다.

공장들과 자동차들이 뿜어내는 매연으로 인하여 지구는 하나의 "온실"로 변하고 있다. 남극과 북극의 빙하가 녹아내림으로 인하여 바닷물의 온난화 현상이 일어나고 있으며, 기상 조건의 변화는 예측할 수 없는 대재난들을 일으키고 있다. 지구 한편에서는 대홍수가 일어나는 반면, 다른 한편에서는 오랜 가뭄과 산불로 인하여 토지의 사막화 현상이 가속화되고 있다. 바닷물의 표면이 점차 상승됨으로 인하여 세계의 항구 도시들과 해안 지역, 그리고 지구 남쪽의 많은 섬들이 침수되고 있다. 뉴질랜드 부근의 작은 섬들이 곧 수몰될 것이므로, 그 섬에 사는 주민들이 다른 섬으로 이주해야 한다는 소식이 뉴스를 통해 전해지고 있다. 네덜란드에서는 바다 위에 주택을 짓고 있다고 한다. 지금도 수백 종의 식물들, 곤충들과 짐승들이 멸종되고 있으며, 생명력이 약한 어린이들과 노약자들이 소리 없이 죽어가고 있다. 이러한 생태학적 과정이 계속 진행될 경우, 수백만 년 전 공룡이 사멸한 것처럼 나중에는 온 인류가 사멸할 것이다.

이와 같은 생태학적 죽음의 과정은 선진국의 범위를 넘어서 오늘날 전 세계의 문제로 확산되고 있으며, 제3세계에서 더욱 심각한 문제로 나타나고 있다. 제3세계의 나라들이 가지고 있는 경제적·사회적 문제들은 생태학적 재난들로 인해 더욱 심화되고 있다. 서구의 선진국들은 자국의 환경을 보호하기 위한 법적·기술적 대응책을 마련할 수 있지만, 제3세계의 나라들은 그렇게 할 수 있는 능력을 갖고 있지 않다. 서구의 선진국들은 환경을 파괴하는 산업 시설을 제3세계의 나라에 옮기거나 산업 폐기물을 이들 나라에 넘길 수 있는 경제적 힘을 갖고 있지만, 제3세계의 가난한 나라들은 이러한 일을 막아낼 수 있는 능력이 없다. 땅이 사막으로 변하는 현

---

60) R. Winau, "Einstellungen und Tod und Sterben in europäischer Geschichte," in R. u. H. P. Rosenmeier(Hrsg.), *Tod und Sterben*, 1984, 15.

상이 이들 나라에서 빠른 속도로 진행되고 있지만, 이것을 막아낼 수 있는 경제적 힘이 그들에게는 없다. 그럼에도 제1세계의 선진국들이 독점하고 있는 세계 시장은 원시림의 벌목, 자연 자원의 무계획적 개발을 통해 제3세계의 생태계의 파괴를 더욱 촉진시키고 있다.

이리하여 **파멸의 보편적 상호 의존**(Interdependenz)이 오늘날 전 세계에 걸쳐 나타나고 있다. 제1세계의 선진국들은 제3세계 나라들의 자연을 파괴하고, 또 이들 나라들이 그들의 자연을 파괴하도록 직·간접적으로 강요한다. 그러나 하나님은 의로우시기 때문에, 제3세계에서 시작하는 재난은 결국 제1세계로 돌아간다. 원시림의 무자비한 벌목, 자연 자원의 무계획적 개발, 땅의 사막화 현상으로 말미암은 이상 기온과 자연의 재난들로부터 제1세계의 나라들도 안전지대가 될 수 없기 때문이다. 먼저 제3세계의 민족들이 죽음을 당하고, 그 다음 제1세계의 민족들이 죽음을 당한다. 먼저 가난한 사람들이 죽음을 당하고, 그 다음 부유한 사람들이 죽음을 당한다. 먼저 생명력이 약한 어린이들과 노약자들이 죽음을 당하고, 그 다음 생명력이 강한 성인들이 죽음을 당한다. 제1세계와 제3세계, 부유층과 빈곤층 사이의 경제적 정의가 세워지지 않는 한, 또한 사회 계층의 분열과 사회적 부패가 극복되지 않는 한, 이 땅 위에 평화가 없을 것이며, 이 땅 위에 평화가 세워지지 않는 한, 자연의 해방과 생태학적 죽음의 과정의 극복은 불가능할 것이다.

그러므로 인디라 간디(Indira Gandhi)는 "빈곤이 가장 악한 환경오염이다"(Poverty is the worst pollution)라고 말한다. 이에 덧붙여 우리는 빈곤을 초래하는 **부패**가 가장 악한 환경오염이라 말할 수 있다.[61] 하나밖에 없는 이 세계는, 서로 분열되었고 적대 관계 속에 있는 인류를 계속하여 견뎌낼 수 없을 것이며, 모든 피조물의 보편적 죽음의 과정을 극복할 수 없을 것이다. 이 보편적이며 생태학적인 죽음의 과정에서 해방할 수 있는 길은 지

---

61) 이에 관하여 J. Moltmann, *Gott im Projekt der modernen Welt*, 90.

금 선진국을 중심으로 진행되고 있는 발전과 진보의 과정을 대폭적으로 수정함으로써 이루어지든지, 아니면 인류의 점차적 자살 행위를 통해 이루어질 것이다.

지금까지 우리는 삶 속에 있는 죽음의 현실의 다양한 측면들을 고찰했다. 성서에서도 죽음은 단지 삶의 마지막 사건이 아니라 삶 속에 있는 현실로 파악된다. 이에 관해서는 이 책 Ⅲ. "죽음에 대한 성서의 기본 인식"에서 상세히 고찰할 것이다.

II

현대사회와
"죽음의 배제"

필자가 초등학교에 입학하기 얼마 전 어린아이였을 때, 가까운 친척 어른의 장례를 지켜본 적이 있다. 죽음을 눈앞에 둔 그분은 모든 가족과 가까운 친척들의 애도 속에서 마지막 숨을 거두었다. 문상객들을 위한 음식 준비는 물론 장례식 준비 일체가 동네 사람들의 자발적 도움으로 이루어졌다. 돌아가신 그분의 성품이 너무도 따뜻하고 좋았기 때문인지, 친척과 온 동네 사람들은 그분의 죽음을 진심으로 슬퍼했다. 상여가 묘지를 향하여 떠날 때, 필자는 어머니의 손을 잡고 상여 뒤를 따라가면서 장례식 행렬을 볼 수 있었다. 울긋불긋한 종이꽃으로 장식된 상여를 마을의 남자 어른들이 메고 갔다. 상여가 마을을 떠날 때는 마을 전체가 애도 분위기에 동참했으며, 많은 사람들이 상여 뒤를 따라 묘지까지 와서 장례에 참여했다. 심지어 그 마을의 거지들도 상여를 따라가서 장례식 전체를 지켜본 다음, 장례가 끝난 후 거기 참석한 모든 사람들과 음식을 나누어 먹었다.

이와 같이 산업화 이전 한국 사회에서 임종 환자의 죽음은 그의 가정에서 이루어졌고, 그의 죽음은 하나의 공동체적인 일이었다. 가족 구성원 전체가 사랑하는 사람의 죽음에 참여하고 죽음을 경험했으며, 죽은 사람은 가족 전체의 뜨거운 사랑과 애도 속에서 세상을 떠났다. 이를 통해 가족 구성원들은 자신의 삶과 죽음에 대하여 다시 한 번 반성하는 기회를 가질 수 있었다. 아울러 마을 전체가 직·간접적으로 장례에 참여하였으며, 직·간접적으로 애도의 분위기에 휩싸였다. 김동길 교수는 죽음에 대한 자신의 체험을 다음과 같이 말한다. 이 체험에서 우리는 산업화 이전 한국 사회에서 한 사람의 죽음이 그의 가족 구성원에 의하여 인격적으로 얼마나 생생하게 경험되었는가를 볼 수 있다.

죽음과 부활의 신학

각자가 삶 속에서 죽음을 체험합니다. 저는 아버지 임종은 못 지켰지만 어머님이 세상을 떠날 때 차차 숨겨가는 어머님의 몸을 가슴에 안고 죽음이라는 것, 그 굉장히 장엄한 장면을 스스로 체험할 수 있었습니다.[1]

그러나 산업화 이후 한국 사회에서 개인의 죽음은 사회적 삶의 현실에서 사회의 변두리로 추방되는 현상을 볼 수 있다. 죽음의 위험성이 도처에 도사리고 있고 매시간이 아니라 매분, 매초 죽음이 일어나고 있지만, 죽음은 점점 더 개인의 경험 영역에서 멀어진다. 죽음과 장례는 사회 변두리의 극히 작은 장소에서 이루어지고, 사회는 아무 일도 없는 것처럼 그의 기능을 수행한다. 도로에서 교통사고가 나면, 사고 차량과 그 안에 있는 시신들은 즉시 도로에서 제거되고, 다른 자동차들은 아무 일도 없었던 것처럼 빠른 속도로 달린다. 물론 언론 매체를 통하여 살인과 죽음에 대한 보도가 끊임없이 발표되지만, "나에게는 그런 일이 일어나지 않겠지!"라고 안도함으로써 자기는 마치 죽음과 관계없는 것처럼 살아간다.

한마디로 현대사회는 "총체적 죽음의 의식에 사로잡힌 사회"인 동시에 "죽음이 배제된 사회"라 말할 수 있다. 죽음은 먼 곳에 있지 않고 우리의 현실 한가운데서 매순간 일어나고 있으며, 현대인은 "죽음의 의식"으로 말미암은 불안감 속에서 실존한다. 그럼에도 불구하고 죽음의 경험은 우리의 삶의 현실에서 점점 더 배제되고 있다. 사회가 산업화·현대화·도시화될수록 인간의 죽음은 사회의 삶에서 배제되고, 현대인은 마치 죽음이 없는 것처럼 살아간다. 그의 삶에서 죽음은 사실상 배제된다. "삶의 영역 한가운데에 죽음의 현실이 도사리고 있음에도 불구하고, 죽음이 경험되지 않는 사회, 곧 죽음이 배제된 사회"가 바로 현대사회다.[2]

---

1) 김동길, "죽음의 의미, 죽음의 철학, 나의 생사관", 『삶과 죽음을 생각하는 회 창립 10년사 1991-2001』, 41.
2) 곽미숙, 『현대세계의 위기와 하나님의 나라』, 한들출판사, 2008, 261.

1. 죽음의 배제에 대한 긍정과 비판

"배제"(Verdrängung) 개념은 19세기 중반 헤르바르트(Herbart)와 쇼펜하우어(Schopenhauer)의 저서에 나타나는데[3] 인간의 심리적 기능과 평형 관계를 침해할 수 있는 본능, 관심, 생각을 인간의 의식에서 제거하고자 하는 심리적 방어 장치(Mechanismus)를 뜻한다. 1892년 프로이트(S. Freud)는 처음으로 이 개념을 수용하는데, 그가 말하는 배제, 후퇴(Regression), 반응(Reaktion), 격리(Isolierung), 투사(Projektion), 투입(Introjektion) 등의 "방어 장치들" 가운데 배제의 기술은 특별한 위치를 차지한다. 그것은 다른 방어 장치들이 처리할 수 없는 강한 본능들을 극복할 수 있기 때문이다.[4] 죽음의 배제는 죽음으로부터 오는 불안을 극복하고 심리적 평형 관계 내지 평정을 유지하고자 하는 인간의 방어 장치로서 긍정적 기능을 한다. 그것은 죽음의 불안을 극복하고 "영적 건강의 유지를 위한 타당성"을 가진다(C. F. von Weizsäcker).

그러나 현대사회에서 일어나는 "죽음의 배제"는 많은 학자들의 비판의 대상이 되고 있다. 틸리케(H. Thielicke)에 의하면 "세속적 현존의 공적 영역에서 죽음은 아무런 역할도 하지 못한다고 말할 수 있다.…질병은 거의 병원으로 추방되었다.…영화와 연극은 건강한 삶의 거울일 뿐이다.…우리가 살고 있는 도시와 공적 영역에서 장례식 행렬을 더 이상 볼 수 없으며, 단지 묘지 경내에서만 볼 수 있다는 것은 이 사실을 상징적으로 보여준다."[5]

폰 겝자텔(V. E. Frhr. von Gebsattel)은 이 문제를 다음과 같이 비판한다. 초월을 알지 못하는 세속 안에서 스스로 자율적이라 생각하는 개인은 죽

---

3) 이에 관하여 J. Wittkowski, *Tod und Sterben. Ergebnisse der Thanatopsychologie*, 1978, 125.
4) Freud, *Das Ich und die Abwehrmechanismen*, 1977, 40.
5) H. Thielicke, *Tod und Leben. Studien zur christlichen Anthropologie*, 2. Aufl., 1946, 72.

죽음과 부활의 신학

음을 잊어버리거나, 거짓된 상들을 가지고 그것을 은폐하고자 시도한다. 혹은 죽음을 무력화하거나 비인격화하거나 폐기하고자 시도한다. 철학이나 문학에서 인간이 지배할 수 없는 것을 지배하고자 하며, 죽음의 세력을 깨뜨리거나 환상을 가지고 그것을 은폐시키려는 노력은 헛된 것이다. "네가 죽는다는 것을 기억하라"(memento mori)는 가르침을 수용할 때, 우리는 완성된 인간 존재에 이를 수 있을 것이다.[6]

철학자 쉬츠(P. Schütz)에 의하면 "고난과 죽음이 인간 실존의 기본 구성에 속한다고 우리는 더 이상 말할 수 없게 되었다.···우리는 죽음을 은폐시켜버렸다." 우리가 늙어간다는 것을 더 이상 인정하지 못하며 그것을 소화하지 못하는 것은 죽음에 대한 우리의 이러한 헛된 표상의 발전으로 말미암은 것이다.[7] 실존철학의 영향을 받은 학자들에 의하면, 죽음을 배제하는 것은 일상적인 사람의 거짓된 세계의 한 부분이요, 죽을 수밖에 없는 인간 존재의 기본 조건을 은폐하는 행위이며, 결국 그것은 참된 삶과 인간의 본래적 인격성을 불가능하게 만든다.

유명한 심리학자 에리히 프롬(Erich Fromm)에 의하면 "우리의 시대는 죽음을 간단히 부인하며, 이와 함께 현존의 세계관적 깊은 근원을 부인한다. 사람들이 죽음과 고난과 고통을 삶의 가장 강한 동인으로, 인간적 연대성의 기초로 인지하도록 하지 않고, 오히려 죽음의 느낌을 삶에 '방해가 되는 것'으로서 배제하여 버리도록 개인을 유도 내지 강요한다.···바로 여기에 삶의 거의 모든 다른 체험들을 별 볼 일 없는 것으로 생각게 하는 원인이 있으며, 오늘날 모든 현존을 지배하는 귀찮은 짐들의 원인이 있다."[8]

사회학자 풀톤(R. Fulton)에 의하면, 과거 기독교적 영향 하에 있던 표

---

6) V. E. Frhr. von Gebsattel, *Prolegomena einer medizinischen Anthropologie*, 1954, 401.
7) P. Schütz, "Das Tabu des Todes. Angst, Leid, Schmerzen bedrängen auch den modernen Menschen," in *Christ und Welt 17*(1964. 11. 20.), 11
8) E. Fromm, *Die Furcht vor der Freiheit*, 1945, 238f.

상 세계에서 죽음은 정상적인 것, 따라서 그것에 대하여 의사소통을 할 수 있는 것으로 간주되었다. 그러나 현대사회에서 세속적 삶의 형식이 지배하게 되면서 죽음의 종교적 의미가 약화되었고, 이로 인해 죽음에 대한 공포심이 증가했다. 현대 세계의 세속화와 죽음 문제의 회피는 상관관계에 있다.[9]

인종심리학자 고러(G. Gorer)와 의학자 바알(C. W. Wahl)에 의하면, 과거에는 성(性)이 하나의 사회적 터부로 간주되었다. 그리하여 성은 우리 인간이 공개적으로 언급해서는 안 될 하나의 사회적 터부 곧 "금기"로 생각되었다. 그래서 성에 대한 이야기가 나오면 서로 부끄러워하고 이야기를 감추어버렸다. 그러나 성이 자유화되면서, 성은 더 이상 사회적 터부의 성격을 갖지 않게 되었다. 그 대신 오늘날에는 죽음의 문제가 우리가 이야기해서는 안 될 하나의 터부로 간주되고 있다. 이리하여 "성의 터부"는 "죽음의 터부"로 대체되었다. 성이 더 넓은 공개적 의사소통의 대상이 될수록, 죽음은 오늘날 "의사소통의 장애"(Kommunikationshemmungen)를 당하고 있다. 이러한 현실을 직시하면서, 이제 우리는 "죽음의 공적 영광"(öffentliche Pracht)을 되돌려주어야 하며, 죽은 사람에 대한 애도의 타당성을 회복해야 한다.[10]

죽음의 사회적 기능을 강조하는 폰 페르버(Chr. von Ferber)에 의하면, 현대사회에서 죽음은 철저히 개인의 사적인 일이 되어버린 반면 공적 영역에서 무시되고 있다. 죽음의 사인화(私人化, Privatisierung)와 죽음의 무시(Todesignorierung)는 상응한다. "죽음에 대한 공적 무관심, 침묵(Verstummen)에 이르기까지 죽음의 경험의 사인화", "공적 영역으로부터 모든 memento mori의 추방"은[11] 사회적 구속으로부터 해방시키는 죽음

---

9) R. Fulton(Hg.), *Death and Identity*, 1965, 4. 또한 이에 관하여 R. Fulton u. G. Geis, "Death and Social Values," in: Ibid., 68f.

10) G. Gorer, "Die Pornographie des Todes," in *Der Monat 8*(Mai 1956), 58ff.

11) Chr. von Ferber, "Soziologische Aspekte des Todes. Ein Versuch über einige

의 기능을 저해한다. 죽음에 대한 개인의 경험들은 오늘날 아무런 사회적 구심점을 갖지 않으며, 각자의 생각과 기호에 따라 선택되고 풀이되며, 각자의 형식에 따라 표현된다. 이와 같이 죽음의 경험이 공적 영역에서 추방되면서, 죽음은 사회의 다양한 보편적 관계들로부터 개인의 사적 영역으로 추방된다.

폰 페르버에 의하면, 오늘날 죽음의 배제는 사회를 쉽게 변천시킬 수 있는 기능을 가진 것이 아니라, 오히려 기존하는 지배 구조들을 쉽게 유지하도록 도와주는 정치적 기능을 가진다. 근대의 시민 사회 시대에 죽음은 "사회적 혁신을 관철하기 위한 무기"였으며, 인간의 창조적 능력을 제시할 수 있는 "도구" 역할을 했다. 그러나 현대 산업사회에서 죽음의 공적 배제는 개인의 짐을 덜어주는 수단으로 변천했으며, 사회적 행동 규범을 따르는 것을 쉽게 만드는 역할을 행사한다. 현대사회는 죽음을 개인의 영역으로 추방함으로써 사회적 협동의 기능을 향상시키며, 사회적 기능들의 미끄러운 과정을 귀찮게 만드는 예기치 못한 결단들을 제거하는 데 기여한다. 사회의 효율성을 높이기 위해 죽음의 문제성을 제거하는 현대사회의 추세는 죽음의 경험을 제거하며 행동의 유한성의 경험을 제거함으로써 절정에 이른다.[12] 다음에서 기술할 "죽음의 배제의 결과"에서 우리는 "죽음의 배제"에 대한 학자들의 비판을 한층 더 구체적으로 들을 수 있다.

2. 죽음의 배제의 원인

현대사회의 한 가지 특징이라고 할 수 있는 "죽음의 배제"(Verdrängung des

Beziehungen der Soziologie zur Philosophischen Anthropologie," *Zeitschrift für ev. Ethik* 7(1963), 343ff.
12) Ibid., 351.

Todes)의 원인은 무엇인가? 그 원인을 우리는 다음과 같은 여러 차원에서 설명할 수 있다.

1) 심리학적 원인

죽음의 배제의 첫째 원인을 우리는 죽음의 불안을 회피하고자 하는 인간의 심리에서 발견할 수 있다. 죽음이란 인간의 삶의 끝을 뜻하며, 이 세계로부터의 영원한 작별을 뜻한다. 아무도 자기의 죽음을 대신 당할 수 없으며, 자기의 죽음을 함께 당할 수도 없다. 그는 홀로, 외로이 자기의 죽음을 당한다. 죽음 뒤에 과연 무엇이 올지 장담할 수 있는 사람은 아무도 없다. 그러므로 하이데거가 말하듯이, 죽음은 인간에게 언제나 불안의 대상이다. 이 불안은 인간에게 유쾌하지 못한 것이다. 불안이 쌓일 때, 그것은 노이로제 현상으로 발전한다. 그러므로 인간은 불안을 방어하거나 추방하고자 한다. 불안을 방어하거나 추방할 수 있는 길은 죽음을 배제하는 데 있다.

그렇다면 심리학적 차원에서 죽음의 배제는 어떻게 일어나는가? 일반적으로 그것은 죽음을 현재의 자기와 관계없는 것으로 생각하며, 그것을 먼 미래로 미루어버림으로써 일어난다. 교통사고로 인한 죽음, 자살로 인한 죽음, 자연재해로 인한 죽음, 전쟁과 학살로 인한 죽음, 굶주림과 질병으로 인한 죽음 등 이루 말할 수 없이 많은 죽음이 일어나고 있지만, 대개의 경우 우리는 그것이 우리 자신에게는 아직 해당하지 않는, 우리 자신과는 관계없는 것으로 생각한다. 죽음은 매순간 가능하지만, 아직 나 자신과 관계없는 일이 아닌가? 하이데거는 그의 저서 『존재와 시간』에서 이러한 인간의 심리를 날카롭게 분석한다. 죽음은 지금도 일어나고 있지만, 나에게는 아직 해당하지 않는다고 일상의 사람은 생각한다. 그는 "죽음은 매순간 가능하다"는 죽음의 "확실성"(Gewissheit)을, 그것이 언제 올지 모른다는 "불확실성"(Unbestimmtheit)을 통하여 은폐시켜버린다.[13] 그의 죽음은 "언

---

13) M. Heidegger, *Sein und Zeit*, 258.

젠가 나중에"(spätereinmal)로 미루어진다. 죽음은 "언젠가" 나에게도 올 것이다, "그러나 아직은 아니겠지"(auch einmal, aber vorläufig noch nicht)라고[14] 자위하면서, 그는 죽음의 사실 앞에서 심리적으로 도피하고 죽음을 자신의 의식에서 추방한다.

심리학적 차원에서 죽음의 배제는 죽음을 경험할 수 없는 것, 그러므로 생각할 필요가 없는 것으로 봄으로써 일어나기도 한다. 에피쿠로스 (Epikuros)의 유명한 대답에 의하면 "가장 치가 떨리는 악 곧 죽음은 우리에게 해당하지 않는다. 우리가 존재하는 한, 죽음은 아직 있지 않으며, 죽음이 있을 때, 우리는 더 이상 존재하지 않는다. 죽음은 살아 있는 사람들에게도 해당하지 않고, 죽은 사람들에게도 해당하지 않는다. 살아 있는 사람들은 죽음과 아무 관계가 없으며, 죽은 사람들은 더 이상 존재하지 않기 때문이다."[15]

에피쿠로스의 이 진술에 의하면, 죽음은 경험의 대상이 아니다. 살아 있는 사람들은 살아 있기 때문에 죽음을 경험할 수 없으며, 죽은 사람은 죽음의 순간에 죽어버리기 때문에 죽음을 경험할 수 없다. 아무리 죽음에 대해 생각해보아도, 죽음 자체는 경험되지 않는다. 내가 사는 동안, 죽음에 대해 생각할 필요가 무엇인가? 그것은 삶에 대한 내 욕구를 약화시키고, 내 노동과 사회 활동에 방해가 되지 않는가? "죽음은 삶의 사건이 아니다. 우리는 그것을 체험할 수 없다."[16] 비트겐슈타인의 이 말은 죽음을 삶과 의식의 영역에서 추방함으로써 죽음에 대한 심리적 불안을 극복하고자 하는 인간의 심리 상태를 나타내고 있다.

---

14) Ibid., 255.
15) Epikur, *Von der Überwindung der Furcht*, 1949, 45.
16) L. Wittgenstein, *Tractatus logico-philosophicus, Schriften I*, 1960, 81.

2) 세계의 탈신화화, 세속화

인류의 역사에서 고대 세계는 일종의 신화적 세계였다. 세계의 모든 일은 세계를 지배하는 피안의 초월적 세력이나 악한 영의 세력으로 말미암아 일어나는 것으로 생각되었다. 그리스-로마 문화권에서 세계의 사건들은 우주를 지배하는 신적 질서 혹은 법칙으로 말미암아 일어나는 것으로 생각되었다. 인간의 죽음도 이러한 원인들로 말미암아 일어난다고 이해되었다. 그것은 신들이나 악령들의 작용으로 말미암은 것으로 생각되었다. 그러나 근대 세계에 이르러 인간의 이성이 발전함에 따라, 세계의 모든 것은 어떤 종교적 원인으로 말미암아 일어나는 것이 아니라 세계의 내재적 원인들로 말미암아 일어나는 것으로 생각되었다. 세계에 대한 신들의 지배가 차츰 사라지고, 세계는 인간의 자율적 이성으로 지배할 수 있는 세계로 드러나기 시작했다. 역사의 이러한 발전 과정을 가리켜 우리는 세계의 탈신화화(Entmythologisierung), 탈마술화(Entzauberung), 합리화(Rationalisierung), 세속화(Säkularisation)라고 부른다.

세계의 탈신화화, 세속화와 함께 죽음의 탈신화화가 시작하였다. 인간의 죽음은 어떤 종교적 원인으로 말미암아 일어나는 것이 아니라, 세계 내의 다른 사건들과 마찬가지로 세계의 내재적 원인들로 말미암아 일어나는 것으로 파악되었다. 그것은 더 이상 어쩔 수 없는 운명이나 숙명이 아니라 인간의 신체적 결함으로 말미암아 일어나는 것으로 생각되었다. 산업혁명과 함께 크게 발전하기 시작한 자연과학은, 피조물의 세계에서 인간의 특별한 위치를 차츰 부인하고, 인간을 자연의 다른 생물들과 똑같이 사멸할 수밖에 없는 존재로 보았다. 이리하여 인간의 죽음은 다른 생물들의 죽음과 동일한 차원에서 파악되었으며, 세계의 탈신화화의 과정 속에서 인간 죽음의 탈신화화가 일어났다.[17] 이리하여 죽음에 대한 자연과학적 관찰의 길이 열리고, 죽음은 "생물학적 삶의 과정의 끝"으로 파악되었

---

17) W. Fuchs, *Todesbilder in der modernen Gesellschaft*, 66.

다. 이로 말미암아 죽음은 인간에 대한 위협적 성격을 상실했다. 물론 죽음은 인간의 능력으로 완전히 지배될 수 없지만, 그것은 어떤 신화적·마술적 원인으로 말미암아 일어나는 것이 아니라 생물학적 원인으로 말미암아 일어나는 것으로 파악되었기 때문이다.

이와 같이 세계의 탈신화화, 세속화의 과정 속에서 죽음이 신화적·위협적 성격을 상실하면서, 공공의 영역에서 차츰 개인의 영역으로 배제되는 현상이 일어난다. 이제 그것은 더 이상 위협적인 것, 무서운 것이 아니므로 그것을 처리하기 위해 반드시 공동체의 도움을 필요로 하지 않는다. 그것은 개인이 그 자신의 능력으로 처리할 수 있는 사적인 것으로 생각된다. 이를 가리켜 우리는 죽음의 사인화(私人化, Privatisierung), 혹은 공적 영역에서의 분리(Entöffentlichung)라고 말할 수 있다. 또한 세계 지배의 합리성에 대한 총체적 요구와 함께 세계는 합리화되었지만, 합리화된 세계 속에서 죽음은 비합리적인 것, 아무 의미도 없는 것으로 파악되었다. 이로 말미암아 죽음은 근대의 합리화된 세계 속에서 개인의 사적 영역으로 배제될 수밖에 없었다. 결론적으로 현대 세계에서 죽음의 배제는 세계의 탈신화화와 함께 일어난 세속화와 합리화에 그 원인이 있다.[18]

3) 현대사회의 산업화, 개인주의화

최근 일단의 사회학자들에 의하면, 현대사회에서 죽음의 배제는 현대사회의 변천이 초래한 필연적 귀결이며 현대 문명 발전의 구조적 특징이다. 현대사회의 산업화는 소유와 소비와 향유를 크게 확대시킨 동시에 많은 문제점을 초래했다. 산업화의 과정 속에서 대도시가 형성되고, 개인의 개인화(Individualisierung), 개인의 익명성(Anonymität), 개인의 개체화(Vereinzelung), 고독(Vereinsamung)의 문제가 생성된다. 과학기술이 발전하

---

18) A. Nassehi u. G. Weber, *Tod, Modernität und Gesellschaft*, 1989, 293. 근대에서 죽음의 배제는 "세계의 보편사적 탈마술화의 과정에 그 원인을 가진다."

고 사회가 산업화될수록, 개인은 고립된 개인으로 개체화되어간다. 많은 대중이 살고 있지만, 사람들은 서로를 알지 못하며 인격적 교통을 갖지 못한다. 사람들은 각자의 달팽이 집 안에서 생활한다. 선진국에서 발견하기 어려운 한국의 대규모 고층 아파트 문화는 이것을 예증하고 있다. 수천 가구가 모여 살지만 주민들은 서로를 알지 못하며, 획일화된 아파트의 "닭장" 속에서 각자 생활하기 바쁘다. 어느 누구도 다른 사람의 생활을 알지 못하며, 또 그것을 알고자 하지도 않는다. 그것을 알고자 하는 것은 사생활을 방해하는 "실례"로 간주된다. 옆집의 할머니 혹은 할아버지가 죽어도 알지 못하며, 죽은 지 몇 주가 지난 후 썩은 시체의 악취로 말미암아 겨우 죽음의 사실을 알게 되는 일이 일어난다.

이리하여 현대인들은 많은 사람이 자기 주변에 있음에도 고독을 느낀다. 그들은 기껏해야 특정한 수의 친구들과 교통을 가질 뿐이다. 가정은 점점 더 핵가족화되고 있으며, 성 개방 추세와 함께 독신자들의 수가 점증하고 있다. 전통적 부계 중심의 사회가 허물어지고, 아기를 낳아 홀로 기르는 독신녀들의 모계 중심적 가정과 모계 중심적 사회가 등장하고 있다. 사회의 이러한 발전 과정 속에서 한 사람의 죽음은 점점 더 개인적인 일, 사적인 일로 위축되고, 사회 공동체의 영역에서 개인의 사적 영역으로 배제된다. 고독을 이기지 못한 할머니, 할아버지가 스스로 목숨을 끊어도, 그것을 자신과 무관한 일로 간주하고 조금도 관여하지 않는 사회, 철저히 개인적이고 자기중심적인 사회, 이웃의 죽음이 배제된 사회, 많은 사람이 죽고 있지만 "죽음이 없는 사회"가 오늘의 현대사회라 할 수 있다.

몰트만(J. Moltmann)에 의하면, 현대사회에서 일어나고 있는 "죽음의 배제"는 산업사회의 형성과 함께 등장한 개인주의에 궁극적 원인이 있다.[19] 현대 산업사회가 등장하면서 인간의 의식은 단지 개인의 자기의식으로

---

19) 이에 관하여 J. Moltmann, *Das Kommen Gottes. Christliche Eschatologie*(『오시는 하나님』, 김균진 역), 1995, 67f.

환원되고, 개인의 자기의식은 이웃을 알지 못하는 개인 자신만의 삶에 집중되는 현상이 일어나기 시작한다. 현대인은 세계의 모든 것을 자신의 자아와 관계시키며, 그것과 관계없는 것은 무의미한 것으로 간주한다. 이리하여 자신의 자아가 끝날 때, 모든 것이 끝난다고 생각하게 된다.

산업사회와 함께 등장한 현대의 개인주의는 인간 삶의 모든 관계를 단절시키고, 개인을 자기 삶의 생산자로 만들며, 경쟁 사회의 스트레스에 내맡긴다. 한 개인으로서의 인간이 당하는 고독 그 자체는 이미 하나의 사회적 죽음이다. 근대 이전 조상 숭배나 조상 제례에서 경험할 수 있었던 죽음의 현재성을 고독한 개인은 더 이상 경험하지 못한다. 하나의 개인으로 고립된 인간은 그가 태어나기 이전에 그의 조상들의 삶이 있었음을 알지 못하며, 그가 죽은 후 그의 후손들의 삶이 있다는 것도 알지 못한다. 그는 그 자신의 삶만을 알 뿐이다. 그의 죽음과 함께 모든 것이 그에게는 끝난다. 따라서 이미 죽은 사람들에게도 모든 것은 끝난다. 죽은 조상들과의 교통이 없고, 앞으로 삶을 살게 될 후손들과의 교통도 없으며, 오로지 자신의 삶밖에 모르는 현대인은 아무 방해도 받지 않고 살기 위해서 죽은 자들을 잊어버려야 하며, 죽음 자체를 잊어버려야 한다.

귀르스터(E. Gürster)에 의하면, 현대사회는 그 핵심에서 죽음을 배제한다. 물론 사회는 그의 모든 제도와 장치를 통하여 인간의 생명을 유지하며, 죽음에 대하여 생명을 보호하는 것을 그의 기능과 목적으로 가진다. 그러나 현대 산업사회의 영광스러운 개선문 뒤에는 죽음의 불안과 이 불안을 억압하려는 노력들이 숨어 있다. 현대 문명의 본질은 죽음의 경시(Bagatellisierung)에 있다. 이에 대한 원인은 인간이 "땅에 대한 통치를 그의 손 안에 넣고, 홀로 현실의 책임적 지배자가 되고자 했던" 현대사회의 역사적 과정에 있다. 세계를 지배하고 문명을 발전시키고자 하는 현대사회에서 죽음은 하나의 방해물로 생각된다. 죽음은 현대사회의 진보 과정을 상대화한다. 인간이 죽을 수밖에 없다는 것은, 인간은 결코 현실의 자율적 지배자가 될 수 없음을 보여주는 표식이다.

모든 죽음은 인간의 무능력을 나타낸다. 우리 인간이 죽음에 묶여 있다는 사실을 생각할 때…마치 아무것도 일어나지 않았으며 아무것도 이루어놓은 것이 없는 것처럼 보인다. 기술 문명의 시대에 살고 있는 우리에게 죽음은 역사 이전의 시대에 동굴 속에 살았던 사람들에게와 꼭 마찬가지로 하나의 위협으로, 우리의 허무성을 경고하는 회상으로 현존한다.[20]

무한한 진보를 추구하는 현대 문명 안에서 죽음은 인간의 무능력에 대한 상징이다. "철저히 관리되는 세계에서도 인간은 홀로 죽는다. 어떤 독재자도 이것을 변경할 수 없으며, 현존의 죽음 해석으로서 등장하는 어떤 체계를 통해서도 그것은 부인될 수 없다."[21] 그러므로 현대인은 자신의 능력으로 도저히 해결할 수 없는 죽음의 문제를 배제하고, 자기를 세계의 유일한 지배자로 드러내고자 한다. 이러한 현대사회의 경향에 반하여 귀르스터는 다음과 같이 주장한다. 죽음을 배제하지 않고 오히려 죽음의 불안을 유지할 때, 우리는 현대사회의 집단성에서 개인의 개체성(Individualität)을 구할 수 있다. 따라서 죽음은 집단화·사회화를 막을 수 있는 보증이요, 개체성의 상실을 막을 수 있는 수단이다.

4) 현대사회의 가치관

현대사회는 더 많은 기능과 생산을 최고의 목적으로 삼고 있다. 더 많은 능력과 기능, 더 큰 효과, 이를 통하여 얻게 되는 더 많은 소유와 소비와 삶의 향유가 현대인들의 가치관과 삶의 목표를 형성한다. 이를 방해하는 모든 욕구와 충동은 억제되어야 하며, 질병과 죽음은 그 사회의 기능과 능력을 방해하고 저해하는 요소로 간주된다. 그래서 몸이 아파도 아프지 않

---

20) E. Gürster, *Tabus unserer Zeit*, Rundfunkvorträge, München, 1964, 94f. 또한 이에 관하여 Th. Regau, *Menschen nach Maß. Werkstoff Mensch im Griff einer seelenlosen Wissenschaft*, 1965, 154.

21) Ibid., 78.

은 척하면서, 자기를 능력 있는 사람으로 내세운다. 테러나 각종 사고로 인해 다친 사람들 혹은 죽은 사람들의 시체는 즉시 제거되고, 마치 아무 일도 없었던 것처럼 모든 일이 "정상"을 되찾는다. 사회 전반의 원활한 소통이 방해되어서는 안 되며, 사회의 기능이 조금도 방해받아서는 안 되기 때문이다.

이리하여 죽음으로 말미암아 일어나는 사회 기능의 모든 방해들은 가능한 한 즉시 제거된다. 죽음은 하나의 방해물로 생각된다. 그것은 고장이 나서 복잡한 도로변에 서 있는, 그리하여 교통 체증을 유발하는 고물 자동차와 같은 것으로 취급된다. 이런 장애물은 가능한 속히 제거되어야 한다. 그래야 사회 전체의 기능이 원활하게 유지될 수 있고, 사회의 경제적 발전과 더 많은 소비와 더 많은 생산과 더 많은 일자리를 창출할 수 있기 때문이다. 죽음과 관계된 일들에 대하여 "의사소통의 어려움"(Kommunikationshemmung)이 사회 전체의 에토스를 형성한다. 더 많은 생산과 경제 발전과 소비를 최고의 목적으로 삼는 현대사회에서 "생산적인 인간"(Productive Person)이 하나의 "이상적 모델"로 간주된다. "상대적으로 회생의 가능성이 없이 죽어가는 사람은 비생산적인 인간으로 간주되어 진정한 관심의 대상이 되지 못하고 있다."[22]

질병과 신체장애와 노화 현상도 이와 비슷한 대우를 받는다. 현대사회에서는 그 사회의 목적 달성에 이바지하는 것만이 의미 있는 것으로 간주된다. 목적을 달성하기 위해서는 건강해야 한다. 현대의 기능사회, 소비사회에서 건강은 "노동의 능력과 향유의 능력"을 뜻한다. 이 능력을 침해하는 모든 것, 곧 질병, 노화, 신체장애는 무의미한 것, 짐스럽고 귀찮은 것으로 간주된다. 이리하여 사회를 인간화하려는 모든 노력에도 불구하고 병자는 병원으로, 장애인은 장애인 시설로, 노인은 양로원으로 배제시켜버

---

22) 최재락, "현대사회에 있어서 죽음에 대한 상담", 「한국기독교 신학논총」 제16집, 한국기독교학회 편, 1999, 421.

리는 경향이 현대사회를 지배하고 있다. 현대사회는 한마디로 경쟁 사회다. 경쟁을 이겨내지 못하는 사람은 사회의 밑바닥으로, 아니면 사회의 변두리로 배제된다.

이러한 사회 현상 속에서 "질병의 금기화"(Tabuierung), "노화의 금기화", "죽음의 금기화"가 일어난다. 질병, 노화, 죽음은 부끄러운 일, 함부로 말해서는 안 될 사회적 터부로 생각된다. 각 사람은 가능한 한 자기를 건강한 사람, 능력 있는 사람, 경쟁을 이겨낼 수 있는 사람, 자기가 속한 공동체의 목적에 기여할 수 있는 사람으로 나타내야 하기 때문이다. 앞서 언급한 바와 같이, 과거에는 섹스가 터부시되었다. 그것은 함부로 말해서는 안 될, 각자가 감추어야 할 일로 간주되었다. 그러나 성 개방과 함께 오늘날에는 섹스의 터부적 성격은 약화되었다. 그 대신 오늘날 인간의 죽음이 하나의 터부로 간주되고 있다. 이것을 가리켜 우리는 죽음의 "터부화"(Tabuierung)라고 말할 수 있다.

오늘날 죽음의 터부는 섹스 터부의 사회적 기능을 대신하고 있다. 섹스 터부는 개인을 사회질서에 길들이고, 이를 통해 그 사회의 지배 계층의 지배 세력을 안정시키는 기능을 한다. 이러한 섹스 터부가 현대에 이르러 완화되거나 깨어지고 "기능을 상실한 터부"가 된 반면, 현대사회는 죽음을 각자가 감추어야 할 하나의 터부로 간주함으로써 각자의 죽음과 타인의 죽음에 대한 의사소통과 사회적 담론을 저해한다. 이를 통하여 현대사회는 오늘도 수많은 사람들의 죽음을 야기하고 있는 죽음의 세력들을 비호한다.

5) 핵가족화

산업사회 이전 농경 사회는 일반적으로 대가족제를 이루고 있었다. 농경 사회의 경제 질서가 대가족제를 필요로 하였기 때문이다. 대가족제에서는 여러 세대, 여러 가정이 한 집 안에 거주했다. 최소한 조부모 세대, 부모 세대, 자녀 세대의 3세대와, 조부모 가정, 부모 가정, 큰아들 가정, 둘째

아들 가정 등 여러 가정이 함께 거주하면서 농경문화 사회를 형성했다. 이러한 가족 체제에서는 가족 구성원들이 임종과 장례를 피부로 경험하면서 자신의 죽음에 대해 생각할 수 있는 기회가 많았다. 임종을 당한 사람은 가족들과 가까운 친척들, 그리고 친구들에게 둘러싸여 깊은 애도 가운데서 생의 마지막을 맞이했다.

그러나 현대 산업사회의 등장과 함께 가족이 소규모화되고, 가정을 구성하는 세대가 부모와 자녀의 두 세대로 제한되는 경우가 많아짐으로 인해 노인 세대의 임종과 장례를 경험할 수 있는 기회가 현저히 줄었다. 이러한 사회적 현상은 현대사회의 성 개방으로 말미암아 더욱 확산되고 있다. 성 개방으로 인해 점점 더 많은 젊은이들이 결혼을 하지 않고 혼자 살거나, 파트너와 함께 사는 경우에도 자녀를 갖지 않는 경우가 많다. 여자 홀로 자녀를 키우며 살아가는 한부모 가정도 증가 추세에 있다. 이로 말미암아 모계 중심의 가정이 등장하고 있으며, 남자들은 떠돌이처럼 살아가는 사회적 현상이 나타난다. 이러한 현대사회의 변천 속에서 노인들의 임종과 장례를 인격적으로 경험할 수 있는 기회가 점점 더 사라지고 있다.

6) 현대의 병원 체제, 장례식의 상업화

오늘날의 병원 체제와 장례 체제는 죽음을 공적 영역에서 사적 영역으로 배제하는 현대사회의 추세에 일조하고 있다. 사회의 경제적 수준이 향상되면 될수록, 더욱더 많은 사람이 임종을 가정이 아닌 병원에서 맞이한다. 이리하여 죽음은 가정과 공공의 영역에서 병원의 제한된 공간으로 배제되어버린다. 또한 병원들은 환자 방문 시간을 엄격히 통제하기 때문에, 죽음이 멀지 않은 환자를 방문하고 그와 대화할 수 있는 시간이 매우 제한되어 있다. 현대는 죽음의 고통을 완화시키는 약품이 매우 잘 발달되어 있기 때문에, 임종을 맞는 환자가 죽음의 마지막 고통과 비참을 경험할 수 있는 기회는 거의 없다고 할 수 있다. 임종의 과정을 지켜보는 것이 병실의 다른 환자들에게 심리적 부담을 주기 때문에, 임종 환자는 중환자실, 혹은 임종 환자를 위해 특별히 설치된 격리실로 격리된다. 여기서 임종 환자는 가장 가까운 가족 구성원들이 지켜보는 가운데서, 혹은 한두 명의 의사와 간호사가 지켜보는 가운데서 임종을 맞는다. 보호자나 동반자 없이 홀로 마지막 순간을 맞이하는 경우도 많다.[23] 임종 환자가 마지막 숨을 거둔 다음, 그의 사망 소식이 가족에게 전달되는 경우도 있다.

사망 직후 죽은 사람의 시체는 병원 시체 보관실에 격리되고, 그의 빈소는 병원 영안실에 설치된다. 과거에는 동네 전체의 일이었던 장례식이, 현대사회에서는 병원 영안실로 배제되어버린다. 오늘날 한국 사회에서도 일어나고 있는 이러한 현상을 최내옥 교수는 아래와 같이 묘사한다.

현대 도시 민속을 보면 현실상 한국에 전문 장례식장이 거의 없는 데다가 상주는 좁은 집에서 치상(治喪)하기가 어려워서 병원 영안실을 장례식장으로 삼고 조문을 받는다.…병원의 인상을 이 영안실 치장이 결정할 정도라서 병원은 환자 치료와 무관하게 장례식장 기능을 강화하고 있다.…병원의 환자 치료와 죽음 대접이라는 두 가지 기능이 지금 확대되고 있다.[24]

죽은 사람에 대한 애도는 몇 사람의 가족이나 친구들로 제한된다. 죽은 사람이 살던 동네 전체가 그의 죽음에 대한 애도에 참여하는 경우는, 오늘날 한국의 대도시에서는 찾아보기 어렵다. 바로 옆집 사람이 죽어도 문상을 가지 않으며 애도하지 않는 것이 일반적 추세다. 소수의 친척들과 친구들, 직장 동료들이 문상객으로서 애도에 참여할 뿐이다. 이리하여 장례에 참여하는 사람의 수도 점점 감소하고 있다. 문상과 애도의 시간도 점

---

23) N. Elias, *Über die Einsamkeit der Sterbenden in unseren Tagen*, 1982; G. Schmied, *Sterben und Trauern in der modernen Gesellschaft*, 1988은 오늘의 이러한 상황을 자세히 묘사하고 있다.
24) 최내옥, "민속 신앙적 측면에서 본 한국인의 죽음관", 68.

점 감소된다. 대부분의 문상객은 영안실에 비치된 망자의 사진 앞에서 잠깐 애도의 뜻을 표하고 부의금을 전한 후, 곧 자기의 생활로 돌아간다. 문상객으로서 상주에게 애도의 뜻을 어떻게 표해야 하는가에 대한 사회교육을 받은 사람은 아마 거의 없을 것이다.

장례식은 처음부터 끝까지 장례 전문 업체에 의해 치러진다. 이로 인해 죽음은 인간의 삶의 현실에서 한 걸음 더 배제된다. 죽은 사람에게 수의를 입히고 그의 죽음을 신문 지상에 알리는 일로부터 시작하여, 영안실의 설치와 유지, 조문객들의 대접, 입관과 하관, 비석 설치 등 죽음과 관계된 모든 문제를 장례 대행업체가 처리해준다. 그 결과 죽은 사람의 시체는 물론 장례 문화와 관계된 가족들의 시간과 노력이 점점 더 감소하는 추세에 있다. 동네 사람들이나 친구들이 장례 일에 관여하거나 도와줄 필요가 거의 없으며, 또 그들에게는 그렇게 할 수 있는 시간적 여유가 없다. 이와 같이 장례와 관련된 일체의 일들이 장례 전문 업체에 맡겨지는 것을 가리켜 우리는 장례의 "상업화"(Kommerzialisierung)라고 말할 수 있다.[25]

사회의 산업화와 함께 장례 대행업은 점점 더 전문화·세밀화되는 경향을 보이고 있다. 수의의 종류, 부고장 종류, 장지를 향한 시신 운반 차량의 종류, 비석에 사용될 돌의 종류와 크기 등이 최고 고가품에서 시작하여 싸구려 품목에 이르기까지 다양하게 제시된다. 죽음 앞에서의 모든 인간의 평등(Gleichheit)이 장례 예식에서는 더 이상 유지되지 않는다. 오히려 삶의 세계를 지배하는 모든 인간의 불평등(Ungleichheit)이 장례 예식에서 그대로 재현된다. 부자는 풍요로운 장례식을, 가난한 자는 가난한 장례식을 치른다. 묘지의 크기와 비석의 크기도 빈부의 차이에 따라 다르며, 장례식에 들어오는 조의금의 액수도 달라진다. 죽음 앞에서의 모든 인간의 평등이 장례식에서는 깨어져 버린다.

서구 사회에서는 장례 대행업체가 죽은 사람의 유산 정리, 예금 및 보

---

25) 이에 관하여 W. Fuchs, *Todesbilder in der modernen Gesellschaft*, 167.

험 정리 등 법적인 문제들까지 처리해준다. 죽은 사람의 시체는 화장터에서 뼛가루로 변하여 강이나 산으로 사라져버리고, 그의 존재는 영원한 망각의 세계에 빠져버린다. 매장의 경우, 시신이 안장된 묘지는 서구 사회와 달리 동네나 도시 안에 있지 않고 먼 산이나 공원묘지에 있다. 이로 인해 죽은 사람은 먼 산이나 공원묘지로 다시 한 번 격리된다.

이와 같이 오늘날 장례식은 아무 마찰도 어려움도 없고, 사회적 표준에 맞는 하나의 잔치와 같은 것으로 집행된다. 장의사는 죽음의 모든 경악스러운 요소들과 진지한 면들을 약화시키거나 제거하고, 죽음을 하나의 칵테일 파티와 비슷한 것으로 미화시키려고 노력한다. 물론 장의사는 장례식을 아름답게 치르고 유족들의 슬픔을 감소시키기 위해 이렇게 노력하지만, 이를 통해 "죽음의 은폐와 미화(美化)"가 일어나며, 죽음의 현실이 약화되고 인간의 경험적 현실에서 배제되는 결과가 일어난다.

죽은 사람의 묘지 방문은 대개 친자녀의 세대로 끝난다. 할머니, 할아버지의 묘지를 정기적으로 찾아 조문하는 경우는 그리 많지 않은 것 같다. 이리하여 주인 없이 내버려진 묘지들이 생겨난다. 그러다가 택지조성 구역으로 지정되어 묘지가 없어지기도 한다. 죽은 사람의 뼈가 무참하게 파헤쳐졌다가 쓰레기처럼 땅에 묻히기도 하고, 이름을 알지 못하는 수많은 사람의 뼈가 상자나 보자기에 싸여 공공 보관 시설에 보관되기도 한다.

7) 죽음에의 익숙

현대사회에 대하여 "죽음의 배제"라는 명제가 타당하지 않다고 주장하는 학자들도 있다. 오히려 현대사회는 죽음과 함께 사는 사회라고 말해야 하지 않을까? 생태계의 파괴로 말미암아 일어나는 자연 생물들의 떼죽음을 우리는 언론 매체를 통해 자주 접할 수 있다. 우리는 우리 자신의 생명도 죽음의 위협 앞에 서 있다는 것을 잘 알고 있다. 생태학적 이변과 함께 죽음이 우리의 생명을 침식하고 있다는 의식은 오늘날 세계 전체의 보편적 현상일 것이다. 지금 인류가 보유하고 있는 핵무기는 지구를 여러 번 파멸시키고도 남을 만한 위력을 가지고 있다. 하이데거가 말하듯이 오늘 현대인의 생명은 죽음과 함께 사는 생명, "죽음을 향한 생명"이라고 말할 수 있다.

또한 오늘날 인류는 제2차 세계대전, 한국의 6·25 전쟁, 베트남 전쟁은 물론 이념 분쟁, 인종 분쟁, 종교 분쟁, 국경 분쟁으로 말미암은 초대형 학살과 억울한 죽음들을 잘 알고 있다. 히틀러의 독재 체제 하에서 600만 명의 유대인들이 가스실로 끌려가 살해당한 사건은 가장 대표적인 사건이다. 언론 매체를 통해 우리는 매일 죽음에 관한 보도를 접하고 있다. 교통사고로 인한 죽음, 안전사고로 인한 죽음, 강간과 살인으로 인한 죽음, 테러로 인한 죽음, 에이즈로 인한 죽음 등 아마도 죽음에 대한 보도가 없는 날은 하루도 없을 것이다. 미국 소아과 아카데미(American Academy of Pediatrics)의 1971년 보고서에 의하면, 아이들이 14세가 되기까지 텔레비전에서 본 죽음 장면들은 18,000번에 달한다고 한다.[26] 따라서 현대사회는 죽음을 배제해버린 사회, 죽음에 대한 의식을 상실해버린 사회가 아니라, 오히려 죽음과 함께 사는 사회, 죽음에 대한 의식 속에서 사는 사회라고 보아야 하지 않을까?

그러나 일단의 사회학자들에 의하면, 죽음에 대한 매일의 보도와 죽음에 대한 지식으로 말미암아 현대인은 죽음에 익숙해진다. 몇천 명, 몇백 명이 죽었다고 하면 좀 놀라워하지만, 몇 명, 몇십 명의 죽음은 대수롭지 않게 생각하며 그 일에 대해 관심을 갖지 않는다. 죽음에 대한 소식들은 죽음에 대해 우리 인간의 마음을 민감하게 만드는 것이 아니라 오히려 무감각하게 만든다.[27] 죽음에 대해 관심을 갖게 하는 것이 아니라 오히려 무관

26) 이에 관하여 H. Küng, *Ewiges Leben?*, 2. Aufl., 1982, 203.
27) 이에 관하여 W. Fuchs, *Todesbilder in der modernen Gesellschaft*, 83ff; J. Hick, *Death and Eternal Life*, 1976, 81-96; J. Hofmeier, Die heutige Erfahrung des Sterbens," in *Concilium* 10, 1974, 235-240; A. Toynbee, *Man's Concern with Death*, 1968, 독일어 번역, *Vor der Linie. Der moderne Mensch und der Tod*, 1970,

심하게 만든다. 수백 명이 죽었다 해도 관심을 갖지 않으며, 수억의 어린이가 굶주림과 질병으로 죽어가고 있다는 소식을 들어도 무감각하다. 자신의 생명이 언제나 죽음에 노출되어 있다는 것을 그들은 자명한 것으로 받아들이고 죽음을 잊어버린다. 이와 같은 현대사회의 죽음에 대한 무감각과 무관심, 죽음의 망각으로 인해 현대사회는 죽음을 사실상 배제한다.

3. 죽음의 배제의 결과─죽음과 죽은 사람들에게 냉담한 사회

죽음의 문제는 단지 죽음과 관계된 문제가 아니라 삶과 관계된 문제다. 그것은 언제나 삶과 관계되어 있다. 따라서 죽음에 대한 태도는 삶에 대한 태도를 결정한다. 죽음에 대해 어떤 태도를 가지는가에 따라 삶의 태도가 달라진다. 죽음은 단순히 삶의 마지막 생물학적 사건이 아니라 삶 한가운데 있는 현실임에도 불구하고, 죽음을 그의 의식과 삶과 사회에서 배제해 버릴 때, 다음과 같은 삶의 태도와 사회적 에토스가 형성된다.

1) 현실에의 집착과 탐닉

인간이 죽음을 자기의 의식에서 배제하고 마치 죽음이 없는 것처럼 살고자 할 때, 그는 눈에 보이는 **현실에 집착하고 그것에 탐닉하는 삶의 자세**를 갖게 된다. 죽음은 인간의 힘으로 바꿀 수 없는 인간의 한계상황이 아닌가? 그것은 자연스러운 것이 아닌가? 죽음이 올 때, 우리는 그것을 받아들일 수밖에 없다. 에피쿠로스가 말한 것처럼 내가 죽은 순간, 나는 더 이상 존재하지 않을 것이며, 죽음을 경험할 수 없을 것이다. 그러므로 사는 동안 죽음을 생각하지 말고, 이 세상에서 우리가 누릴 수 있는 것을 최대한 누리다가 죽으면 그만이다. 이리하여 인간은 눈에 보이는 이 세계의 삶

75-124, 167-182.

이 전부인 것처럼 생각하며, 충분히 소유하고 물질적 풍요와 즐거움을 누리며 사는 데 삶의 가치를 둔다.

오늘날 한국의 대도시 문화는 한마디로 향락의 문화, 소비의 문화라 말할 수 있다. 더 좋은 것, 더 비싼 것을 소비하고 향락을 누리며 사는 것을 최고의 목적으로 생각하는 풍조가 사회 전체에 확산되어 있는 것 같다. 결혼할 배우자를 선택할 때도 여기에 기준을 둔다. 사치와 허영의 병이 여기서 생성된다. 죽기 전에 가능한 한 즐겁고 풍요하게 사는 것을 삶의 목적으로 생각할 때, 점점 더 호화스럽게 살면서 자기가 가진 것을 밖으로 드러내는 문화가 형성된다. 주택, 승용차, 의류, 가구의 디자인을 유심히 관찰해보면, 우리는 자기가 가진 것을 겉으로 드러내는 자기 과시적 사회 풍조와 유치한 가치관을 쉽게 발견할 수 있다. 그래서 상품의 품질이 어떻든 간에 무조건 가격이 비싼 상품이 잘 팔리는 웃기는 일들이 일어나며, 옷을 입어도 부유해 보이도록 입는다. 외제라 하면 무조건 선호한다. 이리하여 가짜 해외 유명상품들이 범람한다. 값비싼 외제 수입품들이 없어서 못 팔 정도로 잘 팔리고, 도시 구석구석마다 육체적 향락이 넘실거린다. 마약 중독자, 알코올 중독자, 에이즈 환자의 수가 점점 더 증가한다. 중·고등학교에 다니는 어린 여학생들이 소위 "원조 교제"를 하기 위해 전혀 알지 못하는 사람에게 직접 전화를 건다. 어린 여학생들이 창녀처럼 몸을 팔아 얻은 돈으로 물질생활을 향유하기 위함이다. 그래도 그들은 부끄러움을 느끼지 않는 듯하다.

이러한 사회적 현상은 영원한 가치가 무엇인가를 알지 못하고, 눈에 보이는 것에 가치를 두는 현대사회의 표피적 물질문화를 반영한다. 소유가 없어도 없는 것처럼 살지 않고, 조금만 가져도 그것을 드러내며 야단스럽게 생활한다. 죽음은 그들의 의식 밖에 있다. 그것은 삶과 관계없는 일이다. 눈에 보이는 것이 그들의 삶의 전부다. 누가복음 12장의 어리석은 부자는 자기의 죽음을 망각하고 이 세상의 삶에 탐닉하는 현대인의 삶의 태도를 다음과 같이 나타낸다.

이렇게 해야겠다. 내 곳간을 헐고서 더 크게 짓고, 내 곡식과 물건들을 다 거기에다가 쌓아두겠다. 그리고 내 영혼에게 말하겠다. "영혼아, 여러 해 동안 쓸 많은 물건을 쌓아두었으니, 너는 마음을 놓고, 먹고 마시고 즐겨라"(눅 12:18-19).

이러한 삶의 태도는 인간을 눈에 보이는 것에 집착하게 만드는 동시에 자기 죽음을 받아들이는 것을 어렵게 만든다. 한편으로 그는 죽음을 체념하지만, 가능한 한 오래 살고자 하는 욕망과 함께 삶에 집착하기 때문에 죽음은 그에게 불안과 공포의 대상이 된다. 김형석 교수는 현대인의 이러한 상황을 다음과 같이 말한다.

> 우리 주변의 많은 사람들은 신체적인 향락과 물질적 소유를 생의 기본이라고 생각한다. 될 수 있는 대로 많이 벌어 재물을 소유함으로써 만족하고 즐겁게 사는 것이 상책이라고 믿고 있다. 누구보다도 강한 애착심을 현실적 삶에 두면서 살아간다. 그런 사람들은 거의 본능적으로 생명과 삶에 대한 집착을 갖는다. 그래서 죽음은 모든 것의 종말이며, 공포와 절망의 대명사가 된다.…모든 소유가 나에게서 사라지며 죽음은 나 자신을 허무한 것으로 만들어버린다고 생각한다. 죽음은 비참과 절망의 극치라고 여긴다.[28]

2) 끝없는 자기 추구

죽음을 배제할 때, 인간은 결국 **욕망의 노예**가 되어 자기 자신에게 집착하며, **끝없이 자기 자신을 추구하는 삶의 모습**을 갖게 된다. 앞서 기술한 바와 같이 오늘날 많은 사람이 마치 죽지 않을 것처럼 살아간다. 곧 이 세계속에서 영원히 살 것처럼 산다. 그들은 이 세계에 속한 것, 언젠가 버리고 떠날 수밖에 없는 것에 집착한다. 결국 그들은 끝없는 소유욕의 노예가 된

---

28) 김형석, "죽음의 의미는 어디 있는가", 『삶과 죽음을 생각하는 회 창립 10년사 1991-2001』, 149.

다. 더 많은 물질, 더 많은 명예, 더 높은 지위, 더 큰 권세, 더 많은 소비, 더 진한 향락, 더 높은 삶의 보장을 추구한다. 이러한 것들이 인간을 위하여 있는 것이 아니라, 인간이 이러한 것들을 위하여 있는 것처럼 되어버린다. 지구의 수많은 사람이 굶주림과 질병으로 죽어가고 있는 현실에 대하여 눈감아버리고, 더 많이 소유하고, 소비하고, 자랑하고 뻐기면서 살아간다. 그들은 산다고 하지만 실상은 죽은 것과 같다. 그들의 인생은 무덤이다. 썩는 것과 악취가 그 속에 가득하다. 죽음의 아가리가 그들을 기다리고 있을 뿐이다.

인간이 이 세계에 속한 것에 집착하고 그것을 추구하는 것은, 사실상 자기 자신에게 집착하고 자기 자신을 추구하기 때문이다. 세상적인 것에 대한 집착과 그것의 추구는 자기 자신에 대한 집착과 자기 추구의 표출에 불과하다. 이웃에 대한 정죄와 심판도 자기 집착과 자기 추구의 한 방식이다. 자기 자신에의 집착과 자기 추구는 인간과 인간, 인간과 피조물, 인간과 하나님 사이의 교통과 친교를 단절시킨다. 모든 것은 자기를 위하여 존재하며 또 존재해야 한다. 자기가 모든 것의 중심이 되어야 하고, 자기의 의지가 모든 것을 지배해야 한다.

교통과 친교의 단절은 불안과 고독을 초래한다. 그러므로 죄인은 불안하며 고독하다. 많이 소유한 사람, 높은 지위와 권세를 가진 사람일수록 더 큰 불안과 고독에 빠지는 원인이 바로 여기에 있다. 불안과 고독 속에서 그는 자기 자신에게 집착한다. 자기 자신에게 집착할수록, 그는 하나님과 이웃과 함께 살도록 창조된 그의 본래적 삶의 법칙에서 멀어지며, 무의 세력에 사로잡힌다.

불안과 고독은 무(無)의 현실이요 죽음의 그림자다. 항상 불안과 고독 속에서 사는 사람의 생명이 짧아지는 이유가 바로 여기에 있다. 그의 불안과 고독 속에 숨어 있는 죽음과 무의 현실이 그의 생명을 단축시킨다. 무의 현실은 그의 마지막 죽음 속에서 그것의 완전한 모습을 드러낸다. 그의 생명이 "없음" 곧 무에 삼켜지기 때문이다. 그는 이 세계의 그 무엇도, 자기 자신마저도 영원히 소유할 수 없으며, 자기의 생명도 자기의 것, 곧 자기의 소유가 아니라는 사실이 죽음과 함께 드러난다. 인간의 생명은 궁극적으로 인간에게 주어진 것, 곧 하나님의 은사이지, 인간의 소유가 아니다. 그것은 하나님으로부터 그에게 선물되어졌다가 다시 거두어진다.

삶의 이러한 진리를 망각하고 자기 자신에게만 집착하는 사람에게, 죽음은 하나님의 심판과 무의 궁극적 현실로 나타난다. 그의 삶은 무와 같은 것(das Nichtige)이요, 결국 무로 돌아간다. 이것은 무섭고 떨리는 일이다. 내 존재는 아무 의미도 없는 무와 같은 것, 아니 차라리 생겨나지 않았다면 오히려 더 다행스러운 것, 결국 그것은 무로 돌아간다는 것보다 더 절망스러운 일도 드물 것이다. 지옥의 심연이 있다면 먼저 여기에 있을 것이다. 이 지옥의 심연을 희미하게나마 의식하기 때문에, 사람들은 가능한 죽음을 거부하고 삶의 시간을 최대한 연장시키고자 한다. 그래서 몸에 좋고 정력에 좋다는 갖가지 건강식품을 만들어 먹고, 더욱더 자기를 추구한다.

성욕도 그에게는 자기 추구의 한 방식이다. 영원히 지속되었으면 하는 쾌락의 순간들을 그는 가능한 길게 확대시키고자 한다. 니체에 의하면 모든 쾌락은 깊은 영원을 원한다. 결코 지나가지 말았으면, 끝나지 말았으면, 영원히 계속되었으면 하는 순간들이 있다. 그러나 모든 쾌락의 순간들은 지나가 버린다. 그 다음에는 허탈감과 허무감이 엄습한다. 곧 무의 현실이 인간을 찾아온다. 이것을 피하기 위해 인간은 새로운 쾌락의 순간을 찾지만, 결국 그의 삶은 죽음의 한계에 부딪힌다. 죽음을 자기의 의식에서 배제하고 죽음 없이 살아가는, 그러나 죽음의 그림자를 벗어나지 못하는 인간의 실존적 모습이 여기에 있다.

3) 삶과 죽음에 대한 무관심

자기의 의식과 삶에서 죽음을 배제할 때, 죽음은 물론 죽음을 초래하는 모든 현상에 대한 무관심한 마음과 무관심한 삶의 태도, 무관심한 사회 분위기가 형성된다. 현대사회의 가장 심각한 문제는 **삶과 죽음에 대한 무관심**

(*apatheia*)이라 할 수 있다. 각종 교통사고, 대형 항공기 사고, 핵 잠수함 좌초 등으로 인해 수백 명의 사람들이 죽어도, 현대인들은 마음의 상처를 입지 않으며, 거기에 대해 특별한 관심을 갖지 않는다. 원자로의 방사능 누출, 중금속 오염으로 인해 우리 자신의 생명은 물론 지구촌의 이웃 사람들과 자연 피조물들의 생명이 눈에 보이지 않게 차츰차츰 병들어가도, 우리는 무관심하다. 죽음과 관련된 이러한 일들에 대한 보도를 들어도, 우리는 죽어가는 생명들에게 동정을 느끼지 않으며, 오직 자신의 삶에 탐닉하고 열중한다.

죽음이 우리의 삶에서 배제될 때, 우리는 우리 주변의 생명들은 물론, 이미 죽음을 당한 조상들에 대해서도 관심을 갖지 않는다. 일제 치하에서 일본군 위안부로 끌려가 혹사당하다가 죽임을 당한 수십만 명의 우리 할머니들, 독립 운동을 하다가 목숨을 잃은 우리의 조상들, 6·25 전쟁 동안 나라를 지키기 위해 싸우다 목숨을 잃은 젊은 군인들의 꽃다운 생명에 대해서는 물론, 세상을 떠난 친할머니 할아버지, 어머니 아버지에 대해서도 더 이상 관심을 갖지 않는 경우도 많다. "민족의 위대한 영도자" 히틀러 치하에서 사랑하는 가족이 뿔뿔이 흩어지고 가스실로 끌려가 600만 명이나 살해당한 유대인들의 슬픔과 죽음, 백인들에 의해 노예로 판매되어 말할 수 없는 억압과 착취와 강간을 당한 약 2,000만 명에 달하는 흑인 노예들의 고통과 죽음, 백인들에게 대지를 빼앗기고 떼죽음을 당하였으며 지금도 소위 "보호 구역"에서 알코올 중독과 마약 중독으로 차츰 사멸하고 있는 아메리카 인디언들의 억울함에 대해서도 우리는 관심을 갖지 않는다.

또한 죽음이 우리의 삶에서 배제될 때, 우리의 후손들이 어떻게 살며 어떤 고통을 당할 것인지, 그들이 어떤 죽음을 당할 것인지 관심을 갖지 않는다. 죽은 선조들의 생명에 대해서도 관심을 갖지 않지만, 앞으로 태어날 후손들의 생명에 대해서도 관심을 갖지 않는다. 조상들에 대해 무관심한 사람이 후손들에게 관심을 가질 리가 없다. 그에게는 자신의 삶, 자신의 소유, 자신의 삶의 편리함만이 눈앞에 있다. 이리하여 그는 후손들의 삶을 생각하지 않고 자연 자원들을 무절제하게 소비한다. 기껏해야 자기 자식들에게 얼마나 많은 유산을 남겨줄 것인가를 생각할 뿐이다.

인간의 삶에서 가장 중요한 사건은 탄생과 죽음이다. 탄생은 삶의 시작이요, 죽음은 삶의 끝이기 때문이다. 탄생과 죽음 가운데서 무엇이 더 의미 있는 사건인가를 묻는다면, 그것은 죽음이라고 말할 수 있다. 죽음은 탄생과 더불어 시작한 삶이 완결되는 사건이기 때문이다. 그것은 삶의 끝이요 결정이다. 이와 같은 의미를 가진 죽음을 자신의 의식에서 배제하고 죽음에 대해 무감각해질 때, 인간은 살아 있지만 모든 일에 대해 무감각하고 무관심한 사람으로 변한다. 자신의 죽음에 대한 무감각은 다른 모든 감각과 감정을 무디게 만든다. 그것은 슬픔의 감정은 물론 기쁨의 감정도 무디게 만들며, 사랑의 능력을 마비시킨다. 무감각은 깊은 사랑의 느낌을 마비시키기 때문이다. 이처럼 인간의 죽음에 대한 무감각과 무관심은 삶에 대한 사랑과 열정을 마비시킨다.

인간이 산다는 것은 단순히 먹고 배설하는 생물학적 현상에 불과하지 않다. 삶이란 그 본질에서 서로 간의 관계와 교통이요 사랑이다. 아름다운 관계와 교통이 있고 주고받는 사랑과 용서가 있는 삶이 행복한 삶이요, 인간적인 삶이다. 인간의 삶을 참으로 생동케 만드는 것은 쌓아놓은 부(富)가 아니라, 근본적으로 이웃과 공동체에 대한 사랑이다. 사랑을 통해 우리는 생동하게 되고 또 우리의 이웃을 생동케 한다. 그러나 사랑은 마음의 상처를 동반한다. 우리는 우리가 사랑하는 것으로 말미암아 마음의 행복을 느끼는 동시에 마음의 상처를 입는다. 사랑 안에서 우리는 우리가 사랑하는 자의 행복과 고통, 삶과 죽음에 개입하기 때문이다. 참으로 사랑하는 사람은 그가 사랑하는 자의 죽음까지 내다보며 그것을 아파한다. 달리 말해, 사랑은 우리의 삶을 생동케 하는 동시에 죽음을 의식하게 한다. 삶에 대한 사랑, 자신의 삶과 사랑하는 사람들의 삶에 대한 사랑 때문에 우리는 삶의 유일회성과 불가역성을 슬퍼하며, 죽음의 치명성을 괴로워한다. 사랑 안에서 우리는 삶에 개입하며, 삶과 함께 죽음에 개입한다. 우리는 사랑 안에서 삶의 생동성과 죽음의 치명성을 경험한다.

그러나 죽음이 다반사(茶飯事)처럼 일어나며 하나의 일상사가 되어버릴 때, 그리하여 우리의 마음이 이웃의 죽음에 대해 무디어질 때, 우리는 우리 이웃의 고통과 슬픔을 더 이상 함께 느끼지 않고 자신의 삶에 몰두한다. 피 흘리는 일과 죽은 사람들을 많이 본 사람은 죽음에 대해 무감각해지며, 지속적으로 죽음의 위협을 당한 사람은 죽음에 대해서는 물론 삶에 대해서도 무감각해진다. 그는 모든 것이 어찌되든 상관없다고 생각하며, 삶에 대한 모든 느낌을 말살한다. 이리하여 그는 모든 종류의 고통을 회피하며, 자신의 죽음에 대해서는 물론 타인의 죽음에 대해서도 무감각해진다. 삶에 대한 사랑과 열정을 소멸함으로써, 그는 그 자신의 죽음을 앞당겨온다. 그의 느낌과 생각이 굳어지고, 그는 산다고 하지만 차츰 죽은 자로 변모한다. 무디어지고 굳어져 버린다는 것은 죽음의 징조다.

4) 냉혹하고 비인간적인 사회

죽음에 대한 무감각은 결국 **무감각한 사회, 냉정하고 냉혹한 사회, 비인간적인 사회**를 형성한다. 우리 인간이 삶의 현실에서 배제한 죽음은 사회 전체를 마비시키고 비인간적 사회로 변질시키는 사회적 무관심과 냉담함을 확산시킨다. 다른 사람의 고통이 우리의 마음을 전혀 움직이지 못하며, 나 자신과 아무 관계도 없는 것으로 생각된다. 특히 대도시 문화권 속에 사는 현대인들은, 누가 어떤 고통과 죽음을 당하든지 관심을 갖지 않으며 그것에 관여하고자 하지 않는다. 이웃 사람이 굶주리고 죽어가도 마음의 상처를 느끼지 않으며, 자신의 유익에 도움이 된다면 무엇이든지 파괴하고 착취하고 죽일 수 있다. 동물과 식물은 물론 사람의 생명에 해가 되는 일을 하면서도 양심의 가책이나 고통을 느끼지 않는다. 사람을 고문하고 죽이는 것을 보통으로 생각한다. 죽어가는 사람과 자연의 피조물들, 죽음을 슬퍼하는 사람들을 위해 아무런 시간도 공간도 갖지 않으며, 그들을 보호하고 배려하는 마음도 갖지 않는다. 유명한 사회 지도층에 속한 인물들을 제외하고, 한 사람의 죽음은 한 가정의 극히 사적인 일로 위축되고, 사회의 공적 삶에서 배제된다. 죽음으로 인하여 일어나는 모든 장애들은 가능한 한 즉시 제거된다. 임종과 죽음과 애도는 하나의 터부로 간주되고, 죽음에 대한 토론과 의사소통이 사라진다. 국토의 효율적 관리를 위해 매장은 차츰 사라지고 화장(火葬)이 권장되며, 죽은 사람의 존재는 강물이나 산 속에 흩어지는 뼛가루와 함께 사람들의 기억에서 사라져버린다.

이와 비슷한 일이 병자들, 장애인들, 노인들에게도 일어난다. 현대사회에서 인간의 삶은 그 사회가 높이 평가하는 목적을 성취할 때에만 의미를 갖는다. 이 목적을 성취하기 위해 인간은 항상 건강해야 하고 언제나 노동할 수 있는 상태에 있어야 한다. 현대의 업적사회, 소비사회에서 건강은 "노동의 능력과 향유의 능력"(Arbeitsfähigkeit und Genußfähigkeit)을 뜻한다. 이 능력이 손상되거나 약화되는 것은 무능해지는 것을 뜻하며 따라서 무의미한 것으로 간주된다. 사회를 인간화하려는 모든 노력과 저항 운동에도 불구하고, 병자는 병원으로, 장애인은 장애인 보호 시설로, 노인은 양로원으로 배제하는 경향이 현대사회를 지배하고 있다. 노동할 수 있는 능력을 가진 자, 경쟁에서 이길 수 있는 자만이 사회에서 살아남는다. 경쟁에서 살아남지 못하는 자는 사회 밑바닥 혹은 사회 변두리로 배제된다. 그는 성공하지 못한 사람, 무능한 사람으로 간주된다.

현대사회는 한마디로 폭력과 살인이 난무하는 사회, 죽음을 향하여 달리고 있지만 죽음에 대해 무감각한 사회, 곧 비인간적인 사회다. 이 사회에서 한 인간의 죽음은 즉시 제거되어야 할 교통사고와 같은 것으로 간주된다. 모든 것을 인간적으로 인지하지 않고, 기술적으로 인지한다. 다른 생명들의 생명을 사랑하지 못하는 "사랑의 무능력"(Unfähigkeit zur Liebe), 다른 사람의 고통과 죽음을 함께 슬퍼하지 못하는 "애도의 무능력"(Unfähigkeit zur Trauer)이 사회 전체에 점점 더 확산된다. 현대사회의 이러한 모습은 더 많은 생산, 더 많은 소유와 삶의 향유를 최고의 가치로 생각해 죽음을 인간의 의식과 삶에서 배제한 현대사회의 필연적 결과다.

5) 죽음을 잊으려는 잘못된 삶의 태도

우리 인간이 죽음을 우리의 의식에서 배제하고 죽음에 대한 망각과 무의식 속에서 산다 할지라도, 우리는 죽음을 피할 수 없으며, 죽음에 대한 의식을 벗어날 수 없다. 죽음의 필연성은 모든 생물의 존재 구조에 속하기 때문이다. 따라서 죽음은 언제나 우리의 의식 속에 숨어 있다. 이것을 우리는 우리 자신의 그림자에 비유할 수 있다. 우리의 그림자는 언제나 우리를 따라 다닌다. 우리가 그것을 피하려고 아무리 달아나도, 그림자는 항상 우리와 함께 있으며 우리를 붙어 다닌다. 죽음도 이와 같다. 그것은 인간이 아무리 도피하려고 해도 도피할 수 없는 인간의 한계상황이다. 그것은 우리의 의식 깊은 곳에 숨어 있으면서 **삶의 허무감과 불안감**을 일으킨다. 이것을 극복하기 위하여 인간은 여러 가지 잘못된 삶의 태도를 취한다.

(1) **더 많은 소유와 소비와 향락**에 집착하는 삶의 태도다. 더 많은 물질과 더 많은 명예와 더 큰 권력을 소유하고 더 많이 소비하며 향락을 누림으로써 죽음으로 말미암은 삶의 허무감과 불안감을 잊어버리고자 한다.

(2) **더 많은 업적**을 남기고자 하는 삶의 태도다. 자기의 일에 심취하고 더 많은 업적을 남기며, 자기의 이름을 후대에 남김으로써 삶의 허무감과 불안감을 극복하고자 한다. 물론 자기의 재능을 하나님께서 거저 주신 은사로 생각하고 하나님의 구원 역사를 이루기 위해 그것을 충분히 활용하며, 이를 통해 큰 업적을 남기는 것이 잘못된 일이라 말할 수는 없다. 그러나 하나님을 거부하고 자기의 명예를 위해 더 많은 기능과 업적을 남기며, 이를 통해 삶의 허무함과 불안을 해소하려는 것은 잘못된 삶의 태도다. 이러한 삶의 태도는 많은 부작용과 피해를 초래한다.

(3) **삶의 시간을 가능한 길게 연장시키고 죽음의 시간을 연기시킴**으로써 삶의 허무함과 불안을 배제하려는 삶의 태도다. 사람들은 가능한 한 더 오래 살기 위해 소위 몸에 좋다는 것은 가리지 않고 다 먹는다. 뱀, 곰 쓸개, 땅 속의 지렁이, 지네, 개구리는 물론 산모의 태반까지 삶아 먹는다.

징그러운 것일수록 몸에 더 좋다고 생각한다. 이리하여 수많은 생물의 종(種)이 멸종될 위기에 처했다. 동남아의 밀렵꾼들에게 미리 돈을 맡기고 몸에 좋다는 짐승들의 특정 신체 부위를 주문하는 사람도 있고, 어린 처녀와 동침하면 오래 산다고 생각하여 돈을 주고 어린 소녀의 몸을 사는 노인들도 있다고 한다. 이런 사람들로 인해 밀렵이 성행하고 야생동물들이 비참한 죽임을 당한다. 죽지 않고 가능한 오래 살며, 죽음의 불안과 삶의 허무감을 벗어나려는 안타까운 몸부림들이 갖가지 형태로 나타난다.

(4) 더 "빨리" 삶으로써 삶을 더 많이 경험하고 더 많이 향유하려는 태도다. 가능한 빨리 행동하고 경험할 때 삶의 양이 더 커지며, 이를 통해 죽음으로 말미암은 삶의 허무감과 불안을 극복하려는 몸부림을 우리는 도처에서 발견할 수 있다. 오늘날 한국 사회는 물론 온 세계가 "더 빨리"란 병에 걸려 있다. 그중에서도 특히 한국인들은 이 병이 가장 심각해 보인다. "빨리"라는 말을 가장 많이 사용하는 사람들이 한국인이라고 한다. 식사를 5-10분 안에 끝내는 민족은 한국이 아니면 세계 어느 곳에서도 찾아보기 힘들 것이다. 결혼식이 15-20분 만에 끝나는 나라도 드물다. 이렇게 급히 결혼식을 마치고 신랑과 신부가 신혼여행을 갔다가, 그 다음날 헤어져서 각기 다른 비행기를 타고 돌아오기도 한다.

"현대화"는 곧 "가속화"와 동의어라 해도 무방하다. 사람들은 빠를수록 더 많이 현대화되었다고 생각한다. 그러나 모든 일을 빨리 한다고 하여 반드시 좋은 것만은 아니다. 일을 빨리하면 철저히 하기 어렵다. 무슨 일이든지 빨리하면 사고가 나기 마련이며, 조급하면 실수가 많은 법이다. 조급한 사람은 자기 스스로 스트레스를 받아 쉽게 병들거나 일찍 죽기 쉽다. 그는 순간 속에 숨어 있는 삶의 의미와 아름다움을 음미하지 못하며, 삶의 모든 것을 급히 지나쳐 버린다. 그러나 마음의 여유를 가지고 천천히 사는 사람은 자기의 삶을 음미할 수 있으며 순간 속에서 영원을 경험할 수 있다. 그는 삶의 작은 일들 속에서, 친구들과의 만남과 작은 풀잎 하나, 하늘의 구름과 지저귀는 새 한 마리에서 삶의 기쁨과 행복을 느낄 수 있고 이

죽음과 부활의 신학

웃과 삶을 나눌 수 있다.

물론 모든 것을 빨리하려는 삶의 태도가 단지 죽음으로 말미암은 삶의
허무감과 불안 때문에 야기되었다고 말할 수는 없다. 그것은 역사적·문화
적·지리적·시대적 배경으로 말미암은 것이기도 하다. 국토가 좁은 데 비
해 인구는 많고 사계절의 차이가 뚜렷한 나라, 여름에는 겨울 걱정, 겨울
에는 여름 걱정을 해야 하는 나라에 사는 국민의 성격은 빨라질 수밖에
없으며 환경의 변화에 민감할 수밖에 없다. 또 모든 것을 빨리하려는 삶의
태도는 개인의 타고난 성격으로 인한 것이기도 하다. 그러나 가능한 빨리
많은 것을 경험하려는 삶의 태도에서, 우리는 죽음의 불안과 삶의 허무함
을 잊으려는 몸부림을 발견할 수 있다.

그러나 죽음의 불안, 삶의 허무함은 위에 기술한 방법 내지 삶의 태
도를 통해 결코 망각되거나 극복될 수 없다. 그것은 그림자와 같이 언제
나 인간에게 붙어 다닌다. 죽음은 인간이 결코 극복할 수 없는 인간의 마
지막 한계상황이며, 인간이 아무리 발버둥 쳐도 그의 삶은 언젠가 죽음으
로 끝날 수밖에 없기 때문이다. 죽음, 그것은 출생과 더불어 인간의 존재
구조에 속하며, 하이데거가 말하듯이 인간은 "죽음을 향한 존재"(Sein zum
Tode)다. 이러한 죽음의 불안과 삶의 허무함을 극복하기 위해 **술이나 마약
을 하거나 심한 경우는 자살을 감행하는** 사람도 있다. 그리하여 문명이 발
달하고 물질생활이 윤택해질수록 알코올 중독자, 마약 중독자, 자살자의
수는 증가한다. 그러나 술과 마약과 자살은 하나의 도피책이지 궁극적 해
결책은 아니다.

몰트만에 의하면,[29] 우리 인간은 죽음에 대한 모든 생각을 배제하고,
마치 죽지 않고 무한히 긴 시간을 누릴 것처럼 살 수도 있다. 그러나 죽음
이 매일, 매순간에 일어날 수 있다는 사실을 우리는 잘 알고 있다. 그러므

---

29) 아래의 내용에 관하여 J. Moltmann, *Das Kommen Gottes*, 65ff.

로 우리는 사실상 우리가 배제한 죽음의 의식과 함께 살게 된다. 그러나 이러한 삶의 방식은 현실과의 접촉을 끊어버린다. 죽음 없이 살 수 있으며 죽음은 "삶의 사건"이 아니라고 생각할 때, 현실적인 삶을 거부하는 결과를 초래할 수 있으며 그것은 사실상 하나의 종교적 기만이다. 그것은 삶에 대한 우리의 실제 경험들과 모순되며, 삶의 우상숭배다. 우리의 삶의 시간이 제한되어 있다는 것은 부인할 수 없는 사실이다. 그럼에도 불구하고 마치 죽음이 없는 것처럼 사는 것은 하나의 환상이다.

삶에서 죽음을 배제하고 삶과 죽음을 엄격하게 분리시킬 때, 우리는 정말 우리가 원하는 죽음 없는 삶을 사는 것이 아니라 마치 죽음이 없는 것 같은 삶의 느낌을 갖게 된다. 그러나 이 느낌은 참되지 못하다. 그것은 하나의 거짓된 느낌이요, 하나의 기만이다. 중세기 사람들은 갑작스러운 죽음을 경악스러운 일로 간주했다. 죽음을 준비할 수 있는 시간적 여유가 주어지지 않았기 때문이다. 이에 반해 오늘날 현대인들은 고통 없이 죽을 수 있는 갑작스러운 죽음을 원한다. 그들은 죽음의 고통을 길게 당하기를 원하지 않는다. 사는 동안 아무 고통이나 어려움 없이 충만하게 살다가, 아무 고통 없이 갑자기 죽기를 원한다. 이러한 방식으로 그들은 죽음의 의식을 삶에서 배제한다.

그러나 우리가 배제한 다른 모든 것처럼, 우리가 배제한 죽음의 의식은 우리의 무의식 속에 항상 숨어 있으면서 우리의 의식에 영향을 미치고, 우리의 모든 느낌과 행동에 영향을 준다. 그것은 우리의 삶의 에너지를 마비시킨다. 죽음의 의식을 배제하는 데 에너지가 소모되기 때문이다. 또 그것은 삶에 대한 불안을 일으키며, 삶에 대한 굶주림을 느끼게 한다. 그것은 우리 마음의 평정과 안식을 빼앗고, 끝없이 일에 몰두하게 한다. 그것은 우리를 이유 없이 교만하게 만들며 무관심, 냉정한 마음, 무감각, 그리고 영적 경직을 확대시킨다. 우리가 배제한 죽음의 의식은 우리의 살아 있는 몸을 마비시킨다. 다른 사람들에 대해서는 물론 우리 자신에 대해 우리는 무감각해지며, 새로운 경험을 거부하고, 모든 새로운 것을 거부하는 선입견과 함께 우리를 우리 자신의 달팽이 껍질 속에 폐쇄해버린다. 따라서 마치 죽음이 없는 것처럼 사는 것은 삶에 치명적인 영향을 주는 거짓된 환상이요, 지상의 삶의 행복을 속이는 것이다.

6) 사회의 요구에 대한 순응

폰 페르버에 의하면, 죽음은 개인의 주체성과 사회의 한계를 명확히 제시한다. 그것은 개인이 자신의 내면성, 삶의 개인적 영역으로 도피할 수 있는 지점으로, 전체주의적 경향을 가진 사회의 모든 요구로부터 개인을 자유롭게 하며, 이 요구들을 상대화한다. 그것은 그 자체로써 만족하고자 하는 현대 산업사회의 내재성과 자족성을 문제화하며, 이 사회 자체를 문제화한다. 죽음의 한계상황 앞에서 사회의 모든 규범과 요구들은 절대성을 상실한다. 모든 사람이 죽음의 운명 앞에 서 있다는 사실을 의식함으로써, 개인들은 사회적 요구에 대해서는 물론 사회 자체에 대해 거리를 가지기 때문이다. 그러므로 본래 죽음은 사회적 해방의 기능을 가진다.

그러나 오늘날 현대인들은 죽음의 이러한 의미를 부인하거나 죽음을 배제함으로 말미암아, 사회는 전체성을 요구하게 되며, 개인이 그의 모든 규범과 요구들에 대해 순응해야 할 것으로 나타난다. "협동적 효율성의 확보",[30] 더 많은 생산, 더 큰 이익, 더 큰 자기 확장, 더 많은 소비를 최고의 목표로 삼는 현대사회에서, 죽음은 훼방꾼 내지 결함으로 간주된다. 이리하여 죽음은 점점 더 사회 변두리로 배제되며, 인간의 의식에서 배제된다. 산업사회에 걸맞은 삶의 양식이 절대성을 요구하며, 그 자체의 구조와 법칙에 따라 움직이는 사회는 점점 더 죽음에 대해 둔감한 사회, 무관심한 사회로 변모하고 있다. 자신의 유지와 확장을 위해 자연의 세계 전체가 죽음의 위협 속에 있다. 개인의 존재는 사회를 구성하는 하나의 부품과 같은 것으로 간주된다. 죽음을 알지 못하는 사회, 죽음이 그 속에 매일 일어나

---

30) Ch. von Ferber, *Soziologische Aspekte des Todes*, 351.

고 있지만 죽음을 배제하는 현대사회는 그 자체의 구조와 법칙과 함께 자신을 절대화하며, 자신의 행동 양식과 규범과 가치에 대한 개인의 순응을 요구한다. 이 요구를 거부할 때, 개인은 그의 생존을 위협받는다. 이리하여 거대한 공룡처럼 절대성을 요구하는 현대사회 앞에서 무력한 개인은, 현대사회의 "죽음의 행렬"을 함께 걷게 된다.

7) 죽음의 배제와 환경 파괴

학자들은 오늘날 죽음의 배제와 환경 파괴가 서로 밀접한 관계를 맺고 있다고 말한다.[31] 한 사람의 죽음에서는 한 사람의 인격적 죽음이 문제되지만, 환경 파괴에서는 보편적 "자연의 죽음"이 문제된다. 자신의 죽음에 대한 인간의 태도는 자연의 죽음에 대한 태도를 형성하는 데 영향을 준다. 한 가지 사물에 대한 태도는 다른 사물에 대한 태도에 결정적 영향을 주기 때문이다. 따라서 자신의 죽음을 배제하는 인간의 태도는 자연의 죽음도 경험의 영역에서 배제하는 태도로 확대된다. 이로 말미암아 환경 파괴가 극복되는 것이 아니라 거꾸로 더욱 악화된다.

환경 파괴와 자연의 죽음은 물과 공기의 오염, 삼림의 파괴 등과 함께 비로소 시작하는 것이 아니라 자연의 대상화, 대물화(Verdinglichung), 그리고 자연에 대한 무관심과 함께 시작한다. 그것은 오늘날 부인할 수 없는 하나의 현실로 현존하며 지금도 진행되고 있다. 그러나 그것이 눈에 보이지 않으며 피부로 느껴지지 않을 때, 인간은 그것을 자신의 의식에서 배제한다. 또 이 문제가 언젠가 인간의 노력을 통해 극복될 것이라는 심리적 안도감 속에서 현실의 사태를 직시하지 않으려고 한다. 이리하여 환경 파괴와 자연의 죽음은 인간의 의식에서 심리적으로 배제된다. 그것에 대한 보도를 접해도, 그것이 마치 남의 문제인 것처럼 생각한다.

---

31) 이에 관하여 U. Gerhard, "Todesverdrängung und Umweltzerstörung," in U. Becker u. a.(Hrsg.), *Sterben und Tod in Europa*, 146ff.

그러나 심리적으로 배제된다 하여 그것이 현실적으로 극복되는 것은
아니다. 오히려 배제된 것은 현실적으로 인간에게 되돌아오며, 그가 배제
한 사태의 현실에 대한 인식과 불안은 그의 무의식 속에 숨어 있으면서
모든 사물에 대한 불안 심리와 이 세계 자체에 대한 좌절감을 조성한다.
그리고 사태를 극복할 수 있는 인간의 잠재력을 마비시킨다.

4. "우리의 날 계수함을 가르쳐주서서"―죽음의 의식에서 얻을 수 있는 삶의 지혜

위에서 우리는 죽음으로 말미암은 불안과 삶의 허무감을 극복하려는 여
러 가지 인간적인 방법과 삶의 태도를 고찰하였다. 그러나 이러한 방법은
궁극적 해결책이 되지 못하며, 죽음에 대한 무관심과 무감각을 더욱 조장
함으로써 인간과 사회의 비인간화를 심화시킨다. 그것은 하나의 악순환에
불과하며, 인간의 삶을 절망과 마약과 자살로 이끈다. 그러므로 죽음을 우
리의 의식에서 배제하는 것은 지혜롭지 못하며, 죽음의 문제에 대한 근본
해결책이 되지 못한다. 그러므로 성서는 이러한 인간적인 방법 대신 하나
의 다른 방법을 제시한다. 그것은 먼저 삶 속에 있는 죽음의 현실을 의식
하며 그것을 인정하는 일이다.

성서에서 죽음은 단지 삶의 마지막에 일어나는 생물학적 사건이 아니
라 삶 속에 있는 현실로 파악된다. 하나님을 경외하지 않는 자들, 참 지혜
가 무엇인가를 알지 못하는 어리석은 자들, 하나님을 거부하고 악한 길을
걷는 자들은 이미 죽음 속에 있다. 잠언 13:14에 의하면, 지혜가 없는 사람
은 "죽음의 그물" 속에 있는 것으로 전제된다. 달리 말해, 죽음은 지혜 없
는 사람의 삶 속에 있는 하나의 현실이다. 그러나 "지혜 있는 사람의 가르
침은…죽음의 그물에서 벗어나게 한다." 죽음의 현실은 하나님을 경외하
지 않는 자에게서도 하나의 현실로 나타난다. 그는 이미 "죽음의 그물" 속

에 있다. 그러나 "주님을 경외하는 것"은 "죽음의 그물에서 벗어나게 한
다"(잠 14:27).

죽음의 현실은 악한 통치자들 안에도 있다. "예루살렘에 사는 이 백성
을 다스리는 지도자들아, 너희는 자랑하기를, 우리는 죽음과 언약을 맺었
고 스올과 협약을 맺었다"(사 28:14-15). 하나님을 배반한 자들은 이미 사망
곧 죽음 속에 있다. 하지만 하나님은 그들을 "사망에서" 구원하실 것이다.
"내가 그들을 스올의 권세에서 속량하며, 내가 그들을 사망에서 구속하겠
다"(호 13:14). 인간의 힘으로 더 이상 극복할 수 없는 철저한 절망 속에 있
는 자의 "집안에는 사망이 있다"(애 1:20). 이러한 죽음의 현재성을 시편 기
자는 다음과 같이 고백한다.

> 죽음의 사슬이 나를 휘감고, 파멸의 파도가 나를 덮쳤으며,
> 스올의 줄이 나를 동여 묶고, 죽음의 덫이 나를 낚았다.
> 내가 고통 가운데서 주께 부르짖고,
> 나의 하나님을 바라보면서 살려 달라고 부르짖었더니(시 18:4-6).
>
> 아, 나는 고난에 휩싸이고, 내 목숨은 스올의 문턱에 다다랐습니다.
> 나는 무덤으로 내려가는 사람과 다름이 없으며,
> …
> 무덤에 누워 있는 죽은 자와 같고,
> 더 이상 기억하여주지 않는 자와도 같고,
> 주의 손에서 끊어진 자와도 같습니다(시 88:3-5).

신약성서에서도 죽음은 단지 삶의 마지막에 일어나는 생물학적 사건
이 아니라, 하나님을 부인하고 죄 가운데 사는 인간과 세계의 현실 혹은
실재(reality)로 생각된다. 고난과 고통 가운데서 살아가는 모든 사람이 "죽
음의 그늘 속에서" 살고 있다(마 4:16). "죽은 사람의 장례는 죽은 사람들이

치르게 하라"(눅 9:60; 마 8:22)는 예수의 말씀은, 하나님 없는 이 세계의 사람들이 이미 죽음 속에 있다는 것을 시사한다. 예수 그리스도는 "생명"이다(요 14:15). 그는 "생명의 떡"이다(요 6:35). 그가 이 세상에 온 것은, 죽음 가운데 있는 사람들이 생명을 얻게 하기 위함이다(요 10:10). 그의 말씀을 듣고 또 그를 보내신 분을 믿는 사람, 성만찬에서 생명의 떡을 먹는 사람은 "죽음에서 생명으로" 옮겨진다(요 5:24). 요한복음의 이 구절들은, 예수의 말씀을 듣지 않고 그의 아버지 하나님을 믿지 않는 사람은 이미 죽음 속에 있음을 전제한다.

삶 속에 있는 죽음의 현재성은 바울 문서에 더욱 철저히 나타난다. 아담 안에서 모든 사람은 죽었다(고전 15:22). 우리는 범죄로 말미암아 죽었다(엡 2:15; 골 2:13). 하나님을 버리고 죄 가운데서 사는 모든 인간은 이미 죽음 속에 있다. 죽음은 그들의 삶의 현실이다. 인간은 물론 모든 피조물이 죽음의 세력에 사로잡혀 신음하고 있다(롬 8:20).

삶 속에 있는 이러한 죽음의 현실 앞에서 인간은 어떤 태도를 취해야 하는가? 성서는 죽음의 현실을 망각하거나 회피하지 말고, 오히려 이것을 직시함으로써 삶의 지혜를 얻으라고 가르친다. 죽음을 자신의 의식에서 배제하고, 마치 죽음이 없는 것처럼 오늘을 사는 것은 어리석은 일이다. 죽음의 의식 속에서 죽음은 하나의 현실로 존재하며, 삶 한가운데서 미리 앞당겨진다(선취된다). 이리하여 인간은 그의 삶 속에서 죽음의 현실을 경험하고, 죽음의 현실의 위협을 받는 가운데서 삶을 경험한다. 한마디로 말해, 삶 속에서 죽음의 현실이 경험되고, 죽음의 현실 속에서 삶이 경험된다. 삶 한가운데서 죽음을 의식할 때, 인간은 어떤 태도로 살아야 하는지, 어떤 존재가 되어야 하는지에 대한 지혜를 얻을 수 있다. 이것을 우리는 먼저 시편에서 발견한다.

주께서는 사람을 티끌로 돌아가게 하시고,
"죽을 인생들아, 돌아가거라" 하고 말씀하십니다.

주님 앞에서는 천년도 지나간 어제와 같고,

밤의 한순간과도 같습니다.

주께서 생명을 거두어가시면, 인생은 한순간의 꿈일 뿐,

아침에 돋는 한 포기의 풀과 같을 따름입니다.

아침에는 돋아나서 꽃을 피우다가도,

저녁에는 시들어서 말라버립니다.

…

우리의 연수가 칠십이요 강건하면 팔십이라도,

그 연수의 자랑은 수고와 슬픔뿐이요,

빠르게 지나가니, 마치 날아가는 것 같습니다.

…

우리에게 우리의 날 계수함을 가르쳐주셔서,

지혜의 마음을 얻게 해주십시오(시 90:3-12).

"우리에게 우리의 날 계수함을 가르쳐주셔서"라는 시편 기자의 간구를 우리는 다음과 같이 풀이할 수 있다. "주님, 우리의 생명의 날이 죽음으로 제한되어 있음을 깨닫게 해주시며, 이 사실을 늘 의식하게 해주십시오! 그리하여 삶의 지혜를 얻게 하여 주십시오!" 특히 구약성서는 악인이 그의 죽음을 의식하면서 악의 길에서 돌아서는 지혜를 얻으라고 요구한다.

악한 자의 승전가는 언제나 잠깐뿐이었으며,

경건하지 못한 자의 기쁨도 순간일 뿐이었다.

교만이 하늘 높은 줄 모르고, 머리가 구름에 닿은 것 같아도,

마침내 그도 분토처럼 사라지고 말며,

그를 본 적이 있는 사람도 그 교만한 자가

그가 왜 안 보이느냐고 물으리라는 것쯤은 너도 알고 있을 것이다.

꿈같이 잊혀져 다시는 흔적을 찾을 수 없게 되며,

마치 밤에 본 환상처럼 사라질 것이다(욥 20:5-8).

"지혜로운 사람의 마음은 초상집에 가 있고, 어리석은 사람의 마음은 잔칫집에 가 있다"(전 7:4)는 말씀도 이것을 시사한다. 어리석은 사람은 자신의 죽음을 의식하지 못하고 오늘의 삶에 탐닉하는 반면, 지혜로운 사람은 자신의 죽음을 미리 의식하면서 삶의 지혜를 얻는다는 것이다.

부자와 거지 나사로의 이야기(눅 16:19-31)의 목적은, 부자는 죽은 후 지옥의 벌을 받고 거지 나사로는 하늘나라의 상을 받는다는 것을 이야기하는 데 있지 않다. 이 이야기의 목적은 우리 인간이 죽음과 죽음 후의 세계를 생각하면서 어떤 태도로 살아야 하는지, 삶의 지혜를 얻게 하는 데 있다. 어리석은 부자 이야기(눅 12:13-21)의 목적도 여기에 있다. 그렇다면 죽음을 의식함으로써 얻을 수 있는 삶의 지혜는 무엇인가?

1) 교만한 인간이 겸손한 인간으로

슐라이어마허가 말하는 인간의 "하나님 의식"(Gottesbewusstsein)은 모든 인간 속에 숨어 있는 하나의 보편적 현상이라 할 수 있다. 모든 인간은 본래 하나님의 피조물이기 때문이다. 이와 마찬가지로 인간의 "죽음의 의식"(Todesbewusstsein)도 보편적인 것이다. 모든 인간은 의식하든 의식하지 못하든 간에, 자신의 유한성과 죽음을 의식하고 있다. 그러므로 인간은 본래 죽음에 대한 의식과 함께 살 수밖에 없다. 삶 한가운데서 자신의 죽음을 의식한다는 것 자체가 하나의 지혜다.

인생이 살아갈 날 수는 미리 정해져 있고,
그 달 수도 주께서는 다 헤아리고 계십니다.
주께서는 사람이 더 이상 넘어갈 수 없는
한계를 정하셨습니다.
…

물이 말라버린 강처럼, 바닥이 드러난 호수처럼

사람도 죽습니다.

죽었다 하면 다시 일어나지 못합니다(욥 14:5, 11-12).

자기가 언젠가 죽을 수밖에 없으며 죽음은 언제나 자기의 삶 속에 현존한다는 것을 깨닫는 사람은, 자기의 유한한 존재를 보게 되며 이를 통해 하나님과 이웃 앞에서 겸손한 사람이 될 수 있다. 하나님은 영원하신 반면 인간은 죽음으로 돌아갈 수밖에 없는 유한한 존재이며, 하나님은 하늘에 계신 반면 인간은 언젠가 흙으로 돌아갈 수밖에 없는 허무한 존재다. 사람이 아무리 높아진다 할지라도 하나님처럼 될 수는 없다. 그는 "하나님보다 조금 못한" 영광스러운 존재로서 만물을 다스릴 수 있는 존재이지만(시 8:13-16), 죽음으로 제한되어 있는 존재다. 하나님의 영원 앞에서 인간의 삶의 시간은 한순간과 같다. "주의 날이 어찌 인생의 날과 같으며, 주의 해가 어찌 인생의 날과 같겠습니까?"(욥 10:5) 죽음의 순간, 인간이 소유한 모든 것은 그에게 무의미하다. 이것을 깨닫는 사람은 자기를 하나님 앞에 겸손히 낮출 수 있으며, 그의 말씀을 청종할 수 있다. 그는 자기의 죽음을 잊어버리고 세상의 눈에 보이는 것을 탐닉하면서 단지 생물학적 의미에서 살지 않고, 창조주 하나님을 기억하며 살 수 있다.

젊을 때에 너는 너의 창조주를 기억하여라.

…

사람이 영원히 쉴 곳으로 가는 날,

길거리에는 조객들이 오간다.

은사슬이 끊어지고, 금 그릇이 부서지고,

샘에서 물 뜨는 물동이가 깨지고,

우물에서 도르래가 부숴지기 전에,

네 창조주를 기억하여라.

육체가 원래 왔던 흙으로 돌아가고,

숨이 그것을 주신 하나님께로 돌아가기 전,

네 창조주를 기억하여라(전 12:1, 5-7).

자기의 죽음을 의식하는 사람은, 모든 사람이 죽음 앞에서 똑같다는 사실을 발견할 수 있다. 곧 그는 죽음 앞에서 모든 인간이 평등함을 발견한다. 시간의 차이는 있지만, 죽음은 언젠가 모든 사람에게 한 번은 찾아오고야 만다. 죽음을 피할 수 있는 사람은 아무도 없다. 죽음 앞에서는 부자도 가난뱅이도 없고, 지위가 높은 사람도 지위가 낮은 사람도 없다. 죽음은 인간의 차이를 인정하지 않으며, 이런 것들에게 아무 의미도 부여하지 않는다. 모든 사람이 빈손으로 이 세상에 왔듯이, 모든 사람은 죽음과 함께 빈손으로 이 세상을 떠난다. 모든 사람은 그의 시체가 누울 수 있는 한 평 정도의 땅을 필요로 할 뿐이다. 죽음의 방식과 과정은 사람의 형편에 따라 다르다. 고독하게 홀로 죽는 사람도 있고, 많은 사람의 애도 속에서 죽는 사람도 있다. 병원의 깨끗한 침대에서 죽는 사람도 있고, 길거리에서 얼어 죽는 사람도 있다. 그러나 죽는다는 것 자체는 모든 사람에게 똑같다. 무덤을 크게 만들고 장례식을 성대하게 치를 수도 있다. 죽은 사람이 사용하던 물건들을 무덤 속에 넣어둘 수도 있다. 그러나 죽은 사람 자신에게 이 모든 것은 무의미하다. 그에게 이 모든 것은 쓸 데가 없다. 그러므로 시편 기자와 전도자는 다음과 같이 말한다.

누구나 볼 수 있다. 지혜 있는 사람도 죽고,

어리석은 자나 우둔한 자도 모두 다 죽는 것을!

평생 모은 재산마저 남에게 모두 주고 떠나가지 않는가!

사람들이 땅을 차지하여 제 이름으로 등기를 해두었어도,

그들의 영원한 집, 그들이 영원히 머물 곳은 오직 무덤뿐이다(시 49:10-11).

또 한 가지 비참한 일을 보았다. 사람이 온 그대로 돌아가니,

바람을 잡으려는 수고를 한들, 무슨 보람이 있는가?(전 5:16)

이와 같이 죽음 앞에서 모든 사람은 동등하다는 사실을 깨달을 때, 우리 인간은 자기가 가진 것을 자랑하지 않고, 하나님과 이웃 앞에서 겸손해질 수 있다.

2) 죽음에 대한 태도를 미리 취하는 지혜

죽음의 필연성과 죽음의 현실을 의식할 때, 인간은 자기의 죽음에 대해서는 물론 자기의 삶에 대한 태도를 미리 선택할 수 있다. 자연계의 생물들중에도 자신의 죽음을 미리 의식하며 죽음에 대한 태도를 취하는 생물들이 있다. 예를 들어 코끼리는 자신의 죽음이 가까울 때 그것을 의식하며, 코끼리들이 최후를 맞는 특정한 장소에 가서 죽음을 맞는다고 한다.

그러나 자연의 생물들에게서 나타나는 이러한 태도는 본능적으로 일어나는 것이지, 의식적으로 일어나는 것이 아니다. 주어진 본능에 따라 그들은 자신의 임박한 죽음을 무의식적으로 인지하고, 이에 대해 본능적 반응을 나타낸다. 죽음에 대한 그들의 의식은 본능적·생물학적 직관에서 오는 것이지, 이성적 성찰에서 오는 것이 아니다.

전통적으로 기독교 신학은 인간과 자연 생물들의 차이를 드러내는 데 주력해왔다. 그러나 인간과 자연 생물들 사이에는 많은 유사점이 있다. 인간도 짐승이라는 점에서 자연의 생물들과 동일하다. 그는 육을 가지며, 육으로 말미암은 신체적 욕구가 충족될 때 행복한 삶을 누릴 수 있다. 자연의 생물들과 마찬가지로 인간은 자기 삶의 영역을 갖고자 한다. 가정이라는 울타리는 이러한 인간 욕구의 표출이라 볼 수 있다. 인간도 자연의 생물들과 마찬가지로 자연을 필요로 한다. 자연 없이, 자연을 떠나서 살 수 있는 사람은 아무도 없다. 짐승과 마찬가지로 인간도 짝짓기를 하여 번식하며, 이웃과 더불어 살기를 원한다.

그러나 인간과 자연의 생물들 가운데는 비교하기 어려운 차이들도 있다. 그 한 가지 차이는 인간은 죽음의 징조가 전혀 느껴지지 않는 상황 속에서도 자기 죽음을 의식할 수 있고, 죽음에 대한 의식 가운데서 자신의 삶과 죽음에 대한 태도를 미리 결정할 수 있다는 점이다. 인간은 언젠가 죽을 수밖에 없다는 점에서 인간과 신의 차이가 있다면, 자기의 죽음을 미리 의식하고 삶 속에서 자기의 죽음과 삶에 대한 태도를 미리 정할 수 있다는 점에서 인간과 동물의 차이가 있고, 또 인간의 지혜가 있다. 그는 자기 죽음을 회피하거나 거부할 수도 있고, 아니면 자기 죽음의 한계상황을 직시하고 그것을 태연하게 받아들일 수도 있다. 그는 죽음을 자신의 의식에서 몰아내고 마치 죽음이 없는 것과 같은 태도로 자기의 인생을 살 수도 있고, 죽지 않으려고 발버둥 치는 태도로 살 수도 있다. 또한 그는 하이데거가 말한 바와 같이, 죽음 속으로 미리 들어가는(vorlaufen) 태도로 인생을 살 수도 있다.

3) 순간순간을 충실하고 의미 있게

삶 속에서 죽음을 의식할 때, 우리는 우리의 삶이 무한하지 않고 제한되어 있으며, 그것은 다시 한 번 우리에게 주어질 수 있는 것이 아니라 단 한 번밖에 없는 것임을 깨닫는다. 삶의 순간순간은 또 한 번 올 수 있는 것이 아니라 지나가 버리면 다시는 되돌아오지 않는 유일한 것이며, 따라서 삶은 거꾸로 되돌릴 수 없는 것임을 깨닫게 된다. 간단히 말해, 죽음에 대한 의식을 통해 우리는 우리 삶의 제한성, 유일회성, 불가역성을 깨닫는 것이다. 죽음으로 마감되는 삶의 시간은 돌이킬 수 없으며 반복될 수 없다. 모든 순간은 단 한 번밖에 없다. 그것은 유일회적이다. 한 번 지나간 순간은 다시 돌아오지 않으며, 순간순간이 지날 때마다 죽음 곧 삶의 끝이 가까이 온다.

이러한 사실을 인식할 때, 우리는 우리 삶의 순간순간이 얼마나 귀중한가를 다시 한 번 깨닫게 되며, 그 순간순간을 충실하고 의미 있게 살아야

함을 생각하게 된다. 우리는 삶의 순간들을 가볍게 생각하기 쉽다. 그것은 매우 짧기 때문에 그다지 귀중하지 않은 것으로 여기기 쉽다. 그러나 지나간 순간은 다시 오지 않으며, 순간순간이 지날 때마다 죽음의 마지막 시간이 가까이 온다는 것을 생각할 때, 삶의 한순간이야말로 우리 인간에게 단한 번밖에 없는 영원한 의미와 가치를 가진다고 할 수 있다. 따라서 우리는 지금의 삶의 순간을 다음 순간으로 미루지 말고 바로 이 순간을 충실하고 의미 있게, 또 아름답게 살아야 한다. 지금의 순간을 놓치는 사람은 다음의 순간을 붙들기 어렵다. 지금의 이 순간을 놓침으로써 그는 사실상 삶의 시간의 한 부분을 놓치는 것이다. 이 순간에 일어나는 내 결단과 행동이 내 존재를 결정하며, 그것은 돌이킬 수 없는 것이다.

어느 무더운 여름날, 필자는 길을 지나다 약 일곱 살 정도 되어 보이는 여자아이가 푸딩을 먹는 모습을 보았다. 조그만 유리그릇에 담겨 있는 푸딩은 그리 많지 않았다. 푸딩이 얼마나 맛있는지 아이는 푸딩을 한 번에 다 먹지 않고 조그만 스푼 끄트머리에 아주 조금씩만 떠서 먹었다. 그리고는 입 안에 넣고서 아주 오래 맛을 음미했다. 그 행동을 반복하면서 아이는 푸딩의 양이 점점 줄어드는 것을 안타깝다는 표정으로 바라보았다.

푸딩을 먹는 이 아이의 모습에서 필자는 삶의 지혜를 생각할 수 있었다. 우리의 삶의 시간도 저 유리그릇 안에 담겨져 있는 푸딩과 같은 것이 아닐까? 푸딩의 양이 제한되어 있듯이, 우리의 삶의 시간도 제한되어 있다. 아이가 푸딩을 떠서 먹을수록 푸딩의 양이 점점 줄어들듯이, 우리의 삶의 순간들이 지나갈수록 우리의 삶의 시간도 점점 짧아진다. 여자아이의 입 속에서 녹아 없어진 푸딩이 되돌아올 수 없듯이, 우리의 삶의 시간도 되돌아올 수 없다. 그것은 순간순간 죽음을 향해 진행되고 있다. 따라서 유리그릇 안의 푸딩이 그 아이에게 너무도 소중하듯이, 우리의 삶의 시간도 너무나 소중한 것이다. 그 여자아이가 점점 작아지는 푸딩을 안타까운 눈으로 바라보듯이, 우리도 점점 짧아지는 우리의 삶의 시간을 안타깝게 생각해야 하지 않을까? 그래서 그 아이가 푸딩의 맛을 깊이 음미하면서 그것을 매우 아껴가며 먹듯이, 우리도 우리의 삶의 시간이 점점 짧아지는 것을 안타깝게 생각하면서, 우리의 삶의 순간순간들을 깊이 음미하면서 소중하게 살아야 하지 않을까? 요즘 필자는 이것을 실존적으로 느끼고 있다. 사람이 나이가 70을 넘으면, 앞으로 살 수 있는 시간이 10년 내지 20년 혹은 30년 정도밖에 남지 않는다. 일 년이 금방 지나가는 느낌이다. 이제는 정말 시간을 아끼고 소중히 여기며 살아야 한다. 인간답게 살아야 한다. 삶 속에서 죽음을 의식하는 것은 고통스러운 일이지만, 죽음에 대한 의식을 통해 우리는 이와 같은 삶의 지혜를 얻을 수 있다.

4) 참되고 영원한 것을 찾는 삶의 태도

인간의 가장 일차적인 욕구는 배고플 때 먹고 싶은 욕구, 목마를 때 마시고 싶은 욕구, 피곤할 때 쉬고 싶은 욕구다. 이러한 욕구를 충족시킬 때에만 인간은 생존할 수 있다. 배고플 때 먹지 않고, 목마를 때 마시지 않고, 피곤할 때 쉬지 않고 살 수 있는 사람은 아무도 없다. 인간은 살기 위해 이러한 욕구를 채워야 한다. 이러한 욕구를 채우기 위해서는 물질이 있어야 한다. 그래서 인간은 물질을 얻고자 노력하며, 내일의 안전을 위해 더 많은 물질을 얻어 그것을 쌓아두고자 한다.

그러나 인간의 욕구는 이것으로 끝나지 않는다. 그는 더 큰 명예와 더 많은 권세를 얻고자 하며, 이를 통해 그의 생명을 보장하고자 한다. 또한 인간은 소유의 욕망에 사로잡힌다. 처음에는 살기 위하여 소유하고자 하지만, 나중에는 소유하기 위하여 소유하고자 하는 현상이 나타난다. 소유가 인간을 위해 존재하는 것이 아니라, 인간이 소유를 위해 존재하는 꼴이 된다. 영원하고 참된 것이 무엇인가를 잊어버리고, 눈에 보이는 것, 세상의 영광스러운 것을 소유하는 것이 삶의 목적이 된다. 이로 인해 인간이 비인간화됨은 물론, 사회 전체가 비인간적인 사회로 변모한다. 죽음의 배제의 결과는 인간의 비인간화, 사회의 비인간화다. 모든 것이 소유를 기준으로 판단되는 사회, 소유가 인간의 사유를 결정하고 모든 것의 판단 기준이 되며, 인간의 가치도 소유의 많고 적음에 따라 판단받는 비인간적 사회가 형성된다.

그러나 인간의 삶이 언젠가 죽음으로 끝날 수밖에 없다는 사실을 의식할 때, 인간은 자기가 소유한 모든 것이 허무한 것임을 깨닫게 된다. 물론 그의 소유가 없어지는 것은 아니다. 그러나 죽음의 순간, 소유는 죽는 사람 자신에게는 아무 의미가 없으며, 죽는 사람은 자기가 소유한 모든 것을 버려두고 홀로 이 세상을 떠난다. 그가 소유했던 모든 것은 결국 그를 떠나서 다른 사람의 것이 된다. 시편 기자는 이것을 다음과 같이 고백한다.

> 어떤 사람이 부자가 되더라도,
> 그 집의 재산이 늘어나더라도,
> 너는 스스로 초라해지지 말아라.
> 그도 죽을 때에는 아무것도 가지고 가지 못하며,
> 그의 재산이 그를 따라 내려가지 못한다.
> 비록 사람이 이 세상에서 흡족하게 살고
> 성공하여 칭송을 받는다 하여도,
> 그도 마침내 자기 조상에게로 돌아가고 만다.
> 영원히 빛을 보지 못하게 된다.
> 사람이 제아무리 위대하다 해도,
> 죽음을 피할 수는 없으니,
> 멸망할 짐승과 같다(시 49:16-20).

자기가 가진 모든 것이 언젠가 자기를 떠날 수밖에 없다는 사실을 깨달을 때, 인간은 자기가 가진 것을 자랑하지 않게 되며, 참으로 가치 있는 일, 우리의 삶에 영원한 의미를 부여할 수 있는 일에 눈을 뜰 수 있다. 이 세계에는 참으로 아름다운 것들, 영원히 소유하고 싶은 것들이 많지만, 이 모든 것은 결국 영원한 것이 아니라 일시적인 것이요, 본질적인 것이 아니라 비본질적인 것이다. 우리가 죽음을 의식할 때, 비본질적이고 일시적인 것을 벗어버리고, 본질적이며 영원한 것이 무엇인가를 생각하며 그것을 구하게 된다. 또한 소유에 따라 이웃을 판단하지 않고, 모든 조건을 떠나 인간을 인간으로서 사랑할 수 있다.

이리하여 죽음에 대한 의식은 우리의 맹목적인 삶을 의미 있는 삶으로 바꿀 수 있다. 무가치한 것을 버리고 가치 있는 것을 찾게 하며, 모든 거짓되고 일시적인 것을 버리고 참되고 영원한 것을 동경하게 한다. 이리하여 죽음에 대한 의식은 비인간적인 인간을 인간적인 인간으로, 비인간적인 사회를 인간적인 사회로 변화시킬 수 있다. 그러므로 성서는 이렇게 권고한다.

여러분은 땅에 있는 것들을 생각하지 말고, 위에 있는 것들을 생각하십시오 (골 3:2).

여러분은 지난날의 생활방식에 얽매여서 허망한 욕정을 따라 살다가 썩어 없어질 옛 사람을 벗어버리고, 마음의 영을 새롭게 하여, 하나님을 따라 참된 의로움과 거룩함으로 지으심을 받은 새 사람을 입으십시오(엡 4:22-24).

참되고 영원한 것, 우리의 제한된 삶에 영원한 의미를 부여할 수 있는 "하늘의 영원한 것"은 무한한 소유에 있지 않고, 자기 개방과 친교와 나눔과 이 세계의 연약한 것을 위한 헌신에 있다. 우리가 사는 동안 소유할 수 있는 것은, 우리가 죽는 순간 우리 자신에 대하여 끝이 나고, 우리는 모든 것을 버리고 빈손으로 이 세계를 떠날 수밖에 없다. 삶의 참 가치는 우리가 언제나 포기할 수밖에 없는 이 세상의 것에 집착하는 것이 아니라 그것을 내어주는 데 있다. 영원한 삶, 참으로 가치 있는 삶은 자기에게 집착하여 생물학적 삶의 시간을 가능한 길게 연장시키는 데 있지 않고, 이웃에게 자기를 개방하고 자기의 삶을 내어주며, 인간을 인간으로 사랑하는 데 있다. 이를 통해 하나님 나라를 이 땅 위에 확장하는 데 영원한 생명이 있다. 자기 자신에게 집착하고 자기를 위하여 사는 자의 생명은 죽음과 함께 무의 영역으로 사라져버리지만, 하나님 나라와 그의 의를 위하여 사는 자의 생명은 하나님의 영원한 생명책에 기록될 것이다. 그러므로 예수는 이렇게 말한다.

누구든지 제 목숨을 구하고자 하는 사람은 잃을 것이요, 누구든지 나와 복음을 위하여 제 목숨을 잃는 사람은 구할 것이다. 사람이 온 세상을 얻고도 제 목숨을 잃으면 무엇이 유익하겠느냐? 사람이 제 목숨을 되찾는 대가로 무엇을 내놓겠느냐?(막 8:35-37)

5) "있음" 자체를 기뻐하는 마음

자기에게 집착하며 자기의 소유를 위하여 사는 자에게, 이 세계의 모든 것은 지배와 소유의 대상으로 보인다. 사람을 만나도 그는 그 사람에게서 무엇을 얻을 수 있을까 생각한다. 자연의 피조물들을 보아도 그는 그들에게서 어떤 효용 가치를 얻을 수 있을까 생각한다. 모든 것이 자기를 위하여 존재하며, 소유의 대상으로 보인다. 그러므로 그는 이 세계의 모든 사물과 아름다운 인격적 친교를 나눌 수 없다. 비록 그가 친교를 나눈다 할지라도 그것은 피상적인 것에 불과하며, 그 친교마저 자신의 명예와 소유를 위한 것이다. 그는 사물들 자신의 고유한 가치와 주체성을 인정할 수 없으며, 그들의 존재 자체, 곧 있음 자체의 아름다움을 발견할 수 없다.

그러나 죽음과 함께 자기는 이 세계의 모든 사물을 떠날 수밖에 없다는 사실을 의식할 때, 그는 자기 자신은 물론 이 세계 모든 사물의 있음 자체를 감사하게 생각할 수 있으며, 그들의 있음 자체의 아름다움을 발견할 수 있다. 친구가 있고, 땅과 하늘과 산과 별들이 있으며, 이 우주가 있다는 것 자체가 우리에게 아름다운 일이 아닌가! 만일 이 모든 것이 없고 자기만 존재한다면, 우리의 삶은 얼마나 외롭고 삭막하겠는가! 죽음을 의식할 때, 우리는 한편으로 이 세계의 모든 것의 허무함을 깨닫는 동시에, 이 세계의 모든 것이 참으로 아름다우며 귀중하다는 사실을 발견할 수 있다. 이 세계의 참 아름다움과 귀중함은 역설적으로 죽음 앞에서 이 세계의 모든 것의 허무함을 깨달을 때 발견된다. 죽음 앞에서 시간은 한편으로 허무한 것으로 인식되는 동시에, 다른 한편으로 참으로 귀중하고 아름다운 것으로 인식된다. 시간을 가질 수 있으며, 살아 있다는 것 자체가 귀중하고 아름다운 것으로 느껴질 수 있다. 삶과 이 세계의 아름다움의 발견은 그들의 유한성과 허무성의 발견과 동시에 이루어진다.

헐벗고 굶주리는 사람들에게 이러한 이야기는 하나의 사치로 들릴지도 모른다. 그들에게는 살아 있다는 것 자체가 하나의 저주로 생각될 수 있다. 그러나 우리가 죽어버린다면, 우리는 이 세계의 그 무엇도 경험할 수 없다. 미운 것도 볼 수 없고, 고운 것도 볼 수 없다. 삶의 새로운 가능성이 모두 사라져버린다. 시간 자체가 사라져버리며, 우리의 존재 자체가 이 세상에서 없어져 버린다. 많은 사람에게 산다는 것은 괴로운 일로 생각되지만, 그래도 사는 것이 죽는 것보다는 낫다. 죽은 사람에게는 더 이상 내일의 희망이 없지만, 살아 있는 사람에게는 기다릴 수 있는 내일의 희망이 있다.

살아 있는 사람에게는 누구나 희망이 있다.
비록 개라고 하더라도, 살아 있으면 죽은 사자보다 낫다(전 9:4).

무, 곧 없음은 없음이기 때문에 거기에는 아무런 아름다움이 없다. 이에 비해 유, 곧 있음은 있음이기 때문에 아름다운 것이다. 무가 아무런 의미도 없는 것이라면, 있음은 그 자체로서 하나의 의미를 가진다고 볼 수 있다. 우리의 존재를 무의 영역으로 돌려버리는 죽음을 의식할 때, 우리는 모든 사물의 "있음의 아름다움"을 발견할 수 있고, 그들과 참된 친교를 가질 수 있으며, 친교 속에서 그들을 향유할 수 있다. 참된 친교는 자기 마음을 열고 자기를 내어주며 서로의 삶을 나누는 데 있다. 바로 이것이 우리의 삶을 풍요롭게 만든다.

죽음 앞에서 삶의 허무함을 깨달을 때, 이 세계의 아름다움을 깨달을 수 있고 또 이 세계의 모든 것을 향유할 수 있음을 우리는 전도서에서 발견한다. 전도서 기자에 의하면 이 세계에는 새로운 것이 없다. 이 세계의 모든 것이 "헛되고 헛되다"(1:2). 많은 것을 소유하여 보았으나(2:4 이하) "바람을 잡으려는 것과 같고, 아무런 보람도 없는 것이었다"(2:11). 사람이나 짐승이나 모두 흙으로 돌아가며(3:20), "수고해서 얻은 것" 중에 "하나도 가져가지 못하기" 때문이다(5:15). 이와 같이 세상 모든 것이 허무하게 보이는 바로 그 순간에, 전도자는 삶의 아름다움을 발견한다. 그리하여 인생을 사는 동안 창조주 하나님을 기억하고 그의 계명을 지키면서 열심히 일하고, 삶을 향유할 것을 권고한다.

> 그렇다. 우리의 한평생이 짧고 덧없는 것이지만, 하나님이 우리에게 허락하신 것이니, 세상에서 애쓰고 수고하여 얻은 것으로 먹고 마시고 즐거워하는 것이 마땅한 일이요 좋은 일임을 내가 깨달았다! 이것은 곧 사람이 받은 몫이다(5:18).

삶을 향유하되, 죽음을 의식하면서 향유해야 한다. "살아 있는 사람은 누구나 죽는다는 것을 명심하여야 한다"(7:2). 죽음과 삶의 허무함을 의식하면서 열심히 일하고, 삶의 아름다움을 향유하는 것이 지혜다.

> 아침에 씨를 뿌리고, 저녁에도 부지런히 일하여라.
> …
> 빛을 보고 산다는 것은 즐거운 일이다.
> 해를 보고 산다는 것은 기쁜 일이다.
> 오래 사는 사람은

그 모든 날을 즐겁게 살 수 있어야 한다.

…

젊은이여, 젊을 때에 젊은 날을 즐겨라.

네 마음과 눈이 원하는 길을 따라라.

다만, 네가 하는 이 모든 일에

하나님의 심판이 있다는 것만은 알아라(11:6-9).

육체가 원래 왔던 흙으로 돌아가고,

숨이 그것을 주신 하나님께로 돌아가기 전에,

네 창조주를 기억하여라(12:7).

6) 비정한 사회가 인간적인 사회로

오늘 우리 사회는 누가 죽어도 마음 아파하지 않는 무감각한 사회, 비정한 사회가 되었다. 물속의 물고기들이 떼죽음을 당하고, 산 위의 나무들이 무참히 벌목되어도, 사람들은 마음 아파하지 않는다. 길거리의 노숙자들이 얼어 죽고 굶어 죽어도, 사람들은 무감각하다. 보호시설이 있음에도 불구하고 노숙을 하다가 죽는 것은 결국 그 사람의 책임이라 생각하며, 그들을 길거리로 내몰아버린 원인에 대해서는 더 깊이 생각하거나 개입하려고 하지 않는다. 아프리카 흑인들이 종족 분쟁으로 굶주림과 대량 학살을 당해도 마음에 고통을 느끼지 않는다. 결국 흑인들이 무식하고 생각이 없기 때문에 종족 분쟁을 일으키며 불필요한 고난과 죽음을 당한다고 생각한다. 그러나 아프리카 흑인들의 종족 분쟁의 원인은 백인들에게 있다. 아프리카 대륙을 식민지로 삼았던 백인들이 제2차 세계대전 후 아프리카를 떠나면서 아프리카 국경선을 자기들 마음대로 그었다. 그리하여 서로의 언어와 문화 전통을 이해하지 못하는 여러 종족이 한 국가 안에 묶여, 분쟁을 일으키지 않을 수 없게 된 것이다.

그러나 일반적으로 우리는 이러한 역사적 배경을 알지 못하며 또 그것을 구태여 알고자 하지도 않는다. 우리는 그들의 분쟁과 고난을 그들의 무지의 소치로 돌리고, 그들이 당하는 죽음에 무관심한 채, 우리 자신의 문제에만 급급해한다. 그러나 우리가 타민족의 죽음에 대해 이러한 태도를 취할 때, 다른 민족들도 우리 민족이 당한 억울한 죽음들에 대해 무관심한 것은 당연한 일이 아닌가? 우리가 우리 조상들의 억울한 죽음들에 대해 무관심한 태도를 취할 때, 우리의 후손들이 우리 세대가 당하는 억울한 죽음들에 대해 무관심한 태도를 취하지 않겠는가?

그러나 우리가 우리 자신의 죽음을 의식할 때, 우리는 이웃 사람들과 인류와 자연의 피조물들이 당하는 고통에 눈을 뜰 수 있으며, 그들이 당하는 죽음의 위협을 함께 느낄 수 있다. 우리 자신의 죽음에 민감해지고 의미 있는 삶이 무엇인가를 질문할 때, 우리는 타인의 고난과 죽음에 대해서는 물론 자연 생물들의 고난과 죽음에 대해서도 민감해지고 그것에 관심을 가질 수 있다. 배고파 본 사람이 배고픈 사람의 사정을 이해할 수 있고, 고생을 해본 사람이 고생하는 사람의 사정을 이해할 수 있다. 이와 같이 자기 죽음과 죽음의 불안을 의식하는 사람이 다른 사람들과 피조물들이 당하는 죽음의 불안과 공포를 이해할 수 있다. 그는 하나님의 피조물들이 당하는 고통과 죽음의 불안을 함께 느낄 수 있고 함께 마음 아파할 수 있다. 그의 마음속에 사랑이 있기 때문이다. 사랑이 있을 때, 타인의 고통에 민감해진다. 그는 무감각한 사람(homo apatheticus)이 아니라 연민이 많은 사람, 동일한 감정을 가진 사람(homo sympatheticus)이 된다. 그는 자연의 피조물들이 떼죽음을 당하는 모습을 볼 때 함께 마음 아파하며, 그들을 죽게 한 악한 세력에게 분노를 느낀다. 그는 악한 세력에 대항하는 마음을 갖는다.

앞서 기술한 바와 같이, 성서가 말하는 죽음이란 단지 삶의 마지막 순간에 일어나는 생물학적 사건이 아니라, 제한된 삶과 불의와 죄악으로 말미암아 인간이 당하는 모든 형태의 삶의 훼손을 뜻한다. 따라서 형제에게 화를 내거나 형제를 멸시하는 것도 일종의 살인이다(마 5:22 참조). 뇌물과 부패로 말미암아 서민의 생활을 어렵게 만드는 것도 일종의 살인 행위다. 그러므로 성서는 모든 인류가 서로에게 행하는 불의와 죄악으로 말미암아 "그늘진 죽음의 땅"에 앉아 있다고 말한다(마 4:16).

우리가 우리 자신의 죽음에 대해서는 물론 이웃의 죽음에 대해 민감해질 때, 우리는 모든 피조물에게 죽음의 그림자를 드리우는 일체의 원인에 대하여 눈뜨게 되고 이들에 저항하는 마음을 갖지 않을 수 없다. 변화와 발전의 첫걸음은 세계의 "부정적인 것"을 인지하고 이에 대하여 저항하는 마음을 취하는 데 있다.

결론적으로 죽음의 의식은 이 세계의 모든 부정적인 것에 대해 눈을 뜨게 하고 이것을 제거하고자 하는 마음을 갖게 한다. 이리하여 비정하고 비인간적인 사회가 인간적인 사회로 변화할 수 있는 길을 열어준다. 그러므로 성서는 거듭하여 우리 인간이 자신의 죽음을 의식할 것을 권고한다.

모든 일에는 다 때가 있다.

…

태어날 때가 있고, 죽을 때가 있다(전 3:1-2).

III

죽음에 대한
성서의 기본 인식

1. 생명의 세계를 파괴하는 죽음의 세력

1) 전체적 존재로서의 인간과 그의 죽음

죽음에 대한 이해는 인간에 대한 이해, 곧 인간상에 의존한다. 인간을 어떻게 이해하느냐에 따라 죽음에 대한 이해가 결정된다. 전통적으로 신학은 플라톤의 **이원론적 인간상**을 받아들였다. 그리하여 인간은 물질의 영역에 속한 육체와, 영원한 신의 세계로 돌아갈 신적 영혼으로 구성되어 있다고 보았다. 죽음은 물질적 육체로부터 영혼이 해방되어, 육체 없는 영혼이 그의 영원한 신적 본향으로 돌아가는 "해방"과 "귀향"으로 이해하였다.

이에 반해 구약성서는 인간을 "일원론적으로"(monistisch), 즉 하나의 **전체적 존재**로 이해한다.[1] 구약성서의 문헌들은 물론 팔레스타인의 유대교는 지상의 삶의 마지막 순간에 그의 육체로부터 해방되어야 할 불멸의 영혼에 대하여 알지 못한다.[2] 구약성서에서 인간은 "몸과 영혼, 그의 지체들과 그의 오성과 함께 하나님에 의해 창조된, 그리하여 그의 창조자의 의지에 따라 살아야 할 통일적 존재(einheitliches Wesen)"다.[3] 육체와 영혼과 영과 심장은 본래 인간의 한 부분을 가리키는 것이 아니라, 특수한 관점에 따라 파악되는 인간 존재의 측면들을 가리킨다.

구약성서에서 **육** 혹은 **육체**(basar)는 하나님이 아닌 인간 존재의 허무

---

1) J. Schmid, "Mensch III, Biblisch," in *LThk VII*, 1962, 284.

2) 이에 관하여 O. Cullmann, *Unsterblichkeit der Seele oder Auferstehung der Toten?*, 1962.

3) O. Kaiser u. E. Lohse, *Tod und Leben*, Kohlhammer Taschenbücher 1001, 1977, 107.

성과 사멸성, 연약함과 일시성 안에 있는 인간을 나타낸다. 가족과 친척, 사회와 역사의 연관성 안에 있는 인간의 존재가 여기서 함께 고려된다. "그는 육을 가진 것이 아니라 육이다."[4] **혼**(*nefesh*)은 육체와 결합되어 있는 인간의 삶, 그의 영적-신체적 생동성(geistig-leibliche Vitalität)을 가리킨다. 인간은 "영혼을 가진 것이 아니라 '살아 있는 영혼'이다."[5] 인간의 **영** (*ruah*)은 인간의 생명이 하나님에 의해 선사되었으며, 하나님이 주관하는 것임을 가리킨다. 하나님이 그의 영을 불어넣으므로 인간은 살아 움직이게 되며, 하나님이 그의 생명의 영을 거두실 때 인간은 죽는다(창 2:7; 시 104:29-30). 인간의 **심장** 혹은 **마음**은 이웃과 하나님과의 관계 속에 있는 인간의 인격적 중심, 곧 하나님과 이웃에 대한 인격적 결단과 책임의 주체로서의 인간을 가리킨다.[6]

이와 같이 구약성서에서 육, 영혼, 영, 심장 등의 개념들은 전체적 존재로서의 인간이 지닌 다양한 측면을 가리키는 것이지, 다른 부분에서 분리되어 홀로 실존할 수 있는 인간의 한 부분을 가리키지 않는다. 인간은 다양한 측면을 가진 하나의 전체적 존재다. 따라서 인간의 삶은 전체로서의 인간의 삶을 뜻한다. 육체로부터 분리된 소위 영혼의 본래적인 삶을 구약성서는 알지 못한다. 여러 부분으로 나누어질 수 없는 하나의 전체로서, 인간은 하나님의 피조물인 동시에 죄인이며, 하나님 앞에서 자기를 책임져야 할 **개인**인 동시에 철저히 **공동체**에 속한 **집단적·사회적 인격**이다.

따라서 구약성서에 의하면 인간의 죽음은 인간의 한 부분, 곧 육의 죽음이 아니라 **전체적 존재로서의 인간의 죽음**을 뜻한다. 죽음은 육에게만

---

4) J. Moltmann, *Gott in der Schöpfung. Ökologische Schöpfungslehre*(『창조 안에 계신 하나님』, 김균진 역), 1985, 260.
5) Ibid. V. "Hamp, II, Biblisch," in *LThK IX*, 1964, 568: *Nefesh*는 본래 "목구멍"을 뜻하며, 여기서 출발하여 숨, 생명을 뜻한다. 그것은 피 속에 있다고 표상된다(창 9:4 이하 참조).
6) 따라서 구약성서에는 "영혼의 우위(Primat)가 없다. 영혼은 위에, 몸은 아래에, 영혼은 지배하고 몸은 섬긴다고 생각할 수 있는 내적 지배 체제는 낯설다." J. Moltmann, *Gott in der Schöpfung*, 261f.

일어나는 것이 아니라, 영과 육을 포함한 인간 존재 전체에 일어난다. 물론 이것은 인간의 존재가 죽음과 함께 총체적으로 없어져 버린다는 것을 뜻하지 않는다. 구약성서의 표상에 의하면, 그의 존재는 죽은 다음 "스올"에 있게 된다. 여기서 인간 존재는 이원론적 인간학이 뜻하는 육과 대립되는 인간의 한 부분으로서의 영 혹은 영혼이 아니라, 영과 육을 포함한 총체적 인간 존재, 그의 인격을 가리킨다.

신약성서는 플라톤과 영지주의의 이원론적 인간 이해의 영향을 받는다. 그리하여 빛과 어둠, 영과 육의 개념을 사용한다. 그러나 신약성서는 구약성서의 총체적 인간 이해를 받아들이고, 그것을 그리스도의 사건으로부터 새롭게 해석한다. 그리하여 신약성서에서도 인간은 영과 육의 전혀 다른 두 가지 이질적 요소로 나누어질 수 있는 존재로 이해되지 않고, 하나의 전체로서 이해된다. 구약성서의 "바사르"(basar), 신약성서의 "사르크스"(sarx)는 인간의 육을 가리키며, 전자의 "네페쉬"(nefesh)와 후자의 "프쉬케"(psyche)는 인간의 혼을 가리키며, 전자의 "루아흐"(ruach)와 후자의 "프뉴마"(pneuma)는 인간의 영을 가리키는데, 이러한 개념들은 인간의 한 부분을 가리키는 것이 아니라 전체로서의 인간 존재가 지닌 다양한 측면을 가리킨다.[7]

바울이 자주 사용하는 육(sarx)은 단지 인간의 육체를 가리키는 것이 아니라, (1) 하나님 없는 인간의 허무함과 유한함을 가리킨다. 육을 신뢰하는 자는 하나님의 버림을 받을 것이다. 그가 신뢰하는 육이 지나가듯이, 그는 지나가 버릴 것이다. (2) 또한 육은 죄악된 이 세계의 허무함과 유한함을 가리킨다. 인간은 이 세계의 일부다. 아마도 가장 중요한 일부다. 인간에게서 경험되는 것은, 이 세계의 사물들에게서도 경험되기 때문이다. 인간은 세계의 모든 피조물과 함께 허무에 예속되어 있다(시 90편; 롬 8:20).

_____

7) 이에 관하여 박상언, "몸, 죽음 그리고 그리스도교의 타계관", 「종교연구」, 한국종교학회, 1998, vol. 16, 277-280 참조.

여기서 육은 인간학적 개념인 동시에 우주론적 개념이다. 인간은 "육의 세계에 복종하였으며, 그것을 섬기고, 그것으로부터 결정되는 점에서 육이다."[8] 육은 "사탄의 영역" 곧 죄와 죽음이 지배하는 인간과 이 세계의 현실을 가리킨다.[9]

바울은 "육 안에"(en sarki)라는 개념과 "영 안에"(en pneumati)라는 개념을 대칭시키는데, "육 안에" 있는 삶은 영혼에서 분리된 육의 삶이 아니라, 거짓되고 죄된 삶, 죽음으로 인도하는 삶을 가리킨다. 그 반면 "영 안에" 있는 삶은 소위 육에서 분리된 영의 삶이 아니라, 영원한 생명으로 인도하는 참된 삶, 신적인 생명의 근원으로부터 오는 삶을 가리킨다. 따라서 육의 영역은 죄와 죄로 인한 죽음의 영역에서 나타난다. 그것은 혼이나 영의 더 높은 영역에 비해 존재론적으로 낮고 천한 존재 영역을 가리키는 것이 아니라, 인간이 그의 영과 혼과 모든 사회적 현실과 함께 얽혀 있는 죄와 죽음의 세력의 현실을 가리킨다.[10]

바울은 "육의 생각(fronema, 따름)은 죽음"이라고 말하는데(롬 8:6), 이것을 우리는 거꾸로 되돌려 이렇게 말할 수 있다. "죽음으로 인도하는 것은 육적이다." 로마서 7:14는 "나는 육적으로 죄 아래 팔려 있다"를 뜻하지 않고, "나는 육적이며, 죄 아래 팔려 있다"를 뜻한다.[11] 여기서 바울이 말하는 육은 단지 인간의 육체를 가리키는 것이 아니라, **인간의 죄 되고 허무한 존재**를 가리킨다. 생명을 파괴하고 삶을 실패로 이끄는 죄의 자리는, 소위 천하다고 하는 인간의 육에 있다기보다, 인간의 영과 혼, 그의 의식과 의지의 중심에 있다. 인간의 존재 자체가 죽음의 세력에 사로잡혀 있기 때문

---

8) G. von Rad, *Theologie des Alten Testaments I*, 419.

9) E. Käsemann, "Zur paulinischen Anthropologie," in E. Käsemann, *Paulinische Perspektiven*(『바울신학의 주제들』, 전경연 역), 2. Aufl., 1972, 51.

10) F. Mussner, "Tod, III, Im Neuen Testament," in: *LThK 10*, 219f. 육은 "적극적 죽음의 세력, 죄의 지배 영역"을 가리킨다.

11) H. Fr. Kohlbrügge에 의하면, 여기서 콤마의 의미의 발견은 결정적으로 중요하다. H. Fr. Kohlbrügge, *Römer 7*, BST 28, 1960.

이다.[12]

영 혹은 **정신**(*pneuma*)은 인간의 지각과 사유와 의지의 중심으로서의 인간 자아를 가리킨다. 마리아의 영(*to pneuma mou*)이 구원자 하나님을 찬양한다고 할 때(눅 1:47), 마리아의 영은 그녀의 몸의 한 부분을 가리키는 것이 아니라, 지각과 사유와 의지의 중심으로서 마리아의 자아를 가리킨다. 바울에게서 육과 대립되는 영은, 하나님의 구원받은 그리스도인들의 새 존재를 가리키는 것이지, 인간 몸의 한 부분을 뜻하지 않는다.

혼 혹은 **영혼**(*psyche*)은 인간의 생명, 목숨, 인간 존재를 가리킨다. "제 목숨(*psychen*)을 얻는 사람은"(마 10:39; 눅 17:33; 요 12:25), "목숨을(*te psyche*) 부지하려고 무엇을 먹을까⋯걱정하지 말고"(마 6:25), "요셉이 사람을 보내서, 그의 아버지 야곱과 모든 친족 일흔 다섯 사람을(*en psychais*) 청하여 오게 하였다"(행 7:14). 데살로니가전서 5:23에서 바울은 영(*pneuma*)과 혼(*psyche*)과 몸(*soma*)에 대하여 말하는데, 여기서 영은 인간의 이성적 측면을 가리킨다면, 혼 혹은 영혼은 인간의 목숨과 생동성, 감성과 의지의 측면을 가리킨다. 고린도전서 2:14-15에서 바울은 "혼적인 사람"(*psychikos de anthropos*)과 "영적인 사람"(*ho de pneumatikos*)을 구별한다. 전자는 생명의 원천으로서의 혼으로 채워진 자연적 인간, 생동하는 인간을 가리킨다면, 후자는 하나님의 영의 파트너로서 인간을 가리킨다.[13] 이와 같이 신약성서 특히 바울 서신이 사용하는 영, 혼, 육의 개념은 하나의 전체적 존재로서의 인간이 지닌 다양한 측면을 가리키는 것이지, 서로 나누어질 수 있는 부분들(Bestandteile)을 가리키지 않는다.

전체로서의 인간의 한 측면을 가리키는 또 한 가지 신약성서의 개념은 **심장**(혹은 가슴, 마음)을 뜻하는 "*kardia*"라는 개념이다. 이 개념은 인간 육

---

12) 위의 내용에 관하여 J. Moltmann, *Der Geist des Lebens. Eine ganzheitliche Pneumatologie*(『생명의 영』, 김균진 역), 1991, 99f.

13) 위의 내용에 대하여 E. Kamlah, "Geist," in *Th. Begriffslexikon zum NT I*, 479-487; G. Harder, "Seele," in: Ibid., III/2, 1112-1119.

체의 한 부분인 심장, 곧 "자연적 생명의 힘의 자리"를 가리키는 동시에(눅 21:34; 행 14:17; 약 5:5), "인격의 핵", "내적인 생명", "혼적-영적 생명의 자리", "하나님이 인간과 함께 행동하시는 영역…, 하나님을 '위하거나' 아니면 '적대함'을 일차적으로 결단하는…인간 안에 있는 부분", 하나님이 그 속에서 믿음을 일으키시고, 복종과 인내 속에서 믿음과 말씀이 보존되는 인간 존재의 측면을 가리킨다.[14] "이성"(nous)은 지식과 인식의 측면을 강조하는 반면, "심장"은 하나님 앞에서 책임성을 가진 "인간의 인격, 생각하고 느끼며 의욕하는 나"를 강조한다.

이와 같이 구약성서와 신약성서는 인간을 나누어질 수 있는 부분들로 구성되어 있는 존재로 보지 않고, 다양한 측면을 가진, 그러나 여러 부분으로 나누어질 수 없는 하나의 통일되고 전체적인 존재로 본다. 따라서 인간의 죽음은 인간의 어느 한 부분의 죽음이 아니라 **전체적 존재로서 인간의 죽음**을 뜻한다. 만일 죽은 후에도 없어지지 않는 인간의 그 무엇이 있다면, 그것은 소위 영(pneuma) 혹은 혼(psyche)이라고 하는 인간의 한 부분이 아니라 **인간 존재 전체 곧 그의 인격**일 수밖에 없다.

또 그것은 자기 삶의 역사를 통해 형성된 인간의 자아라고 말할 수 있다. 구약성서에 의하면, 죽음과 함께 인간의 존재가 완전히 폐기되어 없어지는 것이 아니다. 죽음과 함께 인간의 자아는 "스올"로 내려간다. 스올은 침묵의 영역(시 94:17; 115:17), 망각의 영역이다(시 88:13; 전 9:5). 그것은 죽은 사람이 다시 돌아올 수 없으며, 살아 있는 사람들로부터 분리된 영역이다. 그것은 존재하지만 살아 있는 사람들의 세계에 대하여 아무것도 작용할 수 없는 무기력한 세계다. 신약성서에 의하면, 죽음과 함께 인간의 존재는 "그리스도 안에", "그리스도와 함께" 있다(살전 4:16; 빌 1:23).[15]

---

14) Th. Sorg, "Herz," in Ibid., II/1, 681ff.
15) 이종성도 이와 같이 생각함: 이종성, 『종말론』 I, 1990, 85. 이에 관하여 우리는 나중에 구체적으로 고찰할 것이다.

2) 구약성서에 나타난 죽음의 세력

구약성서에서 죽음은 먼저 모든 인간의 **존재론적 소여**, 곧 모든 인간의
존재에 주어진 것으로 인식된다. 그것은 하나님께서 모든 인간의 피조성
과 함께 정하여주신 피할 수 없는 운명이요 생물학적 한계상황이다.[16] 인
간은 먼지로부터 왔으며 먼지로 돌아갈 수밖에 없다(창 2:7; 3:19; 시 90:3;
104:29; 146:4; 욥 34:15; 전 12:7). 존재론적 소여로서의 죽음에 대한 생각은
특히 전도서에 분명히 나타난다. "태어날 때가 있고, 죽을 때가 있다"(전
3:2). 태어났으면 언젠가 죽는 법이다. 따라서 죽음은 모든 인간에게 주
어진 운명이다. 이 운명과 한계상황을 돌이킬 수 있는 사람은 아무도 없
다. 지혜로운 자나 어리석은 자나, 부자나 가난한 자나 모두 "결국에는 죽
고 만다"(전 9:4). 모든 인간은 "모든 땅 위에 있는 것의 길"을 가야 한다(수
23:14; 왕상 2:2; 욥 16:22). 따라서 인간의 삶이 죽음으로 말미암아 시간적으
로 제한되어 있다는 것은 슬픈 일이지만, 이스라엘은 죽음을 인간에게 주
어진 것(삼하 14:14), 피할 수 없는 필연성으로 받아들인다(욥 7:9; 시 89:49).
다음과 같은 욥의 고백도 죽음의 존재론적 소여성과 필연성을 나타낸다.

> 인생이 살아갈 날 수는 미리 정해져 있고,
> 그 달 수도 주께서는 다 헤아리고 계십니다.
> 주께서는 사람이 더 이상 넘어갈 수 없는
> 한계를 정하셨습니다(욥 14:5).

죽음의 존재론적 측면을 우리는 삶의 허무함에 대한 한탄의 시(詩)에
서 언제나 다시금 들을 수 있다.[17] 인간의 삶은 그 "연수가 칠십이요 강건

---

16) H. W. Wolff, *Anthropologie des Alten Testaments*, 172: "수를 누린 죽음은 인간의
피조성에 속한다." 또한 이에 관하여 F. Dingermann, "Tod, II, Im AT," in *LThK 10*,
1965, 218.

17) 아래의 내용은 G. Kittel, *Befreit aus dem Rachen des Todes. Tod und Todes*

하면 팔십이라도, 그 연수의 자랑은 수고와 슬픔뿐이요, 빠르게 지나가니 마치 날아가는 것 같다"(시 90:10). "인간의 삶은 아침에 피었다가 저녁에 시드는 들의 꽃과 같다"(사 40:6 이하; 시 90:5 이하; 103:15 이하). "그의 날들은 연기처럼 사라진다"(시 102:4; 또한 시 39:6; 89:48 참조). 그의 인생은 "베틀의 북보다" 더 빠르게 지나간다(욥 7:6).

또한 구약성서에서 죽음은 돌이킬 수 없는 것, **불가역적인 것** (Unumkehrbares)으로 생각된다. "구름이 사라지면 자취도 없는 것처럼, 스올로 내려가는 사람도 그와 같아서, 다시는 올라올 수 없다"(욥 7:9). 호수의 물이 모두 빠져나가듯이, 강물이 모두 흘러 강이 마르듯이, "사람도 죽는다. 죽었다 하면 다시 일어나지 못한다. 하늘이 없어지면 없어질까, 죽은 사람이 눈을 뜨지는 못한다"(욥 14:12). 죽은 사람의 눈은 다시는 빛을 볼 수 없으며(시 49:20), 다시는 행복과 구원을 경험하지 못할 것이다(욥 7:7). "아무리 힘센 사람이라도 한 번 죽으면 사라지게 되어 있고, 숨을 거두면 그가 어디에 있는지도 모르게 된다"(욥 14:10; 또한 욥 10:21; 16:22 참조). 죽음에 대한 이러한 생각은 히스기야 왕의 노래에 다시 감동적으로 나타난다.

> 나는 한창 나이에 스올의 문으로 들어가는가 싶었다.
> 남은 여생을 빼앗긴다는 생각도 들었다.
> 나는 또 이런 생각도 들었다.
> "내가 다시는 주님을 뵙지 못하겠구나.
> 사람이 사는 땅에서는 다시는 주님을 뵙지 못하겠구나.
> 내가 다시는, 세상에 사는 사람 가운데서
> 단 한 사람도 볼 수 없겠구나."
> 목동이 장막을 거두어서 자리를 옮기듯이,

---

berwindung im Alten und Neuen Testament, 1999, 11에 의존함.

나의 생명도 장막처럼 뜯겨서 옮겨질 것이다(사 38:10-12).

그러나 구약성서에서 죽음을 존재론적 소여로 보는 견해는 매우 약한 편이며, 이를 증빙하는 문헌 전통은 매우 적다. 오히려 죽음을 **생명을 위협하고 파괴하는 세력**으로 보는 견해가 구약성서에서 지배적이다. 위의 II. 4. "우리의 날 계수함을 가르쳐주셔서"에서 우리는 죽음이 성서에서 삶 속에 있는 현실로 파악되고 있음을 언급했다. 이제 한 걸음 더 나아가 성서는 죽음을 하나의 파괴적이고 위협적이며, 인간의 존재는 물론 이 세계를 파멸로 이끌고 가는 무서운 세력으로 파악한다.

구약성서의 많은 구절은 죽음을 흑암의 땅, 황폐하고 고독한 땅, 망각의 땅으로 표상한다(시 88:12). 그것은 "어둡고 캄캄한 땅"이요, "흑암처럼 캄캄하고, 죽음의 그늘이 드리워져서 아무런 질서도 없고, 빛이 있다 해도 흑암과 같다"(욥 10:21-22). 거기에는 절대적인 침묵(시 31:18; 94:17; 115:17)과 영원한 망각이 다스린다(시 88:13; 욥 24:20). 거기에는 행함도 없고 생각함도 없으며, 지식도 지혜도 없다(전 9:10). 힘 있는 자들의 부와 영광도 여기서는 끝난다(시 49:7 이하). 거기에는 "낮은 자와 높은 자의 구별이 없으며", 악한 자들이 더 이상 소란을 피우지 못하며, 갇힌 사람들, 자유롭지 못한 사람들도 자유를 얻는 곳이다(욥 3:17 이하).

또한 구약성서에서 죽음은 모든 사람이 거기로 모이는 "영원한 집"으로 표상된다(시 49:11; 욥 30:23). 그것은 "사람이 영원히 쉴 곳"이다(전 12:5). 그 집은 많은 방을 가지고 있으며(잠 7:27; 사 14:18), 빗장으로 잠겨 있는 문들을 가지고 있다(욥 38:17; 시 107:16). 이 문으로 들어간 사람은 아무도 다시 나올 수 없다(욘 2:7). 그것은 죽은 자들이 고통과 쇠사슬로 묶여 있는 감옥과 같다(시 107:10 이하; 18:5 이하; 116:3).

이와 같이 구약성서는 죽음의 영역을 하나의 공간으로 표상하는 동시에 하나의 **세력**으로 표상한다. 이러한 뜻에서 구약성서는 "죽음의 그늘"에 대하여(욥 10:21; 12:22; 16:16), "죽음의 음침한 골짜기"(시 23:4)에 대하여 말한다. 또 그것은 죽음을 "손" 혹은 "손아귀"에 비유하며(시 89:48), 인간이 그 속으로 들어가는 "입" 혹은 "목구멍"에 비유한다(사 5:14; 합 2:5). 이 목구멍은 만족을 알지 못한다(잠 27:20; 31:15 이하). 오히려 그것은 하나의 공격적 세력으로서 그 자신의 지배 영역을 넘어서고자 하며, 삶의 영역들을 정복하고자 하는 경향성을 가진다. "모든 생명의 근원"이신 하나님이 함께 계시지 않으며 그리하여 죄와 불의가 다스릴 때, 죽음의 세력이 등장하며 인간의 불행, 질병, 감옥 생활, 적의 위협으로 말미암은 고통 속에서 그의 모습을 드러낸다(사 5:35 이하; 겔 26:19 이하 참조). 시편의 탄식시들도 삶속에 있는 죽음의 파괴적 세력을 묘사한다. 사람들의 버림을 받고 말할 수없는 곤경 속에 있는 사람은 "죽은 자들 가운데 버림을 받아서, 무덤에 누워 있는 죽은 자와 같고"(시 88:5), "죽음의 사슬이 나를 휘감고, 파멸의 파도가 나를 덮쳤으며, 스올의 줄이 나를 동여 묶고, 죽음의 덫이 나를 낚았다"(시 18:4-5).

죽음과 죽음의 세계에 대해 말할 때, 구약성서는 주로 "스올"(Sheol)이라는 개념을 사용한다. 이 개념은 70인역에서 "하데스"(Hades)로 번역되는데, 그것의 유래는 분명치 않다. 일단의 학자들은 그것이 "황폐함", "적막함"을 뜻하는 동사에서 유래하는 것으로 본다.[18] 하늘은 높은 곳에 있는 반면, 스올은 세계의 아주 깊은 곳에 있는 것으로 생각된다. 먼저 그것은 어둠과 죽음의 황폐함이 다스리는 "황량한 땅", "광야" 혹은 "거친 들"로 표상되기도 하고(렘 2:6, 31; 시 44:20; 욥 12:24 이하), 때로 그것은 "무덤", "구덩이의 밑바닥", "어둡고 깊은 곳"으로 비유되기도 하며(시 88:4-6), 개별의 무덤과 거의 동일시되기도 한다(시 30:3; 88:12; 사 14:15; 욘 2:6 등).

또한 스올은 큰 물결이 모든 것을 집어삼키는 "파멸의 파도" 혹은 "바다"로 생각된다(시 18:6; 68:23). 죽음의 문은 "바다 속 깊은 곳에 있는 물 근원"에 있다(욥 38:16). 죽음의 세계에 가까운 자는, 큰 물결 속에 빠져 죽을

---

18) 이에 관하여 G. Gerleman, Art. "Sheol Totenreich," *THAT II*, Sp. 837-841.

위험에 처해 있다(욘 2:4-6; 시 18:5, 17; 42:8; 88:7 이하). 죽은 자들은 "깊은 물 밑에서 사는 자들"이다(욥 26:5; 30:3; 사 14:15; 욘 2:6 등).

구약성서의 이러한 구절들을 고려할 때, 죽음의 세계를 특정한 공간으로 생각한다는 것은 불가능하다. 그것이 지리적으로 어디에 있는가를 우리는 확정할 수 없다.[19] 죽음의 세계는 먼 곳에 있는 것이 아니라, 살아 있는 모든 것을 삼켜버리는 큰 파도와 물결의 형태로, 침묵과 어둠이 지배하는 무덤의 형태로, 또 황폐한 땅과 구덩이의 형태로 인간의 삶 속에 공격적이고 파괴적인 세력으로서 현존한다.

무덤, 큰 바다, 그리고 광야는 살아 있는 자들이 볼 수 없는 죽은 자들의 나라가 그 속에 나타나는, 눈에 보이는 세계의 현상들이다. 이 영역들은 죽음의 세계가 나타나는…장소들이다. 이들 모두는…죽음의 본질을 구체적으로 나타낸다. 이들 모두의 공통성은 외적인 어둠과 내적인 어둠, 물리적 어둠과 본성적 어둠에 있다.[20]

죽음의 세계는 눈에 보이는 세계의 현실과는 다른 차원의 현실로서 은폐된 가운데 있다. 그러나 그것은 죽음의 그림자가 경험되는 인간 삶의 모든 상황과 장소에 나타난다. 그것은 인간이 질병과 고통과 절망 속에서 생명의 힘과 용기를 잃어버리는 모든 상황 속에 나타나는 하나의 **파괴적 현실**이다. 따라서 "무거운 병에 걸린 사람들, 변호인 없이 고소를 당한 사람들, 아무 도움 없이 그들의 적대자들에게 내맡겨져 박해를 당하는 사람들은 이미 죽음의 세계에 속한다."[21] 죽음은 인간이 두려워할 수밖에 없는

---

19) Chr. Barth, *Die Errettung vom Tode, Leben und Tod in den individuellen Klage- und Dankliedern des Alten Testaments*, 1946, Neu herausgegeben von B. Janowski, 1997, 65f.

20) Ibid., 69.

21) H. W. Wolff, *Anthropologie des Alten Testaments*, 168.

무서운 실재이며, 하나님이 보이지 않는 이 세계의 다양한 상황 속에서 언제나 다시금 구체적으로 나타나며 또 구체적으로 경험될 수 있다.

이 상황들, 곧 극도의 경제적 가난, 정치적 억압과 착취, 사회적 소외, 의학적·생물학적 차원에서의 질병, 영적·정신적 절망과 고난의 상황들은 죽음이 이 세계 속으로 들어오는 실제적 영역들이다. 이 영역들을 통해 죽음은 이 세계 속에 하나의 현실로서 나타난다. 죽음에 대한 부분적 경험 속에는 **죽음의 세계 전체**가 현존한다. "모든 개별의 무덤은 사실상 하나의 작은 '죽음의 왕국'이다."[22] 무덤, 큰 파도, 황야처럼 느껴지는 삶의 상황들은 죽음의 세계와 동일시될 수 없지만, 죽음의 세계에 속한다.

> 이러한 영역들 가운데 한 영역으로 들어가는 사람은, 죽음의 세력의 영역 속으로 들어간다. 그 속에는 죽은 자들의 운명이 죽음의 나라 못지않게 그를 기다리고 있다.[23]

삶 한가운데 있는 죽음의 파괴적 세력에 대한 구약성서의 이러한 생각에서 우리는 위에 기술한 죽음의 현실의 의학적·생물학적 측면, 영적·정신적 측면, 사회적·정치적·경제적 측면, 생태학적 측면들이 내포되어 있음을 발견할 수 있다. 그러나 그것은 단순히 하나의 현실이 아니라, 생명을 훼손하며 파괴하는 세력으로 인식된다. 하나님이 계시지 않으며, 하나님의 의와 자비가 사라지고, 불신앙과 불의와 타락과 폭력과 억압과 착취가 지배하는 사회적·정치적·경제적 상황 속에 죽음이 그의 그림자를 드리우며, 인간의 생명을 억압하고 파괴한다. 그러므로 구약성서는 이러한 상황 속에 사는 사람들을 가리켜 "죽음의 그림자가 드리운 땅에 사는 사

---

22) O. Keel, *Die Welt der altorientalischen Bildsymbolik und das Alte Testament. Am Beispiel der Psalmen*, 5. Aufl., 1996, 53.

23) Chr. Barth, *Die Errettung vom Tode*, 69.

람들"이라 고백한다(사 9:2).

3) "죄의 삯은 죽음이요" – 신약성서에서 죄와 죽음의 인과관계

생명을 파괴하는 죽음의 세력은 신약성서에서 더 철저히 나타난다. 신약
성서에서도 죽음은 모든 생물이 당할 수밖에 없는, 삶의 마지막에 일어나
는 **물리적 사건**일 뿐 아니라 "인간의 모든 생각과 행동, 삶과 행동이 그 속
에서 결국 무성(Nichtigkeit)에 빠지는 하나님 없는 상태(Gottesferne)"를[24]
가리킨다. 따라서 신약성서에서도 죽음은 **하나님 없는 삶 속에 있는 파괴
적이며 반신적 세력**이라고 말할 수 있다. 이것을 가장 깊이 파악한 인물은
사도 바울이다. 그는 **죄와 죽음의 인과관계**에 대한 통찰을 통해 죽음을 우
주적 세력으로 파악한다.

죄와 죽음의 인과성에 대한 그의 통찰은 본래 후기 유대교에 그 뿌리
를 둔다.[25] 후기 유대교의 경건한 자들은 아담의 범죄와 그 귀결을 성찰함
으로써, 모든 인간이 당하는 죽음의 운명을 설명하고자 했다. 점점 가까이
오는 이 세계의 종말과 하나님의 새로운 세계의 시작을 다루는 후기 유대
교 묵시 사상의 문헌들은, 왜 이 세계가 끊임없이 파멸로 치닫고 있는지
를 질문한다.[26] 이 질문에 대해 묵시 사상은 다음과 같이 대답한다. 이 운
명은 아담과 함께 시작하였다. 선악을 알게 하는 나무 열매를 따먹지 말라
는 하나님의 계명을 첫 사람 아담이 깨뜨렸기 때문에, 하나님은 아담과 그
의 모든 후손에게 죽음의 운명을 내리셨다. "그의 악한 마음 때문에 첫 아

---

24) O. Kaiser u. E. Lohse, *Tod und Leben*, 89.
25) 아래 내용에 관하여 Ibid., 84ff.
26) 후기 유대교의 묵시 사상에 관하여 H. H. Rowley, *Die Apokalyptik. Ihre Form
und Bedeutung zur biblischen Zeit*, 3, Aufl., 1965; J. Schreiner, *Alttestamentlich-
jüdische Apokalyptik*, 1969; ders., "Die apokalyptische Bewegung," in J. Maier
und J. Schreiner, *Literatur und Religion des Frühjudentums*, 1973, 214-253; W.
Schmithals, *Die Apokalyptik*, 1973; E. Lohse, *Umwelt des Neuen Testaments*, 3,
Aufl., 1977, 37-51.

담은 물론 그에게서 태어난 모든 사람이 죄와 죄책에 빠졌다."[27] 이리하여 아담은 죽음을 이 세상 속에 불러들였다. 300년경에 생존했던 랍비 암미 (Ammi)는 이것을 다음과 같이 요약한다. "죄가 없었다면 죽음이 없을 것이며, 죄책이 없다면 고난도 없을 것이다."[28]

그러나 여기서 다음과 같은 문제가 제기된다. 왜 첫 사람 아담의 범죄 때문에 모든 인류가 죽음의 운명에 예속되어야 하는가? 아담의 불순종으로 인하여 죽음이 모든 인류에게 왔다고 하자. 그러나 아담의 불순종으로 인하여 모든 인류가 반드시 죄를 짓도록 강요당한다고 볼 수는 없지 않은가? 죽음은 모든 인류에게 피할 수 없는 것이지만, 악한 행위가 모든 인류에게 피할 수 없는 것이라고 볼 수는 없지 않은가? 이리하여 죄와 죽음이 어떤 관계에 있는가의 문제가 새롭게 제기된다.

바울은 후기 유대교의 이 문제를 받아들인다. 그러나 그의 목적은 이 문제의 해명 자체에 있는 것이 아니라, 예수 그리스도의 구원의 **우주적 지평**을 제시하기 위함에 있다. 그는 예수 그리스도와 함께 시작한 구원의 우주적 지평을 제시하기 위해, 그리스도의 구원을 아담의 불순종과 함께 시작한 파멸과 비교한다. 따라서 바울은 그의 사고 전개에서 죽음의 세력에 대한 질문으로부터 출발하지 않는다. 오히려 그는 그리스도의 구원의 측량할 수 없는 크기에서 출발해 아담으로 말미암은 죄와 죽음의 역사를 대비시키고, 이를 통해 그리스도의 구원의 우주적 지평을 해명한다. 그리스도와 함께 시작한 하나님의 의와 생명은, 아담을 통해 이 세상에 들어온 죄와 죽음보다 훨씬 더 크기 때문이다.[29] 그러므로 그리스도의 구원의 은사는 아담의 불순종이 초래한 귀결과 비교될 수 없다. 하나님의 은혜와 그리스도의 구원의 폭은 그것보다 "훨씬 더" 크다. 이것을 바울은 다음과 같

27) 4 Esr. 7:118.

28) Babylonischer Talmud, *Schabbat* 55a. O. Kaiser u. E. Lohse, *Tod und Leben*, 85 에서 인용함.

29) O. Kaiser u. E. Lohse, *Tod und Leben*, 86.

이 말한다.

> 그러나 하나님께서 은혜를 베푸실 때에 생긴 일은, 한 사람이 죄를 지었을 때에 생긴 일과 같지 않습니다. 한 사람의 범죄로 많은 사람이 죽었으나, 하나님의 은혜와 예수 그리스도 한 사람의 은혜로 말미암은 선물은 많은 사람에게 더욱더 넘쳤습니다(롬 5:15).

바울에 의하면 죽음은 아담의 죄로 인해 세상에 들어왔다. "한 사람으로 말미암아 죽음이 들어왔으니"(고전 15:21), "한 사람을 통하여 죄가 세상에 들어오고, 또 그 죄를 통하여 죽음이 들어온 것과 같이"(롬 5:12). 여기서 바울은 죄를 하나님의 계명들에 대한 위반으로 이해하기보다, 아담 이후부터 모든 인류를 지배하는 하나의 강압적 **세력**으로 이해한다. 그리하여 그는 "죄들"이란 복수형을 사용하지 않고 "죄"라고 하는 **단수형**을 사용한다. 모든 인류가 죄의 세력에 예속되어 있다. 그것을 벗어날 수 있는 사람은 아무도 없다. 죄의 세력으로 인해 죽음이 이 세상에 들어왔다. 아담이 지은 죄는 각 사람의 죄된 행위 속에서 일어난다. 아담의 불순종 안에서 일어난 것이, 각 사람의 불순종 안에서 언제나 다시금 새롭게 일어난다. 그러므로 바울은 "모든 사람이 죄를 지었다"고 말한다(롬 5:12). 한편으로 각 사람은 자신의 힘으로 벗어날 수 없는 죄의 필연성 곧 "원죄"에 묶여 있다. 다른 한편으로 각 사람은 그 자신의 행위를 통해 하나님의 계명을 깨뜨리며, 이를 통하여 자기의 원죄성을 증명한다. 소위 원죄와 자범죄의 이 악순환을 벗어날 수 있는 사람은 아무도 없다.

후기 유대교도 죄와 죽음의 연관성에 대해 말했으나, 죄와 죽음의 운명이 이러한 철저한 인과관계인지는 알지 못했다. 사람들 중에는 하나님의 계명을 지키는 사람들도 있으며, 이러한 사람들에게 죄의 보편적 예속성(Unterworfenheit)은 해당되지 않는다고 생각할 수 있었다. 모세와 엘리야가 하늘로 들리어 올라갔다는 이야기는, 이스라엘의 경건한 자들이 죽음의 운명을 벗어났다는 것을 시사한다. 그러나 바울은 이러한 예외를 인정하지 않는다. 모든 인간이 죄와 죽음에 예속되어 있다. 율법을 통해 죄와 죽음의 세력은 모든 인간을 지배하고 있다. 죄와 죽음의 수레를 벗어날 수 있는 사람은 아무도 없다. 인간의 이러한 보편적·실존적 상태를 바울은 이렇게 나타낸다. "아, 나는 비참한 사람입니다. 누가 이 죽음의 몸에서 나를 건져주겠습니까?"(롬 7:24)

죽은 자를 살리시고 없는 것을 있게 하시는 하나님에게서 자기를 분리시키는 자는, 자기 생명의 원천을 버리고 죄의 세력에 예속된다. 죄 속에는 죽음의 세력이 있다. 죄를 지을 때, 죽음의 세력이 인간의 삶 속에 들어오며 인간을 지배하기 시작한다. 인간의 영혼과 정신은 물론, 그의 몸도 죄와 죽음의 지배 아래 있다. 죄를 짓는 것은 "죽음에 이르는 열매"(롬 7:5)를 맺는다는 것을 말하며, 죄인의 삶은 결국 죽음으로 끝난다. "죄의 삯은 죽음이요"(롬 6:23). 여기서 바울은 죄와 죽음의 철저한 인과관계를 역설한다.

바울에 의하면 하나님을 버리고 죄 가운데서 사는 자는 죽음에 빠져 있다. 그의 삶은 곧 죽음이다. 이러한 사람은 "죽은 자"다. 그는 살았다고 하지만 죽은 것과 같다. 그에게는 참 생명이 없다. 하나님을 버리고 죄에 빠진 아담은 하나님 없는 모든 인류를 나타낸다. 따라서 아담 안에서 모든 사람은 죽었다(고전 15:22). 우리는 범죄로 말미암아 죽었다(엡 2:15; 골 2:13). 죽음은 아담의 시대로부터 모세 시대에 이르기까지 그 시대를 지배하였다. 아담의 범죄와 같은 죄를 짓지 않은 사람들까지도 죽음의 지배를 벗어나지 못하였다(롬 5:14). 인간은 물론 모든 피조물이 죽음의 세력에 사로잡혀 신음하고 있다. 죽음의 세력이 인간은 물론 온 우주를 사로잡고 있다. 그것은 모든 피조물을 파멸로 이끌어가는 우주적 세력이다. 따라서 인간은 물론 모든 피조물이 죽음의 세력에 사로잡혀 신음하고 있다(롬 8:20).

요한 문서도 죽음을 하나의 **파괴적이며 반신적인 세력**으로 파악한다. 사랑 안에는 생명이 있는 반면, 증오와 미움, 곧 죄 속에는 죽음이 있다. 사랑을 받는 생명은 행복하게 피어나는 반면, 미움과 증오를 받는 생명은 파괴되기 때문이다. 미움과 증오는 그것을 받는 사람의 생명을 파괴할 뿐 아니라, 미워하고 증오하는 사람 자신의 생명을 파괴한다. 사랑하는 대신 미워하고 증오하는 마음속에 이미 죽음의 파괴적 세력이 작용하고 있다.

따라서 하나님과 이웃에 대하여 자기를 폐쇄하고 자기만을 추구하는 자, 그리하여 이웃에게 사랑을 행하지 않는 자는 이미 죽음 속에 있다. "사랑하지 않는 사람은 죽음 가운데 머물러 있다"(요일 3:14). 생명을 훼손하는 모든 행위는 일종의 살인 행위다. 형제자매에게 화를 내거나 모욕하는 것도 살인 행위다(마 5:21-22 참조). "살인을 하는 사람", 곧 하나님이 지으신 생명을 사랑하지 않고 그것을 억압하고 학대하며 파괴하는 사람 안에는 "영원한 생명이 없다." "자기의 형제나 자매를 미워하는 사람은, 누구나 살인을 하는 사람입니다. 살인을 하는 사람은, 누구든지 그 안에 영원한 생명이 없습니다"(요일 3:15). 그 사람 안에는 죽음이 자리 잡고 있다. 인간의 가치와 존엄성을 인정하지 않으며, 몸보신을 위해 개를 몽둥이로 때려 잡아먹는 자, 무고한 생명을 괴롭히는 자는 죽음의 세력에 사로잡혀 있다.

요한복음은 죽음을 "**어둠**"에 비유한다. 그리하여 죽음이란 개념 대신 "어둠"이란 개념을 사용한다. "자기의 형제자매를 미워하는 사람은 아직도 어둠 가운데 있는 사람입니다"(요일 2:9). "자기의 형제자매를 미워하는 사람은 어둠 가운데 있고, 어둠 가운데서 걷고 있으니, 자기가 어디로 가는지를 알지 못합니다"(요일 2:11). 하나님을 거부하고 하나님 없이 살아가는 이 세계는 어둠 곧 죽음 속에 있다(요 1:5). 예수는 어둠 곧 죽음 속에 있는 자들을 해방하기 위하여 이 세상에 왔다. "나는 빛으로 세상에 왔다. 그것은 나를 믿는 사람이면, 누구든지 어둠 속에 머무르지 않게 하려는 것이다"(요 12:46). 하나님의 아들 예수 그리스도를 "믿는 사람에게는 영원한 생명이 있는 반면, 아들에게 순종하지 않는 사람은 생명을 얻지 못한다"(요 3:36). 그는 여전히 죽음 속에 있다.

공관복음도 죽음을 하나님 없는 인간과 이 세계를 사로잡고 있는 **파멸의 세력**으로 파악한다. 불의와 폭력과 억압과 착취와 죄악으로 가득한 이 세계 속에 사는 사람들은 "죽음의 땅과 그늘 속에서" 살고 있다(마 4:16).
그들은 "어둠과 죽음의 그늘 아래에 사는 사람들"이다(눅 1:79). 이 구절에
서도 어둠과 죽음은 동의어로 사용된다. 무고한 예수를 잡아 죽이는 이 세
계는 "어둠의 권세" 곧 죽음의 권세가 지배하는 세계다(눅 22:53). 하나님을
알지 못하며 죄악 가운데서 사는 자들은 죽은 자들이다. 그들은 살아 있다
고 하지만 사실은 죽은 것이다. 그러므로 예수는 "죽은 사람의 장례는 죽
은 사람들이 치르게 하라"라고 말한다(마 8:22; 눅 9:60). 지금까지 기술한 것
을 요약할 때, 신약성서에서 죽음은 "이 세계의 본질적 표식"[30]이라고 할
수 있다.

이와 같이 신약성서가 죄와 죽음을 철저한 인과관계 속에 있는 것으로
볼 수 있는 근거는 무엇인가? 이 근거는 성서의 **하나님 신앙**에 있다. 사랑
은 사랑을 받는 상대방의 "있음" 곧 존재를 원하며, 그것의 비존재 곧 죽
음을 원하지 않는다. 하나님은 사랑이다(요일 4:8, 16). 그러므로 하나님은
피조물의 생명을 원하시지, 죽음을 원하지 않는다. 죽음은 이러한 하나님
의 사랑에 반하여 "있음"을 "없음"으로 바꾸어버리는 파멸의 세력이요 무
의 세력이다. 죄는 그 본질에서 생명의 훼손이며 파괴다. 죄를 짓는 사람
은 상대방의 생명은 물론 그 자신의 생명을 훼손하고 파괴한다. 그 속에는
"있음"을 "없음"으로 바꾸어버리는 죽음의 세력이 작용한다. 그러므로 죄
가 있는 곳에는 죽음의 그림자가 있다. 양자는 원인과 결과의 철저한 인과
관계 속에 있다.

결론적으로 우리는 죽음의 파괴적 세력에 대한 구약성서와 신약성서
의 이해에 큰 차이가 없음을 발견할 수 있다. 그러나 전체적으로 신약성서
는 구약성서보다 훨씬 더 깊이 그리고 철저하게 죽음을 온 세계를 사로잡
고 있는 **우주적·보편적 세력**으로 파악하는 반면, 죽음의 세력을 구체적으
로는 나타내지 않고 있다. 물론 구체적인 면이 신약성서에 전혀 없지는 않

---

30) F. Mussner, *Tod*, 220. 원어: "Wesenssignum dieser Welt."

다. 그러나 그 구체성은 구약성서에 비하면 아주 약하다. 그리하여 신약성서는 인간의 가난과 질병, 억울한 소송, 적대자로 인한 소외, 고난과 절망 속에 나타나는 죽음의 세력에 대해 구체적으로 말하기보다, 온 세계를 사로잡고 있는 "어둠", "죽음의 땅과 그늘"에 대해 말한다. 죽음의 세력에 대한 구약성서의 묘사에는 **구체성**이 강하고 보편성이 약한 반면, 신약성서에는 **보편성**이 강하고 구체성이 약하다. 이러한 관계 속에서 두 성서는 죽음의 이해를 위하여 다음과 같은 가르침을 시사한다. 곧 우리는 오늘 우리의 현실 속에 나타나는 죽음의 세력을 **구체적으로** 파악하는 동시에 그것의 **우주적·보편적 지평**을 상실하지 말아야 하며, 죽음의 세력의 보편성을 파악하는 동시에 그것의 구체성을 간과하지 말아야 한다.

그러나 죽음의 파괴적 세력에 대한 이해에서 두 성서의 기본 입장은 동일하다. 죽음은 단순히 삶의 마지막에 일어나는 생물학적 사건이 아니라, 하나님 없는 인간과 이 세계 전체를 사로잡고 있는 파멸적 세력이다. 하나님 없는 세계, 죄와 악이 난무하는 이 세계는 어둠이 가득한 무덤과 같다. 물론 하나님 없는 인간의 세계에도 아름다운 것들이 많이 있다. 그 속에는 사랑도 있고 우정도 있으며, 자연의 아름다움과 조화도 있다. 그러나 인간의 세계 속에는 죄와 악이 가득하며, 죽음을 넘어서는 참 희망이 없다. 모든 아름다운 것은 결국 무덤 안에 있는 아름다움이다. **무덤과 같**은 이 세계 속에서 일어나는 인간의 죄와 타락, 고난과 고통 속에 죽음은 그의 구체적 현실을 나타낸다.

그러나 두 성서의 견해에는 한 가지 결정적 차이가 있다. 신약성서에서 죽음의 세력은 예수 그리스도의 **십자가와 부활**을 통해 이미 극복된 것으로 파악된다. 이에 대하여 우리는 아래에서 상세히 고찰할 것이다.

2. "귀신에게 물어보지 마라"

1) 생명의 세계와 죽음의 세계의 엄격한 구분

죽음에 대한 성서의 이해에서 한 가지 특징은, 먼저 **죽은 자들의 세계를 하나님이 그 속에서 활동하는 산 자들의 세계와 엄격하게 구분**한다는 점에 있다. 이것을 우리는 먼저 시편의 탄식시에서 발견할 수 있다.

주님은 죽은 사람에게 기적을 베푸시렵니까?

혼백이 일어나서 주님을 찬양하겠습니까?

무덤에서 주의 사랑을, 죽은 자의 세계에서 주의 진실을

이야기할 수 있겠습니까?

흑암 속에서 주의 기적을 알 수나 있겠습니까?

망각의 땅에서 주의 정의를 이해할 수 있겠습니까?(시 88:10-12)

이 시편에 의하면 죽은 자들은 더 이상 하나님을 경험할 수 없다. 그들은 더 이상 주님을 찬양할 수 없으며, 주의 사랑과 진실을 이야기할 수 없으며, 주의 정의를 이해할 수 없다. 그들은 **"망각의 땅"**에 속한다. 망각의 땅에서 하나님의 정의는 회상될 수도 인식될 수도 없다. 한마디로 말해서 죽은 자들은 하나님께서 살아 있는 사람들과 함께 활동하는 삶의 영역에 더 이상 속하지 않는다. 그들은 이 영역과는 다른 영역, 곧 죽음의 영역에 속한다. 여기서 죽은 자들의 영역은 하나님께서 활동하는 이 세계의 영역과 엄격하게 구분된다. 거기는 더 이상 하나님을 향한 찬양이 없다. 거기는 무거운 침묵이 있을 뿐이다.

죽은 사람은 주님을 찬양하지 못한다.

침묵의 세계로 내려간 사람은

어느 누구도 주님을 찬양하지 못한다(시 115:17).

물론 죽은 자들이 하나님과 아무런 관계를 맺지 않는다고 말할 수 없지만,[31] 인간이 살아 있는 동안 맺었던 하나님과의 관계는 죽음과 함께 중지된다. 죽은 자들은 하나님께 더 이상 감사드릴 수 없으며, 그들이 살면서 누렸던 하나님의 신실하심을 더 이상 경험할 수 없다. 그들은 세상에 사는 사람들을 더 이상 볼 수 없으며, 하나님을 살아 있을 때처럼 볼 수 없다. 죽음의 세계에서 죽은 자들은 더 이상 하나님을 기억하지 못한다.

죽어서는 아무도 주님을 기억하지 못합니다.
스올에서, 누가 주님을 찬양할 수 있겠습니까?(시 6:5)

내가…사람이 사는 땅에서는 다시는 주님을 뵙지 못하겠구나.
내가 다시는, 세상에 사는 사람 가운데서
단 한 사람도 볼 수 없겠구나(사 38:11).

스올에서는 아무도 주께 감사드릴 수 없습니다.
죽은 사람은 아무도 주님의 신실하심을 의지할 수 없습니다(사 38:18).

살아 있는 사람에게는 누구나 희망이 있지만, 죽은 사람에게는 아무런 희망이 없다. 그의 삶의 가능성은 죽음과 함께 중단된다. 그에게는 사랑도 미움도 야망도 없다. 그에게는 더 이상의 보상도 없다. 그러므로 인생이 아무리 고달프고 허무할지라도, 사는 것이 죽는 것보다 낫다. 아무리 괴롭다 할지라도, 생명의 세계가 죽음보다 낫다. 생명의 세계에는 빛이 있고 새로운 내일과 기다림이 있지만, 죽음의 세계에서는 이 모든 것이 중지된다. 여기서 죽음의 세계는 다시 한 번 생명의 세계와 구분된다.

---

31) 이것은 죽음을 "무관계성"(Verhältnislosigkeit)으로 보는 윙엘의 입장과 반대된다. 이에 관하여 E. Jüngel, *Tod*, 1971. 이 문제를 우리는 아래에서 더 상세히 고찰할 것이다.

살아 있는 사람에게는 누구나 희망이 있다.

비록 개라고 하더라도, 살아 있으면 죽은 사자보다 낫다.

…

죽은 사람에게는 더 이상의 보상이 없다.

…

죽은 이들에게는 이미 사랑도 미움도 야망도 없다(전 9:4-6).

이와 같이 구약성서에서 죽음의 세계가 생명의 세계로부터 엄격하게 구분되는 주요 원인은, 이스라엘 백성의 **하나님 신앙**에 있다. 구약성서에서 하나님은 본질적으로 비존재 곧 죽음을 원하지 않고, 존재 곧 생명을 원한다. 그러므로 구약성서는 그 구성에서 하나님의 창조와 함께 시작하며, 언제나 다시금 "**산 자의 땅**"에 대하여 말한다(시 27:13; 사 53:8; 렘 11:19; 겔 26:20). 창조의 하나님은 본질적으로 죽은 자들의 하나님이 아니라 "**산 자의 하나님**"이다(마 22:32; 막 12:27; 눅 20:38). 그는 "살아 계신 하나님" 혹은 "사신 하나님"이다(수 3:10; 왕하 19:4; 렘 10:10; 호 2:1 등). 그는 생명을 주시고 그것을 지키시고자 하는 하나님이다(신 30:15, 19; 시 64:2; 103:4; 133:3 등). 그는 죽음의 하나님이 아니라 생명의 하나님으로서 "생명의 근원"이다.

이 하나님의 본질적 관심은 죽은 자들이 거하는 피안의 세계에 있지 않고 **차안의 세계**에 있다. 그에게 일차적으로 중요한 것은 죽은 자들의 세계가 아니라 살아 있는 자들의 세계다. 살아 있는 자들의 세계 속에 그의 주권을 세우며, 모든 생명을 파멸과 죽음의 위협에서 구원하는 데 하나님의 본질적 관심이 있다. 그는 "피안의 신"이 아니라 "**차안의 신**"이다. 그는 철저히 차안적인 존재다. 그의 **구원**은 인간의 영혼이 차안의 세계를 떠나 피안의 세계에서 영원한 생명을 누리는 데 있지 않고, 차안의 세계가 그의 창조로 회복되는 데 있다.[32] 그러므로 구약성서는 물론 신약성서도 소위

---

32) D. Bonhoeffer는 이것을 "구원의 종교"와 "구약의 종교"로 구분하여 설명한다. 구원의

피안에 있는 죽은 자들의 세계에 대하여 거의 아무 말도 하지 않으며, 죽은 자들의 세계에 대한 환상(Phantasie)을 거부한다. 다른 종교에서 볼 수 있는 사후의 세계에 대한 환상적 묘사들이 구약성서에는 물론 신약성서에도 발견되지 않는다.

2) "귀신에게 물어보지 마라"-두 세계의 접촉에 대한 엄격한 금지

이와 같이 구약성서는 죽은 자들의 세계와 살아 있는 자들의 세계를 철저히 구분하면서, **두 세계의 접촉**을 엄격하게 금지한다. 이것을 우리는 먼저 모든 죽은 것은 물론 죽은 것과 접촉한 것을 부정한 것으로 보는 구약성서의 사상에서 발견한다.[33] 죽은 사람의 시체는 물론 그의 뼈와 무덤도 "부정한" 것으로 간주되며, 이것들과 접촉한 사람도 부정한 것으로 생각된다. "어느 누구의 주검이든, 사람의 주검에 몸이 닿은 사람은 이레 동안 부정하다"(민 19:11 이하 참조). 또한 죽은 사람의 몸에 닿고도 스스로 정결하게 하지 않은 사람은 "주의 성막을 더럽히는 사람"으로 이스라엘의 공동체에서 추방되어야 한다(민 19:13; 또한 민 5:2). 나아가 죽은 짐승의 시체는 물론 이것과 접촉된 모든 물건도 부정하다.

> 모든 길짐승 가운데서 이런 것들은 너희에게 부정한 것이다.…이것들이 죽었을 때에, 나무로 만든 어떤 그릇에나, 옷에나, 가죽에나, 자루에나, 여러 가지로 쓰이는 각종 그릇에나, 이런 것에 떨어져서 닿으면 그 그릇들은 모두 부정을 탄다(레 11:31-32).

종교는 죽음 저편의 구원, 곧 "죽음 다음에 올 영원을" 찾는 반면, 구약의 종교는 "역사적인 구원", 곧 "죽음의 한계 이편에서의 구원"을 찾는다. D. Bonhoeffer, *Widerstand und Ergebung*, Siebenstern-Taschenbuch 1, 1951, 166.

33) 이에 관하여 G. von Rad, *Theologie des Alten Testaments I*, 290, 또한 289 참조: "alles Tote, d.h. Gestorbene, repräsentiert den äußersten Grad von Unreinheit… Die vom Toten ausgehende Unreinheit ging nicht nur auf Menschen, sondern auch auf die Dinge im Umkreis des Todes über…."

특히 백성의 어른인 제사장이 시체를 만져 자기를 부정케 하는 것은 "하나님의 이름을 욕되게" 하는 것이다(레 21:1-6). 대제사장은 자기 아버지나 어머니의 시체에 가까이 가서도 안 된다(레 21:11).

이와 같이 구약성서는 죽은 자들의 세계와 살아 있는 자들의 세계를 엄격하게 구분하고 두 세계의 접촉을 금지하기 때문에, 모든 형태의 **초혼**(招魂, 죽은 자들의 혼을 불러냄)을 금지하며, 죽은 자들의 혼과 만나는 것을 철저히 금지한다. 죽은 자들의 혼을 불러내어 그것을 숭배하고, 죽은 자의 혼에게 살아 있는 사람의 일에 대해 물어보는 것은 고대의 많은 종교에서 일반화되어 있었다. 이것은 무교의 공통적 요소이며, 이스라엘의 신앙 속에 침투하여 예루살렘 성 안에서 발견되기도 하였다(겔 8:7 이하 참조). 이러한 이교의 관습에 대한 금지는 이미 신명기와 거룩에 관한 율법에 나타난다.

너희 가운데서…주문을 외우는 사람과 귀신을 불러 물어보는 사람과 박수와 혼백에게 물어보는 사람이 있어서는 안 된다(신 18:9-11; 참조. 레 19:31; 20:6).

혼백을 불러내는 사람이나 마법을 쓰는 사람은…모두 돌로 쳐서 사형시켜야 한다(레 20:27).

그러나 이교의 관습은 언제나 다시금 이스라엘 백성을 유혹하였다. 이 유혹을 이사야는 다음과 같이 기술한다.

사람들은 너희에게 속살거리며 중얼거리는 신접한 자와 무당에게 물어보라고 한다.…산 자의 문제에 해답을 얻으려면, 죽은 자에게 물어보아야 한다고 말한다(사 8:19).

예언자들은 이러한 이교적 유혹에 맞서 치열하게 투쟁한다. 그들의 가르침에 의하면 산 자의 세계와 죽은 자의 세계는 엄격히 구분되어야 하며, 산 자의 문제에 대한 해답을 죽은 자에게서 얻으려고 해서는 안 된다. 산 자의 문제에 대한 해답은 살아 계신 하나님과 그의 말씀에 있다. 이 세계에 속한 것을 신뢰하지 않고 하나님을 신뢰하며 그의 말씀을 청종할 때, 산 자의 문제에 대한 해답을 얻을 수 있다. 무에서 유를 창조하신 하나님을 찾지 않고 죽은 자를 찾는 것은 어리석은 일이요, 하나님에 대한 모독이며 불신앙이다. 죽은 자가 산 자를 구원한다는 것은 불가능하다. 살아남을 수 있는 길은 생명의 근원이신 하나님에게 돌아와서 그의 말씀을 청종하는 데 있다. 그러므로 산 자들은 그들의 문제 해결을 위해 죽은 자를 찾지 말고 하나님을 찾아야 한다.

> 그러나 너희는 그들에게 대답하여라. 오직 주께서 가르치신 말씀만 듣고, 그 말씀에 관한 증언만 들으라고 하여라. 이 말씀을 따르지 않으면, 동트는 것을 못 볼 것이라고 하여라(사 8:20).

구약성서에는 초혼에 관한 단 한 가지의 보도가 있다. 그것은 무당을 찾은 사울의 이야기다. 블레셋 군대의 공격을 눈앞에 두고 불안과 공포에 휩싸인 사울은, 하나님에게 해답을 찾는다. 그러나 하나님은 자기를 떠난 사울에게 아무런 해답도 주지 않는다(삼상 28:6). 다급해진 사울은 밤에 변장을 하고, 엔돌에 숨어 사는 여자 무당을 찾아가서 죽은 사무엘의 영을 불러오게 한다. 그러나 사무엘은 사울에게 새로운 해답을 주지 않는다. 오히려 그는 "왜 나를 불러 올려 귀찮게 하느냐"고 사울을 꾸짖으면서, 하나님께서 이미 그를 떠났으며, 그의 왕위를 다윗에게 주었다고 말한다.

이 이야기에 근거하여 어떤 사람은 기독교도 죽은 사람의 혼을 불러내는 종교 의식을 가질 수 있으며, 이에 근거하여 기독교와 무교가 접촉될 수 있다고 주장할는지 모른다. 이에 대하여 우리는 다음과 같이 말할 수 있다. 죽은 사무엘의 혼이 사울에게 전한 말은 전혀 새로운 것이 아니다. 그것은 사무엘이 살아 있을 때 사울에게 선언한 말의 반복에 불과하다 (삼상 15:23). 이 이야기를 통해 구약성서는, 죽은 자의 영혼을 불러내어 산 자의 문제에 대한 해답을 묻는 것이 쓸모없는 일임을 시사한다.[34] 또한 이 사건은 야웨 신앙의 영역에서 일어난 것이 아니라 그 바깥의 이교적 영역에서 일어났으며, 사울의 운명을 바꾸지 못했다. 그것은 그에게 아무런 유익을 주지 못했다. 사울이 살 수 있는 길은 무당을 찾아가 죽은 사무엘의 혼을 불러내는 데 있는 것이 아니라, 살아 계신 야웨 하나님을 찾는 데 있었다.

3) 죽음의 탈신화화

고대의 많은 종교 사상에 의하면, 죽은 자들의 육체는 흙으로 돌아가지만, 그들의 영이나 혼은 피안의 세계에서 존속하며 살아 있는 자들의 세계를 출입하면서 그들에게 복을 주기도 하고 화를 주기도 한다. 이러한 신앙은 고대 종교의 거의 공통된 요소이며, 우리 주변의 종교 현상에서도 쉽게 발견된다. 여기서 죽은 자들의 혼은 죽음의 세계와 생명의 세계의 한계를 마음대로 넘나들 수 있으며, 살아 있는 자들의 생명에 영향을 줄 수 있고 또 그들의 운명을 결정할 수 있는 무서운 힘을 가졌다고 생각된다. 귀신에 대한 두려움은 이러한 생각에서 유래하는 것으로 보인다. 그러나 귀신이란 무서운 것이 아니다. 그것은 실체가 아니라 악의 세력을 인격화시킨 것에 불과하다(Personifikation des Bösen). 우리가 생각하는 귀신보다 더 무서운 존재가 있다. 그것은 곧 인간이다. 귀신은 사람의 몸을 토막으로 잘라 죽이거나, 그 토막들을 냉장고에 보관하거나 쓰레기통에 던져 버리는 것과 같은 잔인한 일을 하지 못한다. 그러나 고대의 민속 신앙에서 죽은 자들의 혼은 인간에게 무서운 존재로 생각된다. 그리하여 죽은 자들의 혼을 위로하거나 심지어 사람을 제물로 바치는 일이 자행되기도 하였다.

---

34) 이에 관하여 H. W. Wolff, *Anthropologie Alten Testaments*, 158.

그러나 구약성서에서 죽은 자들의 세계는 살아 있는 자들의 세계로부터 엄격히 구분되며, 양자의 접촉과 죽은 자들을 위한 모든 제의(Totenkult)가 철저히 금지된다. 죽은 자들에게 음식 제물을 바쳐서도 안 된다. 이것을 우리는 십일조 계명에서 발견한다. "우리는…이 거룩한 열의 한 몫을 먹지 않았고…죽은 자에게 그것을 제물로 바친 적도 없습니다"(신 26:14). 또한 죽은 자들의 숭배와 관계된 고대의 종교 의식들이 철저히 금지된다. "죽은 사람을 애도한다고 하여, 너희 몸에 상처를 내거나 너희 몸에 문신을 새겨서는 안 된다"(레 19:28). "앞머리를 밀어서는 안 된다"(신 14:1).

이로써 "죽음의 철저한 **탈신화화**(Entmythologisierung)와 **탈제의화**(Entsakralisierung)"[35]가 일어난다. 물론 이스라엘은 죽은 자들이 죽음과 함께 완전히 없어진다고 믿지 않으며, 눈에 보이는 이 세계가 전부라고 생각하지 않는다. 이스라엘은 죽은 자들의 세계 곧 스올을 믿으며, 죽은 자들은 스올에서 그림자와 같은 존재로 존속한다고 믿는다. 그러나 이스라엘의 신앙에 의하면, 죽은 자들은 살아 있는 자들에 대해 아무 힘도 갖지 못한다. 그들의 영역은 하나님의 통치 영역, 곧 살아 있는 자들의 세계에서 철저히 구분되고 제외된다.

이로써 죽은 자들의 세계는 살아 있는 자들의 세계로부터 완전히 배제된다. 그것은 생명의 세계에 대한 모든 영향력과 힘을 상실하며, 침묵의 세계로 규정된다. 곧 살아 있는 자들에 대한 모든 영향력과 힘을 상실하며, 침묵의 세계로 규정되는 것이다. 살아 있는 자들에 대한 죽은 자들의 모든 간섭과 영향력은 이 세계로부터 추방된다. 이리하여 생명의 세계는 죽음의 세계로부터 해방된다. 그것은 죽음의 세계로부터 오는 모든 위협을 더 이상 받지 않는다. 그것은 죽음의 세계의 모든 작용과 간섭과 위

---

35) G. von Rad, *Theologie des Alten Testaments I*, 290. 또한 이에 관하여 박상언, "몸, 죽음 그리고 그리스도교의 타계관", 284; 콜린 맥다넬, 베른하르트 랑, 『천국의 역사』, 고진옥 역, 도서출판 동연, 1998, 35-42 참조.

협에서 자유롭다. 물론 하나님 없는 인간의 죄악된 세계 속에 죽음은 하나의 현실로 실재하면서 인간과 그의 세계를 파멸하고자 위협하지만, 죽음의 세계 그 자체는 모든 신화적 성격을 상실한다. 그것은 더 이상 인간이 두려워해야 할 것이 아니며 위협적인 것이 아니다. 죽은 자들의 혼이 살아 있는 사람들에게 수시로 찾아와서 그들에게 화를 내리기도 하고 복을 내리기도 하는 일은 불가능하다. 죽은 자들의 영혼이 나타나서 살아 있는 자들의 문제에 대한 어떤 해답을 주는 것도 불가능하다. 그들이 머무는 장소는 죽음의 세계로 엄격히 제한되기 때문이다. 이와 같이 **죽음의 세계로부터 생명의 세계의 해방과 자유**가 죽음의 탈신화화를 통해 일어난다.

죽음의 세계로부터 해방된 생명의 세계는 이제 **하나님의 배타적 통치 영역**으로 규정된다. 이 세계는 죽은 자들의 통치 영역이 아니라 오직(배타적으로) 하나님의 통치 영역이다. 그것은 선하신 하나님의 소유다. 하나님의 통치 영역은 오직 하나님에게 속해야 하며, 하나님과 죽은 자들 사이에 나누어져서는 안 된다. 하나님의 소유에 대한 죽은 자들의 모든 간섭은 배제되어야 한다. 하나님만이 살아 있는 자들의 세계를 통치해야 하며, 하나님만이 그들의 주로서 그들을 다스려야 한다. 인간과 이 세계의 운명은 살아 계신 하나님과 그의 계명에 인간이 복종하느냐 복종하지 않느냐에 따라 결정되는 것이지, 죽은 자들의 영향과 간섭에 의해 결정되지 않는다. 죽은 자들의 뜻이 아니라 하나님의 뜻이 이 땅 위에 이루어져야 하며, 그의 의와 자비가 온 세계에 충만해야 한다. 온 땅이 살아 계신 하나님의 영광으로 가득해야 한다(시 57:5; 108:5). 죽음의 모든 어두운 그림자는 이 땅에서 사라져야 한다.

4) 삶의 아름다움의 재발견

타종교 사상에서 발견되는 영혼 불멸설과 윤회설은 인간의 영적 삶이 죽음 후에도 피안의 세계에서 혹은 다른 생물체 안에서 연장되는 것으로 생각한다. 여기서 죽음은 지상의 삶의 철저한 단절이 아니라 새로운 형태의 삶으로 **통과하는 사건**(Durchgangsereignis)으로 이해되며, 지상의 삶은 죽음 후에도 어떤 다른 형태를 통하여 계속되는 것으로 생각된다. 여기서 죽음의 세계와 지상의 삶의 세계는 엄격하게 구분되지 않는다. 오히려 죽음의 세계는 지상의 삶의 세계의 연장으로 생각되며, 두 세계는 유비를 가진다.

이것을 우리는 죽음의 세계에 대한 타종교 사상의 묘사에서 쉽게 발견할 수 있다. 그것이 묘사하는 죽음 후의 세계는 인간 삶의 세계와 다를 바가 별로 없다. 단지 더 이상 죽음이 없다는 점에서 근본적으로 다를 뿐이다. 이로 말미암아 영혼 불멸설과 윤회설에서 지상의 삶은 엄격한 의미의 유일회성을 상실한다. 그것은 죽음 후에도 새로운 형태, 다른 형태로 계속되기 때문이다.

성서는 삶의 세계와 죽음의 세계에 대한 이러한 생각을 거부한다. 죽음의 세계는 지상 세계의 연장이 아니다. 그것은 하나님이 그 속에서 역사하시는 지상의 세계와 엄격하게 구분되기 때문이다. 이 구분을 지키기 위해 구약성서는 죽은 자들이 하나님으로부터 거의 분리된 것으로 표상한다. "이 몸은 또한…주의 손에서 끊어진 자와도 같습니다"(시 88:5). 만일 죽음 후에 영원한 생명이 있다면, 그것은 지상의 삶의 연장이 아니라 우리가 아직 경험하지 못하였으며 표상할 수 없는 전혀 다른 삶일 것이다.

여하튼 성서에서 죽은 자들의 세계와 살아 있는 자들의 세계가 엄격하게 구분될 때, 인간의 삶은 유일회적인 것으로 드러난다. **삶의 유일회성**(Einmaligkeit)은 삶의 세계와 죽음의 세계가 명확하게 구분될 때 분명해진다. 지상에 있는 인간의 삶은 죽음으로 끝난다. 죽은 다음 새로운 형태로 이 세계 속에 돌아와서 지상의 삶을 연장할 수 없다. 지상의 삶은 더 이상 연장되지 않는다. 따라서 한 인간의 지상의 삶은 단 한 번밖에 없는 것이다. 죽음을 기점으로 생명의 세계와 죽음의 세계가 엄격하게 구분될 때, 삶은 단 한 번밖에 없는 것, 더 이상 연장될 수 없는 것으로 생각된다.

또한 죽은 자들의 세계가 살아 있는 자들의 세계로부터 엄격하게 구분될 때, 인간의 삶은 **불가역성**(不可逆性, Unwiderruflichkeit)을 가지게 된다. 그것은 과거로 돌이킬 수 없으며 또 한 번 반복될 수 없는 것이다. 죽은 자들의 세계와 살아 있는 자들의 세계가 엄격히 구분되어 있으며, 따라서 죽은 자들의 세계에서 살아 있는 자들의 세계로 다시 돌아올 수 있는 길이 없기 때문이다.

삶의 유일회성과 불가역성을 인식할 때, 우리는 삶의 **허무성**(Vergäng-lichkeit)을 인식하게 된다. 우리의 삶이 단 한 번밖에 없으며, 지나간 삶의 시간은 다시 돌아오지 않는다는 사실을 의식할 때, 우리는 먼저 삶이 허무하다는 것을 느낀다. 그것은 한 번 지나가면 다시는 돌아올 수 없기 때문이다. 이와 동시에 우리는 삶의 귀중함과 아름다움, 삶의 기쁨을 인식할 수 있다. 삶의 유일회성과 불가역성, 그것의 허무함을 깨닫게 될 때 우리는 단 한 번밖에 없는 삶의 아름다움을 발견할 수 있을 것이다. 자신의 죽음을 의식하는 사람만이, 어떻게 사는 것이 참되게 사는 것인가를 생각할 수 있다.

어둠이 있을 때 빛이 무엇인가를 더 깊이 알 수 있으며, 고난이 있을 때 삶의 행복이 무엇인가를 더 깊이 통찰할 수 있다. 이와 마찬가지로 죽음으로 말미암은 삶의 유일회성과 불가역성과 허무함을 인식할 때, 우리는 단 한 번밖에 없는 **삶과 피조물의 아름다움**을 더 깊이 이해할 수 있다. 죽음의 슬픔을 의식할 때, 우리는 삶의 기쁨에 눈뜰 수 있다.

하나님은 이 세계와 그 안에 있는 모든 생명을 창조하셨다. 하나님은 그가 "보시기에 좋은" 이 세계를 그 속의 모든 영광과 비밀, 모든 찬란함과 함께 지키고자 하시며, 이 세계가 다시 카오스와 침묵의 상태로 돌아가는 것을 원하지 않으신다. 그는 생명을 원하시며 죽음을 원하지 않으신다. 생명의 영역과 죽음의 영역이 엄격하게 구분되고, 죽음으로 끝나는 내 삶은 단 한 번밖에 없다는 사실이 느껴질 때, 하나님이 창조하신 이 세계와 삶의 아름다움과 귀중함을 깊이 느낄 수 있다. 우리 모두는 언젠가 이 세계를 떠나겠지만, 산과 들과 하늘과 나무들은 여전히 남아 있을 것이며, 고난과 고통과 슬픔 속에서도 자연 만물은 존재(있음)의 아름다움을 누리면서 창조자의 솜씨를 드러낼 것이다.

생명의 세계와 죽음의 세계가 엄격하게 구분되지 않으며 그리하여 두 세계의 한계가 명확하지 않을 때, 우리는 죽음의 경악스러움을 피할 수 있겠지만, 좋은 것을 좋은 것으로 인지하지 못하며 나쁜 것을 나쁜 것으로 인지하지 못하게 될 것이다. 삶과 이 세계에 있는 모든 것의 귀중함과 아름다움에 대해서도 무감각해질 것이다. 슬픈 일이 일어나도 슬퍼하지 않으며, 기쁜 일이 일어나도 기뻐하지 않을 것이다.

한 걸음 더 나아가, 삶 자체에 대해 **무감각**해질 것이다. 이 세상의 삶이 내세에서 일종의 다른 형태로 연장되거나 반복된다고 생각하는 고대의 종교 사상에서, 이 세계의 모든 것과 자신의 삶 자체에 대하여 무감각한 이유를 바로 여기서 발견할 수 있다.

이 사실을 우리는 시편에서 발견한다. 시편 기자는 죽음으로 제한된 삶의 유한함과 불가역성을 한탄한다. 그는 자신의 죽음을 철저히 의식한다. 자신의 죽음을 의식하기 때문에, 그는 인간과 자연 만물의 아름다움과 창조자 하나님의 영원함을 찬양할 수 있다.

하늘은 하나님의 영광을 드러내고,
창공은 그의 솜씨를 알려준다.
낮은 낮에게 그의 말씀을 전해주고,
밤은 밤에게 그의 지식을 알려준다.
그 이야기 그 말소리,
비록 아무 소리가 들리지 않아도,
그 소리 온 누리에 울려 퍼지고,
그 말씀 세상 끝까지 번져간다(시 19:1-4).

이리하여 시편에는 삶의 허무함에 대한 탄식시와, 지상의 삶의 귀중함과 아름다움을 찬양하고 생명의 창조자이신 하나님을 칭송하는 찬양시가 병행한다(시 104편; 148편 참조). 삶의 허무함에 대한 탄식들은 말로 표현하기 어려운 삶의 기쁨의 배면이라고 볼 수 있다.

3. 하나님의 통치 안에 있는 죽음

1) 죽음의 세계도 다스리는 하나님

본질적으로 성서의 하나님은 죽은 자들의 하나님이 아니라 "산 자들의 하나님"이다(마 22:32). 그렇다면 죽은 자들은 하나님과 어떤 관계에 있는가? 그들은 하나님에게서 완전히 단절되어 있으며, 더 이상 하나님과의 관계를 갖지 못하는가? 만일 죽은 자들의 세계가 하나님께서 활동하는 이 세계로부터 철저히 구분되어 있다면, 죽은 자들의 세계는 하나님의 통치 영역에 속하지 않는가? 하나님의 권세를 벗어난, 따라서 하나님에게 속하지 아니한 독자적 영역이 있을 수 있는가?

이 질문들에 대한 첫 번째 대답을 우리는 시편 139편에서 발견할 수 있다. 이 시편의 주요 사상은 1절에 나타난다. "주님, 주께서 나를 샅샅이 살펴보셨으니, 나를 환히 알고 계십니다." 이 구절에서 히브리어 "안다"는 개념은 단지 이론적 지식을 뜻하는 것이 아니라 한 사람과 관계를 맺으며, 그와 가까이 있으며, 그와 인격적 교통을 가지는 것을 뜻한다.[36] 한 남자가 여자를 "안다"고 할 때 그것은 깊은 사랑과 합일을 가리키며, 상대방에게 자리를 완전히 내어주어 상대방과 언제나 함께 있음을 가리킨다. 하나님이 인간을 이러한 방법으로 알며 그와 관계를 가진다는 것은, 시편 기자에게 측량할 수 없는 기적으로 보일 뿐이다. "이 깨달음이 내게는 너무 놀

---

36) 이에 관하여 R. Bultmann, Art. "ginosko," ThWNT I, 688-719, 696-700; Bergmann u. Botterweck, Art. "jada," ThWAT III, Sp. 479-511, 494, 498f.; W. Schottroff, Art. "jd, erkennen," THAT I, Sp. 682-701, 689-693.

랍고 너무 높아서, 내가 감히 측량할 수조차 없습니다"(6절). 하나님은 나를 이해하고 감싸시며, 나를 돌보시고 보호하시는 분으로서, 언제 어디서나 나와 함께 계신다. 그는 내가 태어나기 전부터 나를 아시며, 내 인생의 날이 언제 끝날 것인지 알고 계신다(13-16절). 그러나 악인들은 이 진리를 거부하면서 "네 하나님이 어디 있느냐?" 하고 하나님과 그의 의로운 자들을 모욕한다. "피 흘리게 하기를 좋아하는" 이들 앞에서 하나님은 침묵을 지킨다. 그는 무력한 것처럼 보인다. 그러나 시편 기자는 악인들로 말미암아 고난을 받으면서도, 악인들의 편에 서지 않고 하나님 편에 서며 하나님을 신뢰한다. "주님께 대항하면서 일어나는 자들을 내가 어찌 미워하지 않겠습니까?"(21절) 이와 같은 믿음의 시련 속에서 이제 시편 기자는 죽음의 문제와 관련하여 다음과 같이 고백한다.

> 내가 주의 영을 피해서 어디로 가며,
> 주의 얼굴을 피해서 어디로 도망치겠습니까?
> 내가 하늘로 올라가더라도 주께서는 거기에 계시고,
> 스올에다 자리를 펴더라도 주님은 거기에도 계십니다.
> 내가 저 동녘 너머로 날아가거나,
> 바다 끝 서쪽으로 가서 거기에 머무를지라도,
> 거기에서도 주의 손이 나를 인도하여주시고,
> 주의 오른손이 나를 힘있게 붙들어주십니다(7-10절).

모든 곳에 계신 하나님의 현존에 대한 통찰은, 이스라엘의 신앙이 근거하는 하나님의 이름의 계시에도 나타난다. 하나님의 이름 "야웨"는 하나님이 그의 백성과 언제나 함께 계신다는 것을 가리킨다.[37] 불타는 떨기나

---

37) 이에 관하여 G. Kittel, *Der Name über alle Namen I. Biblische Theologie/AT*, Bibl. -theol. Schwerpunkte 2, 2. Aufl., 1993, 24-38; J. Moltmann, *Erfahrungen*

무 앞에서 자기 이름을 묻는 모세에게 하나님은 이렇게 대답한다. "나는 있을 자로 있을 것이다." 여기서 하나님은 신의 존재에 대한 어떤 보편 개념이나 정의(定義)를 가지고 자기가 누구인가를 대답하지 않는다. 오히려 그는 그의 백성이 가는 곳에는 **어디서나** 함께 있을 것임을 시사한다. 하나님의 가까우심과 그의 임재는 특정한 장소나 제의에 묶이지 않는다. 그것은 시간과 공간의 제약을 벗어난다. 이스라엘 백성이 모세의 인도 하에 바다를 건너든지 아니면 광야를 헤매든지, 하나님은 그의 백성과 항상 함께 계실 것이다. 이 백성이 죄로 인하여 유형(流刑)의 길을 떠날 때, 하나님은 거기서도 함께 계실 것이며, 그를 찾는 자에게 나타나실 것이다. 그의 손길을 벗어난 영역은 아무 데도 없을 것이다. 약속의 하나님 야웨는 어디에나 계신다. 음부에서도 하나님의 손이 인간을 붙들 것이며 그를 인도하실 것이다. 죽음의 어둠도 하나님 앞에서는 "어둠이 아니며" 빛일 것이다 (시 139:12). 모든 곳에 계신 하나님의 현존을 신약성서는 다음과 같이 고백한다. 하나님께서 "모든 것 안에서 모든 것"(panta en pasin)이 되실 것이다. 따라서 죽음의 세계도 하나님을 벗어난 **독립된 영역**이 아니다.

더 나아가 하나님은 **생명과 죽음을 지배하는 분**이다. "주님은 사람을 죽이기도 하시고 살리기도 하시며, 스올로 내려가게도 하시고, 거기에서 다시 돌아오게도 하신다"(삼상 2:6). 생명과 죽음에 대한 하나님의 주권을 신명기 기자는 하나님의 신적 존재의 유일하심과 결합한다. "나, 오직 나만이 하나님이다. 나 밖에는 다른 신이 없다. 나는 죽이기도 하고 살리기도 한다"(신 32:39). 하나님은 죽음의 세계에 인간을 감추어둘 수도, 거기서 끌어낼 수도 있다. 그러므로 욥은 하나님의 구원의 새로운 미래를 기다리는 희망을 버리지 않는다. "차라리 나를 스올에 감추어두실 수는 없으십니까? 주의 진노가 가실 때까지만이라도 나를 숨겨주시고, 기한을 정해두

---

theologischen Denkens. Wege und Formen christlicher Theologie(『신학의 방법과 형식들』, 김균진 역), 1999, 38.

셨다가 뒷날에 다시 기억해주실 수는 없습니까?"(욥 14:13) 죽음의 세계도 하나님의 손 안에 있다. 그러므로 시편 기자는 이렇게 희망한다. "그러나 하나님은 분명히 내 목숨을 건져주시며, 스올의 세력에서 나를 건져주신 다"(시 49:15).

여기서 죽음과 죽음의 세계는 독립성을 상실한다. 그들은 자신의 세력과 영역을 주장할 수 없다. 그들은 하나님의 주권을 벗어나 있는 독립된 영역이 아니다. 이스라엘의 신앙은 살아 있는 자들의 세계에 대한 하나님의 **배타적 주권**을 확보하기 위해 살아 있는 자들의 세계와 죽은 자들의 세계를 엄격히 구분하고 양자의 접촉을 금하지만, 하나님의 주권이 유일하심에 대한 믿음 때문에 죽은 자들의 세계의 독자성을 인정하지 않는다. 오히려 죽은 자들의 세계도 하나님의 주권 아래에 있는 것으로 생각한다. 그러므로 죽음의 세계에 있는 자도 그의 손을 벗어날 수 없다. 하나님은 죽음의 세계에 있는 자도 붙들어주시며 그를 인도하신다. 인간은 죽을지라도 하나님의 면전을 벗어날 수 없다. 포로기 이전의 예언자들도 하나님의 심판에 대한 그들의 말씀에서 죽음의 세계와 하나님에 관한 이러한 통찰을 말하고 있다. 하나님을 버린 이스라엘 백성이 하나님을 피해 숨을 곳은 아무 데도 없다. 스올에 내려가거나 바다 밑바닥에 숨을지라도, 하나님은 거기 계실 것이며 그들에게 심판을 내릴 것이다.

> 비록 그들이 땅 속으로 뚫고 들어가더라도 거기에서 내가 그들을 붙잡아 올리고, 비록 그들이 하늘로 올라가더라도 거기서 내가 그들을 끌어내리겠다(암 9:2 이하; 또한 호 13:14 참조).

2) 죽음의 한계를 깨뜨리시는 하나님 — 구약성서의 부활 신앙

죽음과 죽음의 세력에 대한 하나님의 주권은 후기 유대교 묵시 사상의 부활 신앙을 통해 정점에 도달한다. 앞서 기술한 바와 같이, 구약성서는 본래 죽음과 죽음 후의 문제에 대하여 전체적으로 소극적이고 무관심한 태도를 취하며, 죽음의 세계와 생명의 세계, 죽은 자들의 세계와 살아 있는 자들의 세계를 엄격히 구분하고 양자의 접촉을 엄히 금했다. 그러나 이스라엘 백성은 역사의 과정 속에서 죽은 자들의 부활에 대해 눈을 뜨기 시작한다. 이에 대한 동인을 우리는 아래와 같이 기술할 수 있다.

(1) **죽음의 한계를 넘어서는 하나님의 능력에 대한 믿음:** 구약성서에서 하나님은 모든 생명의 원천이요 삶을 가능케 하는 분으로 이해된다. 그는 "살아 계신 하나님"이요(삼상 17:26; 시 42:3; 84:3; 사 37:4; 렘 10:10, 23, 36 등), 그의 생명의 숨을 피조물들에게 불어넣어 그들이 살아 움직이게 한다. 그가 숨을 거두어들이면 피조물들은 죽어서 먼지로 돌아간다. 따라서 죽음도 하나님의 통치 하에 있다. 그러나 하나님이 "생명과 죽음의 주시라면, 왜 하나님과의 교통은 죽음과 함께 끝나야 하는가? 죽음은 그의 능력 바깥에 있는가? 왜 죽음 앞에서 하나님은 무력한가? 왜 하나님은 죽은 자들을 더 이상 생각하지 않는가? 이스라엘 민족을 자신의 백성으로 선택하시고 그들과 계약을 맺은 하나님의 자비와 신실하심은 죽음의 한계를 넘어설 수 없는가? 무에서 만유를 있게 하시고 이스라엘 백성을 세계의 대제국 이집트의 예속에서 해방시킨 하나님은 죽음의 한계 앞에서 무력한가? 만일 죽음이 하나님에 대하여 하나의 한계가 된다면, 하나님의 하나님 되심은 부인되지 않는가?"

이러한 질문 앞에서 이스라엘은 죽음의 한계를 넘어설 수 있으며 죽은 자도 살릴 수 있는 하나님의 능력을 고백한다. 이것은 먼저 엘리사의 이야기에 나타난다(왕하 4:35 이하; 13:20 이하). 엘리사는 수넴 여인의 죽은 아들을 다시 살린다. 또 엘리사의 무덤 속에 내던져진 시체들이 다시 살아난다. 이 이야기를 통해 이스라엘은 죽음의 한계를 깨뜨릴 수 있는 하나님의 능력을 고백한다. 하나님은 죽은 자에게 다시 생명을 주실 수 있다. 무에서 만유를 있게 하신 하나님은 죽음의 한계를 깨뜨리고 새로운 생명의 세계를 창조할 수 있다. 이 하나님이 이스라엘 백성을 다스리시며, 그의 백성과 교통 속에 거하신다. 그러므로 하나님은 죽은 자들을 다시 살리시고, 그의 계약의 백성과 함께 온전한 교통 속에 거하실 것이다. 이리하여 하나님의 왕권과 통치 영역은 살아 있는 자들은 물론 죽은 자들도 포함한다고 이스라엘은 고백한다.

> 그러나 하나님은 분명히 내 목숨을 건져주시며, 스올의 세력에서 나를 건져주신다(시 49:15).[38]

> 우리를 다시 살려주실 분은 주님이 아니십니까? 주의 백성을 주님 때문에 기뻐하게 하지 않으시렵니까?(시 85:6)

가톨릭 신학자 그레스하케(G. Greshake)는 이스라엘의 부활 신앙의 동기를 아래와 같이 기술한다.

> 인간이 불멸하기를 원하기 때문에, 그는 자기의 소원을 실현하기 위하여 자기에게 하나님을 투사하지 않는다. 불멸에 대한 그의 동경이 야웨에 대한 신앙과 어떻게 결합될 수 있는가를 알지 못하기 때문에, 그는 오랫동안 불멸에 관한 이론을 "포기한다." 좀 더 정확하게 말하여, 그는 죽음의 말없는 비밀을 내버려둔다. 그러나 하나님 자신이 자기를 삶과 죽음의 주님으로 경험하게 하실 때, 비로소 이스라엘은…죽음을 넘어서는 그의 희망을 죽은 자들의 부활로 나타낸다.[39]

(2) **신정론(Theodizee)에 관한 물음**: 이스라엘 백성이 죽은 자들의 부

---

38) 죽은 자들의 부활을 시사하는 시편들에 관하여 Ambroos R. van de Walle, *Bis zum Anbruch der Morgenröte. Grundriss einer christlichen Eschatologie*, 1983, 67ff.

39) G. Greshake, *Tod und Auferstehung*, 1980, 96f.

활 신앙을 공식적으로 고백한 것은, 기원전 1-2세기경 그들이 셀레우코스 왕가의 극심한 박해를 당하던 때였다. 이 왕가의 안티오코스 에피파네스 4세(Antiochus Epiphanes IV)는 예루살렘 성벽을 허물어버렸으며, 할례와 안식일 제도와 희생 제의를 금했다. 그는 이것을 어기는 자를 사형에 처했다. 그는 예루살렘 성전의 번제물 제단에 제우스 신상을 세우고 이를 경배하게했다. 또한 이스라엘 백성이 먹지 않는 돼지를 잡아 그 피를 제단 주위에 뿌리고, 돼지를 제물로 바쳤다.[40] 이것은 유대인들에게 가장 치욕스러운 일이었다. 그러므로 이스라엘의 의로운 자들은 죽음을 각오하고 하나님의 율법을 위해 투쟁했다. 반면 하나님을 배반하고 정권에 아부하는 자들은 세속적 성공과 행복을 누렸다. 이러한 박해와 고난과 순교의 역사적 상황 속에서 이스라엘의 신앙은 위기에 빠진다. 하나님은 의로운 분이시다. 그분은 의로운 자에게는 상을 주시고, 불의한 자에게는 벌을 주신다. 그분의 계명을 지키는 자는 자손 만대로 복을 주실 것이며, 계명을 지키지 않는 자에게는 자손 삼사 대에 이르기까지 화를 내릴 것이다.

> 나를 미워하는 사람에게는 그 죗값으로 본인뿐만 아니라 삼사 대 자손에게까지 벌을 내린다. 그러나 나를 사랑하고 나의 계명을 지키는 사람에게는 수천 대 자손에 이르기까지 한결같은 사랑을 베푼다(출 20:5-6).

여기서 인간의 행위와 하나님의 상과 벌은 인과응보 내지 인과율의 관계에 있는 것으로 나타난다.

그러나 의로운 자들이 고통을 당하고 불의한 자들이 행복을 누리는 현실을 경험할 때, 인간의 행위와 하나님의 상과 벌의 인과율이 더 이상 타당하지 않다는 사실을 이스라엘은 경험한다. 이리하여 이스라엘의 하나님 신앙은 다음과 같이 질문한다. 과연 하나님이 옳으신가? 그가 정말 살

---

40) 이에 관하여 김균진, 『역사의 예수와 하나님의 나라』, 1994, 41.

아 계시고 전능하시며 의로운 분이라면, 어떻게 이런 일이 일어날 수 있는 가? 하나님이 역사를 다스리는가, 아니면 악이 역사를 다스리는가? 이러한 신앙의 위기는 의인에 대한 악인의 억압과 박해를 하나님에게 호소하는 시편에 잘 나타난다.

> 나의 하나님, 내 원수들에게서 나를 구원해주시고,
> 나를 치려고 일어서는 자들에게서 나를 지켜주십시오.
> 악을 지어내는 자들로부터 나를 구해주시고,
> 피 흘리기 좋아하는 자들에게서 나를 건져주십시오.
> 그들이 내 목숨을 노리고 있습니다.
> 강한 자들이 나를 치려고 모여듭니다.
> 그러나 주님, 나에게 허물이 있는 것도 아니요,
> 나에게 큰 죄가 있는 것도 아닙니다.
> 나에게는 아무런 잘못도 없으나,
> 그들이 달려와서 싸울 준비를 합니다(시 59:1-4).

이러한 신앙의 위기 속에서 이스라엘은 죽은 자들의 부활에 눈을 뜨기 시작한다. 하나님이 살아 계시고 의로우시며 역사의 주재자시라면, 의로운 자들이 순교를 당하고 불의한 자들이 행복하게 사는 지금의 역사가 이대로 끝나지는 않을 것이다. 잔인하고 불의한 역사의 마지막에 하나님은 죽은 자들을 부활시키고 최후의 심판을 집행할 것이며, 이를 통하여 그의 의를 관철하실 것이다. 살아 계시고 의로우신 하나님, 그의 백성과 계약을 맺은 하나님은 그의 의로운 자들이 고난과 죽음을 당하는 역사를 그대로 내버려두지 않을 것이다. 그는 자기의 이름을 위하여 그의 의를 관철할 것이며, 이로써 그의 하나님 되심과 능력과 영광을 증명할 것이다. 여기서 죽은 자들의 부활에 대한 이스라엘의 통찰은 인간 존재의 불멸에 대한 동경이나 인간의 영혼에 대한 성찰로 인하여 생성된 것이 아니라, 하나님이 보이지 않는 현실 속에서 하나님의 살아 계심과 그의 능력과 의에 대한 안타까운 질문으로 말미암아, 또 하나님 신앙의 심화로 말미암아 생성되었다는 사실을 볼 수 있다.

일단의 학자들에 의하면 이스라엘의 부활 신앙은 이스라엘의 역사에서 "늦게야" 고백되었으며, 고대 근동의 종교적 영향을 받으면서 생성되었다. 오토 카이저(Otto Kaiser)나 에두아르드 로제(Eduard Lohse)에 의하면, 부활의 표상은 단지 구약성서와 유대교적 경건에서 나온 것이 아니라, 유대교 공동체가 바빌로니아 포로 생활과 그 후의 역사를 통해 접촉하였던 "이란의 영향들"을 받으며 생성되었다.[41]

물론 우리는 이스라엘의 부활 신앙이 그 주변의 종교적 영향, 특히 페르시아 종교의 영향을 받았음을 인정할 수 있다. 그러나 부활 신앙은 이스라엘의 신앙에 대하여 이질적인 것이 아니라, 이스라엘의 신앙 속에 처음부터 포함되어 있었던 것이 전개되었다고 할 수 있다.[42] 그것은 이스라엘의 **하나님 신앙의 필연적 전개**(Explikation, Entfaltung)다. 구체적으로 말하여 이스라엘의 부활 신앙은 이스라엘의 창조신앙, 곧 무에서 만유를 있게 하실 수 있는 창조자 하나님의 무한한 능력에 대한 신앙의 필연적 귀결이다. 그의 생명의 영을 통하여 무에서 만유를 창조하신 하나님, 흙에서 피조물을 빚으시고 그의 생명의 숨을 불어넣음으로써 그것을 살아 움직이게 하신 하나님에게 죽음은 아무런 한계가 될 수 없다. 그는 죽음의 한계를 깨뜨리고 죽은 자들을 다시 살리실 수 있다고, 이스라엘은 고백할 수밖에 없었다.

---

41) O. Kaiser u. E. Lohse, *Tod und Leben*, 76ff.

42) 이에 관하여 H. Gressmann u. W. Bousset, *Die Religion des Judentums im späthellenistischen Zeitalter*, HNT 21, hrsg. von H. Gressmann, 3. Aufl., 1966, 478ff.; O. Kaiser u. E. Lohse, *Tod und Leben*. Biblische Konfrontationen, 1976, 76-80; J. Maier, *Zwischen den Testamenten. Geschichte und Religion in der Zeit des Zweiten Tempels*, NEB Ergänzungsband zum AT 3, 1990, 27-37.

베를린 대학의 조직신학 교수 마르크바르트(F. -W. Marquardt)에 의하면, 죽은 자들의 부활 신앙이 이스라엘의 역사에서 "늦게야" 고백되었음은 사실이지만, 그것이 구약성서의 "단지 변두리에" 나타난다는 일반적 견해는 의심스럽다. 오히려 그것은 이스라엘의 하나님 신앙의 필연적 귀결(Folgerung)이라 말할 수 있다. 이스라엘의 하나님은 무에서 만유를 있게 할 수 있는 분이다. 그는 생명의 원천이다. 그러므로 이스라엘은 죽은 자들을 살릴 수 있는 하나님의 능력을 고백하지 않을 수 없었다. 그가 생명의 원천이라면, 그는 죽은 자들을 다시 살릴 수 있다(고전 1:9). 그는 존재하지 않는 모든 것을 무로부터 있게 할 수 있다(롬 4:17). 그는 "자기 자신에 있어 '살아 계신 하나님' 곧 *el-ḥāi*(수 3:10), *elohim ḥāim*(삼상 17:26), *theos zōn*(마 16:16)이다. 따라서 생명은 그의 '속성들' 가운데 하나일 뿐 아니라, 그 자신의 '본질'(Wesen)이다."[43] 살아 계신 하나님은 죽이고 또 살림으로써 그의 살아 계심을 나타낸다. 그는 "죽이고 또 살린다"(삼상 2:6). 그는 "가난한 자를 먼지에서 일으키시며"(삼상 2:8), "연약한 자를 먼지에서 일으킨다"(시 113:7). 따라서 이스라엘의 부활 신앙은 기원전 1-2세기에 이르러 비로소 등장한 것이 아니라, 이미 그 이전 이스라엘의 하나님 신앙 속에 숨어 있었다고 말할 수 있다. 구약성서의 부활 신앙에 대한 명백한 근거로는 아래의 네 가지 예언서 본문들을 제시할 수 있다.

(1) **호세아 6:1-2**: 많은 주석가에 의하면, 이 본문은 "제3일에 부활하였다"(고전 15:4)는 신약성서의 가장 중요한 신앙고백에 대한 배경을 형성한다. 이에 반해 비판적 주석가들에 의하면, 이 본문은 죽은 자들의 부활에 대한 구약성서의 신앙에 대한 근거로 인정될 수 없다. 이 본문은 죽은 자들의 재활이나 부활에 대하여 말하는 것이 아니라 하나님을 버린 이스라엘 백성의 회복에 대하여 말한다. 그러나 죽음의 한계를 넘어서는 하나

---

43) F.-W. Marquardt, *Was dürfen wir hoffen, wenn wir hoffen dürfen? III*, 1995, 115.

님의 능력이 이 본문에서 암시되고 있다.

(2) **이사야서의 소묵시록**(사 24-27장): 이사야서의 소묵시록은 바빌로니아 포로 시대 후기, 혹은 초기 그리스 시대에 생성된 것으로 보이며, 종말론적 내용을 담고 있는 여러 가지 독립된 문헌들의 편집을 나타내고 있다. 비판적 주석가들에 의하면, 이 묵시록은 죽은 자들의 부활에 대하여 말하는 것이 아니라 이스라엘 백성의 회복을 상징적으로 나타낸다. 그러나 이 본문에서도 죽음의 한계를 넘어서는 하나님의 능력이 시사되고 있다. 물론 이 본문은 죽은 자들의 보편적 부활을 말하는 것이 아니라 하나님 백성의 부활만을 말한다. 하나님의 백성을 억압하고 박해한 자들은 부활하지 않을 것으로 나타난다. 26:14이 마지막 심판에서 불의한 자들의 영원한 멸망을 시사한다면, 26:19은 하나님의 백성의 부활과 궁극적 구원을 말한다.

> 그러나 주의 백성들 가운데서
> 죽은 사람들이 다시 살아날 것이며,
> 그들의 시체가 다시 일어날 것입니다.
> 무덤 속에서 잠자던 사람들이 깨어나서,
> 즐겁게 소리 칠 것입니다.
> 주님의 이슬은 생기를 불어넣는 이슬이므로,
> 이슬을 머금은 땅이
> 오래전에 죽은 사람들을 다시 내놓을 것입니다.
> 땅이 죽은 자들을 다시 내놓을 것입니다.

(3) **에스겔 37:1-14**: 마른 뼈들의 소생에 대한 이 환상은 본래 이스라엘 백성의 바빌로니아 포로 생활에서의 귀향과 이스라엘 백성의 회복을 시사한다. 하나님은 마른 뼈처럼 죽음의 골짜기에 있는 그의 백성을 고국으로 돌이키시고 다시 회복하실 것이다. 죽음과 같은 세계가 생명의 세계로 회복될 것이다. 이 본문이 죽은 자들의 부활을 직접 증언하지 않는다

할지라도, 생명과 죽음에 대한 하나님의 무한한 능력을 고백하고 있음은 사실이다. 그의 계약의 신실하심은 죽음과 무덤의 한계를 넘어선다.

(4) **다니엘 12:2-3**: 이 본문은 죽은 자들의 부활에 대한 명백한 증거로 인정된다. 죽은 자들의 부활은 죽음의 잠에서 깨어나는 것으로 묘사된다. 그것은 의로운 자들에게는 영원한 생명을, 불의한 자들에게는 영원한 고통과 수치를 줄 것이다. 다니엘서의 언어 사용과 신학 사상과 비획일적 구성을 고려할 때, 다니엘서는 이스라엘의 바빌로니아 포로 시대 곧 기원전 6세기에 기록된 것이 아니라, 이스라엘 민족이 셀레우코스 왕가의 안티오코스 에피파네스 4세에 의해 수치와 박해를 당하던 기원전 2세기에 기록된 것으로 보인다. 하나님의 율법에 충성하고자 하는 자들은 고문과 죽임을 당하는 반면, 불의한 자들이 행복하게 사는 현실 속에서 다음과 같은 질문이 자연스럽게 제기된다. 지금의 삶이 전부라면, 순교자들의 고난과 하나님의 존재는 무슨 의미가 있는가? 의로운 자들은 고난을 당하고 불의한 자들은 행복하게 사는 현재의 삶이 전부라면, 하나님의 의는 어디에 있는가? 이러한 질문 앞에서 묵시 사상의 전통은 죽은 자들의 부활을 고백한다. 하나님은 역사의 마지막 곧 종말에 모든 죽은 자들을 부활시킬 것이다. 그리하여 모든 사람이 그들의 행위에 따라 상과 벌을 받을 것이다.[44]

이스라엘의 부활 신앙은 마카베오하에 분명히 나타난다. 이 책의 이야기는 순교자들에 대한 유대교의 가장 오래된 보도이며, 안티오코스 에피파네스 4세 때에 있었던 이야기로 추정된다. 야웨 신앙을 위하여 싸우다가 순교당하는 일곱 아들의 죽음의 고통을 보면서, 그들의 어머니는 부활에 대한 신앙을 고백한다.[45] 이 어머니의 고백에서 부활은 무에서 만유를

---

44) 이와 관련하여 G. Bachl, *Über den Tod und das Leben danach*, 1980, 115: 죽은 자들의 부활에 대한 고백은 "의에 대한 목마름에서 왔다." 플라톤의 불멸설도 의의 동기를 가진다: Politeia, 608c-6166.

45) U. Kellermann, *Auferstanden in den Himmel, 2. Makkabäer 7 und die Auferstehung der Märtyrer*, 1979는 이것을 전승사적으로 그리고 신학사적으로 분

지으신 하나님의 능력과 결부된다.

> 너희들은 지금 너희들 자신보다도 하나님의 율법을 귀중하게 생각하고 있으
> 니, 사람이 출생할 때에 그 모양을 만들어주시고 만물을 형성하신 창조주께
> 서 자비로운 마음으로 너희에게 목숨과 생명을 다시 주실 것이다(마카베오하
> 7:23).

다니엘의 묵시록에서와 같이 마카베오하에서도 부활은 하나님의 의의
문제와 결합되어 있다. 하나님의 의의 보편적 집행과 승리가 중심 문제이
고, 부활은 이를 나타내기 위한 틀로 사용된다. 그러므로 부활이 어떤 방법
과 과정을 통해 일어나는지, 부활한 자들이 어떤 실존 형태를 갖게 되는가
등의 세부 내용에 대하여 위의 문헌들은 관심을 갖지 않는다.[46]

이와 같이 구약 시대의 문헌들은 부활의 구체적 내용들에 대해 침묵
하며, 때로는 서로 모순되는 것처럼 보이는 표상들을 보여준다. 또 부활
에 관한 예언서의 본문들에서 부활은 이스라엘 백성의 회복에 대한 비유
로서 진술된다. 그러나 부활에 관한 구약 시대의 문헌들은, 죽음은 하나님
에 대해 어떠한 한계도 될 수 없으며, 오히려 살아 계신 하나님의 능력을
통해 극복될 수 있다는 것을 보여준다는 점에서 일치한다. 죽음은 하나님
을 필적할 수 있는 세력이 아니다. 그것은 생명의 세계를 파괴하는 무서운
세력으로서 작용하고 있지만, 하나님에 대해 대적이 될 수 없다. 그것은
하나님의 의와 그의 옳으심에 대한 제한이 될 수 없다. 그것은 의로운 자
와 불의한 자, 진실한 자와 거짓된 자의 모든 차이가 없었던 것처럼, 그들
의 삶의 역사를 덮어버릴 수 없다. 하나님은 모든 형태의 의와 불의, 진실

석하면서, 마카베오서의 순교자에 대한 이야기는 "부활의 신학"을 다루고 있다고 말함:
Ibid., 40.
46) W. Eichrodt, *Theologie des Alten Testaments II / III*, 4, Aufl., 1961, 360.

과 거짓을 언젠가 드러내고 새로운 생명의 세계를 이룰 것이다. 이 하나님의 역사 앞에서 죽음은 궁극적 한계가 될 수 없다. 하나님은 인간의 마지막 한계인 죽음의 세력을 깨뜨리고 그의 옳으심을 증명할 것이다.

여기서 주목해야 할 사실은, 구약 시대의 문헌들은 부활을 단순히 인간의 영혼의 부활로 보지도 않지만, 죽었다가 재활한 육체와 영혼의 재결합으로 보지 않으며, 오히려 스올 곧 죽음의 세계에 있던 인간의 **총체적 존재의 다시 살아남**으로 본다는 점이다. 이 문헌들은 부활을 인간의 어느 한 부분의 부활로 생각하지 않고, 육체와 영혼이 그 속에 모두 포함되는 인간의 존재 곧 "몸의 부활"로 생각한다. 이것은 인간의 어느 한 부분만을 보시지 않고, 인간 전체를 보시는 하나님에 대한 이스라엘의 신앙과 일치한다.

그런데 구약성서의 언어에서 "육" 혹은 "육체"(창 9:11; 시 65:3; 14:21; 욜 3:1 등)는 인간의 육을 가리킬 뿐 아니라, 짐승들 곧 살아 있는 모든 것을 가리킨다. 그러므로 육을 포함한 인간의 몸의 부활은 모든 생물들의 부활과 관련될 수밖에 없다. 물론 초기 기독교는 "육의 부활"(*resurrectio canis*)을 인간에게 적용하여, 인간의 육을 포함한 그의 전체적 존재가 부활할 것이라고 믿었다. 그러나 육의 구약성서적 의미를 고려할 때, 육의 부활은 **"살아 있는 모든 것의 부활"**을 가리킨다. 그러므로 구약성서에서 죽은 자들의 부활은 심령주의(spiritualism)와 인간 중심주의(anthropozentrism)를 거부하고, 하나님이 지으신 모든 피조물의 새 창조를 암시한다. (1) 인간의 존재 전체 곧 그의 몸이 다시 살아날 것이며, (2) 인간은 물론 모든 피조물이 부활에 참여할 것이다.

죽음이 영혼과 육체를 분리시키지 못하고 양자를 그림자와 같은 존재로 스올에 넘겨준 것처럼, 부활은 단지 변용되어진 영과 관계될 수 없다.[47]

---

47) W. Eichrodt, *Theologie des Alten Testaments II / III*, 360. 또한 이에 관하여 W.

170   죽음과 부활의 신학

3) "하나님께서 죽음을 멸하시리라"

지금까지 기술한 것을 조망할 때, 우리는 구약성서에서 죽음에 관한 인식의 발전 과정을 발견할 수 있다. 예를 들어 시편 기자들과 지혜의 교사들은 인간의 현상적인 죽음의 경험에서 출발하여, 죽음을 극복하는 하나님의 존재와 진리에 점점 더 깊이 접근하는 것을 볼 수 있다. 이것을 우리는 인간이 자신의 능력으로 진리를 발견하는 과정이라고 말할 수 없다. 오히려 이것은 구약신학자 게제(H. Gese)가 말하듯이,[48] 하나님의 "계시의 역사의 단계들" 속에서 일어난 하나님의 자기 계시에 대한 인간의 응답이라고 말할 수 있다. 물론 이 발전 과정은 연대기적 과정도 아니고, 구약성서 전체를 일관하는 신학사적 발전도 아니다. 오히려 이 과정은 죽음과 관련하여 하나님의 존재와 진리에 대한 인간의 내적 성찰의 발전 과정이라 말할 수 있다. 이 과정을 우리는 다음과 같이 기술할 수 있다.

(1) 먼저 구약성서의 기자는 죽음을 하나의 **자연적 사건**으로 인식한다. 자연의 모든 생물처럼 인간도 언젠가 죽을 수밖에 없다. 아침에 피었다가 저녁에 시드는 들의 꽃과 같이, 인간도 그의 생명의 힘이 소진될 때 사멸할 수밖에 없다. 죽음의 운명을 벗어날 수 있는 사람은 아무도 없다.

(2) 그러나 구약성서의 기자는 죽음이 단순한 자연 질서가 아니라 인간의 **생명을 위협하고 파괴하는 세력**이라는 사실에 눈을 뜬다. 죽음은 단지 인간의 생명의 힘이 소진될 때 일어나는 자연적 사건이 아니라, 하나님

Pannenberg, *Das Glaubensbekenntnis. Ausgelegt und verantwortet vor den Fragen der Gegenwart*, 2. Aufl., 1974, 179: "현재의 몸은 물론 그의 물질, 육이 미래의 부활에 참여할 것이다." 이와 동일한 견해에 대하여 M. Welker, *Gottes Geist. Theologie des Heiligen Geistes*(『하나님의 영』, 신준호 역), 1992, 300ff.

48) 이에 관하여 H. Gese, "Der Tod im Alten Testament," in H. Gese, *Alttestamentliche Vorträge zur biblischen Theologie*, 3. Aufl., 1989, 38ff. 여기서 게제 교수는 구약성서에서 하나님의 계시의 과정에 따라 일어나는 죽음에 대한 태도의 세 가지 단계들을 구분한다.

이 지으신 모든 존재 곧 "있음"을 파괴하고 그것을 무로 돌리려고 하는 무서운 세력이다. 그것은 하나님이 계시지 않는 모든 곳에 현존하며 죄와 불의와 파멸을 일으킨다. 가난과 질병, 불의와 착취, 사회적 소외, 죄악된 생활 등, 인간의 가치와 존엄성이 훼손되며 그의 생명이 파괴되는 모든 상황 속에 죽음의 세력이 현존한다.

(3) 이와 같이 죽음은 모든 존재를 파괴하려는 세력으로 하나님이 계시지 않는 모든 곳에 현존하지만, 구약성서 기자는 죽음의 세계를 하나님이 다스리고자 하시는 생명의 세계로부터 철저히 **구분**하며, 두 세계의 접촉을 엄격히 금한다. 귀신 숭배를 금하며, 살아 있는 사람들과 이 세계의 운명에 대해 귀신에게 물어보는 것을 금한다. 이로써 죽음의 탈신화화가 일어나며, 인간과 세계는 죽음의 세계로 말미암은 모든 신화적 위협을 벗어나 오직 하나님이 다스리는 영역으로 해방된다. 이를 통해 인간과 세계에 대한 하나님의 배타적 주권이 확보된다. 인간과 이 세계는 오직 하나님의 다스림을 받아야 한다. 오직 하나님에게 구원의 길이 있기 때문이다.

(4) 하나님만이 유일한 신(神)이시며, 죽음과 죽음의 세계를 다스리는 다른 신들은 존재하지 않는다. 하나님은 이러한 신들의 존재를 허용하지 않으며, 그들에게 죽음과 죽음의 세계를 맡기지 않는다. 그렇다면 죽음과 죽음의 세계는 하나님의 주권을 벗어난 하나의 독립된 영역일 수 없다. 오히려 그들은 **하나님의 주권에 속하며,** 그의 주권 아래에 있다. 따라서 인간은 죽음 속에서도 하나님을 피할 수 없다. 죽으면 모든 것이 끝난다, 나의 모든 죄악은 죽음과 함께 묻혀버린다, 그러므로 내 마음대로 살아도 좋다고 생각하는 것은 착각이다.

(5) 죽음의 영역에 대한 하나님의 주권은 먼저 다음의 인식에 나타난다. 즉 하나님은 인간을 죽음에서 건지시며, 그에게 부르짖는 자를 스올에서 건져 올릴 수 있는 능력을 가진 분이라는 인식에 나타난다. "주께서 내 영혼을 죽음에서 건져 주시고"(시 106:8). 이 구절은 삶의 현실 한가운

데서 일어난 죽음의 경험에 대해 말하고 있다. 생명이 훼손되고 공동체로부터 소외되며, 생명의 원천이신 하나님과의 관계가 끊어지는 곳에 죽음의 세력이 침투하여 죄와 고난과 파멸을 일으키기 때문이다. 그러나 구약성서에서 삶 한가운데서 경험되는 죽음의 현실과, 삶의 과정 마지막에 경험되는 죽음의 현실 사이에는 별다른 차이가 없다. 전자는 후자의 선취 (Antizipation), 곧 앞당겨 일어남이라 볼 수 있다. 하나님은 이 죽음의 세력에서 인간을 건지심으로써 **죽음의 세력을 극복**한다. 예수의 부활에 대한 신약성서의 증언들은 구약성서의 이 통찰을 받아들인다(참조. 행 2:24-27, 31; 13:35-38 등).

(6) 하나님의 율법을 지키는 자는 복을 받고, 불의한 자는 하나님의 진노를 당한다는 이스라엘의 신앙은 역사의 과정 속에서 흔들리기 시작한다. 오히려 악한 자가 행복을 누리고, 의로운 자가 고난을 당한다는 사실에 눈을 뜨게 된다. 이리하여 행위와 결과의 인과율은 회의의 대상이 된다. 불의한 자가 행복하게 살고 의로운 자가 고난을 당하는 현실을 보면서, 다음과 같은 질문이 제기된다. 하나님은 어디에 있는가? 과연 하나님은 의로운 분인가? 과연 하나님을 신뢰해야 하며 그에게 인생의 길을 맡겨야 하는가? 이러한 "지혜의 위기" 속에서 욥기, 시편, 잠언, 전도서의 기자들은 하나님의 진리를 지키고자 싸운다. 욥기가 보여주는 바와 같이, 불행과 고난 속에서도 그들은 하나님을 신뢰하고자 하며, **하나님과의 친교**는 어떠한 역경과 고난 속에서도 중단될 수 없음을 고백한다. 하나님과의 친교에 참 생명이 있다. 이 친교가 없는 곳에 죽음이 있다. 하나님은 생명과 죽음을 넘어서는 "내 마음에 든든한 반석"(시 73:26)이다. 그는 "내가 받을 유산의 몫"(개역 성경에는 "산업")이다.

이 고백은 이스라엘 백성이 출애굽하여 가나안 땅에 입주할 때, 땅을 분배받는 역사와 관계되어 있다. 그리하여 하나님은 "내가 받을 유산의 몫" 혹은 "산업"이라 고백된다. 달리 말해, 하나님은 생존을 위해 없어서는 안 될 삶의 기초다. 생명은 하나님이란 기초 위에서만 가능하며, 이 기초는 죽음 속에서도 끊어질 수 없다. 그러므로 시편 기자와 지혜문학의 기자들은 죽음 속에서도 파괴되지 않는 하나님 친교를 고백한다. "내가…스올에다 자리를 펴더라도, 주님은 거기에도 계십니다"(시 139:8). 하나님은 박해와 고난과 죽음 속에서도 그들과 함께 계시며 그들을 지키신다. 죽음도 하나님의 친교를 끊을 수 없다. 지상에서 당하는 불행과 고난은 물론, 죽음도 하나님의 친교에 한계가 될 수 없다. 죽은 자도 그의 손 안에 있다. 죽음을 넘어서는 하나님의 주권이 여기에 다시 한 번 나타난다.

(7) 이제 이스라엘의 신앙은 한 걸음 더 발전한다. 그리하여 하나님은 불행과 고난 속에서는 물론 죽음 속에서도 그의 신실한 자들과 함께 계실 뿐 아니라, 그의 창조적 능력으로써 죽은 자들을 다시 살리는 분으로 드러난다. 진흙으로 빚은 아담을 살아 움직이게 했던 하나님의 생명의 영(ruach)은 죽은 자들을 새로운 생명으로 다시 일으킬 수 있다. 이러한 통찰은 이사야, 에스겔의 위대한 비전에 나타난다(사 26:19; 겔 37:1 이하). 하나님이 그의 창조적 영을 부으시니 "무덤 속에서 잠자던 사람들이 깨어나서" 큰 무리를 이룬다. 그들과 함께 새로운 하나님의 세계가 시작한다. 죽은 자들을 다시 살리는 하나님의 이 행위는, 하나님의 주권에 대한 증명이다.

> 너희 속에 생기를 불어넣어 너희가 다시 살아나게 하겠다. 그때에야 비로소 너희는, 내가 주인 줄 알게 될 것이다(겔 37:6, 또한 13절 참조).

이사야, 에스겔의 이 환상은 먼저 이스라엘 백성이 바빌로니아 포로 생활에서 해방되어 새 하나님의 백성을 이룰 미래를 가리킨다. 그러나 여기서 죽음의 세계에 대한 하나님의 주권과 죽은 자들을 다시 살릴 수 있는 그의 창조적 능력이 함께 제시된다. 천지를 창조하실 때 아담에게 생기를 불어넣음으로써 그를 살게 했던 하나님은, 죽은 자들에게도 그렇게 할 수 있다. 죽은 자들의 부활에 대한 이스라엘의 신앙은 단지 고대 근동의 종교적 영향에서 오는 것이 아니라,[49] 이스라엘의 창조신앙에 근거하고 있다는 사실이 여기에 나타난다. 마지막 목적은 하나님이 옛 세계를 멸하시고 변화시켜서, 온 세계에 그의 왕적 주권을 세우시는 데 있다(시 22:27-28). 죽은 자들도 부활하여 하나님의 미래에 참여할 것이다.

죽음에 대한 구약성서의 인식은 한 걸음 더 발전한다. 이제 죽음은 죽은 자들의 부활을 통하여 극복될 뿐 아니라, 하나님에 의하여 **궁극적으로 폐기될 것**으로 나타난다.

주께서 죽음을 영원히 멸하신다. 주 하나님께서 모든 사람의 얼굴에서 눈물을
말끔히 닦아주신다(사 25:8).

맛있게 입맛을 다시면서 모든 백성을 집어삼킨 죽음은(사 5:14; 합 2:5 참조) 이제 하나님에 의해 삼키어질 것이다. 그리하여 모든 고난과 슬픔과 눈물과 울부짖음, 곧 죽음의 모든 그림자와 사자(使者)들이 더 이상 있지 않을 것이다. 하나님이 없는 인간의 세계에는 죽음의 세력이 지배한다. 어디에나 죽음과 슬픔과 울부짖음과 고난이 가득하다. 그러므로 구약성서의 묵시 사상적 전통은 하나님이 죽음을 궁극적으로 멸하시고, 더 이상 죽음과 슬픔과 울부짖음과 고통이 있지 않을 미래를 희망한다.

묵시 사상에 의하면, 하나님이 모든 것 안에서 모든 것이 되실 때, 죽음은 더
이상 있지 않을 것이다.[50]

---

49) 이에 관하여 H. Gressmann u. W. Bousset, *Die Religion des Judentums im späthellenistischen Zeitalter*, HNT 21, hrsg. von H. Gressmann, 3. Aufl., 1966, 478ff.; O. Kaiser u. E. Lohse, *Tod und Leben*, Biblische Konfrontationen, 197, 76-80; J. Maier, *Zwischen den Testamenten. Geschichte und Religion in der Zeit des Zweiten Tempels*, NEB Ergänzungsband zum AT 3, 1990, 27-37.
50) V. Maag, "Tod und Jenseits nach dem Alten Testament," in *STbU*, 1964, 30f.

이것은 이스라엘과 선택받은 남은 자들의 공동체는 물론, 모든 인류에게 일어날 것이다. 하나님의 왕적 주권 속에서 모든 백성이 하나님의 종말론적 잔치에 참여할 것이며, 하나님이 모든 사람의 얼굴에서 눈물을 닦아주실 것이다. 신약성서 기자는 구약성서에 숨어 있는 이러한 통찰을 받아들인다.

> 보아라, 하나님의 집이 사람들 가운데 있다.
> 하나님께서 그들과 함께 계실 것이요,
> 그들은 하나님의 백성이 될 것이다.
> 하나님께서는 친히 그들과 함께 계시고,
> 그들의 눈에서 모든 눈물을 닦아주실 것이니,
> 다시는 죽음이 없고 슬픔도 울부짖음도 고통도 없을 것이다.
> 이전 것들이 다 사라져버렸기 때문이다(계 21:3-4).

그러나 죽음과 죽음의 모든 그림자들이 더 이상 있지 아니하는 미래에 대한 구약성서와 신약성서의 비전은 한 가지 결정적 차이가 있다. 구약성서는 이 미래가 역사의 종말에 성취될 것으로 기다리는 반면, 신약성서는 그것이 역사의 한가운데에서 이미 시작한 것으로 보도한다. 예수의 부활을 통해 하나님은 죽음의 세력을 단 한 번, 그러나 모든 세대에 대하여(*epaphax*) 깨뜨렸다. 하나님의 생명이 죽음의 세계 속에 일어나기 시작했다. 온 세계를 지배하는 죽음의 세력들과 죽음의 그림자들은 모두 물러나고, 하나님의 생명의 세계가 회복되어야 한다. "죽음과 계약을 맺은 자들"은 사라지고, 하나님이 "모든 것 안에서 모든 것"이 되어야 한다(고전 15:28).

4. 예수의 부활을 통해 깨어진 죽음의 세력

1) 죽어가는 생명을 살리는 예수

지상의 예수는 주로 하나님 나라에 대하여 선포하는데, 이 선포는 후기 유대교의 **묵시 사상 전통**에서 유래한다. 그러나 예수는 주로 종말에 관심을 가진 묵시 사상가들의 전통을 따르지 않고, 바빌로니아 포로기 이후 **예언자 전통**을 따른다. 그러므로 그는 역사의 미래에 일어날 종말에 대해 말하기보다, 임박한 하나님 나라 앞에서의 회개와 현재적 상황의 변화를 요구한다. 그는 자기의 의를 주장할 수 있는 새로운 경건의 실천이나 새로운 율법을 요구하지 않고 하나님의 계명에 대한 올바른 이해와, 이에 대한 철저한 복종과 하나님에 대한 전적 신뢰를 요구한다. 기존의 종교 체제와 질서를 따르는 것이 중요한 게 아니라, 하나님의 뜻을 철저히 실천하는 것이 중요하다. 그러므로 예수는 기존의 모든 체제와 질서를 상대화한다.

이와 같은 예수의 지상 활동은 죽음에 대항하여 **"생명을 회복하는 운동"**이라 요약할 수 있다. 소극적으로 말해 그것은 인간의 생명과 하나님의 생명의 힘을 파괴하는 죽음의 세력에 대한 싸움이요, 적극적으로 말해 그것은 죽어가는 생명들을 살리는 운동이었다. 그의 하나님 나라 운동은 죽음에 대한 투쟁인 동시에 생명 회복 운동이었다. 예수 자신이 "생명"이었다(요일 1:2). 그는 "죽음의 그늘 아래 사는 사람들"과 연대하며 그들의 시들어가는 생명을 회복시킨다. 크라우스(H. -J. Kraus)는 이것을 다음과 같이 말한다.

> 그는 그의 사람들에게 오시는 이스라엘의 하나님의 능력 속에서 "마지막 적"인 죽음을 극복하였다(고전 15:26).···적대적 세력들은 단 하나의 목적을 가진다. 곧 하나님의 백성의 파괴, 인간의 죽음···창조의 멸망을 목적으로 가진다. 그들은 "악의 세력"의 총괄 개념이다. 하나님 자신의 적, 그리고 인간의 적에 대항하여 이스라엘은 그의 하나님의 이름을 부른다. 죽음의 세력들에 대한 하

나님의 투쟁은 신약성서에서 마지막 역사 속으로 등장한다.…하나님의 영의 능력 속에서 예수는 귀신들, 죽음을 가져오며 파괴하는 악의 세력들 곧 "적들"을 극복한다. "하나님의 아들"로서 그는 마귀의 사역들, 참 의미에서 악의 세력들의 사역들을 파괴한다.[51]

우리는 예수의 생명 회복 운동 가운데 몇 가지를 아래와 같이 기술할 수 있다.[52]

(1) 예수는 "먹보와 술꾼이요, 세리와 죄인의 친구"라고 불린다(눅 7:11). 그는 "세리들 및 죄인들과 어울려서" 음식을 함께 먹는다(막 2:16). 그는 하혈병, 문둥병, 간질병, 중풍 등 각종 병자들, 귀신들린 자들, 꼽추, 맹인 등 그 사회의 가난하고 병든 사람들과 식탁 교제를 나눈다. 예수 당시 이러한 사람들은 사회적으로 멸시와 소외를 당했다. 그들은 죄 때문에 질병에 걸리거나 장애가 생겼다고 생각되었기 때문이다. 예수는 이러한 사람들의 "친구"가 됨으로써, 그들의 상실된 인간적 가치와 존엄성을 회복한다. 이를 통하여 그는 죽음의 그늘 속에 있는 그들의 생명을 빛의 세계로 해방시킨다.

(2) 예수는 의와 불의, 경건과 불경건의 사회적 통념을 깨뜨리고, 소위 의롭고 경건하다는 자들의 불의와 불경건을 폭로하는 반면, 불의하고 불경건하다는 자들의 의와 경건을 드러낸다. 그는 율법을 잘 지키는 바리새파 사람 시몬의 완악하고 이기적인 마음을 폭로함으로써 그의 의와 경건이 거짓임을 드러내는 반면, 몸을 팔아 목숨을 유지해왔던 것으로 추측되는 그 동네의 어느 부끄러운 여인에게 죄 용서를 선포함으로써, 사실상 이

---

51) H. -J. Kraus, *Systematische Theologie*, im Kontext biblischer Geschichte und Eschatologie, 1983, 382.
52) 이에 관하여 김균진, 『역사의 예수와 하나님의 나라』, 제3장을 참조.

여인이 하나님 보시기에 의롭고 경건하다는 사실을 드러낸다(눅 7:37-50).
그래서 그는 불의하고 불경건한 자로 손가락질당하는 창녀들이, 의롭고
경건하다는 대제사장들과 백성의 장로들보다 먼저 하나님 나라에 들어간
다고 선포한다(마 21:31). 이를 통해 예수는 그 사회의 기존 가치관에 따라
불의하고 불경건한 자로 낙인찍힌 자들의 그늘진 생명을 회복한다.

(3) 죄는 사실상 생명의 파괴다. 우리가 죄를 지을 때, 우리는 타인의
생명은 물론 우리 자신의 생명에 해가 되는 일을 행하기 때문이다. 이로
말미암아 하나님과 인간, 인간과 인간의 관계가 파괴되며, 죄인의 생명은
고독과 불안, 자기 자신에 대한 실망과 좌절, 하나님 없는 삶의 무희망과
좌절감 속에서 시들어가기 시작한다. 죄 속에는 언제나 죽음의 세력이 숨
어 있으며, 죄를 짓는 자는 죽음의 세력의 포로가 된다. 이러한 죄인에게
예수는 죄 용서를 선포하고 그를 하나님과 화해시킴으로써 죽음의 세력
에서 해방한다. 이를 통하여 그는 죄인의 생명을 회복한다. 그러나 의롭고
경건하다고 자처하면서 외세를 등에 업고 특권을 누리는 제사장들, 율법
학자들과 바리새인들에게 예수는 죄 용서를 선포하는 대신 오히려 하나
님의 심판을 선포한다(마 23장 참조).

(4) 예수는 병자의 병을 고쳐주고 귀신들린 자에게서 귀신을 내어 쫓
는다. 이를 통하여 그는 병자들, 귀신들린 자들의 생명을 회복한다. 예수
의 병 고침과 귀신 추방에 대한 복음서의 보도를 우리는 좀 더 포괄적으
로 이해할 필요가 있다. 신체적인 병도 병이지만, 탐욕의 병도 무서운 병
이다. 탐욕의 병으로 말미암아 이 사회 속에 불의와 부패가 가득하다. 이
사회 곳곳에 악한 귀신의 영이 작용하고 있다. 그리하여 부패와 타락이 사
회 모든 곳에 만연하다. 예수는 인간과 사회를 파멸로 이끌어가는 악한 귀
신을 추방하고 병을 고친다. 이를 통하여 그는 "사망의 음침한 골짜기" 속
에 생명의 세계를 확장시킨다.

(5) 누가복음 4:19에서 예수는 "주의 은혜의 해" 곧 "희년"을 선포한
다. 그러자 청중들은 두 패로 나누어진다. 희년에 관한 그의 말씀을 듣고

서 "감탄하는" 자들과, 화가 나서 그를 산 벼랑으로 끌고 가서 떨어뜨려 죽이려고 하는 자들이다(눅 4:22-30). 희년에는 사들인 땅을 본래의 주인에게 돌려주고, 억눌린 노예들을 해방하며, 빚을 탕감해주어야 한다. 가난한 사람들과 종이나 노예들에게 이것은 기쁜 소식이지만, 부유하고 권세 있는 사람들에게 그것은 괘씸한 이야기다. 그러므로 예수의 희년 선포를 들은 사람들은 두 패로 나누어질 수밖에 없었다. 여하튼 예수는 희년을 선포함으로써, 가난하고 소외당한 사람들의 생명을 회복하고자 한다.

(6) 예수 당시 북 이스라엘 사람들, 특히 사마리아인들은 남쪽 유대인들에 의해 하나님께 버림받은 자들로 간주되었다. 기원전 722년 아시리아가 북 이스라엘을 정복한 후, 북 이스라엘 지역에 이방인들을 이주시켰다. 이들 이방인들은 북 이스라엘 사람들과 결혼하여 아이를 낳기도 하였다. 이때문에 남쪽 유대인들은 북 이스라엘 사람들이 소위 이스라엘 민족의 혈통의 순수성과 민족적 정통성을 잃어버렸다고 비난했다. 이로 인해 북쪽 사마리아인들과 남쪽 유다인들의 지역적 대립이 격화되기 시작했으며, 마침내 남쪽 유다인들은 사마리아인들이 예루살렘 성전에 와서 하나님께 제사 지내는 것을 거부했다. 제사 지낼 곳을 잃어버린 사마리아인들은 그리심 산에 그들 자신의 성전을 세우고 제사를 지냈다. 그러다가 기원전 128년 남쪽 유다의 히르카노스 왕이 그리심 산의 성전을 파괴함으로써, 두 지역의 대립과 증오심은 더욱 악화되었다. 남쪽 유다인들은 사마리아인들이 더 이상 아브라함의 자손이 아니라고 주장했으며, "사마리아 사람"이란 말을 "미친놈"과 같은 의미로 사용했다. 이에 분노한 사마리아인들은 그들의 경내로 들어온 남쪽 유다인들을 때려죽이기도 하였다.

예수는 이러한 지역적 대립에 대해 초연한 태도를 취하면서, 예배 장소에 대한 남쪽 유다인들의 배타적 태도를 거부한다(요 4:21). 또 "착한 사마리아 사람" 이야기에서(눅 10:29-37) 남쪽 유다 지역의 제사장과 레위인의 위선을 비난하고, 사마리아 사람의 선함을 드러낸다. 하나님의 계명을 지킨 자는 남쪽 예루살렘 성전에서 일하는 제사장이나 레위인이 아니라 사마리아 사람이었다는 것이다. 이러한 이야기를 통해 예수는 사마리아인들의 훼손된 인간적 존엄성과 그들의 생명을 회복시킨다.

이러한 예수의 생명 회복 활동은 남쪽 유다 지역의 지도자들을 분노케 하였으며, 그 사회의 체제를 위험스럽게 만들었다. 따라서 예수는 그 사회의 지배 계급과 충돌할 수밖에 없었다. 결국 그는 하나님과 그의 율법을 모독하는 자로, 민중을 선동하는 위험인물 곧 "유대인의 왕"으로서의 죽임을 당한다. 이러한 그의 죽음은 충분히 예측할 수 있는 것이었다. 기존의 체제와 충돌하는 자는 결국 그 체제의 희생물이 된다는 것이 역사의 법칙이기 때문이다. 그러나 예수는 죽음을 피하지 않는다. 그는 사람들의 버림을 받음은 물론, 그가 "아빠", "나의 아버지"라고 불렀던 하나님도 침묵하는 가운데서 십자가 형벌을 당한다. 그가 당한 십자가의 죽음은 당시 로마 제국의 정치적 형벌이었다. 만일 그가 종교적 이유로 죽임을 당했다면, 그는 유대교의 관습에 따라 돌로 쳐 죽임을 당해야 했을 것이다. 따라서 예수를 처형한 장본인은 대제사장이 아니라 유다 지역의 로마 총독 빌라도였다고 추리할 수 있다.

예수의 죽음과 함께 예수 자신의 삶이 끝남은 물론, 그의 인격과 깊이 결합되어 있었던 그의 일도 끝나는 것처럼 보인다. 그의 생명 회복 운동은 실패로 돌아간 것처럼 보인다. 모든 것은 예수가 태어나기 이전의 상태로 돌아가고, 역사는 아무 일도 없었던 것처럼 계속 진행된다. 이 세계의 모든 것이 다시금 "죽음의 그늘" 속으로 돌아간다. 하나님의 아들이 육신을 입고 그 속에 들어온 이 세계는 다시 "무덤과 같은 세계"로 되돌아간다. **예수의 무덤**은 이것을 상징적으로 보여준다.

2) 예수의 부활에 대한 증언들의 다양성과 일치점

그렇다면 예수의 죽음과 함께 모든 것은 끝나버렸는가? 생명의 가능성은 사라지고, 다시 죽음의 세력이 이 세계를 지배하는가? 인간의 역사는 이

제 아무런 희망도 없는가? 죽음의 세력이 결국 승리하였으며 또 앞으로도 승리할 것인가? 거짓과 죄와 죽음의 세력이 진실과 의와 생명의 세력에 대하여 승리하는 이것이 역사의 진리이고 또 이것이 역사의 마지막 결과인가? 이 질문에 대하여 신약성서는 예수의 부활로 대답한다. 죽은 예수는 하나님의 능력으로 다시 살아났다! 그런데 한 가지 어려운 문제는 신약성서는 예수의 부활을 증언하지만, (1) 그의 부활이 어떻게 일어났는지, 그 과정에 대해 아무것도 말하지 않으며, (2) 그의 부활과 현현에 대한 신약성서의 증언들도 일치하지 않는다는 점이다.[53]

먼저 신약성서는 예수의 부활 자체를 묘사하지 않고, 부활 다음에 예수의 여자 및 남자 제자들에게 일어난 일들에 대해 보도한다. 우리는 이 보도들에서 의심의 여지가 없는 역사적 사실을 다음과 같이 말할 수 있다. 예수의 십자가 죽음을 지켜본 신실한 여인들이 예루살렘에 있는 그의 무덤에서 처음으로 그의 부활을 경험한 다음, 갈릴리로 달아난 예수의 제자들이 부활을 경험한다. 제자들은 예루살렘으로 돌아와서, 십자가에 달려 죽은 예수는 하나님이 죽은 자들로부터 일으키신 세상의 구원자시요 하나님의 메시아라고 선포한다. 그러나 부활의 증인들 가운데 부활의 과정을 보았다는 사람은 아무도 없다. 기원후 약 70년경에 기록되었으며 복음서 가운데 가장 오래된 마가복음 역시 예수의 부활 다음에 일어난 일들에 대해 증언한다. 곧 막달라 마리아와 야곱의 어머니 마리아, 그리고 살로메가 부활한 **예수를 만난 일**에 대해 증언하며, **부활의 과정 자체**에 대해서는 아무것도 말하지 않는다. 이것은 예수의 부활에 대한 신약성서의 모든 증언들에 나타난 공통점이다.

또 부활에 대한 증언들도 완전히 일치하지 않는다. 첫째, 부활한 예수를 만난 인물들에 대한 보도들이 일치하지 않는다. 베드로, 막달라 마리

---

53) 김광수, 『마가 마태 누가의 예수 이야기』(1997, 211f., 397f., 532f.)는 예수의 부활에 대한 복음서의 다양한 보도를 분석한다.

아, 야곱의 어머니 마리아, 살로메, 남자 제자들, 사도들, 엠마오의 두 제자, 오백 명의 형제들, 야고보, 바울 등 다양한 인물이 부활한 예수를 만난 것으로 보도된다. 둘째, 부활한 예수가 처음으로 나타난 장소도 예루살렘의 무덤, 갈릴리, 티베리아 호수, 제자들이 모인 곳 등 다양하게 나타난다. 셋째, 부활한 예수가 나타난 과정도 제3일째 아침, 저녁, 팔 일 후, 사십 일 후로 나타난다. 가장 오래된 마가복음은 부활 후의 사건들을 간단하게 묘사하는 반면, 마태복음에서는 지진, 천사, 무덤을 지키던 파수꾼에 대한 이야기 등이 첨가된다. 누가복음에서는 제도 교회를 위해 중요한 의미를 가진 예루살렘이 강조되며, 엠마오의 두 제자 이야기와 예수의 승천 등이 첨가된다. 요한복음에서는 부활한 예수와 막달라 마리아의 대화, 예수의 부활을 믿지 않는 도마의 이야기 등이 첨가된다. 예수의 부활에 대한 복음서 증언들의 이러한 다양성은 복음서 자료들이 유래하는 초기 기독교 공동체들, 그들의 전승자들, 그리고 편집자들의 다양한 신앙적·신학적 입장으로 말미암은 것으로 추정된다.

그렇다면 신약성서의 편집자는 왜 이러한 **다양성과 불일치성**을 허용하는가? 그들이 부활에 대한 증언들을 일관성 있게 통일하거나 획일화하지 않는 이유는 무엇인가? 그 이유는 부활에 대한 신약성서의 증언들은 부활에 대한 다양한 증인의 **신앙의 증언**(Glaubenszeugnis)이지, 역사적 자료집(historical documents)이 아니라는 사실에 있다. 부활의 증인들은 예수의 부활에 대한 소위 객관적·역사적 자료를 제공하고자 하는 것이 아니라, 부활에 대한 각자의 체험과 신앙을 증언하고자 한다. 하나의 사건은 사람에 따라 언제나 다르게 경험되고 해석된다. 따라서 부활의 증인들은 부활에 대한 그들 각자의 다양한 체험을 있는 그대로 증언하며, 이를 통해 부활하신 그리스도의 새로운 삶의 현실을 보여주고 이를 구체화하고자 한다. 그들은 십자가에서 처참한 죽임을 당한 주님께서 죽음에 머무르지 않고 다시 살아난 감격스럽고 말로 형언할 수 없는 체험과 기쁨을 각자의 방법과 체험 내용에 따라 증언하고자 하며, 그 증언의 객관성이나 일관성 내지 일치성에 대해 관심을 갖지 않는다. 따라서 그들의 증언은 차이점과 다양성을 보이고 있지만, 십자가에 달려 죽은 예수를 부활하여 "살아 계신 자"로 보았다는 점에서는 일치하며, 예수의 부활 자체에 대해서는 조금도 의심하지 않는다. 예수의 부활은 그들에게 더 이상 의심할 수 없는 확실한 **"역사적 사실"**이었기 때문이다.

예수의 부활에 대한 여자 제자들과 남자 제자들의 경험에서 아무런 주관적 해석과 이해의 과정을 거치지 않은 소위 "벌거벗은 사실"(*brutum factum*)을 분리시켜낸다는 것은 불가능하다. 어떤 대상에 대한 인간의 인식은, 그 대상에 대해 인간이 적용하는 표상을 통해 언제나 해석된 인식이다. 따라서 엄밀한 의미의 객관적 인식이란 존재하지 않는다.[54] 부활에 대한 제자들의 인식도 마찬가지다.

예수의 부활에 대한 신약성서의 증언들 가운데 가장 오래된 것은 고린도전서 15:3-8에 나타난다(참조. 갈 1:16; 고전 9:1). 이 증언은 그 언어와 언급되는 인물들과 신빙성을 고려할 때, 예루살렘의 처음 공동체에서 유래하며, 바울이 회심하였을 당시 곧 기원전 약 35년에서 45년 사이에 생성한 것으로 보인다. 바울은 회심 후에 이 증언을 물려받아, 고린도 교회에 전해준 것 같다. 이 증언은 복음서의 증언들과 비교할 때 다음과 같은 차이를 가진다.

(1) 복음서의 증언들은 점차 확대되고 서로 차이점을 보이는 반면, 바울의 증언은 조서와 같이 간단하고 명료하다.

(2) 복음서의 증언들은 부활을 전설적 문학 형태로 기술하는 경향을 보이는 반면, 바울의 증언은 신앙고백과 같이 기본 내용만을 제시한다. 아마 그것은 최초의 기독교 공동체가 가지고 있었던 요리문답이었던 것으

---

54) 이에 관하여 J. Moltmann, *Wer ist Christus für uns heute?*(『오늘 그리스도는 우리에게 누구인가?』, 이신건 역), 1994, 66.

로 추측된다.

(3) 복음서의 증언들은 빈 무덤을 중요시하는 반면, 바울은 빈 무덤에 대해 침묵하면서 살아 계신 예수와 제자들의 만남을 강조한다. 복음서의 빈 무덤 이야기는 직접 목격한 자가 쓴 것이 아닌 데 반해, 바울은 자신이 체험한 부활하신 주님의 나타나심과 계시에 대해 말한다.

이와 같이 신약성서의 증언들은 차이점과 다양성을 보이고 있으나, 예수의 부활 자체에 대하여는 조금도 의심하지 않는다. 그것은 부활의 모든 증인들에게 더 이상 의심의 여지가 없는 확실한 "사실"이었기 때문이다.

3) 죽음의 세력에 대한 생명의 승리

위에 언급한 고린도전서 15:3-5은 도입 부분과 네 가지 명제로 구성되어 있다.

> 도입 부분: "내가 전해받은 중요한 것을, 여러분에게 전해드렸습니다."
> 명제 1: "그것은 곧 그리스도께서 성경대로 우리 죄를 위하여 죽으셨다는 것과",
> 명제 2: "무덤에 묻히셨다는 것과",
> 명제 3: "성경대로 사흘째 되는 날에 살아나셨다는 것과",
> 명제 4: "게바에게 나타나시고 다음에 열두 제자에게 나타나셨다고 하는 것입니다."

이 본문의 구조를 분석할 때, 명제 1과 명제 3의 "성경대로"의 첨가구를 통해 명제 1과 2, 명제 3과 4의 두 가지 부분이 결합되어 있음을 발견할 수 있다. 첫째 부분 곧 명제 1과 2는 그리스도께서 죽었고 무덤에 묻혔다는 것을 말하는 반면, 둘째 부분 곧 명제 3과 4는 그리스도의 부활과 나타나심(현현)에 대하여 말하고 있다. 전자는 죽음의 세계에 대해 말하는 반면, 후자는 생명의 세계에 대해 말하고 있다. 전자에서는 명제 1이 주 명제이고, 후자에서는 명제 3이 주 명제로서 "성경대로"라는 구(句)를 통하여 강조되고 있다. 이에 비해 명제 2와 명제 4는 명제 1과 명제 3을 강조하는 기능을 가진다. 즉 명제 2는 그리스도의 죽음의 사실을 강조하고, 명제 4는 부활의 사실을 강조하는 보조 역할을 한다.

이와 같이 크게 두 부분으로 구성된 본문은, 한 사건의 네 단계, 곧 (1) 그리스도의 죽음, (2) 그리스도께서 무덤에 갇힘, (3) 그리스도의 부활, (4) 그리스도의 나타나심을 차례로 열거한다. 각 단계는 다른 단계를 통하여 대체될 수 없는, 그 자신의 고유한 의미와 중요성을 가진다. 이러한 구조를 가진 본문의 의미를 우리는 아래와 같이 기술할 수 있다.

(1) 명제 1은 나사렛 예수를 "그리스도" 곧 "메시아"로 파악한다. 그러나 "그리스도"는 본래 예수의 이름이 아니었다. 그것은 하나님의 기름 부음을 받은 자를 가리키는데, 나사렛 출신 예수의 이름과 결합되어 "예수 그리스도"라는 이름이 되었다. 그러나 메시아 칭호는 예수에 대한 가장 오래된 문헌 전통에서는 발견되지 않는다. 공관복음서 중 가장 오래된 마가복음서에도 이 칭호는 좀처럼 사용되지 않는다. 오히려 예수의 적대자들이 예수를 제거하기 위해 이 칭호를 사용한다. 예수를 심문하는 대제사장(막 14:61), 십자가에 달린 예수를 조롱하는 자들(막 15:32), "나사렛 예수 유대인의 왕"(INRI)이라는 십자가 명패를 만들게 한 빌라도(막 15:26)가 이 칭호를 사용한다. 베드로가 이 칭호를 사용할 때 예수는 이 칭호의 사용에 대해 유보하는 입장을 취하면서, 그 자신이 사용한 "사람의 아들"이란 칭호를 더 선호하는 태도를 취한다. 예수의 생존 당시 이스라엘 백성에게 그리스도, 곧 메시아는 이방 민족의 불의한 주권과 지배를 물리치고 이스라엘의 주권을 회복할 왕적 존재를 뜻했다.

이러한 역사적 배경과 의미를 가진 메시아, 곧 그리스도 칭호가 이제 예수의 부활에 대한 고백과 결합되면서 새로운 의미를 갖는다. 이것을 우리는 베드로의 오순절 설교에서 발견한다. "하나님께서는, 여러분이 십자가에 못 박은 이 예수를 주와 그리스도가 되게 하셨습니다"(행 2:36). 바울에 의하면, 다윗의 혈통에서 태어난 예수가 "죽은 자들로부터 부활을 통하여 하나님의 아들로"(롬 1:4) 확정되었다. "유대인의 왕"으로서 빌라도의 처형을 받은 나사렛 예수는, 그의 죽음과 부활을 통해 그리스도 곧 메시아가 되었다. 죽음에서 부활한 예수를 복음서 기자들과 사도들은 그리스도라고 고백하면서, 그의 지상의 삶과 구원의 행위에 대해 이야기한다. 그러나 예수의 복음이 그리스-로마 세계로 전파되면서, 그리스도라는 이름은 그의 메시아적 의미를 잃어버리고 예수의 이름과 결합되어 "예수 그리스도"라는 고유명사가 되어버렸다. 이리하여 고린도전서 15:3은 "예수"라는 이름을 생략하고 예수를 단지 "그리스도"라고만 부른다.

본래 왕적 존재를 뜻했던 그리스도 곧 메시아를 명제 1은 "성경대로", 즉 "성경에 따라 우리 죄를 위하여" 죽임을 당한 존재라고 고백한다. 이 고백에 나타나는 바와 같이, 그리스도를 십자가의 고난 그리고 죽음과 결합시키는 것은 쉬운 일이 아니었을 것이다. 베드로가 예수를 그리스도라고 고백할 때, 예수는 자신의 메시아 되심에 대해 침묵하면서 자기가 당할 고난과 십자가의 죽음을 가리킨다. 이를 통해 예수는 메시아 칭호를 십자가의 고난, 그리고 죽음과 결합시킬 수 있는 가능성을 열어놓는다. 이리하여 예수가 부활하고 승천한 다음, 제자들은 고난과 죽음을 암시하는 그의 말씀(막 9:31; 10:45; 14:22-24)을 회상하고, 고난당하는 메시아에 대한 구약성서의 말씀을 새롭게 읽으면서 **십자가의 죽음을 당한 예수**를 메시아로 고백한다.

이 고백에 있어 제자들의 눈을 열어준 가장 중요한 구약성서의 본문은 이사야 52:13-53:12의 본문이었다. 이 본문을 새롭게 읽고, 제자들은 예수의 죽음이 예수 자신의 죄로 말미암은 것이 아니라 많은 사람들의 죄를 용서하기 위한 대속의 행위였으며, 우연히 일어난 것이 아니라 하나님의 계획에 따라 하나님의 구원과 해방을 가져오는 사건임을 깨닫게 되었다. 신약성서에서 이사야 53장의 말씀이 예수의 존재와 결합된 것은 비교적 뒤늦게 일어난 것으로 보인다. 그러나 우리는 이사야 52장의 고난당하는 종의 모습이 처음부터 예수의 존재와 결합되었음을 발견할 수 있다.[55] 고난에 대한 예고, 속전과 고난의 잔에 대한 말씀들이 보여주는 바와 같이, 예수는 그에게 다가오는 고난을 보면서 이사야 53장의 "고난의 종"과 자기 자신을 동일시하고, 자기를 하나님의 종의 운명을 따르는 "사람의 아들"로 이해했다. 이리하여 첫 부활절 후에 제자들은 예수를 고난당하는 하나님의 종의 길을 가는 그리스도, 곧 메시아로 고백한다.

(2) 고린도전서 15:3-5의 전승된 양식은 단지 그리스도께서 죽었다고 말하지 않고 "무덤에 묻히셨다"고 말한다. "죽었다"는 말과 "무덤 속에 묻혔다"는 말은 내용상 크게 다를 바가 없다. 그러므로 일단의 주석가들은 "무덤 속에 묻혔다"는 구절은 예수가 정말 죽었다는 것을 강조하거나 다시 한 번 확인하는 기능을 가진다고 본다.[56] 또 다른 주석가들에 의하면, 이 구절은 예수의 장례를 구체적으로 회상하게 한다.[57] 그러나 이 짧은 구절은 그 자체로 매우 중요한 의미를 가진다. 이 의미는 죽음과 죽음의 세계에 대한 고대 동양의 생각을 통해 해명될 수 있다. 고대 동양과 구약성서의 세계에서 무덤은, 죽은 사람이 죽음의 세계 곧 스올에 속한다는 것을 뜻한다. 무덤 그 뒤에는 죽음의 심연이 숨어 있다. 무덤은 죽은 사람들이 죽음의 영역으로 들어가는 통로다.[58] 무덤 속에 누워 있는 자는 "어둡고 캄캄한 땅"에 속한다(욥 10:21).

---

55) 이에 관하여 H. W. Wolff, *Jesaja 53 im Urchristentum. Mit einer Einführung von P. Stuhlmacher*, 4. Aufl., 1984.

56) H. Conzelmann, *Der erste Brief an die Korinther*, KEK V, 12. Aufl., 1981, 300; F. Lang, *Die Briefe an die Korinther*, NTD 7, 17. Aufl., 1994, 199.

57) U. Wilckens, *Auferstehung. Das biblische Auferstehungszeugnis historisch untersucht und erklärt*, ThTh 4, 1970, 20ff.

58) 이에 관하여 O. Keel, *Die Welt der altorientalischen Bildsymbolik und das Alte Testament. Am Beispiel der Psalmen*, 33.

명제 2는 그리스도께서 바로 이 죽음의 세계로 들어갔다는 것을 말하고자 한다. 우리의 죄 때문에 죽임을 당한 그리스도는 **죽음의 심연** 속으로 삼키어졌으며, 스올의 지배 영역으로 들어갔다. 이러한 생각을 후기의 전승은, 그리스도께서 죽음의 세계로 들어갔다고(descensus ad inferos) 표현한다.

(3) 명제 3은 우리의 죄 때문에 죽임을 당하였고 죽음의 세계로 들어간 그리스도께서 그 속에 머물지 않고 **영원한 생명의 세계**로 들어갔다고 말한다. 앞서 기술한 바와 같이, 이스라엘의 하나님은 그의 자녀들을 죽음의 세계 속에 버리지 않는다. 그들의 육체는 썩어 없어지지만, 하나님은 그들을 붙드신다(시 73편; 16편; 욥 19장 참조). 후기 지혜문학은 이 희망을 한 걸음 더 발전시킨다. 창조자 하나님은 죽은 자들도 그의 손 안에 취하시며, 생명의 영으로써 그들을 새로운 생명으로 다시 일으킬 것이다(겔 37장; 사 26:19). 이것은 하나님이 마지막 심판 후에 모든 악한 세력들을 물리치고 그의 왕적 주권을 세우실 "그날에" 일어날 것이다(사 24:21-23; 26:19-21; 단 12:1-3).

그런데 명제 3은 그리스도께서 "사흘째 되는 날" 곧 "제3일"에 부활하셨다고 말한다. 즉 죽음을 당한 후 오랜 시간이 지나가기 전, 이 세계의 시간 한가운데서 그리스도의 부활과 하나님의 새 창조가 일어났다는 것이다. 구약성서에서 "제3일"은 매우 중요한 신학적 의미를 가진다.[59] 그것은 **하나님의 새로운 구원과 새 창조의 시작**을 가리킨다. 새로운 미래를 향한 일대 전환이 제3일에 일어난다. 의와 자비의 하나님께서 구원과 생명과 승리의 새로운 시대를 제3일에 시작한다. "제3일"의 구원사적 의미는 구약성서 여러 곳에 나타난다.

---

59) 이에 관하여 K. Lehmann, *Auferweckt am dritten Tag nach der Schrift*, QD 38, 1968.

창세기 22:4	"사흘 만에 아브라함은 고개를 들어서, 멀리 그 곳을 바라볼 수 있었다."
창세기 42:18	"사흘 만에 요셉이 그들에게 말하였다."
출애굽기 19:16	"마침내 셋째 날이 되었다."
여호수아 2:16	"거기에서 사흘 동안 숨어 있다가"
호세아 6:2	"사흘 만에 우리를 다시 일으켜 세우실 것이니"
요나 1:17	"요나는 사흘 밤낮을 그 물고기 뱃속에서 지냈다."
에스라 8:15	"나는…거기에다가 장막을 치고 사흘 동안 묵으면서"
에스더 5:1	"금식한 지 사흘째 되는 날에"

이와 같은 구약성서의 배경에서 이해할 때, 그리스도께서 제3일에 부활하였다는 것은 구원사적 의미를 지닌다. 하나님은 그의 의로운 자들을 버리지 않으시며, 오랜 시간이 지나기 전 그들을 고통에서 구하신다는 구약성서의 통찰이 그리스도의 부활에서 결정적으로 성취된다. 제3일에 하나님은 그리스도를 죽음에서 일으키셨다. 이를 통해 그는 죽음의 세계를 깨뜨리고 새 창조를 시작했다. 죽음의 세계에 대한 하나님의 새 생명의 승리, 곧 구원의 대전환이 "제3일에" 곧 **이 세계의 역사의 한가운데서** 일어났다.

그렇다면 이 일이 구체적으로 어떻게 일어났는가? 판넨베르크는 이것을 다음과 같이 설명한다.

부활을 통하여 예수는 하나님과의 결합에서 하나님 자신에 의하여 증명되었다. 그의 죽음은 그를 하나님에게서 분리시키지 못하였다. 하나님이 예수와 자기의 사귐(Gemeinschaft)을 십자가의 죽음 속에서도 고수함으로써, 죽음은 하나님에게서 분리시키는 그의 세력을 잃어버렸다.…하나님이 죽은 것은 아니다. 그러나 그는 자기와 결합된 사람을 죽음 속에서마저 붙들기 위하여 죽음을 당하게 하였다. 이를 통하여 거꾸로…죽음에도 불구하고, 고난과 죽음 한가운데에서 하나님과 사귐을 가질 수 있는 길을 모든 사람들에게 열어놓았다.

예수의 죽음은…죽음 자신도 하나님과 그의 영원한 생명에서 더 이상 분리시킬 수 없다는 것을 뜻한다.[60]

(4) 명제 4는 죽음의 세계에서 해방되어 다시 살아나신 그리스도는 먼저 게바에게, 그 다음 열두 제자에게 "나타나셨다" 즉 "보여졌다"고 고백한다. 여기서 사용되는 그리스어 "오프테"(ōfthē)는 다양하게 번역할 수 있다. 즉 그리스도께서 "보여졌다", "자기를 보게 하였다", "나타났다"로 번역할 수 있다. 구약성서의 그리스어 번역에서 이 단어는 하나님의 나타나심, 곧 자기 계시를 가리키는 계시의 언어로 사용된다.[61] 구약성서에서 하나님의 나타나심은 **새로운 미래의 약속**과 이 미래를 향한 **소명**과 결합되어 있다. 하나님이 아브라함에게 나타나실 때, 그는 새로운 땅을 약속하면서 그 땅을 향하여 아브라함을 부르신다. 따라서 부활하신 그리스도께서 제자들에게 나타나셨다는 것은, 그의 부활과 함께 시작한 하나님의 새로운 생명의 세계 곧 하나님 나라를 제자들에게 약속하고, 그것을 향하여 제자들을 부르신다는 것을 말한다.

물론 부활하신 그리스도는 이 세상에 속한 사물들처럼 누구나 볼 수 있도록 자기를 나타내지 않는다. 그는 믿지 않는 자들, 자기의 반대자들에게 자기를 계시하지 않는다. 오히려 그는 그의 계시를 통하여 눈이 열려지고 그 마음이 변화되어 그의 뒤를 따르려는 사람들에게, 그 자신과 하나님 나라를 계시한다. 이것을 우리는 바울의 소명에서 볼 수 있다. 바울은 그의 눈을 멀게 한 강한 빛이 하늘에서 비치는 것을 보지만, 그와 동행하는

---

60) W. Pannenberg, "Tod und Auferstehung in der Sicht christlicher Dogmatik," in *Grundfragen systematischer Theologie. Gesammelte Aufsätze Bd. 2*, 1980, 178.

61) W. Michaelis, Art. "horao," *ThWNT V*, 324f.

사람들은 그 빛을 보지 못한다(행 9:3-8). 그래서 바울은 하나님의 새 창조의 빛이 자신의 마음속에 비쳤다고 말한다(고후 4:6; 참조. 빌 3:8; 갈 1:16). 이 빛은 객관적으로, 자신의 존재와 아무 관계없이 관찰할 수 있는 것이 아니라, 십자가에 달려 죽음의 고난을 당하였고 하나님의 능력으로 다시 사신 그리스도에게 자기 마음을 여는 사람만이 볼 수 있다.

이와 같은 바울의 부활 신앙은 죽음에 대해 무엇을 말하는가? 그 내용을 우리는 아래와 같이 정리할 수 있다.

(1) 그리스도의 부활은 "**죽음의 폐기의 시작**"이다.[62] 예수 그리스도의 부활을 통하여 죽음의 세력은 사실상 깨어졌다. 물론 죽음의 세력은 아직도 작용하고 있다. 그러나 그것은 그리스도의 부활을 통해 그의 내면에 있어 극복되었다. 부활의 영 가운데서 이제 죽음은 현실적으로 깨어지기 시작한다. 그러므로 바울은 이렇게 말한다. "죽음을 삼키고서 승리를 얻었다. 죽음아, 너의 승리가 어디에 있느냐? 죽음아, 너의 독침이 어디에 있느냐?"(고전 15:54-55)

(2) 그리스도의 부활은 죄와 죽음의 세계 한가운데서 일어나는 "**영원한 생명의 시작**"이다. 예수 그리스도의 구원을 시인하고 그의 뒤를 따르는 사람은 죽음의 영역을 벗어나 새로운 생명으로 다시 태어나며, 그리스도의 영원한 생명에 참여한다. 그 사람 안에는 죽음의 세력을 극복하는 영원한 생명이 있다. 예수 그리스도의 부활로 말미암아 죽은 자들의 부활과 영원한 생명이 열렸다. "누구든지 그리스도 안에 있으면, 그는 새로운 피조물입니다. 옛것은 지나갔습니다. 보십시오, 새것이 되었습니다"(고후 5:17). "예수의 (영원한) 생명"이 "우리의 죽을 몸에" 나타나기 시작한다(고후 4:11). "예수를 죽은 사람들 가운데서 살리신 분의 영이 여러분 안에 살고 계시면, 그리스도를 죽은 사람들 가운데서 살리신 분께서 여러분 안

---

62) J. Moltmann, *Wer ist Christus für uns heute?*, 73.

에 계신 자기의 영으로 여러분의 죽을 몸도 살리실 것입니다"(롬 8:11). 그러므로 판넨베르크(W. Pannenberg)는 부활하신 그리스도를 "생명의 창시자"(Anfänger des Lebens)라고 정의한다.[63]

(3) 따라서 그리스도의 부활은 단지 과거에 끝나버린 한 사건 혹은 "사실"(Faktum)이 아니라, 성령 가운데서 일어나는 죽은 자들의 부활의 과정의 "근거"로 이해된다. 그리스도인들이 세례를 받을 때, 역사의 마지막에 일어날 죽은 자들의 부활이 앞당겨 일어난다. 죄와 죽음의 세력에 묶여 있던 인간의 존재가 새로운 생명으로 부활한다.

> 우리는 그분의 죽으심과 연합하는 세례를 받음으로써 그분과 함께 묻혔습니다. 이것은, 그리스도께서 죽은 사람들 가운데서 아버지의 영광으로 살리심을 받은 것과 같이, 우리도 새로운 생명 가운데서 살아가게 하려는 것입니다(롬 6:4).

그러므로 우리는 성령의 능력을 통하여 역사 속에서 일어나는 부활의 "과정"에 대해 말할 수 있다.[64] 예수 그리스도의 부활은 이 과정의 시작이요, 부활하신 그리스도는 부활의 "첫 열매" 혹은 "잠든 사람들의 첫 열매"다(고전 15:20, 23). 그의 부활은 역사 속에서 일어나는 부활 과정의 근거인 동시에, 모든 사물의 새 창조를 향해 열려 있다.

(4) 앞서 기술한 바와 같이 부활 신앙의 역사적 근거는 후기 유대교의 묵시 사상에 있으며, 그것이 생성된 동기는 죄와 죽음의 세력이 지배하는 현실 속에서 살아 계신 하나님의 의에 대한 물음에 있다. 따라서 그리스도의 부활은 한 개인이 믿음을 통해 새로운 생명으로 다시 태어나는 과정의 시작일 뿐 아니라, 그와 함께 하나님의 의가 이 세계의 불의를 물리치고

---

63) W. Pannenberg, *Grundzüge der Christologie*, 4. Aufl., 1972, 62.
64) 이에 관하여 J. Moltmann, *Wer ist Christus für uns heute?*, 72.

하나님의 의의 세계 곧 생명의 세계를 확장시키는 과정의 시작이라 말할수 있다. 그것은 역사의 예수가 수행하였던 "생명 운동"의 새로운 시작이다. 달리 말하여 그리스도의 부활은 불의와 폭력과 죽음의 세력이 지배하는 세계 속에 하나님의 의와 자비가 세워지고 생명의 세계가 새롭게 시작하는 **새 창조의 시작**이요 이에 대한 근거이며, 모든 피조물이 하나님의 영광과 영원한 생명에 참여하게 되는 **종말론적 미래**를 향해 열려 있다.

여기서 우리는 최초의 기독교 공동체가 십자가에 달려 죽었고 부활하신 나사렛 예수를 왜 "그리스도" 곧 "메시아"라고 부르는지, 그 까닭을 이해할 수 있다. 그는 죄와 죽음의 세력을 물리치고 하나님의 영원한 생명의 세계, 곧 "이제는 죽음이 더 이상 있지 않을" 새로운 세계를 완성할 존재로 생각되었기 때문이다. 그러므로 바울은 이렇게 고백한다. "그때에 그리스도께서 모든 통치와 권위와 권력을 폐하시고, 그 나라를 하나님 아버지께 바치실 것입니다"(고전 15:24). 부활하신 그리스도를 체험한다는 것은 죽음의 세력을 물리치고 영원한 생명을 확장하는 하나님의 "생명의 역사"를 향하여 부르심을 받는 것을 뜻한다. 그것은 생명을 파멸시키는 죽음의 세력에 대항하면서 그리스도의 "생명 운동"에 참여함을 뜻한다.

(5) 하나님의 메시아적 통치는 인간의 영혼은 물론 그의 육체를 포함하며, 인간의 사회와 역사는 물론 **자연의 영역**도 포함한다(참조. 사 11:5-9). 그러므로 초기 기독교는 후기 유대교의 묵시 사상적 전통에 따라 "육의 부활"을 고백했다. 인간의 육은 물론 자연 피조물의 육도 육에 속한다. 따라서 그리스도의 부활은 죄와 죽음의 세력으로 인하여 파멸의 위협을 당하고 있는 모든 자연의 새 창조의 시작이요 이에 대한 근거이며, 자연의 피조물도 하나님의 영원한 생명에 참여하게 되는 미래를 그의 목적으로 가진다. 우리는 사멸의 세력에 사로잡힌 자연의 구원 없이 인간의 구원에 대해 더 이상 말할 수 없다. 환경이 오염되어 인간의 육체가 병들고, 병든 육체로 말미암아 인간의 영혼이 고통을 당하는 현실 속에서, 단지 "영혼 구원"에 대해서만 말하는 것은 어리석은 일이다. 하나님의 구원은 인간의

영혼은 물론 그의 신체를 포함하며, 인간과 사회와 역사는 물론 자연의 영역도 포함한다. 그것은 부분적인 것이 아니라 전체적인 것이다. 그리스도의 부활과 함께 인간의 다시 태어남(중생)이 시작될 뿐 아니라 온 우주의 다시 태어남이 시작된다. 그의 부활은 판넨베르크가 말하듯이, 단순히 "역사적 사건"이 아니라[65] 자연을 포함한 온 세계의 새 창조가 시작되는 사건이다. 온 세계의 새 창조는 역사의 종말에 완성될 것이다. 그러나 그것은 그리스도의 뒤를 따라 죽음의 세력에 대항하고 죽어가는 생명들을 살리고자 하는 사람들의 노력과 성령의 능력을 통해 앞당겨 일어난다. 그런 뜻에서 그것은 "종말론적 사건"이다.

(6) 그리스도의 부활은 **"죽음의 궁극적 폐기의 약속"**인 동시에 모든 피조물의 **"영원한 생명의 약속"**이다. 죽은 자들의 부활과 영원한 생명은 예수 그리스도를 믿는 믿음 속에서 현재적으로 일어난다. 그를 통하여 죽음의 그림자가 사라지고 하나님의 새 창조가 이 땅 위에 자리 잡기 시작한다. 그러나 그것은 아직 완성되지 않았다. 그것의 완성은 미래에 있다. 역사가 그의 종말에 이를 때, 죽음이 생명에 영원히 삼켜지고, 모든 피조물이 하나님의 영원한 생명에 참여할 것이다. 그리스도의 부활은 미래에 있을 "죽음의 궁극적 폐기"와, "모든 죽은 자들의 부활"과, "새 창조의 완성"에 대한 **보증과 약속**이다. "한 사람으로 말미암아 죽음이 들어왔으니, 또 한 사람으로 말미암아 죽은 사람의 부활도 옵니다. 아담 안에서 모든 사람이 죽는 것과 같이, 그리스도 안에서 모든 사람이 삶을 얻을 것입니다"(고전 15:21-22). 지금까지 기술한 내용을 우리는 아래에서 더 구체적으로 보게 될 것이다.

---

65) 이에 관하여 W. Pannenberg, "Heilsgeschehen und Geschichte," in *Grundfragen systematischer Theologie*, 1967, 62ff.

4) "빈 무덤"은 무엇을 말하는가?

바울이 고린도전서 15:3-5에서 인용하는 문서 전통은 예수의 죽음과 부활에 관한 소식을 매우 간결하고 압축된 양식으로 요약한다. 그리고 이렇게 요약된 것을 복음서 기자들은 이야기 형식으로 자세히 기술한다. 물론 복음서 기자들의 이야기는 예수의 부활이 정말 일어났다는 것을 강조하거나 증명하려는 의도를 나타내고 있다.[66] 그러나 마가복음 16:1-8의 부활 이야기는 전혀 다른 의도를 보여준다. 이 이야기 속에 숨겨진 의도를 우리는 아래와 같이 분석할 수 있다.

> 안식일이 지나니, 막달라 마리아와 야고보의 어머니 마리아와 살로메는 가서 예수께 발라 드리려고 향료를 샀다. 그래서 이레의 첫날 새벽, 해가 막 돋을 때에 무덤으로 갔다(16:1-2).

이 구절은 이른 아침을 두 번이나 강조한다. 여자들은 "첫날 새벽" 곧 아침 일찍 "해가 막 돋을 때에" 무덤으로 갔다. 구약성서의 전통에 의하면 하나님의 구원은 이른 아침에 일어난다. "저녁에는 눈물을 흘려도, 아침이면 기쁨이 넘친다"(시 30:6). "구원하는 하나님은 아침에 그의 활동을 시작한다."[67] 그러므로 시편 기자는 새벽을 깨우고자 한다. "내 영혼아 깨어나라…내가 새벽을 깨우련다"(시 57:8). 야곱의 이야기에서 아침에 떠오르는 태양은 하나님이 선사하는 새 생명을 가리킨다(창 32:32). 이른 아침, 아침에 떠오르는 태양에 관한 구약성서의 이러한 표상이 마가복음의 부활 이

---

66) G. Lüdemann, *Die Auferstehung Jesu. Historie. Erfahrungen. Theologie*, Neuausgabe 1994, 126ff. 공관복음서의 문서 전통을 "변증적 이야기"로 평가한 불트만도 이와 같은 입장을 취함: R. Bultmann, *Die Geschichte der synoptischen Traditionen*, 7. Aufl., 1969, 311ff.

67) B. Janowski, *Rettungsgewissheit und Epiphanie des Heils. Das Motiv der Hilfe Gottes 'am Morgen' im Allten Orient und im Alten Testament, Bd. I: Alter Orient*, 1989, 15.

야기의 배경을 형성한다. 마가복음 16:1은 희망을 잃어버리고 모든 것을 체념하는 여자들의 모습을 묘사한다. 여자들은 향유를 사서 예수의 시체에 바르고자 한다. 바로 이때 하나님의 구원과 새 생명의 해가 떠오른다. 슬픔과 죽음의 그늘로 덮인 이 세계 속에 하나님의 구원의 빛이 비친다. 그러나 여자들은 이것을 알지 못한다.

> 그들은 "누가 우리를 위하여 그 돌을 무덤 입구에서 굴려 내주겠는가?" 하고 서로 말하였다. 그런데 눈을 들어서 보니 그 돌덩이는 이미 굴려져 있었다. 그 돌은 엄청나게 컸다(16:3-4).

무덤으로 가는 길에 여자들은 사람의 힘으로 밀어내기 어려운 큰 돌이 예수의 무덤 입구를 막고 있다는 사실을 상기한다. 예수의 무덤을 막고 있는 큰 돌, 그것은 인간의 힘으로 도저히 열 수 없는 죽음의 세계의 폐쇄성을 가리킨다. 죽음의 세계는 큰 문으로 잠겨 있다. 이 문으로 한 번 들어가면, 누구도 다시 돌아올 수 없다. 큰 돌이 막고 있는 예수의 무덤은 굳게 문이 잠긴 죽음의 세계를 가리킨다. 이 세계는 죽음의 어두운 그림자 속에 있는 **무덤**과 같다. 그 속에는 썩은 냄새가 가득하며, 새로운 미래와 희망이 없다. 무덤과 같은 이 세계를 막고 있는 돌은 사람이 치우기에는 너무도 크고 무겁다. 하나님이 아니면 이 돌을 치우고 영원한 생명의 문을 열 수 있는 사람은 아무도 없다. 그래서 여자들은 누가 이 돌을 치워 줄 것인지 서로 질문한다.

바로 이때 여자들은 예수의 무덤을 막고 있던 돌이 무덤 한쪽으로 치워져 있음을 발견한다. 죽음의 세계를 막고 있던 돌문이 열린 것이다. 누가 이 문을 열었을까? 이 문은 죽은 자를 살릴 수 있는 하나님만이 열 수 있다. 하나님께서 죽음의 세계를 막고 있던 돌문을 밀어내시고, 그 속에 갇혀 있던 예수를 영원한 생명의 세계로 일으킨 것이다. 여자들은 큰 바위속에 만들어진 무덤 안으로 들어가서 예수의 시체를 찾는다. 바로 이때 그들은 흰옷을 입은 한 젊은 청년이 무덤 오른쪽에 앉아 있는 것을 발견하고 다음과 같은 소식을 듣는다.

> 놀라지 마십시오. 그대들은 십자가에 못 박히신 나사렛 사람 예수를 찾고 있습니다만 그는 살아나셨습니다. 그는 여기에 계시지 않습니다. 보십시오. 그를 안장했던 곳입니다(16:6).

여자들은 젊은 청년에게서 예수가 부활했다는 소식을 듣는다. 창조자 하나님의 능력으로 다시 살아난 예수는 더 이상 죽음의 세계에 속하지 않는다. "그는 여기에 계시지 않습니다." 그러므로 여자들은 예수를 무덤 속에서 발견하지 못한다. 죽은 자들의 세계, 곧 무덤 속에서 그들은 예수를 더 이상 만날 수 없다. 여자들은 예수가 죽기 전에 활동했던 갈릴리로 가라는 지시를 받는다. 예수는 더 이상 죽음의 세계에 머물지 않고, 하나님의 새로운 생명의 역사가 일어나는 그곳에 있다. 부활한 예수가 계신 그곳에 생명의 세계가 열려 있다. 죄와 죽음의 세력이 지배하며 모든 것을 타락과 파멸로 이끌어가는 이 세계 속에 하나님의 영원한 생명의 빛이 예수의 부활과 함께 비치기 시작한다. 아침 일찍 떠오르는 태양은 하나님의 새로운 생명이 죽음의 어두운 그림자와 슬픔을 몰아내기 시작함을 알린다. 예수의 무덤 한쪽으로 치워진 돌은 죽음의 세계와 생명의 세계를 분리시키는 죽음의 문이 열렸음을 나타낸다. 이제 죽음은 사실상 그 힘을 잃어버렸다. 그가 지배하던 어둠의 세계 한가운데에 하나님의 빛과 생명의 세계가 자리 잡기 시작한다.

5) "죽은 자들의 처음 태어난 자"
신약성서의 마지막 책 "요한계시록"은 "계시" 혹은 "묵시"라는 말과 함께 시작한다. 그리스어 "아포칼립시스"(apokalypsis)는 숨겨져 있던 것이 드러나는 것을 뜻한다. 하나님의 존재와 그의 현실을 가리고 있던 막이 갑자기 벗겨져서, 지금까지 은폐되어 있던 것이 인간에게 드러나 보이게 되는 것을 말한다. 요한이 기록한 것으로 전해지는 이 계시록은 예수 그리스도와 그의 아버지 하나님을 믿는 믿음 때문에 시련과 박해를 당하는 소아시아 지역의 일곱 교회에 보내진 편지의 형식을 취하고 있다. 그것은 하늘에 있는 예수 그리스도의 주권이 땅 위에 있는 무신적 세력들을 깨뜨리고(6-20장), 새 하늘과 새 땅을 불러올 것을 약속하면서(21-22장), 모든 시련과 박해를 견디며 끝까지 믿음을 지킬 것을 권고한다. 이러한 역사적 배경과 내용을 바탕으로 한 요한계시록은 로마의 황제 숭배를 거부함으로 인해 그리스도인들이 극심한 박해를 당하던 도미티아누스(Domitian) 황제의 통치 말기에 기록된 것으로 추정된다.[68]

바울의 서신들은 서두에서 서신의 발송자와 수신자의 이름을 열거한 다음 "우리 하나님 아버지와 주 예수 그리스도께서 내려주시는 은혜와 평화가 있기를 빕니다"(롬 1:7; 고전 1:3; 고후 1:2 등)라는 평화의 인사를 전한다. 이에 비해 요한계시록은 "신실한 증인이시요 죽은 사람의 첫 열매이시요 땅 위의 왕들의 지배자이신 예수 그리스도"의 은혜와 평화(1:5)를 일곱 교회에 전한다. 이 인사말에서 요한계시록은 예수 그리스도를 세 가지 술어로 파악한다.

첫째 술어 "신실한 증인"은 예수의 지상 사역, 특히 그의 죽음을 상기시킨다.[69] 그리스도는 하나님의 신실한 증인으로서 오로지 하나님의 일을 위해 활동했으며, 그의 삶 마지막에 죽음을 통해 자기의 증언을 증명했다.

둘째 술어에 의하면, 예수는 죽음 속에 머물지 않고 "죽은 자들의 첫 열매" 혹은 "죽은 자들의 처음 태어난 자"가 되었다. "처음 태어난 자"라는

---

68) 이에 관하여 J. Roloff, *Die Offenbarung des Johannes*, ZBK NT 18, 2. Aufl., 1987, 17ff.; 김균진, 『기독교 조직신학』, 제5권, 1999, 434ff.

69) T. Holtz, *Die Christologie der Apokalypse des Johannes*, Tu 85, 2. Aufl, 1971, 55ff.

III. 죽음에 대한 성서의 기본 인식

명칭은 시편 89:27에서 유래하며 본래 다윗 왕을 가리킨다. "나도 그를 맏아들(=처음 태어난 자)로 삼아서…" 여기에 "죽은 자들의"라는 말이 첨가되어 그리스도에게 적용됨으로써, 이 명칭은 예수의 부활에 대한 진술이 된다. 죽은 자들로부터 하나님이 일으키신 예수는 "죽은 자들 가운데" 첫 사람으로서 새로 태어났다. 하나님의 영이 그를 다시 살리시고, 모든 다른 피조물에 앞서 일어나게 하였다.

셋째 술어에 의하면, 죽은 자들 가운데 처음 태어난 예수는 하나님에 의하여 **"땅 위의 왕들의 지배자"**가 되었다. 하나님은 부활하신 그리스도를 그의 삶과 권능에 참여케 하시며, 이를 통하여 땅 위에 있는 모든 무신적 지배자와 세력을 다스리게 하신다. 땅 위에 있는 교회들은 이 무신적 세력들에 의해 시련과 박해를 받지만, 모든 "왕들의 왕", "군주들의 군주"(19:16)이신 그리스도의 구원을 받았으며 그의 사랑을 받는다. 그들은 "그리스도의 몸"의 지체들이며 그의 왕적 통치 영역에 속한다.

"죽은 자들의 처음 태어난 자"라는 명칭은 예수를 하나님과의 관계에서는 물론 그를 따르는 사람들과의 관계에서 파악한다. 그것은 하나님의 생명의 힘으로 죽은 자들 가운데서 처음 태어난 자인 예수가 자기와 동일한 길을 가게 될 수많은 형제자매와 결합되어 있음을 시사한다. 예수를 죽은 자들로부터 일으킨 하나님은, 그의 창조적 영을 통해 예수의 형제들의 "사멸할 몸들"을 다시 살릴 것이다(롬 8:11; 고전 6:14; 고후 4:14). 그러므로 바울은 그리스도를 "많은 형제들 가운데 처음 태어난 자"(롬 8:29), "잠든 사람들의 첫 아들"(고전 15:20), "죽은 자들 가운데서 맨 먼저 살아나신 분"(골 1:18)이라 부른다. 따라서 그리스도의 부활과 함께 모든 죽은 자들의 보편적 부활이 시작되었다고 할 수 있다. 이것을 가리켜 우리는 **부활의 인격적 측면**이라 말한다.

골로새서 1:15-20의 그리스도 찬양은 "죽은 자들로부터 처음 태어난 자"라는 명칭 속에 담겨 있는 더 넓은 지평을 드러낸다. 그리하여 그리스도를 "죽은 자들 가운데서 맨 먼저 살아나신 분"(1:18)이라 부르는 동시에,

죽음과 부활의 신학

"모든 피조물의 처음 태어난 자"(1:15)라 부른다. 이 명칭에 의하면 그리스도는 하나님의 새 창조의 시작이다. 그는 새 창조의 생명이 그 안에 나타나는 첫 사람이다. 하나님과 화해된 모든 피조물이 그의 뒤를 따라 부활의 영광에 참여하는 새 창조가 그리스도의 부활과 함께 시작하였다. "하늘에 있는 것들과 땅에 있는 것들", 곧 자연 세계 전체가 죽음의 그늘을 벗어나 하나님의 영원한 생명에 참여하기를 기다리고 있다. 생명을 사랑하기 때문에 생명을 보호하고 장려하려는 하나님의 뜻에 대립하여, 오히려 생명을 파괴하는 죽음의 세력이 하나님의 창조 세계에서 추방되는 역사가 그리스도의 부활을 통해 일어나기 시작했다. 인간은 물론 자연의 모든 피조물이 죽음이 더 이상 있지 않을 "새 하늘과 새 땅"을 기다리며 희망하고 있다. 이것을 가리켜 우리는 **부활의 자연적·우주적 측면**이라 말한다.

죽은 자들 가운데 처음 태어난 그리스도는 이제 **"죽음과 지옥의 열쇠를 가진 자"**로 묘사된다(계 1:18). 그리스도는 십자가의 죽음을 통해 죽음의 세계로 내려갔다. 그러나 그의 아버지 하나님은 그를 홀로 두지 않으시고 그를 붙드신다. 하나님 아버지와 그의 아들 예수의 결합은 예수의 죽음 속에서도 유지되며, 이 결합 속에서 아버지 하나님은 그의 아들 예수를 죽음의 세계에서 다시 이끌어내신다. 이리하여 그 속에 들어가면 누구도 나올 수 없는 죽음의 세계의 문이 하나님의 능력으로 깨어진다. 이제 "죽음과 지옥의 열쇠"는 그리스도의 손 안에 있다. 죽음은 그의 힘을 잃어버렸으며, 결국 그리스도의 전권 아래 놓이게 된다. "죽음과 지옥의 열쇠"를 자신의 손 안에 가진 그리스도는 "영원한 생명"의 문을 열어놓았다. "이는 죄가 죽음으로 사람을 지배한 것과 같이, 은혜가 의로 사람을 지배하면서, 우리 주 예수 그리스도 안에서 영원한 생명을 누리게 하려는 것입니다"(롬 5:21).

죽음의 세계에 대한 그리스도의 전권을 요한복음은 죽은 나사로의 부활에 대한 이야기를 통해 상징적으로 보여준다(요 11:1-53). 사실 이 이야기는 죽은 자들의 부활에 대한 적절한 설명이라 할 수 없다. 죽은 나사로는 다시 죽을 몸으로 부활하였으며, 죽지 않을 영원한 생명으로 부활하지 않았기 때문이다.[70] 그러나 이 이야기는 죽음의 세계의 열쇠가 예수의 손 안에 있으며, 예수를 통하여 새로운 생명이 시작한다는 것을 보여주는 표징이라 할 수 있다. 하나님의 새 창조의 힘과 부활의 힘이 예수 안에 있다. 죄와 죽음의 세계에서 죽은 자들을 살릴 수 있는 능력이 그에게 있다. "손발은 천으로 감겨 있고, 얼굴은 수건으로 싸매여" 무덤 속에 누워 있는 나사로를 향하여 예수는 외친다. "나사로야, 나오너라!" 죽음의 세계는 나사로를 내어준다. "죽음의 사슬"과 "죽음의 덫"(시 18:4-5), "죽음의 세력"(행 2:24)이 예수를 통하여 깨지고, 죽었던 나사로는 새로운 생명으로 다시 태어난다.

6) 마지막으로 극복될 원수

구약성서의 전통을 따라 신약성서도 죽음을 마지막으로 극복되어야 할 적으로 나타낸다. 이것을 우리는 고린도 교회에 대한 바울의 증언에서 볼 수 있다. 고린도전서 15장에서 바울은 예수의 십자가와 부활을 부인하지 않지만, "죽은 사람들의 부활이 없다"고 주장하는 일단의 고린도 교회 교인들을 논박한다. 죽은 자들의 부활을 부인하는 고린도 교회 교인들은 알렉산드리아의 유대인 종교철학자 필론(Philon)처럼[71] 몸과 영혼, 정신과 육체의 이원론에 근거한 영혼 불멸설을 믿었던 것으로 추정된다.

영혼 불멸설에 의하면 인간의 몸은 썩어 없어질 허무의 존재 영역에 속하는 반면 그의 영혼은 신적 영역에 속한다. 그의 몸은 "영혼의 감옥"

---

70) 이에 관하여 G. Voigt, *Licht-Liebe-Leben. Das Evangelium nach Johannes*, Bibl.-theol. Schwerpunkte 6, 1991, 183: "여기서 이야기되는 과정은…그것이 의미하는 내용에 비추어 적절하지 않다. 나사로는 자연적 생명으로 되돌아왔다.…이것은 아직 '부활'의 현실이 아니다."

71) 이에 관하여 G. Sellin, *Der Streit um die Auferstehung der Toten. Eine religionsgeschichtliche und exegetische Untersuchung von 1 Kor 15*, FRLANT 138, 1986, 95ff.

이다. 인간의 영혼은 죽음을 통해 몸의 감옥에서 영원한 신적 세계로 해방되어 영원한 생명을 얻게 되는 반면 그의 몸은 흙으로 돌아가 썩어 없어진다. 따라서 죽음은 인간의 영혼이 몸의 감옥에서 해방되는 사건이다. 그것은 인간 실존의 단절과 폐기가 아니라 신적 영역으로 영혼이 돌아가는 하나의 통과 과정에 불과하다. 이러한 영혼 불멸설 때문에 일단의 고린도 교회 교인들은 죽은 사람들의 부활을 부인했던 것 같다. 그들의 생각에 의하면 사멸의 영역에 속한 인간의 몸은 부활할 가치가 없으며, 죽은 사람들의 영혼은 영원한 신적 세계에 살므로 부활을 필요로 하지 않기 때문이다.

이와 같은 부활 반대자들에 맞서 바울은 부활하신 그리스도의 부활에 근거하여 죽은 자들의 보편적 부활을 주장한다. 부활하신 그리스도는 "잠든 사람들의 첫 열매"(고전 15:20)다. 이 구절에서 "첫 열매"(aparke)는 희생 제물 사상에서 오는 개념으로, 하나님에게 바쳐야 할 모든 것을 대리하여 바치는 첫 소득, 곧 "전체를 대리하는 첫 열매"를 가리킨다. 따라서 부활하신 그리스도는 잠든 사람들 전체를 대리한다는 뜻에서 "잠든 사람들의 첫 열매"다. 그의 부활은 단지 그 자신에게만 해당하는 사건이 아니라 모든 잠든 사람, 곧 죽은 사람들의 **부활의 서곡 내지 시작**이다.

이 생각을 바울은 먼저 고린도전서 15장에서 아담-그리스도의 유비를 통하여 나타내는데, 그것은 나중에 로마서 5:12-21에서도 나타난다. 아담으로 말미암아 죽음이 이 세계 속으로 들어온 반면, 그리스도를 통하여 생명이 이 세계 속으로 들어왔다. 아담을 통하여 모든 인간이 죽음의 세력에 사로잡힌 반면, 그리스도를 통하여 모든 인간이 생명을 얻게 되었다. 믿음 가운데서 세례를 통하여 그리스도의 죽음과 연합하는 모든 사람에게, 그는 영원한 생명에 이르는 문을 활짝 열어놓았다. 아담 안에서 죽을 수밖에 없는 모든 사람이 그리스도를 통하여 새로운 생명으로 다시 태어나게 되었다. 그리스도는 죽은 사람들이 그를 통하여 새 생명을 얻게 되는 둘째 아담이다. "한 사람으로 말미암아 죽음이 들어왔으니, 또 한 사람으로 말미암아 죽은 사람의 부활도 옵니다"(고전 15:21). 그의 부활을 통하여 죽음이 생명으로 변화되는 **역동적 과정**이 시작되었다. 그리스도의 복음을 믿고 세례를 통해 그와 연합할 때, 죽은 자의 부활이 앞당겨 일어난다. 이것은 유대인들 곧 자신의 동족에 대한 바울의 생각에 분명히 나타난다. 하나님께서 유대인들을 받아들일 때, "죽은 자들 가운데서 다시 사는 것(생명)" 곧 죽은 자들의 부활이 일어난다(롬 11:15).

여기서 바울은 부활 과정의 세 단계를 말한다. 첫째 단계는 "죽은 자들의 첫 열매"이신 그리스도의 부활이다. 둘째 단계는 그가 재림할 때 그에게 속한 사람들의 부활이다. 셋째 단계는 "그리스도께서 모든 통치와 권위와 권력을 폐하시고 그 나라를 하나님 아버지께 바치실"(고전 15:24) 종말이다. 종말에 그리스도는 죄와 고난과 죽음과 슬픔과 울부짖음을 일으키는 모든 반신적 세력을 폐할 것이다. 어떤 반신적 세력도 예외가 될 수 없다. 가장 강한, 그러므로 가장 마지막에 폐기될 반신적 세력은 죽음이다. "마지막으로 멸망받을(=폐기될) 원수는 죽음입니다"(고전 15:26). 죽음의 세력마저 폐기될 때, 참으로 모든 것이 그리스도의 통치 안에 있을 것이며, 하나님의 나라가 완성될 것이다.

죽음에 대한 바울의 이러한 생각은 죽은 자들의 부활을 부인하는 고린도 교회 교인들의 이원론적 인간관과 세계관을 정면으로 반박한다. 그들의 이원론적 인간관과 세계관에 의하면, 인간의 영혼만이 구원의 대상이다. 영혼의 구원은 죽음을 통해 인간의 영혼이 육체의 감옥에서 영원한 신의 세계로 해방되어 영원히 불멸하는 데 있다. 이와 같이 생각할 때, 인간의 육체는 물론 육체가 거기에 속한 **자연과 영혼의 적대 관계**가 형성된다. 인간은 그의 영혼을 귀중한 것으로 보는 반면, 그의 육체와 자연의 영역을 천시하고 학대하며 그것을 지배하려는 삶의 태도를 취한다. 그는 저질적 육체를 고상하고 거룩한 영혼에 예속시키며, 육체로 말미암은 인간의 모든 욕구를 천하고 죄된 것으로 생각하여, 그것을 억누르거나 심리적으로 또 사회적으로 배제한다. 육체와 물질에 대해 말하는 것 자체를 죄된 것으로 여기며, 사실은 그것을 사랑하고 좋아하면서도 그것에 대해 침묵한다.

죽음을 통하여 천한 육체의 감옥에서 해방되는 것을 동경할 때, 인간은 모든 육에 대한 "죽음의 본능"(Todesinstinkt)을 갖게 된다. 삶의 열정은 인간의 특정한 신체 부위로 배제되고, 이 부위의 욕구를 충족시키는 데 모든 열정을 쏟는다. 자신의 삶을 다양한 차원에서 열정적으로 살고자 하지 않고 성적 욕구의 충족을 삶의 가장 높은 가치로 생각하며, 이 욕구를 충족시키고자 하는 욕망이 그의 삶을 지배하게 된다.[72]

또한 고린도 교회 교인들의 영혼 불멸 신앙에 의하면 인간의 영혼은 영원한 신적 세계로 올라가지만, 죄와 죽음과 허무의 세력에 사로잡힌 이 세계는 아무 희망 없이 현재의 상태 그대로 **방치되며**, 방치됨으로써 **포기된다.** 그것은 죽음의 세계에 내맡겨진다. **죽음은 극복되지 않은 채** 여전히 그의 세력을 행사하며, 인간의 실존은 영원히 "죽음의 그늘" 속에서 신음하며 살게 된다. 죽음을 극복한 영혼의 영원한 구원의 길이 여기에 있는 것 같지만, 사실상 죽음과 죽음이 지배하는 삶의 현실은 극복되지 않는다. 단지 "죽음의 배제"(Verdrängung des Todes)가 일어날 뿐이며, 죄와 불의와 죽음의 세력의 지배는 계속된다. 죽음과 허무의 영역에 속한다고 생각하는 인간의 몸과 물질과 자연의 세계를 천시하고, "영적인 것"을 사모하는 척하면서 철저히 이 세계의 것을 추구하는 이중적 삶의 태도가 극복되지 않는다. 이는 물질에 집착하지 말고 오직 영적인 일에 전념해야 한다고 설교하면서, 교회의 재산 증식에 관심을 가진 교회와 같다.

고린도 교회 교인들이 생각하는 것처럼 단지 개인의 피안적 운명이 문제된

---

72) 이에 관하여 J. Moltmann, *Der Weg Jesu Christi. Christologie in messianischen Dimensionen*(『예수 그리스도의 길』, 김균진 역), 1989, 283; N. O. Brown, *Life against Death. The Psychoanalytical Meaning of History*, 1959, chap. XVI: The Resurrection of the Body, 307ff; N. O. Brown, *Love's Body*, 1968, 191ff.

다면, 죽음은 이 세계의 영원한 구성 요소로, 파괴되지 않은 세력으로 존속할 것이다.…고린도 교회 교인들은 죽음을 멸시받아야 할 육체로부터…영혼의 분리로 생각하며, 이를 통하여 그들은 죽음을 무해한 것으로 만든다 (verharmlosen). 이리하여 그들은 창조를 죽음에 내맡기며…죽음은 승리자로 남게 된다.[73]

이에 반해 바울은 죽음과 죽음의 세계 자체를 공격하는 부활의 복음을 선포한다. 그리스도는 부활의 첫 열매다. 그의 부활을 통하여 하나님의 생명이 죽음의 세력을 극복하였다. 그러나 그의 부활은 과거에 일어난 사건으로 끝나지 않는다. 오히려 그의 부활 이후로 그리스도께서 죄와 죽음의 세력들을 몰아내고 생명의 세계를 확장시키는 새로운 역사가 일어난다. "죽음의 역사"에 대항하는 **"생명의 역사"**의 투쟁이 일어난다. 물론 죽음의 세력은 아직도 활동하며 그 위력을 과시하고 있다. 그리스도에게 속한 사람들, 곧 그리스도인들도 죽음의 세력을 그들의 몸에서 경험한다. "우리에게서는 죽음이 힘을 떨치고"(고후 4:12). 그러나 그리스도께서 다시 오시고 죽은 자들이 부활하며 살아 있는 자들이 변화될 때 "마지막 원수"인 죽음이 완전히 폐기될 것이다. 그리고 하나님께서 "모든 것 안에서 모든 것"이 되시며 모든 것을 다스리는 새 생명의 세계가 이루어질 것이다.

고린도 교회 교인들이 주장하는 것처럼 만일 죽은 자들의 부활이 없다면, 그리스도께서 모든 반신적 세력을 굴복시킨다고 말할 수 없으며, 하나님이 모든 것을 다스리지 못할 것이다. 극복되지 않은 죽음의 세력이 이 세계를 여전히 파멸시키고자 위협할 것이다. 하나님이 통치하지 못하는 영역이 항상 남아 있을 것이다. 죽은 자들의 부활을 부인하는 사람은 허무한 이 세계로부터 개인주의적 구원의 길을 찾았다고 생각하겠지만, 이 세계를 죽음의 세력에 내맡기며 사실상 죽음의 세력과 타협하게 될 것이다.

---

73) G. Sellin, *Streit um die Auferstehung der Toten*, 275.

죽음과 부활의 신학

죽은 다음 개인의 영혼이 영원한 신적 세계로 돌아가서 불멸을 누린다 할지라도, 이 세계는 여전히 구원받지 못한 상태에 머물 것이며 죽음의 세력에 내맡겨져 있을 것이다.

이에 반해 바울은 죽음의 세력에게 묶여 있는 이 세계 전체를 포괄하는 구원의 복음, 곧 죽은 자들의 부활을 선포한다. 그리스도의 죽음과 부활을 통해 하나님의 새로운 생명의 세계가 죽음의 세계 속에 열렸다. 먼저 그리스도께서, 그 다음 모든 죽은 자들이 새 생명으로 부활하며, 마지막에는 죽음 자체가 폐기되는 부활의 과정이 예수의 부활과 함께 시작되었다. 모든 것을 집어삼키는 죽음 자체가 마지막에 삼키어질 것이다. 하나님은 이것을 예언자 호세아를 통하여 다음과 같이 약속한다.

내가 그들을 스올의 권세에서 속량하며
내가 그들을 사망에서 구속하겠다.
사망아, 네 재앙이 어디 있느냐?
스올아, 네 멸망이 어디 있느냐?(호 13:14)

하나님의 이 약속의 성취가 예수 그리스도 안에서 가까이 왔다. 그러므로 바울은 호세아의 이 약속의 전통 속에서 다음과 같이 말한다.

죽음을 삼키고서 승리를 얻었다.
죽음아, 너의 승리가 어디에 있느냐?
죽음아, 너의 독침이 어디에 있느냐?(고전 15:54-56)

중요한 문제는 개인 영혼의 핵이 육체의 죽음 다음에도 계속 존재하는 것이 아니라, 온 세계를 파멸시키고자 하는 죄와 죽음의 세력을 무력화시키고 죽어가는 생명들을 살리며 하나님의 창조를 회복하는 데 있다. 이것은 단지 개인의 영혼 속에서 일어나는 사적인 일이 아니라 하나님의 창조 전체를 포괄하는 **우주적 사건**이다. 온 세계가 죽음의 세력에서 생명의 세계로 해방되어야 한다. 그리스도의 부활을 통하여 이제 모든 피조물이 "사멸의 종살이"에서 해방되며, 하나님께서 그의 피조물들 가운데 계시리라는 하나님의 약속 아래에 있다.

> 보아라, 하나님의 집이 사람들 가운데 있다.
> 하나님께서 그들과 함께 계실 것이요,
> 그들은 하나님의 백성이 될 것이다.
> 하나님께서는 친히 그들과 함께 계시고,
> 그들의 눈에서 모든 눈물을 닦아주실 것이니,
> 다시는 죽음이 없고,
> 슬픔도 울부짖음도 고통도 없을 것이다.
> 이전 것들이 다 사라져버렸기 때문이다(계 21:3-4).

또한 바울은 고린도 교회의 영혼 불멸 신앙에 반하여 "몸의 부활"을 선포한다. 인간의 영혼은 물론 그의 육체를 포함하는 전체로서의 인간, 곧 그의 "몸"(soma)이 부활하여 영원한 생명을 누릴 것이다. 영원한 생명은 단지 영적인 것이 아니라 **몸적인 것**이다. 물론 그 몸은 지금 우리가 가진 몸과는 전혀 다른 "영적 몸"(soma pneumatikos)이다(고전 15:44, "신령한 몸"). 그러나 부활한 다음에 얻게 될 영원한 생명은 몸이 없는 단지 영적인 것이 아니라 영혼과 몸을 포괄하는 **총체적인 것**이다. 이와 같은 부활 신앙을 가질 때, 인간은 자기의 몸과 물질과 자연에 대한 천시와 학대와 억압을 중지하고 이 모든 것을 사랑하게 된다. 미움과 증오와 죽음의 본능에서 생명과 사랑의 본능으로 해방되며, 생명을 사랑하고 싶어 하는 본능이 그의 삶을 다스리게 된다. 그는 "죽어가는 것들"을 사랑할 수 있으며, 단지 성적 욕구에 사로잡힌 사람이 아니라 다양한 차원에서 사랑의 열정을 품고 사는 사람으로 변화된다. 몸의 부활을 믿을 때, 그는 단지 영적으로 살고 영적으로 사랑하는 것이 아니라, 지금 여기에서 몸적으로 살고 몸적으로 사랑하며, 사랑 안에서 자기의 죽음을 받아들일 수 있게 된다. 단지 그의 영혼만이 부활하는 것이 아니라 자기 삶의 역사를 가진 그의 존재 전체가 부활할 것이다. 따라서 그는 단지 영적·개인적 차원이 아니라 총체적 차원에서 그의 삶 전체를 하나님 앞에서 진지하게 살고자 노력한다.

7) 죄와 죽음의 세계 속에서 일어나는 생명의 세계

더 이상 죽음이 없고 슬픔과 울부짖음과 고통이 없는 세계에 대한 하나님의 약속은 단지 역사의 미래로 머물지 않고 오히려 역사의 현실 한가운데서 성취되기 시작한다. 생명의 세계가 죽음의 세계 한가운데서 앞당겨 일어난다. 신약성서에 의하면 이것은 먼저 **예수 그리스도와의 만남**을 통해 일어난다. 예수를 만나 자기 죄를 고백하고 예수와 함께 동행하는 삶을 살 때, 죽음의 세력은 물러가고 새로운 생명의 세계가 열린다. 예수께서 죽은 나사로를 부활시킨 이야기는 바로 이것을 시사한다. 예수와 함께 살며 그와 동행하는 사람은 죽을지라도 살 것이다. 이것은 단지 "최후의 날" 곧 역사의 마지막에 일어나는 것이 아니라, 바로 지금 여기서 앞당겨 일어난다. 죽은 자들이 하나님 아들의 음성을 듣고 새 생명을 얻게 되는 "때"가 이미 왔기 때문이다.

> 죽은 사람들이 하나님의 아들의 음성을 들을 때가 온다. 지금이 바로 그때이다. 그리고 그 음성을 듣는 사람은 살 것이다(요 5:25).

또한 세례를 통해 새로운 생명의 세계에 대한 하나님의 약속이 역사의 현실 한가운데서 성취되기 시작한다. 그리스도인들은 세례를 통해 그들의 죄된 삶에 대하여 하나님 앞에서 그리스도와 함께 십자가에 못박혀 죽었으며 무덤 속에 묻혔다. 이와 동시에 그들은 세례를 통해 "죽은 사람들 가운데서 살리심을" 받았으며, 새로운 생명으로 들어왔다. 이제 그들은 죄와 죽음의 세력에서 해방되어 영원한 생명의 세계에 속한다.

그러므로 우리는 그분의 죽으심과 연합하는 세례를 받음으로써 그분과 함께 묻혔습니다. 이것은 그리스도께서 죽은 사람들 가운데서 아버지의 영광으로 살리심을 받은 것과 같이, 우리도 새로운 생명 가운데서 살아가게 하려는 것입니다(롬 6:4).

세례를 통해 삼위일체 하나님께 속한 그리스도인들의 존재와 함께, 죄와 죽음의 세계 한가운데에 새로운 생명의 세계가 자리를 잡는다. 이제 그들은 하나님의 영원한 생명이 그 안에 있는 "새 피조물"이 되었다.

누구든지 그리스도 안에 있으면 그는 새로운 피조물입니다. 옛것은 지나갔습니다. 보십시오. 새것이 되었습니다(고후 5:17).

새로운 생명의 세계가 한 개인에게서 시작할 때, 그것은 바로 새로운 생명의 세계가 온 우주 안에서 시작하는 것을 뜻한다. 한 인간의 생명이 다시 태어날 때, 온 우주의 다시 태어남이 시작된다.

그러나 이것은 시작에 불과하다. 세례를 통해 영원한 생명이 그리스도인들에게 주어졌다. 새로운 생명의 세계가 그들의 존재를 통해 죽음의 세계 한가운데서 일어났다. 그러나 그것의 완성은 미래에 있다. 그것은 **현재적인 동시에 미래적인 것**이다. 죽음의 세력은 지금도 하나님의 창조를 위협하고 있다. 일차적으로 그것은 죄의 유혹으로 나타난다. 그러므로 그리스도인들은 항상 죄의 유혹을 물리치면서, 하나님의 창조 전체에 나타날 영원한 생명을 향해 끊임없이 싸워야 한다. **죄에 대한 싸움**은 그 뒤에 숨어 있는 죽음의 세력에 대한 싸움이요, 그것은 생명의 세계를 확장시키기 위한 싸움이다. 이를 위하여 그들은 모든 "육적인" 행동 방식, 곧 자기를 주장하고 자기 명예를 탐하며 자기의 세력을 확장하려는 삶의 태도를 버리고, 매일 그리스도와 함께 죽고 새로운 생명으로 다시 태어나야 한다. 그들은 더 이상 죄와 죽음의 세력이 그들의 삶을 지배하지 못하게 해야 한다. 그들은 그들 자신의 존재 안에 자리 잡은 새로운 생명의 세계의 완성을 향해 나아가도록 부르심을 받았다.

> 그러므로 죄가 여러분의 죽을 몸을 지배하지 못하게 해서, 여러분이 몸의 정욕에 굴복하는 일이 없도록 하십시오.⋯여러분은 죽은 사람들 가운데서 살아난 사람답게, 여러분을 하나님께 바치고, 여러분의 지체를 의의 연장으로 하나님께 바치십시오(롬 6:12-13).

바울은 이 생각을 여러 가지 상을 통해 나타낸다. 밤이 깊지만, 새 날이 가까이 왔다. 그리스도인들은 잠에서 깨어나 옛날의 옷, 곧 어둠의 삶의 방식을 벗어버리고 "빛의 갑옷"을 입어야 한다. 그들은 "밤이나 어둠에 속한 사람"이 아니라 "낮에 속한 사람"이다. 그들은 "빛의 자녀요 낮의 자녀"다(살전 5:4-8; 참조. 엡 5:8). 그들은 어둠에 속한 사람들처럼 방탕하고 무절제하게 살아서는 안 된다. 오히려 그들은 깨어 있어야 하며, 믿음과 희망과 사랑으로 무장해야 한다.

> 우리는 낮에 속한 사람이므로 정신을 차리고, 믿음과 사랑을 가슴막이로 하고, 구원의 희망을 투구로 씁시다(참조. 엡 6:10-17).

우리는 지금 죄가 지배하는 이 세계 속에서 많은 생명이 죽음을 향하여 줄달음치고 있는 현실을 목격하고 있다. 겨우 15살, 16살 된 여자아이가 용돈을 마련하기 위해 수백 명의 성인 남자들과 "원조 교제" 아니 "소녀 매춘"을 하는 진풍경이 벌어지고 있다. 사회의 몇몇 특권 계층은 정경유착을 통해 엄청난 풍요와 편리를 누리는 반면, 대다수의 일반 국민은 밑바닥 생활을 벗어나지 못하고 있다. 가는 곳마다 부패와 타락과 향락이 만연하다. 인간이 파괴한 자연환경은 이제 인간 자신의 생명을 위협하고 있다. 하늘의 수많은 새, 바닷속의 고기와 해조류, 땅 위에 있는 동물과 식물들이 떼죽음을 당하고 있다. 얼마 전에도 칠레 남부 해변에서 수십 마리의 고래가 떼죽음을 당한 채로 발견되었다. 한마디로 이 세계는 **죄와 죽음의 세계**다. 인간의 탐욕과 죄, 이것을 자극하는 죽음의 세력으로 말미암아 무고한 생명들이 소리 없이 죽어가고 있지만, 우리는 자신의 생활에 쫓겨 그들의 죽음과 고통과 부르짖음에 대해 무관심하다.

이러한 세계 속에 하나님은 그리스도의 부활을 통해 **영원한 생명의 세계**를 시작하시고 그의 자녀들을 부르신다. "잠자는 사람아, 일어나라. 죽은 사람들 가운데서 일어나라. 그리스도께서 너를 환히 비추실 것이다"(엡 5:14). 하나님의 부르심을 통하여 새로운 생명으로 다시 태어난 그리스도인들은 "죽은 자들로부터 그리스도의 부활을 통하여 생동하는 희망으로"(벧전 1:3) 부르심을 받았다. 그들은 "영원한 생명의 희망을 가진 상속자들"이다(딛 3:7). 그러나 그들은 죄와 죽음의 세력이 다스리는 이 세계를 떠나도록 부르심을 받은 것이 아니라, 죄와 죽음의 세력을 극복하고, 모든 피조물의 해방과 영원한 생명이 있는 새로운 세계를 향해 부르심을 받았다. 그들 안에 자리 잡은 하나님의 영원한 생명은 이제 모든 피조물의 영역으로 확대되어야 한다. 모든 피조물이 신음하며 영원한 생명과 자유를 기다리고 있다.

> 그것은 곧 피조물도 사멸의 종살이에서 해방되어서 하나님의 자녀가 누릴 영광된 자유를 얻는다는 것입니다. 우리는 모든 피조물이 이제까지 함께 신음하며, 해산의 고통을 함께 겪고 있다는 것을 압니다(롬 8:21-22).

그리스도인들의 삶 속에 자리 잡은 영원한 생명은 무엇보다 먼저 그리스도인들이 행하는 의와 사랑을 통해 나타난다. **의와 사랑**이 있는 곳에는 영원한 생명이 있는 반면, 불의와 미움과 증오 속에는 죽음이 있다.

우리가 이미 죽음에서 생명으로 옮겨갔다는 것을 우리는 압니다. 이것을 아는 것은 우리가 형제자매를 사랑하기 때문입니다. 사랑하지 않는 사람은 죽음 가운데 머물러 있습니다(요일 3:14).

미움과 증오는 생명을 죽인다. 어린아이를 계속 미워하고 증오하면, 그 아이의 생명이 훼손되고, 마침내 그 아이는 사회에서 낙오되어버린다. 그러므로 형제를 미워하는 것은 살인하는 것과 마찬가지다. "자기의 형제나 자매를 미워하는 사람은 누구나 살인을 하는 사람입니다"(요일 3:15). 이에 반해 사랑은 생명을 생동케 한다. 사람은 물론 동물과 식물마저도 사랑을 받으면 생동한다. 집안에서 기르는 짐승이나 화초도 주인의 사랑을 받으면 건강하게 잘 자란다. 따라서 미움과 증오는 죽음의 힘이요, 사랑은 생명의 힘이라 말할 수 있다. 그리스도인들의 사랑 안에서 죽음의 세력은 물러가고, 부활의 생명의 세계가 사건화된다.

그러므로 사랑은 육 안에 있는 부활의 내재적 힘이다. 부활은 사랑의 초월적 완성이다.[74]

참 사랑은 추상적이 아니라 구체적이며, 부분적이 아니라 포괄적이다. 그것은 하나의 느낌이나 감정이 아니라 "형제나 자매의 궁핍함"을 보고 도와주는 구체적 행위이며, 생명을 파괴하는 모든 죄와 죽음의 세력에 대항하고 생명을 장려하는 포괄적 행위다. 바울이 말하듯이, 참 사랑은 생명을 파괴하는 모든 반신적·무신적 세력에 대항하여 자신의 몸을 하나님의 "의의 병기"로 헌신하는 데 있다. "사람이 친구를 위하여 목숨을 버리면 이보다 더 큰 사랑은 없다"(요 15:13). 하나님의 사랑 안에 있는 그리스도인들은 생명을 사랑한다. 그들은 새 생명으로 부르심을 받았으며, 하나님은 그

---

74) J. Moltmann, *Der Weg Jesu Christi*, 286.

가 지으신 피조물들의 죽음을 원하지 않고 생명을 원하기 때문이다. 따라서 그리스도인들은 생명을 파괴하는 "공중의 권세 잡은 자들"에게 저항한다. 자기 생명은 물론 이웃과 자연 피조물들의 생명을 긍정하고 사랑하는 사람은, 생명을 파괴하는 모든 반신적·무신적 세력에 대항할 수밖에 없다. 생명을 억압하고 파괴하는 무신적 세력을 무너뜨리고 생명을 보호하며 회복하고자 하는 그들의 노력과 투쟁 속에서, 하나님이 약속하신 미래의 새로운 생명의 세계 곧 "새 하늘과 새 땅"이 역사의 현실 속으로 한 걸음 더 가까이 다가온다.

IV

죽음은 자연적인 것인가?

- 죽음의 의미의 이중 구조 -

앞장에서 기술한 바와 같이 성서는 죽음을 본질적으로 생명과 교통을 원하시는 하나님의 뜻에 모순되는 "부정적인 것", 그러므로 "본래 있어서는 안 될 것", "극복되어야 할 것"으로 파악한다. 그러나 우리 인간이 삶의 충만함 속에서 살다가 수(壽)를 다하고 죽을 때, 죽음은 하나의 **긍정적 의미**를 가지며 **자연 질서**에 속한다고 볼 수 있다. 또한 그리스도인들이 사나 죽으나 그리스도 안에 머물며 "그리스도의 몸"을 이룬다면, 그들의 죽음은 시간과 공간의 제약을 벗어난 새로운 차원에서 "그리스도와의 친교" 안으로 들어가는 긍정적 의미를 가진다고 말할 수 있다. 이 장에서 우리는 죽음의 긍정적 측면을 해명하는 동시에, 인간의 현실 속에서 일어나는 죽음 그 자체는 자연적인 것이 아니라 **비자연적인 것, 극복되어야 할 것**임을 드러내고자 한다.

1. 삶의 완성으로서의 죽음

1) 죽음의 생물학적 차원과 인격적 차원

일반적으로 우리는 죽음을 삶의 끝이라고 생각한다. 이것은 우리가 부인할 수 없는 사실이다. 죽음과 함께 삶의 시간은 끝난다. 삶 속에서 우리가 맺었던 모든 관계는 죽음과 함께 중단되며, 우리는 이 세계를 더 이상 경험할 수 없게 된다. 아름다운 산과 하늘, 맑은 시냇물과 갖가지 색깔의 아름다운 꽃들을 더 이상 볼 수 없다. 아름다운 그림과 음악을 감상할 수도 없다. 미우나 고우나 정이 들었던 사람들을 더 이상 만날 수 없다. 우리는 이 세계의 모든 것을 남겨 두고 각자 홀로 떠난다. 그리고 떠나면 다시 돌아올 수 없다. 따라서 죽음은 영원한 작별이다. 그것은 이 세계의 모든 것이 나에게 끝남을 뜻한다. 한 사람에게 그것은 그의 종말이다. 그러므로 죽음은 사랑하는 사람들과 헤어지는 마지막 순간처럼 슬프고 고통스럽다.

그러나 이것은 죽음이 지닌 의미의 한 면에 불과하다. 우리의 삶을 한 폭의 그림으로 생각할 때, 죽음은 끝(*finis*)인 동시에 **완성**(*telos*)이다. 모든 인간은 어머니에게서 태어나는 순간 70년이나 80년 혹은 그 이상이나 그 이하의 시간 동안 자신의 몸으로 그려 나가야 할 삶이라는 하나의 화폭을 부여받는다. 사람들은 각자에게 주어진 삶의 환경과 조건 속에서 자기 나름대로의 그림을 그려 나간다. 좋든 싫든 우리는 그렇게 할 수밖에 없다. 사는 게 너무 힘들어 살기 싫은 사람일지라도, 우리 모두는 자기 인생의 그림을 그려 나갈 수밖에 없다.

이 그림은 각자가 어떻게 행동하고 어떻게 사느냐에 따라 달라진다. 깨끗하고 아름다운 삶을 살아가는 사람은 깨끗하고 아름다운 그림을 그릴 수 있고, 악하고 추하게 살아가는 사람은 악하고 추한 그림을 그릴 수밖에 없다. 자기 결단에 따라 삶을 그리는 사람도 있고, 인생의 그림을 그리고 싶은 마음이 전혀 없는데도 어쩔 수 없이 그것을 그려야만 하는 사람도 있다. 그러나 인간이 원하든 원하지 않든 간에, 모든 사람은 죽음의 순간에 이르기까지 삶이라는 한 폭의 그림을 그려 나간다. 따라서 각 사람은 자기 삶의 그림을 그리는 화가라고 할 수 있다. 이 그림은 죽음의 순간에 끝난다. 그는 한 폭의 삶의 그림을 그려 놓고 세상을 떠난다. 이때 죽음은 삶의 끝인 동시에 삶의 목적과 완성이다. 죽음의 순간은, 한평생 그려온 자기 삶의 그림 내지 자화상이 완성되는 순간이다.

죽음이 지닌 이 양면성을 우리는 삶과 죽음의 **"생물학적 차원"**(biologische Dimension)과 **"인격적 차원"**(persönliche Dimension), **"부정적 차원"**과 **"긍정적 차원"**이라 말할 수 있다.[1] 생물학적 차원에서 인간의 삶은

---

1) 이에 관하여 L. Boff, *Was kommt nachher? Das Leben nach dem Tode*, 2. Aufl.,

단지 생물학적 과정으로 이해된다. 그는 태어나서 성장하고, 자기를 발전시키며, 성숙해지며, 나이를 점점 더 먹고, 마지막에는 죽는다. 그는 많은 가능성과 잠재력을 가지고 태어나며, 성숙의 단계에 이르기까지 그의 가능성과 잠재력을 점차 실현한다. 그러나 장년기의 성숙 단계를 지나 노년기에 이르면, 그가 가진 가능성과 잠재력은 점점 작아지고 자기 한계를 드러낸다. 그가 지닌 생명의 에너지가 점점 더 약해지며 기동력도 떨어진다. 죽음이 점점 가까워진다.

죽음은 생물학적 과정으로서 삶의 마지막에 삶의 바깥으로부터 오는 것이 아니라, 삶의 전 과정 속에서 찾아온다. 순간순간마다 그의 삶이 소비되고, 죽음이 가까이 온다. 그러므로 인간의 삶은 "죽어가는 삶", "살아 움직이는 죽음"이라 말할 수 있다. 인간은 죽는 순간까지 죽지 않고 살고자 하며, 자기의 생물학적 자아 곧 그의 "비오스"(bios)를 유지하고자 한다. 그래서 정력 보강에 도움이 된다고 생각하면 무엇이든지 잡아먹는 것이다. 그러나 그가 아무리 발버둥 쳐도 가까이 오는 죽음을 피할 수는 없다. 쉬지 않고 흐르는 시간의 과정을 막을 도리가 없다. 이 과정 속에서 그가 소유한 삶의 잠재력과 에너지는 점점 감소되고, 결국 죽음이 찾아온다. 여기서 죽음은 생명의 중단 곧 "개인의 종말"로 이해되며, **부정적인 것, 파괴적인 것**으로 생각된다. 쇼샤르는 생물학적 과정으로서 삶의 마지막에 오는 죽음을 아래와 같이 세 단계로 구분하여 설명한다.

> 그 첫째 단계는 겉보기의 죽음으로, 이 단계는 극단적으로 생명 활동이 이완된 상태로서 잘 치료하면 삶을 되찾을 수 있는 단계다. 예를 들면 의식 불명, 근육의 이완, 호흡의 정지, 심장이나 순환 기능의 쇠약 등이 동반되는 시기이며, 경우에 따라서 바로 죽음을 예상할 수도 있고 때로는 자연히 생으로 회복되는 경우도 있을 수 있다. 둘째 단계는 임상적인 죽음으로, 혈액 순환이 장기

1993, 32ff.

죽음과 부활의 신학

간에 걸쳐 완전히 정지된 상태다. 자연히 회복될 희망은 전혀 없고 예후는 절대적으로 불량하며 이 시기에 매장하더라도 별 염려는 없는 상태다. 이 단계에서 사람은 죽었다고 말할 수 있으나, 혹 어떤 종류의 방법을 시행하면 생명의 활동을 재현시킬 수도 있다. 왜냐하면 죽음의 한 시기에서 다른 시기로 옮겨가고 있는 것이므로 뚜렷한 경계가 없기 때문이다. 셋째 단계는 절대적인 죽음의 단계다. 조직이나 기관의 대부분에 변성이 일어나고 생활 기능을 재현할 수 없게 된 단계다. 이제는 생명의 실체가 점점 소실되어 상대적인 죽음에서 절대적인 죽음으로, 즉 생리학적인 의미의 죽음으로 변하여간다. 그렇게 되면 산 세포는 점점 없어지고 시체가 분해되기 시작한다. 따라서 신체의 각 부위에서는 여러 가지 죽음의 징후가 공존하게 된다.[2)]

죽음을 단지 생물학적인 의미에서 "bios"의 단절로 보는 생각은 삶에 대한 태도를 결정한다. 죽음과 함께 모든 것이 끝난다면 삶은 무의미하다고 생각하게 된다. 삶 자체가 전부다. 삶 다음에 남는 것은 아무것도 없다. 그러므로 인간은 주어진 삶에 집착하며, 수단과 방법을 가리지 않고 삶의 시간을 연장시키려 한다. 삶의 시간을 가능한 길게 연장시키고 자기에게 주어진 잠재력과 에너지를 유지할 뿐 아니라 가능한 한 더 많이 충전시키고 더 많이 소유하고 누리는 것을 삶의 가치로 생각하게 된다. 그로 인해 끝까지 자기 자신과 자기의 소유에 집착하는 인간상, 곧 "소유의 인간상"이 형성된다.

이러한 사람은 자기 죽음을 쉽게 받아들이지 못한다. 그는 끝까지 삶에 집착하며 죽지 않으려고 발버둥 친다. 물론 그는 좌절한 마음으로 자기의 죽음을 받아들일 수도 있다. 그러나 그에게는 생물학적 의미의 생명, 곧 "비오스"(bios)를 연장시키고 쾌락을 누리는 것이 인생의 최고 목적이기

---

2) P. Chauchard, 오영근 공역, 『죽음의 생물학적 해석』, 서울, 아카데미서적, 1987, 71. 장하열·강성경, "한국의 전통 상례(喪禮)와 죽음관 연구(1)", 268f에서 인용함.

때문에 자기 죽음을 받아들이는 일이 매우 어렵다. 그래서 엄청난 액수의 돈을 지불해가면서 갖가지 보약을 복용하고 죄 없는 동물들을 잡아먹는다. 심지어는 야생동물의 피를 마시는가 하면, 정기를 향상시키려는 목적으로 젊은 여성들과 목욕을 하며, 갓 태어난 아기의 태반을 삶아 먹는 해괴한 일을 벌이기도 한다. 이러한 사람이 자기의 죽음을 인정한다는 것은 매우 어려운 일일 것이다. 그가 마지막 죽음의 선고를 받을 때, 그는 죽음의 사실에 대해 분노하며, 좌절과 허탈 가운데서 죽음을 맞을 수밖에 없을 것이다. 죽음은 그의 삶의 끝이기 때문이다.

2) "우리의 겉사람은 낡아가나 우리의 속사람은"

그러나 인간은 생물학적 존재인 동시에 인격적이며 정신적인 존재다. 그의 생물학적 존재가 쇠퇴할수록, 그의 인격적·정신적 존재는 성장한다. 즉 겉사람은 퇴조하나 속사람은 발전한다. 나이가 들면서 그의 이성과 의지가 눈을 뜨게 되고, 옳은 것과 그른 것을 분간하며, 삶의 참된 가치가 무엇인가를 깨닫게 된다. 인간이 산다는 것이 과연 무엇인가에 대해 점차 알아가는 것이다. 이것을 가리켜 우리는 "인생 철든다"고 말한다.

일반적으로 "인생의 철"은 사십대 중반쯤에 이르러 찾아든다. 사십대 중반기에 이르면, 더 이상의 사회적 발전이 어려워지고 신체의 기능도 현격하게 약화된다. 이때 우리는, 지금까지의 인생이 상승 국면에 있었다면, 앞으로의 인생은 하강 국면에 있다고 느끼게 된다. 하강 국면 마지막에 오는 죽음이 서서히 모습을 드러내기 시작한다. 자기의 인생이 시간적으로 무한한 것이 아니라 유한하며, 삶의 시간이 제한되어 있다는 사실이 점점 더 분명해진다.

이때 우리 인간은 자기 삶에 대해 두 가지 태도를 취할 수 있다. 그는 자기의 삶과 죽음에 대해 절망하면서 맹목적으로 살고자 할 수도 있고, 자기의 삶과 존재를 성찰하면서 정신적·인격적으로 성숙한 인간이 되고자 노력하며 지혜롭게 살고자 할 수도 있다. 후자의 태도를 취할 때, 그는 **생**

물학적 차원을 넘어서는 새로운 차원, 곧 **정신적·인격적 차원**의 삶을 시작하게 된다. 삶의 참 가치는 자기 집착과 소유와 향락에 있는 것이 아니라, 이웃에게 자기를 개방하고 이웃과 교통하며 자기를 내어주는 데 있음을 깨닫게 되는 것이다.

그는 자신의 존재 중심을 자기 안에 두지 않고 바깥에 두며, 자기 바깥에 있는 이웃들, 하나님의 고난당하는 피조물들을 지향하고 그들과 연대함으로써 자기의 사람됨 곧 인격을 발전시킨다. 다른 존재들 안에 거할 수 있는 능력이 커질수록 그의 삶은 풍요로워지며 참된 자아에 이르게 된다. 그는 성숙한 사람, 인간다운 인간이 된다. 그의 신체 기능은 약해지고 생물학적 존재는 쇠퇴하지만, 그의 인격적·정신적 존재는 점점 더 풍요로워지고 아름다워진다. 그에게 죽음은 단지 생물학적 의미에서 삶의 끝이 아니라 자신의 내적 성숙 과정의 완성을 뜻한다.[3] 물론 모든 인간에게서 이 완성은 미완성의 완성이지만, 죽음은 인간이 자기 능력으로 도달할 수 있는 마지막 완성으로 이해된다. 이런 의미에서 죽음은 생물학적 의미에서 "생명의 끝"을 뜻하는 동시에, 인격적 의미에서 "존재의 성취"(야스퍼스)를 뜻한다. 노유자는 인간의 죽음이 가진 생물학적 차원과 인격적 차원을 다음과 같이 설명한다.

인간에게는 두 개의 생명 곡선이 있는데, 물리적 에너지가 점차 소멸되어가는 생물학적 생명 곡선과 인간 내면으로 무한히 성장해가는 인격적 삶의 곡선이다. 생물학적 생명의 곡선은 조금씩 노쇠해가다가 마침내 죽음으로 끝장이 나고, 인격적 생명의 곡선은 무한히 성장해나가다가 죽음의 순간에 그 성장을 멈추게 된다. 두 생명의 곡선이 교차하고 단절될 때에 비로소 죽음의 순간이

---

3) 김형석, "죽음의 의미는 어디 있는가", 150도 죽음을 삶의 완성으로 파악함: "오히려 죽음은 불완전한 삶의 그림자이며 그 죽음을 통해 참된 삶이 완성되는 것이라고 보아도 좋을 것이다."

닥친다.[4]

죽음을 단지 생물학적 삶의 과정의 단절로 보지 않고 내적 성숙 과정
의 완성으로 볼 때, 다음과 같은 **삶에 대한 태도**가 형성될 수 있다. 죽음
과 함께 모든 것이 끝나버리는 것이 아니라 자신의 인격적 발전과 풍요
의 과정이 완성된다면, 삶은 무의미한 것이 아니라 죽음의 순간에 완성되
는 한 폭의 아름다운 그림이 된다. 그의 삶은 무(無)로 돌아가는 것이 아니
라 한 폭의 아름다운 그림으로 남는다. 그는 정력을 보강해가며 삶의 시간
을 최대한으로 연장시키면서 가능한 더 많이 소유하고 더 많은 향락을 누
리는 것을 삶의 최고 가치로 생각하지 않는다. 오히려 그는 인간다운 삶을
살며, 마지막에 **아름다운 자화상**을 남기는 것을 삶의 참 가치로 생각한다.
그는 자기에게 가능한 방법들로 타자 안에 존재하며, 하나님의 의와 자비
와 평화가 있는 세계를 형성하고자 노력한다. 그는 자기를 폐쇄시키지 않
고 개방한다. 그러므로 바울은 이렇게 말한다.

우리는 낙심하지 않습니다. 우리의 겉사람은 낡아가나, 우리의 속사람은 나날
이 새로워갑니다(고후 4:16).

시인 김소엽 씨는 삶의 완성으로서의 죽음을 다음과 같이 나타낸다.

누가 덧없이 말했는가
죽음은 공포이며 슬픔이라고
죽음은 생의 종말이며
삶의 끝이라고 말하지 마시오.

---

4) 노유자 외, 『호스피스와 죽음』(*Hospice and Death*), 서울, 현문사, 1998, 15. 장하열·강
성경, "한국의 전통 상례(喪禮)와 죽음관 연구(1)", 268에서 인용함.

죽음은 가장 진지한 삶의 표현
가장 경건한 삶의 완성인 것을.[5]

2. 자기 존재의 궁극적 완결

1) 자기 존재가 결정되는 순간

죽기 이전까지 삶의 모든 일은 취소되거나 변경될 수 있다. 삶의 모든 것
은 새로운 가능성에 대해 개방되어 있으며 가변적이다. 완전히 결정되고
고정된 것은 아무것도 없다. 인간의 삶도 마찬가지다. 죽는 순간까지 그것
은 유동적이며, 완결되지 않은 상태, 궁극화되지 않은 상태에 있다. 그것
은 준궁극의 상태에 있다. 물론 한 번 일어난 삶의 일들은 소멸되지 않고
영원히 남지만, 완결된 것은 아니다. 그것들은 새로운 차원에서 보이거나
새롭게 해석될 수 있으며, 계속되는 삶의 과정 속에서 새로운 의미를 가질
수 있다. 그러므로 삶의 과거는 고정된 것이 아니라 미래를 향해 열려 있
다. 세계의 역사도 마찬가지다.

　　인간의 죄를 일곱 번씩 일흔 번이라도 용서해야 할 이유가 여기에 있
다. 한 인간을 정죄하지 않고 용서한다는 것은, 그를 과거에 고정하지 않
고 존재의 새로운 미래를 향해 개방한다는 것을 말한다. 즉 존재의 새로운
가능성을 그에게 허용한다는 것이다. 그는 과거와는 다른 새로운 존재로
변화할 수 있는 가능성의 존재이며, 그의 과거는 우리가 알지 못하는 미래
의 빛에서 새로운 의미를 가질 수 있기 때문이다. 이와는 달리 정죄한다는
것은, 한 인간을 그의 과거에 묶고 새로운 미래의 가능성을 허용하지 않는
행위다. 그것은 그의 삶의 새로운 가능성에 대한 부인이며, 사실상 **생명의
파괴**다.

---

5) 김소엽, "죽음의 찬가", 삶과 죽음을 생각하는 회 창립 10주년을 축하하며, 7.

인간은 죽는 순간까지 새로운 가능성으로 존재한다. 그는 지금보다 더 선한 존재로 발전할 수도 있고, 더 악한 존재로 발전할 수도 있다. 그러므로 인간의 삶은 죽는 순간까지 미완결의 상태, 궁극화되지 않은 상태에 있다. 죽음이란 미완결의 상태에서 진행되던 삶이 완결되어지며, 유동 상태에 있던 삶이 **궁극성에 도달함**을 뜻한다. 자기 안에 폐쇄되어 생물학적 자기만을 추구하며 살든지, 아니면 자기를 개방하고 이웃을 지향하며 이웃 속에서 자기를 발견하는 삶을 살든지, 여하튼 죽음과 함께 인간의 삶은 더 이상 돌이킬 수 없는 것, 더 이상 변화시킬 수 없는 것 곧 "궁극적인 것"이 되어버린다.

이러한 뜻에서 죽음은 삶의 궁극성(Endgültigkeit)을 가져온다. 죽음과 함께 각자의 삶이 궁극화되고 그의 존재가 확정된다. 그가 그린 삶의 그림은 더 이상 고칠 수 없게 된다. 자기 삶의 그림, 곧 "삶의 역사"는 지울 수도 없고 고칠 수도 없는 것으로 완결되는 바로 이 순간이 죽음의 순간이다. 그리고 그 순간 그가 어떤 사람인지, 곧 어떤 존재인지가 결정된다. 주변 사람들로부터 "그 사람 속 시원히 잘 죽었다"는 평을 받든지, 아니면 "참 아까운 사람이 죽었다"는 평을 받는 존재로 결정되는 것이다. 하나님과 이웃 사람들이 그의 죽음을 속 시원해하는 존재로 완결되든지, 아니면 그의 죽음을 아쉬워하는 존재로 완결되든지, 그의 존재가 **완결되고 확정되는 순간**이 바로 죽음의 순간이다.

이런 관점에서 볼 때, 중요한 것은 죽음의 문제라기보다 "어떻게 살 것인가?"의 문제다. 죽었을 때, "아까운 분이 돌아가셨다"는 말을 듣는 삶을 살 것인지, 아니면 "시원하게 잘 죽었다", "잘 뒈졌다"는 욕을 듣는 삶을 살 것인지가 중요하다. 죽음이 그 사람의 삶을 마지막으로 평가한다. 죽음은 인간의 삶의 전 과정을 통해 그의 존재가 궁극적으로 결정되는 마지막 순간이다. 그러므로 "올바른 가치관을 가지고 잘" 사는 것이 중요하다.[6]

---

6) 이에 관하여 최내옥, "민속 신앙적 측면에서 본 한국인의 죽음관", 57, 86.

2) 자기 존재가 탄생하는 순간

자기 존재가 궁극적으로 확정되는 이 순간을 우리는 자기 존재의 **탄생의 순간**이라 말할 수 있다. 어머니의 태에서 출생하면서 인간은 자기의 존재를 스스로 형성해나가야 할 긴 여정을 시작한다. 그의 참 존재는 그에게 미리 주어져 있는 것이 아니라, 스스로 도달해야 할 미래로서 언제나 그의 앞에 있다. 삶의 시간이 진행되면서 그의 존재는 형성되어가며 점차 그 모습을 나타내기 시작한다. 삶의 그림을 그리기 시작한 것이다. 그러다가 마지막 죽음의 순간이 왔을 때, 그의 존재는 완결된다. 즉 삶의 역사의 그림이 완결되고, 참 자기가 탄생한다. 죽음의 순간에 우리는 완결에 도달한, 더 이상 고칠 수 없는 자기 존재를 체험한다.

인간의 정체성은 하나의 고정된 물건처럼 인간에게 주어졌다가 죽음의 순간에 폐기되거나 중지되는 것이 아니라, 사물들과의 관계를 통해 형성되어가는 과정 속에 있으며, 그것은 죽음의 순간에 완결된다. 꽃 한 송이, 곤충 한 마리에 대한 그의 태도와 관계가 그의 정체성을 형성한다. 곧 그의 정체성은 사회적 관계를 통해 형성된다. 이웃에게 진실하고 자비로우며 의로운 사람은 아름다운 자기 정체성과 아름다운 삶의 환경을 형성하는 반면, 거짓되고 무자비하며 불의한 사람은 추한 자기 정체성과 추한 삶의 환경을 형성한다.

이러한 관점에서 볼 때 인간은 단순히 "죽음에 이르는 존재"가 아니라, **"참된 자기 존재에 이르는 존재"**, **"궁극적 자기 정체성에 이르는 존재"**라고 할 수 있다. 그의 앞에는 단순히 죽음이 있는 것이 아니라, 자기 스스로 형성해나가며 자기 스스로 책임질 수밖에 없는 그의 정체성이 서 있다. 따라서 죽음은 사르트르가 말하는 것처럼, 자기의 모든 가능성의 단절과 파괴 (Nichtung aller meiner Möglichkeiten)[7]가 아니라, 자의적이든 타의적이든 자기의 모든 가능성의 궁극적 완성이요 자기 존재의 완결이라 말할 수 있다.

---

7) J. -P. Sartre, "Mein Tod," in H. Ebeling(Hrsg.), *Der Tod in der Moderne*, 86.

인간의 참 삶은 단순히 삶의 시간을 연장하는 데 있는 것이 아니라 이웃을 사랑하고 자기를 헌신하는 데 있다. 자기만을 추구하는 사람은 자기 속으로 구부러지며 자기 안에 폐쇄된다. 그는 모든 것이 자기를 위하여 존재한다고 생각한다. 이러한 사람의 삶은 사실상 고독하고 비참하며, 생동성과 기쁨이 그 속에 없다. 그러나 이웃을 사랑하고 자기를 개방하는 사람은 생동하며, 그의 사랑을 통하여 다른 사람들의 삶을 기쁘게 하고 생동케 한다. "인간의 참된 정체성은 그의 사랑에, 참여의 가능성에, (이웃에 대한) 염려(Sorge)에 있다."[8] 그의 정체성은 죽음의 순간에 궁극적 모습을 드러낸다.

죽음의 순간은 성장 상태에 있던 인간의 정체성이 결정적으로 완결되어 참 자기가 "태어나는" 순간이다. 인간은 단순히 "죽음을 향하여" 사는 것이 아니라, **참 자기의 새로운 탄생**을 향하여, 자기 존재의 완결을 향하여 산다. 그러므로 "죽음 속에서 인간이 폐기된다"[9]는 융엘(E. Jüngel)의 말이나, "죽음 속에서 인간의 정체성이 중지된다"[10]는 엘리아스(N. Elias)의 말에 우리는 동의할 수 없다. 죽음 속에서 인간의 정체성이 그의 완결된 모습으로 나타나며 하나님의 심판 앞에 서기 때문이다.

죽음의 긍정적 의미에 대한 이러한 성찰은 마지못해 사는 사람들에게는 하나의 사치로 들릴 수 있다. 한평생 가난하게 살다가 굶주림이나 질병으로 죽음을 당할 수밖에 없는 사람들에게, 위에 기술한 죽음의 긍정적 측면은 도저히 받아들일 수 없는 망상으로 생각될 수 있을 것이다. 굶어 죽는 사람들, 살해당하는 사람들, 가난하여 충분한 치료를 받지 못한 채 죽어가는 사람들에게 그들의 죽음은 삶의 완성이 아니라 삶의 단절이요, 자기의 참 존재가 완결되는 순간이 아니라 그 가능성이 강압적으로 중지되는 순간으로 생각될 수 있을 것이다. 그러나 비록 그들이 자신의 죽음을

---

8) H. Oppenheimer, "Life after Death," in *Theology 82*, 1979, 333.
9) E. Jüngel, *Tod*, 145f.
10) N. Elias, *Über die Einsamkeit der Sterbenden in unseren Tagen*, 100.

그렇게 느낄지라도, 그들이 원하든 원하지 않든 간에 죽음의 순간 그들의 삶이 어떤 형태로든지 완결되어 자신의 자화상 곧 정체성이 궁극적으로 결정되며, 어떤 모습이든지 간에 그들의 삶의 그림이 완성된다는 것은 부인할 수 없는 사실이다.

3) "너의 삶이 너를 심판할 것이다"—죽음 속에서 일어나는 개인의 심판

전통적으로 신학은 두 가지 심판을 구분한다. (1) 각 사람이 죽음의 순간에 또는 죽음 바로 다음에 받는 "개인적 심판"(individuelles Gericht) 혹은 "특수한 심판"(besonderes Gericht), (2) 역사의 마지막에 온 인류가 부활하여 그들의 몸과 영혼이 받는 "보편적 심판"(universales Gericht). 일반적으로 기독교는 이 두 가지 심판을 함께 인정하는 것 같다. 그리하여 우리는 다음과 같은 설교를 쉽게 들을 수 있다. (1) 죽음의 순간에 우리는 하나님의 심판을 받고 하늘나라의 상을 받든지 아니면 지옥의 형벌을 받을 것이다. (2) 역사의 마지막에 우리는 부활하여 하나님의 마지막 심판을 받을 것이다.

우리는 성서에서도 이 두 가지 심판의 표상이 공존하고 있음을 발견할 수 있다. 예를 들어 마태복음 25장의 선한 자들과 악한 자들의 심판(31-46절)은 역사의 마지막에 있을 보편적 심판을 시사한다. 이것은 역사의 마지막에 있을 모든 죽은 자들의 보편적 부활과 보편적 심판을 믿었던 묵시 사상에서 유래한다. 이와 동시에 "오늘 네가 나와 함께 낙원에 있으리라"(눅 23:43)는 예수의 말씀은, 죽음의 순간에 혹은 죽음 직후에 있을 개인적 심판을 시사한다. 예수가 십자가에 죽임당한 후 죽은 자들이 있는 지옥의 세계로 내려갔다는 이야기도, 최후의 보편적 심판이 있기 전에 개인적 심판이 있음을 전제한다. 그 밖에 개인적 심판을 가리키는지 아니면 보편적 심판을 가리키는지가 분명하지 않은 구절들, 개인적 심판을 가리키는 것으로 해석될 수 있는 구절들도 성서에서 발견된다(마 7:13-14; 눅 16:19-31 등).[11]

---

11) J. Auer, "Siehe, ich mache alles neu," *Der Glaube an die Vollendung der Welt*,

초기교회는 보편적 심판보다 개인적 심판에 대하여 더 큰 관심을 보인다. 그 원인을 우리는 아래와 같이 분석할 수 있다.

(1) 그리스도의 재림과 종말이 지연됨으로 말미암아, 개인의 죽음과 역사의 종말까지의 시간이 점점 길어졌다. 그리하여 보편적 심판은 언제 올지 모르는 불확실한 것으로 여겨짐으로써 죽음을 앞둔 사람들 혹은 당장 죽어가는 사람들의 개인적 심판에 대한 관심이 우세해졌다.

(2) 당시 그리스-로마의 문화권 속에 널리 퍼져 있던 영혼 불멸설은 개인적 심판에 대한 관심을 촉진시켰다. 죽음과 함께 육체는 죽지만, 영혼은 육체에서 분리되어 심판을 받을 것이다. 의로운 자들과 순교자들의 영혼은 하늘에 있게 되고, 불의한 자들과 배교자들의 영혼은 지옥의 형벌을 받거나 연옥으로 가서 불로 정화되는 벌을 받을 것이다. 영혼 불멸설을 가르친 플라톤 자신도 개인적 심판을 인정한다. 그의 견해에 의하면, 심판은 죽은 사람의 도덕적 행위에 따라 집행될 것이다. 불의한 죄인들은 영원한 혹은 일시적인 지옥의 벌을 받을 것이며, 의로운 자들은 깨끗한 집에 거할 것이다.[12]

이러한 영향으로 말미암아 4세기 이후부터 교부들은 죽음 바로 다음에 각자가 받을 하나님의 상과 벌을 이야기하면서 개인적 심판을 인정한다. 로마의 **클레멘스**(Clemens Romanus)에 의하면, 베드로는 순교의 죽음을 통하여 "그가 마땅히 받을 만한 영광의 자리에 이르렀다." 그는 "세상을 버리고 거룩한 장소에 도달함으로써" 영원한 생명의 대가를 얻었다. 순교자들과 사도들은 주님 안에서 "그들이 마땅히 받을 만한 자리에" 있다

1984, 62f는 히 9:27; 고후 5:10; 행 1:25; 눅 23:43; 16:23; 전 12:7에서 개인적 심판에 대한 성서적 근거를 발견한다.

12) 이에 관하여 F. Finkenzeller, "Eschatologie," in W. Beinert(Hrsg.), *Glaubenszugänge. Lehrbuch der katholischen Dogmatik*, Bd. 3, 1995, 571.

고 폴리카르포스(Polycarpus)는 확신한다. 테르툴리아누스(Tertullianus)는 순교자들만이 파라다이스의 영광을 얻을 것이라고 말한다. 키프리아누스(Cyprianus)는 모든 의로운 자들이 받을 상을 인정하면서, 죽음 직후의 특수한 심판과 최후의 보편적 심판이 어떤 관계에 있는가를 질문한다. 아우구스티누스는 부자와 거지 나사로에 대해 이야기하면서, 죽은 자의 영혼은 보편적 부활을 통해 자기 몸과 결합하기 이전에 심판을 받을 것이라고 말한다. 크리소스토무스(Chrysostomus)도 죽음 직후의 개인적 심판을 인정한다.[13]

그러나 이 문제에 대한 초기교회의 표상들은 통일되어 있지 않다. 어떤 교부들은 순교자들만이 죽음 바로 다음에 그리스도와 만날 것이라고 생각한다. 또 어떤 교부들은 모든 죽은 자들이 최후의 심판이 있을 때까지, 일종의 감금 상태에 있을 것이라고 말한다. 이에 반하여 아우구스티누스는 모든 죽은 자들이 두 가지 심판을 받을 것이며, 최후의 보편적 심판이 있을 때까지 그들의 영혼은 연옥에 머물 것이라고 말한다.

여기서 각자의 관심에 따라 생각이 달라진다. 역사의 종말에 올 세계사의 완성에 관심을 가지면, 개인적 심판을 거부하고 보편적 심판을 강조하게 된다. 반면 순교자들에 대한 숭배와 죽은 자들을 위한 기도, 죽은 사람들의 운명에 관심을 가지면, 개인적 심판과 연옥에 대해 말하게 된다. 그러나 공식적으로 초기교회는 보편적 심판을 고백한다. 이것은 사도신경과 니케아-콘스탄티노플 신앙고백에 나타난다. "몸이 다시 사는 것(몸의 부활)과 영원히 사는 것(영원한 생명)을 믿사옵니다."

중세 신학은 개인적 심판을 강조한다. 아퀴나스에 의하면, 각 사람의 영혼은 죽음 바로 다음에 심판을 받는다. 이 심판에서 인간은 한 개인으로서 심판을 받는 반면, 마지막 보편적 심판에서는 온 인류의 한 지체로서 심판을 받을 것이다. 보편적 심판에서는 인간의 몸도 심판을 받기 때문에,

---

13) Ibid., 571f.

각 사람의 상과 벌이 궁극적으로 결정될 것이다.[14] 1274년 리용 공의회는 다음과 같이 고백한다. 죄 없이 죽은 사람들의 영혼은 "즉시 하늘로 영접된다.…그럼에도 불구하고 모든 사람들이 심판의 날 그들의 몸과 함께 그리스도의 심판대 앞으로 나올 것이며, 그들이 지은 행위에 대한 책임을 질 것이다."[15] 피렌체 공의회(1439-1445)는 전체적으로 리용 공의회의 입장을 따르며, 모든 인류의 마지막 보편적 심판의 날에 대해서는 침묵한다. 이리하여 역사의 완성에 대한 관심은 약화되고, 죽은 개인들의 운명에 대한 관심이 전면에 등장한다.

오늘날 일단의 신학자들은 다음과 같은 이유로 개인적 심판에 대해 비판적 입장을 취한다. (1) 교회가 전통적으로 가르쳐온 개인적 심판은 영혼 불멸설에 근거하여 몸과 영혼을 분리시키며, 몸 없는 영혼에 대한 심판을 인정한다. (2) 한 사람이 두 번이나 심판을 받아야 한다는 생각은 인정될 수 없다. (3) 개인적 심판과 보편적 심판에 대한 교회의 가르침은, 기독교 신앙의 핵심이 마치 심판에 있는 것 같은 오해를 초래할 수 있다. 그것은 그리스도의 복음을 "심판의 유희"(Gerichtsspiel)로 대체시킬 수 있는 위험성을 가진다. (4) 개인적 심판에 대한 생각은 연옥설로 쉽게 발전할 수 있으며, 연옥설을 지지하는 근거가 될 수 있다. 그리하여 전통적 연옥설이 전제하는 "행위와 벌"의 인과율적 사고를 유지시키며, 죽은 자들을 위한 산 자들의 공로 사상과 헌금 제도를 유지시키는 도구로 이용될 수 있다. (5) 개인적 심판을 강조할 때, 개인의 완성이 관심의 초점이 되고, 세계의 모든 피조물들과의 "연대적 결합성과 모든 신체적 인간성이 희생된다." 보편적 심판이 함축하고 있는 모든 피조물들과 세계의 완성의 문제는 기독

---

14) Ibid., 573.

15) J. Neuner u. H. Roose, *Der Glaube der Kirche in den Urkunden der Lehrverkündigung*, neu bearbeitet von K. Rahner u. K. H. Weger, 8. Aufl., 1971, 926f.

교 신앙에 대하여 비본질적 문제로 평가절하될 수 있다.[16]

개인적 심판에 대한 이러한 비판과 함께 오늘날 일단의 신학자들은, 최후의 심판이 개인의 죽음 속에서 단 한 번 일어난다고 주장한다. 인간은 그의 죽음 속에서 하나님의 심판을 받으며 세계사의 종말을 경험한다. 이 심판은 그에게 "개인적인 심판"이다. 단 한 번밖에 없는 그의 개인적인 삶 전체가 그의 죽음 속에서 하나님의 빛 가운데 나타나며, 그의 특수한 가능성들과 한계들, 그와 하나님과의 인격적 관계가 하나님의 판단을 받는다. 동시에 이 심판은 "보편적 심판"이요 "세계에 대한 심판"이기도 하다. 각자는 세계사에 속하며, 세계사가 그에게 속하기 때문이다. 달리 말하여 모든 인간은 관계의 존재로서 세계와 결합되어 살며, 그러므로 죽음 속에서 일어나는 개인의 완성은 세계사의 완성의 한 부분으로 생각될 수 있기 때문이다. 한 개인이 그의 죽음 속에서 심판을 받고 그의 삶이 완성될 때, 그와 결합되어 있는 세계가 그 사람과 함께, 그 사람 안에서 심판을 받고 완성된다고 볼 수 있다는 것이다.[17]

최후의 보편적 심판이 개인의 죽음 속에서 일어난다는 이러한 생각은, 최후의 보편적 심판의 미래성과 진지성을 부인한다. 역사의 종말은 개인의 죽음의 순간으로 위축되고, 최후의 심판은 개인적 심판으로 축소된다. 본래 최후의 보편적 심판에 대한 신앙은 하나님의 의에 관한 질문과 함께 등장했다. 그러나 보편적 심판이 개인의 죽음 속에서 일어난다는 생각에서 하나님의 의에 관한 질문이 진지하게 고려되지 않는다. 개인의 죽음의 순간에 최후의 보편적 심판을 받게 된다면, 악을 행한 자들은 가슴을 쓸어내리며 안도의 한숨을 내쉴 것이다. 그러한 심판이라면 몇 번이라도 받을 수 있다고 생각하면서 말이다. 반면, 악한 자들의 희생물이 된 사람들은 분노를 참지 못할 것이다.

---

16) 이에 대하여 D. Wiederkehr, *Perspektiven der Eschatologie*, 1974.
17) F. -J. Nocke, *Eschatologie*, *2*. Aufl., 1985, 77.

답변의 모색: 우리는 개인적 심판을 강조함으로써 보편적 심판과 그것의 종말론적·신정론적 의미를 간과해서는 안 될 것이다. 이와 동시에 개인적 심판을 부인해서도 안 될 것이며, 개인적 심판과 보편적 심판이 개인의 죽음 속에서 일어나는 심판의 두 가지 측면에 불과하다고 보아서도 안될 것이다. 그렇다면 개인적 심판은 어떻게 이해될 수 있는가?

우리는 개인의 심판을 다음과 같이 생각해서는 안 된다. 죽음의 과정속에서 혹은 죽음 직후에 심판자 되신 하나님이 우리에게 나타나실 것이다. 그는 우리가 지상의 삶 속에서 행한 모든 선행과 악행, 선한 생각과 악한 생각을 정확하게 계산하시고, 저울추가 선행 쪽으로 기울면 소위 하늘나라의 상을, 악행 쪽으로 기울면 지옥의 벌을 선고하실 것이다. 여기서개인적 심판은 우리 인간의 세계 속에 통용되는 법적·인과 응보적 사고에따라 파악된다. 모든 인간의 죄를 위해 죽음의 고통을 당한 하나님의 사랑은 여기서 아무런 의미도 갖지 못한다.

개인적 죽음의 의미 문제와 관련하여 우리는 개인적 심판을 아래와 같이 이해할 수 있다. 죽음의 마지막 순간에 하나님은 땅 위에서 우리가 살았던 삶 전체를 회상하게 한다. 수십 년에 달하는 인간의 삶 전체가 한순간처럼 나타난다. 인간의 모든 거짓과 자기 변명, 모든 환상과 실망, 그의모든 가면이 벗겨지고 각자의 정체가 있는 그대로 드러난다.[18] 꿈 속에서우리의 지난 과거가 한순간처럼 보여지듯이, 삶의 모든 구체적 일과 구체적 결단에서 귀결되는 삶 전체가 한순간의 파노라마처럼 보인다. 이리하여 인간은 하나님 앞에서 자기가 어떤 존재인지, 자기의 정체가 무엇인지보게 된다. 바로 이 순간에 그의 정체성이 궁극적으로 확정되며, 인간은자기 존재를 정직하게, 조금도 거짓 없이 판단하게 된다. 바로 이것이 개인적 심판이다. 그가 한평생 살아온 삶의 역사가 자기에 대한 심판자가 되

---

18) 이에 관하여 G. Lohfink, "Was kommt nach dem Tod?," in G. Greshake u. G. Lohfink, *Naherwartung-Auferstehung-Unsterblichkeit*, 213.

는 것이다.

여기서 개인적 심판은 "하나님의 작용으로 일어나는 인간의 자기 판단"으로 이해된다.[19] 그것은 인간의 "자기 심판"(Selbstgericht)으로서 집행된다. 그러나 그것은 하나님에 의하여 작용되고 하나님의 빛 가운데서 일어나기 때문에 "하나님의 심판"이기도 하다. 이 심판에서 하나님은 인간에게 어떠한 벌도 선고하지 않는다. 그는 무한한 사랑이요, 모든 인간의 구원을 원하시기 때문이다. 이 심판에서는 인간의 삶이 심판자로서 자기 자신을 심판한다. "우리의 죽음 속에서 일어나는 하나님과의 만남이 우리에게 심판이 된다."[20]

라칭어(J. Ratzinger)의 표현에 의하면, 죄인을 위하여 자기를 내어주는 하나님이 궁극적 현실이요 진리다. 죽음 속에서 인간의 "삶의 가면놀이"는 끝난다. 그의 모든 가면이 벗겨지고, 인간의 있는 그대로의 모습이 진리 앞에 세워진다.

죽음이 가져오는 가면들의 이 벗겨짐이 곧 심판이다. 심판은 곧 진리 자체, 그것의 드러남이다.…하나님은 진리이고, 진리는 하나님 곧 "인격"이다. 심판하는 궁극적 진리는 신적 성격을 가질 때만 있을 수 있다. 하나님은 진리 자체이기 때문에 심판자다.[21]

그러나 이 진리는 법적 의미에서 인간을 심판하는 기준이 아니라, 인간을 구원하기 위해 인간 속으로 들어와서 고난을 당한 하나님의 사랑이다. 그러므로 이 진리 앞에서 일어나는 심판은 구원의 성격을 가진다. 이 진리 앞에서 인간의 존재가 확정되며, 그의 삶이 그의 존재를 심판한다.

---

19) M. Schmaus, *Katholische Dogmatik IV/2*, 5. Aufl., 1959, 448.
20) G. Lohfink, "Was kommt nach dem Tod?," 213.
21) J. Ratzinger, *Eschatologie-Tod und ewiges Leben. Kleine katholische Dogmatik IX*, 6. Aufl., 1990, 169.

인간의 이러한 자기 심판은 그가 땅 위에서 한평생 내려온 모든 자기 심판들의 완성이요 그것들의 정점이다. 그것은 "내 자신의 결단들이 빛 가운데 드러남"이라고 말할 수 있다.[22] 내 삶의 결단으로 인해 나로부터 무엇이 되었는지가 그리스도와의 만남 속에서 밝혀지는 것이다. 그리스도 앞에서 내가 어떤 존재인지가 드러나며 확정된다. "심판자는 아무것도 할 필요가 없다. 그는 있기만 하면 된다."[23]

보로스(L. Boros)에 의하면, 죽음의 순간에 일어나는 마지막 결단 속에서 인간은 그리스도를 가장 깊이 만난다. 이제 그리스도를 피한다는 것은 그에게 불가능하다. 그는 그리스도를 자기의 주님으로 받아들이기로 결단하든지, 아니며 거부하기로 결단할 수밖에 없다. 이 결단이 하나님의 심판이다. 그가 죽음 속에서 결단하는 것은 영원히 남으며, 이로써 그의 존재가 완결된다. 따라서 죽음은 그의 모든 삶이 완결되는 마지막 순간이다. 그는 죽음 속에서 결단되었고 확정된 존재로서 존재하게 된다.

죽음은 인간의 삶에서 처음으로 일어나는 전 인격적(vollpersonal) 행위이며, 따라서…의식됨과 자유와 하나님과의 만남과 영원한 운명에 대한 결단의 장소다.[24]

3. "그리스도와의 교통"으로 들어감

1) 모든 가면이 벗겨지는 죽음의 순간

그리스도인들의 존재는 "그리스도 안에" 있는 존재다. "그리스도 안에" 있

---

22) F. -J. Nocke, *Eschatologie*, 127.

23) H. U. von Balthasar, *Gericht*, 1980, 232.

24) L. Boros, *Mysterium mortis. Der Mensch in der letzten Entscheidung*, 5. Aufl., 1966, 173.

는 존재는 그들의 현재인 동시에 미래다. 그것은 현실인 동시에 이상과 방향이며, 은사(Gabe)인 동시에 그들이 언제나 추구해야 할 과제(Aufgabe)다. 그러므로 그리스도인들은 그리스도 안에서, 그리스도와 함께, 그리스도의 뒤를 따르며 살고자 한다. 그들은 이 세계 안에 있지만 이 세계에 얽매여 살지 않고, 그리스도를 향하여 살고자 한다. 그들은 지금 여기서 그리스도 안에, 그리스도와 함께 살면서, 장차 오실 그분을 기다린다. 그들 안에 계신 그리스도는 장차 오실 분으로 머물러 있다.

그리스도 안에, 그리스도를 향하여 사는 삶은 세계를 등진 삶이 아니라, 이 세계를 그리스도 앞에서 대리하며, 그리스도를 세계 앞에서 대리하는 삶이다. 아버지 하나님 안에서, 하나님을 향하여 살았던 그리스도는 그의 아버지 하나님 앞에서 이 세계를 대리하며, 이 세계 앞에서 그의 아버지 하나님을 대리하는 분이었기 때문이다. 이 세계를 대리하는 그리스도인들은 자기 삶의 무거운 짐을 지는 것은 물론, 이 세계의 짐도 기꺼이 짊어진다. 그들은 그들의 주님의 뒤를 따라 "타자를 위한 존재"(Sein für die anderen, D. Bonhoeffer)가 되고자 노력한다. 그들은 이 세계의 연약한 피조물들을 자기와 동일시하며, 그들과 연대하고 그들 안에서 자기를 발견한다. 그들은 하나님 없는 세계 속에서 하나님 나라를 선포하고, 먼저 그들 자신의 존재와 삶을 통하여 하나님 나라의 현실을 확장하고자 한다.

이러한 그리스도인들의 삶은 성서에서 "그리스도와 함께 죽음"으로 묘사되며(롬 6:1-11), 자기 생명의 희생으로(요 12:24; 15:13) 묘사되기도 한다. 그것은 자기를 버림으로 묘사되기도 한다(막 8:35; 마 10:39; 16:25; 눅 9:24; 17:33; 요 12:25). 또 그것은 그리스도의 죽음을 자기 몸에 짊어짐으로써, 그리스도의 생명이 자기 몸에 나타나는 것으로 묘사된다.

이렇게 묘사되는 그리스도인들의 삶의 궁극적 목적은, 하나님의 의와 자비를 실천함으로써 하나님 나라의 현실을 확장하는 데 있다. 이 목적은 특별한 프로그램이나 행동에 앞서, 먼저 그들의 존재와 일상의 생활 속에서 추구된다. 그들의 존재와 일상생활이 하나님 나라의 현실이어야 한다.

그러나 그들의 존재는 죽음의 순간까지 불완전하며, 그들의 모든 노력과 행위는 **단편적**이고 **양면적**(zweideutig)이다. 하나님 나라의 현실을 추구하는 그들의 삶과 모든 노력 속에는 자기 중심적 요소들이 숨어 있다. 그러므로 하나님 나라는 그들의 삶과 모든 노력을 통하여 드러나는 동시에 은폐된다. 이따금 그들은 하나님의 영광을 나타낼 때도 있고 그것을 완전히 가리는 일을 행할 때도 있다. 그들은 자기를 내어주면서도 자기를 추구한다. 사랑을 베풀면서도 동시에 자기의 명예와 이익을 탐한다. 그들이 베푸는 사랑은 자기의 명예와 이익을 얻기 위한 수단에 불과할 때도 있다.

그리스도인이든 무신론자든 누구를 막론하고, 모든 인간 안에는 **선과 악의 이중 구조**가 숨어 있다. 인간은 선을 바라면서도 자기가 원치 않는 악을 행할 때가 있고(롬 7:19), 악을 행하는 가운데서도 선을 행할 때가 있다. 정도의 차이는 있지만 대부분의 사람은 가면을 쓰고 살아간다. 그들의 참 모습은 숨겨져 있다. 이런 의미에서 인간은 "숨겨진 존재"(homo absconditus)다. 그러나 죽음과 함께 인간의 모든 가면이 벗겨지고, 인간은 **자기의 모습**을 있는 그대로 보게 된다. 그가 정말 어떤 존재였으며 또 어떤 존재가 아니었는지, 그의 참 모습이 그의 눈앞에 서 있다. 그의 삶의 역사의 모든 것, 그가 마음속에 숨겨둔 모든 것이 드러난다. 이제 그는 참된 자기를 본다. 참된 자기를 봄으로써, 그는 자기를 판단한다. 이런 뜻에서 죽음은 인간의 모든 가면이 벗겨지고, 있는 그대로의 모습이 드러나는 순간이라 할 수 있다.

이것은 그리스도인들뿐 아니라 모든 사람에게 일어난다. 모든 사람은 의식을 가지고 있으며, 하나님이 주신 선한 양심을 가지고 있기 때문이다. 삶의 모든 것이 환하게 드러나고, 삶의 역사가 한순간과 같이 그의 눈앞에 전개된다. 의식적으로 행한 잔인한 행위들, 교묘하게 가장했던 몰인정한 마음, 이웃을 이해하거나 용납하지 않으려 했던 의지, 자기를 모든 것의 중심으로 삼고자 했던 위선이 모두 드러난다. 그리스도께서 자기와 동일시했던 작은 형제들과 자신을 얼마나 동일화했는지, 그들에게 얼마나 많

죽음과 부활의 신학

은 관심과 선을 베풀었는지, 그리하여 생명의 원천이신 하나님에게 얼마나 충실했는지가 훤히 드러난다.

이와 같은 죽음의 순간이 어떤 사람에게는 행복한 순간일 수도 있다. 그러나 대부분의 사람에게 그것은 후회와 고통의 순간이요, 자신에 대한 하나님의 심판의 순간으로 경험될 것이다. 인간은 모두 죄인이기 때문이다. 그러므로 야고보서는 이렇게 말한다. "심판은 자비를 베풀지 않는 사람에게는 무자비합니다. 그러나 자비는 심판을 이깁니다"(약 2:13). 죽음의 순간에 인간은 하나님의 판단 앞에 선다. "살아 계신 하나님의 징벌하시는 손에 떨어지는 것은 무서운 일입니다"(히 10:31). 죽음 속에서 인간은 그의 전 생애와 함께 하나님 앞에 서게 되며, 하나님 앞에서 자기 생애를 책임져야 한다. 죽음은 우리의 삶이 하나님의 심판을 피할 수 없다는 사실을 보여준다.

이와 동시에 죽음은 다시 한 번 자기의 모든 죄와 과오를 뉘우치고 회개하며, 하나님의 자비로운 용서를 받고 자기를 하나님의 손에 맡길 수 있는 **마지막 결단의 기회**이기도 하다. 그는 하나님의 은혜로운 손길을 거부하고, 후회와 고통 속에서 자기 삶을 끝낼 수도 있다. 또 자기가 행한 선한 일을 하나님 앞에 내세우면서 교만한 자세로 죽음을 맞을 수도 있다. 아니면 예수 그리스도의 십자가에서 계시된 하나님의 자비하심을 인정하고, 자기 존재를 하나님의 용서와 위로의 손길에 맡길 수도 있다. 이리하여 그의 생애는 완전히 무의미한 것이 아니라, 무의미한 가운데서도 하나님 나라의 역사를 위해 의미 있는 것으로 드러나고 또 그러한 것으로 경험될 수 있다.

2) 하나님의 부정인 동시에 긍정인 죽음

이러한 그리스도인들에게 죽음은 자기의 죄됨과 제한성을 인정하고 자기 존재를 하나님에게 맡기는 순간이 될 수 있다. 인간은 죄되고 불완전하며, 그의 삶은 죽음으로 제한되어 있다. 그러므로 인간 자신이 자기를 완전케

할 수 없으며, 하나님 나라의 현실을 세울 수 없다. 그것을 궁극적으로 세우는 분은 하나님이다. 이 사실을 겸손히 인정하고 자기 존재와 하나님 나라의 일을 하나님의 손에 완전히 맡기는 순간이 바로 죽음의 순간이다. 그의 생명과 하나님 나라의 일은 이제 하나님의 손에 있다. 이제 그는 무로 돌아가는 것이 아니라, 생명과 삶의 시간을 그에게 허락하신 하나님의 영원 속으로 들어가며 그리스도와의 친교 안에 있게 된다. 하나님 나라의 현실을 확장하기 위한 그의 단편적이고 불완전한 삶과 모든 행위들을 하나님께서 거두어들이실 것이다. 예수께서도 마지막 죽음의 순간에 자기 존재와 하나님 나라의 일을 하나님에게 맡긴다. "아버지, 내 영혼을 아버지의 손에 맡깁니다"(눅 23:46). 따라서 죽음의 순간에 정립되는 그리스도인들의 삶의 궁극성은 무의미한 것이 아니라, 하나님으로부터 의미를 부여받는다.

죽음은 인간의 존재와 삶에 대한 하나님의 **부정인 동시에 긍정**이다. 그것은 죄된 인간 존재와 거룩한 하나님의 뛰어넘을 수 없는 **상이성 내지 차이**를 보여주며, 인간의 존재와 그의 모든 행위 속에 숨어 있는 부정적 요소들에 대한 하나님의 부정을 계시한다. 죄된 인간의 존재와 삶은 영원한 가치를 갖지 못하며 영원히 존속할 수 없다. 그것들은 영원한 하나님 앞에서 제한되어 있으며 언젠가 끝날 수밖에 없다. 죽음은 인간의 죄성에 대한 하나님의 부정이요 심판이다.

이와 동시에 죽음은 은혜로운 하나님에 대한 인간의 **의존성**을 계시한다. 하나님의 자비하심과 계약의 성실하심 때문에, 죄된 인간의 존재와 삶은 하나님에 의하여 용납되고 그리스도와의 친교 안으로 들어가게 된다. 선과 악이 병행하면서 투쟁 가운데 있던 그의 삶은 하나님에 의하여 긍정된다. 이제 그는 **용서받은 자**로서 죽음을 맞을 수 있다. 그의 죽음은 삶의 끝남과 단절로, 하나님의 심판으로 경험되지 않고, 하나님의 긍정으로 경험된다. 그것은 하나님의 영원 속으로, 그리스도와의 친교 속으로 들어가는 것으로 경험된다. 그의 모든 죄된 일들은 하나님에 의하여 부정되는 동시에, 하나님 나라를 위한 그의 모든 수고와 노력은 하나님에 의하여 긍정된다. 이제 그의 존재는 무로 폐기되는 것이 아니라, 하나님의 영원 속에서, 그리스도와의 친교 안에서 보존된다.

그러므로 하나님의 용서를 받은 사람은 평안한 마음으로 자기의 생명을 하나님께 맡길 수 있다. 그의 죽음은 하나님 안에 지양되어 있는 인간의 궁극적 존재로 "들어가는 것"이기 때문이다.[25] 하나님 나라를 위한 그의 모든 수고와 노력이 무로 돌아가지 않고, 죽음을 넘어선 하나님의 영원으로 이어지고 또 그 속에 보존된다는 것을 확신하기 때문에, 모든 실패와 절망과 좌절에도 불구하고 그는 하나님의 의와 사랑과 평화를 위해 자기 삶을 바칠 수 있다.

3) 죽음의 두 가지 측면과 죽음의 태도

지금까지 우리는 죽음이 가진 의미의 이중 구조를 고찰하였다. 그러나 이 고찰은 결코 완전할 수 없다. 죽음이 무엇인가를 완전하게 말할 수 있는 사람은 아무도 없다. 아무도 죽어본 사람이 없으며, 또 죽음은 사람에 따라 다르게 경험되고 해석될 수 있기 때문이다. 우리는 그것을 부정적으로 생각할 수도 있고 긍정적으로 생각할 수도 있다. 그것은 삶의 중단인 동시에 자기 존재의 완결을 뜻하며, 삶의 모든 일들의 끝인 동시에 성취를 뜻한다. 또한 죄된 삶에 대한 하나님의 부정인 동시에 하나님의 자비로 말미암은 삶의 용납을 뜻하며, 하나님의 심판인 동시에 하나님의 자비로운 용서와 용납을 뜻하며, 삶의 유한성의 드러남인 동시에 하나님의 영원과 그리스도와의 친교 안으로 들어감을 뜻하며, 고통스러운 동시에 삶의 모든 고통에서의 해방을 뜻하며, 잔인한 것인 동시에 은혜스러운 것이며, 한 생명의 사라짐인 동시에 다른 생명들에게 생존의 장(場)을 양보하고 그들의

---

25) M. Kehl, *Eschatologie*, 2. Aufl., 1988, 264: "Eingang in das endgültige Aufgehobensein des Menschen bei Gott."

IV. 죽음은 자연적인 것인가?   239

존속을 가능케 하는 일이다. 그러므로 죽음은 무서운 것인 동시에 아름답고 은혜스러운 것으로 생각될 수 있다. 이종성 교수는 죽음의 이러한 두 가지 측면을 다음과 같이 말한다.

(1) **부정적인 측면**: "우리의 죽음은 지상에서의 모든 사람에 대한 하나님의 부정(No)을 의미한다. 성실한 그리스도인을 포함하여 대부분의 인간은 지상에서의 삶을 긍정하고 연기하고 즐기며, 마지막 날을 잊어버리려고 한다. 이러한 우리의 자아 긍정에 대해 하나님은 자신의 섭리의 시간에 이르러 '노'를 선고한다. 이것은 곧 우리의 지상 생활이 영원한 것이 아니라는 것과, 우리의 삶 그대로는 하나님 나라에 적합하지 않다는 것을 의미한다."[26]

(2) **긍정적인 측면**: 죽음은 "생의 마지막이 아니라 그리스도와 함께하는 삶의 시작"이요, 신자들이 "의의 면류관을 받는 순간이며, 지상에서의 모든 싸움이 끝나는 날"이요, "신앙생활에 대한 가장 어려운 시험이요, 그 시험을 견딘 사람에게는 승리의 확신을 주는 사건"이요, "성화의 생활을 완성하고 그때부터는 평안한 삶을 살게 되는 것"을 의미하며, "'옛사람'에 대한 반복되는 죽음이 끝나고 새로운 삶을 시작하는 사건"이다. 죽음은 "창조주 하나님을 만날 준비를 할 수 있도록 준비하게" 하며, "우리의 삶을 통해서 약속된 은총과 우리가 지상에서 가진 삶의 최종적 성취"를 의미하며, "스스로 영원에 이르는 문"이다. 그것은 "그의 모든 죽지 않은 불안과 불쾌와 공포증과 소름 끼치는 본성에도 불구하고 매우 아름다운 것이며 고마운 것이다.…'과거를 성화하여 그 위에 영원한 도장을 찍어주는 것이 죽음이다. 그것은 더러운 것을 분해하는 동시에 정결케 한다.'"[27]

---

26) 이종성, 『종말론』 I, 87.
27) Ibid., 85-89.

죽음과 부활의 신학

위에서 기술한 죽음의 부정적 측면과 긍정적 측면 가운데 어느 것을 택하느냐에 따라 죽음에 대한 태도가 달라질 수 있다. 죽음의 부정적 측면만을 택할 경우, 그는 자기 죽음을 받아들이기 어려워한다. 그리하여 마지막 순간을 목전에 두고도 죽지 않으려고 발버둥을 치는 안타까운 모습을 보이게 된다. 한평생 목회자로서 하나님 나라의 사역에 충성하였으면서도 자기의 죽음을 받아들일 수 없어서, 하나님을 저주하면서 죽음을 맞는 목회자도 있다고 한다.

이에 반하여 죽음의 긍정적 측면만을 택할 경우, 그는 차분하고 담담하게 자기 죽음을 맞을 것이다. 한 걸음 더 나아가, 세속을 해탈한 도인(道人)처럼 달관하는 태도로 죽음을 받아들일 수도 있다. 그는 사랑하는 사람이 죽어도 크게 슬퍼하여 인생을 포기하는 식의 절망적인 태도를 취하지 않으며, 마음의 평정을 유지할 수 있을 것이다. 이러한 사람을 우리는 인격적으로 성숙한 사람, 신앙심이 깊은 사람으로 생각하기 쉽다.

죽음에 대한 이와 같은 태도를 필자는 남편의 죽음을 겪는 두 부인의 모습에서 볼 수 있었다. 한 사람은 슬픔을 이기지 못하여 빈소가 차려진 영안실에서 기절한 반면, 다른 한 사람은 슬퍼하는 기색을 조금도 보이지 않고 마음의 평정을 유지하면서 문상객들을 맞았다. 우리는 전자를 성숙하지 못한 사람으로, 후자를 성숙한 사람으로 판단하기 쉽다. 과연 우리는 우리가 사랑하는 사람의 죽음 앞에서, 또 우리 자신의 죽음 앞에서 어떤 태도를 취할 것인가? 들리는 소문에 의하면 전자는 슬픔을 쉽게 극복한 반면, 후자는 슬픔을 이기지 못하여 그 자신이 깊은 병에 걸렸다고 한다.

복음서 기자들의 보도에 의하면, 예수는 죽음에 대하여 두 가지 태도를 모두 보여준다. 마태와 마가에 의하면, 십자가에 달린 예수는 "나의 하나님, 나의 하나님, 어찌하여 나를 버리셨습니까?"라고 부르짖으며 죽음을 맞이한다(마 27:46; 막 15:34). 그는 다시 큰 소리로 외치고 나서 숨을 거두었다. 누가에게서 예수의 죽음은 약간 미화되어 나타난다. "예수께서는 큰 소리로 부르짖으시고, '아버지, 내 영혼을 아버지의 손에 맡깁니다'"(눅 23:46). 요한에 의하면, 예수는 달관하는 태도로 조용히 죽음을 맞이한다. "'다 이루었다' 하고 말씀하신 뒤에, 머리를 떨어뜨리시고 숨을 거두셨다"(요 19:30). 마태복음과 마가복음에서 예수는 자기의 죽음을 거부하는 태도를 보이는 반면, 누가복음과 요한복음에서는 자기 생명을 아버지 하나님에게 맡기면서 조용히 죽음을 맞이한다.

예수의 죽음에 대한 이러한 상반된 보도를 우리는 어떻게 판단해야 할까? 어떤 보도는 역사성을 가진 "사실"인 반면, 다른 보도는 역사성이 없는 보도자의 주관적 해석이라고 보아야 할까? 이 질문에 우리는 다음과 같이 답할 수 있다. 상반된 것처럼 보이는 이 보도들 중 어느 것은 참이고 어느 것은 거짓이 아니라, 이 보도들은 죽음에 대한 예수의 태도의 양면성을 묘사하는 것이다. 예수는 죽음의 **부정적 의미**를 처절하게 느낀 동시에, 죽음의 **긍정적 의미**를 통찰하였던 것으로 보인다. 예수 자신은 죽음의 긍정적 의미를 말로 표현하지 않았을 수도 있다. 그러나 그가 말로 표현하지 않았던 죽음의 긍정적 의미를 누가는 시편 31:5의 말씀을 빌려, 요한은 "다 이루었다"는 말로써 표현했다. 종합적으로 말하여, 예수는 **죽음의 양면성**을 파악하였다. 그것은 삶의 시간의 끝인 동시에 하나님의 영원으로 들어감이요, 그가 선포하였던 하나님 나라의 결정적 성취였다.

예수의 죽음에 대한 이러한 해석을 통해 우리는 그리스도인들이 취할 수 있는 죽음의 태도를 찾을 수 있다. 죽음 앞에서 그리스도인들은 모든 것을 해탈한 도인과 같이, 혹은 소크라테스와 같이 태연자약하게 죽음을 받아들이지 않는다. 오히려 죽음의 부정적 측면을 직시하므로 죽음을 안타까워하고 괴로워하면서도, 죽음의 긍정적 측면을 직시하고 자기 생명을 **하나님께 맡기는 태도**를 보인다. 죽음 그 자체는 슬픈 것이다. 그것은 이 세상과의 영원한 작별이다. 그러나 만일 모든 사람이 죽지 않는다면 이 세상은 인간이 도저히 살 수 없는 지옥과 같은 곳이 될 것이다. 우리는 이 사실을 직시하며, 죽음 뒤에는 영원한 무(無)가 있는 것이 아니라 그리스도 안에서의 안식과 교통이 있음을 믿으면서 하나님께 자기 생명을 맡기는 지혜로운 태도를 가져야 한다.

여기서 우리는 죽음의 치명성과, 죽음을 당하는 사람 또 그 사람을 사랑하는 사람들의 슬픔과 고통을 간과해서는 안 된다. 죽음을 미화하거나 그것을 장려해서도 안 된다. 죽음 그 자체는 생명과 대립되는 것이요, "생명의 근원"이신 하나님께서 원칙적으로 원하지 않는 것이기 때문이다.

물론 목숨을 유지하는 것보다 죽는 것이 그 사람 자신과 유족을 위해서 더 좋은 경우도 있을 것이다. 그러나 이 세상에 죽기를 원하는 사람이 어디 있으며, 사랑하는 사람과 영원히 작별하고 싶어 하는 사람이 어디 있겠는가? 죽지 않고 살아남고자 하는 것이 인간은 물론 모든 생물의 본능이 아닌가? 죽음을 당하는 사람 또 그 사람을 사랑하는 사람에게 죽음은 발전과 진화의 수단이 아니라 영원한 작별을 뜻할 뿐이다. 죽음에 대한 다음과 같은 보고는 죽음을 눈앞에 둔 인간적인 모습을 보여준다.

한평생 교회를 위해 헌신했던 개신교회 목사 에리히 크람프(Erich Kramp)는 폐암에 걸려 죽음이 멀지 않았다는 진단을 받았다. 교인들은 그가 마음의 평정을 유지하면서 죽음을 기다린다고 생각했다. 그러나 그의 동생 빌리 크람프(Willy Kramp)는 이렇게 말한다. "그렇지 않다. 형님의 마음은 평온하지 않다. 그는 불안해한다.…그는 죽음에 대하여…불안을 느낀다." 살고자 하는 강한 욕구를 보일 때도 있다. 그는 "다시 한 번 나을 수 있다는 희망"에 집착하지만, 거듭 하나님의 뜻에 복종하고자 노력한다.

자기를 하나님의 뜻에 맡기고 세상과 작별하고자 한다고 말하면서, 병에서 치료되어 계속 살기를 희망하는 것은 얼마나 감격적인 모순인가! 그러나 비록 "신자"라 할지라도, 이것이 우리의 상황이 아닌가?[28]

---

28) W. Kramp, Der letzte Feind. Aufzeichnungen, 2. Aufl., 1969, 또한 Siebenstern, *TB 169*, 1972, 169. 이에 관하여 H. Angermeyer, "Die Begegnung mit Sterben und Tod in der Literatur der Gegenwart," in A. Strobel(Hrsg.), *Der Tod—ungelöstes Rätsel oder überwundener Feind?*, 1974, 13.

죽음의 필요성에 대한 어떠한 논증도 죽는 사람 자신에게는 아무런 위로가 되지 않는다. 임종 가운데 있는 환자에게 "당신의 죽음은 인류의 진화와 발전을 위해, 또 우리 사회의 유지를 위해 꼭 필요한 것이다"라고 말한다면, 그것은 죽어가는 사람 자신은 물론 그의 죽음을 슬퍼하는 유족에게도 위로가 아니라 모욕으로 들릴 것이다. 죽지 않고 살고자 하는 것이 모든 생물의 **자연적 본능**이다. 그래서 지렁이도 자기 몸이 노출되어 죽음의 위협을 느끼면 온몸을 꿈틀거린다. 거미는 거미줄을 쳐놓고 먹이가 걸려들 때까지 며칠 동안 기다린다. 그러다 "적"이 나타나 자기 몸을 건드리면 재빠르게 달아난다.

이 모든 것이 죽지 않고 살고자 하는 본능의 표출이다. 그래서 "밑지고 판다"는 장사꾼의 말, "시집가기 싫다"는 노처녀의 말, "죽고 싶다"는 노인의 말을 가리켜 "3대 거짓말"이라고 한다. 자연의 미물과 마찬가지로 죽지 않고 가능한 한 오래 살고 싶어 하는 것이 인간의 자연적 본능이다. 그러므로 우리는 죽음을 거부하고 괴로워하는 사람을 인격적으로 미성숙한 사람, 신앙이 없는 사람으로 멸시해서는 안 된다. 오히려 연민의 마음을 가지고 그를 위로하면서, "나 자신은 죽음을 과연 어떤 태도로 맞을 것인가"에 대해 미리 생각해보아야 할 것이다. 그리스도인들의 죽음의 태도에 대해서는 이 책 VII. 3. "그리스도인들의 품위 있는 죽음"에서 더 깊이 고찰할 것이다.

4. 죽음은 죄의 결과인가? — "자연적 죽음"에 대한 토론

죽음은 피조물들에게 주어진 자연의 질서인가, 아니면 아담의 타락으로 말미암아 생긴 죄의 결과인가? 타락 이전의 파라다이스에서 인간은 죽지 않고 영원히 살도록 창조되었는데, 아담의 타락으로 말미암아 비로소 죽을 수밖에 없는 존재가 되었는가, 아니면 처음부터 언젠간 죽을 수밖에 없는 유한한 존재로 창조되었는가? 요약하여 말한다면, 죽음은 모든 인간에게 창조와 더불어 주어진 **"자연적인 것"**인가 아니면 **"죄의 결과"**인가? 그것은 **"있을 수밖에 없는 것"**인가 아니면 **"본래 있어서는 안 될 것"**인가?

일반적으로 사람들은 죽음에 대해 이렇게 생각한다. 한 번 태어나고 죽는 것은 자연의 이치가 아닌가? 모든 생물이 태어나서 죽는 것은 자연의 질서가 아닌가? 탄생과 죽음을 통해 자연 생명계가 갱신되듯이, 인간이 죽어야 인간 사회도 갱신될 수 있지 않은가? 해가 떴다가 지고, 사철이 오고 가는 것이 자연의 질서인 것처럼, 사람이 한 번 태어났다가 죽는 것이 "자연이고 순리"가 아닌가? 우리는 주변에서 이러한 이야기를 흔히 들을 수 있다.

여기서 우리는 하나의 딜레마에 부딪힌다. (1) 죽음을 자연적인 것으로 생각할 경우, 죽음은 그의 치명성을 상실한다. 그리하여 우리는 우리의 죽음에 대해 초연해지고 모든 피조물의 죽음도 쉽게 받아들일 수 있게 된다. 또한 이 세계 속에서 일어나는 억울한 죽음들, 폭력적 죽음들을 자연적인 것, 필연적인 것으로 승화시키고 죽음에 대해 무감각하고 무관심한 태도를 취하게 된다. 더 나아가, 죽음을 야기하는 모든 사회적·정치적 세력들에 대해서도 눈감아버린다. (2) 이에 반해 죽음을 "본래 있어서는 안 될 것", "비자연적인 것"으로 생각할 때, 우리는 죽음을 받아들이기 어려워진다. 그리하여 어떤 대가와 희생을 치르더라도 목숨을 연장시키기 위해 노력하게 된다. 이와 동시에 자신의 죽음에 대해서는 물론 이 세계 속에서 일어나는 죽음들에 대해서도 저항하며, 죽음을 극복하고자 노력한다. 이로 말미암아 죽음을 일으키는 세력들이 정당화될 수 없으며, 죽음과 "죽음의 세력들"에 대한 투쟁이 불가피해진다. 우리는 이런 딜레마 앞에서 죽음을 어떻게 바라볼 것인가? 그것을 "자연적인 것"으로 볼 것인가, 아니면 "비자연적인 것", "있어서는 안 될 것"으로 볼 것인가?

1) 신학사적 고찰

근대 계몽주의에 이르기까지 신학은 죽음을 인간의 **죄에 대한 하나님의 벌**로 생각했다. 먼저 초대 교부들은 "행위와 결과의 인과율"에 기초하여 죽음을 죄의 결과라고 보았다. 모든 인간이 죽을 수밖에 없다는 보편적 사실은 아담이 지은 죄의 보편성을 보여준다. 타락 이전에 아담과 하와는 죄가 없었기 때문에 사멸하지 않는 존재였다. 그들의 범죄와 타락으로 말미암아 모든 인류가 죽음의 운명에 빠지게 되었다. 아우구스티누스에 의하면 죽음의 두 가지 형태, 곧 육체의 죽음(*mors corporalis*)과 영원한 죽음(*mors aeterna*)은 인간의 죄로 말미암은 것이다.[29]

타락 이전의 아담은 죽을 수밖에 없는 존재였는가 아니면 죽지 않는 존재였는가의 문제를, 아우구스티누스는 세 가지 단계의 이론을 가지고 대답한다. (1) 파라다이스에서 아담은 죽지 않을 수 있는 존재였다(*posse non mori*: 죽지 않을 수 있음). (2) 죄의 타락으로 말미암아 인간은 죽지 않을 수 있는 가능성을 상실하고 사멸의 상태에 빠졌다(*non posse non mori*: 죽지 않을 수 없음). (3) 죄를 폐기하며 자연을 완성하는 하나님의 은혜는 그의 선택된 자들에게 죽지 않을 수 있는 가능성(*non posse mori*: 죽지 않을 수 있음)을 준다. 가톨릭교회의 신학은 전체적으로 이러한 입장을 취하며, 529년 오랑주 공의회와 1546년 트리엔트 공의회에서 초대 교부들과 아우구스티누스의 입장을 따른다.[30]

17세기 개신교 정통주의 신학은 아우구스티누스와 가톨릭교회의 입장을 따르며, 죽음의 세 가지 측면 곧 영적 죽음(*mors spiritualis*), 육체적 죽음(*mors corporalis*), 영원한 죽음(*mors aeterna*)을 구분한다.[31] 이 세 가지 측

29) Augustinus, *Enchiridion*, 107.

30) 이에 관하여 H. Denzinger · A. Schoenmetzer, *Enchiridion Symbolorum*, 36. Aufl., 1963, 175, 783, 789.

31) H. Schmid, *Die Dogmatik der ev.-lutherischen Kirche*, dargestellt u. aus den Quellen belegt, 7. Aufl., 1993, 461ff.; W. Rohnert, *Die Dogmatik der ev.-*

면의 원인은 (1) 사탄의 유혹, (2) 인간의 죄, (3) 하나님의 분노에 있다. 죽음의 이 세 가지 측면들은 서로 맞물려 있다. 그러므로 하나님의 분노는 이미 영혼의 죽음 속에서 느껴지고, 육체의 죽음 속에서 경험된다. 저주의 영원한 죽음이 영혼의 죽음과 육체의 죽음 속에서 선고된다. 죽음의 시간은 하나님의 심판의 시간이다.

그러나 계몽주의에 이르러 죽음을 아담이 지은 죄의 결과라고 보는 생각은 거부되기 시작한다. 한 인간의 죄로 말미암아 모든 인류가 죽음의 운명에 빠진다는 것은 비합리적이다. 근대 자유주의 신학은 죄와 죽음의 인과율적 연결을 부인하고, 인간의 신체적 죽음을 "자연적 죽음"으로 본다. 죽음은 본래 죄에 대한 하나님의 벌이 아니라, 하나님의 창조와 함께 인간의 본성 곧 자연으로서 주어진 것이다.

슐라이어마허(F. Schleiermacher)에 의하면,[32] 죽음 그 자체는 악한 것도 아니고 하나님의 벌도 아니다. 그것은 유한한 인간 존재의 시간적 한계이자 자연적 끝이다. 그러나 죄로 말미암아 이지러진 인간의 하나님 의식은 자연적 죽음을 악한 것으로 경험하며, 하나님의 심판으로 두려워한다. 죽음은 죄로 말미암아 생긴 것이 아니라 단지 인간에 대한 영적 세력을 얻게 된 것에 불과하다. 그것은 타락한 인간의 죄된 삶의 총화이기 때문에, 죄된 삶의 귀결과 이에 대한 벌로 경험된다. 그리스도의 구원은 인간이 더 이상 죽지 않는 존재로 변화되는 의미에서 신체적 구원이 아니라 정신적 열락으로서의 종교적·윤리적 구원이다. 자기 죄를 용서받고 구원자 그리스도를 믿는 사람은 죽음을 하나님의 벌로 경험하지 않고, 삶의 "자연적 끝"으로 경험한다. 그러므로 그리스도인들은 두려움과 떨림 없이 담담한 태도로 죽음을 맞을 수 있다. 그리스도는 죽음을 극복한 것이 아니라,

lutherischen Kirche, 1902, 198; F. Pieper, *Christliche Dogmatik*, umgearbeitet von J. T. Müller, 1946, 275; Chr. E. Luthart, *Kompendium der Dogmatik*, neu hrsg. von R. Jelke, 1937, 215.

32) 이에 관하여 F. Schleiermacher, *Der christliche Glaube I*, 7. Aufl., 1960, §75-77.

죽음의 두려움을 극복하였다. 그의 구원은 인류의 종교적·윤리적 삶과 관계된 것이지, 자연질서와 관계된 것이 아니다. "자연적인 악(곧 죽음, 필자)은…죄로부터 생성되지 않는다."[33]

이 문제에서 칼 바르트는 슐라이어마허의 입장을 따른다. 죽음은 "그 자체에 있어 심판이 아니며…하나님의 심판의 표징도 아니다."[34] 죽음은 유한한 인간의 한계이며, "그 자체로서" 인간의 자연에 속한다. 인간의 탄생이 "비존재로부터 존재로의 넘어옴"이라면, 죽음은 "존재로부터 비존재로의 넘어감"이다. 그러나 **"죽음 그 자체"**와 **"사실상의 죽음"**은 구분된다. "사실상의 죽음", 곧 인간이 현실적으로 당하는 죽음은 죄인의 죽음이다. 그는 죄인으로서 죽음을 맞이하기 때문에, 자기의 죽음을 하나님의 심판과 벌로 경험한다. 타락한 인간의 세계에서 일어나는 죽음은 "세상 속에서 하나님에 대한 적대의 절정이요 마지막 원수다."[35] 하지만 그리스도로 말미암아 인간은 저주의 죽음에서 자연적 죽음으로 해방된다.

알트하우스(P. Althaus)에 의하면, 신학은 인간의 신체적·생물학적 죽음을 죄로부터 인과론적으로 연역할 수 없으며, 따라서 죽음을 인간의 죄에 대한 하나님의 벌로 보아서는 안 된다. 신학은 "끝나지 아니하는 자연적 생명의 의미에서 죽음이 없는 원상태(Urstand, 타락 이전의 상태, 필자)와, '타락한 창조'의 표징으로서의 죽음을 가르칠 수 없다."[36]

오늘날 많은 사람들은 죽음을 다음과 같이 생각하는 것 같다. 인간을 포함하여 모든 생물은 나이가 들수록 생명력이 쇠퇴하여 결국 흙으로 돌아가는 것이 자연의 법칙이 아닌가? 따라서 생물학적 의미의 죽음 그 자

---

33) Ibid., §76, 2.
34) K. Barth, *Kirchliche Dogmatik III/2*, 2. Aufl., 1959, 761. 죽음에 대한 바르트의 견해의 해석에 관하여 W. Kreck, *Zukunft des Gekommenen. Grundprobleme der Eschatologie*, 1961, 154ff.
35) 허호익, 『예수 그리스도 바로보기』, 한들출판사, 2003, 553.
36) P. Althaus, "Tod," in: *RGG 3*. Aufl., VI, 917.

체는 "자연적인 것", "자연의 질서"라고 보아야 한다. 지구의 역사에서 죽음이 없는 시대가 처음 단계에 있었으리라는 생각은 생물학 연구에서 부정된다. 고생물학 연구에 의하면, 생물학적인 죽음은 인류가 시작하기 전부터 있었다.[37] 자연적인 죽음 그 자체는 하나님의 벌도 아니고 심판도 아니다. 그것은 하나님이 지으신 창조질서다. 그러나 죄인으로서의 인간은 그의 자연적 죽음을 죄된 삶의 마지막 결과, 곧 "죄의 결과"로 경험한다.

그러나 일단의 현대 신학자들은 슐라이어마허와 칼 바르트의 생각을 거부한다. 브루너(E. Brunner)에 의하면, 우리 인간은 영원한 생명으로 창조되었으며 그렇게 규정되었다. 그러나 우리는 "죄를 통하여 이 규정을 망쳐버렸다. 우리는…구원받을 길 없이 죽음에 빠져 있다. '죽음에의 존재'는 이제 우리의 실존 법칙이 되었다."[38]

틸리케(H. Thielicke)는 죽음을 철저히 "비자연적인 것"으로 파악한다. 그의 견해에 의하면, 하나님을 거부하고 하나님에게서 분리되어 사는 자는 이미 죽은 자다. 그의 생명은 생명의 근원에서 끊어진 공회전에 불과하다. 죽음은 "하나님으로부터 분리되어 있음(Geschiedenheit)"이요, "질서"가 아니라 "비질서"(Unnatur)다. 그것은 본래부터 있는 것이 아니라 "있어서는 안 되는 것"이다. 그러므로 죽음은 "삶의 구성 요소(Bestandteil)"가 아니라 삶에의 "대립"(Gegensatz)이요 "삶의 적"이다. 그것은 "생명의 모순들"이요, "철저한 삶의 훼손의 징후"(Symptom einer abgründigen Lebens-Störung)다.[39]

틸리케에 의하면, 죽음의 비자연성은 인간을 단순히 "목숨"(Bios)으로 보지 않고 하나님과의 관계 속에서 볼 때 분명히 드러난다. 하나님과의 교통 속에 있는 인간의 죽음은 자연적인 것이 아니라 "단절"(Abbruch)이요

37) H. Schwarz, Jenseits von Utopie und Resignation, 1990, 223.
38) E. Brunner, Das Ewige als Zukunft und Gegenwart, Siebenstern-Taschenbuch 32, 1965, 118.
39) H. Thielicke, Tod und Leben. Studien zur christlichen Anthropologie, 2. Aufl., 1946, 109.

"이물질"(Fremdkörper)이다.[40] 그것은 이웃과의 관계에서도 드러난다. 내가 사랑하는 이웃의 죽음은 자연적인 것이 아니라 "단 한 번밖에 없는 것의 상실"이요, 대체될 수 없으며 다시 돌아오지 않는 것의 사라짐이다. 따라서 죽음은 자연적인 것이 아니라 비자연적인 것이다. "인격적 교통 속에서 죽음은 '비자연적인' 단절로서 작용한다."[41] 죽음은 하나님과의 교통을 단절시킨 원인이 아니라, 단절의 귀결이요 징후이며 동반 현상이다. 그것은 하나님에게서 분리된 아담의 실존의 표식이요, 아버지의 집을 떠난 자녀들의 "비질서"다. 따라서 우리는 죽음을 죄의 결과로 보아야 한다. 결론적으로 죽음은 하나님 앞에서, 하나님과 함께 살아야 할 인간의 규정에 어긋나기 때문에 "비질서"다. 하나님이 계신 곳에는 생명이 다스리며, 죽음이 다스리지 않기 때문이다.

2) "자연적 죽음"에 대한 타 학문의 토론

오늘날 "자연적 죽음"의 문제는 신학은 물론 인간학, 사회학, 의학 등 다양한 분야에서 뜨거운 감자로 떠오르고 있다. 약 350년 전부터 "인간에 의한 자연의 지배"를 목적으로 삼았던 근대 문명이 오늘날 전 세계를 지배하고 있다. 수학적 인식 원리에 따른 소위 "정확한 과학"이 추구하는 합목적적 합리성, 실증성, 객관성이 가장 진보적인 인식의 종류로 간주되며, 이러한 인식의 종류는 철학이나 신학은 물론, 인간과 인간의 유래, 우주에서 인간의 위치, 우주 자체의 시작과 마지막 등에 관한 사색들을 소위 "객관성이 없는" 주관적인 것, 거짓된 것으로 평가절하하고 있다.

바이체커(C. F. von Weizsäcker)에 의하면, 정확성과 객관성을 주장하는 자연과학의 인식 능력과 지식 구조는 오늘날 인간의 과학적 의식의 핵심

---

40) Ibid., 112.
41) Ibid., 114.

을 형성한다.[42] 고도로 산업화된 현대사회의 노동 영역은 그 전체에 있어 과학기술적 의식과 사고를 통하여 결정되어 있다. 노동의 영역은 물론 현대 세계의 모든 영역이 과학기술적이며 실증주의적 방향을 취하고 있는 지식, "기술적으로 사용될 수 있는 지식"(Habermas)에 기초하고 있다.

지배와 풍요, 기능과 효율성이 최고의 가치와 목적으로 생각되는 실증주의적 세계상에서, 자연과학적 인식의 이상에 따라 모든 현상을 설명하는 것이 인식 일반의 전체적 특징일 수밖에 없다. 도구적 합리성이 지식 문화의 전체 방향과 본질을 결정하며, 합리적 인식의 이상이 세계상의 기본 내용을 형성한다. 이러한 현대사회 속에서 죽음에 대한 이해는 **합리성의 범주**에 따라 형성될 수밖에 없다. 정확한 자연과학적 인식 방법이 죽음에 대한 이해를 결정하게 된다. 그리하여 죽음은 "기력이 다하여 죽는 자연적 죽음을 뜻하게 되며…그 이상도 아니고 그 이하도 아닌 것으로 생각된다. 인간에 대한 생물학적 해석이 과학적으로 안전한 기초로 생각되며, 이 기초에서 볼 때 죽음은 철저히 **자연적 과정**으로 생각될 수밖에 없다."[43]

자연과학적 인식 원리에 기초한 이러한 죽음의 상은 특별히 포이어바흐의 철학에서 유래한다. 그의 인간학에 의하면, 인간은 물질론적으로 그리고 감성적 욕구들로부터 파악되어야 한다. 인간은 오직 생물학적 의미를 가질 뿐이다. 따라서 인간의 죽음은 하나의 생물학적 존재로서 인간이 당할 수밖에 없는 생물학적 필연성이요 자연질서다. 칼 마르크스도 포이어바흐의 생각을 계승하여, 인간을 그 본성에 있어 자연적 욕구들을 가진 "자연적 존재"(Naturwesen)로 본다. 자연적 존재로서 인간의 죽음은 자연적인 것으로 생각될 수밖에 없다. 죽음은 개체에 대한 종(種)의 승리를 뜻한다.

---

42) C. F. von Weizsäcker, *Der Garten des Menschlichen. Beiträge zur geschichtlichen Anthropologie*, 1980, 109.

43) W. Schulz, *Wandlungen in der Einstellung zum Tode*, 99.

죽음을 하나의 자연질서로 보는 것은 철학사에서 스토아 철학으로 소급된다. 스토아 철학에 의하면, 우주의 모든 것은 하나의 우주적 질서에 따라 일어난다. 인간의 탄생과 죽음도 자연질서의 보편적 법칙에 속한다. 탄생이 있으면 죽음이 있을 수밖에 없다. 따라서 죽음은 자연적인 것이다. 이리하여 죽음은 그의 잔인한 성격을 잃어버리며, 죽음을 태연한 자세로 받아들일 수 있는 가능성이 열린다. 스토아 철학자들이 죽음을 당할 때 태연자약한 모습을 보일 수 있는 이유가 여기에 있다.

사회학자 푹스(W. Fuchs)의 분석에 의하면, 고대의 미개 종족 사회에서 죽음은 결코 자연적 원인으로 인하여 일어나는 "자연적 사건"이 아니라, 특수한 인물로 말미암은 살해, 전염병, 마술적·종교적 관행 등의 비자연적 원인으로 말미암아 일어나는 "폭력적 죽음"이요 "비자연적 죽음"이었다. 그것은 "죽는 사람에게 바깥으로부터 오는 폭력 행위와, 사회적으로 중재된 세력의 결과"였다.[44] 어쨌든 간에 그것은 "사회적인 세력이나 가상의 사회적 세력에 의해 행해진 살해"였다.[45] 고대인들은 이런 죽음이 피안의 초월적 세력이나 질서로 인하여 일어나는 것으로 생각했다. 그것은 개인의 힘으로 도저히 변경할 수 없는 "운명" 혹은 "숙명"으로 생각되었다.

기독교가 서구 문화를 지배하면서 고대인들의 신화적 생각이 깨어지고, 죽음의 상이 세속화(Profanisierung)되기 시작했다. 이리하여 죽음은 피안의 초월적 세력 때문이 아니라, 인간이 가진 생물학적 힘이 소진되어 마지막에 일어나는 "자연적 법칙성"으로 이해되었다. 그러므로 프랜시스 베이컨은 "죽음은 출생과 마찬가지로 자연적이다"[46]라고 말하였다. 이와 같이 인간의 죽음을 "인간의 자연"으로 볼 때, 다음과 같은 현상들이 나타난다.

---

44) W. Fuchs, *Todesbilder in der modernen Gesellschaft*, 32.
45) Ibid., 33.
46) Fr. Bacon, *Essays*, 1916, 9.

(1) 인간은 죽음 뒤에 숨어 있는 초월적·마술적 세력에게서 해방된다.

(2) 죽음은 인간이 인식할 수 있고 조작할 수 있으며 지배할 수 있는 사실들의 영역에 속한 것으로 파악된다.

(3) 이리하여 마술적·종교적 죽음의 상을 거부하는 합리성(Rationalität)이 죽음에 대한 인간의 인식과 태도를 지배하게 되고, 인간은 죽음에 대한 공포에서 해방된다.

(4) 인간은 자연을 지배하듯이 죽음을 지배하고자 하며, "생명의 연장과 죽음의 방해"(Verlängerung des Lebens und Verhinderung des Todes)를 추구한다. 즉 의학 기기들을 통하여 인간의 생명을 인위적으로 연장시키고, 이를 통하여 죽음이 오는 것을 방해하고자 한다.

(5) 죽은 사람은 그의 삶의 모든 특징을 상실하며, 그의 시체는 하나의 물건(Ding)으로 간주된다. 이리하여 시체를 하나의 실험 재료로 사용하는 일이 가능해진다. 오늘날 해부학 교실에서 인간의 시체는 하나의 "물건"과 같은 취급을 받는다.

그러나 푹스에 의하면 자연적 죽음의 상은 아직 보편화되지 않았으며, 비합리적이며 형이상학적인 죽음의 상들이 아직도 현대인들의 의식 속에 남아 있다. 현대에 상응하는 합리적 죽음의 상과, 고대로부터 유래하는 비합리적이며 형이상학적 죽음의 상, 그 사이에는 아직도 문화적 간격이 있다. 계몽주의 이후부터 시작한 세계의 세속화와 합리화의 과정 속에서, 죽음의 상은 지금까지 합리화되지 않은 고대의 유물로 남아 있으며, 합리성의 명령에 굴복하지 않고 있다. 죽음과 관련된 모든 인습들과 전통들, 부고장과 장례 절차에 나타나는 미신적 표현들은 자연적 죽음의 상을 보편화시키기 위해 극복되어야 한다.

자연과학적 사고의 범주가 거의 유일한 진리의 권위를 주장하는 현대 사회에서, 죽음의 문제가 아직도 일반적 의사소통의 대상이 되지 못하며, 주체 상호 간의 지식 영역에서 배제되는 원인은 죽음과 관련된 고대의 신화적 유물들 때문이다. 이제 우리는 "죽음의 원인들과 결과들을 자연적인 것으로 설명함으로써, 죽음 후의 삶에 대한 모든 마술적이며 종교적인 표상들을" 거부해야 한다. 그 다음 단계에서 우리는 "모든 사람이 자연적 원인들로 인하여 죽음을 당하지 않는다는 것"을 인식하고, "폭력 없는 사회의 형성을 요구해야" 한다.[47]

푹스에 의하면 죽음은 하나의 "생물학적 현상"이다. 그것은 "생물학적 과정의 중지"[48]를 뜻한다. 따라서 죽음의 과정은 철저히 생물학적으로 파악되어야 한다. 물론 푹스는 죽음의 과정을 단순히 생물학적으로만 묘사하고자 하지 않는다. 그러나 그는 생물학적 사실성을 무시한 죽음에 대한 모든 종교적·형이상학적 해석을 거부하며, 생물학적 인식에 근거하여 죽음의 의미를 제공하는 죽음의 상을 얻고자 한다. 자연적 죽음의 상과 모순되는 모든 죽음의 상들은 "구시대가 지닌 사회 형식들에서…유래한 유물이요…고대의 상들"이다.[49] 그것들은 현대의 합리성 기준에 조화되지 않는다.

죽음에 대한 푹스의 분석은 현대인의 사고방식에 끼친 자연과학적·기술적 이성의 영향을 보여준다. 죽음에 대한 모든 종교적·형이상학적 의미 부여는 거부되고, 죽음은 단지 생물학적·자연적 사건으로서 소위 합리적으로 파악된다. 그러나 현대사회 속에서 점점 더 공허해지고 있는 인간의 삶과 삶의 의미는 자연과학적 합리성을 통하여 회복될 수 없다는 사실이 오늘날 점점 더 분명해지고 있다. 따라서 죽음에 대한 단순한 자연과학적·생물학적 설명은 적절하지 않으며, 인간의 삶과 죽음의 깊이를 파악할 수 없다. 그러므로 쉐러(G. Scherer)는 다음과 같이 말한다.

---

47) W. Fuchs, *Todesbilder in der modernen Gesellschaft*, 82.
48) Ibid., 71.
49) Ibid., 21.

자연적 죽음의 자연적인 것을 단순히 생물학적 사실들로부터 규정하는 것은 불가능하다. 인간에게 자연적 죽음이 무엇인가는 단지 인간의 생물학적 구조로부터 해명될 수 있는 것이 아니다. 오히려 그것은 예를 들어 인간의 자유, 의미에 대한 그의 의존성, 그의 이성, 그의 실존의 윤리적 차원을 고려할 때 해명될 수 있다.[50]

쉐러는 "자연적 죽음"에 반대하면서 다음과 같이 주장한다. "비자연적으로, 다시 말하여 문화적·역사적 방법으로 실존하는 것이 인간의 자연(본성)이다."[51] 물론 인간은 칼 마르크스가 말하듯이 **자연적 생물**이며, 다른 생물들처럼 오직 자연적 구조 안에서, 자연적 구조를 통하여 생존할 수 있다. 그래서 등산가, 심해 잠수부, 우주 여행자, 초음속 비행기 조종사들은 인간이 자연환경 속에서 필요로 하는 최소한의 자연 조건들, 즉 최소한의 공기, 기압, 온도를 갖추어야 한다.

셸러(M. Scheler)도 "자연적 죽음"을 반대한다. 그의 견해에 의하면, 인간은 자연환경 속에서 다른 생물들과 매우 비슷한 구조를 가진다. 그는 "현존 일반의 모든 본질의 단계들, 특히 생명의 본질의 단계들을…그 자신 속에 종합하고 있다."[52] 그는 생명의 모든 자연적 특성들, 동물은 물론 식물의 특성들을 그 자신 속에 가지고 있으며, 그런 점에서 그는 다른 생물들과 같은 하나의 생물이다. 동물과 식물들처럼 인간도 자연적 욕구와 충동을 느끼며 지능을 가진다.

그러나 인간은 모든 생물의 자연성과 생동성을 넘어서는 "인간적 조건"(conditio humana)을 가지며, 이 조건은 "자연적인 생명의 진화로 소급될 수 없는" 인간 특유의 것이다.[53] 달리 말해 인간은 다른 생물들에게서

---

50) G. Scherer, *Das Problem des Todes in der Philosophie*, 1979, 22.
51) Ibid., 21.
52) M. Scheler, *Die Stellung des Menschen im Kosmos*, 16.
53) Ibid., 31ff.

볼 수 없는 본질적 차이를 가지며, 전혀 다른 자질을 가진다. 이 질적 차이는 인간의 **"정신"**에 있다. 인간의 정신은 모든 생물로부터 인간을 구별하는 "인격"의 본질을 가리키며, 이로 말미암아 인간은 자연의 모든 인과율에서 자유로운 존재, "환경에 대하여 자유로운", "세계에 대하여 자유로운 존재"가 될 수 있다. "정신의 능력으로 말미암은 세계 개방성"은 지금까지 인류가 형성한 문화, 언어, 종교, 우주론, 삶의 형식들 속에 나타난다.

여기서 셸러가 말하는 "정신"은 단지 이성 혹은 추상화의 능력만을 가리키는 것이 아니라, 인간의 모든 의식과 삶의 구체적 형식들 근저에 놓여 있는 "인격의 행위 중심"(Aktzentrum der Person)을 가리키며, 이 중심은 "자비, 사랑, 참회, 경외심, 정신적 경탄, 열락과 절망, 자유로운 결단 등과 같은 의지적이며 정서적 행위들의 특정한 단층"을 포괄한다. 이러한 가능성들로 말미암아 인간은 다른 생물들의 단순한 "생물학적 영역"에서 질적으로 구분되며, 그에게 주어진 자연환경의 한계들을 초극하여 "환경"(Umwelt)을 "세계"(Welt)로 변화시킨다. 그는 그의 자연적 결정성을 벗어나 문화, 언어 등으로서의 "세계"를 형성한다.

그러나 인간이 그의 정신적 능력을 통하여 환경과 결합되어 있는 그의 자연성을 완전히 벗어날 수 있는 것은 아니다. 그는 그의 정신을 통하여 자연환경을 초월하는 동시에 자연에 묶여 있고, 자연에 묶여 있는 동시에 자연을 초월한다. 인간의 **자연성과 정신성**의 이와 같은 변증법적 관계는 자연과 문화의 변증법적 관계로 이어지며, 이 관계는 인간이 하나의 생물체로 살지만, 삶의 모든 것을 문화적으로 해석된 방법으로 체험하는 데서 나타난다. 예를 들어 그는 다른 생물들처럼 음식을 먹지만, 그것은 단순한 영양 섭취 이상의 의미를 가진 것으로 체험된다. 그는 다른 생물들처럼 잠을 자지만, 그것은 생물학적으로 필요한 수면 이상의 것으로 체험되며, 성(性)은 단순한 성욕 충족과 종족 번식 이상의 것으로 체험된다. 따라서 인간도 다른 생물들처럼 죽음을 당하지만, 그의 죽음은 생물학적 삶의 과정의 단순한 중단 이상의 의미를 갖게 된다.

겔렌(A. Gehlen)의 인간학도 이와 비슷한 입장을 보여준다. 인간은 다른 생물들처럼 자연에 묶여 있다. 그러나 자연의 모든 생물들과는 달리, 그는 유일한 "결핍의 존재"(Mängelwesen)다. 그는 "모든 자연환경 속에서 삶의 능력을 결여하고 있다. 따라서 그는 두 번째의 자연, 인위적으로 가공되었고 자기에게 적절히 형성된, 그의 부족한 유기체적 장비를 보완하는 대체 세계(Ersatzwelt)를 형성할 수밖에 없다."[54] 그는 자연을 변형시키고 변화시킬 수밖에 없다. 주체들 상호 간의 활동을 통해 그는 제도와 질서로 형성된 세계를 세우고, 이 제도와 질서를 통하여 그는 자연의 영역을 자기의 것으로 삼는다.[55]

플레스너(H. Plessner)는 "중심에서 벗어난 위치성"(exzenrische Positionalität)의 개념을 통하여 인간과 자연의 변증법적 관계를 설명한다. 그의 견해에 의하면 인간은 자연을 완전히 벗어나지는 못하였지만, 자연의 전체 연관성을 벗어나 있다. 즉 중심에서 벗어난 위치에 있다. 그는 중심을 벗어난 유기체적 존재로서 그 자신을 "이미 존재하는 바의 것으로" 만들어야 한다.[56] 실로 인간은 자연 없이 살 수 없다. 그는 자연에 속하며 자연의 일부다. 따라서 자연은 인간의 존재를 부분적으로 형성한다. 그러나 인간의 생동성은 동물의 생동성과는 근본적으로 구별된다. 그는 자연적 존재인 동시에 정신적 존재이며, 정신적 존재인 동시에 자연적 존재다.

셸러에 의하면, 자연의 동물들은 그들의 육체가 자연에 묶여 있다. 그러나 인간은 자연으로부터 자유롭다. 환경의 연관성이 인간에게서는 그 의미를 상실하며, 인간의 세계 개방성은 자연의 인과율적 필연성을 거부한다. 사르트르에 의하면, 인간은 본질적으로 자유로운 존재다. 자연에 묶여 있는 동물의 안전성이 그에게는 결여되어 있다. 자유는 인간 실존의 근

---

54) A. Gehlen, *Anthropologische Forschung*, 48.

55) Ibid., 71.

56) H. Plessner, *Die Stufen des Organischen und der Mensch*, 1975, 309.

본 사실성(Faktizität)이요, "나의 존재의 기준"이다.[57] 그것은 인간이 이 세계로부터 선택한 것이 아니라, 마치 선택의 필연성처럼 인간에게 부여되어 있다. 자유는 "선택하지 않을 수 있는 자유가 아니라 선택의 자유다. 선택하지 않는다는 것은, 선택하지 않음을 선택하는 것을 뜻한다. 따라서 선택은 선택되어 있음의 기초이지, 선택함의 기초가 아니다. 따라서 그것은 자유의 역설적 성격이다."[58]

이 역설적 성격은, 인간은 그 자신을 언제나 새롭게 형성해나가야 한다는 데 있다. 그는 생물학적 기본 구조나 존재론적 기본 구조를 통하여 확정되어 있지 않다. 자유롭게 선택할 수밖에 없는 기본 구조를 통해서도 그는 확정되어 있지 않다. "인간의 현실은 충분하지 않기 때문에 그것은 자유롭다."[59] 또 그것은 자유롭기 때문에 충분하지 않다. 따라서 인간은 그가 속한 세계에 대하여 언제나 새로운 태도를 취할 수밖에 없다. 뢰비트(K. Löwith)에 의하면, 인간은 자연이다. 그러나 그는 자연을 가진다. 따라서 그의 자연은 "애초부터 인간적이다."[60]

인간이 환경으로부터 자유롭다는 것은 세계의 빈 공간 속에서 아무 관계없이 떠다니는 것을 뜻하는 것이 아니라, 자연의 바탕 위에서 인간의 현실 곧 문화를 형성하며, 이 **문화**를 일종의 "자연"으로서 그 자신의 것으로 삼는다는 것을 뜻한다. 이리하여 자연은 인간에 대하여 특별히 인간적 의미를 가질 뿐 아니라, 인간의 문화는 자연의 면모를 가지게 된다. 따라서 인간 바깥에 있는 자연에 대한 인간의 이해는 결코 선험적인 것이 아니라, 문화를 통하여 중재되어 있다. 인간에 대한 생물학적 인식도 단지 인간 안

---

57) J. P. Sartre, *Das Sein und das Nichts. Versuch einer phänomenologischen Ontologie*, 1962, 559.
58) Ibid., 610.
59) Ibid., 581.
60) K. Löwith, "Natur und Humanität des Menschen," in K. Löwith, *Gesammelte Abhandlungen zur Kritik der geschichtlichen Existenz*, 1960, 197.

에 있는 자연의 초상이 아니라 문화적으로 중재된 것이다. 인간 안에 있는 자연도 문화적으로 중재된 자연일 따름이다. 그러므로 인간의 죽음은 소위 자연적인 것이 아니라 언제나 문화적으로 중재된 것으로서 인식된다.

신경 생물학자 마투라나(H. R. Maturana)와 바렐라(F. J. Varela)에 의하면, 모든 생물의 자율신경 활동은 구조적 유사성을 가지며, 그들의 삶에서 한 가지 공통 요소는 "인식"에 있다.[61] 모든 생물은 두 가지 방법으로 생존한다. 곧 (1) 자신 안에 폐쇄된 그물로서 생존하며, (2) 외부를 향하여 열린 체계로서 생존한다. 인식의 기본 과정은 세포들과 유기체들이 환경과 구조적으로 결합되는 데 있다. 즉 특수한 행동을 요구하고 또 그것을 일으키는 환경의 조건들을 인지하는 데 있다. 그러나 인간의 생명은 다른 생물들의 생명과 차이를 가진다. 이 차이는 "인식에 대한 반성"에 있다. 인식에 대한 반성 곧 "인식의 인식"은 인간 생명의 독특한 현상이며, 이 현상으로 말미암아 인간의 행동과 세계는 일반 생물들의 세계와 구별되는 의미를 가지며 "정신"이라 불릴 수 있는 영역이 형성된다. 물론 인간의 정신도 생물학적 진화과정의 결과이지만, 그것은 인간의 언어와 함께 삶과 세계의 의미를 창출하고, 문화적·정신적 세계 곧 인간적 환경을 형성한다. 여기서 인식은 객관적 세계의 단순한 인지가 아니라, 인식의 행위를 통하여 존재의 세계가 형성되는 과정을 말한다.

그러므로 인간의 자연(=본성)과 자연성은 자연 세계의 그것과 구조적 유사성을 가지는 동시에, 인간의 정신으로 말미암아 구분된다. 인간의 자연은 애초부터 인간적인 것이다. 따라서 인간의 죽음은 자연적일 수 없다. 그것은 언제나 **문화적으로 중재된 죽음**일 따름이다. 따라서 자연을 통하여 인간에게 주어진 생명의 끝, 곧 인간의 유한성은 다른 생물들의 생물학

---

61) H. R. Maturana u. F. J. Varela, *Der Baum der Erkenntnis. Wie wir die Welt durch unsere Wahrnehmung erschaffen—die biologischen Wurzeln des menschlichen Erkennens*, 3. Aufl., 1987, 191.

적 유한성과는 구분된다. 왜 우리 인간이 언젠가 더 이상 존재하지 않게 되는가의 질문 앞에서, 인류는 언제나 다시금 죽음에 대해 상징적 의미를 부여했으며, 이를 통해 죽음의 치명성과 잔인함을 약화시켰다.[62] 따라서 죽음은 언제나 하나의 특정한 의미를 가진 죽음 곧 해석된 죽음이었지, 결코 단순한 생물학적·자연적인 현상이 아니었다.

인간의 세계는 언제나 하나의 문화적 세계 내지 문화화된 세계다. 아무리 미개한 종족일지라도 문화를 가지고 있으며 문화 속에서, 문화와 함께 산다. 이러한 세계 속에서 죽음은 문화적으로 해석될 수밖에 없다. 자연을 통해 인간에게 주어진 죽음의 현상은 정신을 통해 하나의 문화적 현상, 세계 현상이 된다. 그것은 자연적 원인들을 가지지만, 단순히 자연성을 통하여 이해될 수 없다. 소위 "자연적 죽음"이란 언제나 삶의 세계의 연관 속에서 일어나는 삶의 한 현상으로서의 죽음, 문화적 맥락 속에서 일어나는 죽음일 뿐이다. 인간은 결코 "자연적으로" 죽을 수 없다. 그는 자기의 죽음을 문화적으로 중재할 수밖에 없다. 곧 해석할 수밖에 없다. 죽음이란 아무 연관성도 갖지 않는 삶의 수학적인 점(*punctum mathematicum*)이 아니라 삶의 과정 전체를 동반한다. 인간의 존재는 언제나 죽음을 지향하고 있으며, 그의 삶의 필연적 마지막인 죽음에 대하여 **문화적으로 중재된 인식**을 가지고 있다. 그의 죽음은 이 인식과 함께 일어난다. 문화적으로 중재된 인식을 통하여 그의 죽음은 의미와 가치를 가지게 된다. 인간의 소위 자연적 죽음은 오직 인간에 의해 해석되었고 문화화된 죽음이요, 인간에 의해 이해되고 그 나름대로의 의미를 가진 죽음이다. 이 죽음은 하나의 의미를 가지고 영위된 삶의 관련 속에서만 의미를 얻을 수 있다.

마르쿠제(H. Marcuse)는 죽음이라는 생물학적 사실에 대하여 존재론적·형이상학적 의미와 가치를 부여하려는 모든 노력을 반대하고, 죽음을

---

62) 이에 관하여 P. Berger u. Th. Luckmann, *Die gesellschaftliche Konstruktion der Wirklichkeit. Eine Theorie der Wissenssoziologie*, 1970, 109.

"자연적인 것"으로 파악하고자 한다. 자연적 죽음에 대하여 존재론적·형이상학적 의미와 가치를 부여하려는 모든 노력은 "자연적인 것"과 "본질적인 것"을 구분하고 자연적인 것을 버리라고 가르치는 철학에 가까우며, 죽음의 사실성을 은폐시키기 때문이다. 그의 생각에 의하면, 일반적으로 죽음에 대한 두 가지 태도가 철학의 전통 속에 나타난다. 곧 (1) 죽음을 불가피한 것으로 보고 그것을 받아들이는 스토아 철학적 태도와, (2) 죽음을 찬양함으로써 삶에 의미를 부여하거나, 인간의 참 삶에 대한 선제 조건을 제시하는 관념론적 태도다.[63] 철학은 전통적으로 다음과 같은 입장을 취한다. 죽음은 인간이 극복하고자 함으로써 극복할 수 있는 것이 아니라, 오히려 그것을 받아들임으로써 극복할 수 있는 "필연성"이다. 죽음은 인간의 본성에 속한다. 자기의 죽음을 의식적으로 받아들이는 것이 인간의 특별한 권리(Vorrecht)이며 "그의 자유의 표징"이다.[64] 그러므로 인간은 죽음을 기꺼이 받아들여야 한다.

마르쿠제는 죽음에 대한 이러한 태도를 소크라테스에게서 발견한다. 소크라테스는 자기의 죽음을 "참된 삶의 시작"으로 생각했다. 이러한 생각은 다음과 같은 세계관과 인간관을 전제한다.

우리의 세계는 그림자의 세계다. 우리는 우리의 육체의 감옥에 갇혀 있으며, 우리의 욕구에 묶여 있으며, 우리의 감각에 속임을 당하고 있다. 진리는 피안에 있다.

참된 삶은 참되지 못한 우리의 일상적 실존에서의 해방을 요구한다.[65]

---

63) H. Marcuse, "Die Ideologie des Todes," in H. Ebeling(Hrsg.), *Der Tod in der Moderne*, 106.
64) Ibid., 107f.
65) Ibid., 108.

또한 마르쿠제는 죽음에 대한 소크라테스의 태도가 정신과 육체의 이원론을 전제한다고 주장한다. 인간의 정신과 육체는 서로 대립되는 것이다. 감성과 욕구와 즐거움에 대항하여 싸울 때에만, 진리는 발전할 수 있다.

> 이 싸움을 인간은…자연적 욕구들의 전제(專制)에서 해방시키는 것을 목적할 뿐 아니라, 이와 동시에 그것은 정신적 삶에서 육체적 삶의 분리를 뜻하며, 즐거움으로부터 자유의 소외를 뜻한다. 해방시키는 진리는, 즐거움을 버리는 진리다. 행복은 선험적으로…자기 부인과 체념에 있는 것으로 생각된다.[66]

이러한 이원론에 의하면, 죽음은 "참된 삶으로…들어가는 것"으로 미화되고 찬양된다. 이를 통하여 철학은 죽음을 받아들이는 것을 용이하게 하며 또 이를 장려한다. "죽음의 수용과 미화"는 죽음을 야기하는 "정치 질서의 수용을 자초한다."[67]

이러한 생각에서 마르쿠제는 죽음에 대한 모든 종교적·형이상학적 해석과 미화를 거부하고 "죽음의 사실"을 있는 그대로 직시할 것을 주장한다.

> 물론 존재론적 범주로서 이해되는 죽음은 단순히 유기체적 삶의 자연적 끝이 아니다. 오히려 그것은 [인간에 의하여, 필자의 첨가] 파악된 '점유된' 끝이며, 인간의 현존 자체의 통합적 구성 요소다. 그러나 파악과 점유의 이 과정은 죽음이라는 자연적 사실의 그 무엇도 변화시키도록 유도하지 않고, 이 사실을 초월하도록 유도하지도 않는다. 오히려 그것은 아무런 희망 없이 죽음의 사실

---

66) Ibid., 108f.
67) Ibid., 109.

에 예속되어 있다.[68]

죽음을 미화하고 쉽게 수용하게 함으로써 사실상 기존의 정치질서와 사회질서를 수용하게 하며, 그러므로 죽음에 대한 일체의 종교적·형이상학적 해석과 미화를 거부하는 마르쿠제의 의도에 우리는 충분히 동의할 수 있다. 그러나 자연적 존재인 동시에 정신적 존재인 인간은 자기 삶에 대해서는 물론 자기 죽음에 대해서도 의미를 찾고자 할 수밖에 없다. 죽음도 삶의 사건이기 때문이다. 적어도 그는 자기의 죽음을 생물학적 필연성으로 받아들이며, 종족과 사회의 유지를 위하여 필요한 것으로 해석한다. 최소한 이러한 점에서 그는 자기의 죽음에 의미를 부여하며 그 죽음을 소화한다. 아니면 그는 자기의 죽음을 죄에 대한 "천벌"이나 "저주"로 해석한다. 그러므로 소위 해석되지 않은 죽음, 아무런 의미도 부여받지 못한 "자연적 죽음"이란 존재하지 않는다고 할 수 있다.

3) 죽음은 "죄의 삯"이다

성서는 죽음을 자연적인 것, 그러므로 우리 인간이 당연히 받아들여야 할 자연의 질서 내지 하나님의 창조질서로 보는가, 아니면 하나님의 뜻에 역행하는 비자연적인 것, 그러므로 우리 인간이 대항하여 싸워야 할 "하나님의 적"으로 보는가?

"자연적 죽음"의 문제와 관련하여 성서는 두 가지 입장을 보인다. 먼저 구약성서는 죽음을 **삶의 자연적 끝**으로 이해한다.[69] 수(壽)를 다하고 세상을 떠난 족장들의 죽음은 자연적인 것으로 이해되며, 하나님의 축복으로 생각된다. "아브라함은 자기가 받은 목숨대로 다 살고, 아주 늙은 나이에

---

68) H. Marcuse, "Die Ideologie des Todes," in H. Ebeling(Hrsg.), *Der Tod in der Moderne*, 107.

69) 이에 관하여 E. Jüngel, *Tod*, 96f.

기운이 다하여서 숨을 거두고 세상을 떠났다"(창 25:8). 이삭과 다윗도 수를 다하고 죽었다(창 35:29; 대상 29:28). 욥도 많은 자녀를 얻고 수를 다하고 죽었다(욥 42:16-17). 죽음은 인간의 삶에서 당연한 것이다. "때가 되면 곡식단이 타작 마당으로 가듯이, 너도 장수를 누리다가 수명이 다 차면 무덤으로 들어갈 것이다"(욥 5:26). 죽음이란 인간의 삶의 질서에 속한다. "모든 일에는 다 때가 있다. 세상에서 일어나는 일마다 알맞은 때가 있다. 태어날 때가 있고, 죽을 때가 있다. 심을 때가 있고, 뽑을 때가 있다"(전 3:1-2). 장차 올 새 예루살렘에서도 수를 다하고 죽는 죽음은 자연스러운 것으로 생각된다. "거기에는 몇 날 살지 못하고 죽는 아이가 없을 것이며, 수명을 다 채우지 못하는 노인도 없을 것이다"(사 65:20; 참조. 슥 8:4). 이와 같은 구절을 고려할 때, 구약성서에서 "수를 다하고 죽는 죽음은 인간의 피조성에 속한다"[70]고 할 수 있다.

다른 한편 구약성서는 죽음을 인간의 피조성에 속한 "자연적인 것"으로 보지 않고, 죄로 말미암아 생긴 것 곧 **"죄의 결과"**로 나타낸다. 이것은 먼저 아담에 대한 하나님의 경고에 나타난다. 아담이 하나님의 명령을 어기고 선과 악을 알게 하는 나무 열매를 따먹을 때, 그는 "죽을 것이다"(창 2:17). 아담이 결국 죄에 빠졌을 때, 죽음이 선고된다. "너는 흙에서 나왔으니, 흙으로 돌아갈 것이다"(창 3:19). 삶의 노동의 허무함, 갑작스러운 죽음 속에서 죄에 대한 하나님의 진노가 경험된다. 특히 수를 누리지 못하고 일찍 당하는 죽음은 죄에 대한 하나님의 심판으로 생각된다. 엘리에 대한 하나님의 심판의 말씀에서 우리는 이 사실을 발견할 수 있다. "내가 네 자손과 네 족속의 자손의 대를 끊어서, 너의 집안에 오래 살아 나이를 많이 먹는 노인이 없게 할 날이 올 것이다"(삼상 2:31).

구약성서의 이러한 구절에서 죽음은 죄의 결과로 파악된다. 죽음은 죄로 말미암아 생긴 것이다. 시편 기자는 죄와 죽음의 인과관계를 다음과 같

---

70) H. W. Wolff, *Anthropologie des Alten Testaments*, 172.

이 묘사한다.

주께서 노하시면 우리 삶이 끝이 나고,
주께서 노하시면 우리는 스러지고 맙니다.
주께서 우리 죄를 주님 앞에 내놓으시니,
우리의 숨은 죄가 주님 앞에 환히 드러납니다.
주께서 노하시면 우리의 일생은 사그라지고,
우리의 한평생은 한숨처럼 스러지고 맙니다(시 90:7-9).

죽음을 자연적인 것으로 보지 않고 죄의 결과로 보는 구약성서의 인식
은 예언자들의 심판과 약속의 말씀에 무수히 많이 나타난다. 하나님을 찾
는 자는 살겠지만, 하나님을 버리고 죄의 길을 걷는 자는 죽을 것이다.

그러나 악인이라도 자기가 저지른 모든 죄악에서 떠나 돌이켜서 나의 율례를
다 지키고 법과 의를 실천하면, 그는 반드시 살고 죽지 않을 것이다(겔 18:21;
참조. 왕상 21:20 이하; 사 2:1, 20; 겔 18:28; 암 5:4 이하).

신약성서도 죽음을 하나님을 대적하며 생명을 파괴하는, 그러므로 있
어서는 안 될 **반신적 세력**으로 생각한다. 앞서 기술한 바와 같이, 바울에
의하면 죽음은 죄의 결과 곧 "죄의 삯"이다(롬 6:23). 요한 문서에 의하면,
죽음은 사멸하게 될 "이 세상"의 특징이다. 생명의 영으로 충만한 예수는
죽은 자를 살리며(요 11:17 이하), 죽음의 세력이 지배하는 이 세계 속에 생
명의 세계를 확장시킨다. 여기서 죽음은 자연적인 것, 우리가 받아들여야
할 것이 아니라, 있어서는 안 될 것, 극복되어야 할 것으로 생각된다.
요한계시록도 죽음을 있어서는 안 될 반신적 세력으로 생각한다. 종말
에 죽음은 죽은 자들을 그의 세력에서 풀어줄 것이며, 모든 죽은 자들이
부활할 것이다. 그 다음에 죽음은 지옥과 함께 불에 타버릴 것이다. "그리

고 사망과 지옥이 불바다에 던져졌습니다"(계 20:14). 그리하여 죽음은 궁극적으로 폐기될 것이다. "마지막으로 멸망받을 원수는 죽음입니다"(고전 15:26). 따라서 하나님의 새 창조의 세계, 곧 "새 하늘과 새 땅"에는 더 이상 죽음이 있지 않을 것이다(계 20:14).

위에 기술한 바와 같이, 성서에는 죽음에 대한 상반된 전승들이 병행하고 있다. 한편으로 성서는 죽음을 자연 질서로 보는 동시에, 다른 한편으로 그것을 죄의 결과로, 반신적 세력으로, 그러므로 극복되어야 할 "하나님의 적"으로 파악한다. 성서의 이러한 상반된 전승들을 고려할 때, 우리는 아래와 같이 결론내릴 수 있다. 하나님은 인간을 **유한한 존재**, 곧 삶의 시간이 제한되어 있는 존재로 지으셨다. 만일 인간이 시간적 끝을 갖지 않은 존재 곧 영원한 존재라면, 그는 하나님과 같은 신적 존재일 것이다. 인간의 삶이 시간적으로 제한되어 있다는 것은, 모든 다른 생물들의 죽음과 마찬가지로, 죄의 타락의 결과가 아니라 하나님의 창조질서일 것이다.

> 인간이…죽지 않도록 창조되었으며, 이에 상응하는 그의 자질이 타락 후에 상실되었다고…말할 수 없다.[71]

타락 이전의 소위 파라다이스에서 인간은 영원히 죽지 않는 존재였을 것이라는 생각은, 영원히 살고 싶어 하는 인간의 욕망의 투사이며, 하나의 신화적 생각이다. 만일 인간은 물론 모든 생물이 에덴동산에서 영원히 죽지 않고 계속 번식한다면 에덴동산은 어떻게 될까? 에덴동산은 공간의 제한도 없고, 자연 자원도 무진장 있으며, 모든 생명체의 배설물도 충분히 처리될 수 있기 때문에, 아무리 많은 생물이 태어나도 모두 생존할 수 있는 세계라고 생각하는 것은 유치하고 신화적인 생각이다. 지구 역사상 죽음이 없는 시대가 처음 단계에 있었으리라는 생각은 생물학의 연구에 의

---

71) 이에 관하여 O. Kaiser u. E. Lohse, *Tod und Leben*, 16.

해 부정된다. 고생물학 연구에 의하면, 생물학적 죽음은 인류가 시작하기 전부터 있었다.[72] 따라서 **죽음 그 자체**는 하나님의 창조질서에 속하며 자연적인 것이라 할 수 있다.

물론 오늘 인간의 세계 속에서 일어나는 거의 모든 죽음이 자연적 죽음이 아니라 비자연적 죽음, 외적 요인에 의해 강요된 죽음이란 주장은 타당하다. 그러나 죽음 자체를 비자연적인 것, 하나님의 창조질서에 속하지 않은 이질적인 것으로 생각할 때, 인간이 자기 죽음을 받아들이는 일은 매우 어려워진다. 그는 자기 가족이나 주변 사람들이 어떤 어려움과 희생과 경제적 손실을 당하든지 개의치 않고 자기의 생물학적 생명을 이어나가기 위한 노력만 할 것이다. 오늘날 실제로 이러한 일들이 일어나고 있다. 이러한 현실 속에서 우리는 다음의 사실을 상기할 필요가 있다. 죽음 그 자체는 죄에 대한 하나님의 벌이 아니다. 그것은 본래 하나님의 창조질서와 인간의 본성에 속한 자연이다.

그러나 성서에 의하면, 하나님이 계시지 않는 곳에 죽음이 있다. 하나님은 생명의 근원이다. **하나님으로부터의 분리**는 곧 죽음이다. 하나님을 거부하고 하나님에게서 분리되어 사는 자는 이미 죽음의 그늘 속에 있다. 이 세계는 죄로 인하여 하나님으로부터 분리되어 있다. 그 속에는 하나님이 계시지 않는다. 물론 무한한 사랑이신 하나님은 그의 영을 통하여 고난받는 피조물들 가운데 계시지만, 이 세계는 하나님을 거부하고 하나님 없이 살고 있다. 이러한 세계 속에서 일어나는 죽음은 결코 자연적일 수 없다. 죄된 인간의 세계 속에 소위 "자연적 죽음"이란 존재하지 않는다. 이 세계 속에서 인간은 자연적 죽음을 당하는 것이 아니라 비자연적 죽음, 있어서는 안 될 죽음을 당한다.

죄는 **생명의 단축**을 초래한다. 죄의 피해를 당하는 사람의 생명도 단축되지만, 죄를 짓는 사람의 생명도 단축된다. 예를 들어 우리가 우리의

---

72) H. Schwarz, *Jenseits von Utopie und Resignation*, 223.

자녀를 사랑하면, 자녀의 생명이 생동력을 얻는다. 자녀는 성격이 명랑해지고 성장도 촉진되며 외양도 아름다워진다. 반면 우리가 자녀를 계속해서 미워하면, 자녀의 성격이 우울해지고 성장도 저해된다. 결국 그들의 생명이 훼손되고 단축된다. 자녀를 미워하는 우리 자신의 마음도 우울해지며, 소화 기능 등 각종 신체 기능들이 방해를 받는다. 게다가 얼굴 표정도 어두워진다. 미움과 증오의 마음으로 가득한 사람의 얼굴은 이지러진다. 이지러진 얼굴은 이지러진 신체를 반영한다. 따라서 그 사람의 얼굴은 물론 그의 온 신체가 이지러진 상태에 있다. 이리하여 미움을 당하는 사람은 물론 미워하는 사람 자신의 생명도 단축된다.

용서의 경우도 마찬가지다. 용서하는 사람의 마음속에는 평화와 기쁨이 있다. 마음에 평화와 기쁨이 있을 때, 인간의 육신도 평화와 생동성을 얻게 된다. 그것은 용서받는 사람의 생명을 생동케 할 뿐 아니라, 용서하는 사람의 생명도 생동케 한다. 반면 다른 사람의 허물을 용서하지 않을 때, 용서하지 않는 사람의 마음속에는 원한과 미움과 짜증이 있다. 마음속에 원한과 미움과 짜증이 가득할 때, 그의 육신은 생동성을 얻지 못한다. 용서하지 않는 사람은 용서받지 못하는 사람의 생명을 훼손할 뿐 아니라, 자신의 생명도 훼손한다. 인간은 철저히 심신 상관적 존재이기 때문이다.

이 세계는 하나님으로부터 분리되어 죄 가운데 있다. 그 속에는 미움과 증오와 기만과 거짓과 억압과 착취와 부패와 타락이 가득하다. 이러한 죄로 말미암아 인간은 자신의 생명은 물론 타인의 생명도 단축시킨다. 인간의 생명은 물론 죄 없는 자연 생물들의 생명도 단축된다. 서로 속이고 속고, 죽이고 죽임을 당하며, 착취하고 착취를 당한다. 이러한 세계 속에서 일어나는 죽음은 결코 자연적인 것, 우리 인간이 기꺼이 받아들여야 할 것이 아니라 비자연적인 것이다. 그것은 있어야 할 것이 아니라 있어서는 안 될 것, 극복되어야 할 것이다.

한마디로 하나님 없는 죄된 인간의 세계 속에서 일어나는 죽음은 "죄의 삯"으로서 일어난다. 여기서 죽음에 대한 모든 종류의 미화(美化)와 찬양은 거부된다. 죽음은 어떤 형태의 것이든, 아름다운 것, 우리 인간이 기꺼이 수납해야 할 "자연적인 것"이 아니라, 언젠가 극복되어야 할 "비자연적인 것", 하나님이 원하지 않는 것으로 드러난다. 하나님은 생명을 원하시지 죽음을 원하시지 않기 때문이다. 그러므로 성서에서 "죽음은 대부분의 경우 하나님에게 반하는 반신적(反神的)인 존재로, 생명에 대해 적대적인 세력으로 경험된다." "생명에 대한 강한 긍정 때문에 성서는 본질적으로 죽음을 부정적으로 묘사한다."[73]

4) 헤겔, 니체, 하이데거의 죽음관과 문제점 — "자연적 죽음"의 문제점

위에서 기술한 바와 같이 성서는 인간의 **현실적 죽음**을 비자연적인 것, 있어서는 안 될 것으로 본다. 그러나 현실의 죽음을 "자연적인 것"으로 미화시키려는 태도와 이론들을 우리는 역사적으로 쉽게 발견할 수 있다. 영혼불멸설도 이에 대한 한 가지 예라고 할 수 있다. 영혼 불멸설에 의하면, 죽음은 육체의 감옥에서 인간의 신적 영혼이 본향으로 해방되는 사건이다. 그러므로 그것은 인간의 본성에 역행하는 것이 아니라 오히려 그것과 조화되는 자연 질서로 파악할 수 있다. 육체의 감옥에 갇혀 있던 영혼이 피안의 세계로 돌아가 영원한 생명을 누리는 것이 인간의 참 본성이요 자연이기 때문이다. 이리하여 죽음은 영혼이 그의 본향으로 돌아가는 사건으로 승화되고 정당화된다. 그것은 슬퍼해야 할 일이 아니라 오히려 기뻐해야 할, 하나의 잔치와 같은 것으로 생각된다.

죽음을 미화시킴으로써, 죽음에 순응하고 자신의 죽음을 기꺼이 받아들이게 하려는 시도를 우리는 헤겔, 니체, 하이데거의 죽음에 대한 생각에서도 발견한다. 헤겔의 철학적 신학 내지 신학적 철학에 의하면, 죽음은 정신의 변증법적 자기 발전에 있을 수밖에 없는, 또 있어야만 할 **필연적인 것, 자연적인 것**으로 긍정되며, 긍정됨으로써 확정된다. 죽음은 더 높은

---

73) 곽미숙, 『현대세계의 위기와 하나님의 나라』, 289.

진리에 도달하기 위한 "개체의 지양"을 뜻한다. 정신의 변증법적 자기 활동에서 죽음은 개체가 반드시 거쳐야 할 하나의 **통과 단계**다. 헤겔의 신학적 철학에서는 보편자로서의 종(種)이 "특수자"로서의 개체에 대하여 우위를 차지한다. 보편자로서의 종이 실현되기 위하여, 개체는 종으로 지양되어야 한다.

> 종은 개체들의 죽음을 통해서만 자기를 유지하며, 개체들은 종으로 통합되는 과정 속에서 그들의 규정을 성취한다. 따라서 죽음을 지향하는 것이 그들의 가장 큰 규정이다.[74]

죽음을 통해 개체는 폐기되는 것이 아니라 보편성으로 지양되며 승화된다. 이 지양과 승화를 위하여 죽음은 필연적인 것이요, 따라서 자연적인 것이다.

그러므로 헤겔에게 죽음은 "개체성이 보편성으로 넘어감(Übergang)의 필연성"을 뜻한다. 그것은 감각적이며 유한한 것, 부정적인 것의 부정(Negation)이다. 죽음 그 자체는 "무적인 것, 명백한 무성"(ein Nichtiges, die offenbare Nichtigkeit)이다. 그러나 죽음을 통하여 유한성은 보편성으로 지양된다.

> 이 지양의 나타남이 죽음이다. 죽음은 유한한 것이 그의 유한성으로부터 자유롭게 되는 첫 번째의, 자연적인, 자유스러운 자기 해방(Sichbefreien)이다.[75]

죽음을 통하여 감각적이며 유한한 생명은 보편적인 것으로 지양된다.

---

74) G. W. F. Hegel, *Enzyklopädie*, PhB 33, 7. Aufl., 1969, §370.
75) G. W. F. Hegel, *Vorlesungen über die Philosophie der Religion, Bd. I*, hrsg. von G. Lasson, PhB 59, Nachdruck, 1966, 130.

지양은 유한한 것의 파괴와 소멸을 뜻하는 것이 아니라, 정신의 포괄적 현실 속에서 보존(Aufbewahren)되고 더 높은 진리로 고양(Erheben)되는 것을 말한다. 이러한 헤겔의 생각에서 죽음은 변증법적 발전의 필연적 요소 내지 자연적 질서로 승화된다.

니체에 의하면,[76] 죽음은 삶에 속한 것이다. 그것은 삶의 바깥으로부터 인간의 삶에 일어나는 것이 아니라, 삶 자체로부터 삶의 마지막에 일어난다. 그것은 **삶의 한 부분**이요, 삶처럼 인간의 손에 주어져 있다. 이런 점에서 죽음은 자연적인 것이라 할 수 있다. 인간은 자신의 삶에 대해 자유를 가진 것처럼, 자기의 **죽음에 대한 자유**도 가진다. 내가 원하는 시간에 그것이 나에게 일어날 수 있도록 할 수 있는 자유, 곧 죽음에의 자유를 가지는 것이다. 죽음이 나를 지배하는 것이 아니라, 내가 나의 죽음을 지배할 수 있어야 한다. 인간이 그 자신의 죽음을 결정할 때, 죽음은 인간을 지배하는 힘이 아니라 자신의 죽음마저 스스로 결정하고자 하는 인간의 힘의 도구가 된다. 곧 자기 자신에 대한 **인간의 힘의 도구**가 된다. 이때 죽음은 인간의 손 안에 있는 수단에 불과하며, 인간이 그 자신에게 정립할 수 있고 끝낼 수 있으며 처리할 수 있는 것으로 파악된다. 인간은 그 자신의 삶에 대해서는 물론이고, 그의 죽음에 대해서도 지배자가 되어야 한다. 그러므로 니체는 이렇게 말한다.

나는 너희에게 나의 죽음을 찬양한다. 내가 원하는 때에 나에게 일어나는 자유로운 죽음을.[77]

니체의 이러한 생각에서 죽음은 자기 삶에 대한 지배권을 얻음으로써

---

76) 이에 관하여 H. Thielicke, *Tod und Leben. Studien zur christlichen Anthropologie*, 36f.를 참조함.
77) Ibid., 36에서 인용함.

자기 삶의 주인이고자 하는 인간의 마지막 수단으로 미화되며, 인간이 스스로 선택해야 할 자연적인 것으로 찬양된다. 자신의 죽음을 스스로 결정함으로써, 자기 삶에 대한 인간의 지배권이 완성된다. 인간의 삶은 하나님으로부터 인간이 감사한 마음으로 받아들여야 하며, 하나님의 규범 아래에 있고 하나님 앞에서 끝나는 것으로 생각되지 않으며 인간 자신이 그 마지막을 결정해야 할 인간의 소유로 생각된다. 인간 자신이 창조자요, 그 규범의 입법자이며 재판관이다.[78]

하이데거의 현존 분석에서 죽음은 삶의 마지막 시점에 일어나는 사건이 아니라 삶 자체에 속한 **삶의 구성 요소**로 정당화되며 자연화된다. 죽음은 무섭고 경악스러운 것이 아니라 "넓은 의미에서의 삶의 현상"이다. 인간의 생명이 시작하는 바로 그 순간에 죽음이 시작한다. 생명이 시작하는 그 순간부터 삶의 시간이 짧아지며, 삶은 죽음을 향해 끊임없이 진행되기 때문이다.

> 죽음이 뜻하는 끝남(Enden)은 현존의 끝나버림(Zu-Ende-sein)이 아니라, 이 존재자의 마지막에의 존재(Sein zum Ende)를 뜻한다. 죽음은 현존이 있자마자 받아들이는 존재의 방식이다.[79]

그러므로 인간이 존재하는 한 그는 죽음과 함께, 죽음을 향하여 산다. 죽음은 단순히 생물학적·자연적 사건에 불과한 것이 아니라 인간의 존재 가능의 방식이요, 자기 태도와 자기 파악의 방식이다. 죽음으로 말미암아 인간의 현존은 그의 전체성에서 파악된다. 달리 말해, 죽음으로부터 인간의 현존은 전체적이 된다. 죽음은 현존재의 불가능성의 가능성이다.

---

78) K. Jaspers, *Nietzsche. Einführung in das Verständnis seines Philosophierens*, 1936, 198ff., 285ff.

79) M. Heidegger, *Sein und Zeit*, 245.

하이데거에 의하면, 내 죽음은 다른 사람에 의해 대체될 수 없다. 누구도 나를 대신하여 죽어줄 수 없다. 그러므로 죽음은 "오직 나의 것임"(Jemeinigkeit)이란 성격을 가진다. 인간의 실존은 죽음에 의해 결정된다. 죽음은 현존이 시작하면서부터 현존에 속하는 **현존의 속성**이다. 따라서 죽음은 현존이 마지막 시점에서 밀려날 수 없으며, 현존으로부터 배제될 수 없다. 현존은 "죽음으로의 존재"(Sein zum Tode)이며, 자기 자신을 아는 현존으로서 그것은 죽음을 받아들임이다. 일반 생물들의 죽음에 비해 인간의 죽음은 다음의 특징이 있다. 즉 인간은 자기의 죽음을 알고 그것을 인정하며, 불안 가운데서 자발적으로 죽음을 받아들인다.[80] 하이데거의 이러한 생각에서 죽음은 모든 인간이 받아들여야 할, 존재의 자연 질서 내지 **"현존의 존재론적 구조"**로 정당화되고 미화된다. 그것은 인간이 거부해야 할 것이 아니라 태어나는 순간부터 자연적인 것으로 받아들여야 할, 존재의 질서요 피할 수 없는 운명이다.

위에 열거한 방법으로 인간의 현실적 죽음을 인간 존재의 자연 질서로 혹은 자기의 생명을 스스로 지배하기 위한 마지막 수단으로 생각할 때, 다음과 같은 문제점이 생긴다.

(1) 인간의 죽음을 "자연적인 것"이라 생각할 때, 우리는 죽음을 **체념**하고 쉽게 받아들일 수 있게 된다. 자연적인 것을 받아들이는 것이 자연에 순응하는 것이요, 그것이 삶의 순리이기 때문이다. 죽음에 대한 이러한 생각은 마지막 임종 때 도움이 될 수도 있지만, 있어서는 안 될 죽음들을 "자연적인 것"으로 체념하면서 받아들일 수 있는 위험성을 가진다.

마르쿠제는 헤겔과 하이데거의 이러한 문제점을 간파하고 두 학자의 이론을 비판한다. 그의 생각에 의하면, 정신의 변증법적 활동에서 죽음을 필연적 요소로 긍정하고 정당화하는 헤겔의 입장은, 죽음을 인간 현존의

80) Ibid., 266.

존재론적 구조로 보는 하이데거의 철학에서 완결된다. 하이데거의 죽음 관은 아우슈비츠(Auschwitz), 부헨발트(Buchenwald), 다하우(Dachau), 베르 겐-벨젠(Bergen-Belsen)의 독가스실과 강제수용소에 대한 "정치적 근거"가 마련되었던 바로 그 시기에 일어난, "최후의 그리고 가장 적절한 죽음의 고무(Ermunterung)"다.[81] 니체의 이론은 죽음을 당하는 사람이 죽음을 체 념하는 정도가 아니라, 오히려 적극적으로 자기 죽음을 수용하는 태도를 취하도록 고무한다.

(2) 인간의 현실적 죽음을 "자연적인 것"이라 생각할 때, 죽음의 현실 을 거부하고 **생명의 세계를 확대시키고자 하는 의지가 약화**될 수 있다. "자연적인 것"을 막을 필요가 없기 때문이다. 그리하여 살릴 수도 있고 유 지시킬 수도 있는 생명을 그냥 죽도록 내버려둘 수 있는 위험성이 생긴다. 특히 사회 발전에 도움이 되지 않아 더 이상 이용 가치가 없다고 생각되 는 생명을 포기하거나 그것을 학대하는 일을 아무렇지 않게 방관할 수 있 다. 죽는 것은 "자연 이치"이고, 어차피 죽을 생명, 이렇게 죽으나 저렇게 죽으나 마찬가지라고 생각하면서 **죽음을 방치**하는 것이다. 이러한 일은 인간의 생명을 대량으로 다루는 종합병원이나 중증 장애인 수용 시설에 서 쉽게 일어날 수 있다.

(3) 죽음을 "자연적인 것"이라 생각할 때, 죽음에 대하여 무감각해질 수 있다. 따라서 어느 누가 죽어도 슬퍼하지 않고, 죽음을 무덤덤해할 수 있 다. **죽음에 대한 무감각**은 **생명에 대한 무감각**으로 나타날 수밖에 없다. 다 른 사람이나 생물들의 죽음에 대해 무감각한 사람은 그들의 생명에 대해 서도 무감각할 수밖에 없다. 그는 모든 것에 대해 무감각한 사람이 될 수 있다. 그 결과 슬픈 일이 일어나도 슬퍼할 줄 모르며, 비참한 일이 일어나 도 비참함을 느끼지 않는 **무감각한 사회**, 비정한 사회가 형성될 수 있다.

---

81) H. Marcus, "Die Ideologie des Todes," in H. Ebeling(Hrsg.), *Der Tod in der Moderne*, 109.

죽음과 부활의 신학

(4) 이리하여 **생명에 대한 학대와 대량 학살**이 쉽게 일어날 수 있다. 죽어가는 사람을 보아도 별다른 마음의 아픔을 느끼지 않으며, 그를 적극적으로 돕고자 하는 마음이 일어나지 않을 수도 있다. 교통사고를 당해 사람의 생명이 경각을 다투어도, 죽음을 방지하기 위한 응급조치를 최대한 빨리 취하지 않는다. 우리 주변의 종교 내지 종교 사상에서 우리는 "죽음은 자연적인 것이다"라는 말을 쉽게 들을 수 있다. 죽음에 대한 이러한 생각은 거의 보편화되어 있다. 죽음을 이와 같이 생각하는 지역에서 생명에 대한 학대와 대량 학살과 죽음의 방치가 왜 쉽게 일어나는지, 그 원인을 우리는 여기서 발견할 수 있다.

(5) 죽음을 "자연적인 것"이라 생각할 때, 왜 죽음이 일어나는지, 죽음을 유발하는 모든 사회적·정치적·경제적·군사적·문화적·환경적 **원인들**에 대하여 우리는 눈을 감아버리며, 이러한 원인들을 극복함으로써 죽음의 세력을 물리치고자 하는 노력들을 마비시키는 결과를 초래할 수 있다. "자연적인 것"의 원인을 찾아 그것을 극복하는 것은 불필요한 일이기 때문이다.

신학의 관점에서 볼 때, 타락 이전 인간의 본래 상태에서 죽음은 자연적인 것, 하나님의 창조질서에 속한 것이라 할 수 있다. 그것은 하나님과 이웃과의 충만한 교통 속에서 이루어지는 성취된 삶의 마지막이다. 그러나 하나님 없는 죄된 인간의 실존적 상황 속에서 일어나는 죽음은 결코 자연적 죽음이 아니다. 그것은 언제나 **외적 원인들**로 말미암아 일어난다. 이 세계의 어떤 사람도 정신적·신체적으로 충만한 삶을 살고, 마지막에 생명의 힘이 소진되어 자연적인 죽음을 당하는다. 오늘의 세계 현실 속에서 자기 수(壽)를 다하고 죽는 사람은 아무도 없을 것이다. 죄와 죽음의 세력이 지배하는 세계 속에서 그것은 사실상 불가능하다.

예를 들어 건축 현장에서 건축 비용을 줄이기 위해 필요한 안전 시설을 충분히 설치하지 않음으로 인하여 죽음을 당하는 노동자들이 있다. 잘못 만들어진 자동차와 나쁜 도로 사정, 잘못된 교통 표지판으로 인하여

"조기 사망"을 당하는 운전자들도 있다. 의료인들의 태만과 부주의로 죽음을 당하는 환자들도 있다. 또한 정치 권력을 유지하기 위해 인위적으로 일으키는 전쟁과 테러, 종족 간의 분쟁, 집단 살해로 너무나 많은 무고한 사람들이 억울하게 죽임을 당한다. 남자와 여자의 관계에 대한 그릇된 사회 제도로 수많은 여자들이 불이익을 당하며, 직·간접적 폭력으로 인하여 여자들은 물론 때로 남자들의 생명이 훼손당하는 일도 일어난다. 선진국들의 정치, 경제, 군사적 횡포와 착취로 제3세계의 수많은 사람이 생명의 훼손과 억울한 죽음을 당한다. 실직에서 오는 패배감, 직장의 스트레스를 이기지 못해 스스로 목숨을 끊는 사람도 있다. 현대 세계의 이러한 죽음을 목격하면서 "살고 죽는 것이 자연의 이치가 아닌가?"라고 말할 때, 우리는 무고한 사람들이 당하는 죽음, 피할 수 있는 죽음을 "자연적인 것"으로 정당화하며, 그들에게 죽음을 일으키는 정치, 경제, 사회적 원인들을 덮어 두게 된다.

역사의 어느 시대를 막론하고 수많은 사람이 자연적인 죽음이 아닌 외적 원인으로 말미암은 억울하고 비자연적인 죽음을 당함에도 불구하고 헤겔, 니체, 하이데거는 인간의 현실적 죽음을 자연적인 것으로 미화한다. 헤겔은 죽음을 변증법적 과정의 필연적 요소로, 니체는 자기 삶에 대한 지배권을 완성해야 할 마지막 수단으로, 하이데거는 현존의 존재론적 구조로 정당화 내지 승화시킨다. 그들은 죽음의 경험적 필연성을 인간 존재의 존재론적 필연성으로 받아들이게 하며, 죽음이 그 속에서 일어나는 사회적 상황들을 전혀 문제삼지 않는다.

(6) 죽음을 "자연적인 것"으로 볼 때, 한편으로 자연과의 화해가 가능해지며 자기의 죽음을 쉽게 받아들일 수 있다. 이리하여 수단과 방법을 가리지 않고 생명의 시간을 연장시키려는 일을 피할 수 있게 된다. 그러나 다른 한편으로 죽음을 체념하게 하고, 죽음을 유발하는 이 세계와 사회의 제반 상황들을 있는 그대로 수용하게 하며, 죽음의 세력과 결탁한 모든 **정치적·경제적·사회적 세력과 제도를 방치**하게 된다. 이것을 우리는 하이데

거에게서 쉽게 발견할 수 있다. 그는 제2차 세계대전에서 수많은 젊은 군인들과 시민들과 유대인들이 억울한 죽음을 당하는 것을 보면서 인간의 죽음을 "존재론적 질서" 곧 모든 인간이 받아들일 수밖에 없는 "자연적인 것"이라고 말한다. 이를 통해 그는 사람들이 자기 죽음을 쉽게 받아들일 수 있도록 도와주며, 이들에게 죽음을 유발하는 모든 세력과 제도를 방치한다.

한 걸음 더 나아가, 하이데거는 죽음을 일으키는 세력들을 방치할 뿐 아니라 **방조**했다고 할 수 있다. 방치는 언제나 간접적 방조이며 간접적 비호다. 악의 세력이 야기하는 죽음을 "자연적인 것"이라 말할 때, 악의 세력이 죽음을 계속 야기할 수 있도록 간접적으로 도와주며 악의 세력을 두둔하는 꼴이 된다. 이리하여 죽음을 "자연적인 것" 혹은 "자연 질서"로 생각하는 죽음관은 단지 하나의 사상이나 이론에 불과한 것이 아니라, 죽음을 야기하는 악의 세력을 도와주고 그것을 비호하는 **정치적 기능**을 행사한다.

이것은 오늘날도 마찬가지다. 예를 들어 오늘날 자연의 생물들은 생태계의 파괴로 인하여 생명의 훼손과 억울한 죽음을 당하고 있다. 이러한 죽음을 "자연적인 것"이라 할 때, 우리는 지구의 온 인류와 자연의 피조물들이 "죽음의 행진"을 계속할 수 있도록 간접적으로 도와주며 죽음을 야기하는 세력들을 비호하는 것이 된다.

죽음에 대한 **종교적·형이상학적 해석**의 위험성도 여기에 있다. 죽음을 영원한 생명으로 들어가는 관문 내지 통과 과정으로 생각할 때, ① 죽음은 영원한 생명으로 들어가기 위한 필연적인 것, 아름다운 것으로 미화되고, 이로 인해 자기 죽음은 물론 타인의 죽음도 쉽게 받아들일 수 있게 되며, ② 죽음을 일으키는 세력들을 간과하며, ③ 죽음을 일으키는 세력들에 대한 투쟁 정신이 마비되며, ④ 죽음에 대해서는 물론 생명에 대한 무관심과 무감각도 확산되고, ⑤ 생명을 보호하고 장려하려는 정신이 약화될 수도 있으며, ⑥ 죽음과 죽음을 일으키는 세력들이 정당화될 수 있고, ⑦ 현실의 비참한 죽음들의 참혹성을 은폐시키고 죽음을 촉진시키는 결과를 초래할 수 있다. 좌파 계열의 철학자들과 사회학자들이 죽음에 대한 모든 종교적·형이상학적 해석을 거부하고 죽음의 "사실성"을 강조하는 이유가 바로 여기에 있다.

불교의 죽음관에서도 우리는 이와 유사한 문제점을 발견할 수 있다. 석가모니의 가르침에 의하면, 삶과 죽음은 분리된 현상이 아니다. 삶 속에는 죽음이 내포되어 있다. 그러므로 "이 세상에 살고 있는 것들은 곧 죽어가고 있는 것"이다.[82] 석가모니의 이러한 삶과 죽음에 대한 통찰은 하이데거의 생각과 매우 유사하다. 삶의 과정은 곧 죽음의 과정이요, 삶의 시작과 함께 죽음의 과정이 시작한다. 거꾸로 죽음을 향한 과정이 곧 삶의 과정이다. 그러므로 석가모니는 삶과 죽음을 동일시하여 "생즉사, 사즉생"(生卽死, 死卽生)이라고 말한다.

여기서 죽음은 삶의 존재론적 구조로 정당화된다. 한 걸음 더 나아가 삶과 죽음이 동일시됨으로써 삶의 열정이 식어지는 동시에 죽음의 치명성이 약화될 수 있다. 이리하여 인간은 삶에 대해서는 물론 죽음에 대해서도 초연한 태도를 취할 수 있게 된다. 인간이 태어나는 것은 그의 육체를 구성하는 "지수화풍"(地水火風)과 수명, 체온, 인식 작용을 합한 것, 즉 오온의 결합을 말하며 "죽음은 이들 요소의 해체다. 그렇다면 죽음은 변화의 한 과정일 뿐이므로 괴로워하거나 슬퍼할 일이 아니다."

사르트르(J. -P. Sartre)가 하이데거의 실존 분석을 비판하면서 죽음을 현존의 존재론적 구성 요소로 보지 않고, "낯선 것"으로 보는 이유는 이러한 문제점을 극복하기 위해서다.[83] 그의 생각에 의하면, 죽음은 우리가 이해할 수 없으며, 우리 뜻대로 처리할 수 없는 우연적이고 맹목적인 사실이다. 그것은 우리가 기다릴 수 있는 것이 아니라 예기치 않게 찾아온다.

---

82) 이에 관하여 김영미, "불교의 죽음관," 『종교와 한국인의 죽음관』, 전주대학교 인문과학 종합연구소, 1999, 93을 참조함.
83) J. -P. Sartre, "Mein Tod," 94f.

죽음은 그것을 당하는 인간이 예측할 수 없고 계산할 수 없는 것이며, 자기 죽음의 시간을 알고 그것을 기다리는 사람에게도 놀라운 것, 인간 자신의 능력으로 어찌할 수 없는 놀랍고 불가피한 것으로 찾아온다. 그것은 현존의 "존재론적 구조" 내지 "존재론적 필연성"이 아니라, "우연적 사실"(ein kontingentes Faktum)로서 **삶의 바깥으로부터** 온다. 그것은 내 존재의 구성적 요소로서 나의 존재에 속한 것이 아니라 나에게서 완전히 벗어나 있다.

나의 탄생이 나 자신의 능력을 벗어나 있듯이, 죽음도 내 자신의 능력을 벗어나 있다. 죽음은 "나의 가능성"이 아니라 나의 "한계상황"이다. 그것은 완전히 우연적이고 냉혹한 사실로서, 자기를 기획하고 자기의 가능성을 실현하는 인간의 존재에 대하여 **바깥으로부터** 찾아와서 인간의 존재를 종식시킨다. 그것은 인간의 전체성을 성립시켜주는 것이 아니라 오히려 그의 전체성을 결정적으로 방해한다. 결론적으로 사르트르에 의하면, 죽음은 인간 존재에 대하여 "자연적인 것"이 아니라 철저히 "비자연적인 것"이다.

성서는 인간의 죄된 현실 속에서 일어나는 현실적 죽음을 "자연적인 것"으로 보지 않는다. 틸리케의 표현을 빌리면, 그것은 "자연"(Natur)이 아니라 "비자연"(Unnatur)이다.[84] 절대적 사랑으로서의 하나님은 생명을 원하시며, 죽음을 원하지 않기 때문이다. 예수도 "자연적인 죽음"을 당하지 않았다. 오히려 그는 그가 속한 사회의 불의한 체제의 음흉한 간계로 말미암아 "폭력적인 죽음"을 당하였다. 바울이 말하는 것처럼 죽음은 "죄의 삯", 곧 "죄의 열매"요 "죄의 결과"다.

그런데 이 말을 좀 더 분석적·비판적으로 파악할 필요가 있다. 일반적으로 우리는 "죄의 삯"으로서의 죽음을 **각 사람이 지은 죄의 결과**로 파악한다. 즉 각 사람이 지은 죄는 결국 죽음을 초래한다는 것이다. 그래서 우리는 죽음을 당하지 않으려면 죄를 짓지 말아야 한다는 설교를 쉽게 들을

---

84) H. Thielicke, *Tod und Leben*, 106.

수 있다. 여기서 "죄의 삯"으로서의 죽음은 죄를 물리치기 위한 교육적 기능을 가진다.

그러나 이러한 생각은 현실의 한 면만을 이야기하는 것에 불과하다. 왜냐하면 자신이 지은 죄 때문이 아니라 타인이 저지른 불의의 사고로 인해 무고한 죽음을 당하는 경우도 있고, 죄를 전혀 알지 못하며 죄를 범한 적도 없는데 태어나자마자 죽음을 당하는 갓난 아기들도 있기 때문이다. 신생아실에서 죽음을 당하는 아기들도 자신의 죄 때문에 죽었다고 볼 수 있는가? 전쟁터에서 죽음을 당하는 젊은 군인들과 대량 학살당한 무고한 시민들, 일제 시대에 일본군 위안부로 끌려가 일본 군인들에게 희생된 우리의 할머니들이 모두 자신이 지은 죄 때문에 죽음을 당하였는가?

물론 자기 죄 때문에 혹은 조상들의 죄 때문에 죽음을 당하는 경우도 있다. 그러나 자기와 직접 관계되지 않은 사람의 죄로 인해 억울하게 죽는 경우가 얼마나 많은가? 불의한 경제체제와 정치체제로 인하여 얼마나 많은 무고한 생명들이 훼손을 당하며 소리 없이 죽어가고 있는가? 예수도 자신의 죄로 말미암아 죽임을 당한 것이 아니라 **악한 자들의 죄**로 말미암아 죽임을 당하지 않았던가?

오늘날 세계 어느 곳을 막론하고 불의한 정치적·경제적 구조가 숨어 있지 않은 곳이 없다. 이 구조들을 통하여 인간에 의한 억압과 착취와 소외 등 소위 "구조적 죄악"이 일어나고 있다.[85] 이 구조 속에서 폭력 행위는 직접적으로 일어나는 것이 아니라, 소위 법과 특권을 통해 간접적으로 또 합법적으로 일어나고 있으며, 법을 통해 정당화되고 있다. 미련한 사람들은 물리적인 폭력을 행사하지만, 똑똑한 사람들은 폭력을 지능적으로 행사한다. 이들이 행하는 구조적인 죄악과 폭력으로 인하여 억울한 죽음들, 비자연적 죽음들이 세계 도처에서 끊임없이 일어나고 있다. 착취와 가난과 빚으로 인하여 수많은 사람이 비참한 생활에서 벗어나지 못하고 있으

---

85) 아래 내용에 관하여 J. Moltmann, *Das Kommen Gottes*, 114f.를 참조함.

며, 제3세계의 민족들 가운데 가장 힘이 없는 사람들에게 질병과 전염병, 체념과 절망, 마약 중독이 확산되고 있다. 이를 통하여 수많은 사람이 "조기 사망"으로 희생되고 있다. 이러한 지역에서 구조적 죄악과 폭력으로 인하여 비자연적인 죽음을 당하는 사람의 수는, 세계대전에서 죽임을 당한 군인들의 수보다 더 많을 것이다.

이 사람들이 당하는 죽음은 그들의 죄로 말미암은 것이 아니라 악한 자들, 하나님 없는 자들의 죄로 말미암은 "강요된 죽음"이다. 그들이 "자연적 죽음"을 당하는 경우는 거의 없다고 보아야 할 것이다. 부유하고 힘 있는 사람들에게는 모든 사람이 더불어 함께 사는 것보다 자신의 소유가 더 귀중하다. 그 결과 아프리카, 라틴 아메리카, 인도, 동남아 지역에서 일어나는 비자연적 죽음, 강요된 죽음은 점점 더 많은 희생자들을 요구한다. 부유한 계층의 사람들도 정신적·신체적 스트레스와 문제들, 공해와 사고로 인해 수를 다하지 못하고 죽는 경우가 많다. 그러므로 "자연적 죽음"에 대해 이야기하는 것은 오늘의 현실에서 거의 불가능하다. 그럼에도 불구하고 우리가 인간의 죽음을 "자연적인 것"이라 말한다면, 그것은 이 세계의 무수한 억울한 죽음들, 있어서는 안 될 강요된 죽음들을 정당화하는 꼴이 된다.

일반적으로 "자연적인 죽음"은 수를 다하고 삶의 마지막에 일어나는 생물학적 사건을 뜻한다. 그러나 앞서 기술한 바와 같이, 죽음은 단지 삶의 마지막 사건이 아니라, 지금 여기서 우리의 생명을 파괴하고자 하는 힘으로 현존하고 있다. 그것은 "삶의 과정의 경험에 대한 모든 가능한 내적 경험에 있어서 필연적이며 명백한 구성 요소"다(M. Scheler). 굶주림, 질병, 고난과 고통, 이별과 고독, 좌절과 실패, 실직, 노화, 정년퇴직, 이 모든 것이 죽음의 현실들이다. 사랑하는 사람이 죽을 때, 우리는 마치 우리 자신의 존재가 무너지는 것 같은 느낌을 받는다. 그러므로 인간은 삶의 마지막 순간에 죽음을 당하는 것이 아니라, 삶의 전 과정을 통해 조금씩 죽어간다고 할 수 있다. 그럼에도 불구하고 우리가 죽음을 단지 삶의 마지막에 오는 "자연적 사건"으로 생각할 경우, 우리는 삶 속에서 작용하고 있는 죽음의 현실들을 직시하지 않고 죽음을 삶의 마지막 시점으로 미루어버리게 된다.

5) 죽음은 필요한 것인가?

오늘날 일단의 학자들은 죽음을 필요악으로 본다. 그것은 본래 부정적인 것, 악한 것이지만 사회의 유지와 갱신과 노화 방지를 위해 또 문화 발전을 위해 필요하다고 생각한다. 이리하여 오늘날 일군의 사회학자들은 다음과 같은 몇 가지 측면에서 죽음의 필요성 내지 필연성을 주장한다.

(1) 인간의 종(種)을 건강하게 유지하고 향상시키기 위해 죽음은 필요하다. 그것은 인간이란 "종(種)의 진보를 위하여 본질적이며…유리한 조건"이다. 쇠퇴한 종자가 죽어야 더 좋은 종자가 태어날 수 있다. 생물들의 진화도 죽음을 통해 일어난다. 사멸하는 종이 있는가 하면, 살아남는 종이 있다. 이를 통해 진화와 발전이 일어난다.[86] 세계의 진화 과정은, 죽음이란 더 높은 삶의 단계들과 형태들과 개체들의 진보를 위한 필수 조건임을 보여준다.

(2) 또한 죽음은 다음 세대의 삶을 가능케 하기 위해 필요하다. 지속 가능한 삶이란 다음 세대의 생물들에게 삶의 자리를 내어줄 때 가능하다. 인간을 포함하여 모든 생물이 죽지 않는다면, 새로운 생물들은 생존할 수가 없다. 지구의 공간과 자연 자원은 제한되어 있다. 그럼에도 불구하고 모든 생명이 죽지 않고 영원히 산다면, 지구는 아비규환이 될 것이며 자연 자원은 바닥이 날 것이다. 이 세계는 자기 삶의 공간과 삶의 수단을 확보

---

86) W. Fuchs-Heinritz, "Auguste Comte: Die Toten regieren die Lebenden" in K. Feldmann u. W. Fuchs-Heinritz(Hrsg.), *Der Tod ist ein Problem der Lebenden. Beiträge zur Soziologie des Todes*, 1996, 29.

하기 위한 투쟁으로 가득할 것이며, 결국 모든 생물이 멸망하고 말 것이다. 죽음은 이러한 운명을 피하기 위해 필요하다는 것이다.

(3) 사회의 갱신과 생동성을 위해 죽음은 필요하다. 늙은 사람들이 죽어야 사회가 새롭게 변화될 수 있으며 활발하게 움직일 수 있다. 노인들이 모든 것을 결정하고 지배하는 사회는 쇠퇴할 수밖에 없다. 노년층이 두터워지면 고용 문제나 연금 문제 등 사회에 많은 문제가 발생한다. 죽음은 사회 모든 영역의 노화(老化)와 정체를 방지하고 그것을 발전시키기 위해 필요하다. 사회의 모든 영역은 그들을 이끌어가는 세대가 새로운 세대로 교체될 때 갱신될 수 있고 발전할 수 있다. 통치자도 젊은 사람이어야 한다. 만일 인간이 영원히 죽지 않는다면, 그리하여 동일한 인물들이 사회 모든 분야를 지배한다면, 사회 각 분야의 침체와 노화를 극복하기 어려울 것이다. 새로운 인물이 등장하여 각 분야를 이끌어갈 때, 사회 전체가 변화될 수 있고 발전할 수 있다. 또한 인간이 죽지 않는다면 사회는 포화 상태에 빠질 것이며, 인간이 도저히 살 수 없는 질식 상태에 이를 것이다. 최내옥 교수는 죽음의 이러한 필요성들에 대해 다음과 같이 말한다.

그리고 영생불사하는 생명체는 지상에 하나도 없는데, 이는 주어진 지구, 좁혀서 그 지역의 생존 여건에 출생은 계속하고 사망이 없다면, 마치 사람이 먹기만 하고 배설을 하지 못하면 죽듯이 생명체는 사라진다는 것도 알 일이다. 신진대사처럼 생과 사는 균형이 있도록 신은 섭리를 베풀었다.…다음 세대가 살 수 있도록 지금 세대는 퇴장하는 것이 진리다.[87]

(4) 사회의 유지를 위해서도 죽음은 필요하다. 만일 죄된 인간이 죽지 않고 영원히 산다면, 인간 사회는 인간의 무한한 탐욕으로 말미암아 지옥보다 더 무서운 세계로 변모할 것이다. 인간의 생명이 7, 80년 혹은 100년

---

87) 최내옥, "민속 신앙적 측면에서 본 한국인의 죽음관", 55.

으로 제한되어 있음에도 불구하고, 오늘날 인간의 세계는 탐욕으로 말미암아 불의와 억압과 착취와 기만으로 가득하다. 그런데 만일 인간이 죽지 않고 영원히 산다면, 이 세계는 어떻게 될 것인가? 이 세계는 자기 소유를 무한히 확대시키려는 인간의 탐욕 때문에, 어떤 범죄도 두려워하지 않는 무서운 세계로 변할 것이다. 그러므로 죄된 인간의 존재는 죽음을 통하여 끝을 가져야 한다. 죽음은 인간의 세계가 더 악하게 변모하지 않기 위해 필요하다.

(5) 죽음이 있을 때 문화는 발전할 수 있다. 문화에 있어 죽음은 "발전과 진보의 보증"이며, "인류 역사의 추진 수단"이요, "변화와 혁신과 계속적 발전을 일으키는 힘"이다. 일단의 사회학자들에 의하면, "동물의 종의 발전을 위해서라기보다 문화의 성장과 사회의 변천을 위하여 죽음은 더 중요하다."[88] 죽음은 무적(無的)인 것이지만, 사회와 문화의 발전을 위해, 인류의 존속을 위해 필요하다는 것이다. 그것은 해가 아침에 솟았다가 저녁에 지며, 꽃이 봄에 피었다가 가을에 지는 것처럼 자연적인 것이다. 그것은 인간의 생물학적·사회적 본질에 상응한다.

이와 같은 죽음의 필요성에 대하여 우리는 충분히 수긍할 수 있다. 인간의 죄된 욕망에 종지부를 찍고, 다음 세대에게 삶의 자리를 내어주며, 사회 모든 분야를 갱신하고 새로운 발전을 가능케 하기 위하여 죽음은 **필요악**이라 할 수 있다. 그러나 죽음이 아무리 필요악이라 할지라도, 죽는 사람 자신에게 죽음은 결코 자연스럽지 않을 것이다. 죽는 사람에게 그것은 존재하는 모든 것으로부터 영원한 이별이요, 자기 존재의 사라짐이다. 그것은 자연적인 것이 아니라, 그가 **원하지 않는 것**, 자기의 의지에 역행

---

88) K. Feldmann, "Leben und Tod im Werk von Talcott Parsons," in K. Feldmann u. W. Fuchs-Heinritz, *Der Tod ist ein Problem der Lebenden*, 1995, 144. 이와 같은 생각에서 그들은 "죽음의 보편적 요소들, 예를 들어 정상적 생명의 기간을 변화시키고자 하는 현대 과학기술과 의학의 시도들을 명백히 반대한다."

하여 그의 삶을 강제적으로 끝내는 것으로 경험될 것이다.

고난과 고통을 당하기도 하였지만 그래도 "수를 다하고" 많은 자손을 남긴 후 세상을 떠나는 사람의 죽음을 가리켜 흔히 "호상"(好喪)이라 한다. 이때 그의 죽음은 "자연적인 것"으로 생각된다. 그러나 죽은 사람 자신에게 그의 상은 모든 사람의 축하를 받을 수 있는 호상이 아니라 슬픔의 상일 것이다. 문상객들은 그가 충분히 살다가 세상을 떠났다고 상주를 위로하지만, 죽은 사람 자신은 그가 비록 80년, 100년, 150년, 200년을 살았다 해도 충분히 살았다고 생각하지 않을 것이다.

그 까닭은 무엇일까? 삶이란 언제나 더 큰 **행복에 대한 동경이요 희망**이기 때문이다. 더 완전한 행복을 동경하고 기다리면서 우리는 인생을 살아간다. 그러나 완전한 행복이란 시간적으로 제한되어 있는 이 세계의 삶 속에서 이루어질 수 없다. 그러므로 인간은 죽는 순간까지 더 완전한 행복을 동경하며 희망하다가 죽음을 당한다. 죽음의 순간에도 그가 동경하고 기다리는 더 완전한 행복은 경험되지 않기 때문에, 인간이 100년, 200년을 산다 해도 충분히 살았다고 생각하지 않을 것이다. 그의 죽음을 슬퍼하는 가족들에게 우리는 "이만하면 충분히 살았다", "이만하면 호상이다"라고 위로하지만, 죽은 사람 자신은 "좀 더 살았으면! 죽지 않았으면!" 하고 생각할 것이다. 죽고 싶은 사람은 아무도 없기 때문이다.

또한 인간의 삶은 인간에게 주어진 **가능성과 잠재력이 현실화되는 과정**이라 볼 수 있다. 우리가 어떤 상황에 있든지 간에, 우리는 우리가 가진 가능성과 잠재력을 실현시키고자 한다. 그러나 모든 면에서 제한되어 있는 이 세계의 삶 속에서 우리의 모든 가능성과 잠재력을 충분히 실현한다는 것은 불가능하다. 그래서 우리는 우리의 가능성과 잠재력을 충분히 실현하지 못한 채 죽음을 당한다. 이때 인간이 당하는 죽음은 인간이 가진 **가능성의 중단이요, 모든 희망과 동경과 잠재력의 중단이며, 성취되지 못한 삶의 끝**이다. 이 세상에서 자기의 모든 가능성과 잠재력을 충분히 실현하고 죽는 사람은 아무도 없다. 모든 사람이 자기 삶을 완성 내지 성취시키고 싶어

하지만, 이 세계 안에서 인간의 삶이 완성과 성취에 도달하는 것은 불가능하다. 모든 사람이 삶을 완성하지 못하고 성취하지 못한 상태에서 죽음을 맞는다. 그러므로 죽음은 모든 사람이 피하고 싶은 것, 아직 있어서는 안될 "비자연적인 것", "강제적인 것"으로 경험될 수밖에 없다.

죽는 사람 자신은 물론 그 사람을 깊이 **사랑하는 사람**에게도 죽음은 자연적인 것이 아니라, 있어서는 안 될 것, 강압적인 것으로 생각될 수밖에 없다. 그것은 "우리가 사랑하는 사람으로부터의 분리"다. 그러므로 사랑하는 사람이 죽을 때, 그의 죽음을 자연적인 것으로 생각하고 아무런 마음의 아픔을 느끼지 않은 채 그의 죽음을 무덤덤한 태도로 받아들이는 사람은 아무도 없을 것이다. 오히려 말할 수 없는 슬픔과 마음의 고통을 느끼면서, 그의 죽음을 있어서는 안 될, 그러나 받아들일 수밖에 없는 강압적인 것, 어처구니없는 것으로 느낄 것이다. 정말 사랑하는 사람이 죽을 때, 우리는 세상이 무너지는 것 같은 느낌을 받는다. 그때 우리는 마치 우리 자신의 존재가 무너지는 것과 같은 아픔을 느낀다. 함께 누렸던 삶이 그의 죽음과 함께 무너져 버린다. "우리"가 파괴된다. 너는 없고 나만 있을 뿐이다. 이 공허함과 고통을 이기지 못하여 사랑하는 사람의 뒤를 따라 자살하는 사람도 있다. 그러므로 죽음은 죽는 사람 자신은 물론 그 사람을 깊이 사랑하는 사람에게도 하나님의 창조질서 내지 자연 질서가 아니라 그것에 역행하는 것으로 생각될 것이다.

창조질서의 본질은 **사랑**에 있다. 모든 피조물이 하나님의 사랑의 영 안에서 충만한 삶을 누리는 것이 하나님의 창조질서요 자연 질서다. 그래서 어린아이들도 우정과 사랑을 나눌 친구를 찾으며, 짐승들도 무리를 지어 생활하고 암수가 함께 사랑을 나눈다. 사람은 물론 짐승들도 자기 자식을 돌보고 사랑한다. 파트너와 자식을 위하여 자기 생명을 바치는 짐승들도 있다. 이처럼 만물은 서로 사랑하고 돌보며 살도록 창조되었다. 사랑이 만물의 삶의 원리다. **사랑은 영원을 원하며 영원을 지향한다.** 사랑 안에서 이루어지는 영원하고 충만한 삶이 하나님의 뜻이다. 그러나 죽음

죽음과 부활의 신학

은 사랑의 단절이요, 사랑에 대한 대립이다. 그것은 사랑 안에서의 영원한 삶을 원하는 하나님의 의지에 대한 대립이요, **창조질서에 대한 모순**이다. 그러므로 성서는 죽음을 반신적인 것으로 간주하며, "새 하늘과 새 땅"에는 더 이상 죽음이 없을 것이라고 말한다. 그리고 사도신경은 "영원한 생명"(vitam aeternam)을 약속한다.

오늘날 인류가 당하는 대부분의 죽음은 자연적으로 일어나지 않는다. 오늘의 세계에서 "자연적인 죽음"을 당하는 사람이 과연 얼마나 되겠는가? 수많은 사람이 인간의 죄와 실수와 무감각과 무관심 때문에, 또 자연의 재난과 사고로 인해 죽음을 당한다. 과거에는 수많은 사람이 (현대의 기준으로) 생물학적으로 극복될 수 있는 전염병으로 죽음을 당하였으며, 수십만 혹은 수백만 명의 사람들이 학살을 당하거나 전쟁에서 목숨을 잃었다. 히틀러 치하에서 600만 명이나 되는 유대인들이 "폭력적 죽음", "비자연적 죽음", "있어서는 안 될 죽음"을 당하였다. 한국에서는 매년 1만 명 이상의 사람들이 교통사고로 "있어서는 안 될 죽음"을 당한다. 그러므로 오늘날 "자연적 죽음"은 사실상 하나의 **허구**라 할 수 있다.

학자들은 소위 "자연적 죽음"은 의학적·생물학적 측면에서도 하나의 허구라고 말한다.[89] 의학자들과 생물학자들에 의하면, 오늘날 생물학적 죽음의 모든 형식은 원칙상 인간이 통제할 수 있고 변경할 수 있는 원인들을 가진다. 인간이 당하는 거의 모든 죽음은 인간이 내린 **결단의 결과**다. 그것은 죽는 사람 자신이 한 선택의 결과일 때도 있고, 의료인들이 한 선택의 결과일 때도 있다. 오늘날의 의료기술에 의하면, 인간은 죽음을 어느 정도의 선 내에서 연장할 수도 있고 단축할 수도 있으며, 이러한 일은 오늘날 의료 분야에서 수없이 많이 일어나고 있다. 그러므로 오늘날 의학

---

89) 이에 관하여 R. M. Veatch, *Death, Dying, and the Biological Revolution. Our Last Quest for Responsibility*, 1976, 302; M. Steiner, "Der Tod als biologisches Problem," in *Tod-Preis des Lebens?*, hrsg, von N. A. Luyten, 1980, 11-42.

의 영역에서도 "자연적 죽음"에 대하여 말하는 것은 거의 불가능하다. 의학기술이 지향하는 소위 자연적 죽음은 "사실상 인위적인 죽음"이요, 인간과 그의 삶의 환경의 지극히 "인공적인 자기 조작(Selbstmanipulation)"이다(J. Schwartländer).[90] 몽테규(Montaigue)도 이 사실을 일찍 간파했던 것 같다. 그리하여 그는 자연적 죽음을 하나의 "환상"(Trugbild)이요 "유토피아"라고 정의했다.[91]

오늘날 의학은 인간의 생물학적 삶의 시간을 최대한 연장시켜서, 인간이 그의 삶의 시간을 최대한 오래 누릴 수 있도록 노력한다. 이를 통하여 의학은 인간에게 소위 "수를 다한 죽음" 곧 "자연적 죽음"을 가능케 하고자 한다. 물론 죽음을 극복하고 인간의 생명을 가능한 한 길게 유지시키는 것이 의학의 과제다. 이러한 의학의 노력으로 인하여 오늘날 인류의 수명은 과거와 비교할 수 없을 정도로 많이 연장되었다. 인간의 평균 수명은 17세기에는 25세였고, 20세기 말에는 80세에 달했다.[92] 그리고 21세기를 살아가는 현대인들은 100세 시대를 바라보며 살고 있다. 일례로 2012년도 우리나라 통계청 자료에 의하면 남자의 평균 수명은 77.95세, 여자의 평균 수명은 84.64세에 달한다.[93] 그러나 인간의 생명을 인위적으로 연장시킨다 하여 인간이 **삶의 완성과 성취**에 도달할 수 있는 것은 아니다. 오히려 그것은 인간의 생명을 더욱 괴롭히고, 결국에는 추한 모습의 죽음을 초래할 것이다.

또한 인간의 죽음의 시간을 최대한 미루고자 하는 의학기술의 한 가지 문제점은, 인간에게 죽음을 유발하는 이 세계와 사회의 상황을 전혀 문제 삼지 않고 단지 환자의 생명을 연장시키고자 하는 데만 집중한다는 것이

---

90) G. Greshake, *Tod-und dann? Ende-Reinkarnation-Auferstehung. Der Streit der Hoffnungen*, 1988, 25f.에서 인용함.
91) W. Fuchs, *Todesbilder in der modernen Gesellschaft*, 74, 76.
92) Ibid., 180.
93) 통계청, 「생명표, 국가승인통계 제10135호」.

다. 위에 기술한 바와 같이, 오늘날 인간의 죽음은 대개의 경우 비자연적 원인들, 예를 들어 정치적·경제적·사회적·환경적 원인으로 말미암아 일어난다. 의학기술은 이러한 원인에 대해서는 눈을 감고 단지 환자의 생명을 연장시키는 일에만 주력한다. 여기서 사회적 상황은 무의식적으로 인정되고 방치되며, 인간은 불의하고 비인간적인 상황으로 인하여 끊임없이 "강요당한 죽음"을 당한다. 따라서 의학기술을 통하여 삶의 생물학적 시간이 연장되어도 죽음의 한계상황을 피할 수는 없을 것이며, 죽음의 "비자연성"을 극복할 수도 없을 것이다.

6) 사회의 목적으로서의 "자연적 죽음"

앞서 기술한 바와 같이, 인간 세계에서 엄밀한 의미의 "자연적 죽음"이란 없다. 오늘의 현실 세계 속에서 일어나는 인간의 죽음은 어떠한 형태든지 간에 외적 원인으로 말미암아 일어난다. 그러나 "수를 다하고" 맞이하는 죽음, 곧 "자기의 삶을 충분히 누리고 생명의 힘이 소진되어 당하는 죽음"을 우리는 **"상대적 의미의 자연적 죽음"**이라 할 수 있다.

이러한 의미의 자연적 죽음은 사회의 목적이 되어야 하며, 모든 사람에게 가능해져야 한다. 모든 사람이 자기 삶을 충분히 누리면서 인간적으로 살다가, 생명의 힘이 소진되어 세상을 떠날 수 있어야 한다. 자연적 죽음의 개념은 "이러한 자연적 죽음이 일반적 관례이거나, 적어도 일반적 관례가 될 수 있는 사회적 상황을 요구한다. 인간이 그의 힘의 마지막에 죽게 되는 것,…자기의 생물학적 생명의 힘을 마지막 한계에 이르기까지 충분히 누리는 일이 모든 사람에게 가능해야 한다."[94]

이를 위해 인간의 생명을 단축시키는 모든 요소들이 극복되어야 한다. 절대적 빈곤, 굶주림, 질병, 조기 사망, 폭력, 비인간적 강제 노동, 열악한 노동 조건은 물론, 인간에 의한 인간 생명의 억압과 착취와 수탈이 사라

---

94) W. Fuchs, *Todesbilder in der modernen Gesellschaft*, 170.

져야 한다. 모든 형태의 인간 차별도 극복되어야 한다. 환경오염과 생태계 파괴, 공직자 부패를 극복하는 일도 여기에 포함된다. 인간의 생명을 훼손하며 인간의 죽음을 앞당기는 모든 형태의 불의와 부패가 제거되어야 한다. 이와 동시에 인간의 생명을 보호하고 장려하는 사회적 장치들이 마련되어야 한다. 충분한 의료시설과 위생 관리 시설, 의료보험 제도, 연금 제도, 실업보험 제도가 마련되어야 한다. 자연 친화적 주거 문화와 도시 환경, 시민들의 건강을 유지하거나 회복시킬 수 있는 시설들, 이러한 시설들을 모든 시민이 자유롭게 누릴 수 있게 하는 사회의 민주화, 삶의 모든 조건의 민주화가 이루어져야 한다. 곧 모든 사람이 "수를 다하고" 죽을 수 있는 사회적 상황이 형성되어야 한다. 그러므로 "자연적 죽음"은 **사회 비판적 기능**을 가지며, 그것을 가능케 하는 **사회적 실천**을 요구한다. 차른트(H. Zahrnt)는 "자연적 죽음"의 사회적·실천적 요구를 다음과 같이 기술한다.

하나님이 원하는 인간의 자연적 죽음은 사회 정치적 귀결들을 가진다. "때가 되면 곡식단이 타작 마당으로 가듯이, 너도 장수를 누리다가 수명이 다 차면 무덤으로 들어갈 것이다"(욥 5:26)라고 성서는 말한다. 이 말씀은 장례식 예배 순서에서 "수를 다한 사람들"에게 적합한, 신심을 일으키는 성서 구절일 뿐 아니라, 이와 동시에 하나의 인간적 기준을 뜻하며, 이에 상응하는 사회적 실천을 요구한다. 수를 다한 삶과 자연적 죽음은 하나님의 의지에 따른 인간의 충만한 인간 존재에 속한다. 그러므로 기독교는 자연적 죽음을 위한 보호를 사회적 장치로 요청해야 하며, "신앙으로부터 나오는 인간성"을… "세속적 인간성"으로 발전시켜야 한다. 살아 있는 사람들을 미리 돌보아줌으로써 자연적 죽음을 가능케 하는 것은, 다음과 같은 사회 실천적 의미를 가진다. 모든 사람은 그가 누구인가를 떠나서 가장 좋은 의료 보호를 받을 수 있어야 하고, 인간의 삶에 대한 폭력적 개입 곧 살인, 사형, 전쟁 등은 법적으로 제거되고 정치적으로 거부되어야 하며, 교통사고로 인한 죽음은 최소한으로 감소되어야 하며, 사고가 일어났을 경우 즉각 반응할 수 있는 구조 체계가 마련되어야 하며, 삶에 지친 사람들이 자살하지 않도록 미리 돌보아주어야 하며, 노인들이…사회에서 추방되어 양로원으로 격리되지 않도록 하며, 임종을 앞둔 사람들이 외롭게 고통 속에서 홀로 죽지 않고 이웃 사람들의 애도 속에서 인간답게 죽을 수 있는 도움을 얻도록 해야 한다. 그리하여 총체적 무관계성 (Verhältnislosigkeit)으로의 도상에 있는 사람들을 이웃 사람들이 마지막으로 동반해줄 수 있어야 한다. 총체적 무관계성의 지양은 오직 하나님만이 할 수 있는 일이다. 그러나 사회적 상황을 변화시켜, 인간이 "때가 되어 곡식단이 타작 마당으로 가듯이…수명이 다 차서 무덤으로 들어가도록" 하는 것은 사람이 해야 할 일이다.[95]

우리가 죽음을 "자연적 마지막"으로 받아들일 수 있으려면, 먼저 충만한 삶을 누릴 수 있어야 한다. 가난과 질병과 굶주림, 인간에 의한 인간의 억압과 착취와 차별 속에서 일생을 살아온 사람이, 자기의 마지막 죽음을 "자연적 마지막"으로 받아들인다는 것은 매우 어려운 일일 것이다. 이러한 사람은 자기의 죽음을 "자연적 마지막"이 아니라 한 맺힌 삶의 강압적 중단이라 생각할 것이다. 그럼 자기의 죽음을 "자연적 마지막"으로 받아들이게 할 수 있는 "충만한 삶", "행복한 삶"이란 무엇인가? 그것은 어떻게 가능한가?

(1) 충만한 삶, 행복한 삶은 **물질적 결핍이 없는 삶**, 곧 생명을 유지할 수 있고 자기의 가능성과 잠재력을 충분히 실현할 수 있으며 수를 누리고 죽을 수 있는 물질적 조건이 갖추어져 있을 때 가능하다. 여기서 건강은 필수 조건이다. 흔히 기독교는 "하나님이 함께 계시기만 하면" 무조건 행복해질 것처럼 말한다. 그러나 먹을 것이 없어 굶어 죽는 사람에게 "그래

---

95) G. Greshake, *Tod-und dann? Ende-Reinkarnation-Auferstehung. Der Streit der Hoffnungen*, 20f.에서 인용함.

도 당신에게 하나님이 함께 계시므로, 당신은 행복한 삶을 누렸습니다"라고 말할 수는 없을 것이다.

(2) 충만한 삶은 **올바른 사회질서와 사회적 관계** 속에서 이루어질 수 있다. 사회의 정의로운 질서들, 이웃과의 올바른 관계들 속에서 서로 배려하고 배려를 받을 때, 인격적 교통이 있을 때, 인간은 충만한 삶을 누릴 수 있다. 아무리 많은 물질이 있다 할지라도, 불의한 사회질서와 이웃과의 단절된 관계 속에서 인간은 행복할 수 없으며 충만한 삶을 누릴 수 없을 것이다.

(3) 충만한 삶은 삶의 올바른 **목적과 의미**가 있을 때 가능하다. 자기가 무엇을 위하여, 또 무엇 때문에 살아야 하는지, 그 목적이 올바르고 분명할 때 인간은 충만한 삶을 누릴 수 있다. 물질이 풍부하고 올바른 사회적 관계가 형성되어 있어도, 올바른 삶의 목적과 의미가 없으면, 인간은 행복해질 수 없으며 충만한 삶을 누렸다고 할 수도 없다. 삶의 궁극적 목적과 의미는 죽음을 넘어서는 하나님과 하나님의 역사를 통해 근거될 수 있다. 죽음으로 제한된 우리 인간의 유한한 삶이 하나님의 목적과 역사에 통합될 때, 그것은 죽음의 허무를 넘어서는 영원한 의미를 얻을 것이며, 삶의 충만함을 경험할 수 있을 것이다.

(4) 충만한 삶은 삶의 시간이 하나님의 은혜로 경험될 때 가능해진다. 삶 자체가 **하나님의 은혜**로 생각될 때, 거기에는 감사와 기쁨이 있다. 인간의 욕망은 무한하다. 그러므로 인간은 아무리 많이 성취하고 소유해도 만족할 줄 모른다. 만족이 없으면 기쁨도 없다. 무엇을 성취하고 소유함으로써 얻게 되는 기쁨은 금방 지나가고, 인간은 새로운 욕망에 붙들린다. 이러한 삶에는 감사가 있을 수 없다. 가장 이상적인 인간 사회를 이룬다 할지라도, 거기에는 자기 삶에 대한 기쁨과 감사가 없을 것이다. 충만한 삶은 그러한 삶을 산다는 것 자체, 나와 이웃의 "있음" 자체가 하나님의 은혜로 인정될 때 가능하다.

(5) 충만한 삶은 부활을 통한 **영원한 생명**의 약속을 믿고 희망할 때 가능해진다. 자기 삶이 하나님의 역사의 보편적 목적에 통합될지라도, 만일

그것이 죽음으로 끝난다면, 그의 삶은 충만함을 경험할 수 없을 것이다. 유한한 것의 충만함은 그것이 하나님의 무한함과 이어질 때 가능하다. 이때 비로소 유한한 것은 모든 유한성과 사멸성에도 불구하고 삶의 충만함을 경험할 수 있다. 유한하고 제약된 삶이 충만함을 얻을 수 있는 것은, 자기 삶이 죽음으로 끝나지 않고 부활을 통하여 영원한 생명을 얻게 되리라는 믿음과 희망이 있을 때 가능하다. 이 믿음과 희망 속에서 인간은 비자연적인 그의 죽음을 그래도 "자연적 마지막"으로 받아들일 수 있다.

(6) 또한 우리의 "비자연적 죽음"을 그래도 "자연적 마지막"으로 받아들일 수 있기 위하여, 우리의 죽음은 어떤 **의미**를 가져야 할 것이다.[96] 우리의 죽음이 단지 "삶의 시간의 중단", "모든 가능성과 잠재력의 단절"에 불과하다면, 죽음을 받아들이는 일은 우리에게 무척 어려운 일이 될 것이다. 그것은 "자연적인 것"이 아니라 비자연적인 것, 있어서는 안 될 것으로 느껴질 것이다. 또한 "좋은 것"이 아니라 "나쁜 것"으로 생각될 것이다. 죽음 그 자체는 슬픈 것, 그러므로 나쁜 것이지만, 그래도 우리는 "좋은 죽음"을 죽을 수 있어야 한다. 좋은 죽음이란 의미 있고 성취된 삶을 영위했을 때, 그리고 죽음이 어떤 긍정적 의미를 가지며 우리에게 "이해될" 때 가능하다. 충분히 **"이해되는 죽음"**만이 좋은 죽음이다.[97]

과학기술이나 의학기술은 이 문제를 해결할 수 없다.

> 과학은 의미에 관하여, 인간의 삶의 목적(telos)과 목표에 관하여 아무것도 대답하지 못하며, 실존적 문제성 안에 있는 인간을 그의 연구 일반에서 제외시킨다.[98]

---

96) 이에 관하여 A. Nassehi u. G. Weber, Tod, *Modernität und Gesellschaft*, 228ff.
97) D. Sternberger, 1977, 69f.
98) W. de Boer, "Der Ursprung der modernen Wissenschaft," in *Universitas 39*, 1984, 151.

바로 여기에 마르쿠제의 문제점이 있다. 과학기술을 통한 죽음의 지배에 대하여 말하는 마르쿠제의 비판적 죽음 이론은, 죽음의 의미 문제에 대한 대답을 불필요하다고 생각한다. 그는 만일 죽음이 과학기술을 통하여 연기되고 또 설명될 수 있다면, 죽음은 더 이상 어떤 의미 부여를 필요로 하지 않기 때문이라고 주장한다.

그러나 과학기술은 죽음의 시간을 연장시키고 죽음의 과정을 인위적으로 조작할 수 있지만, 인간의 삶과 죽음에 대하여 어떤 의미도 부여할 수 없다. 삶의 시간이 연장되고 죽음의 과정이 인위적으로 조작된다 할지라도, 우리 인간의 죽음은 하나의 의미 부여를 필요로 한다. 죽음의 문제는 생물학적 자료들이나 의학기술을 통하여 얻을 수 없는 하나의 포괄적 삶의 의미를 필요로 한다. 인간의 삶은 물론 생을 마감하는 죽음이 어떤 의미를 가질 때, 인간의 삶은 궁극적 성취에 더 가까워질 것이다. 자기 **삶의 의미**를 질문하는 인간은, 자기 **죽음의 의미**에 대해서도 질문할 수밖에 없기 때문이다.

V

죽은 다음에는 어떻게 되는가?

- 죽음 후의 상태에 대한 이론 -

죽은 다음에 우리 인간은 어떻게 되는가? 죽음과 함께 인간의 존재는 없어지는가, 아니면 다른 어떤 형태로 계속 존재하게 되는가? 만일 계속 존재한다면, 어떤 형태로 존재하게 되는가? 이 질문은 단지 죽음 후의 상태에 대한 호기심에서 나온 것이 아니라, 일반적으로 의의 문제와 결합되어 있다. 한평생 악하게 살았던 자는 죽은 다음 그의 악한 삶에 대한 벌을 받아야 하지 않는가? 반면 선하게 살았던 자는 그의 선한 삶에 대한 보상을 받아야 하지 않는가? 아마 이 질문만큼 끈질기게 인간의 관심의 대상이 되었던 질문도 드물 것이다. 여기서 우리는 죽음 후의 상태에 대한 일반적 종교 이론들, 그리고 기독교 신학 내의 몇 가지 중요한 이론들을 고찰한 다음, 성서의 정신에 가장 가까운 이론이 무엇인가를 제시하고자 한다.

1. 이원론적 인간학에 근거한 영혼 불멸설

죽음 후의 상태에 대한 가장 보편적 이론은 영혼 불멸설일 것이다. 우리가 알고 있는 거의 모든 종교는 영혼 불멸설을 믿는다. 공식적으로 기독교는 사도신경에서 "육의 부활" 곧 "몸이 다시 사는 것"(*resurrectionem carnis*)을 고백하지만, 교회의 실천에서는 일반적으로 영혼 불멸설을 믿고 있다. 유대교에서 분리된 기독교가 팔레스틴을 벗어나 그리스-로마 세계로 선교되었을 때, 기독교는 지중해 세계에 보편화되어 있던 영혼 불멸설을 만났다. 이 만남 속에서 기독교가 영혼 불멸설의 유혹을 물리치고 "육의 부활"을 고백한 것은, 기독교가 계승한 히브리 정신의 위대한 승리라고 할 수 있다. 그러나 기독교는 영혼 불멸설의 영향을 완전히 벗어나지 못하고 오히려 그것을 수용하였으며, 이러한 현실은 오늘에 이르기까지 계속되고 있다. 그래서 우리는 교회 설교, 특히 장례 예배의 설교에서 영혼 불멸에 대한 설교를 자주 듣는 것이다. 사실 죽은 자들의 부활을 믿는 그리스도인들보다, 영혼 불멸을 믿는 그리스도인들이 훨씬 더 많을 것이다.

영혼 불멸설은 이원론적 인간학에 근거한다.[1] 인간은 영과 육, 정신과 물질로 구성되어 있다. 육은 땅 혹은 물질에 속한다. 그것은 영혼에 비해 열등한 것이다. 이에 비하여 영혼은 본래 영원한 신적 영역에 속하며, 고상하고 거룩한 것이다. 육은 영혼과 그의 정신적 활동을 방해하며, 영혼을 감금하고 그것을 부자유스럽게 만드는 영혼의 감옥이다. 따라서 육은 악한 것이다. 육은 인간을 부자유스럽게 만든다. 그것은 인간이 자신의 참된 정체성에 이르지 못하게 하며, 영원한 신적 세계에 참여하는 것을 방해한다. 따라서 육과 물질, 육적인 욕구와 욕망들을 벗어버리며, 물질적·시간적·공간적 조건들을 벗어남으로써 정신의 자유를 얻는 것이 인간의 본래적 삶의 과제다. 이 과제는 죽음을 통하여 성취에 이른다. 죽음을 통하여 인간의 본래적 자아를 구성하는 영혼이 인간의 육의 감옥에서 해방되기 때문이다. 죽음과 함께 육은 썩어 없어진다. 그러나 영혼은 영원한 신적 세계로 돌아가, 거기서 영원한 자유와 열락을 누린다.

1) 플라톤의 영혼 불멸 사상

그리스-로마 세계의 영혼 불멸설은 본래 고대 그리스의 오르페우스(Orpheus) 신비 종교에서 유래하며, 기원전 6세기 이후 그리스와 소아시아 지역에 널리 퍼져 있었다. 피타고라스와 엠페도클레스 등 그리스 철학자들은 이것을 받아들였다. 그리스 철학에서 영혼 불멸설을 가장 체계적

---

1) 아래 내용에 관하여 G. Greshake, "Das Verhältnis 'Unsterblichkeit der Seele' und "Auferstehung des Leibes" in problemgeschichtlicher Sicht," in G. Greshake u. G. Lohfink, *Naherwartung-Auferstehung-Unsterblichkeit. Untersuchungen zur christlichen Eschatologie*, 83.

으로 기술한 최초의 인물은 플라톤이다. 그는 『파이돈』(Phaidon)에서 영혼 불멸설을 다음과 같이 변증한다.[2]

(1) 플라톤은 먼저 그의 유명한 "회상설"에서 영혼의 불멸을 변증한다. 영혼은 정신적 인식의 능력이다. 이 능력을 통하여 인간은 변화하는 모든 것 속에서 영원히 변화하지 않는 것, 예를 들어 진리, 선, 정의의 "관념들"을 인식할 수 있다. 이것은 영혼이 인간의 육으로 출생하기 이전에 이 관념들을 미리 보았기 때문에 가능하다. 영혼이 이 세상에서 인식하는 것은 태어나기 이전 영원한 피안의 세계에서 보았던 것의 "회상"에 불과하다. 이것은 인간이 태어나기 이전부터 있었던 영혼의 선재(Präexistenz)를 전제한다. 플라톤은 이 선재에서 인간의 죽음 다음에도 있을 영혼의 후재(Postexistenz)를 연역한다. 인간이 이 세상에 태어나기 이전에 영혼이 있었다면, 이 영혼은 인간의 죽음 후에도 있을 것이다.

(2) 진리, 선, 정의 등의 관념들은 영원히 변하지 않으며 소멸하지 않는다. 이러한 영원히 변화하지 않는 것과 소멸하지 않는 것을 영혼이 인식할 수 있다면, 그것을 인식할 수 있는 영혼 자신이 그것과 유사성을 가질 것이다. 고대의 인식론에 의하면, 동일한 것은 오직 동일한 것을 통하여 인식될 수 있기 때문이다. 따라서 진리, 선, 정의 등의 관념들처럼 영혼은 변화하지 않으며 소멸하지 않을 것이다. 그것은 생성과 소멸의 영원한 반복과 순환을 벗어나 있을 것이다.

(3) 마지막으로 플라톤은 생명의 원리에서 영혼의 불멸을 논증한다. 불이 "뜨거움"을 필연적으로 포괄하는 것처럼, 영혼은 필연적으로 "생명"을 포괄한다. "생명"과 반대되는 "죽음"은 "영혼"과 대립된다. 영혼을 가지

---

2) 이에 관하여 G. Bachl, *Über den Tod und das Leben danach*, 96-135; F. Ricken, "Die Unsterblichkeitsgewissheit in Platons 'Phaidon'," in *Stichwort 'Tod.' Eine Anfrage*(Hrsg.) Rhabanus-Maurus-Akademie, 1979, 98-116; G. Altner, *Tod, Ewigkeit und Überleben*, 1981, 25-30; J. Moltmann, *Das Kommen Gottes*, 75f.

고 있지만 죽은 존재자는 있을 수 없기 때문이다. 따라서 인간의 죽음이 등장할 때, 영혼은 두 가지 가능성을 가진다. 즉 영혼은 인간의 몸을 떠나든지, 아니면 몸과 함께 죽을 수밖에 없다. 그러나 영혼의 속성상 후자는 불가능하다. 왜냐하면 생명의 실체로서의 영혼은 죽음과 대립하며, 죽을 수 없기 때문이다. 따라서 인간이 죽을 때, 영혼은 허무하고 사멸하는 인간의 육에서 자기를 분리시키고, 육의 감옥에서 자기를 해방시키며, 그의 본래적 존재의 세계로 돌아간다.[3]

(4) 영혼은 죽음을 명상함으로써, 곧 "올바르게 철학함으로써"[4] 자기 자신을 직접 의식하며, 육체의 죽음과 영혼의 해방을 앞당겨 경험한다. 인간이 사유하고 행동하고 느끼는 것은 죽음으로부터의 해방의 연습이다. 이 연습을 통하여 영혼은 그의 불멸성을 인지한다. 영혼은 태어나지 않고 영원 전부터 존재한다. 따라서 영혼은 죽지 않고 영원히 존재할 것이다. 그것은 출생과 죽음을 초월한다. 그러므로 영혼은 신의 존재와 비슷하다. 그것은 인간 안에 있는 신적인 것이다. 반면 육체는 물질적인 것이며, 허무하고 사멸하는 세상적인 것이다.

죽음을 통하여 영혼이 육체를 벗어나게 된다면, 죽음은 삶의 경악스러운 끝이나 파괴가 아니라 영혼과 육체의 결합의 폐기, 육체로부터 영혼의 분리와 해방이며, 영혼의 구원을 뜻한다. 죽음과 함께 영혼은 육체의 감옥을 벗어나 영원한 세계로 돌아가서 육체 없이 존재한다. 죽음은 인간의 육체에만 일어나고, 영혼에게는 일어나지 않는다. 영혼은 육체의 죽음을 통하여 자유와 진리와 정체성을 얻는다. 따라서 죽음은 슬프거나 경악스러운 것이 아니라 축제와 같은 것으로 생각된다. 그것은 영혼의 "해방의 완성자"요 "영혼의 위대한 친구"이기 때문이다.[5] 그러므로 인간은 죽음을 슬

---

3) Platon, *Phaidon*, Werke griechisch und deutsch III, hrsg. v. G. Eigler, 1974, I. 99 d-106 e.

4) Ibid., 80 e, 81 a.

5) O. Cullmann, *Unsterblichkeit der Seele oder Auferstehung der Toten?*, 24.

퍼하거나 두려워할 필요가 없다. 오히려 그는 축제를 즐기는 태도로 죽음을 맞이할 수 있다.

플라톤은 죽음에 대한 이러한 태도를 소크라테스의 죽음을 통하여 기술한다. 사형 선고를 받고 감옥에 갇힌 소크라테스는 탈옥할 수 있다는 친구들의 권유를 물리친다. 마지막 독배를 마시기 전, 소크라테스는 그의 죽음을 애도하러 온 친구들에게 죽음 후에 존속하는 영혼의 운명에 대하여 이야기한 다음, 그의 죽음을 슬퍼하는 친구들을 위로한다.

> 오, 심미아스(Simmias)와 케베스(Kebes)와 그 외 여러분들이여, 여러분들도 언젠가 각자의 시간에 세상을 떠날 것입니다.···운명이 이제 나를 부릅니다. 목욕을 할 시간이 된 것 같습니다. 독배를 마신 다음, 여자들이 나의 시체를 씻는 수고를 하는 것보다는, 미리 목욕을 하는 것이 좋겠습니다.

크리톤(Kriton)과 계속 대화를 한 다음, 소크라테스는 그의 자녀들, 그리고 그의 여인들과 작별한다. 그리고 그가 마실 독배를 가져온 하인과 대화를 나눈다.

소크라테스는 해가 질 때까지 독배를 마시지 않고 기다리기를 거부한다. 그는 "두려워하거나 얼굴 색과 표정을 변하지 않고" 독배를 마신다. 눈물을 흘리는 친구들을 그는 이렇게 위로한다.

> 자랑스러운 친구들이여, 이게 무슨 짓인가! 이런 일을 하지 않도록 하기 위하여, 나는 여자들을 보내버렸다네. 사람이 죽을 때, 조용해야 한다고 나는 언제나 들었네. 자, 조용히 그리고 침착하게 있도록 하게!6)

독이 몸에 점점 퍼져 몸이 무거워지자, 소크라테스는 자리에 누워 덮

---

6) Platon, *Phaidon*, 117 d.

죽음과 부활의 신학

을 것으로 몸을 가린다. 그는 옆에 있는 크리톤에게 아테네의 신 아스클레피오스(Asklepios)에게 축제를 뜻하는 닭 한 마리를 자기를 위해 바쳐 달라고 부탁한다. 그리고 그는 마지막 숨을 거둔다.

소크라테스의 죽음이 보여주는 바와 같이, 영혼 불멸설은 죽음에 대한 인간의 태도를 결정하는 동시에 삶에 대한 태도를 결정한다. 인간의 참 본질을 형성하는 영혼의 고향은 이 세계에 있지 않고, 영원한 신의 세계에 있다. 생성과 소멸의 영원한 법칙에 묶여 있는 이 세계에 비하여, 신의 세계는 영원하며 변함이 없다. 참 삶은 이 세계에 있는 것이 아니라 저 세계에 있다. 그러므로 인간은 자신의 삶과 이 세계 모든 것에 대하여 무관심하고 초연한 태도를 취하게 된다. 삶에 대한 열정은 저질스런 것으로 생각된다.

이러한 삶의 태도는 스토아 철학의 윤리에 나타난다. 자신의 육체와 이 세계로부터 오는 모든 자극으로부터의 자유, 모든 것에 대한 무관심(apatheia)이 윤리적 이상으로 제시된다.[7] 이 세계의 모든 것에 대하여 무감각할 때, 마음의 평정과 초연한 삶의 태도를 가지게 되며, 바로 여기에 최고의 도덕적 "덕목"(Tugend)이 있다. 그러므로 이 세상의 허무한 것을 사랑하지 말아야 하며, 거기에 자기 마음을 묶지 말아야 한다. 그는 이 세상의 모든 것을 해탈함으로써, 모든 것에서 자유로운 태도로 살아야 한다.

물론 플라톤의 인간학적 이원론은 세계 도피적 심령주의(spiritualism)를 의도하지 않는다. 오히려 그것은 영혼 불멸설을 통하여 신적 영혼을 그의 본질로 가진 인간의 선과 진리와 정의에 대한 의무를 말하고자 한다. 인간은 그의 영혼을 통하여 이러한 가치들을 인식할 수 있으며, 이 가치들을 실천해야 한다. 이러한 가치들은 영원한 신적 가치들이기 때문이다. 이 가치들을 인식하고 실천하는 데 인간의 본래적 존재 규정이 있다. 인간의

---

7) 이에 관하여 M. Pohlenz, *Die Stoa, Geschichte einer geistigen Bewegung*, 2. Aufl., 1959, 151ff.

사회-정치적 공동 생활의 영역인 폴리스(Polis)는 이러한 "불멸의" 가치에 기초한다. 그러므로 스토아 철학도 보편적 인류애, 즉 모든 인간에 대한 박애와 평등을 윤리적 가치로 제시한다.

플라톤의 영혼 불멸설은 영지주의에 지대한 영향을 준다. 그러나 후기 영지주의는 영혼과 육체의 인간학적 이원론을 수용하면서도 플라톤의 사회-정치적 의도에 대해서는 관심을 갖지 않고, 육체와 물질과 세계와 역사에 대하여 적대적이고 무관심한 이원론적 인간관과 세계관을 도입한다.[8] 인간과 이 세계는 육체와 영혼, 물질과 정신으로 구성되어 있다. 영혼과 정신에 비하여 육체와 물질은 천하고 무가치하다. 그들은 영혼과 정신의 자유를 억제한다. 그러므로 육체와 물질은 악하다. 신(神)의 구원은 물질적인 것, 육체적인 것으로부터 영혼과 정신의 분리와 해방에 있는 것으로 생각된다. 물질의 현실과 인간의 육체에 대한 경멸과 무관심, 현실의 세계에 대하여 등을 돌린 삶의 태도(Weltabgewandtheit), 영원한 피안의 세계, 소위 영적 세계에 대한 동경이 인간의 삶을 지배하게 된다.

2) 아리스토텔레스의 영혼 불멸 사상

아리스토텔레스(Aristoteles)는 18살 때 플라톤의 제자가 되어, 플라톤이 죽을 때까지 20년 동안 그에게서 배우고 또 가르쳤다. 이 기간 동안(기원전 367-347) 그의 철학은 플라톤의 철학과 크게 다르지 않다. 그는 그의 스승 플라톤이 『파이돈』에서 말하는 영혼의 선재와 불멸을 주장한다. 또 그는 플라톤의 몸과 영혼의 이원론과 그의 이데아론을 받아들인다. 그러나 나중에는 플라톤의 이원론을 극복하고자 시도한다.

그의 "형이상학"에서 아리스토텔레스는 형식과 질료, 현실성과 잠재성의 이론을 전개한다. 그의 생각에 의하면, 모든 존재자는 이 두 가지 요소

---

8) 이에 관하여 M. Kehl, *Eschatologie*, 268.

로 구성되어 있다.[9] 질료는 존재자가 생성될 수 있는 가능성을 가리키며, 형식은 질료에게 "현실을 부여하고 그것을 형태화하는 힘"을 가리킨다. 존재자가 생성되는 것은, "가능성으로 존재하는 것(Dynamei On)이 현실적으로 존재하는 것(Energeia On)으로 넘어가는 것"을 가리킨다.[10] 여기서 형식은 플라톤의 이데아처럼 현실의 존재자로부터 분리되어 독자적으로 존재하는 것이 아니라, 현실의 존재자 안에 있는 원리로 파악된다. 이 원리를 아리스토텔레스는 "영혼"이라 생각한다. 영혼은 "잠재적으로 삶을 소유하는 자연적 육체의 형식"을 말한다.[11]

여기서 아리스토텔레스는 플라톤의 이원론을 극복하고자 한다. 플라톤이 주장하는 몸과 영혼의 엄격한 분리, 양자의 근본적 차이가 적어도 아리스토텔레스의 의도에 있어 극복된다. 아리스토텔레스에 의하면, 몸과 영혼은 함께 하나의 생명체를 구성하기 때문이다. 그런데 아리스토텔레스는 영혼의 다양한 종류를 구분한다. 생물들의 세계에는 다양한 현실이 있기 때문에 다양한 가능성 혹은 형식들이 있을 수밖에 없다. 영혼의 첫째 종류는 식물의 영혼을 말하며, 그것의 특징은 "성장과 영양분의 섭취와 번식"에 있다.[12] 영혼의 둘째 종류는 동물들이 가진 감각적 영혼을 말하며, 그것의 특징은 "감각적 지식과…공간적 활동"에 있다. 영혼의 셋째 종류는 정신적 영혼(Geist-Seele)으로, 이성적 존재인 인간의 영혼을 말한다. 그것의 특징은 이성적 사유와 윤리적 판단에 있다. 이를 통하여 인간은 감각적으로 지각될 수 있는 필연성의 세계에서 자기를 해방하고, 세계를 합목적적으로 자기의 것으로 점유할 수 있다. 이리하여 인간은 식물 그리고 동

---

9) M. Scherer, *Das Problem des Todes in der Philosophie*, 119.

10) J. Fink, *Metaphysik und Tod*, 1969, 97.

11) Aristoteles, *Von der Seele II*, 412 a. W. Schulz는 아리스토텔레스의 철학이 말하는 영혼을 '삶의 원리'라 부른다. W. Schulz, "Wandlungen in der Einstellung zum Tode," in J. Schwartländer(Hrsg.), *Der Mensch und sein Tod*, 1976, 98.

12) J. Hirschberger, *Geschichte der Philosophie I: Altertum und Mittelalter*, 11. Aufl., 1976, 211.

물과 구분되는 하나의 특별한 존재가 된다. 그러나 그는 식물과 동물이 소유하고 있는 "영혼"이라는 공통분모를 통하여 식물과 동물과 결합되어 있다. 아리스토텔레스의 우주론에 의하면, 세계의 모든 사물들은 "불피동의 원동자"로부터 시작하는 인과율 속에 있다. 이 인과율은 세계의 모든 존재자, 곧 식물과 동물과 인간을 포함한다. 따라서 인간은 식물과 동물을 포함한 자연과 함께 하나의 삶의 공동체를 형성한다.

아리스토텔레스에 의하면, 세 가지 종류의 영혼들은 그들의 몸과 하나로 결합되어 있다. 따라서 몸과 영혼의 플라톤적 이원론은 여기서 극복된다. 그러나 아리스토텔레스는 인간의 불멸의 문제와 관련하여 몸과 영혼의 본질적 통일성을 끝까지 주장하지 않는다. 그는 한편으로 인간이라는 생물의 삶은 정신과 물질의 통일성을 통하여 구성된다고 말하는 반면, 다른 한편으로 정신의 독립된 실체성과 불멸성을 인정한다. 정신은 인간의 육체로부터 분리되어 있을 때 비로소 그의 참 존재에 도달하며, 이것만이 불멸하며 영원하다.[13]

따라서 아리스토텔레스도 플라톤처럼 죽음을 육체의 감옥에서 영혼이 해방되는 것으로 이해한다. 이 해방을 통하여 영혼은 그의 참된 본질을 회복한다. 여기서 아리스토텔레스가 플라톤의 이원론을 완전히 극복하지 못한다는 사실이 드러난다. 아리스토텔레스가 개인의 불멸성을 인정하는지, 영혼이 육체로부터 분리되어도 인간의 정체성이 유지될 수 있는지의 문제는 그의 철학에서 분명하지가 않다. 물론 죽음을 통하여 육체에서 해방된 영혼은 그의 본래적 상태로 돌아간다. 그러나 이 본래적 상태는 존재자들의 세계에서 분리되어 있는 것으로 생각되지 않고, 그들의 순수한 가능성으로 생각된다. 따라서 아리스토텔레스가 뜻하는 불멸성은 개인이 죽음 후에도 계속하여 존재하는 것을 뜻하는 것이 아니라 우주의 유기체적 전체 속에 지양되어 있음을 뜻한다고 할 수 있다.

---

13) Aristoteles, *Von der Seele II*, 431 a.

그럼에도 불구하고 아리스토텔레스의 불멸에 대한 생각은 플라톤의 생각과 함께 초기 기독교 신학에 깊은 영향을 주었다. 물론 초기 기독교는 그의 인간학적 표상에 있어서 히브리적·성서적 전통을 포기하지 않는다. 그러나 그것은 특히 플라톤의 철학에서 유래하는 인간학적 이원론과 대결하지 않을 수 없었으며, 이 대결 속에서 한편으로 그것을 극복하면서도 다른 한편으로 그것의 영향을 완전히 벗어날 수 없었다. 그리하여 초기 기독교는 그리스도의 성육신, 하나님의 구원을 진술할 때 영과 육, 빛과 어둠 등의 영지주의적 개념의 틀을 사용했으며, 이로 말미암아 영혼 불멸설이 기독교 안에 자리 잡을 수 있는 길을 열어놓았다.

물론 초기 기독교는 "육의 부활"을 고백함으로써 영혼 불멸설과 그것이 기초한 인간학적 이원론에 대한 승리를 선언했지만, 역사적으로 이들의 영향을 완전히 벗어날 수는 없었다. 이리하여 영혼 불멸설은 그 이후의 기독교 신학과 철학에서 다양한 형태로 전승되었으며 또 때로는 부인되기도 하였다.

아리스토텔레스는 초개인적인 세계 영혼(Weltseele)만이 불멸한다고 보았던 반면, 신플라톤주의 철학자들과 아우구스티누스는 플라톤의 영혼 불멸설을 수용하였다. 이에 반하여 중세기의 **이븐 루시드**(Averroes)와 일단의 아라비아 철학자들은 아리스토텔레스의 입장을 따른다. 가톨릭교회는 연옥설을 통하여 영혼 불멸설을 수용하였다. 중세기의 대 신학자 알베르투스 마그누스(Albertus Magnus)와 아퀴나스는 물론 데카르트, 라이프니츠, 볼프 등 근대로부터 계몽주의에 이르기까지, 많은 철학자들이 영혼의 불멸을 철학적으로 증명하고자 했다.[14]

계몽주의 시대의 철학과 신학은 영혼의 불멸을 인간 존재의 파괴될 수

---

14) "계몽주의 철학에서, 루소, 레싱, 피히테에게 영혼 불멸설은 중심적 이론, 그리스도께서 처음으로 확실하고 실제적으로 가르친 중심적 도그마가 된다." D. Hattrup, *Eschatologie*, 1992, 309.

없는 본성으로 파악한다. 슈탕에(C. Stange)에 의하면 "인간은 불멸한다"는 명제는 "계몽주의의 본래적 중심 도그마"다.[15] 슈트라우스(D. F. Strauß)는 계몽주의의 불멸의 신앙을 비꼬는 투로 다음과 같이 말한다.

이 불멸의 신앙은 현금의 감정의 종교성과 오성의 종교성의 핵심이다. 잘 교육된 경건한 자는 죽음 다음에 올 불멸에 대한 신앙을 버리기보다, 오히려 자기의 하나님과 그리스도를 버릴 것이다.[16]

칸트(I. Kant)에 의하면, 도덕적 존재로서의 인간이 도달해야 할 완전성은 "무한한 발전"을 요구하며, 이 발전은 "무한히 존재하는 이성적 존재의 실존과 인격성(이것을 그는 영혼의 불멸이라 부른다)이 전제될" 때에만 가능하다. 한 걸음 더 나아가, 인류적 세계 질서는 덕목과 삶의 운명의 괴리의 극복을 요구한다.[17] 따라서 인간의 인류적 본성은 불멸을 요청한다. 칸트는 그의 『순수이성비판』에서 불멸하는 영혼을, 이성이 그것에 따라 오성의 다양한 개념과 판단을 절대자를 향하여 정돈함으로써 통일을 추구하는 선험적 "관념"으로 전제한다.[18]

피히테(J. G. Fichte)는 플라톤의 "영혼"을 "자아"로 대체시키고, 인간 자아의 불멸과 영원성을 주장한다. 인간의 "경험적 자아"는 인류의 역사를 도덕적으로 완성하고, 자기를 동물로부터 구별하며, 신적 존재에 가까워지는 것을 그의 절대적이며 "숭고한 사명"으로 여긴다. 이 사명을 수행하기 위하여 자기를 헌신할 때, 인간은 초월적이며 "순수한 자아"에 상응하며, 자기 자신과의 일치, 자기 정체성에 도달한다. 순수한 초월적 자아는

---

15) C. Stange, *Die Unsterblichkeit der Seele*, 1925, 105.
16) D. F. Strauß, *Christliche Glaubenslehre II*, 1841, 697.
17) I. Kant, *Kritik der praktischen Vernunft*, WW VI, hrsg. von W. Weischedel, 1968, 252ff.
18)) 이에 관하여 ibid., 364ff.

단순하고 나누어지지 않으며 사멸하지 않는다. 그것은 영원히 살며 현상들의 세계를 초월한다. 인류의 숭고한 사명에 헌신하는 순수한 초월적 자아의 행동 속에서 "하나님 자신이" 행동한다.[19] 이 인간은 "모든 순간 속에서 영원을 완전히 소유한다."[20] 인류의 숭고한 사명을 위하여 헌신하는 그의 존재와 행동 속에 영원한 하나님이 계시고, 그가 영원한 하나님 안에 있기 때문이다.

3) 변증법적 신학에서 영혼 불멸설과 부활 신앙의 대립

20세기 초 변증법적 신학자들은 계몽주의의 영혼 불멸의 신앙을 거부하고, 영혼 불멸설과 죽은 자들의 부활 신앙을 철저히 대립된 것으로 파악한다. 그리하여 "영혼 불멸에 대립되는 부활"은 인간 속에 주어진 모든 인간적 가능성을 거부하고, 오직 하나님의 은혜에 의존하는 올바른 신앙을 나타내는 표어처럼 되어버렸다. 이러한 입장은 오스카 쿨만(Oscar Cullmann)에게서 시작한다. 그의 견해에 의하면, 영혼 불멸설은 플라톤의 영혼과 육체의 이원론에서 유래하며 기독교의 "죽은 자들의 부활" 신앙과 철저히 대립된다. 오늘날 우리가 개신교회 신자든지 아니면 가톨릭교회 신자든지 간에 그리스도인들에게 "신약성서가 죽음 후 인간의 개인적 운명에 대해 무엇을 가르치는가"를 묻는다면, 대개의 경우 그들은 "영혼 불멸"을 가르친다고 대답할 것이다. 그러나 영혼 불멸설은 "기독교의 가장 큰 오해들 가운데 하나"다.[21]

변증법적 신학의 대표자인 칼 바르트(Karl Barth)에 의하면, 부활은 역사의 마지막 날 곧 "최후의 날"에 일어날 마지막 사건이 아니라, 오직 하나님으로 말미암아 가능하며 언제라도 가능한, 하나님과 인간의 무한한 질

---

19) J. G. Fichte, *Ausgewählte Werke V*, 1962, 187.
20) Ibid., 200.
21) O. Cullmann, *Unsterblichkeit der Seele oder Auferstehung der Toten?*, 19.

적 분리의 변증법적 지양(止揚)을 가리킨다. 인간은 죽음 속에 있는 반면, 하나님은 생명이다. 따라서 하나님과 인간 사이의 괴리는 오직 하나님에 의하여, 하나님으로부터 극복될 수 있다. 바로 이것이 부활이다. 부활은 하나님을 버리고 죄와 죽음의 세력에 묶인 인간의 구원을 뜻한다. 따라서 죽은 자들이 부활하는 순간은 시간의 마지막 순간이 아니라 "시간의 텔로스(telos)요, 그것의 비시간적 목적과 마지막"이다.[22]

죽은 자들의 부활은 (1) 죄된 인간의 절대적 죽음에 빠진 상태(Todesverfallenheit)와 이 상태로부터 빠져 나올 수 없는 그의 무능력을 나타내는 동시에, (2) 이 인간을 구원할 수 있는 하나님의 값없는 은혜를 나타내며, (3) 하나님으로 말미암은 구원의 피안성(Jenseitigkeit)과 인간에 의한 지배 불가능성(Unverfügbarkeit)을 나타낸다. 죽은 자들의 부활은 역사의 종말에 일어날 드라마틱한 대사건을 말하는 것이 아니라, 죄와 죽음의 세력에 묶인 인간을 구원하는 하나님의 행위의 피안성과 수직성(Vertikalität)과 초월성을 가리킨다. 그것은 하나님과 인간 사이에 일어나는 것에 대한 적절한 표현이요, "'하나님'이란 말을 다르게 설명한 것(Umschreibung)"이다.[23]

이에 반해 인간 영혼의 불멸을 인정하는 것은 인간에 대해 말하는 것이요, 자신의 힘으로 구원에 이를 수 있는 그의 능력을 인정하는 것이며, 그가 처한 죽음의 세계를 뛰어넘는 행위다. 그것은 하나님과 인간의 연속성과 아날로기아를 인정하는 것이다.[24] 영혼 불멸설은 인간이 하나님 앞에서 무성(Nichtigkeit) 가운데 있음을 간과한다. "불멸의 삶은 하나님의 은총의 산물이지, 인간이 본질적으로 가지고 있는 어떤 것이 아니다.…하나님만이 영원한 삶의 근거이지, 인간 속에 있는 어떤 것이 영원한 삶의 근

22) K. Barth, "Biblische Fragen, Einsichten und Ausblicke"(1920), in *Anfänge der dialektischen Theologie I*, hrsg. von J. Moltmann, 1962, 71.
23) K. Barth, *Die Auferstehung der Toten*, 4. Aufl., 1953, 112.
24) K. Barth, *Die Auferstehung der Toten*, 66f.

거일 수 없다."[25] 부활 신앙은 이 사실을 간파한다. 그리하여 부활을 인간 자신 안에 있는 신적인 것의 회복으로 파악하지 않고, 무로부터의 창조, 죄된 인간의 새 창조로 파악한다. 이로써 부활 신앙은 인간의 무능력과 하나님의 능력 사이의 무한한 차이를 드러낸다. 부활은 "오직 하나님의 은혜를 통하여" 일어나기 때문이다. 이로써 변증법적 신학은 구원의 문제에 있어 인간 자신 속에 숨어 있는 모든 가능성을 부인하고 "sola gratia", "solus Deus"를 주장하는 종교개혁의 신학적 전통을 회복한다.

쿨만은 영혼 불멸설과 부활 신앙을 서로 대립하는 것으로 볼 수 있는 근거를 예수의 죽음에서 발견한다. 예수의 죽음은 총체적 폐기(annihilatio)다. 그의 육체만이 죽은 것이 아니라 그의 영혼도 죽었다. 그는 전적으로 죽음을 당하였다. 그의 존재 전체가 완전히 폐기되었다. 이 예수를 하나님께서 다시 살리셨다면, 그의 부활은 오직 하나님의 은혜와 능력을 통한 절대적 새 창조다. 죽은 예수와 부활한 예수 사이에는 불멸의 영혼이라는 연속성이 없다. 예수 안에 있었던 불멸의 영혼이 죽지 않고 계속 살았기 때문에 그가 죽음을 극복한 것이 아니라, 그가 완전히 죽었기 때문에 죽음을 극복할 수 있었다.[26]

우리는 여기서 변증법적 신학자들의 구원론적 관심과 동기를 발견할 수 있다. 영혼 불멸을 인정할 때, 구원에 있어 인간의 자기 능력을 인정하게 된다. 구원은 오직 하나님 자신의 은혜와 능력으로 말미암은 하나님의 행위로 파악되어야 한다. 변증법적 신학자들은 이러한 통찰을 죽은 자들의 부활 신앙에 적용한다. 인간은 죽음과 함께 완전히 폐기된다. 그의 육체만 죽는 것이 아니라 그의 영혼도 죽는다. 쉽게 말하여, 죽음과 함께 인간은 완전히 없어진다. 그는 무(無)로 돌아간다. 이러한 인간이 부활하게 되는 것은, 인간 안에 죽지 않고 영원히 남아 있는 그 무엇 때문이 아니라,

---

25) 오주철, 『조직신학개론』, 한들출판사, 2013, 386.
26) O. Cullmann, *Unsterblichkeit der Seele oder Auferstehung der Toten?*, 29.

무에서 만유를 창조하신(creatio ex nibilo) 하나님의 무한한 능력과 은혜로 말미암은 것이다. 인간의 구원도 이와 같은 것이 파악되어야 한다. 하나님의 구원에 있어 인간 자신 안에 숨어 있는 어떤 접촉점도 인정될 수 없다. 변증법적 신학자들은 이 같은 구원론적 관심에서 출발하여 하나님과 인간을 무한한 질적 차이 가운데에 있는 것으로 파악하고, 양자의 관계에 대한 그들의 통찰을 신론과 그리스도론으로 확대시킨다. 그들은 인간이 가진 영혼의 "신격화"를 허용할 수 없었다.[27]

4) 영혼 불멸설에 대한 현대 신학의 비판

영혼 불멸설과 부활 신앙의 대립은 오늘에 이르기까지 개신교회 신학자들의 기본 입장으로 존속한다. 판넨베르크는 먼저 영혼 불멸설의 이원론적 인간관을 비판한다. 현대 인간학, 특히 인간의 행동을 연구하는 행동학(Behaviorism)은, 인간이 "완전히 다른 두 가지 재료들로 구성되었다"는 영혼 불멸설의 전제를 오래전부터 포기하였다. 현대 행동학은 인간의 "행동"에 대하여 말할 때, 인간을 육체와 영혼의 통일체로 본다. 인간의 모든 행동은 육체와 영혼이 하나의 전체를 이루고 있는 "전체로서의 인간의 행동"이지, 육체만의 행동도 아니고, 영혼만의 행동도 아니다. 행동에서 인간의 영혼과 육체는 하나로 결합되어 있다. 인간의 소위 영적 활동, 즉 기도, 명상 등의 활동에서도 그의 뇌세포 곧 그의 육체가 함께 활동한다. 인간의 소위 육체적 활동에서도 그의 영혼이 함께 활동한다. 인간의 어떤 행동도 영혼과 육체로 깔끔하게 나누어질 수 없다. 양자는 구분되지만 결코 나누어질 수 없으며, 하나의 통일체 곧 전체로서의 인간을 형성한다.

인간 속에는 육체에 대하여 독립된 "영혼"이라고 하는 실재가 존재하지 않는다. 이와 마찬가지로 단지 기계적인, 의식 없이 활동하는 육체도 없다. 양자는

---

27) 유해무, 『개혁교의학. 송영으로서의 신학』, 크리스챤다이제스트, 1997, 599.

추상들(Abstraktionen)이다. 활동하고 세계에 대하여 행동하는 인간이라고 하는 생물의 통일체가 있을 뿐이다.[28]

인간의 영혼과 육체는 언제나 함께, 동시적으로 주어져 있으며, 인간의 성격과 사유와 행동을 결정한다. 인간의 감정이나 사유는 육체와 관계없는 영혼의 활동이라고 생각하기 쉽다. 이에 반해 인간의 육체적 활동은 영혼과 관계없는 육체적 행동이라고 생각하기 쉽다. 그러나 육체에 속한 뇌의 활동 없이 우리는 사유할 수 없으며 감정의 활동도 가질 수 없다. 인간의 소위 육체적 활동도 인간의 영적·정신적 조건에 의해 결정된다는 것은 다시 말할 필요가 없다. 인간의 모든 감정과 사유 활동은 인간의 영적·정신적 조건은 물론 육체적 조건에 의존하며, 육체적 조건의 영향을 받는다. 거꾸로 인간의 모든 육체적 활동도 인간의 영적·정신적 조건의 영향을 받는다. 그러므로 동일한 자극에 대하여 인간은 다양한 반응을 나타낸다.

또한 판넨베르크는 다음과 같이 영혼 불멸설과 부활 신앙을 대립시킨다. (1) 그리스 철학에서 유래하는 영혼 불멸설은 참 "희망"을 알지 못한다. "영혼의 불멸을 믿는 사람은 미래의 새로운 것을 내다보지 않고, 지금의 인간 존재의 핵을 영원한 것으로 고수할 수 있다고 생각한다."[29]

이에 반하여 죽은 자들의 부활은 미래의 새로운 것을 제시한다. 죽지 않고 언제나 존속하는 "영원한 것"에 대하여 말하는 영혼 불멸설에 반하여, 죽은 자들의 부활은 "전적 새롭게 됨"(gänzliches Neuwerden), "극단적 변화 내지 새 창조"에 대하여 말하기 때문이다. (2) 인간이 죽을지라도 그 안에 있는 영혼이 죽지 않는다고 생각할 때, 인간의 죽음은 진지한 것으로

---

28) W. Pannenberg, *Was ist der Mensch? Die Antwort der Gegenwart im Lichte der Theologie*, 6. Aufl., 1981, 35.
29) Ibid., 34.

여겨지지 않을 수 있다. 그러나 죽은 자들의 부활 신앙에서 죽음은 "모든 현재적 삶의 형식의 취소할 수 없는 마지막으로서 진지하게 여겨진다."[30] (3) 영혼 불멸설은 인간의 죽음 후에도 영원히 살게 될 개인의 영혼에 관심을 가지는 반면, 죽은 자들의 부활 신앙은 인간의 공동체성을 중요시한다. 부활은 "모든 사람들에게 공동으로 일어날" 것이기 때문이다. "각 사람은 그의 인간 존재를 다른 사람들과의 교통 가운데서만 가진다는 사실이 여기에 나타난다."[31] (4) 플라톤의 영혼 불멸설에서 영혼의 불멸은 영원한 관념에의 참여에 근거하는 반면, 죽음을 넘어서는 하나님과의 교통은 "자신의 허무함을 넘어서는 영원한 하나님과의 결합"에 근거한다.[32]

몰트만도 변증법적 신학의 전통에 따라 먼저 영혼 불멸과 죽은 자들의 부활 신앙을 서로 대립하는 것으로 파악한다.

> 영혼 불멸은 하나의 통찰(Einsicht)인 반면, 죽은 자들의 부활은 하나의 희망이다. 전자는 인간 안에 있는 불멸의 것에 대한 신뢰인 반면, 후자는 존재하지 않는 것을 존재하게 하며 죽은 자들을 살아 움직이게 하는 하나님에 대한 신뢰다. 불멸의 영혼에 대한 신뢰 속에서 우리는 죽음을 받아들이고 그것을⋯선취한다. 생명을 창조하는 하나님에 대한 신뢰 속에서 우리는 죽음의 극복을 기다린다.⋯죽음은 불멸의 영혼을 지상의 육체에서 구원하기 때문에, 불멸의 영혼은 죽음을 "친구"로 환영할 수 있게 된다. 부활 신앙에 대하여 죽음은 살아 계신 하나님과 그의 사랑의 피조물들의 "마지막 적"이다(고전 15:26).[33]

---

30) Ibid., 38.

31) Ibid.

32) W. Pannenberg, "Tod und Auferstehung in der Sicht christlicher Dogmatik," in W. Pannenberg, *Grundfragen systematischer Theologie*. Gesammelte Aufsätze Bd. 2, 1980, 169.

33) J. Moltmann, *Das Kommen Gottes*, 82f.

몰트만에 의하면, 플라톤의 영혼 불멸설은 "죽음 다음에 오는 생명"에 대한 이론이 아니라 "탄생과 죽음을 넘어선 인간의 신적 정체성"에 대한 이론이다.[34] 육체의 죽음과 함께 죽지 않을 수 있는 것은, 육체가 탄생할 때 탄생하지 않았으며, 육체의 삶과 함께 살지 않았다고 할 수 있다. 신체적으로 살지 않는 것만이, 또한 신체적으로 죽지 않을 수 있다. 힌두교 경전 바가바드 기타(Bhagavad Gita)도 이와 같이 인간 안에 있는 신적 영에 대하여 말한다.

> 그것은 생성하지 않으며, 그것은 소멸하지 않는다. 그것은 과거에 있었던 것처럼, 미래에도 항상 그렇게 남아 있을 것이다. 그것은 탄생하지 않으며 소멸하지 않는다(II, 20).

모든 차안적인 것으로부터의 초월 속에서 그것은 "자기 자신 속에 수렴되어 있어야" 하며, 신체와 관계를 가져서는 안 된다. 그것은 소멸하며 죽음으로 인도하는 감성적 신체로부터 퇴각해야 한다.

영혼 불멸설에서 죽음은 사멸하는 육체로부터 영혼의 해방을 뜻하기 때문에, 죽음은 "영혼의 잔치"로 생각된다. 그러므로 임종을 맞으면서 인간은 영원한 본향으로의 귀향을 기뻐할 수 있으며, 죽음을 "영혼의 가장 좋은 친구"로 생각하게 된다. 죽음은 그의 영혼을 육체의 감옥에서 해방하며, 사랑받지 못하는 모든 육체적 욕구들과 고통에서 자유케 한다. 죽음을 통하여 영혼은 육체의 낯선 땅에서 영원한 신적 관념들의 세계로 돌아간다. 침해될 수 없는 영혼의 자유에 대한 의식은 삶에 대한 특정한 태도를 형성한다. 이 태도는 "행복과 고통에 대하여 거리를 두는 태도, 탄생과 죽음에 대하여 우월감을 가지는 태도"다. 이것을 우리는 소크라테스의 죽음에서 볼 수 있다. 스토아 철학에 의하면, 인간은 육체의 모든 욕구에서 자

---

34) Ibid., 76.

유로워야 한다. 그는 이 세계의 모든 것에서 초탈해야 하며, 모든 것에 대하여 열정을 갖지 말아야 한다. 최고의 덕목은 마음의 평정과 태연함에 있다. 이 세계의 것을 사랑하지 않으며 자기 마음을 허무한 이 세계의 것에 두지 않을 때, 인간은 참 자유를 얻게 된다.

몰트만에 의하면, 뇌 혹은 이에 상응하는 신체 부위가 없는 인간의 정신 곧 "신체에서 분리된 영혼"(disembodied mind)은 "뇌를 가지고 사유하는 정신의 추상에 불과하며 이것을 전제한다."[35] 인간은 언제나 그의 몸과 함께 사유한다. 따라서 몸 없는 영혼이란 상상될 수 없다. 인간의 삶이란 살아 움직이는 것 곧 "생동성"(Lebendigkeit)을 말하며, 인간의 생동성은 관심을 가진다는 것을 말한다. 삶에 대한 관심을 우리는 사랑이라 부른다. 인간의 참된 삶은 사랑에서 오며, 사랑 안에서 살아 움직이며, 사랑을 통하여 다른 피조물들의 생명을 살아 움직이게 한다.

인간의 본래적 정체성은 단지 정신에 있는 것이 아니라 사랑에 있으며, 참여할 수 있는 능력과 배려에 있다.[36]

인간의 영혼이나 정신은, 우리가 인간의 모든 신체적인 것을 제거하고, 그 속에서 생명을 부여받고 또 생명을 주는 사랑을 망각할 때, 추상적으로 남게 되는 것이 아니다. 오히려 우리의 "영혼"은 사랑이 있는 거기에 있으며, 우리의 정신 혹은 영은 사랑을 받으며 또 사랑하는 생명의 숨이다. 우리 삶의 문제는 우리 존재의 어떤 부분이 죽지 않고 영원히 남느냐의 문제가 아니라, 우리가 그것에서 생명을 부여받고 또 우리가 그것을 줄 때, 우리를 생동케 하는 사랑이 존속하느냐 존속하지 않느냐의 문제다.

---

35) Ibid., 69f.
36) H. Oppenheimer, "Life after Death," in *Theology 82*, 1979, 333.

죽음과 부활의 신학

영혼 불멸설은 20세기 많은 가톨릭 신학자들에 의해 비판을 받기도 한다. 변증법적 신학은 개신교 신학자들은 물론 가톨릭 신학자들에게도 큰 영향을 주었던 것이다. 20세기 유명한 가톨릭 신학자 칼 라너(Karl Rahner)에 의하면, 우리 삶의 현실이 죽음을 넘어서 곧장 계속된다는 것은 생각될 수 없다. "이러한 견지에서 죽음은 전체로서의 인간에게 마지막을 정립한다."[37] 만일 우리에게 영원한 생명이 있다면 그것은 하나님의 은혜로 말미암은 것이지, 인간 자체에게 주어진 영혼이라는 실체의 독자적 불멸성으로 말미암은 것이 아니다. 그것은 하나님의 선물이지, 인간 자신이 소유하고 있는 자질이 아니다.

울리히(Friedrich Ulrich)에 의하면, 영혼 불멸설은 이웃과의 사회적 관계 없이 오직 자기 홀로, 자기 자신에 근거하여 존재하고자 하는 인간의 절대적 이기주의에서 생성되었다. 나는 내 안에서 안전하게 보장되고, 내 자신 안에 고정되어 있어야 한다. 썩지 아니하며, 이웃과의 교통과 변화와 이웃을 위한 헌신을 필요로 하지 않는 영혼이라는 실체의 소유는, 인간 주체를 자신 속에 폐쇄시킨다. 이리하여 영혼 불멸설은 이웃을 필요로 하지 않으며, 이웃 없이 자기 홀로 존재하는 인간상을 이상적 인간상으로 제시하며, 인간을 탈사회화한다. 영혼 불멸성 뒤에는 "간교한 무신성, 무신론"이 숨어 있는 경우가 많다.

그것은 죽음의 무를 긍정하며, 우리의 모든 것이 (하나님과 이웃으로부터) 우리에게 선물되어져 있음을 긍정하고자 하지 않기 때문이다.[38]

---

37) K. Rahner, "Das Leben der Toten," in *Schriften zur Theologie 4*, 429.
38) F. Ulrich, *Leben in der Einheit*, 1975, 35ff. 또한 이에 관하여 H. U. von Balthasar, "Der Tod im heutigen Denken," in *Anima II*, 1956, 292-298. G. Greshake, Das Verhältnis "Unsterblichkeit der Seele" und "Auferstehung des Leibes" in problemgeschichtlicher Sicht, 82-120은 이 문제의 역사를 전체적으로 조망함.

발타자르(Hans Urs von Balthasar)에 의하면, 영혼 불멸설은 "희망이 없는 구성들"(hoffnungslose Konstruktionen)이다.[39]

해방신학자 보프(L. Boff)도 영혼 불멸설의 이원론을 비판한다. 인간은 "육체적·정신적 통일체다. 육체는 영혼이라고 하는 인간의 한 부분 곁에 실존하는 다른 한 부분이 아니다. 육체와 영혼은 서로 분리할 수 있는 물건들이 아니라 동일한 인간의 차원들이다. 그러므로 육체로부터 분리된 영혼은 생각될 수 없다. 영혼은…우연히 육화되어 있을 뿐 아니라, 본질적으로 육화되어 있다. 만일 그렇지 않다면, 그것은 인간의 영혼이 아니라 천사일 것이다. 이렇게 이해할 때, 영혼은…순수한 정신이며 물질로부터 자유로울 때까지 육체의 형태를 취한다는 심령주의적 표상은 불필요하고 불가능해진다."[40]

영혼 불멸설은 영혼과 육체, 차안과 피안의 이원론적 세계관과 인간관에 근거하기 때문에, 인간의 육적·물질적 현실과 차안의 구체적 사회 현실을 경시하거나 천시하는 잘못된 사고방식과 삶의 태도를 조장한다. 영혼과 비교하여 인간의 육체는 일시적이고 허무하며 썩어 없어질 인간의 한 부분이라 생각할 때, 육체를 천시함은 물론, 인간의 실존에 필요한 모든 물질적 현실에 대해 무관심하게 된다. 인간의 구원은 물질의 현실과 관계없는, 단지 인간의 영혼과 관계된 문제라고 오해하게 되는 것이다. 그리하여 "영혼 구원"이 하나님의 구원의 전부인 것처럼 생각한다.

따라서 교회는 인간이 그의 생명을 위하여 필요로 하는 식량과 건강의 문제, 이 문제와 직결된 정치, 경제, 사회적 정의의 문제에 대하여 사실상 관심을 가질 필요가 없게 된다. 이 세상에 있는 인간의 삶은, 영혼이 그 속에서 영원히 살게 될 피안의 삶에 대한 준비 과정 내지 통과 과정에 불과

---

39) H. U. von Balthasar, *Glaubhaft ist nur Liebe*, 1963, 92.
40) L. Boff, *Was kommt nachher?*, 139.

하다. 이리하여 인간의 구체적인 삶과 삶의 현실, 이 세계 안에서 지금도 신음하고 있는 피조물들의 고난과 죽음, 생명의 착취와 파괴에 대한 무관심이 조장되고, 그리스도인들은 영적인 것, 피안의 것, 소위 영원한 것을 동경하고 그것을 추구하게 된다. 단 한 번밖에 없는 삶의 시간을 무의미한 것으로 보며, 신음하는 생명들을 위한 관심과 개입은 불필요한 것으로 보는 의식을 갖게 된다.

인간의 삶이란 먹고 마시며, 사랑하고 사랑을 받음으로써 이루어진다. 그것은 배려함인 동시에 배려를 받음이다. 이 모든 삶의 행위는 신체적이며, 이러한 신체적 행위가 이루어질 때 인간은 생동하게 된다. 먹고 마시지 못하며 사랑을 주고 받지 못하는 사람, 이웃을 배려하는 동시에 이웃의 배려를 받지 못하는 사람은 시들어진다. 죽음의 그림자가 그의 삶에 드리우기 시작한다. 인간 생명의 참 실체가 신체 없는 영혼에 있으며 인간의 신체는 영혼의 감옥이라 생각할 때, 인간은 신체적 삶과 신체적 욕구들을 무가치하게 생각하며, 그것들을 억제하고 관심을 갖지 않으려고 노력하게 된다. 그는 이 세계의 모든 것에 대해 무관심하고자 애쓴다.

그러므로 그는 이 세계 안에 어떤 일이 일어나도 마음의 상처를 받지 않는다. 자연의 수많은 짐승과 수많은 어린이가 죽임을 당하여도 그는 마음의 고통을 느끼지 않으며, 영혼의 내적 평정과 평안을 지키고자 한다. 모든 것에 대한 무관심과 초연함이 그의 삶의 태도를 결정한다. 자기 바깥에 있는 사회와 세계의 모든 상황들로부터 그는 자신의 내면 세계로 퇴각한다. 그는 이 세계 속에 살지만, 사실은 이 세계를 벗어난 상태, 곧 탈세계화된 상태에서 자신의 내면적·영적 삶에 몰두한다. 그는 자기 자신과의 내적 일치 속에서 자기의 정체성을 찾는다.

한국교회에서 우리는 "영적인 사람"과 "육적인 사람"에 대한 설교를 자주 들을 수 있다. 영적인 사람은 "영에 따라 사는 사람"을 가리키며, 육적인 사람은 "육에 따라 사는 사람"을 가리킨다. 이러한 구분은 영과 육에 대하여 말하는 바울 서신에서 유래하며, 쉽게 영혼 불멸설로 발전한다. 그래서 육은 흙으로 돌아가지만, 영은 영원한 하나님의 세계로 돌아간다고 말한다. 그러나 바울이 말하는 영과 육은 플라톤적인 영혼과 육체의 이원론을 말하는 것이 아니라, 하나님과 인간의 관계와 삶의 원리를 나타낸다. 영에 따라 산다는 것은 하나님 앞에서 그의 계명을 지키며 사는 그리스도인의 신앙적 실존을 가리키는 반면, 육에 따라 산다는 것은 하나님 없이 죄와 죽음의 세력에 묶여 사는 비신앙적 실존을 가리킨다.[41] 그러므로 바울은 물론 신약성서 전체는 육체의 감옥에서 영혼이 해방되는 것을 기다리지 않는다. 오히려 그들은 신음하는 피조물들이 사멸의 세력에서 해방되는 것과 죽은 자들의 부활을 기다린다. 육체를 포함한 인간의 총체적 존재가 다시 살아나서 "영적인 몸"으로 변화될 것이다(고전 15:44). 이제 우리는 영혼 불멸설에 대한 이러한 비판을 염두에 두면서, 영혼 불멸설과 부활 신앙의 중요한 몇 가지 차이점을 아래와 같이 정리할 수 있다.

(1) 영혼 불멸설, 이원론적 인간관은 육체와 또 육체가 속한 물질의 영역을 천시하는 인간관과 세계관의 원인이 된다. 이에 반해 부활 신앙에서 인간은 영혼과 육체가 하나로 결합되어 있는 **통일체**, 곧 하나의 총체적 존재로 파악된다. 따라서 기독교는 히브리 전통에 따라 "육의 부활"을 고백한다. 단지 인간의 영만 부활하는 것이 아니라, 자기 삶의 역사를 가진 통일체로서의 인간 존재가 부활할 것이기 때문이다. 그러므로 부활 신앙에서는 인간 존재 전체, 그의 삶 전체가 중요한 것으로 생각된다. 자기 삶의 역사를 가진 인간 존재는 물론 **물질의 영역과 자연의 영역**도 진지하게 생각된다. 인간은 그의 삶의 역사와 함께 부활할 것이므로, 그는 하나님 앞에서 자기 삶 전체를 책임 있게 살아야 한다. 그의 삶에서 일어난 그 무엇

---

41) 이에 관하여 R. Bultmann, *Theologie des Neuen Testaments*, 6. Aufl., 1968, 201; O. Cullmann, *Unsterblichkeit der Seele oder Auferstehung der Toten?*, 38; 김균진, 『기독교 신학』 2, 2014, 인간론.

도 하나님 앞에서 없었던 것처럼 사라지지 않을 것이다. 그가 영위하였던 삶의 모든 역사를 담지하고 있는 그의 존재 전체가 다시 살아나서 하나님의 심판을 받을 것이다. 그는 자기 삶의 마지막 순간만 하나님 앞에서 다시 보지 않고, 삶의 전 역사를 다시 보게 될 것이다.

(2) 영혼 불멸설의 이원론적 인간관과 세계관은 그 자신의 특유한 **구원관**을 갖는다. 하나님의 구원은 인간의 영혼이 육체의 모든 욕구를 벗어나는 데 있으며, 궁극적으로 그것은 육체와 물질과 자연의 영역을 벗어나 영원한 신적 세계로 돌아가는 데 있다. 구원은 인간의 영혼이 육체와 물질의 소위 "낮은 곳"을 떠나 "저 높은 곳"을 향하여 나아가는 데 있다. 하지만 부활 신앙은 이것과 전혀 다른 구원관을 제시한다. 하나님의 구원은 하나의 전체적 존재로서의 인간 존재가 새로운 존재, 곧 "영적 몸"으로 철저히 변화되는 데 있다. 그런데 우리는 물질과 자연 없는 인간의 몸을 생각할 수 없다. 따라서 하나님의 구원은, 인간 존재는 물론 물질과 자연의 영역이 더 이상 죽음을 알지 못하는 전혀 새로운 현실로 철저히 변화되는 데 있다.

영혼 불멸설은 개인의 영혼 구원에 대해 말한다. 다시 말해 그것은 **개인주의적 구원관, 구원관의 개인주의, 심령주의**를 말한다. 이에 반해 부활 신앙은 **총체적 구원관**을 말한다. 인간은 물론 물질과 자연의 영역, 곧 하나님의 모든 피조물이 죄와 죽음의 세력에서 구원되어야 한다. 하나님의 구원은 몸 없는 영혼이 영원한 신적 세계에서 끝없는 영적 삶을 누리는 데 있지 않고, 하나님이 지으신 세계 속에 "이제는 더 이상 죽음과 슬픔과 울부짖음과 고통이 없는" 새로운 현실이 이루어지는 데 있다.

(3) 영혼 불멸설에 의하면 인간의 영혼은 본질적인 것이요, 인간의 육은 비본질적인 것이다. 참 가치는 육에 있지 않고 영에 있다. 영은 영원한 반면, 육은 있다가 없어질 허무한 것이기 때문이다. 참된 삶은 육에 매여 있는 이 세상의 허무한 삶에 있지 않고, 죽은 다음 피안의 세계에서 누릴 영원한 영의 삶에 있다. 죽음과 함께 지상에서의 삶은 끝나지만, 그것은

사실상 끝나지 않는다. 그것은 피안의 세계에서 영적인 삶의 승화된 상태에서 계속되며 완성에 도달한다. 죽음과 함께 지상에서의 삶이 중단되지 않고 피안의 세계에서 완성된 형태로 계속된다고 생각할 때, 지상에서의 삶은 유일회성을 상실한다. 그것은 단 한 번밖에 없는 것, 시간적으로 제한되어 있는 것이 아니라, 피안의 세계에서 완성된 형태로 끝없이(endless) 계속될 것으로 생각된다. 이리하여 지상에서의 **삶의 진지성과 긴장감**이 약화된다. 그것은 유일회적인 가치를 상실한다.

이에 비해 부활 신앙은 인간이 죽자마자 피안의 세계에서 승화된 형태로 누릴 삶의 영원한 연장(extension)을 인정하지 않는다. 인간을 총체적 존재로 보는 부활 신앙에서 죽음은 지상의 **삶의 중단**을 뜻한다. 물론 부활 다음에 인간의 존재는 영원한 삶을 누리게 될 것이다. 그러나 부활 다음에 올 영원한 삶은 지상의 삶의 승화된 형태나 완성된 형태가 아니라, 전적으로 다른 형태의 삶이다.

바울은 이것을 유비를 통하여 나타낸다. 지상의 삶이 썩어 없어질 형태의 것이라면, 부활 후의 영원한 삶은 영원히 썩지 않을 형태의 것이다 (고전 15:42). 그것은 지상의 삶의 연장 내지 연속이 아니라, 지상의 삶과는 전혀 다른 것이다. 지상의 삶은 죽음을 통하여 끝나고, 부활과 함께 인간은 전혀 다른 형태의 삶을 얻을 것이다. 따라서 지상의 삶은 죽음으로 제한되어 있으며, 단 한 번밖에 없다. 그것은 유일회적인 것이다. 이리하여 부활 신앙에서 지상의 삶은 **유일회적 가치와 진지성**을 갖게 된다. 인간은 죽지만 또한 죽지 않고 영원히 살 것이므로 긴장감이 풀린 늘어진 모습으로 삶을 살지 않고, 죽음을 통하여 시간적으로 제한된, 그러므로 단 한 번밖에 없는 이 세상의 삶을 진지하게 살고자 노력하게 된다.

(4) 영혼 불멸설은 인간의 육체와 물질을 천시한다. 따라서 영혼 불멸설은 인간의 육체와 관련된 모든 자연적 욕구들, 물질적 필요와 욕구들을 죄악시하며, 소위 "육의 소욕들"을 억제함으로써 영으로 육을 지배하는 것을 **윤리적 가치**로 생각한다. 인간의 육과 육의 욕구들을 최대한 억압할 때, 인

간의 영이 소생하며, 인간은 "육적 존재"를 벗어버리고 "영적 존재"가 된다고 생각한다. 그러나 인간의 자연적·물질적 욕구들이 죄악시되고 억제될 때, 인간의 삶 자체가 억압되며 훼손된다. 인간은 삶의 충만함을 누리지 못하고, 자기 육체를 학대하면서 억압된 삶을 살게 된다. 이에 비해 부활 신앙은 전체로서의 인간 존재를 귀중히 여기며, 생명을 유지하기 위해 필요한 자연적·물질적 필요와 욕구들을 진지하게 생각한다. 먹고 마시지 않고는 누구도 살 수 없기 때문이다. 그러므로 부활 신앙은 인간의 자연적·물질적 욕구들을 올바르게 충족시키고, 이를 통하여 삶의 충만함을 누리고자 한다. 그는 감각적인 것, 감성적인 것 자체를 죄악시하지 않는다. 이 모든 것이 하나님의 선물이요, 인간의 삶을 풍요롭게 하기 때문이다. 그러므로 성서는 다음과 같이 인간의 육적이며 물질적 삶을 긍정한다.

> 사람에게는 먹는 것과 마시는 것,
> 자기가 하는 수고에서 스스로 보람을 느끼는 것,
> 이보다 더 좋은 것은 없다.
> 알고 보니, 이것도 하나님이 주시는 것,
> 그분께서 주시지 않고서야,
> 누가 먹을 수 있으며, 누가 즐길 수 있겠는가?(전 2:24-25)

(5) 인간의 육체와 물질을 무가치한 것, 허무한 것이라 생각할 때, 육체와 물질의 세계를 사랑하며 이를 위해 자신의 삶을 개입시키고 자기를 희생한다는 것은 사실상 어려워진다. 그것들은 자기 삶을 개입시키고 자기를 희생할 만한 가치가 없다고 생각되기 때문이다. 그러므로 영혼 불멸설은 허무한 인간의 육과 물질의 세계를 떠나, 영혼이 그 안에서 영원히 살게 될 피안의 영원한 영적 세계를 동경한다. 그는 죄와 죽음과 눈물과 고통이 가득한 이 세계의 변화를 기다리지 않고, 죽음을 통하여 도달할 피안의 영원한 안식처를 기다린다.

이에 비해 부활 신앙은 하나님이 지으신 피조물들에 대한 사랑 속에서 더 이상 죽음의 세력이 지배하지 않는 새로운 세계를 기다린다. 그는 고통과 신음 속에서 죽어가는 피조물들을 사랑하며, 그들의 생명을 위해 자기 삶을 개입시키고 자기를 희생한다. 영혼 불멸설은 인간의 영혼을 모든 육적인 것, 물질적인 것에서 퇴각시키고 자기 자신과의 내적 일치성 속에서 인간의 **자기 정체성**을 찾고자 하는 반면, 부활 신앙은 자기를 타자에게로 외화시키며 타자 속에서 자기를 발견하고자 한다. 부활 신앙은 신체적이며 감각적 삶을 긍정하고 사랑하며, 사랑을 통하여 삶 한가운데서 죽음을 극복하고자 한다. 그는 "메멘토 모리"(memento mori), 곧 죽음에 대한 명상을 통하여 죽음을 앞당기고자 노력하지 않는다. 오히려 그는 신체적·감각적 삶을 누리며, 죽어가는 것들을 사랑하고 자신의 생명을 개입시킴으로써 삶의 충만함에 이르고자 한다.

(6) 영혼 불멸설에서 죽음은 육체의 감옥으로부터 **영혼의 해방**을 뜻한다. 이는 영혼이 비본래적 상태에서 본래적 상태로 넘어감을 말한다. 따라서 ① 죽음은 하나의 통과 과정에 불과한 것으로 생각되며, 진지하게 고려되지 않을 수 있다. 영혼의 "귀향"을 통하여 죽음의 치명성이 은폐된다. ② 이를 통하여 인간은 죽음에 대한 불안과 두려움을 극복하지만, 죽음을 거부하지 않고 오히려 죽음을 받아들이는 태도를 취하게 된다. 죽음은 무섭고 떨리는 것이 아니라, 오히려 인간이 환영하고 기뻐해야 할 것으로 간주된다. 이리하여 죽음과 고난이 쉽게 수용되며 방치되는 사회 분위기가 형성될 수 있다. 여자들이 납치되어 노예처럼 감금된 상태에서 매춘 행위를 강요당해도 별다른 관심없이 방치되어버린다. 또한 인간에게 고난과 죽음을 일으키는 악한 세력들을 방치하며, 이 세력들과 쉽게 결탁할 수 있게 된다.

이에 비해 부활 신앙에서 죽음은 인간의 지상에서의 삶의 끝을 뜻한다. 물론 죽음과 함께 인간 존재가 완전히 사라진다고 말할 수 없다. 죽음은 인간 존재의 완전한 폐기가 아니라 "인간의 존재 방식의 전환"이라 할 수 있다.[42] 그러나 마지막 부활이 있기까지 인간의 지상의 삶은 중단되며, 지상에서의 삶과 부활 후의 삶 사이에는 넘을 수 없는 질적 차이가 있다. 여기서는 죽음 속에서도 죽지 않고 존속하는 "영혼"의 존재가 인정되지 않는다. 그러므로 부활 신앙은 인간의 죽음을 진지하게 생각하며, **죽음을 거부하는 태도**를 취할 수밖에 없다. 하나님은 생명을 원하시지, 죽음을 원하시지 않기 때문이다. 따라서 부활 신앙은 인간에게 고난과 죽음을 일으키는 악한 세력들을 거부하고 생명을 보호하고자 한다. 또한 생명을 억압하고 파괴하는 모든 비인간적인 세력들과 요소들을 극복하고, 모든 생명이 평화롭게 공존할 수 있는 인간적인 사회, 인간적인 세계를 형성하고자 노력한다.

(7) 위에서 언급한 바와 같이, 초기 기독교가 사도신경을 고백할 당시의 그리스-로마 세계에는 영혼 불멸설이 보편화되어 있었다. 또 초기 기독교에 큰 도전이 되었던 영지주의도 영혼 불멸설을 주장했다. 그러나 초기 기독교는 사도신경 마지막 구절에서 영혼의 불멸을 고백하지 않고 "육의 부활"을 고백한다. 곧 "몸이 다시 사는 것"(*resurrectionem carnis*)을 고백한다. 왜 초기 기독교는 여기서 죽은 자들의 부활을 고백하는가? 영지주의의 이원론적 인간학과 이에 근거한 영혼 불멸설은, 인간의 육과 물질에 대하여 적대적 태도를 취한다. 육과 물질은 하나님으로부터 분리되어 인간을 타락으로 유혹하는 "악한 것", "반신적인 것"으로 생각된다. 이리하여 영적인 것과 육적인 것, 영적 세계와 물질적 세계가 분리되며, 하나님은 물질적 세계와 관계하지 않고 단지 영적 세계와 관계하는 분으로 파악된다. 물질적 세계, 자연의 세계는 하나님의 통치 영역에서 제외되며, 하나님은 **영적 세계의 주님**으로 이해된다.

이러한 생각은 이스라엘의 하나님 신앙에 모순된다. 하나님은 영의 창조자일 뿐 아니라 육과 물질의 창조자이기도 하다. 소위 영적 세계는 물

---

42) 유해무, 『개혁교의학. 송영으로서의 신학』, 597.

론 육과 물질의 세계도 그의 피조물이며 그의 주권에 속한다. 하나님의 주권은 단지 영적 세계로 제한될 수 없다. 영과 육, 정신과 물질을 포함한 온 세계가 "하나님께서 기뻐하시는" 하나님의 세계로 회복되어야 한다. 육과 물질의 영역이 하나님의 주권에서 결코 포기되어서는 안 된다. 영도 하나님의 것이요, 육과 물질도 하나님의 것이다. 온 세계가 그의 것이다. 의로운 자가 고난과 순교를 당하는 반면 악한 자가 득세하여 영광과 축복을 누리는 육과 물질의 영역 안에 하나님의 의와 자비가 세워져야 하며, 그의 나라가 이루어져야 한다.

이러한 내적 동기에서 사도신경은 주변 세계로부터 오는 영혼 불멸설의 유혹을 물리치고 육의 부활, 곧 죽은 자들의 부활을 고백한다. 칼뱅에 의하면 불멸은 하나님에게만 있다.[43] 요한계시록 21장은 육과 물질과 자연이 없는 영적 세계를 역사의 목적으로 제시하지 않고, "이제는 죽음과 슬픔과 울부짖음과 고통이 없는" "새 하늘과 새 땅"을 역사의 목적으로 제시한다. 역사의 마지막에 올 "새 예루살렘"은 몸 없는 영들이 사는 영적 세계가 아니라 많은 보석과 강과 나무들이 있는 물질적 세계다. 따라서 "죽은 자들의 부활에 대한 희망은 모든 사물과 상황의 우주적 새 창조에 대한 희망의 시작일 뿐이다."[44] 죽은 자들 가운데 처음으로 다시 살아난 그리스도의 부활은 "불의의 고난과 죽음에 대항하여 정의와 환희와 새 생명을 불러일으킨 혁명적인 사건"이요, "인간의 비참한 상황에 대한 항거"를 뜻한다.[45]

---

43) 오주철, 『조직신학개론』, 385.
44) J. Moltmann, *Das Kommen Gottes*, 87.
45) 허호익, 『예수 그리스도 바로보기』, 555.

2. 영혼 윤회설

죽은 다음 인간의 상태를 설명하는 또 하나의 널리 알려진 이론은 영혼 윤회설이다. 오늘날 세계의 일부 신학자들은 윤회설을 기독교의 부활 신앙과 결합시키거나, 아니면 기독교의 부활 신앙 대신 윤회설을 주장한다. 예를 들어 영국 출신 신학자로서 미국 캘리포니아 클레어몬트(Claremont) 신학교에서 종교철학을 가르치는 존 힉(John Hick) 교수는, 윤회설은 개인과 역사의 궁극적 완성을 말하는 기독교의 종말론과 결합될 수 있다고 주장한다.[46] 그의 견해에 의하면, 자기를 의식하는 인간의 자아는 신체의 죽음 후에도 계속하여 실존한다. 그러나 인간은 불완전하기 때문에 죽음과 함께 궁극적 하늘의 상태에 도달하지 못한다. 성자라 불릴 수 있는 소수의 사람들만이 지상의 삶의 궁극적 완성과 목적에 도달한다. 이 목적에 도달하지 못한 사람들의 자아는 새로운 다른 생명 속에 실존하면서 궁극적 완성을 향하여 성장한다.

마지막 목적은 자기 자신과 관계되어 있고, 자기 자신 안에 폐쇄된 자아를 점차 벗어버리고 완전한 하늘의 인격, 곧 자기 구별을 극복한 완전한 공동체적 인격으로 성장하는 데 있다. 존 힉은 이에 대한 모델을 세 인격이 한 인격 안에, 한 인격이 세 인격 안에 있다고 보는 기독교의 삼위일체 신앙에서 발견한다.[47] 윤회설에 대한 이러한 해석은 동양의 카르마(Karma) 신앙과 니르바나(Nirvana) 신앙, 그리고 기독교의 부활 신앙과 가톨릭교회의 연옥설을 융합시킬 수 있다고 존 힉은 주장한다.

윤회설에 대한 기독교계 내의 새로운 관심은 현대인의 사회적 상황과 관련되어 있다.[48] 자신의 목적과 표상에 따라 움직이는 오늘의 사회 속에

---

46) J. Hick, *Death and Eternal Life*, 1976, 399.

47) Ibid., 460.

48) 이에 관하여 G. Greshake, "Seelenwanderung oder Auferstehung?," in G. Greshake, *Gottes Heil-Glück des Menschen*, 1984, 262ff.

서 인간은 사회를 구성하는 하나의 작은 구성원에 불과하며, 이 사회의 법칙에 순응할 수밖에 없다. 지금의 사회 속에서 그는 자기 자신을 실현할 수 없다. 현재의 사회 속에서 이루어지는 그의 삶은 불완전하고 무의미한 것으로 생각된다. 자기의 삶과 존재가 죽음을 넘어서는 궁극적 가치와 의미를 얻으며 자기를 실현할 수 있는 자유를 얻는다는 것은, 오늘의 사회적 현실 속에서는 불가능하다. 그러므로 현대인은 죽음 이후에 계속되는 영혼의 새로운 삶 속에서 삶의 새로운 가능성과 완성을 갈망하게 되며, 그들의 갈망을 이루어줄 수 있다고 보는 윤회설에 관심을 가진다. 여기서 윤회는 지상에서 살았던 인간의 삶에 대한 보복으로 생각되기보다, 새로운 존재 양식을 통하여 자기 완성에 도달할 수 있는 진보와 발전의 가능성으로 생각된다.

1) 힌두교의 윤회설

윤회설(theory of reincarnation)은, 인간이 죽은 다음 그의 영혼이 죽은 사람의 시체를 빠져 나와 다양한 생명체로 거듭 태어나서 새로운 형태의 삶을 가지게 된다는 이론을 말한다. 윤회설은 크게 두 가지 형태로 구분되는데, (1) 죽은 사람의 영혼이 그의 친족이나 부족의 구성원 속에서 다시 태어난다고 믿는 형태와, (2) 죽은 사람의 영혼이 식물이나 동물이나 곤충 속에서 완전히 변형된다고 믿는 형태로 구분된다.

일반적으로 윤회설은 인도 아리안 족의 종교인 힌두교에서 유래하는 것으로 알려져 있다.[49] 약 3,000년 전 인도에 나타난 아리안 족은 매우 호전적이고 낙천적 성격의 민족이었다. 그들의 경전 베다(Veda)에 의하면, 죽음은 야마(Yama), 곧 태초의 조상의 세계로 돌아가는 것을 뜻한다. 야마는 신(神)으로 생각되기도 하고, 모든 인류의 최초의 조상, 인간을 위하여

---

49) 아래의 내용은 다음 문헌에 근거함. S. Neill, "Die Macht und die Bewältigung des Todes in Hinduismus und Buddhismus," in *Leben angesichts des Todes. Beiträge zum theologischen Problem des Todes, Helmut Thielicke zum 60. Geburtstag*, 1968, 283-305.

무덤 저편의 생명에 이르는 길을 처음으로 발견한 자로 숭배되기도 한다. 죽은 조상들은 살아 있는 사람들 가까이 있으며 그들과 함께 산다고 생각된다. 그들이 살고 있는 곳에는 젖과 꿀이 흐르며, 다양한 색깔을 가진 소들이 사람들의 기쁨을 충만케 한다. 죽은 조상들에게 제물을 바칠 때, 수많은 사람이 제상(祭床)의 남쪽 편에 자리를 잡고, 가정의 풍요와 장수를 기원한다. 선과 악이 구분되지만, 양자의 차이가 특별히 강조되지 않는다.

죽음에 대한 낙천적 생각은 우파니샤드(Upanischad)에 전승된다. 여기서 죽음은 경악스러운 것이 아니라, 죽은 조상들의 세계로 돌아감을 뜻한다. 그러나 우파니샤드 시대에서 세계에 대한 아리안 족의 긍정적이고 낙천적인 생각은 차츰 사라진다. 세계는 삶의 기쁨이 있는 곳이 아니라, 고난과 슬픔이 가득한 곳으로 생각된다. 여기에는 허무와 실망이 있을 뿐이다. 죽음의 그림자가 모든 것 위에 드리워 있다. 우주의 비밀이 무엇이며, 죽음 다음에 인간에게 어떤 일이 일어나는가의 문제가 관심의 대상으로 등장한다.

영혼 윤회설이 어디서 어떻게 생성되었는지는 확정하기 어렵다. 그러나 후기 우파니샤드 시대에 윤회설은 중심적 위치를 차지한다. 윤회설에 의하면, 죽음은 끝이 아니라 생명의 한 형식에서 다른 형식으로 다시 태어나는 것을 뜻한다. 삶과 죽음과 다시 태어남의 과정은 모든 인간이 묶여 있는 운명의 바퀴다. 이 바퀴를 벗어날 수 있는 사람은 아무도 없다.

윤회설은 카르마(Karma)의 이론에 기초한다. 세계의 모든 삶은 "카르마"의 법칙 아래에 있다. 카르마는 산스크리트어로서 "행위" 혹은 "업"(業)을 뜻하는데, 카르마의 법칙이란 인간이 행한 선과 악은 그에 상응하는 보응을 받는다는 신앙을 말한다. 달리 말해 "사람은 씨를 뿌린 그대로 거둔다"[50]는 법칙을 말한다. 이 세계의 주어진 상황 속에서 인간이 행하는 모든 것은 죽음 다음에 올 새로운 형태의 생명을 결정하는 기초가 된다. 선

---

50) 이종성, 『종말론』 II, 1990, 407.

을 행하는 자는 복된 생명으로 다시 태어나고, 악을 행하는 자는 고통스러운 생명으로 다시 태어난다. 그가 행하는 바에 따라, 곧 그가 남기는 업에 따라 그의 운명이 결정된다. 모든 잘못된 행위에 대하여 그는 벌을 받아야 한다. 이 생(生)에서 충분히 벌을 받지 못하면, 다음 생에서 벌을 받아야 한다. 자기의 업에 대한 마지막 보상을 치르기까지, 그는 계속하여 다른 생명으로 다시 태어나야 한다. 지금 이 생에서 당하는 모든 것은, 그 이전의 생에서 행하였던 일들의 열매다.

윤회설에서 죽음은 삶의 마지막이 아니라 다른 생명으로 다시 태어나는 관문으로 생각된다. 그것은 경악스러운 것, 특별히 슬픈 것이 아니라 윤회의 우주적 법칙에 속한 하나의 계기에 불과하다. 이러한 생각은 타밀(Tamil)에 나오는 어느 왕의 이야기에 나타난다. 죽음이 임박한 왕은 그의 왕비를 다음과 같이 위로한다.

울지 마시오. 인간의 힘으로 어찌할 수 없는 것을 슬퍼하고 울 필요가 없지 않소? 필연적으로 우리를 찾아오는 것에 복종하고 그것을 받아들이는 것이 더 낫지 않겠소?[51]

그럼 인간은 언제 윤회의 수레바퀴를 벗어날 수 있는가? 우파니샤드에 의하면, 인간은 그의 죄에 대한 벌을 받음으로써 보상을 모두 치렀을 때 윤회의 수레바퀴를 벗어날 수 있다. 윤회의 수레바퀴를 벗어나면 인간은 허무한 이 세상 속으로 다시 태어나지 않고, 영원한 안식과 기쁨의 세계 곧 열반의 경지로 해방된다. 이 해방은 어떻게 일어날 수 있는가? 이 질문에 대해 힌두교는 세 가지 길을 제시한다.

첫째 길은 "행위의 길"(Karma-marga)이다. 이 길은 특별히 브라만에게 제물과 적선을 바치고 금욕과 고행을 실천함으로써 죄에 대한 보상을 치

---

51) Ibid., 288.

를 수 있고 윤회의 수레바퀴에서 해방될 수 있다. 그러나 이 해방의 길은 가장 무의미한 것으로 생각된다.

둘째 길은 "지혜의 길"(Jnana-marga)이다. 이 길은 열심을 다하여 지혜를 찾을 수 있는 정신적 능력을 가진 사람에게만 열려 있다. 이 지혜는 우주의 최고 실재, 곧 브라만(Brahman)과 자신의 영혼의 일치에 대한 직관적 인식을 통하여 얻을 수 있다.

최고의 길, 곧 셋째 길은 "명상의 길"(Bhakti-marga)이다. 명상, 곧 "Bhakti"는 정확하게 번역하기가 어렵다. 그것은 주로 사랑으로 번역되고, "신성에 대한 신자의 완전한 헌신"을 뜻한다.[52] 금욕과 고행을 철저히 실천할 시간이 없는 사람과 철학적 명상을 할 수 있는 지적 능력을 갖추지 못한 사람에게는, 철저한 헌신과 희생을 통하여 구원에 이를 수 있는 길이 열려 있다. 그러므로 바가바드 기타(Bhagavad Gita)에서 크리슈나(Krishna)는 다음과 같이 말한다.

자기의 마지막 시간에 자기의 몸을 떠나는 자는, 나를 생각함으로써 나에게로 온다.…그러므로 언제나 나를 생각하면서 싸워라. 너의 감각과 너의 생각들이 오직 나를 향할 때, 너는 분명히 나에게 이를 것이다(BG 8:5, 8).

진지한 영혼이 자기를 헌신하는 마음으로 나에게 헌물을 가져오면, 그것이 꽃이든지 과일이든지 아니면 돌이든지 간에, 그러한 헌신의 선물은 나의 마음을 기쁘게 할 것이다.…그러므로 너는 업의 쇠사슬, 선한 열매들과 악한 열매들의 쇠사슬에서 해방되어야 한다. 너의 정신이 고행과 포기를 통하여 충분히 시험을 받을 때, 너는 해방을 경험할 것이며 나에게 이를 것이다(BG 9:26, 28).[53]

---

52) Ibid., 290.
53) Ibid.

물론 이 세계 안에 사는 인간이 모든 행동을 완전히 포기하는 것은 불가능하다. "그러나 행위에 대한 대가를 바라지 않고, 자기의 카스트(Kast)가 규정하는 의무들을 지키는 자는" "적절한 때에 본향으로 갈 것이다."[54]

2) 고대 그리스 철학의 윤회설

윤회설은 고대의 많은 종교 사상에 나타난다.[55] 그것은 고대 이집트 종교와 가나안 종교는 물론 그리스 철학과 로마의 종교 사상, 한국의 민속 신앙에서도 발견된다. 고대 그리스에서 윤회설은 먼저 오르페우스의 신화 속에 나타나며 피타고라스, 엠페도클레스 등의 철학자들을 거쳐, 플라톤에 이르러 철학적 이론의 형태를 얻게 된다. 피타고라스는 그의 제자들에게 고기를 먹지 못하게 했다. 나중에 그것이 이웃집 할머니의 살(肉)이었음이 알려질 가능성도 있기 때문이다. 한번은 그의 친구가 개를 때리는 것을 본 피타고라스는 친구에게 이렇게 말했다. "그만! 개를 때리지 마라. 그 개는 나의 죽은 친구의 영혼이다. 그 개가 낑낑거리면서 우는 소리를 듣고 내가 알았다."[56] 피타고라스에 의하면, 육체의 감옥에 갇혀 있던 인간의 영혼은 죽음과 함께 육체를 벗어나 하데스를 거쳐 깨끗이 정화되어야 한다. 깨끗이 정화되지 못한 영혼은 지구로 다시 돌아와 다른 육체 속으로 들어간다. 영원한 하늘의 나라에 들어가기까지, 영혼은 여러 번 세상으로 돌아와서 여러 종류의 육체에 들어가 있으면서 정화를 위한 훈련과 제사를 드려야 한다. 삶의 목적은 영혼이 지상의 삶에서 벗어나, 영원한 신적 존재로서의 자유를 얻는 데 있다.[57]

오르페우스 신비파에 의하면, 사람이 신적이고 불멸의 삶을 얻는 길에는 두 가지가 있다. 하나는 술의 신 디오니소스(Dionysos, 로마 신화의

---

54) Ibid., 291.
55) 이에 관하여 G. Bachl, *Über den Tod und das Leben danach*, 242ff.
56) 이종성, 『종말론』 II, 396, 398. 아래의 내용은 이 책에 의존함.
57) M. Eliade(Ed.), *The Encyclopaedia of Religion*, vol. 7, 139f.

Bacchus)와의 신비적 합일을 통한 길인데, 이것은 소수의 사람에게만 가능하다. 다른 한 길은 영혼의 전생(轉生), 곧 영혼이 완전히 정화될 때까지 이 몸에서 저 몸으로 계속하여 윤회하는 길이다. 영혼이 완전히 깨끗해졌을 때, 영혼은 탄생과 죽음의 윤회의 수레바퀴를 벗어나 자유로워지며, 삶의 충만함과 영원한 축복을 누리게 된다.

플라톤에 의하면, 인간의 영혼은 신적인 것으로서 인간이 태어나기 이전에 영원한 신의 세계 속에 존재한다. 인간의 출생과 함께 영혼은 인간의 신체와 결합한다. 이 결합은 본래의 존재 양식으로부터 영혼의 소외를 뜻한다. 이제 영혼은 인간 육체의 감옥 속에 있게 된다. 영혼은 10,000년 동안 땅 위에 있는 여러 생물 속에서 윤회하다가 자기 완성에 도달하여, 신의 존재를 영원히 관조하게 된다. 아니면 신의 존재로부터 점점 멀어져서 영원히 분리되기도 한다. 이것은 영혼이 우주의 신적 질서에 얼마나 복종하는가에 따라 결정된다. 이 질서에 순응하는 자는 신의 존재에 가까운 생명체의 형태를 얻는 반면, 그렇지 않은 자는 신의 존재에서 점점 멀어지는 생명체의 형태를 얻게 된다. 여기서 인간의 업적과 이 업적에 대한 응보의 원리(Vergeltungsprinzip)가 지배한다.

3) 윤회설의 타당성과 문제점

윤회설은 그 나름의 타당성을 가진다. 그것은 생성 소멸하며 변화무쌍하고 허무한 삶에 대하여 영속성을 부여하며, 선을 장려하고 악을 억제하는 윤리적 기능을 가진다. 악한 자는 그가 남긴 악한 행위에 따라 보응을 받을 것이며, 선한 자는 그가 남긴 선한 행위에 따라 보응을 받을 것이다. 그러므로 인간은 가능한 한 선과 자비를 행해야 한다. 악한 자의 범죄는 결코 없었던 것처럼 사라지지 않을 것이다. 각자는 그가 남긴 업에 따라 적절한 보응을 받을 것이다.

칼 라너에 의하면 가톨릭교회의 연옥설과 윤회설은, 지상의 삶에서 행한 선과 악은 죽음과 함께 사라지는 것이 아니라 남아 있는 것으로 보며,

죽음 이후에 일어나는 삶의 정화와 완전성을 추구하는 점에서 공통점을 가진다. 인간이 살아 있는 동안 행하는 선과 악은 죽음과 함께 사라지지 않고, 죽음 후에도 연옥에서 우리를 따라다니면서 우리의 존재 상태를 결정할 것이다.[58] 또한 윤회설은 인간 존재의 근원과 목적이 무엇인가를 질문하며, 이 세계 안에 의가 실현되기를 바라는 점에서 기독교의 희망과 공통점을 가진다.[59]

기독교 신학이 진지하게 생각해야 할 윤회설의 또 한 가지 타당성은, 인간을 우주적 공동체 안에 속한 자연의 한 부분으로 보며, 인간의 생명은 물론 자연 세계의 모든 생명을 보호할 수 있다는 점이다. "아무 짐승도 죽이지 마라. 그 속에는 너의 조상의 영혼이 들어 있을 수도 있다. 너는 어떤 생물에게도 해를 끼치지 마라. 네가 바로 이 생물로 다시 태어날 수도 있다." 그러나 윤회설은 다음과 같은 문제점을 가진다.

(1) 윤회설은 영혼 불멸설을 전제하며, **몸과 영혼의 이원론**에 근거한다. 그리하여 몸으로부터 독립하여 존재할 수 있는 영혼의 실체를 전제한다. 영혼은 인간의 몸속에 태어나기 이전에도 있었고, 인간의 몸이 죽어도 계속하여 존속할 것이라고 믿는다. 즉 윤회설은 몸이 있기 이전에 있었던 영혼의 선재(Präexistenz)와, 몸의 죽음 후에도 있을 영혼의 후재(Postexistenz)를 믿는다.

그러나 오늘날 의학, 생리학, 심리학 등 많은 분야의 연구 결과에 의하면, 인간의 몸 혹은 육체에서 완전히 자유로운 영혼이란 실체는 인정되지 않는다. 인간의 몸으로부터 분리되어 존재할 수 있는 영혼이란 실체의 선재와 후재는 우리의 경험에 상응하지 않으며, 인간을 하나의 심신 상관적

---

58) 이에 관하여 H. Schwarz, *Jenseits von Utopie und Resignation*, 254f.
59) R. Friedli, *Mission oder Demission*, 1982, 135-145: 우리는 윤회설의 모든 것을 거부해서는 안 될 것이며, 공통의 관심사를 조심스럽게 다루어 나가야 할 것이다.

통일체(psychosomatische Einheit)로 보는 오늘날 많은 학문 분야들의 연구 결과에 상응하지도 않는다.

또 그것은 인간을 하나의 통일체로 보는 성서의 인간관에도 모순된다. 성서의 인간관에서 인간의 구체적이며 역사적인 몸은 인간의 정체성을 구성하는 본질적 요소다. 하나님은 인간의 영혼만 보시는 것이 아니라 몸과 영혼을 가진 **인간 전체**를 보시며, 인간 전체를 그의 계약과 구원의 대상으로 삼는다. 인간의 영혼은 물론 인간의 몸도 하나님에게 중요하다. 하나님은 몸과 영혼의 통일체로서의 인간이 행복하게 살 수 있기를 희망한다. 이에 반해 윤회설은 인간의 몸의 가치를 충분히 인정하지 않으며, 그것을 무가치한 것으로 본다. 몸은 인간의 영혼이 벗어버리거나 다시 취할 수 있는 하나의 껍질과 같은 것으로 생각된다.

(2) 인간의 몸에 대한 윤회설의 표상은 삶에 대한 표상과 직결된다. 인간의 몸이 영혼의 껍질에 불과하다면, 이 몸을 가지고 영위하는 인간의 삶은 다음의 삶에 들어가기 위한 일시적 **통과 단계 내지 준비 단계**에 불과하다. 그것은 더 큰 목적을 위한 수단이며, 그 자체의 유일한 의미와 아름다움을 갖지 못한다. 인간은 몸을 가지고 현재의 삶을 살지만, 그의 마음과 관심은 언제나 다음에 들어갈 삶에 있다. 그러므로 그는 현재의 삶을 사랑할 수 없고, 그 자체의 의미와 아름다움을 누릴 수도 없다. 만일 현재의 삶 다음에 또 다른 형태의 삶이 있다면, 현재의 삶 자체가 절박하고 귀중하게 여겨지지 않고 오히려 지겨운 것으로 생각될 수 있다. 현재의 삶 다음에 무수히 여러 번 더 살 수 있기 때문이다.

하지만 기독교 신앙에서 인간의 삶은 반복될 수 없다. 그의 삶은 죽음으로 제한되어 있으며, 단 한 번밖에 없다. 죽음은 그의 지상의 삶의 마지막이다. 이 마지막을 향한 삶의 과정 속에서 인간의 인격적 자유와 결단들은 제한되어 있고 상대적인 것이지만, 유일회적 가치를 지닌다. 다양한 관계와 사건으로 구성된 인간의 삶의 역사는, 인간의 영혼이 자기를 보존하고 완성하는 껍질이나 재료에 불과한 것이 아니라, 인간의 정체성을 형성하는 것이며 하나님 나라의 계기들(Momente)이 된다. 그것은 단 한 번밖에 없으며, 취소될 수 없는 의미와 가치를 지닌다. 그러므로 인간의 삶의 역사는 새로운 형태로 반복될 수 없다. 죽음은 삶의 역사의 현실적인 중단이며, 다른 존재 형태로 넘어가는 통과점(通過点)이 아니다. 인간의 존재는 그의 죽음과 함께 결정되며 궁극화된다.

(3) 윤회설이 말하는 구원은 개인의 존재를 포함한 삶의 세계 전체가 새로운 세계로 변화되는 데 있지 않고, 무한한 윤회의 수레바퀴에서 빠져나와 더 이상 다른 생명체로 태어나지 않는 열반의 상태에 도달하는 데 있다. 이것은 **참된 의미의 구원**이라 볼 수 없다. 비록 인간이 자신의 선한 업을 통하여 열반의 경지에 도달한다 할지라도, 현실의 세계는 죄와 죽음과 고난과 고통으로 가득할 것이다. 윤회설은 개인주의적·심령주의적 구원관을 가지고 있다. 이러한 구원관은 윤회설의 세계관과 관계되어 있다. 윤회설을 믿는 힌두교와 불교의 전통에 의하면, 이 세계의 삶은 하나의 환상(Illusion) 내지 가상 곧 "마야"(Maya)다. 따라서 인간의 구원은 육 없는 영혼이 이 세계를 벗어나는 데 있다. 이에 반해 유대-기독교 전통은 이 세계를 하나님의 선한 창조로 보며, 인간은 물론 이 세계 전체가 구원되어야 할 것으로 본다.

(4) 윤회설에서 **인간의 정체성**은 몸과 영혼의 하나 됨에 있지 않고, 언제나 새로운 몸을 취하여 점차 자기를 실현하는 영혼에 있다고 생각된다. 그렇다면 영혼은 그가 취하는 여러 형태의 몸들 속에서 자기 자신에 대한 의식을 지속적으로 가질 수밖에 없을 것이다. 자기 자신에 대한 의식을 가진 자만이 자기 정체성을 가질 수 있고, 자기를 실현할 수 있기 때문이다.

그러나 윤회설에 의하면, 영혼은 그 이전에 가지고 있었던 삶들과 자기 존재에 대하여 아무것도 알지 못하며, 아무 의식도 가지고 있지 않다. 영혼은 지금의 자기 존재와 삶에 대한 의식만을 가질 뿐이다. 이러한 윤회설의 주장은 다음과 같은 문제점을 가진다. 다양한 몸의 형태들 속에서 자기의 완전성에 이르고자 하는 윤리적이고 자유로운 존재의 핵으로서의 영혼이, 이전에 취했던 몸의 형태들과 자기 삶에 대하여, 자기의 모든 선행과 악행에 대하여 아무 의식이나 기억도 갖지 않는다는 것은 상상하기 어렵다. 자기의 과거에 대하여 아무 기억도 없고 의식도 없는 영혼이, 어떻게 자기 과거를 윤리적으로 책임질 수 있고 또 자기를 발전시킬 수 있겠는가? 자기의 과거를 전혀 의식하지 못하는 영혼이 어떻게 자기 정체성을 가질 수 있겠는가? 만일 이러한 영혼이 자기 정체성을 가진다면, 이 정체성은 과연 무엇인가? 이전의 삶을 완전히 망각한 사람에게 우리는 어떻게 그의 정체성을 질문할 수 있겠는가? 이전의 삶을 완전히 잊어버린 사람이 어떻게 자기가 이전에 살았다고 주장할 수 있는가? 윤회설은 논리적으로 논증될 수 있는 학설이 아니라, 하나의 종교적 상상이요 환상이라는 사실이 여기서 드러난다.[60]

(5) 윤회설은 **행위와 결과의 엄격한 인과율**에 근거하고 있다. 악하게 살면, 그 다음의 삶에서 그만큼 고통스럽게 살게 되고, 선하게 살면, 그 다음 삶에서 그만큼 행복하게 살게 된다는 것이다. 이것을 가리켜 우리는 "응보의 원리"라 말한다. 현재의 삶 속에서 행하는 바에 따라 다음의 삶에서 돌려받을 것이다. "곡식을 훔치는 자는 쥐가 될 것이다."[61]

이러한 응보의 원리가 지배하는 세계는 참으로 무자비한 세계일 것이다. 이 세계에는 행위와 그에 따른 응보만 있을 뿐, **용서**는 없다. 인간 자신의 능력으로 이룰 수 있는 업적이 그의 장래의 삶을 결정한다. 업적의 원리, 기능의 원리가 삶을 지배하는 것이다. 인간은 자신의 기능과 업적에 따라 장래의 삶을 결정할 수 있다. 그는 자기를 왕자로 만들 수도 있고, 구더기로 만들 수도 있다. 그는 자기의 영혼을 구할 수도 있고, 파괴할 수도 있다. 각자는 그 자신의 행복을 준비하는 자일 수도 있고, 무덤을 파는

---

60) R. Hummel, *Reinkarnation. Weltbilder des Reinkarnationsglaubens und das Christentum*, 1988, 829.

61) Ibid., 42.

자일 수도 있다. 그는 홀로 자기 삶을 책임져야 한다. 그가 행한 모든 악한 행위는 용서받거나 망각되지 않고, 다음 삶에서 철저히 보응받을 것이다.

여기서 인간은 그의 행위와 고난, 죄와 벌, 원인과 결과와 함께 홀로 존재한다. 이 엄격한 카르마의 우주적 수레바퀴 속에서 그를 구할 수 있는 것은, 자신의 능력과 업적뿐이다. 인간의 구원 문제가 사실은 인간 자신의 손에 있다. 한스 슈바르츠(Hans Schwarz) 교수는 이 문제점을 다음과 같이 지적한다.

> 우리가 영원한 목적을 향하여 우리를 완성할 수 있도록 하기 위하여, 윤회설에서는 신성의 자비를 통하여 우리에게 하나의 새로운 실존이 보증된다. 우리가 바르게 살 경우, 우리는 이 목적에 도달하여 신성과 결합하거나 열반의 경지에 들어갈 수 있다. 그렇지 않을 때, 우리는 더 나은 결과를 얻기 위한 노력과 함께 새로운 윤회를 할 수밖에 없다. 그러므로 구원을 위한 실제적 힘이 개인에게 있다.[62]

그러나 이 세상의 어떤 인간이 자신의 능력과 업적으로 자기를 구원할 수 있겠는가? 능력과 업적에 따라 인간의 삶이 결정된다면, 인간은 더욱더 가혹한 **응보의 원리, 죄와 벌의 인과율**에 묶일 수밖에 없지 않은가? 만일 능력과 업적을 통하여 인간의 미래가 결정된다면, 소위 열반의 경지 곧 구원에 이를 수 있는 사람은 아무도 없을 것이다. 그러므로 윤회설은 구원이 없고 새로운 미래가 없는 암담한 세계, 무한한 업보와 고통만이 있는 침울한 세계를 보여준다. 이 세계 속에는 용서와 화해가 없으며, 인간의 행위에 대한 엄격한 응보가 있을 뿐이다. 용서와 화해는 인격적 관계를 전제하며, 인격적 관계 속에서만 일어날 수 있다. 이제 반해 응보는 비인격적 영역에 속한다. 그 원인은 인격적 하나님의 존재를 윤회설이 인정하지

---

62) H. Schwarz, *Jenseits von Utopie und Resignation*, 256.

않는 데 있다.

응보의 원리는 성서에도 나타난다.

의인의 수고는 생명에 이르고, 악인의 소득은 죄에 이른다(잠 10:16).

주님을 경외하면 장수를 누리지만, 악인의 수명은 짧아진다(잠 10:27).

사람은 무엇을 심든지, 심은 대로 거둘 것입니다(갈 6:7).

그 죄값으로, 본인뿐만 아니라 삼사 대 자손에게까지 벌을 내린다(출 20:5).

그러나 다른 한편 성서는 "**은혜의 원리**"를 제시한다.[63]

첫째, 하나님은 그의 자비와 은혜로써 인간의 죄를 용서하며, 그의 예기치 못한 새로운 행위를 통하여 역사 속에 "새로움"을 창조한다. 그는 행위의 결과, 죄와 벌의 인과율을 언제나 다시금 깨뜨리며 카르마를 파기한다. 그는 동생 아벨을 죽임으로써 그 자신이 죽임을 당할 수밖에 없는 가인의 생명의 보호를 선언한다.

"가인을 죽이는 자는 일곱 갑절로 벌을 받을 것이다." 주께서는 가인에게 표를 찍어 주셔서, 어느 누가 그를 만나더라도 그를 죽이지 못하게 하셨다(창 4:15).

하나님은 돌아온 탕자를 아무 조건 없이 받아들이고 기쁨의 잔치를 연다. 그는 인류의 죄를 응보하지 않고, 그의 아들 예수 그리스도를 십자가의 죽음에 내어줌으로써 구원의 길을 열어준다. 카르마의 법칙이 중단되고 새로움이 일어나는 이것이 하나님의 은혜다. "그의 은혜는 매일 새롭

---

63) 이에 관하여 G. Greshake, *Seelenwanderung oder Auferstehung?*, 241f.를 참조함.

다." 이것을 바울은 그의 칭의론을 통해 말한다. 인간은 율법이 요구하는 업적을 통해, 또 그 업적이 가져오는 결과를 통해 의롭다 함을 얻는 것이 아니라, 그리스도의 값없는 은혜와 이 은혜에 대한 믿음을 통해 의롭다 함을 얻는다.

둘째, 만일 우리 인간이 자신의 업적에 따라 심판을 받는다면, 심판도 인간의 손 안에 있을 것이며, 구태여 하나님을 필요로 하지 않을 것이다. 하나님이 없어도 그는 자신의 업적에 따라 자동적으로 구원을 받든지, 아니면 지옥의 저주를 받을 것이다. 그는 자기 행위의 결과에 대한 정보를 얻기 위하여 율법을 아는 것으로 충분할 것이며, 하나님의 은혜로운 구원을 필요로 하지 않을 것이다. 또한 율법을 집행하기만 하는 하나님은 율법에 얽매인 분일 것이다. 그는 율법의 종일 것이며, 자유롭지도 못하고 신적이지도 못할 것이다. 그러나 성서가 우리에게 약속하는 하나님의 마지막 판단의 말씀은, 예수 그리스도 안에 계시된 하나님의 자유롭고 창조적인 사랑의 말씀일 것이다. 인간의 죄된 삶과 인간의 본래적 완성된 삶의 차이를 극복할 수 있는 길은, 인간의 업적이 아니라 하나님의 창조적 사랑의 말씀에 있다.

셋째, 하나님의 은혜는 인간의 인격과 행위를 구분한다. 인간의 악한 행위는 하나님의 심판을 받지만, 인간의 인격은 용서를 받는다. 그러므로 인간의 인격은 지나가 버린 과거의 행위에 더 이상 묶이지 않으며, 지나간 행위에 따라 판단받지 않는다. 그의 인격의 가치는 하나님의 용서를 통해 지나간 행위에서 해방된다. 그의 인격은 그가 행하는 업적의 총화 이상의 것이다. 그러므로 하나님은 부자의 많은 헌금보다 과부의 적은 헌금을 더 기뻐하신다. 인간의 존재, 그의 인격이 그의 소유와 행위보다 더 중요하기 때문이다.

(6) 윤회설의 또 다른 문제점은 인간의 도덕적 성향을 그 **이전의 삶의 결과**로 보는 데 있다. 이전의 삶이 악한 자는 악한 도덕적 성향을 갖게 되며, 이전의 삶이 선한 자는 선한 도덕적 성향을 갖게 된다는 것이다. 이러

한 생각은 인간의 도덕적 성향에 대한 극히 **개인주의적이며, 무역사적·비사회적 생각**이다. 한 인간의 도덕적 성향은 부모에게서 물려받는 생물학적 유전과, 유아기 단계의 의식 및 무의식의 형성과, 성장기에 경험하는 인물들과, 그 사회의 인습들과 제반 상황들, 세계사적 상황들의 영향을 받으면서 형성된다. 윤회설은 한 인간의 도덕적 성향을 형성하는 이러한 요인들을 무시하고, 인간의 도덕적 성향이 이전 삶의 결과라고 주장한다.

우리 인간의 현재 삶도 단순히 개인의 자유로운 의지와 결단에 따라 형성되는 것이 아니라, 그가 속한 사회의 다양한 요인과 역사적 조건의 영향 속에서 형성된다. 인간은 죽는 순간까지 사회적 관계들과 역사적 상황 속에서 실존하기 때문에, 이러한 요인들의 영향은 불가피하다. 예를 들어 굶어 죽을 수밖에 없는 삶의 조건과, 이러한 조건을 야기하는 불의한 사회적 조건과 역사적 상황 속에서, 힘없는 여자가 살아남을 수 있는 길은 몸을 파는 것밖에 없을 것이다. 소설 『레 미제라블』에 나오는 것처럼, 돈 한 푼 없이 굶어 죽게 된 상황 속에서 빵을 훔치는 일은 불가피할 것이다. 그러나 윤회설은 인간이 처한 사회적·역사적 상황들을 무시하고, 개인의 소위 부도덕한 행위와 삶에 대한 책임을 전적으로 개인에게만 돌린다. 윤회설은 개인의 도덕적 행위와 삶을 가능케 하기 위해 필요한 사회적·역사적 상황의 변화와 개혁에 대해 침묵하면서, 모든 책임을 개인에게 돌린다.

여기에 윤회설의 **비사회성·무역사성**이 나타난다. 그것은 사회적·역사적 상황을 있는 그대로 방치하고, "행위와 결과의 무자비한 인과법칙"을 개인의 존재와 그의 삶에 적용한다. 그리하여 사회와 역사가 새로운 미래를 향하여 변화할 수 있는 가능성을 차단하며, 세계사를 인과법칙에 묶어 버린다.

(7) 카르마의 법칙은 인간의 모든 행동이 그 윤리성에서 정확하게 측정될 수 있으며, 인간이 그의 전생(前生)에서 지은 행위들에 대한 상과 벌도 정확하게 계산될 수 있다는 것을 전제한다. 그래서 인간은 그가 남긴 행위에 따라 적절한 보응을 받는다는 것이다. 인간의 행위에 대한 이러한

생각을 통하여 윤회설은 사회 정의를 실현하고자 하며, 악을 멀리하고 선을 장려하려 한다. 그러나 구체적 상황 속에서 일어나는 인간의 행위를 어떤 기준에 따라 측정하느냐의 문제는 쉽게 대답할 수 있는 문제가 아니다. 한 인간의 특정한 범죄 행위가 상황에 따라 죄로 판정될 수도 있고, 무죄로 판정될 수도 있다. 예를 들어 뇌물을 받는 행위는 명백한 죄이지만, 굶주림을 면하기 위해 빵을 훔치는 행위는 명백한 죄라고 판정하기 어렵다.

또 사회의 법을 어긴 행위는 어느 정도 정확하게 측정할 수 있지만, 개인적 관계에서 일어나는 악한 생각들과 잘못된 행위들은 객관적으로 정확하게 측정하기 어렵다. 고부(姑婦) 사이의 갈등을 예로 들어보자. 이 갈등에 관계된 두 사람, 곧 시어머니와 며느리가 가진 미워하는 마음과 행위를 정확하게 측정한다는 것은 거의 불가능한 일이다. 그들의 행위는 어느 정도 측정할 수 있지만, 그들의 마음속에 숨어 있는 미움의 생각은 측정할 수 없다. 따라서 인간의 죄에 해당하는 정확한 양의 벌을 내린다는 것은 불가능하며, 이를 통하여 정의를 실현한다는 것도 현실적으로 불가능하다. 정의는 근사치의 한계를 벗어날 수 없다.[64]

또한 카르마의 법칙은 인간이 삶 속에서 당하는 모든 일은, 이전의 생에서 쌓은 업의 결과이며 그것에 대한 보응이라 생각한다. 이것은 심각한 문제점을 안고 있다. 인간이 현실 속에서 당하는 모든 고난과 고통, 모든 불의와 억울함은 이전에 있었던 생의 필연적 귀결이요, 그것에 대한 벌의 집행으로 정당화된다. 또 어떤 사람에게 악을 행하는 사람은 그 사람이 마땅히 받아야 할 벌을 시행하는 벌의 집행자가 된다.

예를 들어 1948년 힌두교의 한 열광주의자가 간디(Ghandi)를 살해하였다. 만일 카르마의 법칙이 타당하다면, 간디가 당한 죽음은, 간디가 자신의 이전 생에서 저지른 악한 행위들에 대한 벌이라고 보아야 할 것이며, 간디를 살해한 힌두교도는 간디가 전생에서 지은 업에 대해 벌을 집행한

64) 이에 관하여 A. Nassehi u. G. Weber, Tod, *Modernität und Gesellschaft*, 299.

자로서 무죄하다고 보아야 할 것이다. 과연 간디는 그 이전 생에서 저지른 죄 때문에 살해당한 것인가? 간디는 그의 죽음을 통하여 이전의 생에서 지은 모든 죄값을 치렀는가?

생명에 대한 모든 죄악이 이전 생에서 저지른 악행에 대한 벌로서 정당화될 수 있는 위험성이 여기에 있다. 그렇게 되면 모든 살인자는 범죄를 저지른 범죄자가 아니라, 피살자가 당해야 할 **벌의 집행자요 카르마 법칙의 수행자**가 된다. 히틀러 치하에서 목숨을 잃은 600만 명의 유대인들, 일본의 통치 하에서 목숨을 잃은 수많은 우리 조상들, 이들은 모두 전생에 지은 죄 때문에 죽임당했다고 보아야 하며, 그들을 죽인 자들은 범죄자가 아니라 우주적 카르마의 법칙의 집행자, 인과율의 수행자라고 보아야 할 것이다.

(8) 윤회설은 일종의 "노예 도덕"이며, 힘 있는 계층의 힘을 지켜주는 **정치적 기능**을 가진다. 윤회설에 의하면, 한 개인의 현재 삶의 상태는 그가 이전에 살았던 삶의 결과다. 그러므로 그는 현재의 상태를 있는 그대로 용납하고 이에 순응해야 한다. 그는 기존의 사회질서를 비판해서는 안 되며, 고통스럽고 불의한 현실을 변화시키고자 노력해서도 안 된다. 지금 삶의 모든 것은 그 이전의 삶 때문에 마땅히 받아야 할 보응이기 때문이다. 기존의 사회질서와 삶의 조건에 순응하는 것은 우주적 카르마의 법칙에 대한 순응이요, 이에 대한 불복종은 이 법칙에 대한 불복종이다. 모든 것은 현재의 상태로 유지되어야 한다.

이러한 생각은 힌두교가 견지하는 카스트 제도에 그대로 나타난다. 귀족은 귀족으로, 천민은 천민으로 머물러 있어야 한다. 사회적 신분은 그 이전 삶의 결과이므로, 누구도 자신의 사회적 신분에 대해 불만을 가져서는 안 된다. 귀족은 죽을 때까지 귀족으로 살아야 하고, 그 집에서 일하는 사람은 죽을 때까지 그 집의 하인으로 살아야 한다.

그러므로 윤회설은 일종의 **운명론, 숙명론**이라 할 수 있다. 인간은 카르마의 우주적 법칙에 따라 자기의 모든 것을 하나의 정해진 운명으로 받아들여야 한다. 삶의 모든 것이 이전 삶의 결과로서 정해져 있다. 새로운 미래를 향한 개인과 세계의 개방성은 여기서 차단되고 인간은 자기 힘으로 변경할 수 없는 카르마의 법칙에 묶인 존재가 된다. 자기 삶의 조건들, 불의한 사회적·역사적 상황들을 변화시키고자 하는 창조적 의욕은 약화되고, 주어진 여건 속에서 악을 행하지 않고 선을 행함으로써 다음 생에서 더 고상한 생명체로 태어나려는 개인적 관심만이 인간의 삶을 지배한다.

(9) 윤회설에서 인간의 자연성은 강조되지만, **자연에 대한 인간의 책임성**, 하나님과 이웃 앞에서 자기를 책임져야 할 인간의 **인격성**은 약화된다. 인간을 우주적 생명 공동체의 고리 안에 있는 존재로 보는 점에서 윤회설은 타당성을 갖는다. 그러나 윤회설은 인간을 단지 우주적 윤회의 고리에 묶여 있는 존재로 보기 때문에, 자연에 대한 인간의 적극적 책임성, 자기 의식을 가진 존재로서 인간의 인격성을 약화시키는 문제점을 가진다. 성서의 창조신앙에 의하면, 인간은 자연 공동체에 속한 자연의 한 부분인 동시에, 자연을 관리해야 할 "하나님의 형상"이다. 그는 자연 안에 있는 동시에, 자연을 관리하고 보존해야 할 책임적 존재다. 그는 우주의 생명 공동체의 한 지체인 동시에, 하나님과 창조 공동체 앞에서 자기를 책임져야 할 인격이다.

(10) 윤회설에 의하면 죽음과 함께 인간의 육체는 흙으로 돌아가지만, 인간의 영혼은 다른 생물체로 환생한다. 죽음을 이와 같이 생각할 때, 인간은 자신의 죽음을 담담한 태도로 받아들일 수 있다. 죽음은 삶의 총체적 단절이 아니라 영혼이 다른 생명체로 태어나서 새로운 삶을 시작하는 통과점에 불과하기 때문이다. 불교도 윤회설을 믿는다. 이 윤회설에서 "죽음은 생명의 종말도 아니고 자신의 행업(行業)에 따라 윤회하는 과정 속에서의 자연스러운 한 현상"이다. 그러므로 인간은 자기의 "죽음을…담담하게 수용"할 수 있게 된다.[65] 죽음에 대한 이러한 생각은 고난 속에서 살아

---

65) 장하열·강성경, "한국의 전통 상례(喪禮)와 죽음관 연구(1)", 「종교교육학 연구」, 제10

가는 사람들, 죽지 못해 사는 사람들에게 죽음을 촉진시키는 역할을 할 수 있다. 이들에게 죽음은 새로운 삶, 고난이 없는 삶의 가능성을 열어줄 수 있기 때문이다. 따라서 이러한 사람들은 죽음을 야기하는 고난의 현실을 개혁하려 하기보다, 모든 것을 체념하고 죽음을 기다리는 삶의 자세를 취하게 된다.

결론적으로 영혼 윤회설은 증명할 수 없는 하나의 종교적 상상이라고 할 수 있다. 그것은 그가 해결하고자 하는 문제들을 해결하기보다, 오히려 더 많은 문제들을 남긴다. 그러므로 오늘날에는 윤회설을 믿는 문화권에 속한 학자들도 대부분 윤회설에 대해 회의적 태도를 취한다. 중국에 불교가 유입되기 전 중국 사람들은 윤회설을 믿지 않았다. 불교가 유입된 후에도 중국의 유교 학자들은 윤회설을 거부했다. 윤회설은 모든 감각적 생명들을 동일한 것으로 보게 함으로써 인간의 가치를 하락시키며, 우리가 존경해야 할 조상들을 짐을 운반하는 짐승이나 쥐나 벌레로 보게 하기 때문이다.[66] 필자가 티벳(Tibet)의 불교 신자들의 생활에 관한 영화를 본 적이 있다. 영화 장면 중 어느 건축 현장에서 지렁이가 발견되었다. 그러자 건축 공사가 곧 중단되었다. 땅 속에 숨어 있는 지렁이들이 거기서 일하는 사람들의 어머니라고 생각되었기 때문이다.

권, 한국종교교육학회, 273에서 인용함. 박선영 교수 자신의 문헌: "뇌사자의 장기이식에 대한 불교적 지평과 그 교육적 함의", 「불교 학보」, 제30권, 동국대학교 불교문화연구소, 1993.

66) H. Küng, *Ewiges Leben?*, 90.

3. 가톨릭교회의 연옥설

1) 연옥의 개념, 의미와 역사적 유래

가톨릭교회는 죽은 다음 인간의 영혼은 연옥에 있을 것이라는 연옥설을 주장한다. "연옥"이란 라틴어로 *"purgatorium"*이라 불리며, 이는 "깨끗하게 하다", "정화하다"(reinigen, säubern)를 뜻하는 라틴어 *"purgare"*에서 유래한다. 따라서 연옥은 본래 "정화의 장소"(Läuterungsort)를 가리킨다. 가톨릭교회는 이것을 "정화시키는 불"(Fegefeuer)이라는 의미로 사용하는데, 이 개념은 고린도전서 3:15의 "깨끗하게 하는 불"(*ignis purgatorius*)에서 유래했다.

가톨릭교회의 통속적 이해에 의하면, 연옥은 죽음의 순간 인간의 육체를 벗어난 영혼이 이 세상에서 지은 모든 죄에서 씻음을 얻고 영원한 구원을 얻기 위하여 불에 타는 고통을 당하는 장소 내지 과정을 가리킨다. 연옥설은 지금까지 가톨릭교회 종말론의 중요한 부분을 형성하고 있으며, 오늘도 가톨릭교회에서 사용되는 『성인용 요리문답서』에 기록되어 있다.

> 정화의 장소가 있으며, 거기에 갇혀 있는 영혼들은 신자들의 간구를 통하여,
> 무엇보다 먼저 하나님이 기뻐하는 제단의 제물을 통하여 도움을 얻는다.[67]

연옥에 대한 생각은 가톨릭교회의 공적 교리로 확정되기 이전, 초기 교회 교부들의 진술에서 발견된다.[68] 물론 이 진술들이 정말 연옥을 말하는지는 분명하지 않으나, 죽음 후에 인간의 영혼이 정화의 과정을 거친다

---

67) *Katholischer Erwachsenen-Kathechismus. Das Glaubenserkenntnis der Kirche*, hrsg. von der Deutschen Bischofskonferenz, Kevelaer, 1985, 425.

68) 아래의 내용에 관하여 J. Finkenzeller, "Eschatologie," in W. Beinert(Hg.), *Glaubenszugänge. Lehrbuch der Katholischen Dogmatik, Bd. 3*, 1995, 596ff.를 참조함.

는 믿음은 확실히 보여준다. 테르툴리아누스(Tertullianus)는 마태복음 5:26
을 해석하면서, 영혼이 부활하기 위해 그의 죄에 대한 대가를 한 푼도 남
김없이 치러야 할 교도소에 대해 말한다. 키프리아누스(Cyprianus)에 의하
면, 믿음을 가지고 세상을 떠난 성도들, 특히 순교자들은 죽음 즉시 궁극
적 구원을 얻지만, 박해로 인하여 그리스도를 공적으로 부인하였으나 그
럼에도 불구하고 그리스도인이기를 원했던 사람들은 죽음 후에 정화를
받는다고 한다. 알렉산드리아의 클레멘스(Clemens)에 의하면, 살아 있는
동안 그리스도인들에게 있었던 정화의 과정은 죽음 후에도 계속되어야
한다.

오리게네스(Origenes)는 클레멘스의 뒤를 이어, 하나님이 죄된 인간을
위해 설치한 "채무 구류소"(Schuldgefängnis)와 "지혜로운 불"에 대해 말한
다. 이 불을 통하여 죄로부터 깨끗해지는 정화의 과정이 일어난다. 그러나
이 과정은 인간의 죄에 대한 복수가 아니라, 인간을 죄에서 깨끗이 씻어내
고 부활의 영원한 구원을 얻게 하기 위한 하나님의 자비로운 행위로 이해
되어야 한다. 니사의 그레고리우스(Gregory of Nyssa)에 의하면, 인간 안에
있는 하나님의 형상이 회복되기 위해서는 정화의 고통스러운 과정이 필
요하다. 이 과정을 그레고리우스는 정화하는 불로 묘사한다. 이 정화의 과
정이 죽음 이전까지 실현되지 않을 때, 그것은 부활 후에 계속될 수밖에
없다. 이 과정이 끝난 후, 인간은 하나님의 삶에 참여할 수 있게 된다.

중세기에 이르러 연옥설은 가톨릭교회 내에서 크게 발전하였다. 이 시
대 대부분의 신학자들은, 죽은 자들의 영혼이 땅 위에서 지은 죄는 정화의
불을 통해 깨끗해진다고 주장했다(Albertus, Thomas v. Aquinas, Bonaventura,
Skotus, Durandus). 본래 정화의 불이 물질적인 것인지 아니면 영적인 것인
지는 그 의미가 분명하지 않았다. 그러나 대부분의 신학자들은 정화의 불
을 물질적인 것으로 파악했다. 이리하여 정화의 불은 하나의 장소로 생각
되었다. 1274년 리용(Lyon) 공의회는 연옥에 대해 다음과 같이 발표한다.

참으로 참회할 뜻이 있는 자들이 참회의 열매들을 통하여 그들의 행위와 게으름에 대한 보상을 하기 이전에…사망하였을 경우, 그들의 영혼은 죽음 후에 있을 정화의 벌을 통해(*poenis purgatoriis seu catharteriis*) 깨끗해질 것이다. 그들의 벌을 면케 하기 위하여, 살아 있는 신자들의 중재의 기도, 미사 성제(聖祭)와 기도와 헌금, 그리고 교회의 질서에 따라 신자들이 행하는 경건의 여러 사역은 그들의 벌을 면케 하는 데 도움이 된다.[69]

연옥설은 1336년 교황 베네딕트 12세(Venedikt XII)의 교서를 통하여 가톨릭교회의 공적 교리가 되었다. 이 교서에서 교황은 마지막 부활이 있을 때까지 죽은 자들이 잠자는 상태에 있다는 교회의 전통적 이론을 거부하고, 죽은 자들은 죽음과 동시에 하나님의 심판을 받는다고 주장한다.[70] 각 사람은 죽음과 동시에 하나님의 심판을 받는다. 마지막 죽음의 순간까지 하나님을 거부하는 자는 지옥으로 떨어지는 반면, 믿음 가운데서 죽은 자는 죄의 용서를 받는다. 그러나 그는 하나님의 얼굴을 볼 수 있을 만큼 죄로부터 완전히 깨끗할 수는 없다. 그는 자기 죄에 상응하는 벌을 받지 않았고, 이리하여 자기 죄를 완전히 벗어나지 못했기 때문이다. 그러므로 죽은 자들의 영혼은 그들의 죄를 완전히 벗기까지 연옥의 불 속에서 정화되어야 한다. 이 세상에 사는 신자들의 삶이 끊임없는 참회와 정화의 과정 속에 있는 것처럼, 죽은 자들의 영혼도 연옥의 불 속에서 참회하며 죄에 대한 벌을 받고 정화되어야 한다.

정화의 불, 곧 벌과 정화의 상태가 있다. 무거운 죄들과 시간적인 죄의 벌에 묶여 있는 영혼들은, 이 상태 속에서 정화된다.[71]

---

69) Ibid., 600에서 인용함.
70) 이에 관하여 M. Schmaus, *Katholische Dogmatik IV/2*, 2. Aufl. 1941, 151ff.
71) Benedikt XII, Const. "Benedictus Deus"(1336), in H. Denzinger u. A. Schönmetzer, *Enchiridion Symbolorum*, 1000-1002.

살아 있는 신자들은 연옥에 있는 사람들을 위해 무엇을 할 수 있는가? 이에 대해 트리엔트 공의회는 다음과 같이 말한다. 연옥에 있는 영혼들은 "신자들의 중보 기도를 통하여, 무엇보다 먼저 하나님의 마음에 드는 제단의 제물을 통하여 도움을 받는다."[72] 즉 신자들은 죽은 자들을 위한 중재의 기도와 교회에 바치는 제물을 통하여 그들의 정화 과정이 빨리 끝나도록 도울 수 있다. 연옥이 어디 있는지, 연옥의 고통과 정화 과정이 얼마나 오래 걸릴지, 연옥의 장소와 시간에 대해서는 아무도 모른다. 그것은 신적 신비에 속한다.

2) 연옥설의 성서적 근거

일반적으로 고린도전서 3:15이 연옥설의 고전적 자리(locus classicus)로 알려져 있다.[73] 그러나 본래 연옥설은 명백한 성서적 근거에 의해서 형성된 것이 아니라, 참회와 같은 교회의 실천과 신앙에서 형성된 다음, 이에 대한 성서적 근거가 제시되었다. 따라서 연옥의 실재를 명백하게 말하는 성서 구절은 발견되지 않는다. 단지 연옥을 추론할 수 있는 구절들이 있을 뿐이다.

연옥을 추론할 수 있는 첫째 근거는 구약성서의 외경 마카베오하 12:42-45에 나타난다. 이 본문에 의하면, 유다와 그의 부하들이 전사자들의 시체에서 이방의 신 얌니아의 형상을 새긴 부적을 발견한다. 이것은 율법이 금하는 일이었다. 그래서 그들은 전사자들이 범한 죄를 용서해달라고 하나님께 기도드린다. 그리고 유다는 모금을 해, 속죄의 제사를 위한 비용으로 써달라고 예루살렘으로 보낸다. 전사자들이 죄를 용서받고, 마지막 부활 때에 부활하도록 하기 위함이다. 여기서 죽은 이들을 위해 기도하며, 그들이 지은 죄의 용서를 위해 속죄 제물을 바치는 것은 "갸륵하고

---

72) Ibid., 1820.
73) 아래 내용에 관하여 J. Finkenzeller, *Eschatologie*, 595f.를 참조함.

경건한 일"로 간주된다. "그가 죽은 자들을 위해서 속죄의 제물을 바친 것은, 그 죽은 자들이 죄에서 벗어날 수 있게 하려는 것이었다"(45절).

또한 초기교회 시대에 유대인들과 기독교인들이 이방 종교에서 보았던 조상 숭배가 연옥설의 형성에 영향을 주었던 것 같다.[74] 그 시대의 한 문헌은 다음과 같이 말한다.

> 그들(이방인들)은 죽은 자들에게 제물을 도살하여 바치는 관습을 지킨다. 그들은 귀신들에게 기도한다. 그리고 그들은 무덤 위에서 음식을 먹는다. 그들이 행하는 이 모든 일은 헛되다(22:17).

그러나 유대인들과 기독교인들은 죽은 자들에게 기도하는 것을 거부한다. 그들이 순교자들이 순교당한 장소에서 기도할 때, 그들은 "죽은 자들에게" 기도하는 것이 아니라 "죽은 자들을 위하여" 기도한다고 생각한다. 이방인들과 유대인, 그리고 기독교인들의 차이를 아우구스티누스는 다음과 같이 묘사한다. 경건한 신자들이, 순교자들이 순교당한 장소에서 행하는 의식들은 "추모 장소에 대한 경의의 표시, 신적으로 된 죽은 자들을 위한 예배 혹은 제사들이다."[75]

신약성서에서 먼저 마태복음 5:25-26이 연옥에 대한 근거로 제시되지만, 오늘날 성서 주석가들은 이것을 인정하지 않는다. 이 구절에서 "너희가 마지막 한 푼까지 다 갚기 전에는, 거기에서 나오지 못할 것이다"(26절)라는 말씀은, 고소하는 사람과 함께 법정으로 갈 때 그 사람과 화해해야 한다는 것을 강조하는 것이지, 연옥에서 나오지 못한다는 말이 아니다. 또한 고린도전서 3:10-15은 연옥설의 가장 분명한 근거로 제시된다. 그러나 이 본문은 최후의 심판을 가리킨다. 그날은 불로 나타날 것이며, 그 불이

---

74) 이에 관하여 H. Schwarz, *Jenseits von Utopie und Resignation*, 184.
75) Augustinus, *Gottesstaat*(8:27), übers. von C. J. Perl, 1979, 559.

각 사람의 업적이 어떤 것인가를 검증할 것이다. 따라서 이 본문은 마지막 심판 때에 인간의 모든 업적이 밝혀진다는 것을 말할 뿐, 죽음 후에 올 연옥에 대해서 말하지 않는다. 이 구절이 말하는 불은 정화의 불이 아니라, 심판의 불 혹은 위엄 가운데 다시 오셔서 심판하실 그리스도를 가리킨다.

레오나르도 보프(Leonardo Boff)에 의하면, 이 본문에서 연옥을 추리하는 것은 무리한 일이다.[76] 여기서 불은 하나님의 사랑의 빛을 말하는 것이지, 연옥의 불이라 말할 수 없다. 바울이 빌립보서 3:12-16에서 말하는 완전을 향한 성장의 과정은 현재의 삶 속에서 일어나는 과정을 말하는 것이지, 죽음 후 연옥의 불 속에서 일어날 정화의 과정을 뜻하지 않는다. 가톨릭교회의 교의학자 슈마우스(M. Schmaus)에 의하면, 예수는 연옥에 대한 유대인들의 이론을 이미 알고 있었으며 이것을 전제하고 있었기 때문에, 그는 연옥에 대해 특별히 말할 필요가 없었다.[77] 그러나 보프는 예수 당시 유대인들은 연옥에 대해 알지 못했다고 주장한다.

3) 연옥설의 타당성과 문제점

현대사회는 죽음이 매일 일어나고 있음에도 불구하고, 죽음과 죽은 사람들에게 무감각하며 죽은 사람들을 쉽게 망각한다. 사람들은 눈에 보이는 삶에 몰두하며, 이 세상의 것을 즐기기 바쁘다. 그들에게는 죽은 사람들을 생각할 겨를이 없으며, 그렇게 할 마음도 없다. 그들은 죽은 조상들을 잊어버리고 살아간다. 그리고 일 년에 한두 번 제사를 지내고 묘지를 참배하는 것으로 자신의 도리를 다했다고 생각한다. 어떤 사람들은 죽은 부모를 위해 큰 묘지를 세우지만, 그 무덤은 2, 3세대만 지나면 잊혀서 주인 없는 묘지가 되고, 재개발 사업으로 사라지기 일쑤다.

이러한 현대사회의 추세에 반해, 연옥설은 죽은 사람들과 살아 있는

---

76) L. Boff, *Was Kommt nachher?* 51ff.
77) 이에 관하여 M. Schmaus, *Katholische Dogmatik IV/2*, 151-173.

사람들의 연대성을 회복하는 타당성을 가진다. 모든 그리스도인은 "그리스도의 몸"에 속한 지체들로서 범세계적 교통 안에 있다. 그리스도의 몸의 소속성과 교통이 죽음으로 단절되어서는 안 된다. 살아 있는 사람들은 물론 죽은 사람들도 그리스도 안에 있다. 따라서 살아 있는 사람들과 죽은 사람들은 그리스도를 통하여 하나로 연합된다. 이와 같은 산 자와 죽은 자의 연대성은 죽음의 한계를 넘어서 유지되어야 하며, 죽음의 세력에 저항하는 교두보가 되어야 한다. 살아 있는 사람들은 죽은 사람들을 잊어서는 안 된다. 우리는 우리 자신의 조상들은 물론, 나라를 위해 목숨을 잃은 사람들도 잊어서는 안 된다. 그들을 회상하고 그들의 가르침을 계승하며 나라를 발전시켜야 한다. 이러한 점을 우리는 가톨릭교회의 연옥설에서 배울 수 있다.

죽은 사람들을 위한 중보기도 속에서 죽은 사람들은 망각의 세계에 빠지지 않고, 살아 있는 사람들의 의식 속에 현존하게 된다. 살아 있는 사람들은 그들의 의식 속에서 죽은 사람들과 함께 살며, 죽은 사람들은 망각의 세계에서 생명의 세계로 통합된다. 이를 통하여 죽은 사람들과 살아 있는 사람들의 삶의 공동체가 형성된다. 또한 살아 있는 사람들이 죽은 사람들을 생각할 때, 자신도 언젠가 죽을 수밖에 없는 존재라는 사실을 생각하는 "지혜로운 사람"이 될 수 있다. 이와 같은 타당성과 함께 연옥설은 다음과 같은 문제점을 가진다.

(1) 연옥설은 윤회설과 마찬가지로 영혼 불멸설에 근거하며, 몸 없는 영혼의 영원한 존재를 전제한다. 죽음과 마지막 부활 사이의 중간 기간을 설명하기 위해 영혼 불멸설이 제시되었고, 영혼 불멸설은 연옥설과 결합되었다. 그리하여 연옥설은 인간의 영혼이 완전히 정화되어 하나님을 보기까지, 죄에 상응하는 벌을 연옥에서 당한다고 말한다. 가톨릭교회는 오늘도 영혼 불멸을 주장한다.

교회는 죽음 후에도 의식과 의지를 가진 영적 요소의 존속과 존재를 주장하며, 중간 기간 동안 완전한 신체성을 갖지 않지만, "인간의 자아"가 계속하여 존속한다는 것을 주장한다.[78]

그러나 앞서 기술한 바와 같이, 오늘날 학문의 세계에서 몸 없는 영혼의 존재는 인정되지 않는다. 인간은 몸과 영혼의 통일체다. 몸으로부터 분리된 영혼은 더 이상 온전한 인격이 아니다.

(2) 연옥설은 본래 성서에 근거하는 것이 아니라 "교회의 기도와 참회의 실천"에 근거한다.[79] 가톨릭교회는 연옥설을 자신의 공적 교리로 가지기 이전부터, 죽은 자들을 위한 중재의 기도와, 죽은 자들의 죄 용서를 위한 선한 공적과 자선과 참회의 실천을 가지고 있었다. 이것은 1979년 5월에 발표된 "종말론의 몇 가지 문제들에 대한 공의회 결의서"에도 분명히 나타난다.

교회의 기도와 장례식과 죽은 자들을 위한 제의가 그 의미를 잃어버리며 불확실해지는 모든 사고와 말의 방식을 교회는 거부한다. 이 모든 것들은 그들의 기초에 있어 신학적 자리를 나타내기 때문이다.[80]

여기서 신학은 교회의 기존 실천을 정당화하기 위하여 존재하는 것으로 생각된다. 교회의 실천이 성서와 복음에 비추어 타당한가를 신학적으로 검증할 수 있는 가능성은 여기서 사라진다.

78) *Schriften der Kongregation für die Glaubenslehre zu einigen Fragen der Eschatologie. Verlautbarungen des Apostolischen Stubls II*, 1979, 3.

79) *Katholischer Erwachsenen-Kathechismus. Das Glaubensbekenntnis der Kirche*, 1985, 424.

80) *Schriften der Kongregation für die Glaubenslehre zu einigen Fragen der Eschatologie. Verlautbarungen des Apostolischen Stubls* 11, 4.

(3) 성서의 하나님은 그의 무한한 사랑과 은혜 때문에 인간의 죄를 무조건 용서하시는 하나님이다. 그러나 연옥설에서 하나님은 인간의 죄를 철저히 벌하시는 분으로 나타난다. 인간의 죄가 용서받을 수 있는 길은, 죄에 대한 벌을 받거나, 지상의 살아 있는 신자들이 그의 죄를 위하여 드리는 중재의 기도와 헌금에 있다. 이 하나님은 철저한 "응보의 원리"에 사로잡혀 있다. 연옥설의 이러한 하나님 모습은 잃어버린 탕자 비유에 나타나는 자비로운 하나님 모습과 어긋난다(참조. 눅 13:11-32). 예수 그리스도의 십자가의 공로 때문에 인간을 죄의 벌에서 해방하신 하나님은, 왜 인간에게 죽음 후 연옥의 벌을 내리시는가?

(4) 연옥설은 종교개혁의 "sola gratia", "sola fide", "solus Christus"의 원칙에 모순된다. 우리 인간이 하나님의 의롭다 하심과 구원을 얻을 수 있는 길은 "오직 은혜를 통하여", "오직 믿음을 통하여" 가능하다. 그리스도께서 십자가의 죽음으로 우리의 죄 용서를 위하여 하나님에게 충분한 보상을 드렸다. "오직 그리스도만이" 우리를 죄책에서 자유롭게 할 수 있으며, 영원한 구원을 줄 수 있다.

에벨링(Gerhard Ebeling)에 의하면,[81] 연옥설은 종교개혁의 신학적 출발점이라 할 수 있는 하나님의 조건 없는 은혜와 절대적 사랑에 모순된다. 만일 인간이 죽은 다음 하나님에게 죄 용서를 받는다면, 그것은 하나님의 무조건적 은혜와 사랑으로 말미암은 것이지, 인간이 연옥에서 벌을 당하거나, 살아 있는 신자들이 죽은 사람들을 위해 하나님께 드리는 중재의 기도와 헌물을 통해 가능한 것이 아니다. 연옥설에서 하나님의 은혜는 인간의 궁극적 구원을 위해 충분하지 않은 것으로 생각된다. 거기에는 완전히 용서받지 못한 죄로 말미암아 인간이 당해야 할 벌과 참회, 살아 있는 사람들이 죽은 사람들을 위해 하나님께 바치는 공적 혹은 업적이 필요하다.

---

81) G. Ebeling, *Dogmatik des christlichen Glaubens III*, 1979, 462.

연옥은 죽음 다음에 오는 단계, 곧 죽음과 함께 하나님께 맡겨지는 것이 진지하게 생각되지 않는 단계를 전제한다. 연옥에서 인간은 지옥에 있지도 않고 하늘에 있지도 않다. 오히려 그는 계속해서 그 성격이 매우 제한되어 있는 정화의 과정 속에 있다. 이 과정은 은혜 안에서의 성장을 말하지 않고, 아직 남아 있는 시간적인 벌을 당하는 것을 말할 뿐이다.[82]

종교개혁자들에 의하면, 우리 인간은 자신의 능력이나 공적을 통하여 하나님의 의롭다 함을 얻는 것이 아니라, 하나님의 "은혜로 말미암아, 그리스도 때문에, 믿음을 통하여" 의롭다 함을 얻을 수 있다. 이것은 죽은 사람들에게도 해당한다. 그러므로 종교개혁자들은 인간의 업적에 의한 면죄 행위와 연옥설을 거부한다. 루터가 1517년 95개 조항을 발표했을 때, 그는 그래도 가톨릭교회에 충성하고자 했다. 그래서 1518년 95개 조항을 설명하면서 연옥을 인정하였다. "연옥이 있다는 것을 나는 확신한다."[83] 그러나 그는 연옥에 대한 성서적 근거를 발견하지 못하였으며, 연옥의 이론이 오용되는 것을 보고 결국 연옥을 거부한다. 그리하여 1530년 "정화의 불에 대한 항의서"를 발표하며,[84] 1536년 "슈말칼트 조항"(Schmalkaldische Artikel)에서 가톨릭교회의 연옥설을 가리켜 "정화의 불의 미사 대목장 (Messejahrmarkt)"이라 비난하면서, 연옥과 관계된 가톨릭교회의 모든 실천을 "하나의 명백한 마귀 귀신"(Teufelsgespenst)으로 간주해야 한다고 주장한다.[85]

루터가 연옥설을 반대한 근본 이유는 그의 칭의론에 있다. 우리의 구원은 오직 하나님의 은혜로 말미암아, 오직 그리스도로 말미암아, 오

---

82) Ibid.
83) M. Luther, "Resolutiones disputationem de indulgentiarum," in: *WA Bd 1*, 555, 36.
84) M. Luther, "Widerruf vom Fegefeuer"(1530), *WA 30, II*, 360-390.
85) M. Luther, "Schmalkaldische Artikel," in *Die Bekenntnisschriften der evangelisch-lutherischen Kirche*, 6. Aufl., 1967, 420.

직 믿음을 통하여 가능한 것이지, 우리의 죄에 대한 벌을 받음으로써 가능한 것이 아니다. 인간은 한평생 의인인 동시에 죄인이요(*simul iustus et peccator*), 의롭게 된 동시에 언제나 의롭게 되어야 할(*iustificatus et semper iustificandus*) 존재다. 따라서 칭의는 한평생 계속되어야 할 과정이다. 만일 인간이 칭의를 통하여 이 땅 위에서 "전적이며 충만한 거룩"에 이르지 못하였다면, 그것은 죽음의 순간 성령의 사역을 통하여 그에게 선사되는 것이지, 연옥의 불에 타는 벌을 받음으로써 혹은 살아 있는 신자들이 그들을 위하여 하나님에게 바치는 업적 때문에 주어지는 것이 아니다.

칼뱅도 연옥설의 문제점을 다음과 같이 지적한다.

> 정화의 불은 파멸을 가져오는 사탄의 조작이다. 그것은 그리스도의 십자가를 공허하게 만들며, 하나님의 자비를…부끄럽게 하며, 우리의 신앙을 동요시키고 그것을 뒤집어버린다! 가톨릭교회의 이론에 의하면, 정화의 불은 죽은 사람들의 영혼이 그들의 죽음 다음에 그들의 죄를 위하여 행할 수밖에 없는 보상(Genugtung)에 불과하지 않은가? 죄를 보상하는 벌을 우리가 받아야 한다는 망상이 깨어졌다면, 정화의 불도 그 근원에서부터 깨어졌다.…그리스도의 피가 신자들의 죄에 대한 유일한 보상이요…유일한 속죄이며 유일한 정화다.…정화의 불은…그리스도에 대한 무서운 모독이다.[86]

종교개혁자들이 지적하는 연옥설의 다른 한 가지 문제점은, 살아 있는 사람이 드리는 중보기도나 헌금을 통하여 죽은 사람의 운명을 바꿀 수 있다는 점이다. 루터의 동시대인으로서 면죄부를 팔았던 요한 테첼(Johann Tetzel)의 다음과 같은 유명한 선전문은 연옥설의 문제점을 잘 드러내고 있다.

---

86) J. Calvin, *Institutio Christianae Religionis III*, 5, 6.

여러분이 그들을 구원할 수 있다는 것을 잊지 마십시오. 돈이 돈 상자에 떨어지는 소리가 들리자마자, 그들의 영혼이 연옥에서 나올 것입니다.[87]

물론 이것이 종교개혁 당시 가톨릭교회의 공식 교리는 아니었다. 당시 가톨릭교회의 교리에 의하면, 살아 있는 사람이 죽은 사람을 위해 바치는 선한 공적과 연옥으로부터의 면제는 오직 그리스도와 성인들의 중재를 통해 가능하다.[88] 그러나 살아 있는 사람이 행하는 중보기도나 헌물 혹은 헌금이, 연옥에서 당하는 벌의 시간을 단축시킬 수도 있고 연옥의 벌을 면제받는 데 도움이 된다는 생각은 종교개혁자들의 칭의론에 모순된다. 달리 말해 연옥은 종교개혁자들이 반대하는 "공포에 의한 구원을 함의하고 있다. 그 이유는 사람들이 적어도 부분적으로 그들의 죄를 속죄할 수 있다고 생각하기 때문이다."[89]

(5) 중세기 가톨릭 신학은 죽음의 세계를 다섯 단계로 구분했다. ① 성인들이 거하는 하늘, ② 일반 그리스도인들이 거하는 연옥, ③ 그리스도께서 내려와 그들을 하늘로 인도하기까지, 구약성서의 족장들이 거하는 지옥 앞의 공간(Limbus), ④ 세례를 받지 않고 죽은 아이들이 거하는 지옥 앞의 공간, ⑤ 사탄들과 그들의 추종자들이 거하는 지옥. 그러나 성서는 죽음의 세계의 이러한 구분을 알지 못한다. 인간이 죽은 후 그의 영혼이 영원히 불에 타는 벌을 당하는 연옥을 죽음 후의 상태로 보는 연옥설에 대한 근거를 성서 어디에서도 발견할 수 없다.

그러므로 현대의 많은 가톨릭 신학자들은 연옥설이 성서적으로 근거될 수 있다는 주장에 대해 유보하는 태도를 취한다. 칼 라너(Karl Rahner)에

---

87) R. Bainton, *Hier stehe Ich. Das Leben Martin Luthers*, 1952, 61.
88) 이에 관하여 K. Rahner, "Bemerkungen zur Theologie des Ablasses," in *Schriften zur Theologie, Bd. 2*, 7. Aufl., 1964, 209f.
89) 오주철, 『조직신학개론』, 398.

의하면, 교리적으로 정의된 연옥설은 "'정화의 불'과는 좀 다르다."[90] 오늘날 일군의 가톨릭 신학자들도 연옥을 하나의 특정한 공간으로 생각하는 것을 반대한다. 그것은 죄에서 정화되기 위하여 뜨거운 불의 고통을 당하는 "피안에 있는 일종의 강제수용소"[91]와 같은 것으로 생각되어서는 안 된다. 동방 정교회가 비판한 바와 같이, 죽음 후에 인간의 영혼이 살아 있을 때 지은 죄에 대하여 영원히 벌을 받는다는 것도 잘못된 생각이지만, 연옥을 불이 꺼지지 않는 장소로 생각하는 것도 잘못이다. 불은 특정한 장소와 결합된다. 장소 없는 불은 생각할 수 없다. 역사의 종말이 올 때까지 꺼지지 않는 불 속에서 인간의 영혼이 고통을 당하는 장소는 우주 어디에도 없을 것이다. 그러므로 일군의 보수적인 가톨릭 신학자들도 연옥을 새롭게 해석한다.

4) 연옥에 대한 새로운 해석

가톨릭교회의 보수적 신학자 슈마우스나 라칭어도 연옥을 불의 고통이 있는 특정한 공간으로 생각하는 것을 반대한다. 슈마우스에 의하면, 연옥은 불의 고통이 있는 장소가 아니라 인간의 영혼을 정화시키는 사랑으로 생각되어야 한다. 하나님이 인간에게 가까이 오면 올수록 인간은 하나님을 동경하게 되며, 반면 죄에 대한 부끄러움은 더 커진다. 사랑이 커질수록 죄된 삶에 대한 마음의 고통이 커진다. 연옥은 이러한 고통스러운 과정을 거쳐 인간이 깨끗해지는 것을 가리킨다. "정화는 인식과 사랑의 가장 높이 승화된 정신적 삶이다."[92]

　　라칭어에 의하면, 연옥은 "인간이 그 속에서 죄 때문에 벌을 받아야 할

---

90) K. Rahner, *Grundkurs des Glaubens: Einführung in den Begriff des Christentums*, 11. Aufl., 1980, 424.

91) J. Ratzinger, *Eschatologie-Tod und ewiges Leben, Kleine Katholische Dogmatik IX*, 6. Aufl., 1990, 188.

92) M. Schmaus, *Katholische Dogmatik IV 2*, 554f.

일종의 피안의 감옥"과 같은 것으로 생각되어서는 안 된다. 오히려 그것
은 "주님 자신이 인간을 변화시키고, 그의 영광스럽게 된 몸과 '일치하게'
만드는 심판의 불"이다. 연옥의 정화는 불이라는 물질을 통해 특정한 장
소에서 일어나는 것이 아니라, "우리의 굳게 닫힌 마음을 활짝 불태우고
용해시키며, 그의 몸의 생동하는 유기체 속에 들어가게 하는 주님의 변화
시키는 능력을 통하여" 일어난다.[93] 그것은 "인간이 그리스도의 능력을 얻
으며(christus-fähig), 하나님의 능력을 얻으며(gott-fähig), 이리하여 모든 성
도들의 사귐(Communio sanctorum)과 하나 될 수 있는 능력을 얻게 되는,
인간 내면으로부터 필연적으로 일어나는 변화의 과정"으로 이해되어야
한다.[94]

　이러한 의미의 정화는 그리스도인들의 전 생애를 통하여 일어나며, 죽
음의 순간에 궁극적으로 일어난다. 죽음 속에서 그리스도와 만나 정화되
고 변화되는 이 "순간"은 물리적 시간 개념으로 측정될 수 없다. 그것은 죽
음 속에서 자기 존재의 정화를 경험하는 인간의 실존적 심연의 "깊이"를
나타낸다. 그것은 "세계의 시간"과 비교될 수 없는 "실존의 시간"이다.[95]
죽음을 넘어서는 성도들의 사귐과 대리하는 사랑을 말하는 연옥설의 타
당성은 보존되어야 하며, 서로 도움과 선물을 주고 받을 수 있는 가능성들
이 죽음과 함께 끝나서는 안 된다. 오히려 그것은 차안과 피안의 죽음의
세계를 포괄하는 성도들의 사귐을 포괄한다.[96]

　레오나르도 보프에 의하면, 전통적으로 연옥은 인간의 정화를 위하여
그리고 하나님 안에 있는 미래를 위하여 하나님이 인간에게 주시는 은혜로
생각되지 않고, 인간의 죄에 대한 벌과 복수로 생각되었다. 그것은 하늘에
이르기 전의 공간으로 생각되지 않고, "일종의 지옥 이전의 것"(Vorhölle)으

---

93) J. Ratzinger, *Eschatologie*, 187.
94) Ibid., 188.
95) Ibid.
96) Ibid., 189f.

로 표상되었다.[97] 즉 기쁨이 강조되기보다 고통이 강조되었다. 토마스 아퀴나스에 의하면, 연옥은 지옥에 가까운 것으로, 일군의 사람들에게는 고통을, 다른 일군의 사람들에게는 정화와 궁극적 완성을 준다. 어떤 신학자들은 천사들이 연옥에서 벌을 당하는 사람들의 영혼을 방문했다고 생각하는가 하면, 다른 신학자들은 마귀들이 하나님의 허락을 받고 연옥을 찾아와서 그 안에 있는 영혼들에게 여러 가지 벌을 준다고 생각했다.

연옥에 대한 이러한 공간적 표상을 거부하고, 보프는 그것을 "인간의 상황"으로 이해한다. 인간은 의식적이든 무의식적이든 한평생 자기를 주장하고자 하는 의지와 하나님에게 복종하고자 하는 의지의 갈등 속에서 살아간다. 한편으로 그에게는 자기를 하나님과 이웃에게 개방하고 하나님의 사랑에 맡기고 싶은 욕구가 있다. 이와 동시에 그에게는 하나님과 이웃에 대하여 자기를 폐쇄하고 자기 중심의 욕망을 채우고자 하는 욕구가 있다. 인간은 죽는 순간까지 이 두 가지 욕구의 갈등 속에서 살아간다. 이러한 삶의 역사 속에서 죽음은 인간의 마지막 위기다. 이제 그는 자기를 완전히 하나님께 맡기기로 결단하든지, 아니면 하나님을 거부하고 절대적 고독과 좌절 속에서 시체로 굳어질 것인지 결단해야 한다. 그는 지옥을 택하든지, 아니면 하늘을 택해야 한다.

하늘을 택할 경우, 그는 자기 삶의 역사의 모든 과오를 철저히 뉘우치고 자기를 하나님의 사랑에 맡겨야 한다. 이를 통해 그는 한평생 동안 견지해왔던 자기 중심의 삶의 태도와 자기 안전의 모든 구조물을 버리고, 하나님을 얼굴과 얼굴로 볼 수 있는 존재로 정화된다. 이제 그는 삶의 무의미와 허무와 절망 속에서 죽지 않고, 하나님의 무한한 사랑과 용납 속에서, 하나님의 미래와 영원한 생명에 대한 희망 가운데서 죽을 수 있다. 이러한 과정을 가리켜 오늘날 일군의 가톨릭 신학자들은 연옥이라 부른다. 이 과정을 거친 사람에게 죽음은 마지막 자기 완성이요, "사랑의 가장 숭

97) L. Boff, *Was kommt nachher?*, 49f.

고한 형식"이며, 하나님의 "가장 큰 선물"로 경험된다.

그닐카(J. Gnilka)에 의하면, 연옥은 특정한 공간이 아니다. 연옥의 정화하는 불은 오시는 주님을 가리킨다. 그것은 "자기를 계시하는 하나님… 지극히 거룩한 그분의 접근할 수 없음에 대한 상(Bild)"이다.[98] 우리나라를 두 번 다녀간 한스 큉(Hans Küng)에 의하면 "연옥은 그의 은혜의 진노 안에 계신 하나님 자신이다. 정화는 사람을 심판하고, 깨끗이 정화하고, 해방하며, 계명하고, 치유하고, 완성케 한다는 뜻에서 하나님과의 만남이다."[99]

보로스(L. Boros)에 의하면, 죽음의 순간 우리는 하나님과 만나며, 하나님과의 만남 속에서 또한 그리스도와 만난다. 하나님과의 만남은 그리스도와의 만남이기도 하다. 이때 우리는 하나님을 향하여 우리를 결단하고 우리의 전 존재를 하나님께 맡기며, 하나님의 사랑의 화염으로 변화될 수 있다. 이 순간 우리는 하나님의 사랑으로 말미암은 우리의 죄로부터의 정화를 경험한다. 이 순간은 죄와 죄책으로 인한 말할 수 없는 고통의 순간인 동시에, 하나님의 사랑을 통하여 모든 죄와 죄책에서 정화되는 참회와 기쁨의 순간이기도 하다. 연옥이란 하나님을 향한 결단 속에서 "신적 사랑의 정화하는 불을 거쳐가는 것"(Durchgang)을 가리킨다. "그리스도와의 만남이 우리의 연옥일 것이다."[100]

연옥에 대한 가톨릭 신학자들의 이러한 해석들은 죽음의 순간에 대한 적절한 해석이라 할 수 있으나, 죽음을 긍정적인 것, 해방하는 것으로 보는 문제점을 가진다. 레오나르도 보프에게서 죽음은 "사랑의 가장 숭고한 형식", 하나님의 "가장 큰 선물"로 승화된다. 이것은 보로스에게서도 나타난다.

---

98) G. Gnilka, *Ist 1 Kor 3. 10-13 ein Schriftzeugnis für das Fegfeuer. Eine exegetischhistorische Untersuchung*, 1955, 126.

99) H. Küng, *Eternal Life?*, 1984, 138f. 이종성, 『종말론』 I, 194f.에서 재인용함.

100) L. Boros, *Mysterium mortis. Der Mensch in der letzten Entscheidung*, 5. Aufl., 1966, 148.

죽음은 인간의 첫 번째 충만한 인격적 행위이며, 따라서…자유와, 하나님과의 만남과, 영원한 운명에 대한 결단의…유리한 장소다.[101]

보로스는 죽음을 "하나의 성례전적 상황" 혹은 여러 성례전 속에 현존하는 "기본 성례전"이라 부르기도 한다.[102]

물론 우리는 죽음 속에서 하나님의 은혜를 경험할 수 있다는 그의 생각에 동의할 수 있다. 그러나 죽음을 긍정적인 것으로 보는 그의 입장에는 동의할 수 없다. 성서는 죽음을 부정적인 것으로 보기 때문이다.

또한 우리는 죽음 속에서 일어나는 하나님과 그리스도와의 만남, 이 만남 속에서 일어나는 정화의 과정을 꼭 "연옥"이라 부를 필요는 없다. 연옥이란 개념이 없어도 우리는 이 과정을 충분히 묘사할 수 있기 때문이다. 연옥이란 개념을 견지할 때, 연옥에 대한 공간적·물리적 표상과, 이 표상으로 말미암은 갖가지 오해와 추측과 그릇된 실천을 극복하기 어려울 것이다. 그러므로 가톨릭 신학자 그레스하케도 연옥이란 개념을 포기할 것을 제의한다.

하나님 자신이 연옥이다. 연옥이 의미하는 바를 파악하기 위하여, 우리는 특별한 장소나 시간이나 과정을 고집할 필요가 없다.…그러므로 우리는 "연옥"이란 표현을…피하고, 그 대신 하나님과의 만남의 요소로서 정화와 정결에 대해 말해야 할 것이다. 연옥은 반 지옥이 아니라, 하나님과의 만남의 한 요소다.[103]

---

101) Ibid., 93.
102) Ibid., 177, 172f.
103) G. Greshake, *Stärker als der Tod. Zukunft-Tod-Auferstehung-Himmel-Hölle-Fegefeuer*, 1976, 92f.

죽음과 부활의 신학

4. "죽음 속에서의 부활"

1) 동기와 내용

연옥에 대한 새로운 해석과 더불어 최근 일단의 가톨릭 신학자들은 "죽음 속에서의 부활"을 주장한다. 이들의 주장에 의하면, 인간은 죽는 순간에 부활하며 그의 존재가 완성된다. 각자의 죽음의 순간에 일어나는 이 완성의 사건, 다시 말해 각 사람의 삶의 역사가 하나님의 삶 속에 궁극적으로 지양되는 사건은, 성서가 "죽은 자들의 부활"이라 부르는 것과 동일시될 수 있다. 죽은 다음에 올 몸 없는 영혼의 열락이 참된 희망의 대상이 될 수 없다. 사회적·역사적 관계 속에 있는 인간의 자아 내지 인격의 완성이 참된 희망의 대상이다. 이 완성은 역사의 마지막에 소위 죽은 자들의 손톱, 발톱 등 육체의 모든 부위가 재활하는 소위 "죽음 속에서의 부활"과 함께 이루어지는 것이 아니라, 인간의 죽음의 순간에 또는 "죽은 후 곧바로" 일어난다. 이리하여 죽은 자는 하나님의 영원 안에 있게 되며, "그리스도 안에 있는 친교"를 누리게 된다는 것이다. 최태영 교수도 이를 주장한다. "예수님이 재림하실 때 비로소 얻게 되는 부활보다는 죽은 후 곧바로 부활한다면, 그것은 더 좋은 부활일 것이다."[104] 이러한 주장의 이면에는 다음과 같은 동기가 숨어 있다.[105]

(1) 영혼 불멸설과 기독교의 부활 신앙을 더 이상 대립된 것으로 보지 않고, 양자를 결합시키고자 하는 동기: 죽은 자들이 죽음의 순간에 부활하여 하나님의 영원한 삶에 통합된다고 생각할 때, 영혼 불멸설과 죽은 자들의 부활 신앙은 서로 결합된다.

(2) 영혼과 육체의 이원론을 극복하고자 하는 동기: 죽음의 순간에 인

---

104) 최태영, 『성경의 신학』, CLC, 2013, 301.
105) 이에 관하여 M. Kehl, *Eschatologie*, 275.

간의 몸을 빠져나간 영혼이 몸 없이 영원히 존재한다는 생각은 오늘날 학문의 세계에서 인정되지 않는다. 인간의 영혼은 물론 그의 육체를 포괄하는 "몸"의 부활이 죽음의 순간에 일어난다고 생각할 때, 양자의 이원론은 극복될 수 있다.

(3) 가톨릭교회의 전통적 연옥설을 극복하고자 하는 동기: 죽은 자들이 죽음의 순간에 부활하여 그리스도와의 친교 속에 있다고 생각할 때, 연옥은 불필요해진다. 죽은 자들의 죄를 감소시키고 죄의 사면을 촉진시키기 위한 헌금 내지 헌물을 교회에 바치거나, 죽은 자들을 위한 미사를 드리는 오류는 극복되어야 한다. 또한 우주 공간 어디에 뜨거운 불이 영원히 꺼지지 않는 연옥이 있고, 이 연옥에서 죽은 사람들의 영혼이 영원히 불에 타는 고통을 당한다는 것은, 현대인들이 상상조차 할 수 없는 신화적 표상이다.

(4) 역사의 종말에 있을 죽은 자들의 부활을 현대인들이 이해할 수 있게 재해석하고자 하는 동기: 역사의 종말에 모든 죽은 자들이 무덤에서 깨어나 새로운 생명으로 다시 살아난다는 것은, 현대인들이 인정하기 어려운 고대의 신화적 표상이다. 죽은 사람의 썩어 없어진 뼈와 살과 피부와 힘줄, 손톱과 발톱 등이 되살아나는 것을 현대인들은 도저히 상상할 수 없을 것이다. 죽은 자의 부활이 말하고자 하는 것은 이보다 훨씬 더 깊은 의미를 내포하고 있다. 따라서 죽은 자의 부활에 대한 표상은 현대인들이 이해할 수 있도록 새롭게 해석되어야 한다.

이와 관련하여 브로이닝(W. Breuning)은 다음과 같이 말한다.

하나님은 죽음의 순간 인간의 몸 안에 있는 분자들 이상의 것을 사랑한다. 그는 모든 수고와 순례의 길의 쉬임 없는 동경으로 가득하며 순례의 길을 통하여 이 세계 속에 많은 흔적들을 남긴…한 (인간의) 몸을 사랑한다.…몸의 부활이란, 하나님은 인간을 사랑하기 때문에, 그에게서 그 무엇도 사라지지 않는다는 것을 뜻한다.…몸의 부활이란, 인간이 하나님에게서 단지 그의 마지막 순간만

을 다시 발견하는 것이 아니라 그의 역사를 다시 발견하는 것을 뜻한다.[106]

칼 라너, 그레스하케, 로핑크 등 최근 많은 가톨릭 신학자들은 이러한 종말론에 관한 성찰에서 연옥을 죽음 속에서 일어나는 마지막 정화의 과정으로 해석하는 동시에 "죽음 안에서의 부활"이라고 주장한다. 그레스하케는 이러한 동기를 다음과 같이 나타낸다.

신체로부터 자유로운 영혼과…신화적인 것으로 보이는 신체의 부활 사건과, 세계의 갱신에 반드시 의존하지 않고 죽음을 넘어서는, 인간적이며 기독교적인 희망이 오늘의 세계상과 인간상에서 생각될 수 있으며 표상될 수 있는가?[107]

바로 이것을 가능케 하기 위하여 일단의 가톨릭 신학자들은 "죽음 안에서의 부활"을 말한다. 그럼 "죽음 안에서의 부활"은 무엇을 말하는가?

오늘날 많은 가톨릭 신학자들은 다음의 사실로부터 출발한다. 즉 육체 없는 영혼은 실재하지 않는다. 영혼은 육체와 결합되어 하나의 전체적 유기체로서의 인간을 형성한다. 영혼과 신체의 통일체로서 인간은 사회와 자연과 세계와의 관계 속에서 존재하며 자기를 형성해간다. 이러한 관계 속에서 형성되며 자기 삶의 역사를 가진 인간의 자아, 곧 그의 인격적 존재는 죽음과 함께 사라지는 것이 아니라 궁극적으로 완성된다. 그것은 육체의 형태를 갖지 않으며, 그러므로 육체의 제한성에서 자유로운 새로운 존재 형식으로 변용된다. 이 변용은 바로 죽음의 순간에 일어나며, 이 순간을 우리는 한 인간의 존재 안에서 일어나는 종말의 순간으로 파악할 수 있다. 마지막 종말의 날은 단순히 역사의 연대기적 시간의 마지막에 오는

---

106) W. Breuning, "Tod und Auferstehung in der Verkündigung," in *Concilium* 4(1968), 81.

107) G. Greshake, Das Verhältnis "Unsterblichkeit der Seele" und "Auferstehung des Leibes" in problem-geschichtlicher Sicht, 114.

것이 아니라, 세계 속에 있는 인간의 삶의 과정 속에서 일어나며, 죽는 자에게는 동시적으로 한순간과 같이 온다.

따라서 한 인간의 죽음의 순간은 종말의 마지막 시간의 앞당겨 일어남(선취[先取], Antizipation)이요, 역사의 종말에 있을 죽은 자들의 부활의 순간이다. 각 사람의 죽음 속에서 개인의 완성은 물론, 인류 역사의 완성과 세계의 종말이 그 사람에게서 일어난다.

> 죽음 속에서 일어나는 몸의 부활이 죽음 속에서 궁극적으로 된 구체적 실존
> 에 대한…하나님의 성실하심으로 이해된다면, 이 구체성 속에서 세계와 역사
> 의 한 "부분"이 지속적으로 수렴된다.…그리스도와의 교통 속에 있는 새로운
> 삶의 상상될 수 없는 미래가 여기서 열린다면, 단지 "개인적 주체성"이 여기서
> 완성되는 것이 아니라, **이와 동시에 세계사가 완성된다.**[108]

칼 라너의 제자 보로스에 의하면,[109] 세계의 진화 과정은 에너지가 상승하는 과정인 동시에 에너지가 소모되는 엔트로피 과정이다. 이와 비슷한 과정이 인간에게서도 일어난다. 인간은 자기를 소모하는 동시에 성숙한 인격으로 자기를 발전시켜나간다. 이를 통하여 그는 세계 속으로 성장한다. 그는 세계를 적극적으로 형성하는 동시에 세계로 말미암아 수동적으로 고난을 당한다. 이런 과정 속에서 그는 세계에 대하여 성숙해진다. 거꾸로 세계가 인간 속으로 성장하며 인간의 내면 속에 수렴된다고 말할 수 있다. 죽음의 순간 이 두 가지 과정이 한 점에서 서로 만난다. 즉 인간이 그의 에너지를 모두 소모하는 순간과, 세계가 인간 속에서 총체적으로 수렴되고 내면화되는 순간이 일치한다. 이와 같은 죽음의 순간 속에서 세계의 종말이 일어난다. 여기서 인간의 몸과 역사와 세계가 사라지는 것이

---

108) G. Greshake, *Auferstehung der Toten*, 1969, 393.
109) L. Boros, "Hat das Leben einen Sinn?," in *Concilium* 6(1970), 674-678.

아니라 완성에 도달한다. 신체적이며 역사와 세계의 관계 속에서 자기 삶의 역사를 가진 인간의 존재가 확장되며 "그리스도의 몸"에 속하게 된다. 이리하여 우리는 죽음의 한계를 넘어설 수 있는 희망을 가질 수 있으며, 이 희망을 가리켜 "몸의 부활"이라 말할 수 있다.

죽음은 시간의 영역에서 영원한 현재 속으로 들어감을 뜻한다. 따라서 죽음과 마지막 부활 사이의 "중간 상태"란 사실상 있을 수 없다. "중간"이란 말은 인간의 물리적 시간 개념에 속한다. 시간의 종말이란 비시간적인 것이며, 물리적 시간에 속하지 않는다. 그러므로 우리는 종말의 시간을 물리적 시간의 끝에서가 아니라 인간의 죽음의 순간 속에서 보아야 한다. 죽음의 순간은 세계와 역사의 한 부분이 완성에 이르는 종말의 순간이다. 죽음의 순간에 인간은 마지막 날의 현실, 곧 그리스도의 다시 오심과 죽은 자들의 부활과 마지막 심판과 자기 존재의 완성의 현실을 경험한다. 따라서 역사의 종말에 일어날 죽은 자들의 부활도 죽음의 순간에 일어나는 것으로 생각될 수 있다. "부활도 죽음 속에서 정위될 수 있으며, '마지막 날'에 정위될 수 없다."[110] 이러한 생각을 가톨릭 신학자들은 "죽음 속에서의 부활"이라고 한다.

레오나르도 보프에 의하면, 죽음은 인간의 본성 속에 잠재되어 있는 모든 가능성이 총체적으로 새로운 차원을 얻게 되는 것, 곧 "재차원화"(Redimensionalisierung)되는 순간이다. 생물학적으로 인간은 나이가 들면서 쇠퇴하지만, 인격적으로 그는 성장한다. 죽음과 함께 그의 성장은 마지막 목표에 도달한다. 이때 그는 영원 속으로 새롭게 태어난다. "죽음은 영원 속으로 인간의 넘어감(übergang)이다."[111] 부활은 바로 여기에 있다. 죽음 속에서 일어나는 영원 속으로 넘어감이 곧 부활이다. 그러므로 역사의 마지막에 일어날 죽은 자들의 부활을 기다리는 것은 표상될 수 없

---

111) L. Boff, *Was kommt nachher?*, 78.

V. 죽은 다음에는 어떻게 되는가?   365

다. 이러한 표상은 부활의 새로운 실존 방식에 상응하지 않는 "의인론적 상"(anthropomorphisches Bild)이다.

보프는 이에 대한 근거를 바울과 요한에게서 발견한다. 바울과 요한에 의하면, 부활은 "이미 오늘 인간 안에서 성장하는 사건"이다. 이 사건은 죽음과 함께 충만함에 도달한다. 예수를 부활시킨 바로 그 영이 우리의 사멸할 몸에게 생명을 주기 때문이다(고전 6:14). 물론 죽음 속의 부활은 절대적 충만함은 아니다. 인간은 단지 그의 인격의 핵심에서만 신적 영광에 참여하며, 그가 관계 맺고 있는 우주는 그의 영광의 목적에 아직 도달하지 못하였기 때문이다.

최태영 교수도 "죽음 안에 있는 부활"을 주장한다.[112] 이에 대한 성서의 근거를 최 교수는 누가복음 23:43에서 발견한다. "너는 오늘 나와 함께 낙원에 있을 것이다." 하나님은 "전능하신 분이고, 인간의 소원에 넘치도록 은총을 베푸시므로, 죽음 이후에도 믿는 자에게 최고의 은혜를 베푸실 것을 기대해도 될 것이다." 그러므로 그리스도인들은 죽는 순간 부활하여 하나님 나라로 들어가게 된다고 믿을 수 있다는 것이다.

2) 장점과 문제점

"죽음 안에서의 부활"은 다음과 같은 장점을 가진다. (1) 영혼과 육체의 이원론을 버리고, 인간 존재의 불멸과 몸의 부활을 결합시킨다. (2) 종말의 마지막 완성을 단순히 역사의 미래에서 찾지 않고, 역사의 현실과 과정 속에서 찾는다. (3) 육체 없는 영혼이 잠정적으로 머무는 중간 상태, 곧 연옥을 불필요한 것으로 만들어버린다. 연옥이 불필요해질 때, 연옥에 머무는 사람들을 위한 미사와 헌금도 불필요해진다. 그러므로 가톨릭교회는 1979년 "죽음 안에서의 부활"을 거부했다.[113] 그것은 가톨릭교회의 근

---

112) 최태영, 『그리스도인은 죽을 때 부활한다』, 105ff.

113) *Schreiben der Kongregation für die Glaubenslehre*, 1979, 5.

간을 흔들 수 있다고 생각되었기 때문이다. 그러나 칼 라너에 의하면 "'몸' 과 '영혼'을 동시에 가진 인간의 단 하나의 그리고 전체적 완성이 죽음과 함께 직접 일어나고, '육의 부활'과 '보편적 심판'이 세계의 시간적 역사를 '따라'(entlang) 일어나며, 양자가 각 사람들의 개별적 심판들의 총화와 일치한다"는 생각은 "이단이 아니다."[114]

죽음은 삶의 단순한 중단이 아니라 인간 존재의 마지막 완성이라는 가톨릭 신학자들의 견해에 우리는 동의할 수 있다. 또 죽음과 함께 인간의 존재는 하나님 안에 있는 영원한 생명으로 넘어간다는 견해에도 동의할 수 있다. 그러나 이것을 가리켜 성서가 말하는 보편적 부활이라고 말할 수는 없다. 모든 죽은 자들의 보편적 부활은 죽음 속에서 일어나는 모든 개인의 부활들과 일치하지 않는 역사의 미래로 남아 있기 때문이다. 그러므로 슈마우스는 얼마나 많은 죽음 속의 부활들이 궁극적이며 보편적인 부활과 일치할 것인지 질문한다.[115]

성서가 말하는 보편적 부활은 이 세계를 파괴하는 죄와 죽음이 사라지는 일과 함께 일어날 것으로 표상된다. 또 그것은 죄와 죽음이 극복될 때 나타날 새 하늘과 새 땅과 결합되어 있다. 그러나 부활이 개인의 죽음 속에서 일어난다고 생각할 때, 보편적 부활과 함께 올 죽음의 마지막 극복, 이 극복과 함께 올 하나님의 새 하늘과 새 땅에 대한 메시아적 전망과 희망이 약화되거나 사라질 수 있다. 또한 가톨릭 신학자들이 말하는 "죽음 안에서의 부활"은 인간의 몸과 아무 관계가 없는, 단순히 인간의 영적·정신적 부활이다. 그러므로 부활은 인간의 신체적·물질적 현실에 대하여 적극적 의미를 갖지 못하고, 하나의 영적인 것, 곧 영화(Spiritualisierung)될 위험성이 있다.

라칭어에 의하면, 인간의 영혼과 몸은 하나로 결합되어 있다. 양자는

---

114) K. Rahner, Über den "Zwischenzustand," 456.
115) M. Schmaus, *Der Glaube der Kirche II*, 1970, 744ff. 773ff.

분리될 수 없다. 그러나 "죽음 속의 부활"에서 영혼과 몸의 "비분리성"과 결합성은 인정되지 않는다. 부활은 단지 영적·정신적인 것으로 생각된다. 임종해 누워 있거나 시체가 되어 무덤 속으로 운반되는 사람이 부활했다고 말한다면, 그의 부활은 영혼과 몸의 통일체로서 인간의 부활이 아니라, 단지 그의 영혼이 부활했다고 생각할 수밖에 없다. 따라서 "죽음 안에서의 부활"은 "몸에서 분리된 인격의 독자적 현실"을 인정하게 되며, "영혼 불멸설의 은폐된 회복"을 초래할 수 있다.[116]

또한 "죽음 안에서의 부활"에서 그리스도의 다시 오심(재림)에 대한 기다림은 "죽음 속의 기다림"과 동일해진다. 죽음 속에서 그리스도의 오심과 부활이 일어난다고 생각되기 때문이다. 죽은 사람 혹은 금방 죽은 사람 안에서 부활이 일어났다면, 역사가 그에게서 완성에 도달하였다고 말해야할 것이다. 그러나 현실의 역사는 여전히 완성되지 않은 채 계속되고 있다. 이미 완성되었다고 보아야 할 역사와, 아직 완성되지 않은 채 계속되는 현실 역사의 간격을 "죽음 속의 부활"은 해명하지 못한다. 그것은 역사 안에서 일어나는 한 개인의 삶의 시작과, 현재와 미래, 그리고 죽음 저 너머에 있는 초개인적인 역사의 완성의 관계를 설명하지 못하며, 어떤 의미에서 개인의 죽음과 함께 역사 전체가 이미 완성되었다고 볼 수 있는지를 충분히 설명하지 못한다.[117] 역사의 마지막에 올 "최후의 날"과 역사의 목적은, 개인의 죽음의 순간과 동일시된다.

하트루프(D. Hattrup, Theologischen Fakultät Paderborn)에 의하면, 남편이나 부인이 죽어 시체가 굳어지고 있는데, 그들이 완성에 도달하였으며 부활하였다는 것을 해명하기는 어려울 것이다. "죽음 속의 부활"은 "살아 있는 사람들과 죽은 사람들의 사귐을 깨뜨리며, 죽은 사람들에게 역사로부

---

116) J. Ratzinger, *Eschatologie*, 96.
117) Ibid., 98.

터 자유로운 구원을 약속하는, 세계 도피적 심령주의"를 나타낸다.[118]

판넨베르크는 "죽음 안에서의 부활"의 문제점을 다음과 같이 지적한다. 성서에서 죽은 자들의 부활은 구원의 미래가 되신 그리스도께서 다시 오실 때 일어날 것으로 생각된다. 물론 그리스도께서는 그리스도인들의 현재 속으로 이미 들어와 활동하고 있다. 그러나 그리스도인들은 그의 오심을 기다리며, 그들의 몸의 부활을 기다린다. 그러나 부활이 그리스도의 오심과 더불어 일어나는 것이 아니라 개인의 죽음 속에서 일어나는 것으로 생각할 때, 부활 사건의 신체성이 부인될 수밖에 없다. 따라서 개인의 구원의 완성은 물론 인류의 구원의 완성이 사실상 폐기된다. 그러나 개인 구원의 완성과 인류 구원의 완성의 연관성이 성서가 지닌 미래의 희망의 본질적 요소다.[119]

5. "전적 죽음" 이론

1) 변증법적 신학자들의 이론

20세기 초반의 많은 개신교 신학자들은 가톨릭교회의 연옥설은 물론 영혼 불멸설을 강하게 부정하고, 죽음의 순간에 영혼과 육체의 통일체로서의 인간 전체가 완전히 죽어버린다는 "전적 죽음"(Ganztod)설을 주장했다. 그리고 영혼 불멸설과 죽은 자들의 부활을 철저히 대립하는 것으로 보았다. 쿨만의 유명한 저서 『영혼의 불멸인가, 아니면 죽은 자들의 부활인가?』[120]는 당시의 상황을 반영하고 있다. 이들의 주장에 의하면, 영혼 불멸설은 그리스적인 것이요, 죽은 자들의 부활은 성서적이며 기독교적인

---

118) D. Hattrup, *Eschatologie*, 318.
119) W. Pannenberg, *Systematische Theologie III*, 1993, 623.
120) O. Cullmann, *Unsterblichkeit der Seele oder Auferstehung der Toten?* 이에 관하여 이종성, 『종말론』I, 167f.

것이다. 그리스 철학에서 영혼과 몸은 인간의 분리될 수 있는 두 가지 구성 요소인 반면, 성서에서 영혼과 몸은 분리될 수 없다. 몸 없는 영혼이 있을 수 없는 것처럼, 영혼 없는 몸도 있을 수 없다. 영혼의 모든 기능은 바로 몸의 기능이다. 따라서 인간이 죽을 때, 그의 몸은 물론 그의 영혼도 죽는다. 칼 바르트(Karl Barth), 엘러트(W. Elert), 알트하우스(P. Althaus), 드 퓨리(R. de Pury), 틸리케(H. Thielicke), 융엘(E. Jüngel), 오트(H. Ott) 등 20세기 전·후반기의 많은 신학자들이 이러한 입장을 따른다.

칼 바르트에 의하면, 죽음 다음에 인간의 영혼이 남아서 "나비처럼 무덤 위를 날아다니다가, 어딘가에 보존되어 죽지 않고 계속 산다"는 생각은 이교적인 것이다.[121] 엘러트에 의하면, 부활은 죽음 후에도 남아 있던 인간의 어떤 부분이 다시 살아나는 것이 아니라 하나님의 완전한 "새 창조"다. 그것은 "지상에 살았던 실존의 완전한 끝으로서의 죽음을 전제하기 때문이다." 그럼 인간이 완전히 죽어 없어졌다가 다시 부활하였을 경우, 우리는 그의 정체성을 어떻게 알 수 있는가?

엘러트에 의하면, 지상에 살았던 자와 부활한 자의 동일성은 하나님의 판단에 있다. 하나님의 판단 외에는 "아무것도 남지 않는다." 만일 죽음이 전적인 것이 아니라면, 부활도 하나님의 전적 사역이 아니라 절반의 사역일 것이다. 우리의 몸과 영혼이 전적으로 죽기 때문에, 하나님은 우리의 몸과 영혼을 전적으로 다시 살리실 것이다.[122] 융엘도 인간의 전적 죽음을 주장한다. 영혼 불멸설과 부활은 철저히 대립한다. 죽음은 "삶의 상황들을 전적으로 중단시키는 무관계성(Verhältnislosigkeit)의 사건"이다.[123] 오트에 의하면, 죽음과 함께 인간의 존재는 완전히 폐기되고, 죽음과 부활 사이의

---

121) K. Barth, *Dogmatik im Grundriss*, 1947, 180; K. Barth, *Auferstehung der Toten*, 67.
122) W. Elert, *Die Gegenwart der Ewigkeit*, 1958, 116f.
123) E. Jüngel, *Tod*, 145.

죽음과 부활의 신학

중간 시간에는 하나님만이 유일한 "의미의 담지자"로 계신다.[124)

알트하우스는 인간의 전적 죽음을 말하는 동시에 죽은 자의 "새로운 현존의 형태"를 인정함으로써, 변증법적 신학자들의 입장에서 한 걸음 후퇴한다. 그의 견해에 의하면, 몸과 영혼은 구분될 수 있으나 분리될 수 없다. 몸은 영혼의 "얼굴, 눈, 태도, 몸짓"이요, "영혼의 표현"이며 "형태"다.[125)

우리는 플라톤에서 시작하여 오늘에 이르기까지, 서구의 사고를 지배한 영혼에 대한 옛 신앙과 작별해야 한다. 곧 영혼은 몸과 본질적으로 관계가 없는 독립된 존재로서, 몸 안에 살다가 몸으로부터 자기를 분리시킬 수 있다고 보는 이원론적 생각과 작별해야 한다. 죽음은 인간의 몸은 물론 영혼에게도 해당한다. 양자는 분리될 수 없기 때문이다. 영혼으로부터 몸이 사라지며, 영혼도 사라진다.[126)

그러나 하나님은 무로부터 생명으로 불러낸 인간의 인격을 붙드시며, "그에게 새로운 현존의 형태를, 곧 여기 땅 위에서와 같이 다시금 하나의 영적·정신적·신체적 형태를 주신다." "죽음이 몸은 물론 인간 전체에 해당하는 것처럼, 부활도 인간 전체에 해당한다."[127)

인간의 완전한 죽음에 대한 근거를 변증법적 신학자들은 그리스도론에서 발견한다. 예수는 십자가에서 인간 삶의 현실, 곧 무력함과 좌절과 허무함을 받아들인다. 그는 인간의 이 벌거벗은 진실을 하나님의 신실하심과 능력에 대한 절대적인 신뢰와 헌신 가운데서 스스로 받아들이고, 자기를 완전히 폐기시킨다. 이에 대해 하나님은 부활의 사건을 통하여 대답한다. 죽음이 총체적 폐기를 뜻한다면, 부활은 절대적 새 창조다. 양자 사

---

124) H. Ott, *Eschatologie*, 1958, 53.
125) P. Althaus, *Um die Wahrheit des Evangeliums*, 1962, 158f.
126) Ibid., 166.
127) Ibid., 107.

이에는 아무 연속성도 없다. 하나님의 아들은 십자가에서 완전히 죽는다. 그는 "불멸의 영혼으로서 계속 살고, 그리하여 사실상 **죽지 않기**" 때문이 아니라, 완전히 죽기 때문에 죽음을 이길 수 있었다.[128]

쿨만은 예수의 죽음과 소크라테스의 죽음을 비교함으로써, 예수의 죽음이 전적 죽음이었음을 증명하고자 한다.[129] 소크라테스에게서 죽음은 몸의 감옥으로부터 영혼의 해방이었다. 그러므로 그는 "아름다운 죽음", "영혼의 친구로서의 죽음"의 모습을 보여준다. 이에 반해 예수에게서 죽음은 몸과 영혼의 총체적 죽음이기 때문에, 그는 울면서 온몸을 떨고 부르짖으며 죽는다. 전자에서 죽음이 영원한 신적 세계로의 영혼의 귀향을 뜻한다면, 후자에서 죽음은 인간의 완전한 폐기다. 완전한 폐기가 있기 때문에 부활의 새 창조가 가능하다. 인간 안에 인간의 본성으로서 주어져 있는 불멸의 영혼이 역사의 새로운 미래를 열어주는 것이 아니라, 부정의 부정, 절대적 새로움으로서의 부활이 새로운 미래를 열어주며 새 역사를 세운다.

그런데 인간 예수가 완전히 죽었다면, 십자가에 달려 죽은 인간 예수와 부활한 예수의 동일성을 어떻게 보증할 수 있는가? 인간 예수가 완전히 죽고, 그에게서 아무것도 남아 있지 않다면, 부활한 예수가 인간 예수라고 말할 수 있는 증거가 없지 않은가? 몰트만에 의하면, 양자의 동일성은 "예수의 인격 속에 있지 않고, 그분 바깥에(*extra se*), 곧 무로부터 생명과 새로운 존재를 창조한 하나님 안에 있다."[130] 십자가의 죽음 속에서 예수가 당한 절대적 무(無), 그의 죽음과 함께 일어난 무관계성은 하나님의 사랑이 계시될 수 있는 가능성의 조건이다.

---

128) O. Cullmann, *Unsterblichkeit der Seele oder Auferstehung der Toten?*, 29.

129) Ibid., 13ff.

130) J. Moltmann, *Theologie der Hoffnung. Untersuchungen zur Begründung und zu den Konsequenzen einer christlichen Exchatologie*(『희망의 신학』, 전경연·박봉랑 역), 8. Aufl., 1964, 182.

모든 관계가 사라진 그곳에 사랑은 새로운 관계들을 창조하며, 모든 관계들이 단절된 그곳에 사랑만이 새로운 관계들을 창조한다.[131]

죽음의 철저한 부정 곧 철저한 죽음이 있기 때문에, 헤겔이 말하는 부정의 부정 곧 부활의 새 창조가 가능하다.

쉬츠(P. Schütz)에 의하면 예수의 죽음 속에 있는 부정과, 부정의 부정 곧 부활 사이에는, 헤겔이 말하는 보존(conservatio)의 의미에서의 지양(Aufhebung)이 없다. 양자는 절대적으로 단절되어 있다. 예수는 완전히 죽었고, 이 예수를 하나님이 다시 살리셨다. 그의 "삶은 무로 끝난다."[132] 예수는 자기 안에 있는 어떤 불멸의 요소로 인하여 부활한 것이 아니라, 오직 하나님의 새 창조의 능력으로 부활했다. 그러므로 부활은 하나님의 독자적 은혜의 행위이며 "기적"이다.

2) "전적 죽음"설의 신학적 동기

변증법적 신학자들이 말하는 "전적 죽음"설의 동기는 다음과 같이 요약할 수 있다.

(1) 하나님과 인간 사이의 존재론적 유비를 거부하고, 양자의 존재를 먼저 절대적 차이와 분리 속에서 파악하고자 하는 변증법적 신학자들의 기본 입장: 하나님과 인간은 인간의 죄로 말미암아 절대적 분리 속에 있다. 죄된 인간에 대하여 하나님은 절대 타자다. 양자의 "질적 차이"를 극복할 수 있는 것이 인간 자신 안에는 전혀 없다.

(2) 하나님의 구원과 새 창조를 오직 하나님의 은혜와 능력에 돌리고자 함: 하나님에게서 분리되어 있는 인간을 구원할 수 있는 것은 인간 자

---

131) E. Jüngel, *Tod*, 139.
132) P. Schütz, *Was heisst—"Wiederkunft Christi?"*, 1972, 28.

신 안에 있는 그 무엇이 아니라, 오직 하나님의 조건 없는 사랑과 은혜에 있다. 구원의 가능성은 인간 자신 안에 있는 불멸의 본성이나 인간 존재 자체의 능력에 있지 않고, 하나님의 놀라운 은혜와 사랑을 계시하는 예수 그리스도 안에 있다.

이러한 신학적 기본 입장 때문에 변증법적 신학자들은 죽은 자와 부활한 자의 연속성을 철저히 거부하고 "전적 죽음"을 주장한다. 불멸하는 영혼을 인정할 때, 오직 하나님의 은혜로 말미암은 하나님 자신의 독자적 구원 행위로서의 부활에 대하여 말할 수 없게 된다. 부활은 인간 자신 안에 있는 불멸의 영혼에 근거한 것으로 되어버린다. 또한 인간의 구원은 인간 자신 안에 있는 불멸의 것을 개발함으로써 얻을 수 있는 것으로 생각될 수 있다.

칸트에 의하면, 인간의 윤리적 완전성은 "동일한 이성적 존재의 무한하게 지속되는 존재와 인격(이것을 우리는 영혼의 불멸이라 부른다)의 전제 하에서 가능한" "무한한 발전(Progressus)"을 요구한다. 달리 말해 인간의 윤리적 완전성은 인간 자신의 본성으로서의 인간의 불멸을 전제하며, 이 전제 하에서만 생각될 수 있다. 따라서 칸트에 의하면, 인간은 그 본성에 있어 불멸한다. 인간 자신 안에 주어져 있는 본성으로서의 불멸에 대한 생각은, 관념주의 철학은 물론 계몽주의와 근대 신학에서 거의 공통적인 요소다.

그러나 칸트가 말하듯이, 만일 인간의 본성이 불멸한다면, 달리 말해 불멸하는 그 무엇이 인간 자신 안에 있다면, 인간은 자신의 노력을 통하여 점진적으로 하나님의 영원에 도달할 수 있을 것이다. 그는 스스로 하나님의 구원에 접근할 수 있다.

변증법적 신학자들은 영혼 불멸설 속에 숨어 있는 이 위험성을 철저히 거부한다. 그들의 생각에 의하면, 불멸은 오직 하나님에게만 해당한다. 사멸하는 피조물과 불멸의 하나님, 시간과 영원 사이에는 키에르케고르가 말하는 "무한한 질적 차이"가 있다. 인간 자신 안에 불멸하는 것은 아무것도 없다. 불멸은 하나님에게만 속한 신적 본성이다. 만일 인간 자신 안에 불멸하는 그 무엇이 있다면, 그는 더 이상 인간이 아닐 것이다. 그는 신적 존재일 것이다. 인간 존재의 술어는 허무성과 무의미다. 허무성과 무의미 속에 있는 죄된 인간과 영원한 하나님을 연결할 수 있는 것은 인간 자신 안에 아무것도 없다. 즉 불멸하는 영혼이란 존재하지 않는다. 따라서 영혼 불멸설은 하나님에 대한 불경건이요 교만이다. 죽음 속에 있는 인간과 생명이신 하나님의 대립은 오직 하나님 자신에 의해서만 극복될 수 있다. 이것이 바로 부활이다. 부활은 시간의 수평선상에서 일어날 수 있는, 하나님과 인간 사이의 무한한 거리와 분리의 극복을 말한다. 그것은 오직 하나님의 능력으로 말미암은 허무하고 죄된 인간의 구원과 "세계의 의미의 드러남"(Aufdeckung des Sinns der Welt)을 가리킨다.[133] 부활이 일어나는 순간은 수평적 시간의 마지막 순간이 아니라 "그것의 텔로스(telos), 그것의 비시간적인 목적과 끝"이다.[134]

변증법적 신학에 의하면 하나님과 인간의 무한한 질적 차이, 하나님의 절대적 능력에 대한 인간의 절대적 무력함은 인간의 죽음 속에서 표징적으로 나타난다. 죽음은 인간의 총체적 끝이다. 죽음은 인간의 절대적 무력함이다. 죽은 자를 다시 살릴 수 있는 하나님의 절대적 능력이 아니면, 그 무엇도 하나님과 인간 사이의 이 심연을 넘어 인간을 구원할 수 없다. 그러므로 그리스도인들은 오직 하나님의 능력을 통한 부활을 기다려야 한다. 여기서 영혼의 불멸을 말하는 것은, 인간 자신의 능력과 가능성을 주장하는 것에 불과하다. 그러므로 변증법적 신학자들은 영혼 불멸과 죽은 자들의 부활을 대립시키고, 인간의 전적·총체적 죽음을 주장한다. 죽음 후에도 죽지 않고 존속하는, 그리하여 하나님의 구원의 기초가 될 수 있는

---

133) K. Barth, "Biblische Fragen. Einsichten und Ausblicke"(1920), in *Anfänge der dialektischen Theologie I*, hrsg. von J. Moltmann, 71.
134) Ibid., 72f.

그 무엇이 인간에게는 없다. 불멸하는 영혼이란 존재하지 않는다. 몸의 죽음과 함께 영혼도 죽는다. 따라서 죽음은 인간의 전적 폐기(annihilation)다. 죽음 후에도 남는 것은 인간의 영혼이 아니라 하나님의 신실하심뿐이다.

인간에게 남는 것은 신적인 그 무엇도 아니고, 피조물적인 그 무엇도 아니다. 그것은 피조물에 대한 창조자의 **행위와 관계**다.[135]

3) "전적 죽음"설의 문제점

하나님과 인간의 깨어진 관계는 오직 하나님 자신에 의해 극복될 수 있으며, 부활은 오직 하나님 자신의 능력에 기초한 새 창조로 파악되어야 한다는 변증법적 신학자들의 견해에 우리는 동의할 수 있다. 또한 인간의 몸에 대하여 독립적으로 존재하는 불멸의 신적 영혼을 부인하는 것도 타당하다. 그러나 변증법적 신학자들이 말하는 "전적 죽음"에 대해 우리는 다음과 같이 질문할 수 있다.

(1) 인간의 죽음과 함께 인간의 존재가 완전히 폐기되어버리는가? 성서에 의하면, 죽은 자들은 완전히 없어져 버리는 것이 아니라 음부의 세계 곧 스올로 내려가며, 거기서 그림자와 같은 존재로 존속한다. 그들은 폐기되어버린 것이 아니라 잠자는 것과 같은 상태에 있다. 신약성서는 스올 대신에 "하데스"와 "게헨나"에 대해 말한다. 물론 우리가 성서의 모든 구절을 문자적으로 수용하기는 어렵다. 예를 들어 거지 나사로가 죽은 다음 아브라함의 품에 안겨 있다는 복음서의 이야기, "너는 오늘 나와 함께 낙원에 있을 것이다"라는 누가복음이 전하는 예수의 말씀을 우리는 문자적으로 수용할 필요가 없다. 그러나 이러한 이야기에서 예수는 죽음 후에도 남아 있는 인간 존재를 전제하고 있으며, 이 전제는 구약성서의 스올 사상에 상응한

---

135) K. Barth, *Kirchliche Dogmatik III/2*, 2. Aufl., 1959, 428.

다. 그러므로 이종성 교수는 다음과 같이 말한다.

> 이와 같이 신구약성서는 죽음 후에 사람은 전체적으로 낙원으로 가든지(눅
> 23:43), 그렇지 않으면 스올, 하데스, 게헨나에 가서 최후 심판을 받을 것이라고
> 함으로써 죽음 후에도 삶이 계속된다(immortality)는 것을 가르치고 있다.[136]

이 문제와 관련하여 변증법적 신학자들은 예수의 죽음을 "전적 죽음"
으로 파악하면서, 그것을 모든 인간의 전적 죽음에 대한 근거로 제시한다.
그러나 신약성서의 증언에 의하면, 죽음 후에 예수는 죽은 자들의 세계로
내려가 거기서 복음을 전하였다. 이 증언을 우리가 문자적으로 수용하지
않는다 할지라도, 죽음과 함께 예수의 존재가 완전히 폐기되었다는 전적
죽음설의 주장은 이 증언에 모순된다.

그레스하케는 이 문제를 다음과 같이 설명한다.[137] 하나님은 인간을
하나의 독립적이며 책임적인 존재, 하나님과 대화할 수 있는 존재로 창조
하였다. 따라서 인간의 본성은 언제나 살아 계신 하나님 앞에 서 있을 수
밖에 없다. 언제나 하나님 앞에 서 있을 수밖에 없는 인간 존재의 이 불가
피성은 죽음을 통하여 폐기되지 않는다. 오히려 그것은 인간 삶의 역사가
궁극화되는 죽음의 순간에 증명된다. 하나님은 죽음 속에서도 인간을 사
랑한다. 그의 사랑은 영원하다. 그러므로 인간은 죽음 속에서도 **하나님의
사랑 안에** 있다.

(2) 만일 죽음과 함께 인간의 모든 것이 폐기되어 없어져 버렸다면, 과
연 인간의 그 무엇이 부활하게 되는가? 인간이 완전히 죽어 없어져 버렸
다면, "과연 누가 부활되는가?"[138] 달리 말해 "전인(全人)이 소멸된다면 부

---

136) 이종성, 『종말론』 I, 142.
137) G. Greshake, Das Verhältnis "Unsterblichkeit der Seele" und "Auferstehung des Leibes" in problemgeschichtlicher Sicht, 108ff.
138) G. Bachl, Über den Tod und das Leben danach, 126.

활 시에 무엇이 소생할 것인가?"[139] 그리고 죽은 자와 부활한 자의 **동일성**을 어떻게 확인할 수 있는가? 변증법적 신학자들의 입장에 의하면, 양자의 동일성은 하나님의 절대적 은혜와 능력에 있는 것이지, 인간의 존재 자체 안에 주어져 있는 어떤 영원한 것, 불멸의 영혼에 있지 않다. 무에서 만유를 창조하신 하나님의 능력은 인간의 절대적 죽음과 부활 사이의 간격을 극복하고, 죽은 자와 부활한 자의 동일성을 보장할 수 있다. 그러나 죽음과 함께 인간의 모든 것이 절대적 무로 돌아간다면, 죽은 자와 부활한 자의 동일성이 어떻게 확인될 수 있으며 또 증명될 수 있는가?

(3) 죽음과 함께 인간의 모든 것이 폐기되고 없었던 것처럼 되어버린다면, 살아 있는 인간의 **윤리적 책임성**이 약해질 수 있으며, 하나님의 의에 대해 말하기 어렵다. 죽은 자들의 부활이 언제 있을 것인지는 그 누구도 알 수 없다. 그럼에도 불구하고 죽음과 함께 인간의 모든 것이 폐기되어 없었던 것처럼 되어버린다고 생각할 때, 우리는 윤리적으로 책임 있게 살고자 하는 의욕이 약화되고 타락과 방종에 빠질 수 있다.

(4) 또한 죽음과 함께 인간의 삶의 모든 것이 없었던 것처럼 되어버린다면, 하나님의 의는 어디에 있는가? 죽음이 하나님의 의에 대한 한계가 되지 않겠는가? 또 죽음과 함께 모든 것이 없는 것처럼 되어버린다면, 최후 심판 때에 하나님은 인간의 그 무엇을 보고 인간을 심판하실 것인가? 최후 심판 때에 하나님의 의는 집행될 수 없지 않겠는가? 일본의 식민 통치하에서 억울한 죽음을 당한 우리 조상들이나, 그들을 죽인 일본인들의 존재가 죽음과 함께 완전히 폐기되고 그것으로 끝나버린다면, 죽임을 당한 사람들에게는 너무도 억울한 일이 아닌가? 또 하나님이 신실하시다면, 그는 죽은 자들을 버리지 않고 그의 손 안에서 지키시지 않겠는가? 그러므로 구약성서는 죽은 자들이 하나님 안에 있음을 고백하기 시작한다. 하나님은 죽음의 세계 안에도 계신다. "내가 하늘로 올라가더라도 주께서는

---

139) 오주철, 『조직신학개론』, 393.

거기에 계시고, 스올에다 자리를 펴더라도 주님은 거기에도 계십니다"(시 139:8). 하나님은 죽은 자를 스올에 감추어두시며 그를 기억하신다. "차라리 나를 스올에 감추어두실 수는 없으십니까?…뒷날에 다시 기억해주실 수는 없습니까?"(욥 14:13)

종합적으로 말하여 구약성서에서도 죽은 자들은 완전히 없어져 버리는 것이 아니라 하나님 안에 있다. 이것을 가리켜 우리는 성서적 의미에서의 "불멸"이라 할 수 있다. 여기서 죽은 자들의 불멸에 대한 이스라엘의 신앙은 영원한 삶 자체에 대한 관심에서 생성된 것이 아니라, 모든 한계를 넘어서는 하나님의 신실하심과 하나님과의 교통, 하나님의 의에 대한 물음에서 생성되었다는 사실이 나타난다. 그것은 인간 자신 속에 주어져 있는 인간의 자질이나 본성이 죽음의 순간에 어떻게 되는가를 관찰함으로써 고백되지 않고, 하나님의 의와 그의 신실하심에 대한 신뢰로 말미암아 고백된다.

죽음의 문제의 극복은 이미 완성되어진 어떤 피안의 희망 속에서 표명되지 않고, 하나님과의 교통은 그의 신실하심 때문에 죽음으로 끝날 수 없다는 확고한 신념 속에서 표명된다.…따라서 야웨 앞에서는 지금의 삶이냐 아니면 죽은 자들의 세계에 있는 그림자와 같은 존재이냐의 양자택일이 있는 것이 아니라, 제3의 가능성으로서 야웨와의 지속적 삶의 결합(Lebensverbundenheit)이 있다.[140]

이 문제와 관련하여 오스트리아의 가톨릭 신학자 바흘은 다음과 같이 말한다.

만일 죽음이 모든 사람에 대하여 무(無)라면, 만일 살인자들이 그들의 희생자들과 마찬가지로 죽음 후에 용해된 약간의 화학 성분에 불과하다면, 죽음은

---

140) H. W. Wolff, *Anthropologie des Alten Testaments*, 164f.

결코 모든 인간에 대한 위대한 의를 뜻하지 않을 것이다. 그것은 무죄나 유죄를 무로 만들 것이며, 이 세계 속에서 무섭게 일어나는 양자의 차이를 완전히 무의미한 것으로 전락시킬 것이다. 유죄는 죽음의 문턱까지만 있을 것이고, 죽음 속이나 죽음 저편에는 없을 것이다. 그것은…죄책의 관계들을 해소시키는 극단적 수단을 제공할 것이다.[141]

물론 구약성서에서 죽음은 더 나은 세계, 더 행복한 세계로 넘어가는 것이 아니라, 생명이라 부를 수 없는 그림자와 같은 실존의 영역으로 넘어감을 뜻한다. 그러나 오늘날 많은 주석가들은, 이스라엘의 신앙에서 전적 죽음의 표상은 발견되지 않는다고 주장한다.[142] 이에 대한 근거를 우리는 아래 두 시편에서 발견할 수 있다.[143]

> 주님, 참 감사합니다. 이 마음 기쁨으로 가득 차고,
> 이 몸이 아무런 위험도 느끼지 않는 까닭은,
> 주께서 나를 보호하셔서
> 죽음의 세력이 나의 생명을 삼키지 못하게 하셨으며,
> 주님의 거룩한 자를 죽음의 세계에 버리지 않으셨기 때문입니다(시 16:9-10).

이 본문은 죽은 자들의 불멸을 직접적으로 말하지 않지만, 하나님은 죽음의 세계보다 더 강하다는 믿음을 확실히 고백한다. 인간이 비록 죽음의 세계 안에 있을지라도, 파괴될 수 없는 생명의 능력이신 하나님의 손 안에 있다. "생명의 근거"이신 하나님은 인간의 생명을 "죽음의 영역 한가운데서 담지한다. 그러나 하나님의 생명의 능력이 죽음을 넘어 새로운 생

---

141) Ibid., 49f.
142) W. Berg, "Jenseitsvorstellungen im Alten Testament. Mit Hinweis auf das frühe Judentum," in A. Gerhards(Hrsg.), *Die grössere Hoffnung der Christen*, 1990, 31.
143) 이에 관하여 J. Ratzinger, *Eschatologie*, 79ff.

죽음과 부활의 신학

명으로 인도한다는 이 확신은 구약성서에서 아직 은폐된 가운데 있다. 그
렇지만 이에 대한 신비스러운 투명성(Transparenz)은 분명히 나타난다."[144]

시편 73편은 행위와 결과의 인과율이 타당성을 잃어버린 인간 세계의
현실을 직시한다. 하나님 없는 자들이 행복을 누리며 자신을 하나님처럼
높인다. "그들에게는 오만이 목걸이요, 폭력이 그들의 나들이옷이다. 그들
은 피둥피둥 살이 쪄서, 거만하게 눈을 치켜 뜨고 다니며, 마음에 기대한
것보다 더 얻으며, 언제나 남을 비웃으며"(시 73:6-8). 그러나 시편 기자는
하나님 없는 자들이 누리는 모든 행복의 거짓됨과 헛됨을 깨닫고, 죽음을
넘어서는 하나님을 신뢰한다.

> 주의 교훈으로 나를 인도해주시고
> 마침내 나를 주의 영광에 참여시켜주실 줄 믿습니다.
> 내가 주님과 함께하니, 하늘로 가더라도,
> 내게 주님밖에 누가 더 있겠습니까?
> 땅에서라도, 내가 무엇을 더 바라겠습니까?
> 내 몸과 마음이 다 사그라져도,
> 하나님은 언제나 내 마음에 든든한 반석이시요,
> 내가 받을 몫의 전부이십니다(시 73:24-26).

이 본문에 의하면, **하나님과의 교통**은 몸의 죽음보다 더 강하다. 하나
님과의 교통이 참된 삶과 현실이요, 그 밖의 모든 것은 물거품과 같이 헛
되다. 의로운 자는 그의 몸이 사라질지라도 하나님 안에, 하나님과 함께
있다. 그는 하나님을 바라보고 하나님을 신뢰함으로써, 삶 속에 현존하는
죽음의 세력들을 견딜 수 있다.

---

144) H. -J. Kraus, *Psalmen I*, 1960, 127.

6. "그리스도 안에서" 잠자는 상태

1) 성서적 근거와 루터의 이해

성서에는 죽은 다음 우리 인간이 어떤 상태에 있게 되는가에 대한 다양한 표상이 발견된다. 예를 들어 죽자마자 지옥에 있게 되든지 아니면 낙원에 있을 것이라고 보는 표상이 있는가 하면(눅 23:43), 하늘로 이끌려 올라간다는 표상도 발견된다(고후 12:2). 또 영혼의 불멸을 암시하는 구절도 있다. 그러나 죽은 자들의 상태를 잠자는 상태로 보는 것이 성서의 오랜 전통을 형성하고 있음을 발견할 수 있다. 앞서 기술한 바와 같이, 먼저 구약성서는 죽은 자들이 "스올" 곧 "죽음의 세계"로 내려간다고 생각하며, 스올에 있는 죽은 자들의 상태를 잠자는 상태로 파악한다. 모세는 죽은 다음 그의 조상들과 함께 "잠들 것이다"(신 31:16). 다윗은 수한이 차서 그의 조상들과 함께 잘 것이다(삼하 7:12). "여로보암은 스물두 해 동안 다스린 뒤에, 조상들과 함께 잠들"었다(왕상 14:20). 시편 기자도 죽음의 상태를 잠자는 상태로 생각한다. "주 나의 하나님, 내가 죽음의 잠에 빠지지 않게 나의 두 눈에 불을 밝혀주십시오"(시 13:3). 예언자들도 이와 같이 생각한다. 죽은 자들은 땅의 먼지 가운데서 잠자고 있다(단 12:2; 사 14:18; 렘 51:57).

죽은 자들의 상태를 잠자는 상태로 보는 전통은 신약성서에도 계속된다. 예수는 죽은 지 오래되지 않은 야이로의 딸에게 이렇게 말한다. "그 아이는 죽은 것이 아니라 자고 있다"(막 5:39). 그는 죽은 나사로를 가리켜 "잠들었다"고 말한다(요 11:11). 바울도 죽은 자들이 잠자는 상태에 있다고 생각한다. 죽음에서 부활한 예수는 "잠자는 자들의 첫 열매"다(고전 15:20). 에베소서 5:14도 이 표상을 전제하고 있다. "잠자는 사람아, 일어나라. 죽은 사람 가운데서 일어나라." 데살로니가전서 4:13에서 바울은 죽은 자들을 "잠자는 자들"이라고 부른다(참조. 살전 4:14, 15; 벧후 3:18).

이와 같은 성서적 근거에서 루터는 죽은 자들의 상태를 시간과 공간의 제약을 벗어났으며 의식과 지각이 없는 깊은 수면, 곧 잠자는 상태로 생각한다.[145] 이로써 그는 가톨릭교회의 연옥설을 부인한다. "그가 오셔서 무덤의 문을 두드리고, '마르틴 박사, 일어나거라!' 하고 부를 때까지, 우리는 자야 한다. 그러면 나는 한순간에 일어날 것이며, 영원히 그와 함께 기뻐할 것이다." 하나님께는 인간의 모든 시간적 조건들이 해당되지 않으며, 천 년이 한순간과 같다. 그러므로 죽은 자들이 마지막 날 부활하였을 때, 그들은 어디에 있었으며, 얼마나 오래 죽음의 상태에 있었는지 알지 못한다.

눈이 감기자마자 너는 부활할 것이다. 수천 년이 네가 잠깐 잠잔 것처럼 느껴질 것이다. 우리가 밤에 시계 소리를 듣지만 얼마나 오래 잠을 잤는지 알지 못하는 것처럼, 죽음 속에서는 수천 년이 이보다 더 빨리 지나갈 것이다.

하나님 앞에서는 시간의 계산이 없기 때문에, 그 앞에서는 천 년이 하루와 같을 것이다. 그러므로 첫 사람 아담이, 그에게는 마지막 날 전에 태어난 마지막 사람처럼 가까울 것이다. 하나님은 시간을 길이에 따라 보지 않고 종으로 보기 때문이다. 하나님 앞에서는 모든 것이 한꺼번에 일어났다고 말할 수 있다.[146]

죽음의 상태를 잠자는 상태로 보는 루터의 생각은 두 가지 의미를 가진다. 첫째, 그것은 죽음이 인간에 대한 그의 힘을 잃어버렸다는 것을 의미한다. 죽은 자들은 잠자는 상태에 있기 때문에, 죽은 자들이 살아 있는 자들을 위하여 할 수 있는 일은 아무것도 없다. 그들은 살아 있는 자들의

---

145) 이에 관하여 O. H. Pesch, *Theologie des Todes bei Martin Luther II*, 1968, 700-789; P. Althaus, Die letzten Dinge, 1922, 141ff.; P. Althaus, *Die Theologie Martin Luthers*, 3. Aufl., 1972, 343-349, 특히 364f.

146) M. Luther, "Predigt am 16. Sonntag nach Trinitatis"(im Hause), (1533), *WA 37*, 151; M. Luther, "Predigt am 24. Sonntag nach Trinitatis"(1532), *WA 36*, 349; M. Luther, "Epistelauslegung Petr. und Jud."(1523/24), *WA 14*, 70f.

삶에 대해 아무런 영향도 줄 수 없다. 죽은 자들의 영역과 살아 있는 자들의 영역은 엄격히 구분되어야 한다.

둘째, 그것은 죽음이 인간의 마지막이 아님을 의미한다. 물론 죽음은 엄연히 존재한다. 그러나 죽음은 인간에 대한 그의 힘을 부활하신 그리스도에게 넘겨주었다. "하나님의 아들 예수 그리스도는 우리를 위하여 오셨고, 죄를 벗어버렸다. 이리하여 죽음은 그의 모든 권리와 힘을 잃어버렸다.…그것은 그의 가시를 잃어버렸다."[147] 이제 죽음은 인간의 마지막이 아니라 부활에 이르는 문이다. 마지막 부활에 이르기까지 죽음의 상태가 얼마나 오래 지속되는가의 문제에 대하여, 루터는 가톨릭교회의 연옥설처럼 시간과 공간의 범주를 통하여 대답하지 않고, 하나님의 시간 개념을 가지고 대답한다. 그리하여 "갑자기", "한순간에"(고전 15:52) 잠자는 자들이 부활할 것이라고 말한다. 루터에 의하면 "마지막 날"은 "주의 날"이요, 하나님의 시간은 영원한 현재다. 하나님의 시간 속에서는 모든 것이 현재적이다. 그러므로 천 년이 한순간과 같다. 죽은 자들은 영원한 하나님의 시간 속에 있다. 그들은 하나님의 영원한 현재 속에 있다.

2) "그리스도 안에" 있는 죽은 자들

예수의 비유에 의하면, 부자는 죽은 다음 지옥에 있을 것이고, 거지 나사로는 "아브라함의 품" 안에 있을 것이다(눅 16:19-29). 이 이야기는 예수 당시 유대교의 전승에서 유래하며, 당시의 유대인들에게 널리 알려져 있던 표상으로 보인다. "아브라함의 품"은 지옥과 반대되는 상태, 곧 낙원의 상태를 가리킨다. 그러므로 예수는 자기와 함께 십자가에 달린 죄수에게, "너는 오늘 나와 함께 낙원에 있을 것이다"라고 말한다(눅 23:43).

이 구절에서 예수는 "나와 함께"라고 말한다. 예수의 이 말씀은 예수가 계신 그곳에 낙원이 있음을 시사한다. 낙원 곧 파라다이스는 **예수와 함께,**

---

147) 루터의 찬송가 Evang. Kirchengesangbuch 76장, 3절.

예수 안에서 열린다. 죽은 자들은 예수와 함께, 예수 안에서 낙원의 상태 곧 그리스도와의 친교 안에 있을 것이다. 그러므로 순교의 죽음을 당하는 스데반은 "주 예수님, 내 영혼을 받아주십시오"라고 간구한다(행 7:59). 신약성서의 이러한 구절들에 근거하여 예레미아스(J. Jeremias)는 죽음 후의 중간 상태에 대해 다음과 같이 말한다.

전체적으로…신약성서는 죽음 후에 올 그리스도와의 친교(Christusge-meinschaft)를 중간 상태에 대한 특별히 기독교적 진술로서 기술한다.[148]

바울도 죽은 자들이 **그리스도와의 친교** 안에 있는 것으로 생각한다. 그의 대표적 개념인 "그리스도 안에"(en Christo)라는 말은 살아 있는 자들과 죽은 자들을 포괄한다.[149] 살아 있는 자들은 물론 죽은 자들도 그리스도 안에 있다. 그러므로 바울은 "그리스도 안에 있는 죽은 자들"에 대해 말한다(살전 4:16). 그리스도인들은 자든지 깨든지 그리스도와 연합되어 산다(살전 5:10). 예수 그리스도는 "**죽은 자들과 살아 있는 자들의 주**"이시다. 따라서 죽은 자들과 살아 있는 자들은 함께 그리스도의 주권 아래에 있다. 바울의 믿음에 의하면 "이 세상 안에서의 삶은 '그리스도'이다. 그러나 죽는 것도 유익하다. 그것은 이 세상 안에서 '풀려나는 것'과 '그리스도 안에 있음'을 뜻하기 때문이다."[150]

로마서 8:38에 의하면, 죽은 자들은 "그리스도 예수 안에 있는 하나님의 사랑" 가운데 있다. 죽음도 그리스도인들을 하나님의 사랑에서 분리시킬 수 없다. 그리스도와 함께 죽은 그리스도인들의 생명은 "그리스도와 함께 하나님 안에 감추어져 있다"(골 3:3). 베드로전서 4:6에 의하면, 죽은 자

---

148) J. Jeremias, "Paradeisos," in *ThWNT V*, 769.
149) 이에 관하여 P. Hoffmann, *Die Toten in Christus*, 1966은 자세히 기술한다.
150) J. Ratzinger, *Eschatologie*, 111.

들에게 복음이 선포된다. 그리스도는 죽음의 감옥에 있는 영들에게 말씀을 전파한다. 빌립보서 1:10은 "하늘에 있는 자들과 땅에 있는 자들과 땅 아래 있는 자들", 곧 모든 죽은 자들과 살아 있는 자들의 공동체에 대하여 말한다. 골로새서 1:17에 의하면, 만물이 그리스도 안에 있다. 따라서 죽은 자들도 그리스도 안에 있다. 히브리서 12:1은 로마 제국의 박해로 인하여 죽은 자들을 "구름같이 둘러싼 많은 증인들"이라 부른다. 이러한 구절들에 의하면, 죽은 자들은 그리스도와의 친교 안에, 하나님의 사랑 안에 있으며, 하나님의 구원 역사 안에 포괄되어 있다고 할 수 있다.

이종성 교수에 의하면, 그리스도인들은 죽은 다음에 "그리스도 안에", "그리스도와 함께" 있을 것이다. 따라서 "죽음은 생의 마지막이 아니라 그리스도와 함께하는 삶의 시작을 의미한다. 바울은 빌립보 교회에 보낸 편지에서 '내가 그 두(생사) 사이에 끼였으니, 떠나서 그리스도와 함께 있을 욕망을 가진 이것이 더욱 좋으나'(1:23)라고 했다. 심지어 그는 죽음이라는 말도 쓰지 않는다. 죽음이라는 것은 상식적으로 삶의 끝남을 의미하기 때문에, 그는 그 말을 쓸 수가 없었다. 그에게도 죽는 것이 그리스도와 함께하는 것이기 때문이다."[151]

죽음 이후의 상태에 대한 이러한 생각은 변증법적 신학자들이 말하는 "전적 죽음"을 거부한다. 인간은 죽음과 함께 완전히 없어지는 것이 아니라, 그리스도 안에서 잠자는 상태 곧 영원히 안식하는 상태에 있다. 살아 있는 자들은 물론 죽은 자들도 그리스도의 것이요, 하나님의 백성이다. 복음서에 의하면, 십자가의 죽음을 당한 예수는 완전히 폐기되어 없어진 것이 아니라 죽은 자들의 세계로 내려간다. 예수와 함께 하나님 자신이 스올로 내려간다. 거기서 그는 하나님의 주권을 세운다. 이리하여 죽음의 세계는 더 이상 하나님의 버림을 받은 어둠과 무관계성과 침묵의 세계가 아니라 그리스도의 주권 아래에 있게 된다. 죽은 자들도 이제 그리스도와의

---

151) 이종성, 『종말론』 I, 85.

교통 안에 있다. 예수 그리스도는 살아 있는 자들과 죽은 자들의 주님이다(롬 14:9). 따라서 죽은 자들은 죽어 없어지는 것이 아니라, 잠자는 상태에서 살아 있는 자들과 함께 그리스도 안에 있다. 크라우스(H. -J. Kraus)에 의하면 "신자들은 항상 그 안에(=그리스도 안에) 있을 것이다."[152] 푈만(H. G. Pöhlmann)은 이것을 다음과 같이 말한다.

> 인간의 죽음 이전의 실존과 죽음 이후의 실존 사이의 연속성은 단지 인간에 대한 하나님의 심판에 있는 것이 아니라, 그의 파괴될 수 없는 인격성과 형식적 형상(Imago)에 있다. 죽음은 무관계성이 아니라, 인간을 완전히 새롭게 그의 심판자(롬 6:23)와 구원자(빌 1:23)의 관계 속에 정립시킨다.[153]

3) 산 자들과 죽은 자들의 공동체

위에서 기술한 바를 종합할 때, 인간은 죽음과 함께 무로 돌아가는 것이 아니라 그리스도의 주권과 교통 속으로 들어가며, 마지막 부활이 있기까지 살아 있는 자들과 함께 하나의 공동체를 이룬다고 말할 수 있다.[154] 그리스도께서 죽음의 세계를 깨뜨렸기 때문에, 죽음도 그리스도와의 교통에 대한 한계가 될 수 없다. 그러므로 그리스도인들은 죽음과 함께 시간과 공간의 제약을 벗어나, 그리스도와의 영원한 교통과 친교 속으로 들어가며, 살아 있는 자들과 함께 그리스도와의 친교 속에 머물 것이다. 가톨릭교회의 제2차 바티칸 공의회도 이 점을 간파했다. 그리하여 죽음과 마지막 부활 사이의 중간 상태를 "살아 있는 자들과 죽은 자들의 삶의 교통"으로 파악한다.[155] 물론 죽은 자들은 아직 부활하지 않았으며 하나님의 새로운 세

---

152) H. -J. Kraus, *Systematische Theologie, im Kontext bilischer Geschichte und Eschatologie*, 1983, 563f.

153) H. G. Pöhlmann, *Abriss der Dogmatik. Ein Repetitorium*, 1973, 272.

154) 아래의 내용에 관하여 J. Moltmann, *Das Kommen Gottes*, 124ff.

155) D. Hattrup, *Eschatologie*, 339.

계 안에 있지 않다. 그러나 그들은 "그리스도 안에" 있으며, 그리스도와 함께 하나님의 새로운 세계를 향한 도상에 있다. 살아 있는 자들과 같이 죽은 자들도 하나님의 새로운 창조의 세계를 기다리고 있다.

살아 있는 자들과 죽은 자들은 그리스도와의 교통 내지 친교 속에 함께 속하기 때문에, 살아 있는 자들은 죽은 자들을 잊어버릴 수 없다.[156] 오히려 살아 있는 자들은 죽은 자들을 회상하고 그리스도 안에서 그들과의 친교 속에서 살아야 하며, 억울한 죽음을 당한 사람들의 권리를 회복하고 그들의 한을 풀어주어야 한다. 그리하여 살인자들이 그들의 희생자들에 대하여 궁극적으로 승리하지 않도록 해야 한다. 폭력과 불의로 인하여 죽음을 당한 사람들의 억울함을 풀어주어야 하고, 약한 자들에 대한 하나님의 자비와 하나님의 의가 승리한다는 사실을 증명해야 한다. 일본의 통치 하에 강제 징용이나 일본군 위안부로 끌려가 비참한 운명을 당한 여성들의 권리를 되찾아주고 그들의 한을 풀어주어야 한다.

죽은 사람들에 대하여 무관심한 사람은 자기 자녀들의 삶에 대해서도 무관심할 것이다. 자기밖에 모르는 이기적 심성은 자기 조상은 물론 자기 후손에 대해서도 무관심한 채, 자신의 편리만을 생각할 것이다. 이러한 사람은 기껏해야 자녀들에게 많은 유산을 남겨주는 근시안적 태도를 극복하지 못하며, 자녀들이 인간답고 건강하고 평화롭게 살 수 있는 세계에 대해서는 전혀 관심이 없을 것이다. 억울한 죽음을 당한 자들이 무관심과 망각의 세계에 방치될 때, 세상은 그들의 죽음을 야기한 자들이 영원히 승리하는 형국이 될 것이다.

프랑크푸르트 학파(Frankfurter Schule)의 "비판 이론"은 이것을 다음과

---

156) 이와 관련하여 F. Marquardt, *Was dürfen wir hoffen, wenn wir hoffen dürfen? I*, 132: 기독교의 두 성서와 이스라엘의 구전(口傳) 토라는 "살아 있는 자들과 죽은 자들, 또한—거꾸로—죽은 자들과 살아 있는 자들의 지속적 관계"를 고려하고 있다. "죽은 자들은 살아 있는 자들에게 속하며", 살아 있는 자들도 태어나면서부터 "죽음의 후보 자들"(Todeskandidaten)이다.

같이 표현한다. 살인자들이 그들의 희생자들에 대하여 궁극적으로 승리해야 하는가? 호르크하이머(M. Horkheimer)에 의하면, 신학은 "불의가 마지막 말일 수 없다는 희망이요, 살인자가 무고한 희생자에 대하여 승리할 수 없음에 대한 동경의 표현이다."[157]

그렇다면 죽은 자들과 교통하고 친교를 나눌 수 있는 길은 무엇인가? 그것은 죽은 자들에게 거대한 음식상을 마련하는 것이 아니라, 그리스도 안에 나타나는 하나님의 사랑으로 충만케 되는 데 있다. 하나님의 사랑이 우리 안에 가득할 때, 우리는 망각 상태에 있던 죽은 자들을 회상하고 그들을 사랑하게 된다. 그리스도께서 우리와 더 가까이 계실수록, 우리는 죽은 자들과 더 깊은 사귐을 갖게 된다. 그리스도는 복음의 말씀과 성례전과 형제 자매들의 사귐 속에 계신다. 이와 동시에 그는 세상의 작은 형제들, 곧 가난한 자들, 굶주린 자들, 병든 자들 가운데 계신다(마 25:31-46). 이러한 작은 형제들의 친구가 되는 사람은 그리스도와의 친교 속으로 성장하며, 그리스도와의 친교 속에서 죽은 자들과 가까워진다. 우리는 소위 연옥에 있는 영혼들을 위해 더 이상 아무것도 행할 필요가 없다. 그리스도께서 자기 목숨을 바쳐 그들의 구원을 위하여 충분히 행하였으며, 그들도 이제 그리스도와의 친교 속에 있기 때문이다. 그러나 우리는 죽은 자들을 잊어서는 안 되며, 우리의 기억에서 그들을 추방해서도 안 된다.

그러나 한 가지 어려운 문제는, 그리스도를 부인하고 죄 가운데서 살다가 죽은 사람들도 그리스도와의 친교 속에 있는가 하는 문제다. 만일 그렇다면 우리가 이 세상을 살 동안, 도덕적으로 바르게 살고자 노력할 필요가 없지 않은가? 여기서 우리는 우리가 가진 사고력의 한계에 부딪힌다. 그리스도와의 친교에 속하거나 속하지 않고 소위 지옥에 떨어진다고 판단할 수 있는 기준은 무엇인가? 그리스도를 믿는 사람은 죽은 후 모두 그

---

157) M. Horkheimer, *Die Sehnsucht nach dem ganz Anderen. Ein Interview mit Kommentar von H. Gumnior*, 1970, 61f.

리스도와의 교통 속으로 들어가며, 믿지 않는 사람들은 모두 지옥불에 떨어질 것인가? 하나님이 인간의 행위에 따라 심판할 경우, 비록 그리스도인이라 할지라도 그리스도와의 친교 속으로 들어갈 수 있는 사람이 과연 몇이나 될까? 인간의 도덕적 판단 기준은 시대와 종족과 사회에 따라 다르다. 이러한 도덕적 판단 기준을 가지고 그리스도와의 친교에 속할 사람과 속하지 못할 사람을 구분할 수 있는가? 우리는 이 문제에 대한 대답을 하나님께 맡길 수밖에 없다. 마지막 판단을 내릴 분은 하나님이지, 우리 인간이 아니다.

또 한 가지 어려운 문제는, 그리스도와의 친교 속에 있는 죽은 자들은 구체적으로 어디에 있으며, 그들의 존재 양식은 살아 있는 자들의 존재 양식과 어떻게 다른가의 문제다. 여기서 우리는 이 세계 속에서 우리 인간이 사용하는 시간과 공간 개념의 한계에 부딪힌다. 아우구스티누스에 의하면, 시간이란 하나님의 창조와 함께 있게 되었다(creatio cum tempore). 따라서 시간은 언제나 이 세계와 결합되어 있으며, 이 세계 사물들의 변화를 통해서만 경험될 수 있다. 그러므로 창조 이전의 시간에 대하여 말하는 것은 무의미하다.[158]

루터도 이와 비슷하게 생각한다. 태초에 하나님만이 계셨고, 시간도 없었고, 공간이나 사물들도 없었다. 그러므로 이 세계를 창조하기 이전에 하나님이 무엇을 하였는가를 묻는 것은 부질없는 일이다. 우리에게는 시간과 공간이 있고, 모든 것은 시간의 연속선상에서, 그리고 특수한 공간 속에서 일어난다. 그러나 하나님에게는 모든 것이 영원한 현재 속에서 순간적으로 일어난다. 하나님에게 시간은 언제나 현재적이며, 공간의 한계도 사라진다. 우리가 가진 시간, 곧 과거-현재-미래의 시간적 연속은 하나님이 지으신 이 세계의 질서다. 하나님 자신은 이 질서를 넘어선다. 반

---

158) 이에 관하여 Augustinus, *De Genesi. Contra Manichaeos Libri Duo*(2. 3), in J.
   -P. Migne, *Patrologiae Cursus Completus: Series Latina 34*, 174f.

대로 우리 인간은 시간과 함께 창조되었고 시간의 질서에 매여 있다. 그러므로 우리는 시간을 지배할 수 없다. 오히려 우리는 시간에 예속되어 있다.[159]

칸트에 의하면 시간과 공간은 이 세계의 사물들이 그 속에 채워지는 집과 같은 것이 아니라, 인간의 감성이 대상을 지각하는 선험적 형식들이다. 시간과 공간이라는 경험 이전에 주어진 형식들을 통해서만 우리는 대상을 감각적으로 지각하며, 감각적 지각과 함께 인식을 시작할 수 있다. 따라서 시간과 공간은 대상들에 대한 지각 속에서 그들의 의미를 가진다.

아인슈타인(Einstein)의 상대성 원리에 의하면, 시간과 공간은 서로 관계되어 있는 동시에 물질과 관계되어 있다. 시간, 공간, 물질, 이 세 가지는 각자 다른 둘을 필요로 하며, 그들을 파악하고자 하는 관찰자에게 의존한다. 그들은 그 자체로서 존재하는 것이 아니라, 그들에 대한 관찰자의 입장에 따라, 달리 말해 시간과 공간과 물질이 서로 어떻게 관계되어 있는가에 대한 관찰자의 주관적 입장에 따라 다르게 나타난다. 그리하여 시간은 빠르게 지나가기도 하고 느리게 지나가기도 하며, 이에 상응하여 공간과 물질도 늘어나기도 하고 줄어들기도 한다. 이와 같이 아인슈타인은 시간과 공간과 물질의 상호 관계성을 강조함으로써, 각 요인은 다른 두 요인들과의 관계 속에서만 파악될 수 있다. 따라서 시간과 공간은 물질적 세계와의 관계 속에서만 경험될 수 있으며, 물질적 세계 바깥에 있는 일들을 묘사하기에는 불충분하다.

위에서 우리는 죽은 자들의 상태를 그리스도와의 친교 안에서 잠자는 상태라고 기술하였다. 그러나 우리가 가진 시간과 공간의 개념을 가지고는 이 상태를 충분히 기술할 수 없다. 그것은 물질적 세계에 속하지 않기 때문이다. 이 상태에 대한 성서의 진술들은 소위 객관적 보도가 아니

---

159) M. Luther, *WA 20*, 58, 24-31. 이에 관하여 G. Wingren, *Luthers Lehre vom Beruf*, 1952, 135-146.

라 은유적 표현 내지 그림 언어에 불과하다. 그것들은 하나의 그림과 같이 대상에 대한 "가리킴"이지, 대상의 존재 자체에 대한 객관적 조서나 자료서가 아니다.

그러나 그리스도와의 친교 안에서 죽은 자들의 존재 양식과 살아 있는 자들의 존재 양식은 어떻게 다른가? 아니면 양자는 동일한 존재 양식을 가지는가? "죽음 안에서의 부활"을 주장하는 일부 가톨릭 신학자들이 주장하는 바와 같이, 죽은 자들은 죽자마자 부활하여 마치 살아 있는 사람들처럼 그리스도 안에 거하게 되는가? 만일 우리가 그리스도 안에 있는 죽은 자들의 상태를 이렇게 생각할 때, 우리는 또다시 죽음을 미화할 수 있지 않은가? 그리고 현실의 비자연적이며 폭력적 죽음들에 대해 쉽게 위로를 얻을 수 있게 되고, 이리하여 폭력적 죽음들을 방치할 수 있는 위험성이 있지 않은가?

"너는 오늘 나와 함께 낙원에 있을 것이다"라는 예수의 말씀은, 죽은 자들이 죽자마자 부활하여 하나님 나라에 있을 것 같은 인상을 준다. 그러나 구약성서에서 시작하여 신약성서에 이르기까지 전체적으로 성서는 죽은 자들이 잠자는 것과 같은 상태에 있을 것이라고 묘사한다. 신약성서는 그리스도 안에 있는 죽은 자들도 잠자는 것과 같은 상태에 있을 것이라고 분명히 말한다. 바울은 죽은 자들을 가리켜 "그리스도 안에서 잠자는 자"(고전 15:18), "예수 안에서 자는 자들"(살전 4:14)이라고 말한다. 이로써 바울은 죽음의 상태에 대한 히브리 전통을 계승한다.

죽은 사람들은 그리스도 안에 있지만 잠자는 상태에 있다고 생각할 때, 살아 있는 사람들과 죽은 사람들의 상태는 분명히 구별된다. 이것은 살아 있는 자들의 영역과 죽은 자들의 영역을 엄격히 구분하는 구약성서의 전통에 상응한다. 전자의 상태가 살아 생동하는 상태라면, 후자의 상태는 구약성서의 스올 사상이 말하는 것처럼 잠자는 상태라고 할 수 있다. 이를 통해 살아 있는 사람들의 세계와 죽은 사람들의 세계가 분리되지 않지만 구별되며, 인간의 삶은 죽자마자 새로운 형태로 계속되는 것이 아니라 죽음을 통하여 마감되는 것으로 생각된다. 따라서 인간의 삶은 단 한 번밖에 없는 귀중한 것으로 생각된다. 죽은 사람들의 소위 혼령을 불러내어 살아 있는 사람들의 장래에 대하여 물어보는 일도 불가능해진다. 또 죽은 자들의 영혼이 제사상에 나비처럼 날아와서 제사상의 음식을 즐긴다는 표상도 불가능하다. 살아 있는 자들과 죽은 자들은 함께 "그리스도 안에" 있으며 우주적 "그리스도의 몸"을 형성하지만, 전자는 살아 생동하는 존재 양태를 가진다면, 후자는 잠자는 것과 같은 존재 양태를 가진다고 보는 것이 성서의 전통에 상응한다.

4) 인간의 그 무엇이 그리스도 안에 있을 것인가?

성서에서 인간은 먼저 하나님과의 자유로운 관계 속에서 사는 존재로 이해된다.[160] 그는 하나님과의 관계 속에서 활동하고 죄를 짓고 용서를 받으며, 축복과 구원을 경험한다. 이 관계 속에서 그는 하나님의 의지 앞에 서 있으며, 하나님의 의지에 따라 결단하고 행동하며, 자기 자신을 형성해야 한다. 그는 하나님의 피조물이다. 그는 자기 존재를 하나님의 자유로운 의지의 행위로 말미암아 얻었다. 이러한 인간의 존재 안에 인간을 신적 존재로 만들 수 있는 것은 아무것도 없다. 성서는 인간이 탄생하기 이전에 있었던 영원한 신적 영혼의 존재를 알지 못한다. 인간의 탄생 이전부터 있었던 비물질적 영혼이 그의 영원한 신적 세계에서 인간의 육체 속으로 들어와 육체의 감옥 안에 갇히게 된다는 생각은 성서와 무관하다.

성서에 의하면 인간은 신체적 존재, 곧 몸을 가진 존재로 창조되었다. 몸은 육체와 영혼을 포괄하는 개념으로, 영혼과 육체가 하나를 이루고 있는 총체적 존재로서의 인간을 나타낸다. 베스터만(C. Westermann)에

---

160) 더 자세한 내용에 관하여 이 책 III. 1. "생명의 세계를 파괴하는 죽음의 세력" 참조. 여기서는 죽음 후 인간의 그 무엇이 "그리스도 안에서" 잠자는 상태에 있을 것인가의 문제와 관련하여 그 윤곽만 기술함.

의하면 "인간은 생명의 숨을 불어넣음으로써 그의 육체 안에 영혼을 얻지 않았다. 오히려 그는 하나의 영혼으로 되어 있으며, 영혼을 가진 존재로 되어 있다. 이리하여 인간은 통일적으로(einheitlich), 그리고 전체적으로 (ganzheitlich) 이해되며, 신체와 영혼 혹은 신체와 영혼과 정신과 같은 서로 다른 요소들로 구성된 것으로 이해되지 않는다는 것을 온 성서는 말한다."[161] 따라서 인간은 하나의 총체적 존재, 곧 몸으로서 살아야 한다. 그는 영혼과 신체가 하나로 결합되어 있는 몸이다. 몸은 그의 집이요 본향이다. 인간 안에 있는 그 무엇도 신적인 것이 아니다. 인간 안에 있는 모든 것은 하나님의 창조적 의지에서 오는 하나님의 피조물일 뿐이다. 그것은 하나님이 지으신 작품이다.

> 주께서 내 속 내장을 창조하시고,
> 내 모태에서 나를 짜 맞추셨습니다.
> …
> 은밀한 곳에서 나를 지으셨고,
> 땅 속 같은 곳에서 나를 조립하셨으니 내 뼈 하나하나도,
> 주님 앞에서는 숨길 수 없습니다(시 139:13-15).

하나님은 영원하신 반면, 몸으로서의 인간은 땅에 속한 존재이며, 언젠가 사라지는 존재, 지나가는 존재다.

> 한 소리가 외친다. "너는 외쳐라."
> 그래서 내가 "무엇이라고 외쳐야 합니까?" 하고 물었다.
> "모든 육체는 풀이요, 그의 모든 아름다움은 들의 꽃과 같을 뿐이다.

---

161) C. Westermann, "Leib und Seele in der Bibel," in H. J. Schultz(Hrsg.), *Was weiss man von der Seele?*, 1972, 170.

주께서 그 위에 입김을 부시면, 풀은 마르고 꽃은 시든다.

그렇다. 이 백성은 풀에 지나지 않는다"(사 40:6-7).

인생이 살아갈 날 수는 미리 정해져 있고,

그 달 수도, 주께서는 다 헤아리고 계십니다.

주께서는 사람이 더 이상 넘어갈 수 없는 한계를 정하셨습니다(욥 14:5).

인간이 영혼과 육체가 하나로 결합되어 있는 전체적 존재라면, 그의 죽음은 육체에만 해당하는 것이 아니라 그의 영혼에도 해당할 수밖에 없다. 즉 육체라고 하는 인간의 한 부분만이 죽는 것이 아니라, 영혼과 육체를 포괄하는 전체적 존재로서의 인간이 죽는다. 그러므로 변증법적 신학자들은 "전적 죽음"을 주장하면서, 그리스적 영혼 불멸설과 성서의 부활 신앙을 철저히 대립시켰다. 그러나 위에서 우리는 변증법적 신학자들의 "전적 죽음"을 거부하고, 죽은 자들은 잠자는 가운데 있지만 "그리스도 안에" 있으며, 살아 있는 자들과 함께 그리스도의 공동체 곧 그의 몸을 이룬다고 말하였다. 그럼 총체적 존재로서의 인간이 죽었다면, 인간의 그 무엇이 "그리스도 안에" 있게 되는가?

위에서 우리는 영과 육의 이원론에 입각한 인간의 **한 부분**으로서의 영혼의 존재를 거부했다. 따라서 전통적 영혼 불멸설이 생각하는 것처럼, 죽음 후 인간의 육은 흙으로 돌아가지만, 인간의 한 부분으로서의 영혼이 그리스도 안에서 잠자는 상태에 있다고 말할 수는 없다. 또 변증법적 신학자들이 말하는 것처럼, 죽음과 함께 인간의 존재가 완전히 사라졌다고 말할 수도 없다. 만일 죽음과 함께 인간의 존재가 완전히 사라진다면, 인간의 그 무엇도 그리스도 안에서 잠자는 상태에 있을 수 없을 것이다.

이 문제와 관련하여 오늘날 일단의 신학자들은 "영혼"을 새롭게 파악한다. 즉 영혼 불멸설이나 윤회설이 말하는 것처럼, 영혼을 육체에서 분리되어 독자적으로 존속할 수 있고 인간이 죽은 다음 다른 생명체를 입을 수 있는 실체적인 것, 영원하고 신적인 속성으로 보지 않고, **인격적인 것**으로 파악하고자 한다. 인간이란 무엇인가? 일반적으로 우리는 인간을 가리켜 육체와 영혼의 결합체, 곧 몸이라고 생각하기 쉽다. 그런데 몸으로서의 인간은 삶의 과정 속에 있으며, 이 과정 속에서 그는 자기를 형성해나간다. 따라서 인간의 존재는 곧 인간의 삶의 과정이요, 이 과정을 통하여 형성되는 인격 곧 그의 자아다. 바로 이 인격 혹은 자아가 그리스도 안에서 잠자는 상태에 있을 것이다.[162)]

7. "죽음 후의 생명"

최근 우리나라는 물론 세계 많은 나라의 그리스도인들에게 관심의 대상이 된 것은, 죽는 순간 영혼이 육체를 벗어나서 새로운 생명을 얻는다는 사상, 곧 "죽음 후의 생명"(Life after Death) 사상이다. 이 사상은 영혼 불멸설을 전제하며, 죽음 이후의 영원한 초월적 생명을 인정하고, 그리하여 죽음을 현재의 제한된 생명에서 영원한 생명으로 넘어가는 과도기적 사건으로 생각하게 함으로써 죽음의 치명성을 약화시키고 죽음을 앞둔 사람에게 위로를 제공한다. 미국의 정신병리학 여교수인 퀴블러-로스(Elisabeth Kuebler-Ross)는 이천 명 이상의 임종 환자들의 죽음의 과정을 다음과 같이 다섯 단계로 정리한다.[163)]

제1단계: 자기가 고칠 수 없는 병에 걸렸고 죽음이 멀지 않았다는 것을 알게 되었을 때, 환자는 먼저 경악과 불신의 반응을 나타

---

162) 더 상세한 내용에 관하여 이 책 V. 1. 4) "영혼 불멸설에 대한 현대 신학의 비판"을 참조할 것.

163) E. Kuebler-Ross, *On Death and Dying*, 1969. 독일어 번역: *Interview mit Sterbenden*, 4. Aufl., 1972.

내는데, 이 반응은 몇 초로 끝날 수도 있지만, 몇 달 동안 계속
되기도 한다. 처음에 그들은 자신의 병과 죽음을 인정하지 않
으려고 한다.

제2단계: 죽음의 통고를 받은 환자는 분노하고 저주한다. 그러나 보호
자들이 그들의 이러한 반응을 받아주면, 쉽게 제3단계로 넘어
간다.

제3단계: 치유의 가능성이 없는지 의사와 상담한다.

제4단계: 환자는 결국 좌절하고 우울증에 빠진다.

제5단계: 환자는 자기의 죽음을 인정하고 받아들이며, 자기의 모든 관
계를 정리한다. 이 단계는 환자의 죽음이 가까이 왔다는 것을
암시한다.

그렇다면 죽음과 함께 환자의 생명은 끝나는가? 이 문제에 대하여 미
국의 또 다른 병리학자 무디(Raymond A. Moody)는 그의 저서 『생명 후의
생명』(Life after Life)에서[164] 의학상으로 죽었다가 깨어난 150명의 사람들
이 소위 죽은 상태에서 체험한 것을 보도한다. 그들의 체험 내용은 개인에
따라 차이가 있지만, 대략 다음과 같은 공통적 현상을 나타내고 있다.

환자가 죽음의 고통의 절정에 도달했을 때, 그는 자기가 죽었다고 하
는 의사의 마지막 선고를 듣는다. 이 선고와 함께 그는 부글거리는 것 같
기도 하고 울리는 것 같기도 한 불쾌한 잡음을 듣는다. 동시에 그는 길고
어두운 터널을 속히 지나가는 것처럼 느낀다. 그 다음에 그는 갑자기 자기
육체를 떠나 자기 육체 밖 혹은 육체 위에서, 자기의 육체와 그 곁에 서 있
는 의사와 간호사와 보호자들을 바라보게 된다. 차츰 그는 이 이상한 상태
에 익숙해지고, 자신이 어떤 새로운 특성과 능력을 가진 다른 육체를 가진
것을 발견한다. 그 다음에 천사와 같은 초월적 존재들이 나타나서 그를 영

---

164) R. A. Moody, *Life after Life*, 1975. 독일어 번역: *Leben nach dem Tod*, 1977.

접하며 호위한다. 그리고 그는 먼저 죽은 친척들과 친구들의 영적 존재를 보게 되고, 그가 지금까지 본 적이 없는 거대한 빛의 존재가 사랑과 따뜻함을 발하면서 자기 앞에 나타난다. 이 존재는 말을 사용하지 않지만, 그가 지상에서 살았던 삶에 대하여 질문하고 그의 모든 삶을 평가한다. 이때 그의 삶의 중요한 장면들이 번개처럼 또 영화 필름처럼 그의 눈앞에 나타난다.

그 다음에 그는 지상의 생명과 영원한 초월적 생명 사이를 가로지르는 장애물 내지 한계선 앞에 자기가 서 있음을 본다. 그러나 자기의 죽음의 시간이 아직 오지 않았기 때문에 지상의 생명으로 돌아가야 한다는 것을 알게 된다. 그러나 소위 죽음 이후에 그가 경험한 것이 그에게 너무도 인상적이고 또 편안함을 주기 때문에 그는 돌아가기를 거부한다. 그는 사랑과 기쁨과 평화의 느낌으로 가득하다. 이러한 그의 내적 저항에도 불구하고 그는 자신의 죽은 육체와 다시 결합하며, 죽음에서 깨어나 다시 살아난다. 무디는 마지막 장면을 다음과 같이 묘사한다.

그 빛이 나타났을 때, 나는 무엇이 일어났는지 몰랐다. 그러나 그 다음에, 그 다음에 그는 나에게 물었다. 그는 내가 죽을 준비가 되어 있는지 물었다. 그것은 마치 내가 한 인간과 말하는 것과 같았다. 그러나 거기에는 아무도 없었다. 그것은 참으로 큰 빛이었는데, 그 빛이 음성으로 나와 말하였다.

나와 함께 말한 음성이 내가 아직 죽을 준비가 되어 있지 않다는 것을 깨닫게 하였다고 나는 확신한다. 그는 나를 시험하고자 하였다는 것을 당신은 아실 줄 믿는다. 그러나 그 빛이 나와 말하기 시작한 순간부터, 나는 말할 수 없이 행복하고 안전하며 사랑으로 감싸져 있다고 느꼈다. 그 빛이 발하는 사랑은 상상하기 어렵고 말로 나타낼 수 없을 정도였다. 그 빛 가까이 머무는 동안, 참으로 아늑하고 즐겁기도 하였다.[165]

---

165) Ibid., 70.

무디가 그의 저서를 출판하기 일 년 전, 튀빙겐(Tübingen) 대학교의 정신병리학 교수였던 비젠휘터(E. Wiesenhütter)는 그가 야전병원에서 근무하는 동안 소위 죽었다가 다시 깨어난 사람들의 경험들을 소개하는 동시에, 그 자신이 경험한 바를 소개하면서 다음과 같이 말한다.

견디기 어려운 고통과 점점 커지는 죽음의 불안이 지나면서, 이 두 가지 느낌이 사라지고, 시간의 체험과 대상의 체험도 사라지는 것을 체험하였다. 고통과 불안이 사라지기까지 얼마나 시간이 흘렀는지, 나는 알 수 없고 또 상상할 수도 없다. 그러나 회고해볼 때, 공간적인 과정이 지나갔다고 생각한다. 위에서 묘사한 "격동"이 지나간 다음, 나는 나 자신이 하나의 점과 같이 줄어든 것처럼 느끼는 동시에 한없이 확대되어 무한히 퍼지는 것처럼 느꼈다. 이 체험과 함께 차츰 해방과 행복의 느낌이 나를 지배하고 있었다는 것을 나는 나의 부족한 언어로 표현하기 어렵다.[166]

비젠휘터 그리고 무디의 이러한 보고는 세계 많은 나라에 소개되었고 관심의 대상이 되는 동시에 많은 논란을 불러일으켰다. 1975년 독일 개신교회 신학자 함페(Johann Ch. Hampe)는 비젠휘터의 저서로 말미암아 일어난 토의를 요약하고 또 다른 내용들을 첨가하여 『죽음은 전혀 다르다』라는 제목의 책을 출판하였다.[167] 이 책에서 그는 죽음의 체험의 세 가지 주요 특징을 다음과 같이 기술한다. (1) 자신의 육체로부터 자기가 빠져나온다. (2) 자기 "삶의 파노라마" 앞에서 자기의 삶을 평가받는다. (3) 시간과 공간의 한계를 넘어서 자기가 무한히 확대되는 것처럼 느낀다.

우리나라에서도 이와 비슷한 사건이 잘 알려져 있다. 신유의 은사를

---

166) E. Wiesenhütter, *Blick nach drüben, Selbsterfahrungen im Sterben*, 1974, 17f.
167) J. Chr. Hampe, *Sterben ist doch ganz anders, Erfahrungen mit dem eigenen Tod*, 1975.

받아 세계적으로 활동하던 현 모 권사는 죽자마자 하나님 앞에 서게 되었다. 그런데 하나님은 이 여자 권사를 전혀 모르는 양, 생소한 표정으로 그녀를 바라보기만 했다. 그래서 현 권사는 "하나님, 저를 모르시겠습니까?" 하고 여쭈었다. 그러자 하나님은 "나는 너를 알지 못한다"고 대답하였다. 현 권사는 기가 막혔다. 신통한 성령의 능력으로 세계 각국을 돌아다니며 수많은 병자들을 고쳤는데도 하나님이 자기를 모른다니! 현 권사는 하나님께 다시 여쭈었다. "그럼 하나님, 세계적으로 유명한 OOO 목사도 모르십니까?" 하나님은 대답했다. "나는 그 목사도 모른다." 현 권사는 죽음에서 깨어났다. 그리고 자기가 가졌던 수십억 원 상당의 부동산을 모 선교기관에 희사했다.

죽음 직후에 경험하였다고 하는 이러한 생명의 세계를 우리는 어떻게 판단해야 하는가? 우리는 그것을 인정해야 하는가 아니면 부인해야 하는가? 일반적으로 죽음은 인간의 생체 기능이 중단되는 결정적 순간으로 이해된다. 이러한 의미의 죽음은 의학적으로 간단히 확정될 수 있다고 오랫동안 생각되어왔으며, 다음의 기준에 따라 확정되었다. (1) 심장 활동의 중지, (2) 호흡의 중지, (3) 혈압이 제로 상태로 떨어짐, (4) 눈동자가 흩어짐, (5) 체온이 식음.[168] 이러한 현상이 나타날 때 이제 그 사람은 죽었다고 생각되며, 오늘도 일반적으로 그렇게 생각되고 있다.

그러나 이러한 의미의 죽음이 때로는 정확하지 않기 때문에, 완전히 죽지 않은 사람을 생매장하는 일이 가끔 일어났다. 그러므로 현대 의학은 인간의 죽음을 확정하는 더 정교한 기준을 발전시켜왔다. 예를 들어 뇌 전파 측정 방법이 있다. 이 방법은 뇌 전파 측정기의 화면에 나타나는 운동 곡선이 수평을 이룸으로써 뇌 전파의 모든 활동이 완전히 중지되었음을 나타낼 때, 죽음을 확정한다. 그러나 뇌 전파 측정 방법에 의하여 죽은 것으로 확정된 사람이 다시 살아나는 일이 가끔 발생하기도 한다. 예를 들어

---

168) 이에 관하여 M. Kehl, *Eschatologie*, 2. Aufl., 1988, 79.

환자의 신체를 인위적으로 냉각시켰거나, 진정제를 과도하게 투여했을 경우 이러한 일이 발생했다.

오늘날은 죽었다고 확정된 사람, 혹은 인위적으로 죽음의 상태에 도달하였다가 다시 깨어나는 일, 곧 "재활"(Reanimation)이 옛날보다 훨씬 더 빈번해졌다. 그리하여 죽음에 대한 연구(Thanatology)도 더욱 활발해지고 있다. 특히 인간의 심장을 다시 움직이게 함으로써 죽음의 상태에 빠진 환자를 다시 살리는 방법이 크게 발전되었다. 여기서 발견된 사실은, 죽음은 한순간에 일어나는 것이 아니라 시간의 과정과 함께 일어날 수 있다는 것이다. 왜냐하면 신체 모든 기관의 기능들이 일시에 한꺼번에 정지되는 것이 아니라 신체 부위에 따라 하나씩 하나씩 시간적 차이를 두고 정지되기 때문이다.

신체의 중요한 기관들의 정지를 가리켜 의학계에서는 "신체 기관의 죽음"(organ death) 혹은 "부분적 죽음"(partial death)이라 부르는데, 이 죽음과 함께 신체 다른 기관들의 죽음, 특히 "뇌의 죽음" 곧 "핵심적 죽음"(central death)이 뒤따르며, 마지막으로 전 신체의 죽음 곧 "총체적 죽음"(total death)이 뒤따른다. 이리하여 오늘날 의학에서는 의료학적 죽음(clinical death)과 생물학적 죽음(biological death)이 구분된다. 의료학적 죽음은 호흡과 심장과 뇌의 활동이 정지되었지만, 심장 마사지나 인공호흡을 통하여 환자의 신체가 다시 살아날 수 있는 상태를 말한다. 신체가 다시 움직일 수 있는 시간 간격은 일반적으로 5분에 달하며, 인공적 신체 냉각과 같은 극단적 경우에는 30분에 달한다. 그러나 30분 이상의 시간이 경과하면 산소 공급의 결핍으로 인하여 환자의 뇌가 치명적 손상을 입게 되고, 그리하여 생물학적 의미의 궁극적 죽음이 일어난다.

따라서 생물학적 죽음은 뇌가 그의 기능을 완전히 상실하여 더 이상 재생될 수 없는 상태를 말하는데, 이 생물학적 죽음이 바로 총체적·궁극적 죽음이다. 이 죽음은 신체 모든 기능의 정지, 신체 모든 기관과 조직의 정지를 말하며, 신체 기능을 유지할 수 있는 시간과 재생할 수 있는 시간이 완전히 지나가 버렸음을 말한다.

무디가 조사한 150명의 소위 죽었다가 깨어난 사람들은 위에서 기술한 생물학적 죽음, 또는 총체적 죽음을 당한 것이 아니라 의료학적 죽음의 상태에 있다가 재활한 사람들이라고 할 수 있다.[169] 달리 말해 그들은 죽음의 과정, 곧 의료학상의 "죽음"(Sterben, dying)을 당했고, 생물학상의 궁극적 "죽음"(Tod, death)은 당하지 않았다고 볼 수 있다. 전자의 "죽음"이 궁극적 "죽음"에 이르기 전의 신체적·심리적 과정이라면, 후자의 "죽음"은 이 과정 마지막에 오는 생명 활동의 완전한 정지를 말한다. 일반적으로 우리가 말하는 "죽음"은 죽은 사람이 도저히 더 이상 다시 깨어날 수 없는 궁극적 죽음, 생물학적 의미의 총체적 죽음을 가리킨다. 그것은 "모든 신체 기관의 기능들의 궁극적 상실"을 말한다. 무디가 소개하는 150명의 사람들이 경험한 죽음은 이러한 의미의 총체적·궁극적 죽음이 아니라 의료상의 죽음을 경험한 것이며, 죽음의 한계에 있다가 의학적 방법들을 통하여 재활된(re-animiert) 것에 불과하다.

이 사람들이 말하는 죽음의 경험들은, 궁극적 "죽음"의 상태에서 일어난 것이 아니라 그 전에 일어나는 의료학상의 "죽음의 과정" 속에서 일어난 것이라 할 수 있다. 즉 궁극적 죽음의 마지막 한계를 넘어서기 직전에 경험하였던 것이다. 그들이 이야기하는 경험들은 죽음의 문턱 저 너머에서 가졌던 것이 아니라 "죽음의 극단적 가까움 속에서 가졌던 경험들"(Erfahrungen der äußersten Todes-nähe)이라 규정될 수 있다.[170]

다시 말해 그들의 경험은 현재의 삶 저 너머에 있는 소위 영원한 피안의 세계에서 일어난 것이 아니라 궁극적 "죽음" 직전에 일어난 것이며, 궁극적 "죽음" 이후의 소위 영원한 생명의 경험이 아니라 생명의 마지막 무

---

169) 의료학적 죽음과 생물학적 죽음의 구분에 대하여 무디 자신도 알고 있으나, 그의 저서 마지막에서 언급될 뿐이다: R. A. Moody, *Leben nach dem Tod*, 143.
170) Ibid., 79.

의식 단계에서 일어난 것이다. 그것은 "죽음 이후의 생명에서 일어난 경험들"이 아니라, "죽음 가까이에서, 생명의 가장 극단적 한계에서 일어난 경험들"이다.[171] 그러므로 이 경험들은 죽음 이후의 삶이나 세계에 대하여 우리에게 아무것도 말하지 않는다. 소위 죽었다가 다시 깨어난 사람들은 죽음 뒤에 오는 "피안으로부터의 돌아옴"(Rückkehr aus dem Jenseits)을 경험한 것이 아니라, 삶과 죽음 사이의 "한계상황으로부터 돌아옴"(Rückkehr von einer Grenzsituation)을 경험하였기 때문이다.[172] 그들의 경험은 죽음의 한계상황에서 일어난 "특별한"(außergewöhnlich) 경험에 불과하며, "우리의 정상적인 감각적 혹은 영적 경험들에 비해 조금도 하나님의 현실에 더 가깝지 않다."[173] 오늘날 일단의 학자들은 다음과 같은 근거에서 무디와 비젠휘터가 말하는 소위 "죽음 이후의 삶"을 거부한다.

(1) 무디와 비젠휘터가 보도하는, 소위 죽었다가 다시 살아난 사람들이 경험한 현상들은 죽음의 과정 속에서만 경험되는 것이 아니라 다른 정신적·영적 상태에서도 경험될 수 있다. 의사이며 정신의료학자인 동시에 신실한 기독교 신자인 클라우스 토마스(Klaus Thomas)는 소위 죽었다가 살아난 사람들의 체험은 꿈, 정신분열증, 환각제나 마약을 통한 환각 상태, 신경성 환각 상태, 망상, 정신 집중, 명상, 종교적 환상 등에서도 일어날 수 있음을 목록으로 비교하여 제시한다.[174] 두 종류의 체험들은 여러 가지 차이도 있지만, 많은 점에서 공통성을 가진다는 것을 그는 분명하게 보여준다. 신비가들도 이와 비슷한 경험들을 한다. 이 경험들은 정말 피안의 영

---

171) F. -J. Nocke, "Eschatologie," in Th. Schneider(Hrsg.), *Handbuch der Dogmatik 2*, 1992, 452.

172) H. Küng, *Ewiges Leben?*, 36.

173) M. Kehl, *Eschatologie*, 79.

174) K. Thomas, *Warum Angst von dem Sterben? Erfahrungen und Antworten eines Arztes und Seelsorgers*, 1980.

원한 생명의 세계에 대한 경험이 아니라, 천리안(千里眼) 따위의 심령 현상을 취급하는 의사심리학(Parapsychologie)의 영역에 속한다.

(2) 무디와 비젠휘터의 보도는 기쁨과 빛으로 가득한 긍정적 체험들을 소개한다. 그러나 수많은 의사가 불안과 고통과 무서움으로 가득한 체험들을 보도하기도 한다. 퀴블러-로스와 무디는 주로 죽음을 천천히 맞이하는 암 환자들의 경우를 조사했기 때문에 긍정적 체험들을 보도한다. 그러나 간이나 신장의 중독으로 인하여 죽음을 맞는 환자들은 고통과 무서움으로 가득한 부정적 체험들을 보도한다.[175] 그들은 시커멓고 엄청나게 큰 새들, 쥐들, 지하 세계의 악귀들을 보았다고 말한다.

(3) 전문가들은 무디와 비젠휘터가 묘사하는 죽음의 현상들이 자연과학적·의학적으로 설명될 수 있다고 말한다. 이러한 현상들에서 소위 죽은 사람이 죽기 전에 가졌던 경험들이 결정적 역할을 행사하고 있음은 부인하기 어렵다. 죽은 친구나 친척들, 곧 환자가 살아 있는 동안 경험했던 사람들이 나타나는 것은 이것을 입증한다. 캘리포니아 대학의 심리학자 지겔(Ronald K. Siegel) 교수에 의하면, 위에서 기술한 죽음의 현상들은 여러 가지 다른 조건들로 말미암아 일어나는 환각 상태의 현상들과 매우 비슷하다. 예를 들어 이상한 소리를 듣는 것, 밝은 빛, 긴 터널을 지나가는 것 같은 느낌, 자신의 육체를 떠나 있는 것 같은 느낌, 잘 죽은 친척이나 친지들을 만나는 것 등의 경험은 환각 상태에서도 일어난다.[176]

인간이 극단적 상황에 빠졌을 때, 그의 의식 가장 깊은 곳에 숨어 있던 것 혹은 그의 무의식이 깨어나 경험의 영역으로 부상하기도 한다(예를 들어 간질병의 경우). 인간의 존재 전체가 사멸될 수 있는 죽음의 극단적 상황

---

175) 이에 관하여 A. Salomo, *Und wir in seinen Händen. Situationen unseres Lebens*, 3. Aufl., 1978, 129.
176) 자세한 분석에 관하여 R. K. Siegel, "Der Blick ins Jenseits-eine Halluzination?" in *Psychologie heute*, April 1981, 23-33. 또한 이에 관하여 R. K. Siegel u. L. West, *Halluzination, Behavior, Theory and Experience*, 1975.

속에서 의식의 심층 속에 숨어 있던 그의 동경과 희망, 표상들과 경험들이 되살아나는 것은 능히 있을 수 있는 일이다. 이러한 현상에서 인간이 평소에 했던 경험들, 그의 기다림과 희망이 결정적 영향을 끼친다. 아름다운 기억이 많은 사람은 밝고 아름다운 상황을 경험하는 반면, 괴롭고 무서운 일을 많이 당한 사람들은 고통스럽고 무서운 상황을 경험한다. 결국 이 경험들은 이 세상에서 가졌던 경험들의 연장이며, 결코 영원한 생명의 세계에 대한 경험들이나, 이에 대한 객관적 정보가 아니다.

VI

영원한 생명을 기다리며

사도신경에 의하면, 우리는 역사의 마지막에 부활하여 "영원한 생명"을 누릴 것이다. 그 이전까지 우리는 잠자는 상태 속에서 그리스도 안에 있을 것이며, 살아 있는 자들과 "그리스도의 몸"을 이룰 것이다. 그러므로 죽음은 인간 존재의 전적 폐기를 뜻하지 않는다. 그것은 역사의 종말에 있을 보편적 부활과 영원한 생명이 있기까지, 그리스도와의 친교 안으로 들어감을 뜻한다. 그런데 사도신경은 "영원한 생명"을 고백하기 전에 "몸의 부활"을 고백한다. 역사의 마지막에 모든 죽은 자들이 부활하여 하나님의 마지막 재판 곧 "최후의 심판"을 받은 다음, 영원한 생명을 누릴 것이라는 말이다. 그러므로 이 장에서 우리는 **부활**과 **최후의 심판**과 **영원한 생명**에 대하여 고찰하고자 한다.

1. 우리 모두 부활하리라

1) 죽은 자들의 부활에 대한 최근의 해석

사도신경은 "몸이 다시 사는 것과 영원히 사는 것", 곧 "육의 부활"(*resurrectionem carnis*)과 "영원한 생명"(*vitam aeternam*)을 고백한다. 이 신앙고백은 다음과 같은 내용을 내포한다. 죽음 후에 우리는 그리스도 안에서 잠자는 상태에 있다가 역사의 마지막에 다시 살아나서(모든 죽은 자들의 부활) 세계사 전체와 함께 심판을 받을 것이다(최후 심판). 불의한 자가 행복을 누리고, 무죄한 자들과 자연 피조물들이 그들의 희생물이 되는 이 세계의 역사가 이대로 끝나지 않을 것이다. 이 역사는 지금과 같은 상태로 무한히 계속되지 않는다. 그것은 마지막을 가지고 있으며, 그 마지막에는 하나님과 그의 심판이 서 있다. 역사는 이 심판을 향하여 진행되고 있다. 이 심판이 있기 전, 모든 죽은 자들이 부활하여 그들의 삶에 대한 마지막 책임을 지게 될 것이며, 그 다음에 영원한 생명이 있을 것이다.

그러나 오늘날 과학적 사고에 익숙한 많은 그리스도인들은 죽은 자들의 부활을 의심한다. 그들의 의심은 대개 두 가지 질문으로 나타난다. (1) 과연 역사의 종말과 그리스도의 다시 오심(재림)과 죽은 자들의 부활과 최후 심판이 있을 것인가? 이 질문에서 죽은 자들의 부활의 사실성(Faktizität)이 회의의 대상이 된다. (2) 이 질문은 육체의 부활에 대한 질문과 결합된다. 죽음과 함께 인간의 육체는 썩어 없어지는데, 어떻게 인간의 육체가 다시 살아날 수 있는가? 모든 죽은 자들의 육체가 다시 살아난다면, 지구는 그들 모두를 어떻게 수용할 것인가? 이 질문에서 죽은 자들의 부활은 죽은 시체들의 모든 부분이 재구성되어 활기를 되찾으며, 시체로부터 분리되어 있던 영혼이 시체와 재결합되는 것으로 생각된다. 그러나 오늘의 현대인에게 이러한 일은 불가능한 것으로 생각된다. 그러므로 많은 신학자들은 죽은 자들의 부활을 새롭게 이해하고자 한다. 그 가운데 세 가지 잘못된 견해를 우리는 아래와 같이 기술할 수 있다.

(1) 불트만(R. Bultmann)에 의하면, 사람의 아들이 권능과 영광 가운데 오시고 죽은 자들이 무덤에서 부활하여 마지막 심판을 받을 것이라는 신약성서의 종말론적 진술은, 고대인들의 신화적 세계관에 기초한 신화적 표상이다. 죽은 자들의 부활은 신약성서가 신화적으로 묘사하는 역사의 먼 미래에 일어날 사건이 아니라 믿음의 결단과 세례를 통하여 지금, 현재적으로 일어난다.[1]

---

1) R. Bultmann, "Die christliche Hoffnung und das Problem der Entmythologisierung," in R. Bultmann, *Glauben und Verstehen III*, 3. Aufl., 1965, 81ff.

그리스도는 미래 상태의 우주적 기초가 아니라, 나의 현존재에 대한 역사적 기초다. 특정한 의미에서, 다시 말해 우리가 그리스도에게 속하는 한, 우리는 부활한 자들이요 첫 열매(*aparche*)이며 새 피조물(*kaine ktisis*)이다(참조. 고후 5:14-17).[2]

죽은 자들의 부활에 대한 불트만의 이러한 실존론적 해석에서 부활의 역사적 미래성과 신체성과 물질성이 부인된다. 그것은 세계의 현실에서 추상화된 개인의 내면적 신앙의 결단으로 위축된다.

(2) 불트만의 영향하에 오늘날 일단의 가톨릭 신학자들은 죽은 자들의 부활을 개인의 죽음 속에서 발견한다.[3] 그들의 견해에 의하면, 죽은 자들의 부활은 역사의 먼 미래에 그리스도의 다시 오심과 함께 일어나는 것이 아니라 각 사람이 죽는 순간에 일어난다. 따라서 죽은 자들의 부활은 시간의 과정을 벗어나, 죽음을 맞이하는 사람에 의하여 현재적으로 경험될 수 있다. 최근에는 최태영 교수도 이러한 생각을 주장했다. 『그리스도인은 죽을 때 부활한다』는 그의 저서 제목은 가톨릭 신학자들의 사상을 있는 그대로 반영하고 있다. 그러나 이러한 생각은 불트만이 시도한 종말 신앙의 탈신화화(Entmythologisierung)의 다른 한 가지 형태다. 그것은 죽은 자들의 부활을 역사의 종말에서 개인의 죽음의 순간 속으로 옮긴다. 이로써 죽은 자들의 부활은 탈신화화, 탈역사화된다. 역사의 마지막에 우주 전체의 새 창조와 함께 일어날 죽은 자들의 부활은 부인된다.

(3) 가톨릭 신학자 푀그틀레(A. Voegtle)는 미래에 일어날 시간적 종말과 죽은 자들의 부활을 부인한다.

---

2) R. Bultmann, K. Barth, "Die Auferstehung der Toten," in R. Bultmann, *Glauben und Verstehen I*, 7. Aufl., 1972, 64.
3) 이에 대한 상세한 내용과 문제점에 관하여 위의 V. 4. "죽음 속에서의 부활"을 참조.

여기에 해당하는 본문들 중 어느 것에서도 우주의 미래 운명에 대한…예보의 의도가 증명되지 않는다.…예수 자신과 최초의 기독교의 선포에 대해서도 그리스도의 사건의 미래적인, 우주의 상태를 변화시키는 작용에 대한 믿음이 근거되지 않는다.[4]

뢰그틀레의 이러한 생각은 우주의 종말과 죽은 자들의 부활을 믿지 않는 현대인들의 생각에 상응한다.

그러나 신약성서는 부활에 대하여 다음과 같이 고백한다.

죽은 사람의 부활이 없다면, 그리스도께서 살아나지 못하셨을 것입니다. 그리스도께서 살아나지 않으셨다면, 우리의 선교도 헛되고, 여러분의 믿음도 헛될 것입니다(고전 15:13-14).

이 고백에 의하면 죽은 자들의 부활은 기독교 신앙에 대해 구성적 의미를 가진다. 만일 죽은 자들의 부활이 없다면, 그리스도의 부활이 없을 것이며, 그리스도의 부활이 없다면, 기독교는 존속할 수 없기 때문이다.

2) 부활 신앙이 포기될 수 없는 이유

앞서 기술한 바와 같이(III. "죽음에 대한 성서의 기본 인식") 구약성서의 역사에서 죽은 자들의 부활에 대한 신앙은 매우 늦게, 즉 후기 유대교 시대에 등장했다.[5] 하나님은 먼저 "죽은 자들의 하나님"이 아니라 "살아 있는 자들

---

4) A. Voegtle, *Das Neue Testament und die Zukunft des Kosmos*, 1970, 232f.
5) 구약성서에서 부활의 문제에 대하여 G. Greshake, Tod und Auferstehung, in F. Boeckle, F. -X. Kaufmann, K. Rahner u. B. Welte(Hrsg.), *Christlicher Glaube in moderner Gesellschaft, Bd. 5*, 1981, 64-123; G. Greshake, *Auferstehung der Toten*, 1969, 217-236; J. Ratzinger, *Eschatologie*, 74-83; O. Kaiser u. E. Lohse, *Tod und Leben*; M. Kehl, *Eschatologie*, 124ff.; P. Hoffmann, *Die Toten in Christus*, 3. Aufl., 1978; G. Stemberger, "*Auferstehung der Toten I/2*," in *TRE IV*, 1979, 443-450; U.

의 하나님"이기 때문에, 구약성서는 본질적으로 하나님과 살아 있는 사람들의 역사에 대해 관심을 가지며, 죽음과 죽은 자들의 세계에 대해서는 큰 관심을 보이지 않는다. 그러나 "죽은 자들의 부활"은 이스라엘의 신앙에서 이질적인 것이 아니라 이스라엘의 신앙이 가진 하나님 신앙의 필연적 귀결이라고 볼 수 있다.

죽은 자들의 부활에 대한 신앙은 신약성서의 기자들에게 전승된다. 그리하여 신약성서의 기자들은 예수의 부활을 모든 죽은 자들의 부활의 시작으로 파악한다(고전 15:20 참조). 그러나 기독교가 그리스-로마의 세계에 선교되면서, 이 지역에 보편화되어 있던 영혼 불멸설이 기독교에 꾸준히 영향을 주게 된다. 이리하여 수많은 교부들이 영혼 불멸을 주장한다. 아우구스티누스는 영혼을 "육신이 죽어 해체된 후에도 계속 살아남는 불멸하는 영적 실체"로[6] 파악하면서 영혼 불멸설을 주장한다. 그러나 초기교회는 "사도신경"에서 영혼 불멸을 고백하지 않고, "육의 부활"을 고백한다. 이 고백은 초기교회를 끊임없이 유혹했던 그리스적 영혼 불멸설에 대한 히브리적 전통의 부활 신앙의 위대한 승리였다. 그렇다면 초기교회는 그의 문화권 속에 보편화되어 있던 영혼 불멸설을 고백하지 않고, 무엇 때문에 육의 부활을 고백했는가? 대관절 죽은 자들의 부활 신앙은 기독교 신앙에서 어떤 의미를 가지는가?[7] 이 책 III. "죽음에 대한 성서의 기본 인식"에서 죽은 자들의 부활 신앙의 의미를 영혼 불멸설과 비교하여 기술하였

Kellermann, *Auferstanden in der Himmel, 2. Makkabäer 7 und die Auferstehung der Märtyrer*, 1979; W. H. Schmidt u. J. Becker, *Zukunft und Hoffnung*, 1982, 70ff.; H. Kessler, *Sucht den Lebenden nicht bei den Toten. Die Auferstehung Jesu Christi*, 1985, 41-78.
6) 박상언, "몸, 죽음 그리고 그리스도교의 타계관", 283.
7) 박상언, "몸, 죽음 그리고 그리스도교의 타계관", 290: 초기교회는 "육체의 부활에 대한 신앙을 상실할 경우 종교적·도덕적 타락을 가져온다고 생각했던 것이다." 물론 이 이유는 타당하다. 그러나 초기교회가 "육의 부활"을 고백하게 된 동기는, 초기교회 자신이 의식하지 못하였을 수도 있는 더 깊은 "신학적 동기"에 있다고 생각된다.

다. 여기서는 그것의 의미를 다시 한 번 밝히고, 그것이 포기되거나 인간의 결단과 세례의 시간으로, 혹은 죽음의 순간으로 폐기 내지 위축될 수 없는 이유를 고찰하고자 한다.

(1) 죽은 자들의 부활 신앙은 죽음의 한계를 넘어서는 **하나님의 능력과 주권**을 고백한다. 하나님의 능력과 주권은 이 세계의 모든 한계를 넘어선다. 그것은 죽음의 한계도 넘어선다. 달리 말해 죽음도 하나님의 능력과 주권에 대해서는 한계가 될 수 없다. 그의 능력은 무한하며, 그의 주권은 죽음의 영역도 포괄한다. 살아 있는 자들의 세계는 물론 죽은 자들의 세계도 하나님의 주권 아래에 있는 "하나님의 것"이다.

(2) 죽은 자들의 부활 신앙은 **하나님의 주권과 구원의 차안성**을 고백한다. 하나님의 주권은 피안의 세계에 제한되지 않는다. 그의 주권은 부활한 자들이 새로운 몸을 가지고 살게 될 이 세계, 곧 "새 하늘과 새 땅", "새 예루살렘"에 세워질 것이다. 그것은 단지 영적 세계에만 있는 것이 아니라 인간의 신체를 포함한 물질의 영역에 세워져야 한다. 그의 구원도 마찬가지다. 그의 구원은 인간의 영혼이 죽음을 통하여 그의 신체에서 빠져나가는 데 있는 것이 아니라, 온 세계가 죄와 죽음의 세계에서 해방되어 "새 하늘과 새 땅"으로, "새 예루살렘"으로 변화되는 데 있다. 따라서 그의 구원은 인간의 신체와 물질을 포함한다. 인간의 영혼은 물론 인간의 육체를 포괄하는 인간의 자아가 새로운 몸, 부활의 몸으로 다시 살아날 것이며, 온 세계가 죄와 죽음의 세력이 다스리는 현재의 상태에서 "새 하늘과 새 땅", "새 예루살렘"으로 구원받을 것임을 부활 신앙은 약속한다.

(3) 따라서 죽은 자들의 부활 신앙은 **기독교 신앙의 차안성, 신체성과 물질성**을 고백한다. 기독교 신앙은 이 세계의 현실에서 격리된 이상한 현상이 아니다. 그리스도인들은 이 세계의 현실 안에서, 이 세계의 현실과 연관하여 그들의 신앙을 증언해야 한다. 그들은 그들의 신앙을 단지 영적·정신적 영역에서만 영위하는 것이 아니라, 이 세계의 신체적·

물질적 영역 안에서도 영위해야 한다. **그리스도의 뒤를 따름**(Nachfolge, D. Bonhoeffer)은 저 세계가 아니라 이 세계 안에서, 영적·정신적 영역에서는 물론 신체적·물질적 영역 안에서도 이루어져야 한다. 인간의 신체와 물질에 대한 모든 형태의 천시와 학대는 거부된다. 인간의 영혼과 신체를 포함한 전인적 존재가 부활할 것이다. 따라서 인간의 영적·정신적 활동은 물론 인간의 먹고 마시는 것, 그의 모든 신체활동과 삶의 역사가 하나님 앞에서 중요하다.

(4) 죽은 자들의 부활 신앙은 인간에 대한 **하나님의 철저한 신실하심**을 고백한다. 하나님은 그의 피조물을 끝까지 사랑하며 그들과 교통하기를 원하신다. 비록 인간이 하나님을 버린다 할지라도, 하나님은 인간을 버리지 않으며 끝까지 "인간의 하나님"으로 계신다. 따라서 하나님과 인간의 교통은 인간의 죄와 배반에도 불구하고 존속한다(탕자의 비유 참조). 하나님의 사랑과 신실하심은 죽은 자들에게도 해당한다. 하나님은 죽은 자들을 포기하거나 그들을 잊어버리지 않는다. 죽음이 하나님과 그의 피조물 간의 교통을 단절시킬 수 없다. 이 교통은 죽음의 한계를 넘어선다. 그러므로 죽은 자들도 언젠가 부활할 것이며, 하나님과의 새로운 생동적 교통 가운데 있을 것임을 부활 신앙은 증언한다.

(5) 죽은 자들의 부활 신앙은 그 근원에 있어 **하나님의 의**를 증언한다. 불의한 자가 이 세상에서 축복을 누리는 반면, 무죄한 자가 고난과 고통을 당하는 인간의 역사가 죽음으로 끝날 수는 없다. 만일 역사가 그렇게 끝난다면, 하나님은 의로운 분이 아닐 것이다. 그렇다면 죽음은 하나님의 의에 대해 하나의 한계가 될 것이며, 이 한계 앞에서 하나님의 의는 무력해질 것이다. 전능하신 하나님은 역사의 마지막에 모든 죽은 자들을 부활시키시고 그들의 행위에 따라 그들을 재판(심판)하실 것이다. 그는 불의한 자의 모든 거짓과 횡포를 폭로하고, 그들이 부끄러움을 당하게 할 것이다. 이와 동시에 그는 무죄한 자들의 억울함을 드러내고 그들을 위로할 것이며, 그의 영원한 영광과 기쁨에 참여케 할 것이다. 이리하여 하나님의 의가 관철

될 것이다. 육 없는 인간의 영혼만이 심판을 받는 것이 아니라, 인간이 그의 영혼은 물론 육체를 가지고 행했던 모든 행위와 사건이 심판을 받게 될 것이다.

(6) 죽은 자들의 부활 신앙은 죽음의 세력의 폐기를 요구한다. 죄된 인간의 현실 속에서 일어나는 죽음은 하나님의 뜻에 어긋난다. 그것은 반신적인 세력으로서 인간의 영혼은 물론 인간의 육체도 파멸시키며, 하나님의 모든 피조물을 파멸과 죽음의 수렁으로 몰아가고 있다. 하나님은 생명을 원하시지 죽음을 원하시지 않는다. 그러므로 죽음은 영혼이 육체의 감옥에서 자유로워지는 "자유와 해방의 날"로 정당화될 수 없다. 그것은 "인간의 최대 원수이지, 결코 인간의 영혼에 해방을 주는 그 어떤 것은 아니다."[8] 그것은 역사의 마지막에 폐기될 것이며 더 이상 있지 않을 것이다 (계 21:4 참조). 예수의 부활은 그 시작이다.

불트만처럼 죽은 자들의 부활 신앙을 인간의 결단과 세례의 시간으로 위축시키거나, 일단의 가톨릭 신학자들처럼 그것을 "죽음 속의 사건"으로 위축시키거나 또 그것을 부인할 수 없는 이유를 우리는 여기서 발견한다. 이렇게 할 경우, 부활 신앙이 담고 있는 다양한 의미가 약화 내지 상실될 수 있기 때문이다. 죽음은 하나님의 능력과 주권과 그의 의로우심에 대한 한계가 될 수 없다. 만일 그렇지 않다면, 죽음의 세력이 하나님보다 더 강할 것이며, 하나님은 더 이상 전능하신 하나님이 아닐 것이다. 또한 죽음의 세력이 하나님의 자리를 대신 차지할 것이다.

3) 우리의 그 무엇이 부활할 것인가?

일반적으로 우리가 생각하는 부활 신앙의 가장 어려운 문제는, 썩어 없어진 인간의 육체가 어떻게 다시 살아날 수 있는가의 문제다. 이 문제 때문

---

8) 김명용, "죽음과 부활", 「교육 교회」, 장로회신학대학교 기독교교육연구원, 1987, vol. 132, 250.

에 오늘날 많은 그리스도인들은 죽은 자들의 부활을 더 이상 믿지 않는 것 같다. 육체가 흙으로 돌아간 우리 인간이 어떻게 다시 부활할 수 있단 말인가? 흙먼지가 되어버린 각 사람의 육체와 그 모든 신체 기관들이 어떻게 재결합하여 되살아날 수 있단 말인가? 이 질문에서 우리는 부활을 썩어 없어진 육체의 재구성(Rekonstruktion)과 재활(Wiederbelebung)로 표상한다. 그러나 만일 죽기 이전에 인간이 가지고 있었던 육체가 되살아난다면, 그 육체는 언젠가 다시 한 번 죽을 수밖에 없을 것이다. 그러면 인간의 그 무엇이 부활할 것인가?

이 문제에 대해 어떤 사람은 영혼 불멸설에 근거하여 이렇게 생각할 수 있다. "인간의 육체는 썩어 없어지지만, 인간의 영혼은 남아 있을 것이다. 이 영혼이 새로운 몸으로 부활할 것이다"라고 생각하는 것이다. 그러나 위에서 기술한 바와 같이, 성서에서 인간은 영혼과 육체가 분리될 수 없는 하나의 전체적 존재로 파악된다. 따라서 죽음은 인간의 어느 한 부분에만 일어나는 것이 아니라 인간의 존재 전체에 해당한다. 그것은 인간 존재에 대하여 총체적으로 일어난다. 그렇다면 부활도 인간의 어느 한 부분의 부활이 아니라 인간 존재 전체의 부활 곧 "전인적 인간의 부활"일 수밖에 없다.[9] 즉 마지막 부활 때에 인간의 어느 한 부분이 부활하는 것이 아니라, 그의 존재 전체가 부활할 것이다. 그럼 인간의 "존재 전체"란 무엇인가? 우리는 그것을 어떻게 파악할 수 있는가?

바울이 말하는 "몸"(soma)은 "육"(sarx)과 "혼"(psyche)과 "영"(pneuma)의 통일체로서의 인간 존재가 지닌 **다양한 측면**을 가리키는 것이지, 결코 서로 나누어질 수 있는 독립된 부분들을 가리키지 않는다. 인간은 단순히 육체나 영 혹은 혼만 가진 존재가 아니라, 영혼과 육체가 하나로 결합되어 있는 몸을 가지고 존재한다. 그의 모든 행위는 육체적 요소가 전혀 개입되

---

9) 박상언, "몸, 죽음 그리고 그리스도교의 타계관", 287: 공관복음서 기자들도 "육의 부활"을 "전인적 인간의 부활"로 인식하였다.

지 않은 영적 행위도 아니고, 그의 영혼이 전혀 개입되지 않은 육체적 행위도 아니다. 인간의 영적 행위에는 인간의 육체가 참여되어 있고, 인간의 육체적 행위에는 그의 영혼이 참여되어 있다. 따라서 인간의 모든 행위는 영혼과 육체가 하나로 결합되어 일어나는 영적-육체적 행위, 곧 몸적인 행위다. 인간은 단지 육체만도 아니고 또 영혼만도 아니다. 그는 양자가 하나로 결합되어 있는 "몸"이다.

그런데 인간의 몸은 언제나 사회적 관계 속에 있다. 그는 태어나면서부터 죽는 순간까지 "관계적 존재", "사회적 존재"다. 설령 사회를 떠난 사람일지라도 자연과의 사회적 관계 속에 있다. 몸의 한 구성 요소인 육체는 자연에 속한다. 그것은 흙에서 와서, 흙 위에서 살다가, 흙으로 돌아간다. 그러므로 인간은 적어도 그의 육체에 있어 자연과의 관계 속에 있다.

> 몸 안에서 우리는 언제나 다른 자들과 결합되어 있다. 아니, **몸 안에서 우리는 다른 자들에게 속한다.** 이것이 몸의 삶의 사회적 기본 차원이다. 몸 안에서 우리는 우리의 개인적인 관계들은 물론 우리의 사회적 관계들을 살아간다.[10]

사회적 관계가 없는 소위 아르키메데스의 점(点)과 같은 인간 존재란 생각될 수 없다. 아르키메데스의 점도 사회적 관계 속에 있다. 인간의 존재는 사회적 관계 속에서 이루어져 가는 인간의 "삶"을 가리킨다. 삶 없는 생명이란 있을 수 없다.

창조신앙에 의하면, 인간의 사회적 관계는 창조질서에 속한다. 인간은 혼자 살도록 창조된 것이 아니라 하나님과 이웃과 자연과의 관계 속에서 살도록 창조되었다. 비록 인간이 하나님을 부인하고 하나님과의 관계를 포기한다 할지라도, 이 관계는 폐기되지 않는다. 이웃과의 관계는 먼저 남자와 여자의 성적 관계에서 나타난다. 한 여자와 남자의 성적 관계 속에서

---

10) F. W. Marquardt, *Was dürfen wir hoffen, wenn wir hoffen dürfen? III*, 451.

자기를 상대방에게 내어주고 한 몸을 이루는 여기에 모든 사회적 관계의 원형이 있다. 인간이 하나님을 거부하고 하나님과의 관계를 파기할 때, 이웃과의 이 원형적 관계가 훼손되고, 인간은 모든 관계 속에서 자기를 추구하며, 자기를 확장시키고자 한다.

그러나 하나님과의 관계가 완전히 폐기되지 않듯이, 이웃과의 관계도 완전히 폐기되지 않는다. 아니, 폐기될 수도 없다. 인간은 사회적 관계 속에 있는 삼위일체 하나님의 형상이요, 계약 파트너이기 때문이다. 자연과의 관계에서 인간은 자연을 돌보고 가꾸는 동시에, 자연 안에서 자연과 더불어 살도록 창조되었다. 그는 자연의 관리자, 청지기인 동시에 자연에 의존한다. 생존을 위하여 그는 자연의 물과 공기와 태양을 필요로 하며, 자연에서 나오는 식물을 먹고 살도록 창조되었다. 자연은 인간이 없어도 생존하고 번성할 수 있지만, 인간은 자연 없이 생존할 수도 번성할 수도 없다. 그는 자연과 함께, 자연 안에서 살아야 한다. 자연은 정복과 지배와 착취의 대상이 아니라 인간의 본향이요 삶의 공간이며 인간의 친구다. 이와 같이 인간은 하나님과 이웃 사람들과 자연과의 관계 속에서 살도록 창조되었다. 그는 철저히 관계적 존재, 교통의 존재다. 이것은 창조질서에 속한다.

그런데 인간의 모든 관계 내지 교통은 단순히 영적으로 혹은 정적으로 일어나는 것이 아니라 몸적으로 일어난다. 즉 영혼과 육체를 포함한 인간의 존재 전체를 통하여 일어난다. 생각하는 것, 듣는 것, 말하는 것, 보는 것, 악수하고 포옹하는 것, 읽고 쓰는 것, 자기 생각을 다양한 방법으로 표현하는 것, 다른 사물을 인지하는 것, 자기를 표현하는 것, 이 모든 교통은 인간의 존재 전체를 통하여 일어난다. 생각하거나 명상하는 것도 단순히 영적 활동이 아니라 인간의 뇌 세포를 포함한 인간 존재 전체의 활동이다. 인간의 영혼이나 정신이 활동할 때, 그의 육체도 함께 활동한다. 인간의 육체가 활동할 때, 그의 영혼이나 정신도 함께 활동한다.

따라서 인간의 모든 활동은 인간의 어느 한 부분의 활동이 아니라, 인간 존재 전체의 활동이다. 이 활동을 통하여 그의 존재가 형성되며, 그의 존재는 일반적으로 그의 얼굴에 나타난다. 흔히 말하기를, 사람의 마음이 그 사람의 얼굴에 나타난다고 한다. 그러므로 얼굴은 그 사람의 존재를 비추는 거울이다. 따라서 우리가 어떤 사람을 식별할 때, 그의 거울 곧 그의 얼굴을 통하여 그를 식별한다. 그의 감정의 움직임이 그의 얼굴에 나타나며, 그의 내면의 상태가 그의 얼굴에 비추어진다. 그래서 마음이 착한 사람의 얼굴은 착해 보이고, 마음이 음흉하고 교활한 사람의 얼굴은 교활하고 음흉해 보인다. 물론 자신의 마음을 교묘하게 감추는 사람도 있지만, 사람의 마음 상태와 됨됨이는 대개 그의 눈과 얼굴에 나타난다. 그의 얼굴은 이웃과의 교통 속에서 형성되었고, 또 거기에는 그가 이끌어온 그의 삶의 역사가 나타난다. 이웃과의 교통 속에서 당한 기쁨과 슬픔, 실망과 희망, 삶의 환희와 좌절이 그의 얼굴에 하나로 결합되어 있다. 그러므로 "인간의 얼굴은…그의…전기(Biographie)다."[11] 그것은 그의 삶의 역사의 요약이요, 그의 존재의 거울이다.

인간은 언젠가 모두 죽는다. 그러나 자신의 행위를 통하여 형성된 인간의 삶의 역사, 곧 그의 존재, 그의 자아는 죽음과 함께 없어지거나 폐기되지 않는다. 그것은 하나님의 기억 안에서 영원히 남아 있을 것이다. 죽음은 이미 일어난 삶의 역사를 없는 것처럼 만들거나 무로 되돌리지 않는다. 인간이 행한 모든 선한 행위와 악한 행위, 거짓과 진실, 그의 모든 기쁨과 슬픔이 하나님의 영원 속에 영원히 보존될 것이다. 이러한 삶의 역사를 통하여 형성된 인간 존재를 가리켜 우리는 신약성서가 말하는 "몸"(soma), 곧 인간의 "존재 전체"라 말할 수 있다. 이 "몸"이 역사의 마지막에 부활하여 하나님의 재판을 받을 것이다. 인간의 한 부분으로서의 영혼이나, 썩어 없어진 손톱, 발톱, 머리카락, 내장, 세포가 역사의 종말에 부활하는 것이 아니다. 또 인간의 영혼만이 부활하는 것도 아니다. 사회적 관계

---

11) Th. Bovet, *Die Ehe*, 3. Aufl., 1972, 139.

와 교통을 통해 형성된 삶의 역사를 가진 인간의 자아, 그의 인격이 그가 행한 모든 선과 악, 진실과 거짓, 아름다움과 추함과 함께 부활할 것이다. 부활 이전의 인간과 부활 이후의 인간이 가지는 연속성, 그리고 정체성은 육체 없는 영혼이라는 한 부분에 있는 것도 아니고, 썩어 없어졌다가 다시 생기는 인간의 손톱이나 발톱, 그의 머리카락이나 세포에 있는 것도 아니다. 그것은 자기 삶의 역사를 가진 그의 총체적 존재, 그의 자아에 있다. 따라서 부활이란 각 사람의 삶의 역사, 이웃과의 만남과 교통 속에서 형성된 그의 존재, 곧 그의 몸이 철저히 새로운 존재, 즉 "영적인 몸", "영광의 몸"으로 변화되는 것을 말한다. 이것을 가리켜 우리는 **부활에 대한 인격적·사회적 이해**라고 할 수 있다.

4) 부활 신앙의 구성 요소로서의 영혼 불멸

여기서 우리는 영혼 불멸설과 부활 신앙이 통합될 수 있는 가능성을 발견한다. 이 통합은 영혼을 이원론에 입각하여 육체 없이 독자적으로 존재할 수 있는 인간의 한 부분으로 보지 않고, 그것을 인격적으로 파악할 때 가능하다. 그렇다면 영혼의 인격적 이해는 무엇인가?

이 문제를 우리는 인간의 **정체성**(Identität)의 개념을 설명함으로써 대답하기로 하자. 인간의 정체성이란 무엇인가? 그것은 인간 어디에 있는가? 그것은 단순히 인간의 외모에 있는 것인가? 전통적 영혼 불멸설에 의하면 인간의 정체성은 그의 영혼에 있다고 생각된다. 모든 인간의 육체는 동일한 반면, 그 육체를 다스리는 인간의 영혼은 사람에 따라 다르다고 생각되기 때문이다. 그러나 위에 기술한 바와 같이 영혼 없는 육체도 없지만, 육체 없는 영혼도 있을 수 없다. 인간은 양자가 하나로 결합되어 있는 전체적 존재인 동시에 "관계의 존재"다. 그는 이웃과 사회와 세계의 제반 관계들을 통하여 자기의 존재, 곧 그의 **사람됨**을 형성해나가며, 그의 사람됨을 가리켜 우리는 그 사람의 "정체성"이라 부른다.

따라서 한 인간의 정체성은 단순히 그의 육체나 영혼을 가리키는 것이 아니라, 육체와 영혼의 통일체로서 자신의 모든 사고와 행동과 삶의 과정을 통하여 형성된 그의 사람됨, 곧 인격을 가리킨다. 그것은 기쁨과 슬픔, 고난과 행복, 진실과 거짓, 아름다움과 추함, 사랑과 증오의 모순들과 갈등과 함께 형성된 한 인간의 **삶의 역사의 총화**를 가리킨다. 이것을 우리는 한 인간의 "**자아**" 혹은 "**존재**"라고 말할 수도 있다. 한 인간의 자아 혹은 존재는 인간의 모든 외적인 것에서 분리될 수 있는 어떤 실체적인 것이 아니라 그의 삶의 역사의 총화를 가리킨다.

오늘날 일단의 신학자들은 자기 삶의 역사를 통하여 형성된 인간의 자아 혹은 그의 인격을 영혼으로 파악한다. 예를 들어 자르브뤼켄 (Saarbrücken) 대학의 개신교 신학자 푈만은 "영혼"을 "인간의 자아"(Ich des Menschen)와 동일시한다.[12] 달리 말해 영혼이란 육체로부터 분리되어 육체 없이 독자적으로 존재할 수 있는 인간의 한 부분이 아니라, 자기 삶의 역사를 통하여 형성된, 죽음의 순간 확정되는 "인간의 자아" 혹은 나됨 (Ich-Sein)을 가리킨다.

본래 성서가 뜻하는 "영" 혹은 "영혼"도 이와 같이 인격적 의미로 사용된다. 따라서 영혼에 대한 인격적 이해는 바로 성서적 이해라고 할 수 있다. 예를 들어 "너희는 마음을 다하고 뜻을 다하고 힘을 다하여, 주 너희의 하나님 여호와를 사랑하여라"(신 6:5)라고 말할 때, 그것은 몸으로부터 분리될 수 있는 한 부분으로서의 영혼을 말하는 것이 아니라 인간의 **전인적 존재**를 가리킨다. 즉 자기의 존재 전체를 다하여 하나님을 사랑하라는 것이다. 구약성서가 인간의 한 부분을 말할 때, 사실 그것은 인간 존재 전체를 가리킨다. 신명기 12:23은 히브리 원어에서 인간의 "피"를 그의 영혼과 동일시한다. 시편 기자도 인간의 영혼을 그의 존재 전체와 동일시한다. "주님, 내 생명을 건져주십시오"(시 6:4)라는 말은, 자기의 **존재 전체**를 구하여 달라는 말이다. "주님은 나의 고난을 돌아보시며, 내 영혼의 아픔을

---

12) H. G. Pöhlmann, *Abriss der Dogmatik*, 272.

알고 계십니다"(시 31:7)라는 말은, 하나님께서 인간의 한 부분인 영혼만을 아셨다는 것이 아니라 "나의 존재 전체를 아셨음"을 뜻한다. 하나님께서 "성도의 생명을 지켜주시며 악인들의 손에서 건져주신다"(시 97:10)는 말도 같은 뜻으로 이해되어야 한다.

인간의 영혼을 그의 존재 전체와 동일시하는 것은 신약성서에도 나타난다. 마리아가 "내 영혼이 주를 찬양하며"라고 말할 때, 그것은 마리아의 존재 전체, 곧 그녀의 고유한 자아가 하나님을 찬양한다는 뜻이다. 어리석은 부자가 "내 영혼에게 말하겠다"(눅 12:19)라고 할 때, 그것은 "나 자신에게 말하겠다"는 것을 가리킨다. 바울이 "악을 행하는 각 사람의 영에는 환난과 곤고가 있으리니"(롬 2:9, 개역개정)라고 말할 때에도, 그것은 단지 영혼만을 가리키는 것이 아니라, 악을 행하는 인간의 존재 자체를 가리킨다. "죄인의 영혼을 죽음에서 구한다"(약 5:20)고 할 때, 그것은 인간의 한 부분으로서의 영혼을 가리키는 것이 아니라 인간 존재 전체를 가리킨다. 앞서 기술한 바와 같이, 성서에서 인간은 혼 혹은 영혼(psyche)과 영(pneuma)과 몸(soma)이 하나의 전체를 이루고 있으며 각 부분들로 나누어질 수 없는 **통일적 존재**이기 때문이다.

총체적·전인적 인간 이해의 이러한 성서적 전통에 반해, 기독교가 그리스-로마의 문화와 만나면서 플라톤적인 또 영지주의적인 영혼과 육체의 이원론을 받아들이게 되고, 그리하여 영혼을 육체에서 분리되어 독자적으로 영원히 존재하는 실체 혹은 신적 속성으로 생각하게 된다. 그러나 라칭어에 의하면, 제2차 바티칸 공의회에 이르기까지 기독교 신학과 예배 의식이 사용한 영혼의 개념은, 기독교의 부활 신앙과 마찬가지로 고대의 플라톤적 전통과 무관하다. 그것은 "철저히 그리스도론적 개념이요, 기독교 신앙의 기초 위에서만 표현될 수 있었다."[13] 즉 기독교가 사용한 영혼의 개념은 플라톤적인 이원론적 개념이 아니라 "그리스도와 함께 하는 존

---

13) J. Ratzinger, *Eschatologie*, 126.

재, 죽음 속에서도 파괴될 수 없는 인간의 **인격의 담지자**(Träger)"를 뜻한다.[14]

가톨릭 신학자 슈나이더(Th. Schneider)는 아퀴나스의 영혼 개념을 분석하면서, 영혼을 다음과 같이 정의한다.

영혼은 몸의 실체(Substanz)가 아니며, 신체의 형식(Form)도 아니다. 오히려 그것은 몸의 형식으로서의 실체이며, 실체로서 몸의 형식이다.[15]

몸으로부터 영혼의 분리는 영혼의 본성에 어긋나며… 몸 안에 있는 존재는… 영혼의 자기 집행(Selstvollzug)이다. 몸은 영혼의 가시성이다. 몸의 현실은 영혼이기 때문이다.[16]

다시 말해 인간의 영혼은 몸과 구분되지만 몸에서 분리될 수 없으며, 전체로서의 인간 존재를 가리킨다.

영혼을 이와 같이 인격적으로 이해할 때, 우리는 소위 **영혼의 불멸**을 인정할 수 있다. 이때 영혼의 불멸은 영과 육의 이원론에 입각한 영혼 불멸설이 말하는 소위 몸 없는 영혼의 불멸을 말하는 것이 아니라, 삶의 모든 관계와 역사를 통하여 결정된 인간의 인격의 핵, 그의 자아의 불멸을 말한다. 죽음 이전의 인간과 죽음 이후의 인간, 그리고 역사의 종말에 부활된 인간의 연속성은 소위 영혼에 있는 것이 아니라, 인간의 존재, 즉 그의 인격 내지 자아에 있다. 영혼과 몸의 통일체로서 자기 삶의 역사를 담지하고 있는 인간의 존재, 곧 그의 자아는 죽음을 통하여 소멸되거나 폐기

---

14) Ibid., 124.
15) Th. Schneider, *Die Einheit des Menschen. Die anthropologische Formel "anima forma corporis" im sogenannten Korrektorienstreit und bei Petrus Johannis Olivi,* 1972, 23.
16) Ibid., 27.

되지 않고, 그리스도와의 교통 안에서 잠자는 가운데 있을 것이며, 마지막 부활이 있을 때까지 안식을 누릴 것이다. 마지막 부활 때에, 삶의 역사도 없고 자신의 정체성도 없는 소위 독립된 실체로서의 영혼이 부활하는 것이 아니라, 참과 거짓, 아름다움과 추함이 뒤섞인 자기 삶의 역사를 가진 그의 인격 내지 자아가 부활하여 하나님의 마지막 판단(심판)을 받을 것이다. 여기서 우리는 일반 종교의 이원론적 의미에서 소위 영혼의 불멸을 말하는 것이 아니라, 인격적 의미의 영혼과 영혼의 불멸을 인정하며, 인격적 의미의 영혼 불멸설을 **부활 신앙의 구성적 요소**로서 수용할 수 있다. 이리하여 우리는 부활 신앙과 영혼 불멸설의 대립을 벗어나, 후자를 전자 속에 통합시킬 수 있게 된다.

이러한 생각에 대한 근거를 우리는 먼저 구약성서에서 발견한다. 앞서 기술한 바와 같이, 구약성서는 죽음을 결코 인간 존재의 총체적 폐기 혹은 소멸로 보지 않는다. 죽은 자들은 스올에 내려가서, 그림자와 같은 존재, 하나님과 인간과의 교통이 더 이상 있지 아니하며, 존재하지만 더 이상 생동하지 않는 상태에 있다. "죽은 사람은 주님을 찬양하지 못한다. 침묵의 세계로 내려간 사람은, 어느 누구도 주님을 찬양하지 못한다"(시 115:17). 하나님 자신도 죽은 자들을 더 이상 생각하지 않는다. 그들은 망각의 영역 속에 존재한다(시 88:6). 스올에 있는 죽은 자들의 존재는 땅 위에 있던 그들의 존재보다 더 불쌍하다.

살아 있는 사람에게는 누구나 희망이 있다.
비록 개라고 하더라도, 살아 있으면 죽은 사자보다 낫다.
살아 있는 사람은 자기가 죽을 것을 안다.
그러나 죽은 사람은 아무것도 모른다.
죽은 사람에게는 더 이상의 보상이 없다.
사람들은 죽은 이들을 오래 기억하지 않는다.
죽은 이들에게는 이미 사랑도 미움도 야망도 없다.

세상에서 일어나는 어떠한 일에도 다시 끼어들 자리가 없다(전 9:4-6).

그러나 역사의 과정 속에서 이스라엘은 죽음에 대항하는 질문과 희망을 토로하기 시작한다. 하나님이 "생명과 죽음 위에 있는 주님"이라면, 어떻게 하나님과의 교통이 죽음을 통하여 중단될 수 있는가? 하나님의 사랑과 인자하심이 무한하다면, 어떻게 하나님은 더 이상 죽은 자들을 생각하지 않을 수 있는가? 이것은 하나님의 성품에 모순된 일이 아닌가? 정말 하나님이 모든 현실의 주님이라면, "하나님과의 교통"과 "야웨의 계약의 신실하심(Bundestreue)"은 죽음보다 더 강하지 않은가? 하나님은 죽은 자들의 세계에도 계시지 않은가? 이리하여 이스라엘은 살아 있는 자들은 물론 죽은 자들 가운데에도 계신 하나님의 현존을 고백한다.

하나님의 빛이 가서 닿지 않는 곳이 어디에 있느냐?(욥 25:3)

내가 하늘로 올라가더라도 주께서는 거기에 계시고,
스올에다 자리를 펴더라도 주님은 거기에도 계십니다(시 139:8).

이 고백과 더불어 이스라엘은 죽음 다음에도 존속하는 죽은 자의 존재를 인정한다. 언젠가 모든 민족이 하나님의 주권 아래에 있는 것처럼, 죽은 자들도 하나님의 주권 아래에 있다. 따라서 죽은 자의 육체는 흙으로 돌아가지만, 그의 존재 곧 그의 "숨은 그것을 주신 하나님께로 돌아갈" 것이다(전 12:7). 여기서 인간의 "숨"은 구약성서의 총체적 인간 이해에 따라 인간의 존재, 곧 그의 삶의 역사를 통하여 결정된 그의 인격으로 파악되어야 한다. 그것을 육체 없이 독자적으로 존재할 수 있는 이원론적 의미의 "영혼"으로 파악하는 것은, 구약성서의 일원론적·총체적 인간 이해에 어긋난다. 하나님의 무한한 능력과 주권에 대한 믿음 때문에 이스라엘은 육체가 썩어 없어져도 남게 될 인간의 자아, 곧 **인격적 의미의 영혼의 불멸**

에 대한 믿음과 희망을 다음과 같이 고백한다.

> 그러나 나는 확신한다. 내 구원자가 살아 계신다.
> 나를 돌보시는 그가 땅 위에 우뚝 서실 날이
> 반드시 오고야 말 것이다.
> 내 살갗이 다 썩은 다음에라도, 내 육체가 다 썩은 다음에라도,
> 나는 하나님을 뵈올 것이다. 내가 그를 직접 뵙겠다.
> 이 눈으로 직접 뵐 때에, 하나님이 낯설지 않을 것이다(욥 19:25-27).

20세기 전반기의 변증법적 신학자들이 영혼 불멸설과 유대-기독교의 부활 신앙을 철저히 대립된 것으로 보았던 반면, 오늘날 가톨릭 신학자들은 물론 많은 개신교 신학자들도 양자의 통합을 주장한다. 푈만(Pöhlmann)에 의하면 "불멸의 플라톤적인 형식은 물론 불멸의 모든 형식을 거부하고, 인간의 불멸과 인간의 부활을 대립시키는 것은 신학적으로 잘못된 것이다."[17] 이제 우리는 이원론적 영혼 불멸설이 말하는 "영혼의 불멸"이 아니라, 인격적 의미에서 인간의 불멸 곧 "인격적 불멸"을 인정할 수 있으며, 이것을 기독교의 부활 신앙의 구성 요소로서 인정해야 한다. 만일 이것이 인정되지 않을 경우, 부활 신앙 자체가 성립하기 어려울 것이다.

그러나 이것은 과거의 영혼 불멸설로, 기독교의 부활 신앙을 대체하는 것으로 오해되어서는 안 된다. 이것은 단지 영혼을 인격적으로 파악함으로써 그것을 부활 신앙 속에 통합시키려는 것에 불과하다. 김명용 교수가 말하듯이 "그리스도교의 희망은 죽은 자의 부활에 있다. 이 죽은 자의 부활이란 인간의 영혼이 본질적으로 갖는 불멸의 삶을 의미하는 것이 아니고, 죽음을 깨뜨리는 하나님의 새 창조의 능력에 기인하는 새 생명을 의미한다. 죽음은 결코 우리의 희망이 아니다. 우리의 희망은 죽음을 부숴버리

---

17) H. G. Pöhlmann, *Abriss der Dogmatik*, 272.

는 하나님의 구원의 손에 있다. 이 죽음을 부숴버리는 새 생명의 힘은 우리의 영혼에만 작용하는 것이 아니고 우리의 영혼과 육체에 함께 작용한다. 따라서 영혼의 본질적인 불멸을 주장하는 그리스적이고 플라톤적인 사고는 성서가 말하는 죽은 자의 부활이라는 복음과 상당히 많은 부분에서 일치하지 않는다."[18]

5) 몰트만의 부활 신앙과 영혼 불멸의 통합

최근에 몰트만도 그의 종말론『오시는 하나님』에서 영혼 불멸과 부활 신앙의 통합을 주장한다.[19] 그의 생각에 의하면 인간 안에는 영 혹은 정신이 있는데, 이 영은 "하나님의 생명의 숨"(*ruach Jahwe*)으로부터 와서 인간을 생동케 하며, 인간이 죽은 후 다시 하나님에게로 돌아간다. "주의 손에 나의 영을 맡깁니다"(시 31:5; 눅 23:46). 하나님으로부터 와서 하나님에게로 돌아가는 이 생명의 영은 죽지 않는다. 몰트만은 생명의 영을 다음과 같이 파악한다.

(1) 생명의 영은 "사멸하지 않는 관계"를 뜻한다. 인간이 가진 "하나님의 형상"은 "인간에 대한 하나님의 관계"를 뜻하는 동시에 "하나님에 대한 인간의 관계"를 뜻한다. 죄로 인해 하나님에 대한 인간의 관계는 파기되지만, 인간에 대한 하나님의 관계는 파기되지 않는다. 하나님은 그의 피조물에 대해 신실하기 때문이다. 인간에 대한 하나님의 관계, 그리고 이 속에 포괄되어 있는 인간의 존재 규정을 가리켜 성서는 때로 "영혼"이라 부르기도 하지만(예를 들어 마 10:28), 전체적으로 "영"이라 부른다. 그런데 성서는 "하나님의 영"과 "인간의 영", "당신의 영"과 "우리의 영"을 구분한다(시 104:29, 30; 롬 8:16 참조).

---

18) 김명용, "죽음과 부활", 251.
19) J. Moltmann, *Das Kommen Gottes*, 88ff.

"하나님의 영"이 인간에 대한 하나님의 관계를 가리킨다면, "인간의 영"은 하나님에 대한 인간의 관계를 가리킨다. 인간의 영이 인간 안에 있는 하나님의 내재(Immanenz)의 측면을 가리킨다면, 하나님의 영은 인간의 영의 초월적 측면을 가리킨다. 양자의 관계는, 칼 바르트가 말하는 것처럼 "인간에 대한 하나님의 관계"라 말할 수 없고, 칼 라너가 말하는 하나님에 대한 인간의 관계라 말할 수 없다. 양자의 관계는 "상호관계"(Wechselbeziehung)라고 할 수 있다. "영 안에서 이루어지는 하나님과 인간 사이의 상호관계"는 인간이 죽을지라도 사라지지 않는다. 그것은 영원히 존속한다.

(2) 미국의 과정신학은 이 상호관계를 인간 삶의 역사의 "객관적 불멸성"이라 부른다. 인간의 삶 속에서 일어난 것이 죽음으로 말미암아 마치 일어나지 않았던 것처럼 될 수 없다. 그것은 폐기될 수 없다. 일어난 일, 인간이 체험했거나 행한 일은 더 이상 지워지지 않는다. 그것은 영원히 남는다. 시간 속에 있는 우리의 삶은 단 한 번뿐이며 사멸하지만, 생명의 영 안에 있는 하나님과 인간의 상호관계를 통하여 우리 인간은 하나님 안에서 영원한 현재를 가진다(시 139:5). 찰스 하트숀(Charles Hartshorne)이 말하는 것처럼, 우리의 삶의 역사는 "삶의 책"이다. 이 책은 죽음과 함께 완결되지만 없어지지는 않는다. 그것은 하나님의 기억 속에 영원히 현존한다.[20] 과정철학자 화이트헤드(A. Whitehead)에 의하면, 하나님은 "위대한 동료, 이해하며 고난당하는 친구"다.[21] 그는 우리를 경험한다. 그는 우리와 함께 간다. 그는 우리와 함께 고난당한다. 그는 우리와 함께 기뻐한다. 그는 우리를 이해한다. 우리의 삶은 그에게 영원히 현존하며, 영원히 현재적인 것으로 존속하며, 우리는 그의 "기억" 속에 영원히 남는다. 그러나 몰트만은 화이트헤드의 과정철학이 말하는 이 "기억"이 인간을 치유하고 고치

---

20) C. Hartshorne, *The Logic of Perfection*, 1962.
21) A. N. Whitehead, *Process and Reality. An Essay in Cosmology*, 1941, 523.

는 인격적 요소를 결여하고 있다고 비판한다.

(3) 성서의 전통에 의하면, 인간에 대한 하나님의 관계는 "하나의 대화적 관계"다. 하나님이 계약을 통하여 자기의 파트너로 삼는 사람들은, 그들이 살든지 죽든지 간에 하나님의 "말 상대자"로 존속한다. 만일 그렇지 않다면 하나님은 하나님이 아닐 것이며, 그는 자신의 약속을 성취할 만한 능력이 없는 것이다. 인간이 인지하든 인지하지 못하든 간에, 하나님으로 말미암아 세워진 계약의 파트너 관계 속에는 객관적 불멸성이 있다. 인간이 하나님에게 응답하지 않을지라도, 그는 하나님에 대해 책임적이다. 죽음은 하나님 앞에서의 책임성에 대해 한계가 될 수 없다. 만일 그렇지 않다면, 하나님은 하나님이 아닐 것이다. 그러나 몰트만에 의하면, 이 대화적 불멸성은 모호하다. 그것은 인간에게 아무런 위안이 되지 못할 수 있다. 그것을 가지는 것보다 죽음이 더 낫다고 생각하는 사람이 있을 수 있기 때문이다.

(4) 그리스도와의 교통 속에서 사는 자는 죽은 자들을 부활시키는 하나님을 믿는다. 그들은 생명의 영, 곧 "부활의 능력"을 경험한다. 이 능력 속에서 그들은 "하나님의 자녀"임을 확인하며(롬 8:14), 아버지 하나님의 신적 본성에 참여한다. 신적 부활의 능력으로서 이 영은 죽음에 의하여 파괴될 수 없다. 그것은 "우리가 죽어도" 우리에게 생명을 준다(요 11:25-26). 영 안에서 이루어지는 하나님의 자녀됨은 사멸하지 않는다. 그것은 영원히 존속할 것이다.

(5) 죽은 자들의 부활은 죽음을 전제하지만, 죽은 자들의 정체성의 폐기를 전제하지 않는다. 오히려 하나님은 죽은 자들을 부활시키기 위하여, 그들이 누구인지, 그들의 정체성을 확인할 수밖에 없을 것이다. 그리하여 다른 어떤 자가 부활하는 것이 아니라, 자신의 특정한 삶을 가진 자가 그 자신의 삶의 역사와 함께 부활할 것이다. "내가 아닌 다른 어떤 자아가 나 대신 세워지지 않을 것이다. 오히려 하나님은 '부활' 속에서 내 자아를 보존할 것이며, 그것을 완성할 것이다." 내 인격의 정체성을 보존할 때, 나의

"개인적인 성적 특성들, 남자로서의 존재와 여자로서의 존재"도 보존될 것이다.[22] 한 인간의 이름과 결합되어 있으며 이름을 통하여 나타나는 인간의 모든 것이 부활 속에서 "보존되며" 변화될 것이다. "내가 너를 속량하였다. 내가 너를 지명하여 불렀으니, 너는 나의 것이다"(사 43:1). 여기서 불멸하는 것은 영혼, 인격의 핵 혹은 내적 정체성의 핵이 아니라, 한 인간의 이름과 함께 가리켜지는 삶의 전 역사와 모든 관계들이다.

몰트만에 의하면, 영은 몸과 영혼을 가진 인간에 대한 하나님의 관계를 실현시키며, 하나님에 대한 인간의 전인적 관계를 모든 상황 속에서 실현시킨다. "우리의 영"을 가리켜 우리는 "삶의 형태와 삶의 역사" 혹은 "삶의 총체성"이라 부를 수 있다. 인간은 총체적으로 살고 총체적으로 죽으며, 하나님은 인간을 총체적으로 부활시킬 것이다. 인간의 몸이 그것의 세포의 총화 이상의 것이며, 세포는 분자 이상의 것인 것처럼, 인간의 총체성 혹은 하나의 전체로서의 인간은 그의 몸의 지체들의 총화 이상의 것이다. 그것은 하나의 "새로운 질(Qualität)"이다. 그것은 한 인간의 삶의 총체적 형태를 가리키며, 이것을 우리는 "인간의 영"이라 부를 수 있다. 죽음을 통하여 인간의 몸의 지체들의 총화는 폐기되지만, "하나님 앞에" 있는 인간의 삶의 형태는 폐기되지 않는다. 그것은 "영원한 생명"이라 불리는 하나의 다른 생명의 형태로 변화될 것이며, "하나님 앞에" 영원히 있을 것이다.

그러므로 몰트만에 의하면, "죽음 속에서 온 인간이 폐기된다"[23]거나 "죽음 속에서 인간의 정체성이 중지된다"[24]고 할 수 없다. 죽음은 "전 인격의… 끝"이 아니다. 죽음은 전적 "폐기"가 아니다. 또 죽음은 육체로부터 영혼의 분리, 하나님으로부터 인간의 분리라고 할 수 없다. 죽음 그 자체는 "무관계성"이라 할 수 있겠지만, 죽음과 함께 인간의 삶의 형태와 삶의 역사

---

22) P. Althaus, Art. "Auferstehung," *RGG*, 3. Aufl., I , 697.

23) E. Jüngel, *Tod*, 145f.

24) N. Elias, *Über die Einsamkeit der Sterbenden in unseren Tagen*, 1982, 100.

가 폐기되는 것이 아니라, 시간적으로 제한된 삶에서 불멸하는 삶으로, 제한된 현존에서 어디에나 존재하는 현존으로 변화될 것이며, "하나님 앞에서" 영원히 존속할 것이다. 십자가의 죽음을 당한 그리스도에게서 일어난 "변화와 변용"(Transformation und Transfiguration), "그의 몸적 형태의 변용(Verklärung, 빌 3:21), 낮은 형태에서 영광의 형태로의 변형(Metamorphose)"이, 죽음을 당하는 그리스도인들에게서 일어나기 시작한다.

여기서 우리는 몰트만에게 다음과 같은 비판적 질문을 제기할 수 있다. 새로운 형태의 삶, 곧 "영원한 생명"으로 들어가는 일이 이미 죽음과 함께 일어난다면, 역사의 마지막에 있을 "보편적 부활"은 불필요하지 않은가? 오히려 죽은 자들의 삶의 형태와 삶의 역사, 곧 그들의 인격이 성서가 말하는 수면 상태 속에서, 또 "그리스도 안에서" 혹은 "하나님 앞에서" 영원히 보존되며, 보편적 부활과 함께 새로운 삶으로 변화된다고 보아야 하지 않는가?

2. 최후의 심판

기독교는 역사의 마지막에 일어날 하나님의 마지막 심판, 곧 "최후의 심판"을 믿는다. "영적 몸"(고전 15:44)으로 부활한 다음, 각 사람은 하나님의 심판대 앞에 설 것이다. "그것은 하나님께서 세계를 정의로 심판하실 날을 정하셨기 때문입니다. 하나님께서는 자기가 정하신 사람을 내세워서 심판하실 터인데"(행 17:31). 여기서 우리는 "최후의 심판"이 말하고자 하는 바가 무엇이며, 최후의 심판이 어떻게 끝날 것인가를 밝히고자 한다.

1) 최후의 심판은 무엇을 말하는가?

죽은 자들의 부활과 함께 최후의 심판은 후기 유대교 묵시 사상에서 유래한다. 메시아가 온 다음, 죽은 자들의 부활이 있을 것이다. 그리하여 살아 있는 사람들은 물론, 이미 죽은 자들도 그들의 행위에 따라 하나님의 의로운 심판을 받을 것이다. 그럼 묵시 사상이 말하는 최후 심판의 의미는 무엇인가?

일반적으로 최후의 심판은 하나님께서 인간의 행위에 따라 그를 재판하시고 악인에게는 영원한 지옥의 벌을 내리고, 선인에게는 하늘나라의 영원한 생명을 내리는 것이라고 생각한다. 여기서 최후의 심판은 인과응보의 법칙에 따라 인간에게 상과 벌을 내리는 것을 뜻하며, 선을 장려하고 악을 멀리하게 하는 교육적 기능을 가진다. 그러나 최후의 심판에 대한 희망이 등장할 당시의 역사적 배경을 고려할 때, 그것은 인간의 행위에 따라 인간에게 상과 벌을 내리는 것 이상의 더 큰 의미를 가지고 있음을 발견할 수 있다.

앞서 기술한 바와 같이, 묵시 사상은 기원전 2, 3세기 이스라엘 백성이 그리스 왕들의 식민지가 되어 말할 수 없는 정치적·종교적 억압과 모욕을 당하던 시대에 등장했다. 이때 하나님의 율법에 충성하는 자들은 박해와 순교를 당한 반면, 하나님 없이 사는 자들은 외세에 영합하여 세속적 부와 특권을 누렸다. 이러한 상황에서 이스라엘은 이렇게 질문하지 않을 수 없었다. 하나님은 어디에 계신가? 그가 정말 의로운 분이라면 어떻게 이런 일이 일어날 수 있는가? 하나님의 의가 폐기된 것이 아닌가? 죽음으로 인간의 존재가 끝난다면, 하나님은 죽음 앞에서 무력하지 않은가? 죽음은 하나님과 그의 의에 대해 넘을 수 없는 한계가 되지 않는가?

이러한 질문에 대해 묵시 사상은 이렇게 답한다. 의로운 자가 고난을 당하고 불의한 자가 행복을 누리는 인간의 삶이 죽음으로 끝나지 않을 것이다. 역사의 마지막에 그들은 모두 부활하여 하나님의 마지막 심판을 받을 것이다. 죽음도 하나님과 그의 의 앞에서 한계가 될 수 없다. 하나님은 죽은 자들도 무덤에서 부활시켜 그의 의로운 심판대 앞에 세울 것이다. 이리하여 하나님의 살아 계심과 그의 의로우심이 증명될 것이다. 그러므로 불의한 자들이 그들의 희생물에 대하여 늘 기뻐하지 못할 것이다. 모든 인간의 가면이 벗겨지고, 그들의 모든 진실과 거짓이 드러날 것이다. 각자가 자기 행위에 대하여, 삶 전체에 대하여 책임을 질 것이다.

여기서 우리는 최후의 심판이 단지 묵시 사상을 통해 처음으로 등장한 것이 아니라, 이스라엘의 하나님 신앙과 하나님의 의에 대한 신앙의 궁극적 귀결임을 발견할 수 있다. 하나님은 전능하신 분이다. 죽음도 그에게는 한계가 될 수 없다. 그러므로 하나님은 죽음의 한계를 깨뜨릴 수 있으며, 그의 의를 관철시킬 수 있다. 그의 의는 죽음의 한계를 넘어선다.

구약성서에서 하나님은 자비로운 분인 동시에 의로운 분으로 나타난다. 그는 "의의 하나님"이시다(시 4:1). 야웨는 의로우시며 의로운 일을 사랑한다(출 9:27; 시 11:7). 그가 의로우시므로, 그는 인간에게 의를 행함으로써 의로운 사람이 될 것을 요구한다. 의는 크게 나누어 (1) 법적 판결의 영역에서, (2) 통치자들의 통치 영역에서, (3) 이웃에 대한 올바른 태도의 영역에서, (4) 국가와 피조물 세계에서 생명을 보호하고 장려하는 질서의 영역에서 실행되어야 한다.[25] 이러한 네 가지 영역에서 의를 행할 때 인간은 의로운 사람이 될 수 있다.

그런데 구약성서에서 하나님이 인간에게 요구하는 의는 단지 인간의 도덕적 완전성을 목적으로 하는 것이 아니라, 인간은 물론 모든 피조물의 생명을 보호하고 장려하는 것을 목적으로 하고 있음을 발견할 수 있다. "의인은 집짐승의 생명도 돌보아주지만"(잠 12:10). 생명을 보호하기 위해 법조인들은 재판을 공정하게 집행함으로써 약한 사람들이 억울한 일을 당하지 않도록 해야 하고, 통치자들은 나라를 의로 통치함으로써 모든 국민이 행복하게 살 수 있도록 해야 한다. 각 사람은 이웃의 생명을 훼손하지 않고 오히려 그것을 보호함으로써 이웃과 의로운 관계를 가져야 한다. 삶의 모든 영역에 의로운 질서가 세워짐으로써, 국가와 사회는 물론 자연의

---

25) F. -L. Hossfeld, "Gerechtigkeit, II. Altes Testament," in *Lexikon für Theologie und Kirche, Bd. 4*, 1995, 500.

영역에서 생명이 보호되어야 한다. 생명이 보호되고 장려되는 곳에 의가 있다면, 생명의 가치와 존엄성이 침해되고 훼손되는 곳에 불의가 있다. 여기서 하나님은 단지 인간의 죄에 대해 적절한 벌을 내린다는 소극적 의미에서의 의로운 분이 아니라, 인간은 물론 모든 피조물의 생명을 보호하고 장려하고자 한다는 더 적극적 의미에서의 의로운 분임을 확인할 수 있다.

이제 하나님의 의는 "행위와 결과"의 인과율과 결합된다. 그리하여 구약성서는 도처에서 하나님의 율법을 지키는 의로운 자는 하나님의 축복을 누리는 반면, 불의한 자는 저주와 파멸을 당할 것이라고 말한다(예를 들어 잠 12장). 율법을 지켜 의를 행하는 자는 하나님이 그에게 주신 땅에서 축복을 누리지만, 불의한 자는 그 땅에서 쫓겨날 것이다. 그는 바람에 나는 겨와 같이 사라지고 말 것이다. 의로운 사람에게는 생명이 있지만, 불의한 자에게는 죽음이 기다리고 있다(잠 12:28). 의로운 자와 불의한 자가 받는 열매에서 우리는 하나님의 심판을 발견할 수 있다. 하나님은 의로운 자와 불의한 자를 내버려두지 않으신다. 그는 그의 의로써 의로운 자와 불의한 자를 판단하시고, 각자에게 적절한 보응을 내릴 것이다. 이로써 그는 그의 의를 증명할 것이다. 그러므로 시편 기자는 하나님을 "의로운 재판장"이라 부른다(시 7:11).

그러나 불의한 자가 득세하고 의로운 자가 고난과 순교를 당하는 현실 속에서 하나님의 의는 보이지 않는다. 하나님의 의는 어디에 있는가? 도대체 하나님은 어디에 계시는가? 하나님이 계시다면, 그는 무능하지 않는가? 이 질문 앞에서 묵시 사상은 최후의 심판을 고백한다. 이러한 역사적 배경을 고려할 때, 최후의 심판은 다음과 같이 말한다.

(1) 최후의 심판은 하나님의 살아 계심에 대한 고백이다. 하나님은 눈에 보이지 않으나 살아 계시며, 인간의 모든 것을 알고 계신다. 그는 각 사람을 그의 행위에 따라 심판할 수 있다.

(2) 최후의 심판은 하나님의 전능하심에 대한 고백이다. 그는 죽음의

한계를 넘어 그의 의를 관철할 것이다.

(3) 최후의 심판은 하나님의 의로우심과 신정(神正, Theodizee)에 대한 고백이다. 그는 각자를 행위에 따라 심판하심으로써 그의 의를 증명할 것이다. 죄와 죽음의 세력이 아니라 하나님이 결국 옳으시다는 사실이 드러날 것이다.

(4) 최후의 심판은 역사의 의로운 마감과 역사에 대한 하나님의 주권을 고백한다. 불의한 자가 행복하게 살고 의로운 자가 고난을 당하는 인간의 역사는 이렇게 끝나지 않을 것이다. 그것은 하나님의 의로운 심판과 함께 마감될 것이다. 이를 통해 하나님은 역사 전체에 대한 그의 주권을 증명할 것이다. 역사 전체가 그의 심판 아래에 있을 것이다. 불의가 아니라 의와 함께 인간의 역사가 그의 종말에 이를 것이며, 영원한 생명과 하나님 나라의 새로운 시작이 있을 것이다.

2) 최후의 심판은 어떻게 끝나는가?

일반적으로 최후의 심판은 **두 가지 결말**(doppelter Ausgang)로 끝난다고 생각된다. 인간의 행위에 따라 의로운 자에게는 하늘나라의 영원한 생명을 허락하고, 불의한 자에게는 영원한 지옥의 고통을 내리는 것이 그것이다. 여기서 심판을 결정하는 기준은 인간의 행위에 있다. 인간은 자신의 **행위에 따라** 심판을 받을 것이기 때문이다.

이러한 생각에 대한 성서적 근거를 우리는 쉽게 발견할 수 있다. 마태복음 7:13-14은 "생명으로 인도하는 문"과 "멸망으로 인도하는 문"을 구분함으로써 최후의 심판의 두 가지 결말을 암시하고 있다. 마태복음 12:32은 "이 세상과 오는 세상에서도 용서를 얻지 못할" "성령을 훼방하는 죄"에 대하여 말하는데, 이러한 죄를 범하는 자는 용서를 얻지 못하기 때문에 최후의 심판 때에 지옥의 영원한 고통을 당할 것을 암시한다. 또한 최후의 심판에 대한 비유에서 예수는 작은 형제들에게 선을 베푼 사람들에게 하나님 나라와 "영원한 생명"을 약속하는 반면, 그들에게 선을 베풀지 않은 사람들에게는 "영원한 형벌"을 약속한다.

마가복음 9:42-48은 작은 사람들을 죄짓게 하는 사람이 당할 지옥과 지옥의 벌에 대해 말한다. 누가복음 16:19-31에 의하면 부자는 지옥에서 영원한 고통을 당하는 반면, 거지 나사로는 아브라함의 품에 안겨 있다. 요한복음에 의하면 그리스도를 믿는 자는 영원한 생명을 누리는 반면, 그를 믿지 않는 자는 하나님의 분노와 멸망에 이를 것이다(요 3:16, 36).

그렇다면 일군의 사람들이 하나님 나라에서 영원한 생명을 누리는 반면, 다른 일군의 사람들은 지옥의 영원한 고통을 당하는 이것이 최후의 심판의 마지막 귀결인가? 영원한 하나님 나라 곁에는 꺼지지 않는 유황불이 타는 영원한 지옥이 있을 것인가? 만일 그렇다면 하나님 나라는 불완전한 것이 아닌가? 수많은 사람이 지옥의 유황불 속에서 영원히 고통당한다면, 하나님 나라에서 영원한 생명을 누리는 사람들의 기쁨과 열락도 완전할 수 없지 않은가? 만일 그렇다면 하나님의 기쁨도 불완전하지 않은가? 또 수많은 사람이 지옥에서 영원히 고통을 당한다는 것은 절대적 사랑으로서의 하나님 상에 모순되지 않는가?

그러므로 초대교회의 교부였던 알렉산드리아의 클레멘스(Clemens)는 다음과 같이 주장했다.[26] 물론 신약성서는 영원한 불의 형벌에 대해 말하고 있다. 그러나 이 벌은 구원의 수단일 뿐이며 일시적인 것이다. 선하신 하나님이 영원한 벌을 내린다는 것은 생각될 수 없다. 어두운 심연(Tartarus)과 게헨나, 곧 지옥의 표상은 "훈육을 위한 교정의 고통"(Korrektivqualen zur Züchtigung)을 가리킨다. 죽은 자들의 영혼은 그들의 죄성에서 완전히 정화된 다음에야 비로소 영원한 생명에 참여할 수 있다. 이러한 생각을 가리켜 클레멘스는 "회복"(apokatastasis)이라 부른다. 요약하여 말한다면, 지옥의 벌은 영원한 것이 아니라 회복을 위한 일시적 정화

---

26) 아래 내용에 관하여 J. Finkenzeller, Eschatologie, in: W. Binert(Hrsg.),
  Glaubenszugänge, Lehrbuch der Katholischen Dogmatik, Bd. III, 1995, 644f.

를 뜻한다는 것이다.

클레멘스의 이러한 생각을 좀 더 체계화시킨 인물은 오리게네스 (Origenes)다. 그의 생각에 의하면 "끝(종말)은 언제나 시작과 비슷하다.…모든 사물이 하나의 끝을 가지고 있는 것처럼, 많은 차이와 구별도 하나의 시작에서 생성한다.…(그러나 모든 사물은) 하나님의 자비와 그리스도에 대한 복종과 성령 안에서의 일치를 통하여 시작과 동일한 마지막에 이를 것이다."[27] 하나님은 그의 자비하심 때문에 그리스도를 통하여 모든 피조물을 회복시킬 것이며, 그를 대적하는 자들도 극복될 것이다. 각 사람은 성장의 여러 단계를 거친 후, 천사들과 더 높은 권세들의 가르침을 통하여, 그리고 자신의 자유로운 의지를 사용함으로써 새롭게 변화되고 회복될 것이다.[28]

초대 교부 클레멘스와 오리게네스의 이러한 생각에 의하면, 최후의 심판은 일군의 사람들에게는 하나님 나라의 영원한 생명을, 다른 일군의 사람들에게는 지옥의 영원한 형벌을 내리는 것으로 끝나지 않는다. 오히려 그것은 하나님께서 만물을 회복하시고 만유 안에서 만유가 되는 것으로 끝난다. 20세기 신학자 틸리히(P. Tillich)에 의하면,[29] 인류의 역사가 구원과 멸망의 두 가지 결말로 끝난다는 것은 생각될 수 없다. 한 사람의 멸망과 고통은 다른 사람의 구원의 기쁨과 열락을 손상시킨다. "그의 존재와 다른 사람의 존재는 서로 분리될 수 없기" 때문이다. "만유 회복설이 종교적 그리고 윤리적 결단의 진지성을 매몰시킨다"는 생각이 전혀 근거가 없는 것은 아니지만, 인류의 역사가 하나님 나라의 영원한 생명과 지옥의 영원한 형벌로 끝난다는 것은 인정될 수 없다. 그것은 삶의 목적을 성취할

---

27) Origenes, "Vier Bücher von den Prinzipien," in *Origenes' vier Bücher von den Prinzipien*, hrsg. u. übers. von H. Goergemanns und H. Karpp, Bd. 24 v. *Texte zur Forschung*, 1985, 217f.

28) Ibid., 227.

29) P. Tillich, *Systematische Theologie, Bd. III*, 1966, 469.

수 없는 모든 유한한 존재의 불가피한 역사적 조건들과 사회적 상황들, 그리고 삶의 이중성을 전혀 고려하지 않는다. 비록 성자라 할지라도 여전히 죄인이며 용서를 필요로 한다.

만유의 회복을 주장하는 신학자들은 일반적으로 사도행전 3:21에서 성서적 근거를 발견한다.

이 예수는 영원 전부터, 하나님께서 자기의 거룩한 예언자들의 입을 통하여 말씀하신 대로, 만물을 회복하실 때까지 마땅히 하늘에 계실 것입니다.

그러나 만유 회복설의 근거는 그 이전의 구약성서에서도 발견된다. 이사야 11:6-9은 하나님을 아는 지식이 충만하며, 모든 피조물이 평화롭게 사는 새로운 세계의 미래를 보여준다. 하나님은 이리와 어린 양이 함께 먹으며, 사자가 소처럼 짚을 먹으며, 뱀이 흙을 식물로 삼으며, 해함도 없고 상함도 없는 세계, 곧 하늘과 땅의 만물이 평화롭게 사는 "새 하늘과 새 땅"을 창조하실 것이다(사 65:17, 25). 하나님이 만유를 다스릴 것이며, 만유가 하나님을 찬양하고 그의 영광을 드러낼 것이다(시 93편; 96편; 97편; 99:1-3; 148편 등)

구약성서의 이러한 전통은 신약성서에도 이어진다. 에베소서 1:10에 의하면, 하늘과 땅에 있는 모든 것, 곧 만물이 그리스도 안에서 화해되고 하나로 통일될 것이다. 골로새서 2:10에 의하면, 하나님은 그리스도를 통하여 만물과 화해하는 것을 기뻐하셔서, 그리스도의 십자가의 피로 화해를 이루게 하셨다. 고린도전서 15:24-28에 의하면, 그리스도는 모든 정사와 능력을 멸하시고 만물을 그의 발 아래에 둔 만물의 통치자가 되실 것이며, 그의 나라를 아버지 하나님께 바칠 것이다. 그리하여 하나님이 "만유의 주로서 만유 안에" 계실 것이다. 따라서 하나님의 통치 영역 바깥에 있는 지옥의 영역은 인정될 수 없다.

바울이 사용하는 아담-그리스도의 유비도 만유의 회복을 암시한다.

그러니 한 사람의 범죄 행위 때문에 모든 사람이 유죄 판결을 받았는데, 이제는 한 사람의 의로운 행위 때문에 모든 사람이 의롭게 하여주심을 받아서 생명을 얻었습니다(롬 5:18).

아담 안에서 모든 사람이 죽은 것같이, 그리스도 안에서 모든 사람이 다시 삶을 얻을 것입니다(고전 15:22).

여기서 우리는 다음과 같은 딜레마에 부딪힌다. (1) 최후의 심판이 모든 사람의 용서와 만유의 회복으로 끝난다고 생각할 때, 인간의 윤리적 책임감이 해이해질 수 있다. 결국 하나님의 용서를 받을 것이라면, 굳이 윤리적으로 의롭게 살 필요가 있겠느냐고 생각할 수 있기 때문이다. 심지어 반드시 예수를 믿어야 할 필요가 있느냐고 생각할 수도 있다. (2) 반면 최후의 심판이 영원한 생명과 영원한 형벌의 두 가지 결말로 끝난다고 생각할 때, 무한한 사랑으로서의 하나님의 상은 훼손된다. 하나님은 절대적 사랑이 아니라, 인간의 행위에 따라 상과 벌을 내리시는 잔인하고 무서운 하나님으로 생각된다. 또한 예수의 십자가 고난은 보편적 타당성을 갖지 못하고, 하나님 나라의 영원한 생명을 누리는 사람들에게만 타당성을 가진 것으로 제한되어버린다.

이러한 딜레마를 고려할 때, 여기서 하나의 결론을 내린다는 것은 매우 어려운 일이다. 잠정적으로 우리는 아래와 같이 생각할 수 있다. 만일 하나님께서 우리 인간의 행위에 따라 우리를 심판하신다면, 과연 얼마나 많은 사람이 영원한 생명의 상을 받을 것인가? 극소수의 사람을 제외한 대부분의 인류가 지옥의 형벌을 받게 되지 않겠는가? 그러므로 하나님은 우리의 행위를 **심판의 기준**으로 삼지 않고, 예수의 십자가 고난과 죽음을 심판의 기준으로 삼지 않겠는가? 하나님은 "우리가 한 의로운 일 때문이 아니라, 그분의 자비하심을 따라"(딛 3:5) 인류를 심판하실 것이다. 우리의 행위에 따라 상과 벌이 결정된다면, 예수의 십자가 죽음은 무의미해질 것이고, 아마 우리 모두는 지옥의 벌을 받게 될 것이다. 하나님은 "우리의 행위대로" 판단하지 않고 "오직 자기 뜻과 영원 전부터 그리스도 예수 안에서 우리에게 주신 은혜대로"(딤후 1:9) 우리를 판단하실 것이다. 그러므로 우리는 우리의 모든 연약함과 죄악에도 불구하고 하나님의 마지막 용서와 구원을 기다릴 수 있다.

3. 삶에 대한 전도서의 교훈

1) 차안적인 하나님—차안적인 종교

성서는 전체적으로 볼 때 죽음의 세계에 관심을 갖기보다는 삶의 세계에 대하여 일차적 관심을 가진다. 그것은 죽음의 세계에 대해 침묵한다. 이에 대한 근거를 우리는 아래와 같이 제시할 수 있다.

(1) 성서의 첫 책 "창세기"는 세계와 인간의 창조에 관한 이야기, 곧 삶의 세계에 대한 이야기와 함께 시작한다. 죽음의 세계에 대해 창세기는 단한 마디도 말하지 않는다.

(2) 구약성서에서 가장 대표적인 하나님의 구원은 출애굽 사건이다. 이 사건은 하나님의 구원이 철저히 차안적이며 현실적인 것임을 보여준다. 그것은 단순한 영적 구원이 아니고, 차안의 세계에서 피안의 세계로 빠져나가는 사건도 아니다. 그것은 하나님의 진리와 "젖과 꿀", 곧 인간의 생존을 위해 일차적으로 필요한 물질이 충분히 있는 세계를 향한 해방이었다.

(3) 구약 오경의 중심을 이루고 있는 "율법"은 삶의 세계에서 우리 인간이 지켜야 할 하나님의 "가르침"을 제시하고 있으며, 율법의 핵심이라 할 수 있는 십계명도 삶의 세계에서 지켜야 할 하나님의 계명들을 요약하고 있다. 이웃과의 관계에서 우리가 지켜야 할 계명을 십계명은 "~하지 말

죽음과 부활의 신학

라"는 소극적이며 부정적 형식으로 말하고 있다. 그래서 많은 그리스도인들은 십계명의 "~하지 말라"는 하나님의 명령을 어기지 않으면 죄가 없고 구원받을 수 있다고 생각한다. 하지만 예수는 율법의 핵심을 "~하라"는 적극적이며 긍정적 형식으로 요약한다. 즉 그분은 "마음과 뜻과 정성을 다하여 하나님을 사랑하고, 네 이웃을 네 자신의 몸과 같이 **사랑하라**"고 명령한다. 따라서 참된 죄는 이웃을 사랑하지 않는 데 있다. 구원을 얻고자 한다면 "하나님과 이웃을 사랑해야 한다." 이러한 율법의 핵심도 차안의 구원, 차안의 행복한 삶에 관한 것이다.

(4) 예수의 모든 말씀과 행동의 핵심은 "하나님 나라"에 있다. 그가 선포하며 또 기적을 통하여 앞당겨 일으키는 "하나님 나라"는 피안의 세계가 아니라, 이 세계 속에서 실현되어야 할 하나님의 새로운 현실을 가리킨다. 그것은 하나님을 아는 지식과 하나님의 의와 사랑이 충만한 차안의 현실이다. 그것은 일차적으로 인간을 **위한** 것이다. 복음서에서 그것은 먼저 육체적·물질적·사회적으로 일어난다. 소경이 눈을 뜨고, 앉은뱅이가 일어나서 걸으며, 귀신 들린 자가 건강해져 그 사회에 다시 통합되고, 죄인으로 소외받던 사람들이 죄를 용서받음으로써 사회적 소외와 차별 대우에서 해방되며, 어린이와 여자들의 인간으로서의 가치와 존엄성이 회복되며, 굶주린 사람들이 먹을 것을 얻는다(떡 다섯 개와 물고기 두 마리의 기적). 여기서 우리는 예수의 구원이 개인적·영적 구원인 동시에 육체적·물질적·사회적 구원임을 분명히 볼 수 있다.

(5) 예수의 "주기도"도 차안에 관한 것이다. 하나님의 뜻이 하늘에서 이룬 것같이, "땅 위에서도", 곧 차안의 세계 안에서도 이루어져야 하며, 하나님 나라가 이곳에 와야 한다. 또한 주기도문은 이 세계 속에서 그리스도인들이 가져야 할 삶의 기본적 태도를 제시한다.

(6) 부활하신 예수는 차안의 세계 속에 다시 나타나시며, "땅 끝까지" 복음을 증거하여 하나님의 구원을 이 땅 위에 이룰 것을 명령한다.

(7) 바울 서신에 나타나는 모든 윤리적 계명들도 차안의 삶 속에서 우

리 인간이 지켜야 할 하나님의 명령이다.

(8) 요한계시록의 "새 하늘과 새 땅"도 피안의 세계가 아니라, "하나님이 거하시는 곳" 곧 "하나님의 장막"이 "사람들 가운데 있는" 차안의 세계다. 그것은 단순히 영적 세계가 아니라 육체적·물질적 세계다. 이 사실을 요한계시록 21, 22장의 "새 예루살렘"이 보여준다. 거기는 도둑질하여 쌓아두는 일이 없기 때문에 도시 전체에 보석이 있고, 마실 물이 충분히 있는 "생명수의 강"이 있으며, 사람들이 언제나 따먹을 수 있는 과실수들이 서 있다. 거기는 하나님이 모든 것을 비추시기 때문에 "어둠"이 없다.

(9) 세계의 다른 종교들과는 달리, 성서의 종교는 죽음의 세계가 어떤지 전혀 묘사하지 않는다. 신구약 성서 어디에도 죽음의 세계에 대한 묘사가 없다. 성서는 살아 있는 사람들과 죽은 사람들의 관계에 대해서도 침묵을 지킨다. 죽음의 세계를 삶의 세계에 비유하여 묘사하는 다른 종교들에 비하여, 성서의 종교는 삶의 세계와 죽음의 세계를 엄격히 구분한다.

결론적으로 성서의 관심은 차안에 있다. 성서의 종교는 철저히 **"차안의 종교"**(H. Schwarz)다. 그 뿌리는 "하나님의 차안성"에 있다. 성서의 하나님은 철저히 **"차안적인 하나님"**이다. 하나님의 차안성이 유대-기독교의 차안성을 근거시킨다. 피안에 대한 관심은 성서의 변두리에 나타날 뿐이다. 우리에게는 차안에서 하나님의 구원을 경험하며 삶을 누리는 것이 중요한 일이다. 이것을 우리는 구약성서의 전도서에서 발견할 수 있다.

2) 비관적 현실주의자의 책―전도서

구약성서의 전도서는 비관적 현실주의자의 책이라고 할 수 있다. 인도의 브라만교가 인생의 고난을 통찰하고 삶의 체념을 통한 고난의 극복을 가르치던 바로 그 시대에, 자기를 "코헬렛"(Kobelet) 곧 "전도자"(본래는 "수집가", "수집 책임자")라 부르는 한 유대인은 삶과 죽음에 대한 그의 지혜를 기술한다.[30] 전도자는 그 사회의 상류층에 속한 인물로서, 세계와 삶과 죽음에 대해 깊이 명상할 수 있고 또 그것을 기록할 수 있는 삶의 여유와 지적 능력을 가지고 있었던 "지혜의 교사"로 보인다.

전도자는 고대의 다른 지혜문학들과는 다른 입장을 취한다. 고대의 다른 지혜문학들은 정의로운 신의 존재와 우주의 윤리적 법칙과 질서를 전제하고, 선한 행위는 언젠가 상을 받으며, 악한 행위는 언젠가 벌을 받는다는 행위와 결과의 인과율을 가르친다. 이에 반해 전도자는 인간의 행위와 결과의 인과율을 부인하면서, 삶과 세계를 **비관적으로** 관찰한다. 선한 행위는 상을 받고, 악한 행위는 벌을 받는다는 행위와 결과의 인과율이 이 세계를 다스리지 않는다. 이 세계의 모든 것은 그러한 합법칙성에 따라 일어나지 않는다. 그러므로 이 세계는 혼돈과 모순으로 가득하다. 전도자는 이 세계의 혼돈과 모순을 다음의 사실에서 발견한다.

(1) 먼저 전도자는 일반적으로 말하는 **행위와 결과의 인과율**을 다음과 같이 묘사한다.

사람들은 말한다. 하나님 앞에 경건하게 살면서 하나님을 두려워하는 사람은 모든 일이 다 잘되지만, 악한 자는 하나님을 두려워하지 않으니, 그가 하는 일이 잘될 리 없으며, 사는 날이 그림자 같고 한창 나이에 죽고 말 것이라고 한다(8:12-13).

선한 행위는 선한 결과를, 악한 행위는 악한 결과를 가져온다는 것이다. 그러나 전도자는 행위와 결과의 인과율을 부인한다. "악한 일을 하는데도 바로 벌이 내리지" 않는다. "악한 사람이 백 번 죄를 지어도 그는 여전히 살아 있다"(8:11-12). 그러므로 이 세계는 혼돈과 모순으로 가득하다.

---

30) 이에 관하여 B. Lang, *Ist der Mensch hilflos?*, 1979.

이 혼돈과 모순은 먼저 **의와 불의, 선과 악의 인과율적 질서의 혼돈**에 나타난다. 의로운 자가 죽을 때까지 고난을 당하는 반면, 불의한 자는 행복하게 장수하는 경우가 많다.

> 의롭게 살다가 망하는 의인이 있는가 하면, 악한 채로 오래 사는 악인도 있더라(7:15).

> 악한 사람이 받아야 할 벌을 의인이 받는가 하면, 의인이 받아야 할 보상을 악인이 받는다(8:14).

> 악이 선에 대하여 승리하는 경우도 많이 있다. 그래서 "재판하는 곳에 악이 있고, 공의가 있어야 할 곳에 악이 있다"(3:16).

(2) 이 세계의 혼돈과 모순은 **근면과 나태, 소유와 향유의 인과율적 질서**의 혼돈에 나타난다. 부지런한 자가 가난하게 사는가 하면, 게으른 자가 풍요를 누리며 산다. 부지런하고 많은 소유를 가지고 있다 하여 반드시 풍요롭게 사는 것은 아니다. 수고하지 않은 자가 그 열매를 누리는 경우도 많다.

> 한 남자가 있다. 자식도 형제도 없이 혼자 산다. 그러나 그는 쉬지도 않고 일만 하며 산다. 그렇게 해서 모은 재산도 그의 눈에는 차지 않는다. 그러면서도 그는 가끔 "어찌하여 나는 즐기지도 못하고 사는가? 도대체 내가 누구 때문에 이 수고를 하는가?" 하고 말하니(4:8).

> 하나님이 어떤 사람에게는 부와 재산과 명예를 원하는 대로 다 주시면서도, 그것들을 그 사람이 즐기지 못하게 하시고 엉뚱한 사람이 즐기게 하시니, 참으로 어처구니가 없는 일이요, 통탄할 일이다(6:2).

(3) 이 세계의 혼돈과 모순은 **지혜와 어리석음의 인과율적 질서의 혼**

돈에서 나타난다. 많은 지혜를 가졌다 하여 반드시 행복하게 사는 것은 아니다. 어리석은 자가 오히려 행복하게 사는 경우가 많다. "지혜가 많으면 번뇌도 많고, 아는 것이 많으면 걱정도 많더라"(1:18). 지혜와 총명이 있다 하여 반드시 부유해지는 것도 아니다. "지혜가 있다고 해서 먹을 것이 생기는 것도 아니며, 총명하다고 해서 재물을 모으는 것도 아니며"(9:11). 지혜로운 자가 반드시 높은 자리를 얻는 것도 아니다. 오히려 어리석은 자가 높은 자리에 앉기도 한다. "어리석은 사람을 높은 자리에 앉히고, 존귀한 사람을 낮은 자리에 앉히는 것이다"(10:6). 낮은 자가 존귀와 영광을 얻는 경우도 있다. "내가 보니, 종은 말을 타고, 상전은 종처럼 걸어 다니는 일이 있더라"(10:7).

(4) 이 세계의 혼돈과 모순은 모든 사람이 **죽는다는 사실**에 있다. 부지런하여 많은 재산을 가졌거나 많은 지혜를 가진 사람이라 하여 죽음을 피할 수 있는 것은 아니다. 부지런한 자나 게으른 자나, 지혜로운 자나 어리석은 자나, 사람은 "결국에는 죽고 만다"(9:3). 부지런하여 많은 부를 소유한 자나 게으르고 가난한 자나 "마침내는 둘 다 같은 곳으로 가지 않는가!"(6:6) 죽을 때에는 모두 빈손이 된다. 열심히 일하여 큰 부를 소유한 자라 할지라도, 자기 소유를 무덤 속으로 가져갈 수 있는 사람은 아무도 없다. "어머니 태에서 맨몸으로 나와서, 돌아갈 때에도 맨몸으로 간다. 수고해서 얻은 것은 하나도 가져가지 못한다"(5:15).

이러한 혼돈과 모순을 보면서 전도자는 부르짖는다.

헛되고 헛되다. 헛되고 헛되다. 모든 것이 헛되다. 사람이 세상에서 아무리 수고한들 무슨 보람이 있는가?(1:2-3)

내 손으로 성취한 모든 일과 이루려고 애쓴 나의 수고를 돌이켜보니, 참으로 세상 모든 것이 헛되고, 바람을 잡으려는 것과 같고, 아무런 보람도 없는 것이었다(2:11).

그렇다면 우리 인간은 무엇을 해야 하는가? 우리도 인도의 현자들이 가르치는 것처럼, 육신과 물질의 세계를 포기하고 열반의 경지를 추구해야 하는가? 아니면 다른 종교 사상들이 가르치는 것처럼, 영혼의 불멸을 믿으면서 영혼이 죽지 않고 영원히 사는 피안의 세계를 동경해야 하는가?

3) 영원한 생명을 바라보며 현세의 삶을 누려라!

이 질문에 대해 전도자는 전혀 엉뚱한 결론을 내린다. 사는 것이 죽는 것보다 낫다. 삶이 죽음보다 낫다. "비록 개라고 하더라도, 살아 있으면 죽은 사자보다 낫다!"(9:4) 그러므로 살아 있는 동안 이 세상의 모든 것을 **누리는 것**이 지혜롭다.

> 나는 생을 즐기라고 권하고 싶다. 사람에게, 먹고 마시고 즐기는 것보다 더 좋은 것이 세상에 없기 때문이다(8:15).

> 너는 가서 즐거이 음식을 먹고, 기쁜 마음으로 포도주를 마셔라. 너는 언제나 옷을 깨끗하게 입고, 머리에는 기름을 발라라. 너의 헛된 모든 날, 하나님이 세상에서 너에게 주신 덧없는 모든 날에 너는 너의 사랑하는 아내와 더불어 즐거움을 누려라(9:7-9).

전도자에 의하면, 모든 것은 자기의 때를 가지고 있다. 태어날 때가 있고 죽을 때가 있으며, 심을 때가 있고 거둘 때가 있다. 슬퍼할 때가 있고 기뻐할 때가 있으며, 만날 때가 있고 헤어질 때가 있다. 이러한 삶의 때에 순응하면서 삶의 모든 것을 **누리는 것**이 삶의 지혜다.

> 기쁘게 사는 것, 살면서 좋은 일을 하는 것, 사람에게 이보다 더 좋은 것이 무엇이랴! 사람이 먹을 수 있고, 마실 수 있고, 하는 일에 만족을 누릴 수 있다면, 이것이야말로 하나님이 주신 은총이다(3:12-13).

인간이 아무리 생각하여도, 이 세계의 깊은 의미와 비밀을 알 길이 없다. "그 뜻을 찾아보려고 아무리 애를 써도, 사람은 그 뜻을 찾지 못한다"(8:17). 만물의 창조자 하나님만이 그것을 아신다(11:5). 이 세계의 깊은 의미와 비밀을 하나님께 맡겨두고, 자기의 삶을 향유하다가 이 세상을 떠나는 것이 지혜로운 일이다.

이러한 삶의 지혜를 가르치면서 전도자는 사회의 기존 질서에 순응할 것을 조심스럽게 권고한다. "마음속으로라도 왕을 욕하지 말며, 잠자리에서라도 존귀한 이를 저주하지 말아라. 하늘을 나는 새가 네 말을 옮기고, 날 짐승이 네 소리를 전할 것이다"(10:20). 전도자가 이렇게 말하는 것은, 통치 권력을 비호하거나 정당화하기 위함이 아니다. 오히려 통치 권력을 하나님의 손에 맡기고, 때를 기다리기 위함이다. "모든 일에는 다 때가 있다. 세상에서 일어나는 일마다 알맞은 때가 있다"(3:1). 때가 되면, 불의한 통치 권력은 넘어질 수밖에 없다. "모든 일에는 때가 있고, 모든 행위는 심판받을 때가 있기 때문이다"(3:17). 따라서 때를 기다리면서 자기 삶을 향유하는 것이 지혜로운 일이다.

이와 같이 삶에 대한 기쁨과 향유를 가르치는 전도서는, 살아남기 위해 투쟁하는 사회 저변층의 사람들을 위한 책이라기보다, 삶을 향유할 수 있는 상류층 사람들을 위한 책이라 말할 수 있다. 그러므로 전도자는 응보의 원리를 가르치지 않으며, 피안에 대한 동경과 희망을 가르치지 않는다. 오히려 그는 **차안의 향유와 즐거움**을 가르친다. 죽음의 세계 속에는 사랑도 없고 미움도 없다. 죽은 사람들은 아무것도 알지 못하며, 아무런 상도 얻지 못한다. 그들은 결국 망각의 세계로 빠진다. 그러므로 살아 있는 동안 자기 손으로 할 수 있는 일을 열심히 하다가, 적당한 때에 죽음을 맞는 것이 지혜롭다(9:5 이하 참조).

그러나 전도자는 맹목적이며 자기 욕망에 사로잡힌 삶을 거부하고, **하나님의 계명 안에 있는 삶**을 권장한다. 그릇된 일을 버리고 옳은 일을 행하며, 명예를 더럽히는 일을 하지 말아야 한다(10:1 이하). 지혜로워야 하

며, 게으르지 말고 부지런히 일해야 한다. "아침에 씨를 뿌리고, 저녁에
도 부지런히 일하여라"(11:6). 자기에게 맡겨진 일에 열심을 다해야 한다
(9:10). 젊을 때에 자기의 창조주를 기억해야 하며, 인간이 하는 모든 일
에 "하나님의 심판이 있다"는 것을 의식하면서 바르게 살아야 한다(11:9;
12:1). 전도자에게는 죽음이 인간의 마지막이 아니다. 죽음과 함께 삶의 모
든 것이 끝나지 않는다. 오히려 인간의 삶은 언젠가 하나님의 심판을 받을
것이다. "하나님은 모든 행위를 심판하신다. 선한 것이든 악한 것이든 모
든 은밀한 일을 다 심판하신다"(12:14). 그러므로 전도자는 다음과 같이 경
고한다. "하나님을 두려워하여라. 그분이 주신 계명을 지켜라. 이것이 바
로 사람이 해야 할 의무다"(12:13).

　　전도자에게는 차안의 삶이 중요하다. 자연의 흐름에 순응하면서 이 세
상의 삶을 향유하고, 하나님의 심판을 의식하면서 바르게 사는 것이 중요
한 문제다. 그러므로 전도자는 죽음 이후의 세계에 대해서는 아무것도 말
하지 않는다. 대신에 그는 차안의 세계 속에서 우리가 어떤 태도로 살아야
할 것인지를 가르친다. 이와 같이 전도자는 차안의 삶을 중요시하지만, **영
원한 생명에 대한 전망**을 잃어버리지 않는다. 죽음과 함께 인간의 육체는
"원래 왔던 흙으로" 돌아가지만, 숨은 "그것을 주신 하나님께로" 돌아간다
(12:7).

4. 인간의 표상 능력을 넘어서는 영원한 생명

1) 영원한 생명에 대한 희망의 동기

영원한 생명에 대한 동경은 모든 인간의 공통적 요소라 할 수 있다. 자기
생명이 죽음으로 끝나기를 바라는 사람은 아무도 없을 것이다. 가능한 한
오래 살고 싶은 것이 인간의 공통된 욕망이다. 나아가 인간은 죽은 다음에
도 죽지 않고 영원히 살고 싶어 한다. 이와 같이 영원한 생명에 대한 인간

의 동경은 죽지 않고 가능한 한 오래 살고 싶어 하는 인간의 욕망의 표출이라 할 수 있다. 죽음에 대해 체념하고 그것을 순순히 받아들이는 사람의 마음속에도 삶에의 동경심은 여전히 남아 있을 것이다. **생물학적 의미에서 생명의 무한한 연장에 대한 욕망**, 이것이 영원한 생명에 대한 일차적 동기라고 할 수 있다.

이와 동시에 영원한 생명에 대한 동경은 **삶의 성취와 삶의 완성에 대한 동경** 때문에도 나타날 수 있다. 인간은 언제나 행복과 기쁨을 원한다. 그는 성취되고 완성된 형태의 삶을 원한다. 그는 완전한 모습의 자기를 동경한다. 그러나 인간의 이러한 소원과 동경은 이루어질 수 없다. 이 세상에서 완전한 모습의 자기를 실현하며 궁극적 행복과 기쁨에 도달한다는 것은 거의 불가능하다. 그러므로 인간은 완전한 행복과 기쁨이 있으며, 참된 자기가 그 속에 완성되어 있을 영원한 생명을 동경하게 된다. 삶을 향유하면서 사는 사람들은 지금의 생명이 영원히 지속되기를 바라겠지만, 고난과 고통 속에서 사는 사람들, 삶을 향유할 수 없는 사람들, 죽지 못해 사는 사람들, 사는 것이 지옥 같은 사람들은, 현재의 생물학적 생명이 무한히 연장되기를 바라지 않고 새로운 생명, 지금 경험하는 것과는 전혀 다른 **성취된 형태의 삶**을 바랄 것이다. 이 세상에서 당하는 고난과 고통을 보상할 수 있으며, 그들이 아직 경험해보지 못한 새로운 삶을 그들은 동경하지 않을 수 없다.

모든 인간의 삶은 시간적으로 제한되어 있다. 언젠가 우리는 이 세계의 모든 것과 작별해야 한다. 작별은 **중단**이요, 중단은 **미완성**이다. 그것은 슬픈 것이다. 죽음은 모든 삶을 미완성 가운데서 중단시킨다. 죽음과 함께 우리의 삶은 미완성 가운데서 중단된다. 그것은 성취되지 못한 가운데서 끝난다. 우리가 사랑하는 사람들과의 관계도 성취되지 못한 가운데서 중단된다. 참된 자기의 완성을 기다리지만, 완성되지 못한 채 삶이 끝난다. 거짓되고 모순된 자기를 극복하고 **참된 자기**에게 도달하고 싶지만, 죽음과 함께 그의 희망은 하나의 꿈으로 끝난다. 그러므로 인간은 영원한 생명을 희망하며, 영원한 생명에서 삶의 성취와 참된 자기의 모습을 기대한다.

그런데 구약성서에서 우리는 위에서 기술한 것을 넘어서는 다른 동기에서 영원한 생명에 대한 희망이 고백되는 것을 발견할 수 있다. 그 동기는 단순히 현세의 삶의 시간적 연장이나 성취되지 못한 삶의 성취를 바라는 마음에 있는 것이 아니라, 먼저 살아 계신 하나님의 무한한 능력과 그의 주권에 있다. 앞서 언급한 바와 같이, 성서의 주요 관심은 피안의 세계에 있지 않고 차안의 세계에 있다. 이것은 그 당시 고대 근동에 확산되어 있던 피안의 세계에 대한 희망과 비교할 때, 상당히 놀라운 일이다.

구약성서 시대에 이스라엘 주변의 모든 민족은 피안의 세계에 대한 표상을 가지고 있었으며 그 속에서 누릴 영원한 생명을 동경하였다. 우리 주변의 종교 현상에서도 우리는 신들의 계급 체계로 구성된 피안의 세계를 묘사한 것을 쉽게 발견할 수 있다. 그러나 구약성서의 기자들은 피안의 세계에 대하여 침묵을 지키면서 차안의 삶에 집중한다. 그들은 피안의 세계 대신, 이 세계 안에서 살아 활동하시는 하나님의 "역사"를 기술한다. 피안의 세계에 대해 침묵을 지킨다는 것은, 영원한 생명에 대한 희망이 그것을 바라는 인간의 소원이나 이 소원의 투사에서 나온 것이 아님을 보여준다. 이스라엘의 경건한 자들은 이 세계 안에서 살아 움직이는 하나님에 대한 신앙이, 죽음 이후의 영원한 생명에 대한 동경심과 어떻게 결합될 수 있는가를 알지 못하기 때문에, 그들은 죽음과 죽음의 세계에 대하여, 그리고 죽음 이후의 영원한 **생명**에 대하여 침묵한다. 그러나 하나님은 **삶의 주관자**일 뿐 아니라 **죽음의 주관자**라는 사실을 경험하면서, 이스라엘은 죽음을 넘어서는 희망에 대해 말하기 시작한다. 그러므로 구약성서에서 죽음을 넘어서는 영원한 생명에 대한 희망은 구약성서의 역사 후기에 등장한다.

이러한 희망의 동기는 유한성을 넘어서고자 하는 인간의 동경심에 있지 않고, 하나님의 무한한 능력과 주권에 대한 믿음에 있다. 이스라엘의 하나님은 "아브라함과 이삭과 야곱의 하나님"이요, "너희 조상들의 하나님"이다. 그는 "**인간의 하나님**"이다. 하나님과 인간은 분리될 수 없는 관계에 있다. 비록 인간이 하나님을 떠날지라도, 하나님은 인간과 함께 계시며 인간에 대한 그의 신실하심을 끝까지 지킨다. 따라서 죽음도 인간을 하나님의 손에서 빼앗을 수 없다. 하나님은 죽음을 넘어서 인간과 함께 계시며, 인간은 하나님에게 속한다. 죽음이 그의 능력과 주권에 대한 제한이 될 수 없다. 그의 능력과 주권은 죽음의 한계를 넘어선다.

하나님의 능력과 주권에 대한 이스라엘의 철저한 믿음은 하나님의 의에 대한 믿음과 결합된다. 따라서 이스라엘은 하나님의 의의 문제로 말미암아 "죽은 자들의 부활"과 "최후의 심판"과 "영원한 생명"을 고백한다. 불의하고 악한 자가 복을 누리고 의로운 자가 고난당하는 현세의 삶이 죽음으로 끝나지 않을 것이다. 만일 현세의 삶이 죽음으로 끝난다면, 하나님의 의가 관철되지 못할 것이다. 현세의 삶은 끝나지만, 영원한 생명이 기다리고 있다. 의로운 자는 영원한 생명을 얻을 것이다. 이를 통하여 하나님의 의로우심이 드러날 것이다. 그러므로 이스라엘은 하나님의 의에 대한 질문 때문에 영원한 생명을 고백한다.

> 땅 티끌 가운데서 잠자는 사람 가운데서도, 많은 사람이 깨어날 것이다. 그들 가운데서, 어떤 사람은 영원한 생명을 얻을 것이며, 또 어떤 사람은 수치와 함께 영원히 모욕을 받을 것이다. 지혜 있는 사람은 하늘의 밝은 빛처럼 빛날 것이요, 많은 사람을 옳은 길로 인도한 사람은 별처럼 영원히 빛날 것이다(단 12:2-3).

> 너 다니엘아, 너는 끝까지 신실하여라. 너는 죽겠지만, 끝 날에는 네가 일어나서, 네게 돌아올 보상을 받을 것이다(단 12:13).

죽음을 넘어서는 영원한 생명에 대한 구약성서의 생각은 신약성서에 전승된다. 죽은 자들의 부활과 영원한 생명을 부인하는 사두개파 사람들을 반박하면서, 예수는 바리새파 사람들의 견해를 따라 죽은 자들의 부활을 주장한다.

> 죽은 사람이 살아나는 것은, 모세도 떨기나무 이야기가 나오는 대목에서 보여주었는데, 거기에서 그는 주님을 "아브라함의 하나님, 이삭의 하나님, 야곱의 하나님"이라고 부르고 있다. 하나님은 죽은 사람의 하나님이 아니라, 살아 있는 사람의 하나님이시다. 모든 사람은 하나님과의 관계 속에서 살고 있다(눅 20:37-38).

이러한 예수의 말씀 속에는 다음과 같은 생각이 전제되어 있다. 하나님은 자유로운 분이시지만, 자기를 인간의 하나님, 곧 아브라함과 이삭과 야곱의 하나님으로 결정한다. 그는 언제나 인간의 하나님이 되시고자 하며 인간과 교통을 원하신다. 죽음도 **하나님과 인간의 교통**을 파괴할 수 없다. 그의 피조물과 교통을 원하시는 하나님의 능력은 죽음의 한계를 넘어선다.

그러나 인간은 하나님을 거부하며, 하나님과의 교통을 단절한다. 이를 통하여 그는 하나님이 주시고자 하는 영원한 생명을 거부한다. 인간의 역사는 하나님에 대한 인간의 거부의 역사라 할 수 있다. 이 역사는 예수의 십자가에서 절정에 도달한다. 예수의 십자가는 하나님과 하나님이 주시고자 하는 생명에 대한 인간의 거부의 표식이다. 신약성서에 의하면, 십자가의 죽음을 당한 예수는 "죽음의 세계" 속으로 들어간다. 이 예수를 통하여 하나님 자신이 그 속으로 들어간다. 이리하여 죽음은 더 이상 하나님의 버림을 받은 어둠의 영역이 아니라, 하나님의 주권 아래에 있게 된다.

죽음의 영역에 들어갔던 예수의 부활은 죽음의 한계를 깨뜨릴 수 있는 하나님의 무한한 능력과, 죽음의 영역에 대한 하나님의 주권과, 하나님의 의로우심에 대한 새로운 차원의 선포다. 불의의 세력에 의해 희생된 예수를 다시 살리심으로써, 하나님은 그의 의로우심을 나타내는 동시에 그의 능력과 주권을 다시 한 번 나타낸다. 그의 의로우심과 능력과 주권은 죽음의 한계와 그것의 독립된 영역을 인정할 수 없기 때문이다.

죽음에서 다시 살아난 이 예수로 말미암아 그리스도인들은 영원한 생명을 희망할 수 있게 되었다. 죽음에서 살아난 예수가 우리에게 영원한 생명을 줄 수 있기 때문이다.

나는 부활이요 생명이니, 나를 믿는 사람은 죽어도 살고, 살아서 나를 믿는 사람은 영원히 죽지 않을 것이다(요 11:25-26).

나는 영원한 생명에 소망을 두고 있습니다. 이 영원한 생명은 거짓이 없으신 하나님께서 영원 전부터 약속하여 주신 것입니다(딛 1:2).

구약성서에서 시작하여 예수의 부활에 이르는 이러한 역사적 맥락에서 볼 때, 영원한 생명에 대한 그리스도인들의 희망은 단순히 삶의 생물학적 시간을 연장시키거나 내세에서 성취된 형태의 삶을 누리고 싶은 욕구에서 나온 것이 아니라, 살아 계신 하나님의 무한한 능력과 그의 주권과 의로우심에 대한 고백에서 나온 것이라 볼 수 있다.

2) "전혀 새로운 것"으로서의 영원한 생명

예수가 우리에게 약속하며, 우리가 사도신경을 외우면서 늘 고백하는 "영원한 생명" 혹은 "영원한 삶"이란 무엇인가? 그것은 어떤 생명 혹은 삶인가? 우리 가운데 완전한 형태의 영원한 생명을 경험해본 사람은 아무도 없다. 성서도 영원한 생명에 대해 말하지만, 그것이 어떤 것인지는 구체적으로 묘사하지 않는다. 따라서 우리는 지금 우리가 경험하는 현재의 삶에서 출발하여 영원한 생명에 대해 말할 수 있을 뿐이다. 이것은 인간이 아닌 하나님을 마치 인간인 것처럼 표상하여 "하나님 아버지"라 부르는 것과 마찬가지다.

성서가 영원한 생명에 대하여 단편적으로 말하는 것도 사실상 현재의 삶의 경험에서 유래한다. 성서는 현재의 삶의 모든 불완전한 것들, 부정적인 것들, 예를 들어 "죽음과 슬픔과 울부짖음과 고통"이 제거된 삶을 영원한 삶, 영원한 생명으로 묘사하는데(계 21장), 이러한 영원한 삶은 현재의 삶에 비해 전혀 새로운 것이 아니라 그것의 이상적 모습에 불과하다. 또한 영원한 생명이 그 안에 있는 "새 예루살렘"(계 21-22장)은, 이 세계 안에 있는 도시의 가장 이상적인 모습일 뿐이다.

흔히 우리는 영원한 생명을 현재 삶의 특징들의 반대 개념을 통하여 묘사한다. 이 세상 속에서 이루어지는 인간의 삶 속에는 거짓과 억압과 착취와 소외가 가득한 반면, 영원한 생명에는 거짓 대신 진실이, 억압과 착취와 소외 대신 모든 인간의 평등과 정의가 충만할 것이다. 현재의 생명에 고난과 고통이 가득하다면, 영원한 생명은 고난과 고통이 더 이상 있지 않은 생명일 것이다. 현재의 생명에 물질적 결핍과 슬픔으로 가득하다면, 영원한 생명은 물질의 풍요와 무한한 기쁨이 있는 생명일 것이다. 현재의 생명은 노동을 해야 하는 반면, 영원한 생명은 흰옷을 입고 마음껏 먹고 마시며, 풍악을 울리며, 노동하지 않고 사는 생명일 것이다. 영원한 생명에 대한 이러한 표상들은 현재의 삶에서 출발하며, 현재의 삶을 부정함으로써, 즉 **부정의 방법**(*via negationis*)을 통하여 영원한 생명을 묘사한 것에 불과하다.

우리 인간의 삶 혹은 생명은 시간적으로 제한되어 있다. 이에 반해 영원한 생명은 시간적으로 제한되어 있지 않다. 이 세계에 속한 생명이 그 속에 언제나 죽음의 세력을 내포하고 있다면, 영원한 생명은 죽음의 세력이 더 이상 존재하지 않는 생명이다. 그것은 허무하고 지나가 버리는 것이 아니라 고귀하고 영원하다. 따라서 영원한 생명은 이 세계에 속한 생명에 비해 "궁극적으로 '새로운 것'"이다.[31] 그것은 질적으로 다른 것이다. 그것은 우리 인간의 표상과 인식의 한계 바깥에 있다. 그것은 인간의 인식 조

---

31) H. Küng, *Ewiges Leben?*, 148.

건에 따라 인식될 수 있는 사물들의 영역에 속하지 않는다. 그러므로 영원한 생명에 대하여, "우리 세계의 물질적 시간과 공간의 도식을 연장시키는 것"[32]은 옳지 않다.

일반적으로 우리는 "영원"을 시간의 무한한 연장으로 생각한다. 그것은 "끝이 없는 시간"이라고 생각된다. 따라서 "영원한 생명" 혹은 영원한 삶이란 시간의 끝이 없는(end-los) 시간, 시간적으로 무한히 계속되는 삶이라 생각하기 쉽다. 이것을 가리켜 우리는 영원한 생명의 **양적 개념**이라 말할 수 있다. 그러나 영원한 생명의 양적 개념은 여러 문제점을 가진다. 일반적으로 사람들은 죽지 않고 무한히 살기를 원한다. 그러나 그렇지 않은 사람들도 있다. 우리 주변에는 무미건조한 상태로 끝없이 살아야만 하는 것이 고통스럽게 느껴지는 사람들도 있을 것이다. 아무 목적도 없고, 긴장감도 없고, 노동할 필요도 없는 삶을 끝없이 산다는 것이 도대체 무슨 의미가 있겠는가? 이러한 삶이 시간적으로 끝없이 계속될 경우, 그것은 즐겁고 행복한 것이 아니라 무의미하고 지겨운 것으로 생각될 수 있다. 시간에 대한 우리 인간의 경험에 비추어 "영원"을 시간의 "끝없음"(Endlosigkeit)으로 파악하는 것도 타당하지 않다.

따라서 영원한 생명이 무엇인가를 인간의 표상과 언어로 완전하게 기술한다는 것은 거의 불가능하다. 그것은 이 세계에 속하지 않으며 우리 인간의 표상 능력을 벗어나기 때문에, 그것에 대한 우리 인간의 모든 표상과 묘사는 불완전하다. 우리가 하나님에 대해 말할 수밖에 없지만, 하나님의 존재 자체에 대한 우리 인간의 모든 표상과 언어가 불완전한 것과 마찬가지다. 만일 우리가 영원한 생명이 무엇인가를 묘사한다면, 그 묘사는 객관적인 것이 아니라, 단지 하나의 가리킴(Hinweis)이요, 그림 언어 내지 상징언어에 불과하다. 그것에 대한 객관적이고 완전한 묘사는 인간의 능력 밖에 있다. 따라서 영원한 생명에 대한 기독교의 희망은 무지, 곧 알지 못함

---

32) G. Bachl, *Die Zukunft und der Tod*, 1985, 84.

을 그 속에 포함한다.

그러나 영원한 생명이 무엇인지 우리가 전혀 알지 못한다면, 영원한 생명에 대한 우리 인간의 희망은 공허하지 않은가? 전혀 알지 못하는 것을 우리가 어떻게 희망하며 그것을 위해 우리의 삶 전체를 걸 수 있겠는가? 그러므로 여기서 우리는 인간의 표상 능력과 언어 능력의 한계를 인정하면서 영원한 생명이 무엇인가를 묘사하고자 한다.

5. 영원한 생명이란 무엇인가?

1) 삶의 "충만함"으로서의 영원한 생명

"영원"이란 말은 본래 하나님에게만 해당한다. 하나님만이 영원하다. 인간은 시간적 한계를 가지는 반면, 하나님은 시간의 한계를 넘어선다. 인간의 한계성은, 그가 시간에 의존하며 시간에 내맡겨져 있다는 점에서 분명하게 경험된다. 그는 시간의 흐름과 함께 피곤해지며, 망각하며, 자기를 소진한다. 그는 흐르는 시간을 막을 도리가 없다. 그의 삶의 시간은 언젠가 끝난다. 이에 반해 영원이란 시간에 의존하지 않음, 시간에 내맡겨져 있지 않음, 시간적으로 제한되어 있지 않음을 뜻한다(참조. 사 40:28-31; 41:4; 43:10).

또한 영원이란 단순히 무한하게 연장되는 시간, 시간의 끝이 없음(End-losigkeit)을 말하는 것이 아니라 **"충만함"**을 뜻한다. 성서에서 생명 혹은 삶이란 단순히 생물학적 현상, 곧 목숨이 붙어 있음을 가리키지 않는다. 물론 먹고 마시고 잠자는 원초적인 생물학적 현존도 인간의 삶에 중요한 요소다. 그것은 생명의 기초다. 그러나 성서가 말하는 생명 혹은 삶이란 "애초부터 언제나 단순한 현존 이상의 것을 뜻한다. 성서적 의미의 생명은…양적이며 질적인 충만함을 뜻한다. 생명이란 지속(Dauer)만을 뜻하지 않는다. 생명에는 건강과 복지와 행복이 속한다. 질병은 죽음을 뜻하며, 치유는 생명을 뜻한다. 그러므로 생명은 빛, 평화, 행복, 땅 위에 사는 것과 비슷한 의미를 가진다. 생명은 이 모든 재화의 전제일 뿐 아니라 총화다."[33]

따라서 영원한 생명이란 시간적으로 끝없이 연장되는 생명이 아니라, 충만한 생명, 충만한 삶이다. 영적·정신적·물질적 충만함이 있는 거기에 영원한 생명이 있다. 이를 가리켜 우리는 영원한 생명의 **질적 개념**이라 할 수 있다. "영원이란 먼저 시간적 연장과 관계하는 것이 아니라 삶의 질과 관계한다." 그것은 "시간의 개념이 아니라 질의 개념"이요, "삶의 충만함─부분적이며 제한된 것이지만─현재 삶의 선한 경험들 속에서 이미 나타나는 행복의 무한계성을 말한다."[34]

신학에서 거의 고전적 인물이 된 보에티우스(Boetius, 524년 사망)에 의하면, "영원은 제한되지 않은 삶의 총체적이며 완전한 소유"를 말한다.[35] 보에티우스의 이 말에서도 영원한 생명은 시간적으로 무한히 계속되는 삶을 가리키는 것이 아니라, 충만한 삶, 질적으로 새로운 삶을 가리킨다. 그것은 양적 개념이 아니라 질적 개념으로 파악된다.

그런데 성서는 영원한 생명을 단지 미래의 것으로 보지 않고, 그리스도인들이 현재의 삶 속에서 얻을 수 있고 경험할 수 있는 것으로 파악한다. "나의 말을 듣고 또 나를 보내신 분을 믿는 사람은 영생을 얻고, 심판을 받지 않는다. 그는 죽음에서 생명으로 옮겨갔다"(요 5:24). 그것은 역사의 마지막에 올 **"미래적인 것"**인 동시에 **"현재적인 것"**이다. 그렇다면 그리스도인들이 예수와 그를 보내신 이를 믿는 믿음을 통하여 현재적으로 경

---

33) E. Schmitt, "Leben," in J. B. Bauer, *Bibeltheol. Wörterbuch II*, 2. Aufl., 1962, 742.

34) F. -J. Nocke, "Eschatologie," in Th. Schneider(Hrsg.), *Handbuch der Dogmatik II*, 474.

35) 원문: "Aeternitas est interminabilis vitae tota simul et perfecta possessio": Boetius, De consolatione philosophiae, V, pr. 6(PL 63, 858). F. -J. Nocke, "Eschatologie," in *Handbuch der Dogmatik II*, hrsg. von Th. Schneider, 1992, 474 에서 인용함.

험할 수 있는 영원한 생명이란 무엇인가?

(1) 우리 인간의 현재의 삶은 하나님이 계시지 않으며, 오히려 인간이 하나님의 자리를 차지하고 그의 의지가 지배하는 현실 속에서 이루어진다. 그것은 인간 자신의 의지와 계획과 결단과 행동에 따라 형성된다. 이에 반해 영원한 생명은 삼위일체 하나님의 현존 안에서 하나님을 얼굴과 얼굴로 보는 가운데 이루어지는 삶을 가리킨다. 뮌헨 대학의 셰프칙 (Scheffzyk) 교수에 의하면, 영원한 삶 속에서 인간은 "더 이상 하나님을 '거울 속에 있는 것처럼'…받아들이지 않고, 그를 직접적 만남 속에서 볼 것이다. 온 인간은 물론 그의 세계와 온 창조의 완성의 비밀은 그 무엇을 통해서도 더 이상 방해받지 않는 하나님의 삶과 영광과의 교통 안에 있다. 이 만남의 빛 속에서 인간의 온 존재는 정점을 경험한다."[36]

이것은 "하나님과 인간의 하나 됨 가운데 있음"을 말한다.[37] 영원한 생명은 **하나님과의 완전한 교통 내지 사귐, 하나님과 하나 됨**에 있다. 그러므로 영원한 생명은 하나님의 의지와 일치하며, 하나님의 의지가 다스리는 현실 속에서 이루어진다. 이러한 현실을 구약성서는 "하나님을 아는 지식이 가득한" 세계로(사 11:9), 신약성서는 "하나님의 집이 사람들 가운데 있는" 세계로(계 21:3) 묘사한다. 그것은 인간의 소유물이 아니라 "하나님에 의하여 항상 전달되는 삶이요, 하나님이 항상 우리와 함께 나누는 삶"이다.[38] 보스(G. Vos)는 이것을 그리스도론적으로 말한다.

그리스도와 연합되어 있고 그의 사랑 안에서 사는 사람에게, 지고의 종말론적

---

36) L. Scheffzyk, "Leben-Tod-Vollendung," in K. Lehmann u. a.(Hrsg.), *Vollendung der Lebens-Hoffnung auf Herrlichkeit*, 1979, 76.

37) F. -W. Marquardt, *Was dürfen wir hoffen, wenn wir hoffen dürfen? I*, 409.

38) Ibid., 403.

생명의 영원한 보장은 절대적으로 확실하다.[39]

(2) 하나님과의 관계 안에서 살아야 할 인간은 이웃과 함께 살도록 창조되었다. 그를 창조한 하나님은 자기 홀로, 자기 안에 폐쇄되어 존재하는 하나의 "단자"가 아니라 성부·성자·성령의 관계적 존재다. 그는 사랑이시며, 사랑은 이웃과의 관계 속에 있기 때문이다. 인간은 이 하나님의 형상에 따라 창조되었다. 따라서 영원한 생명은 이웃 없이, 자기의 영혼 안에서 하나님을 "얼굴과 얼굴로" 보면서 열락을 누리는 개체적·영적 삶에 불과한 것이 아니라, 이웃과 연대하여 사는 "사회적 삶"이요 "공동체적 삶"이다.

관계의 본질은 사랑이다. 관계 안에서 산다는 것은, 상대방에게 나를 개방하고 상대방을 있는 그대로 받아주며, 자기를 내어주는 사랑 안에서 산다는 것을 말한다. 그것은 상대방에게 진실할 때 가능하다. 이웃을 진실하게 대하고 이웃을 사랑할 수 있는 능력은 영원한 삶이 발생하는 장소이며, 이 능력의 원천은 하나님과의 관계에 있다. 하나님과의 관계를 통하여 인간은 진실과 사랑의 능력을 얻는다. 영원한 생명은 단순히 하나님에 대한 명상에 있는 것이 아니라 진실과 사랑 가운데서 **이웃과 교통하며 이웃을 섬기는 삶**에 있다. 이웃을 사랑하는 자는 영원한 생명 안에 있고, 자기만 알고 자기만 추구하는 사람은 죽음 안에 있다. 영원한 생명 안에서 모든 존재는 자기를 위하여 살지 않고, 오히려 모두를 위하여 살며 "서로 위함의 존재 구조"(Struktus des Für-Seins)[40]를 가진다.

전통적으로 기독교는 영원한 생명에 대해, 하나님을 얼굴과 얼굴로 보는 "관조"(visio Dei)에 있다고 정의하였다. 그러나 하나님은 우리의 눈을 이 세계의 "작은 형제들"과 "신음하는 피조물들"에게로 돌리시며, 그들 가운데서 그들과 함께 신음하는 하나님을 보게 한다. 그는 영원한 사랑이시며,

---

39) G. Vos, *The Pauline Eschatology*, 1972, 312.
40) F. -W. Marquardt, *Was dürfen wir hoffen, wenn wir hoffen dürfen? III*, 461.

사랑은 먼저 세상의 연약한 자들과 고난당하는 자들에게로 향할 수밖에 없기 때문이다. 그리스도인들은 고난당하는 피조물들 안에서 하나님 자신을 본다. 영원한 생명은 하나님 안에서 그의 신음하는 피조물들을 보고, 피조물들 안에서 그들과 함께 신음하는 하나님을 보는 데 있다.

상대방을 사랑하는 자는 상대방의 눈을 보며, 눈의 교통 속에서 자기를 내어주며 상대방과 연합한다. 연합 속에서 그는 자기를 위하여 존재하지 않고 상대방을 섬기며, 그를 위하여 자기를 헌신할 수 있는 자, 곧 "타자를 위한 존재"로 변화된다. 따라서 하나님을 "본다"는 것은 단순한 인지의 행위가 아니라 하나님을 위한 섬김과 헌신의 행위다. 하나님을 위한 섬김과 헌신은 그의 사랑하는 피조물들을 위한 섬김과 헌신을 통하여 증명된다. 하나님을 사랑하는 자는 또한 그의 형제를 사랑한다(요일 4:21). "참된 생명" 곧 영원한 생명을 얻는 길은, 정함이 없는 재물에 희망을 두지 않고 하나님께 두며 "선한 일을 하고, 좋은 일을 많이 하고, 아낌없이 베풀고, 즐겨 나누어주는" 데 있다(딤전 6:17-19).

(3) 영원한 생명은 시간적으로 무한히 연장되는 삶이 아니라 **충만한 삶**을 가리킨다. 충만한 삶 속에 영원한 생명이 있다. 충만한 삶이란 무엇인가? 우리는 먼저 이것을 소극적·부정적 형태로 설명할 수 있다. 영원한 생명은 이 세계의 모든 부정적인 것이 사라진 삶을 말한다. 요한계시록도 소극적·부정적 형태로 영원한 생명을 설명한다. 하나님이 "그들의 눈에서 모든 눈물을 닦아주실 것이니, 다시는 죽음이 없고, 슬픔도 울부짖음도 고통도 없을 것이다"(계 21:4).

적극적으로 설명한다면, 충만한 삶 곧 영원한 생명은 하나님이 "모든 것 안에서 모든 것"이 되시며, 하나님의 의와 자비가 모든 것을 다스리는 삶의 현실을 가리킨다. 그것은 불신앙 대신에 신앙이 있으며, 불의 대신에 의가, 무자비함 대신에 자비가, 슬픔 대신에 기쁨이, 울부짖음 대신에 기쁨의 환호가, 고통 대신에 열락이, 억압과 부자유 대신에 자유가, 인간에 의한 인간의 소외와 차별 대신에 평등이, 모순과 대립 대신에 화해와 일치가, 갈등과 투쟁 대신에 평화가, 우울 대신에 명랑함이, 이기적 삶의 태도 대신 자발적 헌신과 나눔이 있는 새로운 생명을 가리킨다.

(4) 영원한 생명을 우리는 몸이 없는 "영혼의 삶"(Seelenleben)으로[41] 생각하기 쉽다. 몸은 우리에게 목마름, 배고픔, 피곤함 등으로 인한 자연적·물질적 욕구를 일으키며, 이 욕구들은 인간 존재의 제약성과 고난으로 생각된다. 그러므로 우리는 영원한 생명을 육체적 제약이 없는 영원한 정신적·영적 삶으로 생각하기 쉽다. 이러한 생각은 영혼과 정신을 가치 있는 것으로 보는 반면, 몸 내지 육체를 무가치한 것으로 보는 몸과 영혼의 이원론적 인간관에 기인한다. 그러나 하나님은 영혼과 몸의 창조자다. 그는 인간의 영혼은 물론 그의 몸도 사랑한다. 만물이 그의 것이기 때문이다. 그러므로 영원한 생명은 몸 없는 삶이 아니라 "영적인 몸"(soma pneumatikos)의 삶이다. 그것은 단순히 영혼 속에서 경험되지 않고, 영혼이 그 안에 있는 인간의 몸 안에서, 몸과 함께 이루어지며 또 경험된다.

그러므로 영원한 생명은 구체적이며 **몸적인 삶**이다. 역사의 완성과 더불어 우리에게 주어질 영원한 삶 속에는 목마름과 배고픔이 없을 것이며, 굶어 죽는 일도 없을 것이다. 거기에는 삼위일체 하나님의 현존과 그의 의와 사랑의 충만함 속에서 모든 피조물의 자발적 나눔이 있다. 영원한 생명 속에서 우리 인간은 하나님은 물론 개인적 관계들과 사회적 관계들 안에서 살며, "몸 안에서 우리는 함께 속한다."[42] 몸의 건강과 행복을 위해 필요한 물질의 나눔 속에서 영원한 삶이 구체화된다. 여기에 영원한 생명의 신체성과 물질성이 드러난다.

물론 영원한 생명에서 인간의 연약함과 사멸성, 그의 죄와 고난과 염려는 극복될 것이다. "이 사멸할 것이 불멸을 입을 것이며, 이 썩을 것이 썩지 않을 것을 입을 것이다"(고전 15:53). 그러나 인간의 창조와 함께 하나

---

41) Ibid., 447.
42) Ibid., 451.

님이 부여하신 그의 신체적 실존의 다른 특성들은 사라지지 않을 것이다. 물과 음식과 공기 등에 대한 인간의 필요성과 의존성은 영원한 생명 속에서도 사라지지 않고 존속할 것이다.

(5) 영원한 생명 속에서 더 이상 **남녀의 성적 구별**은 없을 것인가? 그리하여 더 이상 "남자와 여자"가 없고(갈 3:28), 모든 사람들은 소위 "천사와 같을"(눅 20:35) 것인가? 만일 그렇다면, 남자와 여자로 창조된 피조물 대신, 남자도 아니고 여자도 아닌 어떤 이상한 존재가 등장할 것이다. 그러나 지금 우리가 경험하는 이 세계의 종말론적 창조는 이 세계를 전제하며, 이 세계 안에서, 이 세계와 함께 이루어질 것이다. 그것은 이 세계가 아닌 전혀 다른 어떤 세계의 등장이 아니라, 이 세계의 철저한 변화(Transformation)일 것이다. 따라서 새롭게 창조된 "새 하늘과 새 땅" 혹은 "새 예루살렘", 그리고 그 안에서 이루어질 영원한 생명에서, 인간의 신체성, 자연에 대한 인간의 의존성과 성적 구별은 계속 있을 것이다. 만일 "새 예루살렘" 안에 산도 없고 나무도 없고, 아름다운 하늘과 계곡과 강이 없다면, 여자와 남자도 아닌 이상한 존재들과 황금 보석만 있다면, 그러한 "새 예루살렘"보다는 비록 죄와 고통이 가득하다 해도 이 세계가 더 낫지 않을까?

여기서 우리는 "남자와 여자"가 없으며, 모든 사람이 "천사와 같다"는 성서의 말씀을 새롭게 파악할 수 있다. 그것은 남자와 여자의 성적 구별이 없음을 뜻하는 것이 아니라, 모든 남자와 여자의 성품이 천사처럼 변화되어, 성적 구별은 있으나 신분적 차이가 없으며 인간 차별이 없어질 종말론적 미래를 가리킨다고 볼 수 있다. 요한계시록이 묘사하는 "새 예루살렘"에는 물이 흐르는 강도 있고, 열매를 맺는 나무들도 있다. 달리 말해 거기에도 자연이 있다. 따라서 거기는 남자와 여자도 있을 것이다. 그러나 모든 남자와 여자는 천사처럼 변화되어 있을 것이다.

앞서 기술한 바와 같이, 사도신경이 영혼 불멸을 고백하지 않고 "몸의 부활"을 고백한 결정적 원인을 우리는 여기서 다시 한 번 확인할 수 있다.

영혼 불멸설은 몸 없는 영혼의 삶을 주장한다. 그러나 인간의 몸이 부활한 다면, 부활 다음에 올 영원한 생명은 몸 없는 "영혼의 삶"(Seelenleben)이라 기보다, "몸의 삶"(Leibesleben)일 수밖에 없다.[43]

새로운, 하나님에게 가까운 삶에서도, 우리는 하나님이 죽음에서 부활시킬 몸 안에서 살 것이다. 물론 이 몸은 영혼을 가진 몸이다. 옛 삶에서와 같이, 새로 운 삶에서도 몸이 우위를 가진다.[44]

초대 교부들 가운데 아우구스티누스는 "신체성과 육체성을 종말론적 으로, 미래의 삶의 현실로서 생각하고자" 하였다. 물론 그는 당시의 문화 적·종교적 영향을 벗어나지 못해, "우리는 몸의 눈을 가지고 몸 없는 삶을 보지 못한다"라고 말한다. 그러나 그는 미래의 영원한 생명을 철저히 실 체적인 것으로 생각했다. 그리하여 "하나님은 물론 우리 인간도 '영으로 써'…육체적인 것을 볼 수 있다"라고 말한다.[45]

(6) 이 세상의 삶에서 노동은 억압과 고통으로 경험된다. 우리는 먹고 살기 위해 어쩔 수 없이 일한다고 생각한다. 그러므로 영원한 생명은 전혀 노동할 필요가 없는 삶, 노동의 억압과 고통에서 해방된 삶으로 생각하기 쉽다. 그것은 일할 필요가 없으며, 흰옷을 입고, 천년만년 먹고 자고 놀면 서 즐기는 삶일 것이라 생각한다. 그러나 전혀 일하지 않고, 먹고 자고 놀 기만 하는 삶은 말할 수 없이 지겨울 것이다. 이것을 우리는 이 세계의 삶 에서도 경험할 수 있다. 일주일 내지 열흘만 일하지 않고 놀아도, 우리는 슬슬 지겨움을 느낀다.

인간의 성(性)과 마찬가지로 노동은 본래 인간을 위한 하나님의 축복

---

43) Ibid., 448.
44) Ibid.
45) Augustinus, *De civitate Dei*, XXII, 29. F. -W. Marquardt, ibid., 521에서 인용함.

이다. 하나님도 일하시는 하나님이다. 그는 안식만 누리는 분이 아니라, 그의 피조물들을 위해 언제나 노심초사하시고, 성령의 능력 가운데서 활동하는 분이다. 노동이 있어야 안식의 기쁨과 가치를 알 수 있고, 안식이 있어야 노동의 기쁨과 가치를 알 수 있다. 노동은 인간이 자기를 표현하고 이웃을 섬기면서 아름다운 삶의 세계를 형성할 수 있는 수단이다. 그러므로 노동은 본래 즐거운 것이다. 그것은 인간의 삶에 의미와 가치를 부여한다. 영원한 생명의 세계에서도 우리 인간은 노동을 하고, **노동의 기쁨과 즐거움**을 누릴 것이다.

그러나 노동이 더 이상 생계 유지를 위한 억압적 수단이 되지 않을 것이며, 무슨 노동을 하느냐에 따라 인간의 가치가 재평가받는 일은 없을 것이다. 노동의 종류에 따라 인간의 계층과 사회 계급이 구분되지도 않을 것이다. 무슨 노동을 하든지, 인간의 가치와 존엄성은 인간 그 자체로서 인정받을 것이다. 인간이 노동의 능력과 업적에 따라 평가되지 않으며, 인간의 존재가 그 자체로서 인정되고 용납되며 사랑받을 것이다. 노동을 통해 얻은 열매는 모든 사람에게 공유될 것이며, 자기만을 위해 그것을 감추어 두는 일은 없을 것이다. 그러므로 영원한 생명의 세계에는 **먹을 것**이 충분할 것이다. 거기에는 굶주림이 없으며, 굶주림으로 인한 질병과 죽음도 없을 것이다.

(7) 영원한 생명이 있는 세계를 우리는 인간들만이 사는 세계, "흰옷 입은 영혼들"이 사는 세계라고 생각하기 쉽다. 그러나 앞서 기술한 것처럼, 만일 산과 나무와 하늘과 구름과 푸른 풀밭과 짐승들이 전혀 없고 흰옷 입은 영혼들만 모여 산다면, 얼마나 삭막할까! 오히려 영원한 생명의 세계는 인간과 자연 만물이 평화롭게 사는 세계일 것이다. 이 세계 속에서 인간과 자연은 완전한 화해 속에서 **"창조의 공동체"**를 이루고, 하나님을 찬양하며 살 것이다. 하나님의 영광이 만물 안에 나타날 것이며, 그리스도의 계시는 자연의 계시를 통해 완성될 것이다. 그러므로 영원한 생명의 세계는 흰옷 입은 영혼들만 모여 사는 "요단 강 저편의" 특정한 공간이 아니

라, 하나님의 창조 공동체 안에서 자연 만물과 평화롭게 사는 삶, 자연을 위해 봉사하고 자기를 헌신하는 세계일 것이며, 모든 것 안에서 하나님의 영광과 그의 계시를 발견하는 세계라고 할 수 있다. 구약성서는 이것을 다음과 같이 묘사한다.

하늘은 하나님의 영광을 드러내고,
창공은 그의 솜씨를 알려준다.
낮은 낮에게 그의 말씀을 전해주고,
밤은 밤에게 그의 지식을 알려준다.
그 이야기 그 말소리,
비록 아무 소리가 들리지 않아도,
그 소리 온누리에 울려 퍼지고,
그 말씀 세상 끝까지 번져간다(시 19:1-4).

그때에는 이리가 어린 양과 함께 살며,
표범이 새끼 염소와 함께 누우며,
송아지와 새끼 사자와 살진 짐승이 함께 풀을 뜯고,
어린아이가 그것들을 이끌고 다닌다.
…
"나의 거룩한 산 모든 곳에서,
서로 해치거나 파괴하는 일이 없다."
물이 바다를 채우듯,
주님을 아는 지식이 땅에 가득하기 때문이다(사 11:6-9).

2) 이 세상에서 경험되는 영원한 생명

일반적으로 우리는 영원한 생명 곧 "영생"을 죽음 다음에 올 피안의 세계, 즉 천당에 있는 것으로 생각한다. 아니면 마지막 "보편적 부활"과 "최후의 심판"을 거쳐 역사의 종말에 얻을 수 있는 것으로 생각한다. 그러나 앞서 언급한 바와 같이, 성서는 영원한 생명을 단지 미래적인 것으로 보지 않고, 이 세상의 삶 속에서 경험될 수 있는 현재적인 것으로 파악한다. 이것을 우리는 먼저 한 부자 청년과 예수의 대화에서 발견할 수 있다. 부자 청년이 예수에게 "내가 무슨 선한 일을 해야 영원한 생명을 얻을 수 있겠습니까?"라고 묻는다(마 19:16). 여기서 영원한 생명은 미래적인 것으로 생각될 수도 있고, 현재적인 것으로 생각될 수도 있다.

예수가 선포하는 하나님 나라의 미래성과 현재성을 고려할 때, 부자 청년이 말하는 영원한 생명도 미래적인 동시에 현재적인 것이라 할 수 있다. 그것은 우리가 역사의 종말에 얻을 미래의 것인 동시에, 선한 일을 함으로써 지금 여기에서 얻을 수 있는 현재적인 것이다. 먼저 성서는 하나님의 아들 예수 안에 영원한 생명이 있다고 말한다. 미움과 증오는 생명을 죽이고 파괴하는 반면, 사랑은 생명을 장려하고 생동케 한다. 사랑 안에는 생명이 있다. 그래서 남녀의 깊은 사랑에서는 새로운 생명이 태어나는 것이다. 따라서 하나님의 사랑을 자신의 삶으로 나타내며, 이를 통해 하나님 나라를 이 땅 위에 앞당겨오는 예수 안에 참된 생명, 곧 영원한 생명이 있다. 자기를 이 세상의 가장 낮은 자, 곧 "종의 형태"로 낮추시고 자기를 희생한 예수가 영원한 생명이다. "내가 곧 길이요 진리요 생명이다"(요 14:6).

이 예수를 하나님의 아들로 인정하고, 형제자매들의 친교 속에서 성찬에 참여하며, 예수의 뒤를 따라 하나님 나라를 세우는 삶 속에 영원한 생명이 있다. 그러므로 예수는 이렇게 말한다.

> 내 이름을 위하여 집이나 형제나 자매나 부모나 자녀나 논밭을 버린 사람은 백 배나 받을 것이요, 또 영원한 생명을 상속받을 것이다(마 19:29).

이 세상에 있는 현재의 생명과 영원한 생명은 분리되어 있지 않다. 오히려 영원한 생명은 삼위일체 하나님에 대한 **믿음**과, 그의 나라에 대한 **희**

망과, 하나님의 피조물에 대한 **사랑**을 통하여 현재의 삶 속에 앞당겨 일어
난다. 그리스도인들은 믿음과 희망과 사랑 속에서 영원한 생명을 맛보며,
영원한 생명 가운데 있다. 그들은 죽음에서 생명으로 옮겨져 있다. "영원
한 생명은 살아 있는 사람들 가운데서 앞당겨 일어난다."[46)]

이러한 사람들에게는 미움 대신에 사랑이 있으며, 정죄 대신에 용서가
있다. 그들은 자기 폐쇄성을 깨뜨리고 하나님의 개방성 안에 있으며, 죽음
을 넘어서는 희망 가운데 있다. 하나님의 새로운 생명의 세계가 그들의 삶
속에서 이미 시작되었다. 옛날의 자기는 죽고, 부활의 영 안에 있는 하나
님의 새 피조물이 되었기 때문이다. 이제 죽음의 세력이 그를 지배하지 않
고, 생명의 세력이 그를 지배한다. 예수의 삶의 뒤를 따라 이 세계의 연약
한 자들과 연대하며, 죄와 죽음의 세력이 다스리는 현실 속에 하나님의 의
와 사랑이 다스리는 하나님 나라를 세우는 그리스도인들의 삶 속에 영원
한 생명이 경험된다.

영원한 생명의 현재성은 특히 **요한 문서**에 분명히 나타난다. 요한복음
은 그의 현재적 종말론에 상응하여, 영원한 생명을 예수와의 결합 속에서
지금 일어나고 있는 것으로 묘사한다.

> 아들을 믿는 사람에게는 영원한 생명이 있다. 아들에게 순종하지 않는 사람은
> 생명을 얻지 못한다(3:36).

> 나를 믿는 사람은 죽어도 살고, 살아서 나를 믿는 사람은 영원히 죽지 않을 것
> 이다(11:25-26; 참조. 12:25; 20:31).

요한복음에 의하면, 아버지 하나님과 한몸을 이루고 있는 **예수 자신**
이 생명이다. "하나님 나라 자체"(*auto-basileia*, Origenes)인 예수는 "생명 자

---

46) F. -W. Marqurdt, *Was dürfen wir hoffen, wenn wir hoffen dürfen? III*, 410.

체"다. 예수 안에서, 예수를 통하여, 하나님은 죄와 죽음의 세계에 속한 인간에게 영원한 생명의 세계를 열어주신다. 이 "예수에 대한 관계가 영원한 생명을 결정한다."[47] 영원한 생명을 가능케 하는 믿음은 아들에 대한 믿음에서 그의 아버지 하나님에 대한 믿음으로 확대된다.

나의 말을 듣고 또 나를 보내신 분을 믿는 사람은 영원한 생명을 얻고 심판을 받지 않는다. 그는 죽음에서 생명으로 옮겨갔다(5:24).

이제 영원한 생명은 단지 먼 미래의 일이 아니라, 예수에 대한 믿음과 형제자매에 대한 사랑 속에서 현재화된다. 이것은 나사로의 죽음에 대한 예수와 마르다의 대화에서 생생하게 나타난다. 마르다는 동생 나사로의 죽음에 대하여 자기 생각을 있는 그대로 진술한다. "마지막 날 부활 때에 그가 다시 살아나리라는 것은, 내가 압니다"(11:24). 마르다의 이 말은 예수 당시 유대인들 사이에 널리 퍼져 있던 묵시 사상의 보편적 부활 신앙을 보여준다. 마르다의 이 말에 예수는 다음과 같이 대답한다. "나는 부활이요 생명이니, 나를 믿는 사람은 죽어도 살고, 살아서 나를 믿는 사람은 영원히 죽지 않을 것이다"(11:25-26).

이 대답을 통해 예수는 부활과 영원한 생명이 자기 안에서, 자기를 통하여 지금 앞당겨 일어나고 있음을 밝힌다. 그러므로 요한복음은 예수를 "생명"(11:25; 14:6), "생명의 떡"(6:33, 35, 48)이라 부른다. 예수 자신인 이 떡을 먹는 자는 그를 통하여 살 것이요(8:12), 영원히 죽지 않을 것이다(6:50). 그의 뒤를 따르는 자는 생명의 빛을 소유한다(8:12). 이제 예수 자신의 말씀이 영원한 생명과 동일화된다. 그가 말하는 말씀은 생명이다(6:63). 그것은 영원한 생명의 말씀이다(6:68). 그러므로 그의 말씀을 따르는 자는 영원히 죽음을 당하지 않을 것이다(8:51; 참조. 11:26; 12:25). 영원한 "생명을 얻

---

47) A. R. van de Walle, *Bis zum Anbruch der Morgenröte*, 141.

기 위한 유일한 그리고 가장 포괄적인 전제는 믿음이다"(3:36; 5:24; 6:40, 47; 11:25-26).[48]

요한일서에 의하면, 영원한 생명은 **사랑**에 있다. 형제를 사랑하는 사람은 이미 영원한 생명 가운데 있는 반면, 형제를 미워하는 사람은 죽음 가운데 있다.

우리가 이미 죽음에서 생명으로 옮겨갔다는 것을 우리는 압니다. 이것을 아는 것은, 우리가 형제자매를 사랑하기 때문입니다. 사랑하지 않는 사람은 죽음 가운데 머물러 있습니다. 자기의 형제나 자매를 미워하는 사람은 누구나 살인을 하는 사람입니다. 살인을 하는 사람은 누구든지 그 안에 영원한 생명이 없습니다(3:14-15).

하나님은 그의 아들 예수를 통하여 사람들에게 영원한 생명을 주신다. 영원한 생명이 예수 안에 있다. 이 예수와 그를 보내신 아버지 하나님을 믿고 그의 계명을 지키는 사람은 지금 여기서 영원한 생명을 얻는다. "그 증언은 하나님께서 우리에게 영원한 생명을 주셨다는 것과, 그 생명이 그 아들 안에 있다는 것입니다. 그 아들을 모신 사람은 생명을 가진 사람이고"(5:11-12; 참조. 5:13, 16, 20).

우리는 모두 오래 살고 싶어 한다. 가능한 한 죽지 않으려고 한다. 그래서 우리는 영원한 생명을 생물학적 삶의 시간의 무한한 연장으로 생각하기 쉽다. 또 곰 쓸개, 곰 발바닥, 지렁이, 지네, 개구리, 심지어 아기 태반까지 삶아 먹으면서 생명의 시간을 연장시키고자 한다. 얼마나 오래 살고 싶으면 이런 짓을 할까! 물론 죽는 것보다는 사는 것이 낫다. "없음"보다 "있

---

48) W. Beinert, "Eschatologie," in W. Beinert(Hrsg.), *Glaubenszugänge III*, 545. 또한 이에 관하여 W. Beinert(Hrsg.), *Einübung ins Leben-der Tod. Der Tod als Thema der Pastoral*, 1986.

음"이 더 아름답다.

그러나 성서가 말하는 영원한 생명은 죽지 않고 끝없이 연장되는 삶의 시간을 가리키는 것이 아니라, 믿음과 희망과 사랑 안에서 이루어지는 새로운 삶을 가리킨다. 그것은 시간의 끝없는 연장, 곧 "End-losigkeit"가 아니라, 하나님 안에서 이웃과 교통하며 하나님의 의와 사랑을 세우는 삶의 깊이 내지 "삶의 질(Qualität)"을 말한다. 영원은 현재의 삶의 **끝없는**(end-los) **연장**에서 경험되는 것이 아니다. 그것은 하나님에 대한 믿음과 이웃에 대한 사랑의 강도(Intensität)에서 경험된다. 이 세상에서 가장 신빙성 있는 것은 사랑이다(H. U. von Balthasar). 그렇다면 이 세상에서 영원히 남는 것도 사랑일 것이다. 이 세상의 연약한 피조물들에 대한 **사랑 안에서** 영원한 생명이 현재적으로 경험된다.

이 사실은 도스토예프스키의 유명한 작품 『카라마조프가 형제』에 다음과 같이 나타난다. 영원한 생명, 곧 불멸을 믿지 못하여 괴로워하는 한 부인에게, 수도원 원장 조시마 장로는 이렇게 말한다.

> 그것은 사랑의 실천으로 체험하는 것입니다. 당신 주위의 사람들을 실제적으로 한없이 사랑하도록 노력해보십시오. 그 사랑의 노력이 열매를 맺음에 따라, 하나님의 존재도, 당신의 영혼이 불멸하리라는 믿음도 확신할 수 있을 것입니다.[49]

그러나 그리스도인들의 믿음과 희망과 사랑 안에서 현재적으로 경험되는 영원한 생명은 언제나 부분적이다. 그것은 하나님의 모든 피조물이 궁극적으로 누릴 영원한 **삶의 부분적 앞당겨 일어남**에 불과하다. 이 세계는 아직 구원받지 못했으며, 하나님의 피조물들의 고난은 아직도 심각하다. 인간의 무관심과 탐욕으로 인해 떼죽음을 당하는 피조물들의 신음 소

---

49) 도스토예프스키, 『카라마조프가 형제』 상권, 박호진 역, 혜원 세계문학 45, 2001 중판, 75.

리가 사방에서 들려온다. 그러므로 그리스도인들은 믿음과 희망과 사랑 속에서 영원한 생명을 현재적으로 경험하는 동시에, 그것을 동경하고 기다린다.

여기서 우리는 영원한 생명에 대한 실존론적·영적 이해의 한계를 발견한다. 성서의 정신에서 볼 때, 영원한 생명은 개인의 영혼 속에서 이루어지는 내적 삶을 뜻하지 않는다. 인간은 태어나는 순간부터 죽는 순간까지 관계의 존재이자 대화적 존재다. 그의 삶은 어디까지나 관계와 대화 속에서 이루어진다. 그러므로 그리스도인들이 현재의 삶 속에서 누릴 수 있는 영원한 삶도 관계와 대화 가운데서 일어날 수밖에 없다. 그것은 관계와 대화 가운데 있는 삶 그 자체다.

영원한 생명은 자기 안에 폐쇄되어 있는 개인의 고립된 내적 삶이 아니라, 하나님 앞에서 하나님의 피조물들 안에 있음이요, 그들의 존재에의 참여다. 그러나 하나님의 피조물들이 고통을 당하며, 그들의 생명이 눈에 보이지 않게 파괴되고 있다. 그러므로 그리스도인들이 현재적으로 경험하는 영원한 생명은 모든 피조물의 생명이 회복되고 구원받는 것을 동경하며, 그들의 생명을 파괴하는 세력에 대항할 수밖에 없다. 생명을 사랑하는 자는 생명을 파괴하는 죽음의 세력에 맞설 수밖에 없으며, 그것을 극복하고자 노력할 수밖에 없다. 예수도 그렇게 하지 않았던가! 다른 피조물들이 당하는 고난과 죽음에서 눈을 돌리고, 자기 혼자 하나님과의 수직적 관계 속에서 영원한 생명을 누린다고 생각하는 것은 하나의 착각이다.

역사의 목적으로서 모든 인간에게 주어질 영원한 생명은 모든 잘못된 관계의 회복에 있으며, 그리스도 안에서 모든 피조물이 하나로 화해되고 통일됨에 있다. "하나님의 경륜은, 때가 차면 하늘과 땅에 있는 모든 것을 그리스도 안에서 그분을 머리로 하여 통일시키는 것입니다"(엡 1:10). 모든 피조물의 화해와 하나 됨은 현 세계의 모든 부정적인 것, 불의한 것이 제거되고, 하나님을 아는 지식과 하나님의 의와 자비가 모든 것을 결정하는 하나님 나라가 세워질 때 가능하다. 그러므로 그리스도인들이 지금 경험하는 영원한 생명은 그 자체로 만족할 수 없으며, 세계의 현 상태와 타협할 수 없다. 오히려 그것은 불의한 상황들에 대하여 불만족하고 그것에 대립하면서, 하나님의 보편적 구원을 동경한다. 성서가 말하는 영원한 생명은 생명을 파괴하고 삶의 시간을 단축시키려는 세력들, 곧 죽음의 세력들에 대한 순응을 가르치지 않는다. 오히려 그것은 이 세력들에 대한 **저항**을 암시한다. 하나님은 그가 지으신 피조물들의 생명을 원하시며, 그들의 죽음을 원하시지 않기 때문이다.

그러므로 그리스도인들의 영원한 생명은 현재의 불의하고 비인간적인 상황들에 대해 눈을 감아버리고, 단지 영혼의 내적 평화만을 노래 부르지 않는다. "평화, 평화로다. 하늘 위에서 내려오네." 참된 평화는 단지 하나님과의 내적 관계에서 오는 것이 아니라, 이것을 넘어 모든 피조물 안에 하나님의 의와 자비가 가득할 때 올 것이다. "이제는 죽음이 없고 슬픔과 울부짖음과 고통이 없을" 때, 참된 평화와 영원한 생명이 하나님의 은사로서 주어질 것이다. 따라서 그리스도인들이 지금 경험하는 영원한 생명은 **종말론적인 것**이다. 그것은 현재적인 동시에, 미래의 완성을 향한 기다림과 동경 가운데 있다.

6. 영원한 생명은 "민중의 아편"인가?

1) 영원한 생명에 대한 무신론의 비판

프로이트(Freud)에 의하면, 종교적 표상들은 인간의 "경험의 표현이나 사유의 마지막 결과의 표현이 아니라", "인류의 가장 오래되고, 가장 강하고, 가장 절실한 소원의 성취들이다. 종교의 강함의 비밀은 이 소원들의 강함이다."[50] 달리 말해 종교의 표상들은 객관적으로 실재하는 것이 아니라,

---

50) S. Freud, "Die Zukunft einer Illusion," in *Studienausgabe IX*, 1974, 164.

인간이 그가 간절히 소원하는 바의 성취된 현실을 하나의 대상으로 투사시킴으로써 형성되었으며, 이 소원들의 강도에 따라 종교의 강도가 결정된다는 것이다. 그럼 이 소원들은 어떤 소원들인가? 그것은 삶의 위험에서 보호받고자 하는 소원, 불의한 사회 속에서 정의가 실현되기를 원하는 소원, 미래의 삶을 통해 현재의 존재가 연장되기를 바라는 소원, 세계의 유래, 육체적인 것과 정신적인 것의 관계를 알고자 하는 소원 등을 말한다. 프로이트에 의하면, 종교의 표상들은 인간의 이러한 소원들을 투사시킨 것이다.

여기서 우리는 포이어바흐의 투사설의 영향을 발견할 수 있다. 프로이트에 의하면, 종교의 표상들은 초월적으로 주어지는 것이 아니라 문화를 통하여 형성된다. 개인들에게 종교적 표상을 만들어주는 것은 하나님이 아니라 문화다. 모든 문화적 노력과 마찬가지로, 종교도 자연과 운명의 거대한 세력들 앞에서 자기를 지키고자 하는 인간의 필요성 때문에 생성된다. 이러한 세력들 앞에서 자기의 무력함을 느끼는 인간은, 이 세력들을 인격적 신의 존재로 대상화시킨다. 이리하여 종교가 생성된다. 그는 이 세력들을 신격화시키고, 그들에게 부성적 특징들을 부여한다. 이제 인간을 보호해줄 수 있는 것은, 인격화되고 신격화된 이 세력들이다. 이리하여 인간은 자기 생명을 보호받고자 하는 욕구를 충족시키는 동시에, 아버지에 대한 무의식적 동경심을 성취시킨다.

따라서 종교가 말하는 신들은, 자기 생명을 보호받고자 하며 아버지를 두려워하는 동시에 아버지를 동경하는 인간이 자연과 운명의 거대한 세력들을 신격화시킨 것이다. 신들은 세 가지 기능을 가진다. (1) 자연의 경악을 물리치고 운명과 죽음을 조화시킨다. (2) 문화적 사회생활 속에서 일어나는 고난과 결핍을 보상한다. (3) 인간에게 더 높은 삶의 목적, 섭리, 도덕법의 신적 정당화, 죽음 후의 삶을 제시한다. 이렇게 함으로써 신은 인간의 도덕적 삶을 유도한다. 종교가 진화할수록, 신의 기능은 위의 세 가지 기능 가운데 마지막 셋째 기능으로 집약된다. 신은 최고의 지혜와 정

의와 자비를 갖춘 최고의 도덕적 존재로 나타난다.[51]

프로이트의 이러한 투사설에 의하면, 기독교가 말하는 영원한 생명은 시간과 공간의 제약을 넘어서, 제한되지 않은 충만한 삶, 성취된 삶을 바라는 인간의 소원을 투사한 것이며, 그것은 "유아기적 환상"(infantile Illusion)이다. 포이어바흐에 의하면, 피안의 영원한 생명에 대한 기독교 신앙은 "차안의 참된 삶에 대한 신앙에 불과하다." 기독교가 말하는 피안의 삶의 모든 내용들은 사실상 차안의 삶의 본질적 내용들이다.

> 따라서 피안에 대한 신앙은 우리가 알지 못하는 다른 어떤 삶에 대한 신앙이 아니라, 이미 여기서 참된 삶이라 생각되는 삶의 진리와 무한성, 따라서 삶의 계속성에 대한 신앙이다.[52]

무신론자들의 비판에 의하면, 영원한 생명에 대한 기독교의 희망은 땅 위에서 이루어지는 현재의 구체적인 삶이 전부가 아니라고 생각하게 하며, 단 한 번밖에 없는 현재 삶의 유일회적 의미와 가치를 훼손한다. 이 세상의 삶이 전부가 아니다. 이 세상의 삶은 불완전하고 결핍된 것이며 무의미한 것이다. 그것은 언젠가 끝이 난다. 우리에게는 죽음 저 너머에 있는 영원한 생명이 있다. 완전하고 충만한 생명은 이 세상의 삶에 있지 않고 영원한 생명에 있다. 참된 가치는 거기에 있다. 그러므로 우리는 이 세상의 생명에 집착하지 말고 영원한 생명을 사모하며, 그것을 얻고자 노력해야 한다. 기독교는 이렇게 가르침으로써 이 세상의 생명 내지 삶을 무가치한 것으로 하락시키며, 이 세상의 삶에 대한 관심과 열정을 마비시킨다.

니체에 의하면, 기독교가 가르치는 피안의 영원한 세계와 영원한 생명

---

51) 위의 내용에 관하여 H. Küng, *Existiert Gott?*, 3. Aufl., 1995, 308ff.
52) L. Feuerbach, *Das Wesen des Christentums*, hrsg. von W. Schuffenhauser, 1956, Bd. I-II, 283.

은 이 세상의 삶을 투사시킨 것에 불과하다. 인간은 이 세상에서 참으로 충만하고 행복한 삶을 누릴 수 없기 때문에, 영원한 세계와 영원한 생명을 설정하고 모든 긍정적 의미를 투사시킨다. 따라서 영원한 세계, 영원한 생명은 이 세상에서 실현되어야 할 충만하고 행복한 삶의 투사에 불과하다. 인간은 이러한 피안의 영원한 세계와 영원한 생명에 참 가치를 두기 때문에, 이들은 땅 위에 있는 인간의 구체적 삶과 삶에 대한 열정을 마비시키는 기능을 가진다. 그러므로 니체는 이렇게 외친다.

나의 형제들이여, 나는 너희에게 선언한다. **땅에 충성하라.** 그리고 이 세상을 초월한 희망들에 대하여 말하는 자들을 믿지 마라! 그들이 알든 모르든, 그들은 독살자들(Giftmischer)이다. 그들은 생명을 멸시하는 자들이요, 차츰 죽어가는 자들이며, 스스로 독에 취해 있는 자들이다. 땅은 그들에게 지쳤다.[53]

서문으로 끝난 "헤겔 법철학 비판 서문"에서 초기 마르크스도 포이어바흐의 투사설의 영향을 받는다. 인간이 종교를 만드는 것이지, 종교가 인간을 만드는 것은 아니다. 종교는 "자기 자신을 아직 획득하지 못하였거나 자기 자신을 다시금 상실해버린 인간의 자기 의식이요 자기 느낌"이다. 그것은 "인간 본질의 **환상적 실현**이다. **인간의 본질**은 참된 현실을 가지고 있지 않기 때문이다."[54]

마르크스에 의하면, 기독교가 가르치는 피안의 영원한 세계와 영원한 생명은 "아편"과 같은 기능을 가진다. 기독교는 피안의 영원한 세계와 영원한 생명을 약속함으로써, 이 세상의 삶 속에서 당하는 고난과 고통을 견

---

53) F. Nietzsche, *Also sprach Zarathustra*, Kröners Taschenausgabe Bd. 75, 1975, 9. 니체의 무신론에 관하여 김균진, "형이상학적 무신론과 십자가의 역사", 김균진, 『헤겔 철학과 현대신학』, 1980, 259ff.
54) K. Marx, "Zur Kritik der Hegelschen Rechtsphilosophie. Einleitung," in: *Marx-Engels I*, Studienausgabe, hrsg. von I. Fetscher, Fischer Taschenbuch, 1971, 17.

디게 한다. 그러나 현실의 고난과 고통은 제거되는 것이 아니라 오히려 지속된다. 인간은 영원한 생명의 매력에 도취되어, 현실의 고난과 고통의 실상을 파악하지 못하며 그것에 무뎌지거나 망각한다. 그는 다음과 같이 생각하면서 현실의 고난과 고통에 대하여 영원한 생명의 위로를 받는다. 이 세상의 삶은 불의와 억압과 고난으로 가득하다. 그것은 일시적이며 무가치한 것이다. 그러나 영원한 생명이 나를 기다리고 있다. 영원한 생명을 얻을 때, 나는 이 땅 위에서 당한 모든 고난과 고통에 대해 그에 합당한 보상을 받을 것이다.

마르크스에 의하면, 영원한 생명이 주는 이러한 위로는 현실적인 것이 아니라 비현실적인 것이다. 그것은 "환상적 위로"다. 그것은 고난의 현실을 변화시키는 것이 아니라 오히려 그것을 지속시키고 악화시킨다. 그것은 일종의 종교적 마취제 내지 아편이다. 그러므로 영원한 생명을 가르치는 기독교는 "민중의 아편"이다. 종교는 영원한 생명에 참 가치를 둠으로써 단 한 번밖에 없는 이 세상의 삶의 가치를 박탈하며 삶의 생동성을 마비시킨다. 이 세상의 삶의 가치와 삶의 생동성을 회복하기 위해서, 영원한 생명에 대한 희망은 폐기되어야 한다. 따라서 마르크스는 영원한 생명을 가르치는 종교 자체가 없어져야 한다고 주장한다.

2) 비판에 대한 비판—"영원한 생명"의 해방하는 기능

무신론의 이러한 비판이 완전히 잘못된 것이라고는 말할 수 없다. 기독교는 물론 우리 주변의 다른 종교들도 피안의 영원한 생명을 약속한다. 그리하여 이 세상의 삶을 무가치한 것으로 생각하게 하고, 죽음 다음에 올 영원한 생명을 동경하게 한다. 이리하여 종교는 불의와 억압과 착취와 고난이 가득한 삶의 현실에 대한 관심을 마비시키고, 이 현실을 견딜 수 있는 "환상적 위로"와 "환상적 행복"을 주며, 이 현실을 지속시키는 **정치적 기능**을 행사한다는 것을 우리는 부인하기 어렵다.

그러나 마르크스의 비판은 영원한 생명에 대한 희망의 다른 한 가지면을 간과하고 있다. 영원한 생명은 이 세상의 삶을 상대화시키며, 이를 통하여 이 세상의 삶에 대한 무한한 집착을 금지시킨다. 이 세상의 생명이 전부가 아니다. 삶의 궁극적 의미는 단순히 이 세상의 삶에 있지 않다. 우리의 생명은 현재의 삶으로 끝나지 않고, 눈에 보이지 않는 영원한 생명으로 이어진다. 눈에 보이는 이 세상의 삶을 전부로 생각하고 모든 가치를 여기에 두며 그것을 무한히 향유하려고 할 때, 인간의 세계는 지옥과 같아질 것이다. 이것은 오늘날 우리 인간 세계의 현실이기도 하다. 영원한 생명에 대한 희망은 이 세상의 삶에 대한 무한한 집착에서 참된 것, 영원한 것을 향하여 인간을 자유롭게 하는 **인격적 해방의 기능**을 가진다.

무신론자들이 주장하는 것처럼 인간의 생명이 죽음과 함께 완전히 끝나버리며, 죽음을 넘어서는 "영원한 것"이 없다고 생각할 때, 이 세계의 모든 것이 헛되고 무의미해 보일 것이다. 모든 것이 내 죽음과 함께 끝난다고 생각될 것이다. 이리하여 인간은 현재의 삶에 대한 허무감과 좌절과 절망에 빠질 것이며, 허무한 이 세계와 인생을 포기하면서 죽기 전에 마음껏 "먹고 마시자"는 맹목적이며 자기밖에 모르는 탐욕과 향락 중심의 삶에 빠질 것이다. 다음과 같은 바울의 말씀은 영원한 생명을 알지 못하는 인간의 삶의 태도를 보여준다.

만일 죽은 사람이 살아나지 못한다면, "내일이면 죽을 터이니, 먹고 마시자" 할 것입니다(고전 15:32).

이에 반해 인간에게 영원한 삶이 있다고 생각할 때, 다음과 같은 결과를 기대할 수 있다.

(1) 내 현재의 삶이 영원한 삶으로 이어진다고 생각할 때, 현재의 삶은 죽음을 넘어서는 의미를 가질 것이며, 인간은 단지 눈에 보이는 것만을 추구하지 않고 참으로 가치 있고 의미 있는 것이 무엇인가를 생각하면서 그

것을 추구하는 삶의 태도를 가질 것이다. 이리하여 영원한 생명은 인간을 헛된 가치에서 참된 가치로, 일시적인 것에서 영원한 것으로, 무의미한 것에서 영원히 의미 있는 것으로 자유롭게 하는 해방의 기능을 가진다. 자기의 생물학적인 생명의 시간을 연장시키는 데 삶의 궁극적 가치를 두지 않고 영원한 생명이 그 속에서 경험될 수 있는 사회, 더 나은 미래를 창조하는 데 삶의 가치를 두게 될 것이다. 더 잘 먹고 잘살 수 있는 물질, 더 많은 사치와 허영에 가치를 두지 않고, 삼위일체 하나님의 뜻이 "하늘에서 이룬 것같이 땅 위에서도 이루어지는" 데 참 가치를 둘 것이다.

(2) 또한 영원한 생명을 믿을 때, 눈에 보이는 지금의 세계와 삶이 마지막의 것으로 생각되지 않을 것이다. 지금의 세계와 삶의 현실은 영원한 생명의 빛 속에서 그의 불완전성을 드러낼 것이다. 지금의 세계는 그의 모든 상태에 있어 궁극적인 것, 영원한 것이 아니라 일시적이고 잠정적인 것이다. 따라서 그것은 영원한 생명의 현실로 변화되어야 한다. 계급과 인종과 소유와 지위에 따라 나누어져 있는 지금의 세계, 지금의 삶의 현실은, 모든 인간이 하나님 앞에서 평등과 자유를 누리는 영원한 생명의 현실로 변화되어야 한다. 하나님이 없으며, 죽음과 슬픔과 울부짖음과 고통이 가득한 지금의 삶의 현실은, 하나님을 아는 지식과 하나님의 평화와 기쁨이 가득한 영원한 생명의 현실로 변화되어야 한다. 인간에 의한 인간의 차별과 억압과 착취, 인간에 의한 인간의 노예화, 비인간화가 더 이상 일어나지 않는 현실로 변화되어야 한다. 이리하여 영원한 생명에 대한 희망은 눈에 보이는 이 세상의 삶의 현실을 영원하고 참된 하나님의 삶의 현실로 개방시키는 해방의 기능을 가진다.

앞서 기술한 바와 같이, 성서가 말하는 영원한 생명은 단지 죽음 다음에 혹은 역사의 종말에 주어질 미래적인 것이 아니라, 현재의 삶 속에서 경험될 수 있고 또 확장되어야 할 현재적인 것이다. 그것은 그리스도의 뒤를 따라 믿음과 희망과 사랑 가운데서 하나님 나라를 세우는 삶 속에서 현재적으로 경험된다. 특히 그것은 사랑을 통하여 앞당겨진다(요일 3:14 참조).

생명을 사랑하는 사람은 생명을 파괴하는 세력을 거부할 수밖에 없다. 자연 생명들이 떼죽음을 당하고 있는 현실을 보면서, 그들의 생명을 파괴하는 세력을 어찌 거부하지 않을 수 있겠는가! 그러므로 영원한 생명을 현재적으로 경험하는 그리스도인들은 생명을 파괴하는 모든 정치, 경제, 사회의 질서와 상황을 극복하고, 모든 생명이 보호되고 장려되는 사회와 세계를 형성하려는 태도를 취할 수밖에 없다. 인간에 의한 인간의 억압과 차별과 착취와 소외와 비하로 인하여 인간의 생명이 훼손되고 파괴되는 사회 속에 영원한 생명의 새로운 현실이 세워져야 한다. 인간의 생명을 파괴하는 모든 불의한 질서와 관행과 상황은 영원한 생명이 그 속에서 경험되는 현실로 변화되어야 한다. 그러므로 영원한 생명에 대한 희망은 단지 "민중의 아편"이 아니라, 인간의 세계를 비인간적인 상황에서 하나님 나라의 현실로 해방하는 기능, 곧 정치, 경제, 사회적 해방의 기능을 가진다.

그러나 영원한 생명의 세계는 단순히 인간의 노력만으로는 실현되지 않을 것이다. 그것은 하나님이 "모든 것 안에서 모든 것"이 되시고, 모든 피조물 안에서 하나님의 영광이 나타날 때 실현될 수 있다. 바로 여기에 무신론자들의 희망과 기독교의 희망의 차이가 있다. 무신론자들은 하나님 없는 인간의 세계에 영원한 생명의 현실이 실현될 것을 기대한다. 구소련과 동유럽의 국가들은 이것을 시도하였다. 그들은 "**하나님 없는 하나님의 나라**"를 이루고자 했다. 그러나 그 결과가 어떠한지를 우리는 잘 알고 있다. 스탈린은 자신의 권력을 유지하기 위해 약 2,000만 명을 살해했다. 하나님 없는 하나님 나라는 영원한 생명이 경험되는 세계가 아니라, 더 이상 인간이 살 수 없는 세계로 변모하였고 결국 붕괴되고 말았다.

사회주의 국가의 이러한 역사적 경험은 오늘날 자본주의 국가에 하나의 경고가 된다. 오늘날 자본주의 국가들은 경제 발전을 국가의 최대 목표로 설정하고 있으며, 경제가 발전할 때 모든 사람이 행복할 수 있을 것이라 생각한다. 그래서 경제 발전을 위한 다양한 연구 프로젝트를 세우고 엄청난 예산을 투입한다. 물론 국가의 경제가 발전해야 국민의 생활의 질이 높아짐은 사실이다. 그러나 국가의 경제가 아무리 발전하여도 하나님이 그 안에 계시지 않는다면, 그 국가는 영원한 생명의 세계로 변모하는 것이 아니라 인간이 도저히 살 수 없는 지옥과 같은 세계로 변모한다. 우리는 그 사실을 거의 매일 경험할 수 있다.

기독교 신앙에 의하면, 영원한 생명이 있는 세계는 하나님이 모든 것 안에 계시며, 모든 것이 하나님 안에 있는 "하나님 나라"에 있다. 하나님 나라는 단지 인간의 손으로 이루어지는 것이 아니라 인간과 함께, 인간을 통하여, 그러나 궁극적으로 하나님의 오심을 통하여 이루어질 것이다. 이 하나님에 대한 믿음과, 그의 나라에 대한 희망과, 이웃과 자연의 피조물들에 대한 사랑 안에서 그리스도인들은 영원한 생명의 현실이 이 세계 모든 영역 속에 이루어지기를 기다린다. 그들은 생명을 사랑하기 때문이다.

> 생명을 사랑하고 좋은 날을 보려고 하는 사람은,
> 혀를 다스려서 악한 말을 하지 못하게 하며,
> 입술을 다물어서 거짓말을 하지 못하게 하여라.
> 악에서 떠나 선을 행하며, 평화를 추구하여 그것을 좇아라.
> 주님의 눈은 의인들을 굽어보시고, 주님의 귀는 그들의 간구를 들으신다. 그러나 주님은 악을 행하는 자들에게는 얼굴을 돌리신다(벧전 3:10-12).

위에 기술한 내용들을 한스 큉은 다음과 같이 말한다.[55] 영원한 생명을 믿을 때, 우리는 평화와 자유와 정의가 있는 더 나은 미래, 더 나은 사회, 또한 더 나은 교회를 위해 일하게 되며, 이 모든 것이 인간에 의해 추구될 수 있지만 결코 완전히 실현될 수 없음을 알게 된다. 영원한 생명을 믿을 때, 우리는 이 세계가 궁극적인 것이 아니며, 이 세계의 상황들은 영원하지 않으며, 정치적 제도와 종교적 제도를 포함한 모든 현존의 것은 일시적

---

55) H. Küng, *Ewiges Leben?*, 294f.

성격을 가진다는 것을 알게 된다. 계급과 인종, 가난과 부, 지배자와 피지배자의 구분도 일시적이며, 이 세계는 변화될 수 있고 또 변화되어야 한다는 것도 알게 된다. 지금도 계속되는 우주의 진화는, 개인과 사회의 완성, 창조의 해방과 영광이 하나님 자신의 영광을 통하여 비로소 이루어질 것임을 알게 된다. 이때 비로소 자연의 갈등들과 고난이 극복될 것이며, 사멸의 종살이에서 해방될 것을 바라는 모든 피조물의 동경이 성취될 것이다. 인류의 참된 완성과 참된 행복은 역사적으로 존재했던 모든 인간이 이에 참여할 때 가능해진다. 영원한 생명은 새로운 노예화가 없는 해방을 뜻한다. 인간은 물론 모든 피조물의 고난이 지양되며, 사회는 그의 목적에 도달할 것이다. 인간의 인간화가 여기서 완성될 것이다.

기독교 신자들은 물론 아마 거의 모든 종교인이 "영원한 생명"을 기다릴 것이다. 그들이 기다리는 영원한 생명의 내용을 우리는 아래와 같이 요약할 수 있다. 첫째, 그것은 **피안의 것**으로 생각된다. 즉 죽은 다음, 소위 천당(하늘)에서 누릴 것으로 생각된다. 둘째, 그것은 **영적인 것**으로 생각된다. 이 세상에서 인간은 그의 육체로 말미암아 갖가지 유혹과 시련과 고통을 당하기 때문에, 피안의 영원한 생명은 육체적 조건에서 해방된 순수히 영적인 것, 정신적인 것이라 생각한다. 셋째, 그것은 **시간의 무한한 연장**으로 생각된다. 지금 우리 인간의 생명은 시간적으로 제한되어 있다. 죽음은 제한되어 있는 생명의 시간이 중단됨을 뜻한다. 반면 영원한 생명은 시간적 제한이 없는 삶, 끝이 없는 삶으로 생각된다.

영원한 생명을 이와 같이 생각할 때, 그것은 마르크스가 지적한 바와 같이 "민중의 아편" 역할을 하게 된다. 성서가 말하는 영원한 생명은 우리가 일반적으로 생각하는 것과는 다르다. 그것은 단지 피안의 것이 아니라 지금 이 세상 속에서 경험될 수 있는 **현재적인 것**이다. 그것은 단지 영적인 것이 아니라 **신체적·물질적인 것**이기도 하다. 그것은 단순히 시간의 무한한 연장이 아니라 **삶의 내적인 충만함과 깊이**를 뜻한다.

하나님이 우리 인간에게 바라시는 영원한 생명은 단지 저세상에 있는 것이 아니라 먼저 이 세상 안에 있다. 예수께서 우리에게 주시고자 하는 영원한 생명은 피안적인 것이 아니라 먼저 차안적인 것이다. 영원한 생명은 먼저 이 세상 속에서 죄와 죽음의 세력을 몰아내고, 영원한 생명의 현실로 세워져야 한다. 비정함 대신에 인정이 있고, 거짓과 불의 대신에 진실과 정의가 있고, 인간에 대한 억압과 착취 대신에 모든 인간의 평등과 나눔이 있으며, 불신앙 대신에 신앙이 있는 세계, 곧 영원한 생명의 세계가 먼저 이 땅 위에 이루어져야 한다. 교회는 영원한 생명을 경험할 수 있는 구체적 장소가 되어야 하며, 영원한 생명의 현실을 이 땅 위에 세우는 전위대가 되어야 한다. 이 세상이 죄와 죽음의 세계라면, 교회는 생명의 세계 곧 하나님 나라의 현실을 경험하는 곳이 되어야 하지 않을까? 먼저 교회 안에서 하나님의 의와 사랑과 진실이 경험되어야 하며, 이를 통해 교회는 이 세상의 "빛과 소금"이 되는 동시에 이 사회에 의와 사랑과 진실을 요구해야 한다. 교회가 이러한 그의 사명을 깨닫고 이 사명에 충실할 때, 세상 사람들은 교회를 신뢰할 것이다.

VII

품위 있는 죽음을 위하여

- 안락사 문제와 함께 -

_____

1. 죽음의 장소로서의 병원

현대사회에서 병원은[1] 고도로 전문화·기술화되었으며, 복합적 기구로 발전하였다. 그것은 그 자체의 구조와 내적 질서에 따라 움직이는 하나의 거대한 체계가 되었다. 이러한 병원은 오늘날 점점 더 많은 사람이 즐겨 찾는 죽음의 장소가 되고 있다. 가정에서 가족의 간호를 받던 환자도 임종이 가까워지면, 병원으로 옮겨져 병원에서 마지막 시간을 보내고 죽음을 맞는 경우가 많다.

독일의 경우, 1960년도에 사망자의 43.9%, 1972년에는 53.5%, 1980년에는 55.3%가 병원에서 사망했다. 이러한 추세는 오늘날 훨씬 더 많이 증가했으며, 최근 한국의 상황도 이와 비슷하다. 이와 같이 오늘날 점점 더 많은 사람이 죽음을 병원에서 맞으므로, 많은 분야의 학자들과 전문인들 사이에서는 병원에서 어떻게 더 인간적이며 품위 있는 임종을 맞을 수 있을 것인가의 문제가 거론되고 있다.

1) 현대 병원의 구조

점점 더 많은 사람이 병원에서 죽음을 맞는 오늘의 현상은, 죽음이 사회의 삶의 현실에서 배제되고, 점점 더 개인의 일로 치부되며, 하나의 사회적 터부로 변모하는 현대사회의 추세를 반영한다. 현대 산업사회가 등장하기 이전에 한 사람의 죽음은 하나의 공동체적 사건이었다. 일반적으로 임종

---

1) 여기서 병원은 주로 종합병원을 말함. 아래 내용은 A. Nassehi u. G. Weber, *Tod, Modernität und Gesellschaft*, 231ff.에 의존함.

환자들은 그들의 죽음을 가정에서 온 가족이 지켜보는 가운데 맞이했다. 그가 누워 있는 방은 누구나 출입이 가능했다. 장례식은 가족과 친척들은 물론, 죽은 사람이 속한 동네 전체의 일이었다.[2] 그러나 산업사회의 등장과 사회 전체의 현대화(Modernisierung) 추세와 더불어, 개인의 삶이 철저히 개인주의화(Individualisierung)되고 사회적 익명화(Anonymisierung)가 일어나면서, 가족과 소규모 공동체의 기능이 약화되기 시작했다.

이로 말미암아 개인의 삶은 물론 그의 죽음의 공동체적 의미가 사라지고, 소가족 제도와 개인주의적 생활 스타일의 확산과 함께 개인의 죽음은 철저히 개인의 사적 영역으로 축소되어버렸다. 이와 더불어 말기 환자의 임종을 도와주는 일은 병원의 전문 의료인에게 맡겨졌다. 곧 임종 과정을 도와주는 일의 전문 직업화(Professionalisierung), 제도화(Institutionalisierung)가 일어난 것이다. 병원은 의학기술을 통해 임종 환자의 임종을 도와주는 업무를 체계화시키고, 이를 계획하고 수행하며 감독하는 기능을 행사하면서, 차츰 현대인의 아주 편안한 **죽음의 장소**가 되어버렸다. 이로써 죽음은 네 개의 벽을 가진 개인의 "방"에서 "병원의 공공적 장치의 영역"으로 밀려났다.[3]

그런데 현대의 병원은 두 가지 특징을 가지고 있다. 첫째는 고도로 발전하는 과학기술을 수용하고 그 과학기술의 바탕 위에서 체계적·전략적으로 행동할 수밖에 없는 현상을 말한다. 둘째는 병원의 관료적·계급 체계적 관리에 있다.[4] 현대의 병원은 현대 과학기술적 방법과 의료기기들을 사용하는 동시에 고도의 분업 체계를 이루고 있다. 병원의 과제, 의무, 권리, 기능, 책임은 미리 정의된 행동 양식을 통해 규정되어 있으며, 이 양식들을 통하여 다양한 직업군과 기능인의 역할이 결정된다. 그것은 전문화

2) 서구 사회에서 죽음에 대한 이해와 죽음의 실천의 변천에 대하여 Ph. Aries, *Geschichte des Todes*, 3. Aufl., 1987.
3) G. Schmied, *Sterben und Trauern in der modernen Gesellschaft*, 1985, 36.
4) 이에 관하여 A. Nassehi u. G. Weber, *Tod, Modernität und Gesellschaft*, 233.

되어 있으며 관료적 체계를 가진 하나의 사회 조직이다. 병원의 이러한 전문화는 "먼저 과학기술적인 것이지만, 조직적으로 근거되어 있으며, 합리적 목적 추구의 원리에서 유래한다."[5]

병원의 관료적 구조, 과학기술에 의존하는 행동양식은 병원에서 근무하는 사람들의 태도를 형성하는 데 직접적 영향을 준다. 병원 운영에 관계된 모든 계층의 사람들, 곧 전문 의사, 수련 의사, 간호사, 간호 보조사, 행정 담당 직원들은 병원의 효율성과 기능성을 최대한 살려가며 환자들에게 도움을 제공하는 동시에 병원 체계를 유지시켜나가야 할 목적에 따라 행동해야 한다. 이리하여 현대의 병원은 현대사회의 다른 거대 조직들과 마찬가지로 구조적 폐쇄성, 복합성, 전략적 합리성을 가진다. 병원에서 일어나는 모든 활동과 노동은 최대의 효율성과 경제성을 목표로 하며, 병원이 수행해야 할 모든 과제는 병원 자신의 조직을 통한 안정성(Stabilität)과 전략적 합리성을 통해 성취되어야 한다.

하나의 거대 조직으로 변한 현대의 대형 병원 내지 종합병원은, 고도로 전문화된 과학기술적·의학적 지식을 갖추고 있으며, 각자의 역할 분담이 엄격히 규정된 분업 체계를 이루고 있다. 고도의 훈련과 경험을 지닌 전문가들이 초현대적 기기들을 가지고 병원의 엄격한 관료적 조직 속에서 환자들의 신체적 문제는 물론, 그들의 정신적·심리적 문제를 치료하고자 한다. 이리하여 병원 종사자들과 환자들 사이에는 **지식의 차이, 지위의 차이, 신분의 차이**가 생긴다.

고도의 의학적 지식, 전문적 훈련과 경험, 엄격한 분업 체계, 병원 종사자들과 환자들 사이의 지적·사회적·신분적 차이로 말미암아 현대의 병원은 **인간성이 결여된 조직**으로 전락하기 쉽다. 오늘날 병원이 안고 있는 한 가지 중요한 문제점이 바로 여기에 있다. 로데(J. J. Rohde)에 의하면, 인

---

5) J. J. Rohde, "Strukturelle Momente der Inhumanität einer humanen Institution," in O. Döhner(Hrsg.), *Arzt und Patient in der Industriegesellschaft*, 1973, 27.

도주의적 목적을 달성하고자 하며, 달성해야 할 현대 병원의 또 한 가지 특징은 비인간성의 구조적 경향에 있다.[6] 이것은 단지 현대 병원만의 문제가 아니라 현대사회 자체의 문제이기도 하다. 현대사회는 사회의 모든 조직이 상호 연관성과 공동의 목적을 상실하고 하나의 독립된 조직으로 발전하며 비인간성에 빠질 수 있는 위험성을 안고 있다. 또한 사회 전체의 최대 목적이 더 많은 생산과 이윤에 있을 때, 인간은 이를 위한 수단으로 간주된다. 인간의 가치가 효율성과 소유에 따라 결정될 때, 사회는 점점 더 비인간적인 사회로 변모할 것이다. 병원은 이러한 현대사회의 위험성을 넘어서서, 전체적인 경향에서 인간을 비인간화시키는 구조적 특징(dehumanisierende Strukturmerkmal)을 가지고 있다. 고프만(E. Goffmann)은 현대 병원의 모습을 다음과 같이 묘사한다.

(1) 환자의 생명과 관계된 모든 일이 단 하나의 동일한 장소에서, 단 하나의 동일한 권위 하에서 이루어진다.
(2) 병원의 모든 구성원은 운명을 함께하는 동지들의 거대한 집단 속에서 각자의 책임을 수행한다.
(3) 각자가 매일 수행해야 할 노동의 모든 과정이 정확하게 계획되어 있다. 하나의 단계는 미리 정해진 시점에 다음 단계로 옮겨간다. 조직적으로 연결되어 있는 모든 활동 과정이 위로부터 정해진 규칙을 통해 명령된다.
(4) 병원 안에서 일어나는 다양한 활동은 병원의 공공 목적을 성취하고자 하는 단 하나의 합리적 계획에서 일치점을 가진다.[7]

---

6) Ibid., 183ff.
7) E. Goffman, *Asyle. Über die soziale Situation psychiatrischer Patienten und anderer Insassen*, 1972, 17.

2) 병원에서 일어나는 환자의 비인간화

많은 학자들 내지 전문인들은 현대의 병원이 환자들을 비인간화하는 경향이 있다고 지적한다. 병원은 그 구조적 특성상 환자들에 대한 그의 임무를 수행하기 위해 "어쩔 수 없이 환자들을 비인격화시키고", 개인들의 모든 특성과 의지를 묵살하며, "탈사회화 혹은 탈문화화의 과정에 복종시키는 경향"이 있다.[8] **환자의 비인격화**는 다음의 요소들을 통해 일어난다.

(1) **신체적 격리**(Isolierung): 환자는 평소 그가 살고 있던 삶의 환경에서 신체적으로 격리된다.

(2) **사회적 격리**: 환자는 평소에 관계를 맺고 있던 사람들과 사회적 관계에서 병실로 격리된다.

(3) **사회적 위치의 상실**(Statusverlust): 환자의 모든 행동과 신체적 활동이 병원 종사자들에 의해 관측된다. 이로써 환자는 그의 사회적 위치를 상실한다.

(4) **인격적 격리**: 환자는 그 자신의 인격적 특징들, 자신의 의지를 포기하고, 기능과 효율성을 위주로 하는 병원의 규칙과 치료 과정에 복종해야 한다. 그는 병원 종사자들의 의지와 행동에 자기를 맡겨야 하며, 환자로서의 수동적 역할을 견뎌야만 한다. 그는 진단과 치료를 방해하는 모든 특성과 충동과 관심과 욕구를 아무 조건 없이 그리고 수동적으로 병원의 체제에 복종시킬 때, "착한 환자", "좋은 환자"가 된다.[9]

병원의 체제는 환자를 단지 환자로서 인정할 뿐이며, 환자의 개인적·

---

8) J. J. Rohde, *Strukturelle Momente der Inhumanität einer humanen Institution*, 31.

9) Ibid., 32. 환자의 이러한 변화를 가리켜 Rohde는 "상징적 소아화"(Infantilisierung)라 부른다. Ibid., 31f.

사회적 정체성은 고려하지 않는다. 거대한 병원 체제로 인해 개인의 이러한 정체성을 고려한다는 것은 사실상 불가능하다. 또 환자에 대한 의료인의 감정이입은 치료를 위해 원칙상 금지된다. 의료인은 환자의 신체적 혹은 정신적 장애를 객관적으로 관찰해야 하며 또 그것을 치료해야 한다. 이때 의료인은 환자를 더 "효과적으로" 치료할 수 있다. 그 결과 환자는 의료인에 의해 그 정체성이 고려되지 않는 하나의 "물건"처럼 다루어질 수 있는 위험성이 있다. 이리하여 현대의 거대한 병원 체제 속에서 의료인들과 환자는 비인격적·객관적 관계를 가지며, 환자는 자기의 정체성이 고려되지 않는, 이름 없는 하나의 "환자"로 비인격화된다.

더 이상의 치료가 불가능한 말기 환자들의 경우, 사태는 더욱 심각하다. 유명한 죽음의 사회학자 폰 페르버(Chr. von Ferber)는 병원에서 "병원 종사자들의 문화" 곧 의사, 간호사, 행정 직원들의 문화와 "환자들의 문화"를 구분한다. 병원 종사자들은 환자에게 신체적·정신적 편안함과 의료적 도움을 제공하고자 하며, 환자는 이것을 기대한다. 그러나 양자 사이에는 위치와 기능과 지식의 차이가 있다. 병원 종사자들 사이의 교통, 그리고 병원 종사자들과 환자들 사이의 교통은 병원 전체 목적의 틀 안에서 이루어진다. 그런데 병원 종사자들 사이의 교통이 전체적으로 대등한 입장에서 이루어지는 인격적 교통이라면, 병원 종사자들과 환자들 사이의 교통은 도움을 제공하는 자와 도움을 받는 자, 즉 주체와 객체의 교통으로, 후자가 전자에게 의존하는 형태를 지닌다. 즉 병원 종사자들과 환자들의 교통에서, 환자들은 병원 종사자들에게 의존한다. 전자가 명령할 수 있는 위치에 있다면, 후자는 그 명령을 따라야 할 위치에 있다. 전자가 의료학적 지식 체계를 가지고 있는 반면, 후자는 의료학에 대해 거의 무지하다. 따라서 양자의 교통은 참된 인격적 교통이 아니라 하나의 기능적 교통이며 피상적 교통에 불과하다.

이러한 교통이 병원에 잠시 머무는 환자에게는 견딜 만한 것이고, 또 양자의 편의를 위해 필요한 것이기도 하다. 그러나 임종이 멀지 않은 **말기**

환자의 경우, 이러한 일방적 교통은 심각한 문제점을 가진다. 죽음을 앞둔 말기 환자에게는 더 이상의 삶의 시간과 삶의 기회가 없다. 그러므로 병원 종사자들과의 교통은 그의 생애의 마지막 교통이다. 따라서 병원 종사자들과의 기능적·피상적 교통이 말기 환자에게는 매우 고통스럽고 실망스럽게 느껴질 수밖에 없다. 그는 사실상 인격적·실존적 교통에서 단절되어, 홀로 죽음을 맞게 된다. 이것은 다음의 두 가지 원인으로 말미암은 것이다. (1) 의사, 간호사들의 과제는 일반적으로 말기 환자를 돌보는 데 있지 않고, 의학기술을 통해 환자의 신체적·정신적 결함을 제거하는 데 있다. (2) 말기 환자를 돌보고 그에게 도움을 주는 일은 "병원이 설정하는 공적 목적"에서 사실상 제외되어 있다.[10] 그것은 병원의 **이차적인 일로** 간주된다.

오늘날 의사, 간호사들의 일차적 기능과 병원의 주요 공적 목적은 병원을 찾아온 환자의 신체적·정신적 결함과 고통을 제거하고 환자의 건강을 회복하는 것이다. 환자의 죽음은 의사에게는 하나의 좌절이요, 그가 가진 의술의 한계를 뜻한다. 또 자기가 회복시키고자 했으나 더 이상 회복할 수 없는 환자의 죽음을 목격하는 것은 의사와 간호사들에게도 괴로운 일이다. 서울 강남성모병원에서 내과 암 전문 의사로 일하는 이경식 박사는 이러한 상황에 대해 다음과 같이 말한다.

여러분도 누군가를 간호해본 경험이 있을 것입니다. 가까운 사람이 병들었을 때 우리는 그가 나을 것을 간절히 바라며 그를 간호합니다. 그러나 그가 결국 죽음을 맞는다면 여러분은 무척 괴로워할 것입니다. 저도 마찬가지입니다. 저는 지금도 제가 치료하던 환자가 죽어가면 굉장히 괴롭습니다. 그래서 이런 생각도 해봅니다. 이런 암 환자를 치료하는 의사가 된 것이 잘못이었나, 다른

---

10) E. E. Lau, *Tod im Krankenhaus. Soziologische Aspekte des Sterbens in Institutionen*, 1975, 39.

죽음과 부활의 신학

직업을 택했더라면 지금보다 좀 더 밝게 살아갈 수 있었을지도 모르는데, 왜 죽어가는 환자를 바라보며 괴로워해야 하는 직업을 택했는가.[11]

이와 같이 병원의 일차 목적은 환자의 치료와 회복에 있기 때문에, 현대 병원은 치료될 수 있는 환자에게 일차적 관심을 가지며, 더 이상 치료될 수 없는 환자들, 특히 말기 환자들은 병원의 공적 목적에서 제외된 존재로 간주된다. 이러한 현실은 현대 의학의 과학기술적 성향과 관계되어 있다. 현대 의학은 현대의 자연과학적 기술에 의존하며, 그것은 "서구 문화의 거대한 과학과 기술에 대한 신뢰의 표출"이라 할 수 있다. 오늘날 과학기술은 거의 무한한 가능성을 가진다. 심지어 그것은 인간의 생명마저 조작할 수 있고 변형시킬 수 있다.

사물들의 조작 가능성은 아무 한계도 갖지 않는 것처럼 보인다. 생성과 존재와 사멸이 컴퓨터로 조종되며, 인간 자신이 과학적 시도의 대상이 된다. 유전 생물학에서 인간의 실체는 손상되지 않지만, 인간은 임의로 변화될 수 있다. 물질적·정신적 모든 구조가 유전인자로 환원될 수 있기 때문이다. 인간을 새롭게 만드는 일이 가능해졌으며, 질병과 죽음이 없는 세계가 예고되고 있다.[12]

자연과학과 의학의 이러한 발전 속에서 인간은 하나의 **실험 대상**으로 생각된다. 임종과 죽음은 그들이 싸워 이겨야 할 각자의 마지막 한계와 과제로 생각된다. **의사와 환자의 인격적 관계 문제**는 의학 교육의 대상에서 제외된다. 생명의 마지막 순간에 의학은 결국 체념할 수밖에 없으며, 말기 환자 내지 임종 환자의 욕구가 무엇인가의 문제는 고려 대상이 되지 않는다. 죽음은 의학기술이 더 이상 도와줄 수 없는 최후의 적으로 간주된다.

---

11) 이경식, "의사와 호스피스", 『삶과 죽음을 생각하는 회 창립 10년사 1991-2001』, 151.
12) G. Condrau, *Der Mensch und sein Tod. Certa moriendi condicio*, 1984, 55.

말기 환자는 세 가지 측면에서 그의 주변 세계로부터 분리된다. (1) 그는 병원 종사자들의 사회, 문화적 환경에서 분리된다. 병원에 일시적으로 머무는 환자들이 경험하는 분리 및 소외감과 비교할 때, 말기 환자들이 경험하는 분리와 소외감은 훨씬 더 심각하다. 말기 환자는 호전될 수 있는 가능성과 삶의 희망을 더 이상 갖지 못하기 때문이다. (2) 말기 환자의 실존적 요구들과 의료상의 요구들은 병원의 공적 목적과 조화되지 않는다. 이리하여 죽음을 앞둔 말기 환자는 병원 안에 머물지라도, 병원에서 사실상 분리된다. (3) 말기 환자는 다른 환자들로부터 분리된다. 다른 환자들이 말기 환자들에 대한 불안, 경험의 결핍, 의사소통에서의 당혹감 때문에 말기 환자들을 피하기 때문이다.[13]

3) "인간적인 죽음"을 위하여

의사들의 개입과 의술의 도움이 더 이상 가능하지 않아졌을 때, 말기 환자는 대개의 경우 간호사들의 보호 대상이 된다. 다른 환자들과의 접촉, 고통을 감소시키는 진정제 투여, 가족이나 친척들의 참석 등은 일반적으로 간호사가 결정한다. 이리하여 간호사는 말기 환자에 대해 상당히 큰 책임을 안게 되는 동시에, 의사들과 마찬가지로 다음과 같은 갈등에 빠진다. (1) 간호 교육과 실천의 갈등, (2) 병원의 공적 목적과 구체적 현실의 갈등, (3) 현대사회에 내재하고 있는 죽음과 관련된 의사소통의 어려움.

말기 환자의 죽음을 가장 먼저 발견하는 사람은 일반적으로 간호사들이다. 간호사는 죽음의 사실을 담당 의사와 환자의 가족에게 통보한다. 의사는 환자의 죽음을 확인하고, 충격과 슬픔에 잠긴 가족을 위로하며, 시체를 검시해도 좋다는 승낙을 얻는다. 그 다음 의사는 다른 일들을 위

---

13) Chr. von Ferber, "Der Tod. Ein unbewältigtes Problem für Mediziner und Soziologen," in *Kölner Zeitschrift für Soziologie und Sozialpsychologie 22*, 1970, 182.

해 급히 떠나면서, 시체 처리와 관계된 일들을 간호사에게 맡긴다. 가족이 떠난 후, 간호사는 시체를 싸서 확인 표시를 하고, 시체 보관소로 보낸다. 그 다음에 간호사는 행정적으로 필요한 서류들을 기재한다. 간호사의 마지막 공적 의무는 다음 교대 간호사에게 죽은 환자에 관해 알려주는 일이다. "이 모든 일이 간호사에게 고통스럽지는 않을지라도 기분 좋은 일은 아니다."[14]

간호사의 역할은 크게 네 가지로 구성된다. (1) 환자의 신체적 간호, (2) 환자와 가족에 대한 정서적 도움, (3) 환자의 교육, (4) 환자와 의사 사이의 중재 역할. 한편으로 간호사는 환자를 신체적으로는 물론 정서적·심리적으로 돌보아야 하며, 다른 한편으로 병원의 다양한 그룹을 중재해야 한다. 이 중재가 원만히 이루어지지 않을 때, 간호사는 환자의 유일한 대화 상대자로서 고립된다. 그러나 이것이 간호사에게는 심리적으로 스트레스가 되기 때문에, 말기 환자 내지 임종 환자는 결국 **사회적으로 또 공간적으로 고립**되며, 홀로 죽음을 당하게 된다.

임종 환자는 병원 복도의 끝에 있는 방에 머물도록 안치되어, 다른 환자들과 간호사 데스크에서 격리된다. 겉으로 보기에 이것은 임종 환자의 평정과 조용함과 사적 영역을 유지하기 위한 것이지만, 자세히 관찰해보면, 임종 환자와 접촉하기를 꺼리는 병원 관계자들의 태도 때문이다.…병원 종사자들은 꼭 필요한 경우가 아니면, 여러 이유를 들어 병원 복도 끝에 있는 임종 환자의 방에 들어가려고 하지 않을 것이다.[15]

이러한 현상에 대해 우리는 특정한 사람들에게 책임을 물을 수 없다.

---

14) D. Rabin u. L. Rabin, "Consequences of Death for Physicians, Nurses and Hospitals," in O. G. Brim Jr. et al.(Ed.), *The Dying Patient*, 1970, 182.
15) B. Backer, N. Hannon u. N. Russel, *Death and Dying. Individuals and Institutions*, 1982, 58f.

이 현상은 현대사회 전체에서 일어나고 있는 "죽음의 배제"에 그 궁극적 원인이 있기 때문이다. 또 현대 병원의 기술과 기능 중심주의는 병원 종사자들이 환자의 인격적 가치와 존엄성을 충분히 인정하고, 환자들에게 인간적·인격적으로 행동할 수 있는 여지를 거의 주지 않기 때문이다. 죽음의 병원화(Hospitalisierung), 말기 환자 내지 임종 환자의 고립화(Isolierung)는 환자의 인격을 훼손하며, "품위 있는 죽음"을 불가능하게 한다.

> 죽음을 앞둔 사람은 이 역사적·구체적 삶 속에서, 그리고 이 세계 안에서 그의 인간적 기본 가능성들, 올바른 행위와 인격적 사랑을 경험할 때, 그의 품위를 보존할 수 있을 것이다.[16]

인간의 기본 가능성들은 다른 사람들과의 만남과 교통 속에서만 실현된다. 그러나 임종 환자는 그가 살고 있던 사회적 환경에서 고립되고, 그에게 전부인 병원의 일상적 삶에서마저 격리되기 때문에 인격적 만남과 교통을 더 이상 누릴 수 없게 된다. 그의 역할은 효과적 기능을 높이기 위해 병원이 미리 정한 목적과 권리와 의무에 제한된다. 그의 존재는 병원의 공적 목적과 효과성에 사실상 방해가 될 뿐이다. 그의 존재가 가능한 한 속히 사라지는 것이 병원의 기능과 효과성에 도움된다. 따라서 병원에 있는 임종 환자의 위치는 "구조적 무위치성"(strukturelle Statuslosigkeit)이라 할 수 있다.[17]

말기 환자 내지 임종 환자는 신체적·공간적·사회적 고립과 병원에 대한 의존, 그의 삶에 대한 병원의 총체적 의미를 일반 환자들보다 훨씬 더 깊이 경험한다. 병원은 그의 사회적 만남과 접촉을 결정함은 물론, 그의

---

16) J. Schwartländer, "Der Tod und die Würde des Menschen," in J. Schwartländer(Hrsg.), *Der Mensch und sein Tod*, 1976, 58f.

17) A. Nassehi u. G. Weber, *Tod, Modernität und Gesellschaft*, 240.

죽음과 부활의 신학

신체적 기능들을 조정한다. 따라서 임종 환자는 인격적 훼손과 비인간성을 훨씬 더 깊이 경험한다.

임종의 마지막 단계는, 환자는 물론 환자의 죽음과 관련된 모든 사람의 동의와 승낙 하에서 평화롭게 이루어져야 한다. 남아 있는 사람은 임종 환자가 그의 삶의 마지막을 인간적으로 품위 있는 조건 속에서 체험할 수 있도록 모든 배려를 다해야 한다. 이를 위해 임종 환자의 통증을 완화시키는 요법(palliative Therapie)도 사용할 수 있을 것이다. **통증 완화 요법**은 다음과 같은 목적을 가진다. (1) 임종 환자와 그의 가족들이 마지막 작별을 하기 전까지 대화를 할 수 있게 한다. (2) 환자와 환자의 가족들이 환자의 상황에 대한 충분한 인식 가운데서 죽음을 준비할 수 있게 한다. (3) 고통을 느끼지 않는, 품위 있는 죽음을 가능케 한다. 마약을 사용해 임종 환자의 통증을 경감시키는 경우도 있다. 통증 완화의 필요성에 대해 김경식 박사는 다음과 같이 말한다.

> 통증 조절은 굉장히 중요합니다. 통증 조절이 안 되어서 신음하고 아플 때는 봉사자가 옆에 가도 이야기를 하지 못하고, 의사가 옆에 가도 필요가 없습니다. 어떤 사람은 죽어도 좋으니 안 아프게 죽게 해달라고도 합니다.[18]

현대 병원은 거대한 조직과 함께 환자들의 신체적·정신적 결함을 치료하는 목적을 가지고 있으며, 임종 환자의 죽음은 그에게 이차적인 문제에 속한다. 그러나 임종 환자에게 임종의 시간은 그의 삶의 마지막 시간이다. 이 시간을 임종 환자가 품위 있게 맞을 수 있도록 병원은 최대한의 배려를 해야 한다. 이를 위해 모든 관련 인물들이 임종 환자의 고난과 슬픔에 참여할 수 있어야 하며, 병원 종사자들의 재교육은 물론 병원의 구조 변경이 필요하다. 이러한 배려가 없을 때, 임종 환자의 고독과 고통은 더욱 커진다.

---

18) 김경식, "의사와 호스피스", 151.

임종 환자의 품위 있는 죽음을 위해서는 다음의 세 가지 차원이 충분히 고려되어야 한다. (1) **의학적 차원**: 임종 환자를 혼수상태로 만들지 않고 오히려 그의 의식을 유지시키면서 고통을 완화시키는 의료 요법을 사용해야 한다. (2) **간호 차원**: 임종 환자가 누워 있는 공간은 잘 정돈되어 있어야 하고, 모든 것이 청결해야 한다. (3) **사회적 차원**: 임종 환자에게 인격적 교통을 제공하고, 그의 가족과 친지들로 하여금 그의 죽음에 대해 심리적으로 준비시키기 위해 그들을 환자의 임종 과정에 통합시키는 일이 필요하다. 죽음의 슬픔과 고통을 임종 환자 홀로 당하지 않도록 해야 한다. 또 그것을 단지 기술적·제도적 차원에서 처리하고자 해서도 안 된다. 오히려 임종과 관계된 모든 사람이 연대하여 그의 죽음의 슬픔과 고통을 함께 견뎌내야 한다. 여기서 우리는 의사들과 간호사들의 심리적·정서적 부담을 간과해서는 안 된다.

죽음을 눈앞에 둔 환자, 특히 말기 암 환자의 신체적 고통은 이루 말할 수 없을 정도로 끔찍하다. 김경식 박사의 보고에 의하면, 말기 암 환자는 (1) 수면 부족의 어려움, (2) "못 먹고, 토하고, 음식 냄새만 맡아도 구역질이 나고 그렇기 때문에 피골이 상접해가는" 어려움, (3) 배를 임산부의 배처럼 팽창시키는 변비로 인한 어려움, (4) 발열로 인한 어려움, (5) 호흡곤란으로 인한 어려움으로 말할 수 없는 고통을 당한다.

암 중에서도 폐암의 경우는 숨이 차면 X-ray를 찍어, 물이 차 있는 걸 확인하고 물을 빼주는 치료를 하지만, 아예 폐가 나빠져 숨이 찰 경우에는 산소 호흡기도 소용이 없습니다. 이때는 의사도 환자도 속수무책입니다. 환자는 괴로워서 눕지도 못하고 앉아 있지도 못합니다. 숨을 헐떡여도 산소 공급이 안 될 때는 피부색이 점점 까맣게 변해갑니다. 환자는 너무 괴로워 몸부림을 치며 누워 있지도 못하고 앉아 있습니다.[19]

---

19) 김경식, "의사와 호스피스", 153.

죽음을 눈앞에 두고 이와 같은 고통 속에 있는 환자를 마지막 순간까지 동반하는 일이 결코 쉬운 일은 아니지만, 그 고통을 환자 홀로 당하도록 내버려두지 않고 끝까지 그의 곁에서 인격적 교통을 유지하는 것이 인간의 도리일 것이다. 또한 그러한 행동이 환자에게는 큰 위로가 될 것이다.

죽음은 인간의 삶의 마지막 사건이다. 그것은 이 세계로부터의 단절이요 작별인 동시에 한 인간의 삶의 완결이다. 그것은 두 번 다시 반복될 수 없는 사건이다. 이와 같이 죽음은 죽는 사람 자신에게는 매우 중요하고 심각한 문제이지만, 병원 종사자들에게는 매일 일어나는 일상적인 일에 불과하다. 따라서 병원 종사자들은 죽음을 앞둔 환자에게 무관심한 태도를 보이기 쉽다. 이때 환자의 심정은 비참하기가 이루 말할 수 없을 정도일 것이다. 그러므로 한 의사는 신체적 죽음을 당하기 직전의 사람이 의사, 간호사, 친척 등 그 주변의 사람들의 비인간적 무관심 속에서 이미 죽은 자처럼 취급될 수 있는 위험성을 지적하면서, 이를 가리켜 "사회적 죽음"의 한 형태라고 말한다.[20] 이러한 일을 피하기 위해 그는 병원 종사자들이 지켜야 할 다섯 가지 "계명"을 제안한다.[21]

(1) 환자가 자신의 질병에 관해 질문할 때, 병원 종사자들은 그의 인격을 존중하는 태도로 그의 질문에 사실적으로 답해야 하며, 그가 원하는 것을 이해하고 그것을 이루어주고자 노력해야 한다. 또한 역으로 환자가 자신의 질병에 대해 알고자 하지 않을 권리도 존중해야 한다.

(2) 매우 어려운 일이지만 병원 종사자들은, 영적·정신적으로 죽음을 앞둔 환자와 함께해야 한다. 그들은 환자에게 인내심을 가져야 하며, 그의 말을 들어주어야 하며, 그의 생각을 존중하는 태도를 취해야 한다. 환

---

20) F. Hartmann, "Grenzen ärztlichen Vermögens am Lebensende," in U. Becker u. a.(Hrsg.), *Sterben und Tod in Europa*, 38.
21) 아래 내용에 관하여 ibid., 41f.를 참조함.

자에게 면박을 주거나 그의 생각을 무시하는 태도를 보여서는 안 된다.

(3) 환자의 죽음이 도래했을 때, 의사는 그의 죽음을 수긍해야 한다. 환자의 죽음을 자신의 의료 기술의 실패로 보거나, 모든 수단과 방법을 가리지 않고 그의 죽음을 극복하려고 해서는 안 된다. "의사는 피할 수 없는 것에 자기를 굽힐 도덕적 의무를 가진다."

(4) 환자의 마지막 임종의 시간에 병원 종사자들은 환자를 혼자 있게 해서는 안 된다. 그들은 환자와 함께 있어야 하며 그의 죽음 과정에 동반해야 한다. 물론 병원 종사자들이 환자의 가족들을 대체할 수는 없다. 환자에게 더 좋은 것은, 그의 가족과 가장 친한 친구들이 그의 죽음을 동반하는 것이다. 죽음을 맞이하는 환자를 혼자 있게 하는 것은 그의 존엄성을 무시하는 것이다. 그의 죽음을 동반한다는 것은, 그의 가치와 존엄성을 충분히 인정하며 그를 끝까지 사랑함을 뜻한다. 이것은 죽음을 맞는 환자에게 큰 위로가 된다. 일반적으로 죽음이 가까이 온다는 사실을 느끼는 환자는, 그에게 얼마의 시간이 남아 있는지를 질문하고, 앞으로 자기의 삶을 어떻게 새롭게 살 것인지를 계획한다.

(5) 죽음을 눈앞에 둔 환자의 신체는 깨끗하게 유지되어야 한다. 그의 몸은 깨끗하게 씻겨져 있어야 하며, 머리카락도 깨끗하게 빗겨 있어야 한다. 몸에서 불쾌한 냄새가 나지 않도록 그의 온몸을 깨끗이 관리하며, 깨끗한 옷을 입혀주어야 한다. 환자가 심한 고통을 느낄 때는 진통제를 주어야 하며, 심한 불안감을 느낄 때는 정신 안정제를 투여함으로써 그가 품위 있게 죽음을 맞을 수 있도록 조처해야 한다. 비록 환자가 분명한 의식을 갖지 않을지라도, 의사는 이러한 조처를 취함으로써 환자가 인간적인 죽음을 맞도록 해야 한다. 또한 죽음 직후에도 환자가 품위 있는 모습을 할 수 있도록 조처해야 한다.

2. 인간성 있는 의학

1) 현대 의학과 인간성의 문제[22]

오늘날 과학의 거의 모든 분야에서 일어나고 있는 진보는 점점 더 과학에 대한 회의를 일으키고 있다. 과학과 기술은 더 이상 인류의 진보를 보증할 수 없으며, 인류의 건강과 행복과 번영을 위한 열쇠가 아니라는 것을 점점 더 많은 사람들이 인식하고 있다. 1979년 로마 클럽(Club of Rome)의 보고서에 의하면, 오늘날 인간은 그 자신이 발견한 것의 희생물이 되었다.[23] 현대사회의 과학기술적·재정적·조직적 잠재성은 크게 발전하였으나, 이 잠재성을 이용할 수 있는 도덕적·정치적 능력에서 **인간성 결핍의 문제**는 현대사회의 심각한 문제로 지적되고 있다. 이리하여 인류의 미래는 과거보다 훨씬 더 불확실하게 느껴진다. 한편으로 인간의 자기 실현의 위대한 가능성이 보이는 반면, 다른 한편으로 이전에는 상상조차 할 수 없었던 엄청난 재난의 위험성이 점점 더 가시화되고 있다. 그러므로 많은 학자들은, 인간의 통제를 벗어나 미래에 대한 깊은 불안과 좌절감을 확산시키는 과학기술의 진보의 불확실성과 위험성을 경고한다.

의학 분야의 기술적 진보도 미래에 대한 불안을 일으키고 있다. 오늘날 의학에서 인간이 점점 더 단순한 대상 내지 물건으로 간주되는 현상에 대한 우려의 목소리가 높아지고 있다. 새로운 의학기술의 발전은 일반인들에게는 물론 의학자들에게도 놀라움과 경이로움의 대상이 되고 있다. 과거에는 상상도 할 수 없었던 일들이 가능해졌다. 오늘날 의학의 방법적·기술적 가능성은 참으로 광대하며 거의 무한하다고 할 수 있다. 유전인자의 개조, 인공 수정, 인간 생명의 부화, 다양한 신체 부위의 이식, 자궁 치환

---

22) 아래 내용은 H. Küng, *Ewiges Leben?*, 191ff.에서 유래함.
23) A. Peccei(Hrsg.), *Das menschliche Dilemma. Zukunft und Lernen, Club of Rome Bericht für die achtziger Jahre*, 1979. 아래의 내용은 H. Küng, *Ewiges Leben?*, 191ff.에 근거함.

요법, 인간 복제, 컴퓨터를 통한 렌트겐 진단 방법 등은 과거의 인류가 상상할 수 없었던 새로운 미래를 제시한다.

이러한 의학기술의 발전은 인류의 유토피아를 실현할 수 있는 것처럼 보인다. 전염병을 극복하여 무균성의 세계를 형성할 수 있으며, 심리 요법을 통해 인간이 고통에서 자유로워질 수 있게 하며, 신체 부위의 교체 혹은 이식을 통하여 죽음을 알지 못하는 무한한 생명을 가능케 하며, 새로운 우생학을 통해 인간 생명의 진화를 인공적으로 조정하고 촉진할 수 있는 희망이 실현될 수 있을 것으로 보인다. 심지어 선진국에서는 임종 직전의 사람의 몸을 냉동시켰다가 의학기술이 한층 더 발전했을 때, 그것을 치료하여 다시 살게 할 수 있는 기술이 연구되고 있다.

그러나 한계를 알지 못하는 의학기술의 발전은 오늘날 많은 사람에게 불안의 대상이 되고 있다. 의학기술의 발전은 어떤 인간적인, 개인적인, 사회적인, 또 정치적인 희생을 초래할 것인가? 의학기술의 발전으로 혹시라도 인간의 자유와 참 삶이 상실되지는 않을까? 인간을 하나의 생물학적·심리학적 기계로 보고, 의사는 이 기계의 조립공이나 수리공이라 보는 생각은 이미 심각한 후유증을 나타내고 있지 않은가? 불과 몇십 년 전까지만 해도 일단의 의사들이 인간의 생체 실험과 인간 생명의 폐기에 참여했으며, 전쟁이 끝난 후 이들이 전범 재판에서 자신들의 행위를 합리적 과학성의 이름으로 정당화시키고, 그들의 책임을 정치 권력자에게 전가시키고자 하지 않았던가?

그러므로 알렉산더 미첼리히(Alexander Mitscherlich) 등 일단의 의학자들은 "인간성이 결여된 의학"을 경고한다. 인간을 컨베이어 벨트에 놓여 있는 하나의 제조품처럼 취급하는 의학기술과 환자 간호는 위험하다. 시간을 절약하기 위해 일반 언어가 아닌 전문가들만 이해할 수 있는 상징들과 측정 자료들을 사용하는 기기 의학(Apparatmedizin), 의료 요원과 환자 사이의 인격적 신뢰 관계를 불필요하게 생각하며 인간적인 관계와 접촉, 친절과 인격성을 무의미한 것으로 보는 현대 의학의 비인간성을 그들은

경고한다.[24]

환자들이 대형 병원의 조직 체계 속에 고립되고, 병원의 의료 요원들은 고도로 전문화된 그들의 의학적 기능에 대한 책임만을 인지하며, 환자에 대한 인격적 관심과 배려 대신에 의료기기들과 진료 자료들이 지배하는 병원 현실에 대하여, 오늘날 점점 더 많은 사람이 우려를 표한다. 중환자실은 인간의 생명을 인위적으로 연장시키는 기기들로 가득하며, 의학기술의 발전 그 자체가 의학의 목적이 되고 있다. 그들은 의사들이 학생 시절부터 사실성과 과학성과 기능성을 중심으로 교육을 받는 현실에 대해서도 우려한다. 한 연구 조사에 의하면, 의학 공부를 시작하는 의과 대학생이 처음에는 환자를 도와주는 것이 그의 사명이라 생각하지만, 공부가 끝날 즈음에는 "다른 대학생 그룹에 비해 사람의 생명에 대하여 거의 염려하지 않는 사람"으로 변해버린다.[25]

사실 우리가 환자로서 병원 진료를 받거나 입원을 했을 때 느끼는 한 가지 심각한 문제는 의료인들의 인간성 문제다. 아무리 의학기술이 뛰어나다 할지라도 의료인들이 비인간적일 때, 환자들은 의료인들은 물론 병원 자체에 대해 말할 수 없는 환멸감을 느끼며, 그 병원에 다시는 가고 싶지 않아진다. 물론 의학의 객관성, 과학성, 기술과 전문성은 결코 포기될 수 없다. 의사들의 과도한 업무부담을 경감시키고 치료를 촉진시키는 의학기기들은 오늘날 의학에서 없어서는 안 될 중요한 요소다. 의학기기들의 정확성은 의사들의 불안과 스트레스를 해소하고, 환자들을 심리적으로 안정시키는 데 큰 기여를 한다.

그러나 **기술**의 발전과 기술적 완전성(Perfektion)을 주요 관심으로 삼는 의학과, 환자의 **인간성**을 주요 관심으로 삼는 의학은 최대한 조화되어

---

24) A. Mitscherlich, "Der Patient–ein Werkstück," in *Der Spiegel*, Nr. 38, 1978.
25) 이에 관하여 K. Christoph, "Die Medizin als Patient. Zum Selbstverständnis der sogenannten Schulmedizin," in *Frankfurter Hefte. Zeitschrift für Kultur und Politik 30*(1975), 33-41.

야 한다. 기술과 인간성은 결합되어야 한다. 그리하여 인격적인 의학과 의료인들이 되어야 한다. 기술이 인간성을 결여할 때, 그 기술은 사람의 생명을 파괴하는 수단으로 변할 수 있다. 오늘날 많은 사람은 이렇게 질문한다. 의학적으로 가능한 모든 것이 인간에게 타당하며, 윤리적으로 책임질 수 있는 것인가? "의학은 그가 할 수 있는 (모든) 것을 해도 좋은가?"[26] 이것은 의료 윤리학의 근본적 질문이다. 때로 의사는 그가 기술적으로 할 수 있는 가능성과, 그것에 대한 책임의 갈등으로 인하여 고민에 빠질 때가 있다. "과연 누구에게 좋은가?"(Cui bonum)의 문제가 오늘날 점점 더 긴박한 의학의 문제로 부상하고 있다. 내가 알고 있으며 또 할 수 있는 것이, 모든 사람에게 도움이 되는가? 이 요법이 과연 인간에게 도움이 되는가? 환자가 도움을 받을 것인가?

이러한 질문들과 함께 오늘날 의료인들의 행동과 태도에 대한 윤리적 기초가 무엇인가에 대한 토의가 점점 확산되고 있으며, 국제적 차원에서 이 문제가 토의되기도 한다. 제네바, 헬싱키, 동경의 의학자 협의회 선언문들도 이 문제를 중요한 의제로 삼고 있다. "독일 의학연구협의회"는 이 문제에 대해 다음과 같이 말한다.

윤리와 과학 사이의 갈등은…통제의 메커니즘을 통해서 해결될 수 없을 것이다. 이것은 과학과 의료 실천, 의학 교육과 환자의 정당한 관심 사이의 갈등에도 해당한다. 오히려 결정적으로 중요한 것은 비윤리적 행동을 예방하는 데 있다. 다가오는 세대의 의사들 그리고 연구자들과 함께 우리는 그들의 통제에 대해 말하기보다, 윤리와 윤리적 태도에 대해 더 자주 말해야 할 것이다.[27]

---

26) 이에 관하여 P. Sporken, *Darf die Medizin was sie kann? Probleme einer medizinischen Ethik*, 1971.

27) DFG(Deutsche Forschungsgemeinschaft)-Mitteilungen Nr. 1, 1979.

오늘날 과학기술의 발전은 점점 더 인간에 대한 존중과 관심을 결여하고 있으며, 과학기술을 통한 인류 진보의 이데올로기는 많은 학자에게 회의의 대상이 되고 있다. 과학기술이 추구하는 합리성은 비합리적 면모를 드러내고 있다. 그러므로 많은 과학자들과 의학자들은 과학에 대한 신뢰가 더 이상 일종의 세계관 내지 현실에 대한 총체적 설명이 될 수 없으며, 테크노크라시가 세계를 구원할 수 있는 유사 종교로서 참된 종교의 자리를 대신할 수 없다고 주장한다. 이러한 상황 속에서 의학기술은 물론 과학기술 일반의 윤리 문제가 중요한 문제로 등장하지 않을 수 없다. 이 모든 과학기술의 궁극적 목적은 무엇인가? 그것은 궁극적으로 무엇을 위해 존재하는가? 이 질문에 직면하여 우리는 종교적 기초가 없는 의학 윤리가 가능한가를 질문하지 않을 수 없다.

2) 의학 윤리와 종교의 관계

하나님을 믿지 않는 의료인들과 무신론자들도 선한 사람일 수 있고, 양심적으로, 도덕적으로 행동할 수 있다. 때로는 그들이 기독교 신자들보다 더 선하고 윤리적인 사람일 수도 있다. 따라서 무신론적 윤리, 인본주의적 윤리도 가능하다. 인간에게 주어져 있는 기본 규범, 기본 가치관, 기본 태도에 최소한의 일치점이 있기 때문에 인간의 공동생활이 가능하며, 민주주의와 사회와 국가가 유지될 수 있다.

그러나 모든 인간이 지켜야 할 "객관적" 구속성을 가진 행동양식의 규범과 근거가 무엇인지 거론될 때, 개인의 양심과 도덕에 근거한 윤리적 개인주의는 유지되기 어렵다. 모든 사람에게 **절대적 타당성을 가진 윤리**가 어떻게 가능한가? "너의 의지의 원칙이 언제나 하나의 보편적 법 해석의 원리가 될 수 있도록 행동하라"[28]는 칸트의 범주적 명령이 어떻게 가능한

---

28) I. Kant, *Kritik der praktischen Vernunft* A 54, in: Werke in sechs Bänden, hrsg. von W. Weischedel, Bd. IV, 1956, 140.

가? 도대체 우리 인간은 왜 항상 선하게 행동해야 하는가?

모든 시대의 모든 사람에게 절대적 구속성을 가진 윤리를 단지 인간의 이성을 통해 근거시킨다는 것은 어려워 보인다. 왜 나는 절대적으로 선하게, 인간적으로 행동해야 하는가? 왜 나는 증오하기보다 사랑해야 하며, 생명을 죽이기보다 생명을 구해야 하는가? 왜 나는 때로 내 자신의 관심, 국가나 정당이나 내가 속한 다양한 사회 집단의 관심에 어긋남에도 불구하고 선하게 행동해야 하고, 전쟁에 참여하기보다 평화 수호를 위해 노력해야 하는가? 이성을 통해 우리는 이와 반대되는 생각을 근거시킬 수도 있지 않은가? 인종주의적 이성, 계급 투쟁적 이성에 근거하여 우리는 특정한 인간에 대한 비인간성과 증오를 윤리적 행동의 기초로 주장할 수도 있지 않은가? 정치적 이성에 근거하여 전쟁과 학살을 주장할 수도 있고, 의학적·과학적 이성에 근거하여 살인을 주장할 수도 있지 않은가? 이러한 문제를 고려할 때, 우리는 인간의 이성을 **절대적 윤리의 기초 내지 근거**로 삼기 어렵다.

이 문제와 관련하여 우리는 **종교의 타당성**을 인정하지 않을 수 없다. 절대자를 인정하지 않을 때, 인간의 특정한 행동에 대한 절대적 구속성은 인정되기 어렵다. 보편적으로 인정되는 구속성을 가진 권위를 받아들이지 않을 때, 보편적 구속성을 가진 의무도 인정되기 어렵다. 종교의 전제가 없을 때, 보편적 구속성을 가진 에토스와 도덕적 행동이 불가능할 것이다. 참된 종교가 윤리의 근거가 되지 않을 때, 마르크시즘, 과학주의 등의 유사 종교가 윤리의 근거가 될 것이다.

참 종교에서 절대적 복종을 요구하는 **유일한 권위**는 결코 인간의 이성이나 국가나 교회나 어떤 사회 조직이 아니라, 절대자 곧 하나님의 존재다. 이러한 하나님의 존재가 인정될 때, 절대적 윤리의 근거가 성립될 수 있으며, 인간성 있는 의학, "인간성의 의학"이 가능할 것이다. 그러므로 히포크라테스의 선서는 신들의 이름을 부르면서 시작하고 또 끝난다. 이로써 이 선서는 법적 성격을 가지기보다, **윤리적·종교적 성격**을 더 강하게 지닌다.

인간성 있는 의학은 무엇을 말하는가? 그것은 인간과 의학적 문제성의 다양한 측면을 충분히 고려하며, 모든 대상을 단순히 자연과학적·기술적 대상으로, 병원 체제의 유지를 위한 수단으로 관찰하지 않는 의학을 말한다. 인간성 있는 의학은 전체적 존재로서의 한 인간을 올바르게 파악하고자 하며, **의학의 기술적 측면과 도덕적 측면의 조화**를 꾀하며, 종교성을 배제하지 않는다. 인간성 있는 의학이 반드시 종교적 의학이 될 필요는 없다. 그러나 그것은 **종교에 대하여 개방된 의학**일 것이다. 그것은 현실의 깊은 차원들을 간과하지 않으며, 인간의 실존과 환자의 영적·정신적 상황과 문제들을 충분히 고려하는 의학을 가리킨다.

부정적 형태로 말한다면, 인간성 있는 의학은 "합리적 자기 관심"이나 집단 이기주의의 기능을 행사하는 실용주의적 관심의 윤리(utilitaristische Interessenethik)가 아니다. 또 그것은 모든 문제를 의사 개인의 결단에 맡겨 버리는 개인주의적 상황윤리(individualistische Situationsethik)가 아니다. 또한 그것은 개인의 상황을 고려하지 않고, 삶과 죽음의 문제에서도 추상적 원리들을 고집하는 경직된 율법의 윤리(starre Gesetzesethik)도 아니다.

긍정적 형태로 말한다면, 인간성 있는 의학은 인간적으로 고려하고 인간적으로 행동할 것을 말하는 현실주의적 윤리(realistische Ethik)다. 이 윤리에서 규범과 상황은 분리되어 있지 않다. 오히려 양자는, 규범이 상황을 해명하고, 상황은 규범을 결정하는 관계에 있다. 세부적 전문지식이 도덕적 책임과 결합되며, 과학적 합리성과 정확성이 추구되는 동시에 인격적 헌신이 있으며, 환자의 인간적 가치가 충분히 고려되며 종교에 대해 개방적인 의학을 가리켜 우리는 "인간성 있는 윤리"라고 할 수 있다. 그러나 종교적 신앙이 의학적 문제나 기술적 문제에 대해 직접적 대답을 주고자 해서는 안 된다. 종교적 신앙은 단지 간접적으로 이러한 문제들에 영향을 줄 수 있다. 즉 인간의 생명과 환자의 인간적 가치와 존엄성에 대한 종교적 신념들, 기본 가치들과 절대적 규범을 제시함으로써 의학이 인간성을 겸비할 수 있도록 작용하는 것이다.

3) 질병과 치료에 대한 새로운 이해

병원의 일차 목적은 환자의 질병을 치료하는 데 있으며, 질병의 치료에는
의학적 기술은 물론 의료인의 인간성이 필요하다. 그런데 이 인간성은 하
나님이 없어도 가능하다. 하나님을 믿지 않는 비종교적 의료인들 가운데
에도 인간적인 의료인들이 얼마든지 있다. 그러나 하나님에 대한 종교적
신앙이 없을 때, 인간성에 대한 요구는 절대적·보편적으로 근거될 수 없
을 것이다. 하나님의 존재 곧 초월적 존재가 인정될 때, 질병에 걸린 사람
은 물론 건강한 사람에 대한 인간성, 환자에 대해서는 물론 의료인들에 대
한 인간성이 절대적 정언 명령으로 근거될 수 있고 또 요구될 수 있다. 이
것을 우리는 아래와 같이 더 자세히 기술할 수 있다.

  (1) 인간의 파트너가 되고자 하는 하나님이 인정될 때, 인간의 가치는
하나님 자신 안에 근거된 하나의 포기될 수 없는 현실로 인정된다. 이때
의료인은 사회적 역할, 사회적 기능 가치, 효용 가치를 떠나 한 인격으로
서의 인간 자체의 생명을 경외하게 되며, 건강하든지 병들었든지, 튼튼하
든지 약하든지, 젊든지 늙었든지, 남자든지 여자든지 간에, 하나님의 사랑
하는 피조물이요 하나님의 파트너로서 절대적 가치를 가진 인간에 대한
인간의 책임과 사명을 충분히 인정하게 된다. 이때 환자는 단순히 연구 대
상이나 치료 대상으로 보이지 않고, 자신의 가치와 존엄성을 가진 주체로
서, 치료의 성숙한 파트너로서 진지하게 고려될 것이다. 이러한 **인간의 인
간화**의 과정 속에서 **의학의 인간화**가 이루어질 것이다.
  (2) 질병과 죽음의 한계상황에 처한 인간을 홀로 버려두지 않고 그와 함
께 계신 하나님이 인정될 때, 의료인과 환자는 질병에 대한 새로운 태도를
취할 수 있다. 그들은 질병을 단지 화학적·생물학적 현상으로 관찰하여, 그
것을 정상 궤도에서 벗어난, 그러므로 수리를 필요로 하는 육체적·정신적

상태로만 보지 않을 것이다. 오히려 질병을 기능의 감소로, 구체적 한 인간의 삶에 대한 위험과 위협으로 볼 것이며, 이 위험과 위협은 인간 존재의 모든 영역 속에서 일어나는 것으로 파악할 것이다.

이와 동시에 환자는 그의 질병을 무능함, 무가치, 연약함을 뜻하는 것으로 보고 그것을 배제시키거나 자신의 질병에 대해 체념하거나 냉소주의적 태도를 취하지 않을 것이다. 질병에 걸린 시간을 하나님께 버림을 받았다거나 하나님의 저주를 받은 절망적 시간으로 생각하지 않고, 오히려 자신의 삶을 뒤돌아보면서 인간다운 인간으로 변화할 수 있는 시간으로 생각할 수도 있다. 이리하여 질병의 시간을 노동의 시간과 마찬가지로 하나의 인격적 학습 과정으로 생각하게 될 것이다. 그는 갈등과 고난을 자발적으로 수용하고 견디며 소화함으로써, 또 자신의 유한성을 수용함으로써, 질병의 시간을 **인격적 성숙**에 이르는 기회로 삼을 수 있다.

(3) 치료에 대한 새로운 이해: 하나님은 영의 하나님인 동시에 육의 하나님이요, 건강한 사람들의 하나님인 동시에 병든 사람들과 불구가 된 사람들의 하나님이요, 젊은이들의 하나님인 동시에 늙은이들의 하나님이다. 이 하나님이 인정될 때, 인간의 영원한 구원에 대해서는 물론 그의 시간적 치유에 대한 새로운 이해를 얻을 수 있다. 인간은 물질론적 견지에서 단지 영 없는 육체로 파악되거나, 아니면 관념론적 견지에서 육체를 지배하는 영으로만 파악되지 않고, 영과 육이 하나로 결합되어 있는 하나의 총체적 존재, 총체적 인격으로 파악될 것이다. 일시적 질병에 걸린 사람들, 장기적 중병에 걸린 사람들, 생활 무능력자들의 인간적 가치와 존엄성이 충분히 인정될 것이며, 그들이 사회적 역할과 업적에 따라 평가받지도 않을 것이다.

사실 모든 인간의 삶은 의미 있고 가치 있는 것이며, 따라서 인간의 생명에 대한 모든 염려와 배려도 의미 있고 가치 있는 것이다. 그러므로 가난하고 늙고 사회적 특권을 갖지 못한 사람일지라도 적절한 치료를 받아야 할 권리가 있다. 의사는 단지 인간이 가진 질병만을 다루지 않고, 질병에 걸린 인간을 다루어야 한다. 모든 치료는 의학의 전문지식과 경험과 의학적 판단에 기초하는 동시에 **윤리적 규범**을 항상 명심해야 한다. 의학기기로 환자를 치료하는 오늘의 의학기술이 중병에 걸린 환자들을 고독하게 만들어서는 안 되며, 기술적으로 완전한 병원이 생화학적 진료를 제공하는 단순한 서비스 기관이 되어서도 안 된다. 의료인은 환자의 질병만을 보지 않고 그의 존재 전체를 보고, 그에게 정신적·신체적 도움을 주고자해야 하며, 따뜻한 대화를 통해 인간적인 분위기를 조성해야 한다. 이를 통해 병원은 **인간성 있는 병원**이 되어야 한다. 효과적인 치료를 위해 병원은 환자에게 일정 간격 이상의 거리를 유지해야 하겠지만, 환자의 감정을 함께 나누는 일이 결코 단절되어서는 안 된다. 병원은 의학적 과학성과 객관성을 추구하는 동시에, 환자가 죽음에 이르는 순간까지 인간성을 경험할 수 있는 분위기가 조성되어야 한다.

4) 안락사 문제

죽음의 의학적·생물학적 기준은 무엇인가? 한 인간의 죽음을 우리는 어떤 기준에 따라 확정할 수 있는가? 여기서 우리는 "생명"과 "죽음"이 무엇인지를 다시 한 번 생각해볼 필요가 있다. 생명이란 무엇인가? 무엇을 가리켜 우리는 "살아 있다"고 말하는가? **의학적·생물학적 견지**에서 생명이란 우리말로 "목숨", 곧 *bios*라 할 수 있다. 즉 목숨이 붙어 있는 것을 우리는 생명이라 한다. 그러나 신학적·인간학적 견지에서 볼 때, "살아 있다"는 것, 곧 생명이란 것은 단순히 생물학적 의미의 *bios*에 불과한 것이 아니라 우리를 에워싸고 있는 세계의 제반 과정에 참여하는 데 있다. **신학적·인간학적 차원**에서 생명이란 한마디로 "관계"이며 "삶"이다. 생명이란 인격적·사회적 제반 관계 속에서 이루어지는 삶의 활동을 가리킨다. 이런 견지에서 볼 때 죽음이란 삶의 중지, 모든 관계의 중단이다. 환자의 모든 신체적·생물학적 기능이 정지되고, 주변 세계의 모든 과정에 대한 참여가 중단되는 것을 가리켜 우리는 죽음이라 한다.

이러한 의미의 죽음은 단지 삶의 마지막 순간에 일어나는 것이 아니라, 신체의 노화와 함께 천천히 그러나 꾸준히 일어난다. 그것은 하나의 인격적·사회적 과정으로, 삶의 마지막 순간에 완결된다. 이러한 신학적·인간학적 의미의 죽음은 궁극적으로 언제 일어나는가? 여기서도 마지막 죽음의 순간을 확정하는 것은 매우 어려운 일이다.

일반적으로 의학적·생물학적 의미의 죽음은 다음의 기준에 따라 확정된다. 의식의 상실, 호흡 기능의 정지, 눈동자의 움직임의 정지, 심장 활동과 혈액 순환의 정지, 심전도의 수평 상태.[29] 그러나 오늘날 의학은 고도로 발전한 의학기술을 통해 이러한 현상들을 인위적으로 막을 수 있으며, 그리하여 인간의 생명의 시간을 상당히 길게 연장시킬 수 있게 되었다. 예를 들어 거의 죽음 상태에 있는 환자의 호흡과 혈액 순환을 의료기기를 통해 계속 유지시킴으로써 생명을 유지할 수 있다. 이로 말미암아 생명과 죽음의 한계를 확정하는 일이 오늘날 의학에서 매우 어려워졌음은 물론, 이와 함께 심각한 사회적 문제들이 등장하고 있다.

회생 가능성이 전혀 없는 환자의 생명을 각종 의료기기와 의료기술을 통해 유지시키는 일은, 환자의 보호자들에게 말할 수 없는 희생을 요구한다. 오늘날 의료기기와 의료기술 가운데는 엄청난 비용을 요구하는 것들이 많다. 의사가 비용을 전혀 고려하지 않고, 각종 의료기기와 의료기술을 동원해 회생 가능성이 없는 환자의 생명을 유지시킬 경우, 의료보험 공단은 파산의 위기에 부딪힐 수 있다. 오늘날 선진국의 많은 의료보험 공단이 이 문제에 직면해 있다.

또한 인간의 생명을 의학기술을 통해 인위적으로 연장시킬 때, 노인의 수가 증가하며, 사회의 연령층 구성에서 노년층이 증대한다. 노인층의 증대는 노인들의 사회적 보호, 연금 보장 등 심각한 사회적·경제적 문제를

---

29) 이에 관하여 Art. "Tod," in *Brockhaus Enzyklopädie* 18, 17. Aufl., 1973, 730; H. Schmith, *Ethics and New Medicine*, 1970, 128f.

일으킨다. 노동 인구는 상대적으로 감소하고, 비노동 인구가 증가하는 것이다. 연금을 받는 노인층의 증대로 말미암아, 수적으로 점점 적어지는 젊은이들이 점점 많아지는 노인들의 연금을 부담해야 하는 현상이 이미 우리나라에서도 나타나고 있다.

이러한 추세 속에서 어떤 사람들은 노인들의 생명을 인위적으로 연장시키는 것은 자선 행위가 아니라 오히려 그들을 괴롭히는 행위라고 주장한다. 그래서 그들은 노인들의 "자연적 죽음"의 권리를 주장하며, 안락사(Euthanasie) 기술에 관한 법률 개정을 요구한다. 이 문제는 오늘날 의학자, 법학자, 그리고 신학자들 사이에서 뜨거운 감자가 되고 있다. 네덜란드는 최근에 안락사를 허용하는 법을 통과시켰으나, 대부분의 다른 나라에서 안락사는 아직도 하나의 "죄악"으로 간주되고 있다.

본래 "안락사"를 뜻하는 영어 euthanasia는 그리스어 "*eu*"(well, good)와 "*thanatos*"(death)가 합쳐진 용어다. 어원에서 볼 때, 그것은 "수월한 죽음"(an easy death)을 의미한다. 안락사는 다양하게 정의될 수 있는데, "회복할 수 없거나 불치병으로 고통받는 사람을 아무런 고통도 주지 않고 죽여주는 행위나 관행" 혹은 "한 사람의 최선의 이익을 위한 행위 또는 무위(無爲)에 의해 사람의 죽음을 의도적으로 야기하는 것" 등의 정의가 비교적 정확한 것으로 통용된다.[30]

안락사는 관점에 따라 다양하게 분류될 수 있다. 우선 죽임을 당하는 당사자의 의사에 따라서 일어나는 자의적 안락사(voluntary euthanasia)와, 당사자의 의사에 반하여 일어나는 비자의적 안락사(involuntary euthanasia)로 분류될 수 있다. 자의적 안락사는 소위 "의사 조력 자살"(physician-assisted suicide)과 구별하기 어려운 것으로, 당사자의 뜻에 따라 이루어지는 안락사를 말한다. 현재 서구에서 일어나고 있는 안락사 허용을 요구하

---

30) 여기서 아래의 문헌을 따름: 박재영, "EUTHANASIA, 인간에게 '품위 있게 죽을 권리' 있다, 없다…", 「연세대학원 신문」, 106호, 2001년 6월, 제9면.

는 캠페인에서 말하는 안락사는 이것을 말한다. 반자의적 안락사는 자신의 죽음에 동의할 수 있는 능력이 있지만 동의하지 않는 사람에게 집행되는 안락사를 말한다. 이는 아주 특별한 경우가 아니면 일어나지 않고 또 허용되지도 않는 유형의 안락사다. 그러나 비자의적 안락사를 정확하게 규정하는 것은 매우 어렵다. 특히 당사자가 삶과 죽음 사이의 선택 자체를 의식하지 못하는 경우, 그에게 일어나는 안락사가 자의적인가 아니면 비자의적인가를 정의하는 것은 거의 불가능하다. 신생아, 중증의 정신 불구자와 같이 안락사에 동의할 수 있는 이해 능력을 가져본 적이 없는 사람들, 질병이나 노쇠 등으로 그런 능력을 상실한 사람들, 혼수상태에 빠져 의사소통을 할 수 없는 사람들이 여기에 해당한다. 또한 안락사는 다음의 네 가지로 분류되기도 한다.[31]

(1) **강제적 안락사**: 강제적 안락사는 소위 "살 가치가 없는 생명", 곧 신체 장애자, 정신병 환자, 사회적으로 쓸모가 없으며 비생산적인 사람들을 국가의 정책에 따라, 그러나 본인의 동의 없이 죽이는 비본래적 의미의 안락사를 말하며, 이러한 안락사는 거부되어야 한다. 본래 그리스-로마 세계에서 "안락사"는 "좋은 죽음"(eu-thanatos), "아름다운 죽음", 곧 전쟁터에서 부상당한 군인들이 고통을 오래 당하지 않고 빨리 그리고 쉽게 죽는 죽음을 가리킨다. 임종의 과정에서 고통을 경감시키는 것은, 16세기 초 프란시스 베이컨(Fr. Bacon)에 의해 의사의 과제로 인정되었으며, 19세기 이후 "의학적 안락사"(Euthanasia medica)라고 불렸다. 본인이 원해 일어나는 안락사와 고칠 수 없는 질병에 걸린 사람들을 제한적으로 죽이는 일은 형사상 처벌에서 제외되어야 한다는 주장이, 이미 제1차 세계대전 전 독일의 반종교적이며 계몽주의적 입장을 지닌 일원론자 연맹에 의해 제기되었으며, 이 입장은 사회 다윈주의의 영향을 받은 것이었다. 1930년대 이후

---

31) 아래 내용은 H. Küng, *Ewiges Leben?*, 210ff.에서 유래함.

앵글로색슨 계통의 나라에서는 고통 없는 편안한 죽음을 주장하는 안락사 단체들이 등장했다. 그들의 주장에 의하면, 안락사는 인구 과잉과 사회의 노령화를 막기 위해서도 필요하다는 것이다.

이러한 주장은 20세기 초부터 무서운 방법으로 실천에 옮겨졌다. 이미 1920년에『삶의 가치가 없는 생명의 폐기의 허용』이라는 제목의 문헌이 독일 라이프치히(Leipzig)에서 출판되었다.[32] 이 문헌은 사회가 돌보아주기 어려운 "빈 인간 껍데기들"과 "밑바닥 존재들"을 죽여서 폐기해야 한다고 주장했다. 히틀러는 이 이론을 "안락사 프로그램"을 통하여 잔인한 방법으로 실천했다. 이리하여 "안락사"라는 말은 본래의 의미와는 전혀 다른 **부정적 의미**로 전락했다. 1939년 9월 1일부터 1941년 8월까지 히틀러의 비밀 명령으로 약 600만 명이 특별한 살인 시설에서 살해되었다. 어린이들의 안락사와 강제수용소의 소위 "삶의 가치가 없는" 포로들의 대량 학살이 1945년까지 계속되었다. 수백만 명의 유대인들과 집시와 슬라브 족과 다른 인종들이 잔인하게 죽임당했다. 그들의 죽음은 안락사가 아니라 강제적 살해였다. 이러한 강제적 안락사는 인간의 가치와 존엄성에 위배되므로 엄격히 금지되어야 한다는 것은, 오늘날 더 이상 논의의 여지가 없는 당연한 것으로 인정되고 있다.

(2) **품위 있는 죽음을 위한 안락사**: 의사가 임종 환자에게 진통제 혹은 마취제를 투여하여 환자의 생명을 단축시키지 않으면서 고통 없이 죽음을 맞게 하는 안락사는 일반적으로 인정된다. 이러한 안락사는 법적으로 문제가 없으며, 윤리적으로 책임적인 행위로 간주되며, 의학적으로도 허용된다. 인간은 품위 있고 인간적인 죽음을 당할 권리가 있다. 따라서 그의 신체적 고통이 견딜 수 있는 한도로 경감되며, 생명의 마지막 단계에서 심리 안정제를 통하여 임종 환자가 심리적·정서적 안정을 얻을 수 있

---

32) K. Binding u. A. Hoche, *Die Freigabe der Vernichtung lebensunwerten Lebens*, 1920.

어야 한다. 그러나 심리 안정제가 환자에 대한 사랑과 친절한 보살핌을 대체해서는 안 된다.

(3) **수동적 의미의 안락사**: 생명의 인위적 연장을 중단시킴으로써 일어나는 안락사, 예를 들어 폐 기능, 심장 기능, 영양 섭취 기능을 인공적으로 유지시키는 의료기기들의 가동을 중지시킴으로써 일어나는 안락사는 일반적으로 인정된다. 고대 그리스-로마의 도덕신학도 인간은 그의 생명을 유지하기 위하여 "특별한 수단들"(media extraordinaria)을 반드시 사용할 필요가 없다고 인정한다. 환자는 모든 상황에서 그의 생명을 연장시킬 수 있는 치료 행위와 수술을 거부할 수 있는 권리를 가진다. 그는 심장 이식, 인공적 영양 공급을 거부할 수 있다.

또한 의사는 어떤 대가를 치르든지 환자의 생명을 연장시키기 위해 환자에게 모든 가능한 의료 수단을 제공해야 할 의무를 갖지 않는다. 예를 들어 암 종양이나 뇌의 손상이 더 이상 치료될 수 없으며, 생명에 필요한 신체 기관의 기능들이 회복될 수 없을 때, 또 환자의 신체적 저항력이 소진되었을 때, 죽음의 과정이 오랜 시간 지속되며 신체 기관의 기능들이 하나씩 소멸될 때, 의사는 이 과정 속에서 일어나는 합병증을 모두 치료할 필요가 없다. 다시 말해 의사는 회복 가능성이 없는 환자를 무한정 계속해서 치료할 수 없다. 오히려 그는 환자로 하여금 "자연스러운" 죽음을 당하게 할 수 있다. 이것은 의사가 수동적 태도를 취하며, 이를 통하여 죽음이 간접적으로 일어나는 안락사의 한 종류다. 이에 대하여 오늘날 세계의 많은 의사들과 법학자들, 신학자들은 대체적으로 긍정하는 입장을 취한다. 이러한 종류의 안락사 혹은 안락사 기술을 "생명의 인위적 연장의 중단"이라 표현하기도 한다.

(4) **적극적 안락사**: 직접적으로 생명의 단축을 목적으로 하는 적극적 안락사 기술, 곧 "은혜의 죽음"은 오늘날 논란의 대상이 되고 있다. 이전에는 모든 형태의 적극적 안락사를 거부하는 것이 전체적 추세였다. 비록 임종 환자의 소원에 따라 안락사가 집행되었다 할지라도, 그것은 대부분의

나라에서 형사 처벌 대상이었다. 그러나 오늘날 점점 더 많은 사람들, 그리고 사회 운동 단체들이 "은혜의 죽음"의 합법성을 주장한다. 물론 나치 정권 하에서 일어난 것과 같은 강제적 안락사는 거부되어야 한다. 그러나 환자와 의사가 완전히 자발적으로 안락사를 원하며, 환자가 안락사를 원한다는 사실이 공증될 때, 안락사는 정확한 조건들에 따라 집행될 수 있다. 예를 들어 환자의 병이 도저히 치료될 가능성이 없으며 죽음을 피할 수 없을 때, 혹은 죽음이 가깝지는 않지만 신체 기관들이 심각하게 손상되었을 때(예를 들어 호흡 마비 등), 부상이나 질병으로 인하여 뇌 기능이 더 이상 회복될 수 없을 때, 안락사가 허용되어야 한다는 것이다.

이때 다음과 같은 문제가 제기된다. 인간은 자기의 삶은 물론 그의 죽음도 자기 마음대로 결정할 수 있는 권리를 가지는가? 적극적 안락사를 주장하는 사람들은 이 권리를 인정한다. 그들의 주장에 의하면, 인간은 자기 자신의 존재를 스스로 결정할 수 있는 자율적 권리(autonome Verfügungsgewalt)를 가지며, 자유로운 법적 국가는 이 권리를 인정해야 한다는 것이다.

그러나 많은 신학자들과 법학자들, 그리고 의사들은 이 권리를 부인한다. 이들의 주장에 의하면, 인간은 그 자신의 생명을 마음대로 처리할 수 없다. 의사의 사명은 치료에 있지, 살인에 있지 않다. 이 문제와 관련하여 특이한 사실은, 노인들보다 오히려 젊은이들이 안락사를 많이 인정하는 반면, 더 이상 치료의 희망이 없는 환자가 안락사를 원하는 경우는 매우 드물다는 것이다. 일단의 법학자들에 의하면, 법치 국가는 개인이 죽음을 원한다 하여, 그에 대한 살인 곧 안락사를 허용해서는 안 된다. 일단의 신학자들에 의하면, 인간의 생명은 하나님의 것이요, 인간에 대한 하나님의 은혜의 선물이다. 그러므로 인간은 자기 생명을 자기 마음대로 처리할 수 없다.

적극적 안락사에 대한 이러한 상반된 주장을 고려하면서, 우리는 이 문제에 대해 다음과 같이 생각할 수 있다. 인간의 생명이 하나님의 피조물이요 하나님의 선물임은 분명하다. 그러나 인간의 생명은 인간 자신이 책임져야 할 과제가 아닌가? 물론 우리는 적극적 안락사를 쉽게 인정해서는 안 된다. 그러나 인간은 인간으로서 "품위 있는 삶"에 대한 권리를 가지는 동시에 "품위 있는 죽음"에 대한 권리도 갖고 있지 않은가? 인간의 생명을 인위적으로 연장시키는 의료기기나 약품에 인간의 생명이 무한정 의존할 경우, 이 권리가 오히려 손상되지 않는가? 인간의 존재가 식물처럼 되어 자신의 의사 표시와 감정 표시가 불가능해졌을 때, 그가 과연 인간적으로 품위 있는 삶을 누린다고 말할 수 있을까?

미국과 네덜란드에서 실제로 일어난 두 가지 사건은 이 문제에 대한 대답을 시사한다. 카렌 앤 퀸랜(Karen Ann Quinlan)이란 소녀가 질병으로 인해 무의식 상태에 빠졌을 때, 그 소녀의 부모가 반대함에도 불구하고 의사들이 소녀의 생명을 몇 달 동안이나 인위적으로 유지시켰다.[33] 이에 반해 네덜란드의 한 여자 의사는 반신 마비와 우울증에 걸린 78세의 할머니에게 아편을 주사하여 잠든 상태에서 사망하게 했다. 한편의 사람들은 이를 "살인"이라 주장하는 반면, 다른 한편의 사람들은 "동정", "자비", "도와주는 사랑"이라 주장했다. 이러한 문제와 관련하여 1979년 독일 외과의사 협회는 다음과 같이 선언한다.

짧은 시간 후에 피할 수 없이 죽음에 이르는 병에 걸렸을 경우, 중추 신경 체계, 호흡 기능, 심장 활동, 혈액 순환의 기능이 심하게 손상되었고, 진행되고 있는 신체의 일반적 쇠락을 더 이상 막을 수 없으며, 혹은 의사가 다스릴 수 없는 감염 증세가 환자에게서 나타날 때, 환자의 생명을 유지하기 위한 치료 대책들은 중단되어도 좋다. 이러한 경우, 의사는 환자의 고통을 경감시키기 위하여 필요한 대책을 넘어서 합병증을 치료하는 일을 중지해야 할 것이다. 여기서 중

---

33) 이에 관하여 Joseph und Julia Quinlan mit Phyllis Battelle, *Karen Ann. The Quinlans Tell Their Story*, 1977.

요한 것은 의사가 의료 행위를 계속하느냐 아니면 중단하느냐에 대한 법적 규정이 아니라, 의사의 의료적 의무의 범위다.[34]

스페인 나바라(Navarra) 대학교의 병리학자이자 생윤리학자(Bioethiker)인 곤잘로 헤란츠(Gonzalo Herranz)는 "품위 있는 죽음"(Sterben in Würde)을 위해 안락사가 허용되어야 한다는 다섯 가지 논증을 제시한다.[35]

(1) "자살을 위한 도움"을 간청하는 사람과, 그에게 도움을 베풀어야 한다고 주장하는 사람들에 의하면, 자살을 통한 "품위 있는 죽음"은 인간의 자율성과 자기 결정, 독립성과 자기 해방과 성숙성의 마지막 표현이다.

(2) 오랜 시간 동안 질병으로 인해 고통을 당하다가 죽음을 눈앞에 둔 환자는, 품위 있는 죽음을 당할 수 있는 권리 곧 안락사에 대한 권리를 가진다.

(3) 소극적 안락사를 인정하는 사람들이 말하는 바와 같이, 회복될 수 없는 무의식 상태에 빠졌거나 다른 사람의 도움과 의학기술의 도움 없이는 도저히 생존할 수 없는 사람은 품위 있는 죽음을 당할 수 있는 권리를 가진다. 이런 환자의 경우, 가망이 없음에도 불구하고 그의 목숨을 인위적으로 연장시키며 고통의 시간을 연장시키는 의료 행위는 중단되어야 한다.

(4) 적극적 안락사를 인정하는 사람들이 말하는 바와 같이, 죽음의 시간이 멀지 않은 환자의 모습을 비참하게 만들며 그의 품위를 하락시키는 모든 사건과 현상들을 피하기 위해 적극적 안락사로 "품위 있는 죽음"을 가능하게 해야 한다.

---

34) "Resolution der Deutschen Gesellschaft für Chirurgie," *Frankfurter Allgemeine Zeitung*, v. 26. April, 1979.

35) 아래 내용에 관하여 F. Hartmann, "Grenzen ärztlichen Vermögens am Lebensende," in U. Becker u. a.(Hrsg.), *Sterben und Tod in Europa*, 1998. 39f.를 참고함.

(5) 오늘날 회생 가능성이 전혀 없는 환자의 생명을 인공적으로 연장시키는 의료기기들의 발전으로 말미암아 의료보험 기관들의 지출이 기하급수적으로 증가하고 있다. 여기에 투입되는 비용을 의학기술의 발전에 투자하는 것이 더 현명한 일이며, 이 비용 가운데 일부를 사회의 다른 영역에 사용할 때 훨씬 더 건설적이고 생산적인 사회 발전이 가능해질 것이다. 또한 회생 가능성이 전혀 없는 환자를 돌보는 가족들의 희생은 그들의 개인적 잠재성과 발전을 저해하며, 결국 그것은 사회의 발전에 걸림돌이 된다. 그러므로 의료 분야의 재정에 관계된 사람들과 일단의 사회학자들은 회생 가능성이 없는 환자의 안락사가 허용되어야 한다고 주장한다.

김경식 박사는 폐암으로 인해 산소 공급이 안 돼 피부색이 까맣게 변해가고 고통으로 누워 있지도 앉아 있지도 못하는 임종 환자의 경우, 그의 가족들은 물론 환자 자신도 안락사를 원한다는 사실을 다음과 같이 말한다. 여기서 우리는 적극적 안락사가 필요한 이유를 확인할 수 있다.

그럴 땐 마약도 주고 진정제도 놓아주며 고통을 덜어줍니다. 그러다가 이 시기가 지나면 혼수상태에 빠져 사망하는 것입니다. 그런데 이런 시간을 그 옆에서 간호하는 사람들이 더 견디지 못합니다. 아내나 부모나 자식 옆에서 간호하는 사람들이 처음에는 저에게 "어떻게 조금 더 살게 해주십시오" 하며 애원하지만, 환자가 숨이 차서 괴로운 지경에 이르면 그분들 중 한 명이 저를 따라 나와 "어떻게 조금 더 빨리 가게 할 수 없을까요?" 하며 괴로운 부탁을 합니다. 그것이 그분들의 고통의 절규인 것입니다. 저희들이 더 괴로운 것은 환자들이 뭐라고 하는데 잘 안 들려 귀를 가까이 하면 "선생님 빨리 가게 해주세요" 하고 떠듬거리는 소리로 얘기를 한다는 것입니다. 그런 시간을 견디는 것은 의사인 저에게도 무척 고통스러운 일입니다.[36]

---

36) 김경식, "의사와 호스피스", 154.

의학기술의 발전으로 말미암아 인간의 삶의 과정을 조정할 수 있는 가능성이 과거보다 훨씬 더 커졌고, 이제 그것은 인간의 책임하에 이루어질 수 있게 되었다. 이것을 우리는 인간의 생명이 시작하는 시점에서부터 경험한다. 유전자 조작, 수태 시간의 조정, 임신 중절, 인공 수정, 생명 복제 등 인간 생명의 시작을 인위적으로 조정할 수 있게 되었으며, 이에 대한 인간의 책임은 과거와 비교할 수 없을 정도로 확대되었다. 과거에 일단의 신학자들은, 인간 생명의 시작을 인간이 조정하는 것은 생명에 대한 하나님의 주권을 침해하는 행위라고 주장했다. 그러나 오늘날에는 인간 생명의 시작을 하나님이 인간의 책임에 맡겼다는 것을 부인하기가 어려워졌다. 그렇다면 인간 생명의 마지막도 이전보다 더 많이 인간의 책임에 맡겨졌다고 말할 수 있다. 그러므로 우리는 안락사 문제에 대해 다음과 같이 결론지을 수 있다.[37]

(1) 의사는 환자의 죽음을 다른 사람들 앞에서 숨겨야 할 하나의 실패로 생각할 필요가 없다. 물론 의사는 환자를 치료하기 위해 그가 할 수 있는 모든 일을 해야 한다. 그러나 환자가 어떤 고통을 당하든지 개의치 않고, 모든 의학기술을 동원하여 환자의 죽음을 몇 시간이나 며칠 혹은 몇 달 동안 지연시킬 필요는 없다.

(2) 치료는 환자가 식물인간이 되지 않고, 그의 중요한 신체 기능들이 회복되며, 그리하여 환자의 인격이 회복되는 데 도움이 되는 한에서 의미를 가진다. 수술이나 중환자실 치료도 그 자체로 목적이 아니라 환자가 새로운 품위 있는 삶을 살도록 하기 위한 수단일 뿐이다. 의사가 기술적으로 할 수 있는 것은 무엇이며, 의료상 의미 있는 일은 무엇인가의 문제는 구분되어야 한다.

(3) 환자는 그의 생명을 인위적으로 연장시키는 치료를 거부하고 품

---

37) 이에 관하여 H. Küng, *Ewiges Leben?*, 217 참조.

위 있게 죽을 수 있는 권리, 곧 안락사의 권리를 가진다. 따라서 환자가 어떤 고통을 당하든지 개의치 않고 의료기기와 약품을 통하여 그의 생명을 인위적으로 연장시키는 것은, 품위 있는 죽음을 맞을 수 있는 환자의 권리를 침해한다고 볼 수 있다. 그렇다 하여 임종 환자를 빈 방에 홀로 격리시키는 것은 인간적인 처사가 아니다. 임종 환자는 가능한 한 병원이나 가족의 삶에 통합되어야 하며, 마지막 불안의 시간에 다른 인간과의 관계가 끊어져서는 안 된다.

(4) 안락사가 법적으로 허용될 때, 그것은 쉽게 오용될 소지가 많다. 안락사는 인간의 생명을 인위적으로 끊어버릴 수 있는 매우 중요한 일이므로, 만일 안락사가 허용될 경우 그것은 세밀한 법적 규정에 따라 허용되어야 한다. 또한 안락사는 가능한 한 환자 자신과 그의 가족들과 의료진의 합의하에 시행되어야 한다. 신문 「청년의사」의 편집주간이요 의사인 박재영은 안락사 문제에 대해 다음과 같이 말한다.

인간은 누구나 "죽을 권리" 혹은 "품위 있게 죽을 권리"가 있다는 주장은 오히려 과격한 편이지만, 차마 눈뜨고 볼 수 없는 참혹한 상황에 처한 사람에게 의학이라는 이름으로 가해지는 고통의 연장 행위가 더 비윤리적이라는 주장은 설득력이 있다. 또한 한 사람이 평생 쓰는 의료비 중에서 상당 부분(혹자는 30%라고도 하고, 혹자는 50%라고도 한다)을 마지막 며칠 동안에 써버리는 현실을 생각하면 경제적 자원의 낭비라는 측면에서도 소위 "비용 대비 효과"를 따져볼 필요는 있을 것이다.

안락사에 대한 논란이 오래전부터 치열했던 온 선진국들에서는 이미 다양한 방법을 마련해놓고 있다. 그 공통된 기준들이란, 환자가 참을 수 없는 고통이나 회복할 가망이 없는 고통을 받고 있어야 한다. 환자의 상태를 호전시키거나 통증을 경감시킬 수 있는 방법이 없어야 한다. 여러 명의 의사가 함께 결정해야 한다. 환자나 가족의 뜻을 여러 차례 확인해야 한다 등이다.

우리나라의 실정에 가장 잘 부합하는 가이드라인을 마련한다면, 그리하여 부작용을 최소화하면서 제한적인 경우에 한해 허용된다면, 가망 없는 환자와 그 가족에게 이중 삼중의 불필요한 고통을 주는 일은 줄일 수 있을 것이다. 이미 많은 말기 환자들은 사전에 의료진에게 "최후의 순간에 심폐소생술을 시행하지 말아줄 것"을 요청하고 있고, 의사들은 그 요구를 받아들이고 있다. 어느 것이 더 윤리적이고 더 인간적인지 다시 한 번 생각해볼 때다.

전통적 윤리에서 벗어나는 것이 예기치 못한 나쁜 결과를 초래할 위험이 있음을 부인할 수는 없다. 그러나 이 같은 위험만 생각할 것이 아니라, 오히려 전통적 윤리를 고집함으로써 생겨난, 그리고 앞으로도 계속해서 생겨날 현실적 피해까지 고려해야만 한다. 실제로 많은 사람이, 소극적 안락사의 합법화에 대한 찬반 여부와 무관하게, 자신이나 자신의 가족에게 그런 일이 닥칠 경우에는 무의미한 생명 연장 행위를 포기하겠다는 생각을 갖고 있다. 그렇다면 굳이 현실과 법 사이의 괴리를 남겨둘 것이 아니라, 혹시 생겨날 수 있는 부작용에는 어떤 것이 있는지 또 그 부작용을 예방하기 위한 사전 조치로는 어떤 것들이 있는지를 치밀하게 검토하여 대안을 마련하는 것이 더 올바른 일일 것이다.[38]

3. 그리스도인들의 품위 있는 죽음

고대 로마의 격언은 다음과 같이 말한다. "네가 평화를 원하거든, 전쟁을 준비하라"(Si vis pacem, para belum). 삶과 죽음의 문제와 관련하여 우리는 다음과 같이 말할 수 있다. "삶을 원하거든, 죽음을 준비하라"(Si vis vitam, para mortem). 이 말은 참으로 살기를 원하는 사람은, 살아 있는 동안 자기의 죽음을 맞을 준비를 해야 한다는 것이다. 그렇다면 우리는 어떤 태도로 죽을 것인가? 그리스도인들이 가져야 할 "죽음의 예술"(ars moriendi)은 무

---

38) Ibid.

엇인가?

로마의 황제이자 스토아 철학자였던 마르쿠스 아우렐리우스(Markus Aurelius)는, 스토아 철학자로서 지녀야 할 죽음의 태도를 다음과 같이 기술한다.

독재자나 불의한 재판관으로 말미암지 않고, 너를 이 국가로 들여보낸 자연으로 말미암아 네가 다시 이 국가에서 나가야 한다는 것이 무슨 놀라운 일인가? 그것은 한 연극 배우가 그를 채용한 바로 그 감독에 의하여 다시 해고되는 것에 불과하다.―"그러나 나는 아직 다섯 막을 연기하지 못하고 겨우 세 막을 연기했다."―그러나 인생은 세 막으로 충분하다. 마지막 단락은 연극 전체를 구성하였고 오늘 그것을 끝내는 자가 결정할 것이다. 네가 이것 저것을 모두 결정하는 것은 아니다. 그러므로 너는 기쁜 마음으로 이곳을 떠나라. 너를 떠나보내는 자도 기쁜 마음을 가지고 있다.

스토아 철학에 의하면, 죽음은 결코 끝이 아니라 우주의 대자연으로 돌아가는 것을 뜻한다. 그러므로 스토아 철학자는 죽음을 두려워하지 않는다. 그는 태연자약한 태도로 그의 죽음을 받아들인다.

그렇다면 그리스도인들은 어떤 태도로 죽음을 맞을 것인가? 물론 우리는 스토아 철학자처럼 죽음에 대한 자기의 모든 감정을 억누르고 불안과 고뇌를 부인할 필요는 없다. 또한 태연자약한 태도를 보일 필요도 없다. 십자가에 달린 예수는 스토아 철학자처럼 고통과 고뇌 없이 태연자약한 태도로 죽지 않았다. 오히려 그는 고통과 고뇌에 싸여 "큰 소리"를 외치며 마지막 죽음을 당하였다. 따라서 자기의 죽음에 직면한 그리스도인들은 마음의 불안과 떨림을 부인할 필요가 없다.

그러나 이 책 IV. 3. 3) "죽음의 두 가지 측면과 죽음의 태도"에서 기술한 바와 같이, 그리스도인들에게 죽음은 양면성을 가진다. 그것은 삶의 시간의 끝남과 모든 사랑하는 이들과의 이별인 동시에, "그리스도와의 교통"

안으로 들어감을 뜻한다. 그들에게는 죽음으로부터의 부활과 영원한 생명이 기다리고 있다. 그들의 존재는 죽음으로 끝나는 것이 아니라 "그리스도와의 교통" 안에 있는 안식과 모든 죽은 자들의 부활과 영원한 생명으로 이어진다. 무한한 사랑이신 하나님은 마치 그들이 더 이상 존재하지 않는 것처럼 그들을 포기하지 않을 것이며, 죽음의 시점과 함께 그들을 잊어버리지 않을 것이다. 사랑은 함께 있음을 원하기 때문이다. 따라서 하나님은 죽음 속에서도 그들과 함께 계시며 또 그들의 존재를 그의 영원한 품안으로 받아들인다는 것을, 그리스도인들은 십자가에 달린 예수의 죽음을 통하여 볼 수 있다. 그들의 불안하고 떨리는 마음도 영원하신 하나님의 품안에 있으며, 하나님 자녀들의 자유로 변화될 수 있을 것이다.

예수 그리스도의 부활을 통하여 죽음은 그의 무서운 힘을 잃어버렸다. 죽음은 그의 "가시"를 빼앗겨버렸다.

> 믿음이 없을 때, 우리는 죽음을…단지 증오하거나 아니면 죽음에 대하여 체념할 수 있을 뿐이다. 이에 반하여 죽음에 대한 증오는 믿음 속에서 조롱으로 변한다―그것은 바로 죽음의 쓰라림에 직면하여 일어난다. 루터의 한 부활절 찬송가는, "성서는 어떻게 하나의 죽음이 다른 죽음을 삼켜버렸는가를 선포한다. 죽음이 조롱으로 변하였다"고 말한다. 그러나 이 영적 조롱은 하나님에 대한 구체적 신뢰에 불과하다. 그리고 이 조롱이 생명을 위한 배려로서 증빙될 때에만, 그것은 영적 교만이 아닐 수 있다. 죽음을 조롱한다는 것은, 무엇보다 먼저 생명을 조롱하지 않게 함을 뜻한다.[39]

그리스도인들은 어둠과 공허 속으로, 무 속으로 죽는 것이 아니라 새로운 존재, 영원한 생명의 빛 속으로 죽는다. 이를 위하여 그들은 새로운

---

39) E. Jüngel, *Entsprechungen: Gott-Wahrheit-Mensch. Theologische Erörterungen*, 1980, 349.

업적을 남길 필요가 없다. 단지 그들의 모든 허물과 죄를 하나님께 고백하고 그분께 자기를 맡기며, 하나님의 사랑 안에서 처리할 수 있는 일들을 처리하기만 하면 된다. 하인츠 차른트(Heinz Zahrnt)는 다음과 같이 말한다.

영원한 생명에 대한 믿음은 예수께서 선포한 하나님에 대한 믿음으로부터 내적 논리에 따라 연역된다.…우리가 우리의 생명을 안전케 하고자 하였던 모든 보장들과 의지하는 것들과 다리들이 무너질 때, 우리가 서 있는 모든 기초들을 잃어버리고 완전한 무의식 속으로 가라앉을 때, 우리가 어떤 이웃과도 더 이상 관계할 수 없고 어떤 이웃도 우리와 관계할 수 없게 되었을 때, 믿음은 총체적이어지며(total), 그의 참된 본질이 무엇이며 또 무엇이어야 하는가가 드러난다. 곧 믿음은 오직 하나님께 자기를 맡긴다는 것을 뜻한다는 사실이 드러난다. 그러므로 믿음은 삶과 죽음을 포괄한다.[40]

도스토예프스키는 그의 『종교적 명상』에서 다음과 같이 말한다.

나의 삶이 점점 종국에 가까워지고 있음을 나는 알고 있고 또 그렇게 느끼고 있다. 그러나 이 땅 위의 삶이…새로운 삶으로 넘어간다는 것을, 나는 하루가 끝날 때마다 느낀다. 이것을 감지할 때, 나의 영혼은 전율하고 두려움으로 떨리지만, 또한 깊은 환희로 가득하게 된다. 나의 가슴은 기쁨으로 울고, 나의 영은 빛난다.[41]

여기서 도스토예프스키는 인간의 삶이 죽음과 함께 끝나는 것이 아니라 영원한 생명으로 이어진다는 것을 시사한다. 죽음은 인간의 존재를 폐

---

40) H. Zahrnt, *Westlich von Eden. Zwölf Reden an die Verehrer und die Verächter der christlichen Religion*, 1981, 212.
41) F. M. Dostojewski, *Religiöse Betrachtungen*, 1964, 46.

기시키고 침묵하게 하는 것이 아니라, 오히려 인간에게 명확히 알려지지 않은 미지의 것, 영원한 것을 느끼게 한다.

삼위일체 하나님 안에 있는 영원한 생명을 확신할 때, 그리스도인들은 자기의 삶을 책임 있고 의미 있게 살고자 노력하게 되며, 또 자기의 죽음을 의미 있는 것으로 받아들일 수 있다. 물론 영원한 생명을 믿는다 하여 죽음이 쉬운 것은 아니다.

> 기독교 신앙이 죽음의 불안과 저주를 간단히 없애버리는 것은 아니다. 그러나 죽음에 대한 불안과 이 불안으로 말미암아 일어나는 죽음에 대한 저주의 맹목성은 제거한다.…기독교 신앙은 죽음을 이해하도록 가르친다. 그것은 복음의 빛 속에서 죽음을 해명한다. 이리하여 그것은 죽음의 어둠 속에 빛을 비추어 준다.[42]

브레히트(A. Brecht)의 말처럼, 어떤 사람은 죽음 다음에 아무것도 없다고 믿으면서 "짐승처럼" 죽는다. 그러나 그에게도 죽음은 하나의 실존적 문제다. "우리가 존재하는 한 죽음은 있지 아니하며, 죽음이 있을 때, 우리는 더 이상 존재하지 않는다"는 에피쿠로스의 말은, 영원한 생명을 믿지 않는 사람에게도 신빙성 없는 것으로 들릴 수 있다. 에피쿠로스의 이 말은 다음과 같이 바꿀 수 있기 때문이다. "비록 죽음이 삶의 비밀로서 감추어져 있다 할지라도, 우리가 사는 한 죽음은 있다."[43] 영원한 생명을 믿지 않고 짐승처럼 죽는 사람에게도 죽음에 대한 불확실성과 불안이 있고, 이 불확실성과 불안 때문에 대부분의 사람은 죽음을 하나의 터부로 취급한다.

그러나 영원한 생명에 대한 믿음의 확신이 있을 때 우리는 죽음을 터

---

42) E. Jüngel, "Der Tod als Geheimnis des Lebens," in E. Jüngel, *Entsprechungen*, 338.
43) Ibid., 331.

부시하지 않고, 오히려 자신의 삶과 죽음에 대해 말할 수 있으며, 죽음을 침착한 마음으로 준비할 수 있다. 그런 때에 의사와 간호사, 임종 환자의 가족들과 친구들은 따뜻한 사랑의 마음, 내적으로 환자와 연대하는 마음으로 그의 임종을 동반하며, 그에게 죽음의 사실을 알려줄 수 있을 것이다. 이리하여 영원한 생명에 대한 믿음은 점점 가까이 다가오는 죽음으로 말미암은 당혹감, 좌절감, 절망, 어찌해야 좋을지 모르는 마음의 착잡함을 극복하고, 평화로운 죽음을 가능하게 할 수 있다. 질병과 죽음은 좀 더 쉽게 환자의 삶에 통합될 수 있고 인간적으로 감내될 수 있을 것이다.

죽음과 함께 인간의 모든 인격적·사회적 관계는 중지된다. 그러나 죽음 속에서도 인간을 동반하며 그와 새로운 관계를 가지는 하나님이 인정되고 하나님 안에 있는 영원한 생명이 인정될 때, 우리는 품위 있게 살 뿐 아니라 또한 품위 있게 죽을 수 있다. 마지막 죽음의 순간이 왔음에도 불구하고 죽음을 거부하면서 생명에 집착하는 것이 아니라, 오히려 마음의 내적 자유와 평화와 위로 속에서 하나님의 궁극적 현실에 우리를 맡길 수 있을 것이다.

건강을 위해 노력하는 것은 의미 있는 일이다. 그러나 살아 있는 유족이 어떤 비용과 희생을 부담하게 될지 개의치 않고 모든 수단과 방법을 동원하여 생명을 조금이라도 더 길게 연장시키려는 것은, 사실상 무의미한 일이다. 영원한 하나님과 영원한 생명을 믿을 때, 우리는 이런 무의미한 일을 중지하고 우리의 생명을 하나님의 손에 맡기고 평안한 마지막을 맞을 수 있을 것이다. 또한 의사는 죽음을 자기의 적으로 생각하지 않을 것이며, 자신의 능력으로 더 이상 막아낼 수 없는 임종 환자의 죽음을 피하지 않을 것이다. 오히려 그는 죽음의 마지막 순간까지 그를 동반할 것이다.

살고자 하는 자는 먼저 죽어야 한다. 자기의 생명을 구하고자 하는 자는 다른 사람을 위하여 그것을 내어주어야 한다. 자기 자신을 죽게 하는 것은 참으로 살기 시작함을 뜻한다. 여기서 죽음은 단순한 부정(Negation) 이상의 것을 뜻

한다. 그것은…초월적인 것의 수단이다.[44]

이 사실을 우리는 예수의 십자가의 죽음에서 발견한다. 그의 죽음은 하나님의 "계시의 수단이요, 하나님의 행위의 방법이며, 신적인 것이 우리에게 전달되는, 신적인 것의 상징"이다. 하나님은 예수의 죽음을 통하여 우리에게 그의 권능과 의도와 사랑을 전한다. 이것은 그리스도인들의 죽음에도 해당할 수 있다. 죽음을 맞을 준비가 되어 있는 사람에게 죽음은 "용납되고 포용되어야 할 삶의 한 측면이요, 한 발자국 더 나아감이요, 우리가 의존하고 있는 초월적 근원의 수단과 상징이다."[45]

그리스도인들 역시 고통과 불안과 염려 속에서 죽음을 맞을 수도 있다. 그러나 이웃과 이 세계 안에 있는 것과의 모든 관계가 단절되는 가운데서 단 하나의 관계, 곧 하나님과의 관계를 신뢰하며, 이 세계의 모든 것과 작별하면서 새로운 시작을 희망하며, 죽음이 그리스도인들의 삶의 한 부분이라는 사실을 알기 때문에 그리스도인들은 조용한 기다림과 내적 평정 속에서 자신의 죽음을 맞이할 수 있다. 한 걸음 더 나아가, 그들은 모든 연약함과 거짓과 죄에도 불구하고 지금까지 누릴 수 있었던 삶에 대하여 감사하면서 죽음을 맞을 수 있을 것이다. 믿음, 희망, 사랑 가운데서 맞이하는 그들의 죽음은, 헤겔이 말하는 세 가지 의미에서 "지양"(Aufhebung)이라 할 수 있다. (1) 죽음은 "지양"(Aufhebung)을 뜻한다. 죽음은 삶을 중단시키기 때문이다. (2) 죽음은 "보존"(Bewahrung)을 뜻한다. 죽음을 통하여 인간의 존재는 폐기되는 것이 아니라 그리스도와의 교통 안에 보존되기 때문이다. (3) 죽음은 "고양"(Erhebung)을 뜻한다. 인간의 존재가 죽음의 한계를 넘어 그리스도 안에 있는 신적 차원의 영원한 생명으로 고양되

44) L. Gilkey, "Meditation on Death and its Relation to Life," in M. M. Olivetti(Hrsg.), *Filosofia e religione di fronte alla morte, 1981*, 19-32.
45) Ibid., 31f.

기 때문이다.

그러나 죽음에 대한 이러한 해석이 인간의 죽음을 미화하고 정당화하는 수단으로 이용되어서는 안 된다. 죽는 사람과 그를 사랑하는 사람들에게 죽음은 너무나 고통스러운 이별이요, 타락한 세계 속에서 일어나는 인간의 현실적 죽음은 대개의 경우 "있어서는 안 될" 이유로 말미암아 일어나기 때문이다. 그러므로 그리스도인들은 길이 잘 들여진 양(羊)처럼 현대사회의 "죽음의 행진"에 순응하고 죽음을 미화하거나 찬양해서는 안 된다. 오히려 그들은 인간에게 죽음을 초래하는 모든 "죽음의 세력들", "죽음의 사자(使者)들"을 분석하고 그들에 대항하며, "이제는 죽음과 슬픔과 울부짖음과 고통이 없는" 하나님의 "새 하늘과 새 땅", 하나님의 영원한 생명이 경험되는 새로운 세계를 죄와 죽음이 가득한 이 땅 위에 앞당겨오고자 노력해야 한다. 그리하여 모든 사람이 **진정한 의미에서** "품위 있게", "인간다운 조건 속에서" 죽음을 맞을 수 있는 사회를 창조해야 할 것이다.

죽음 자체는 모든 인간에게 동일하지만, 장례 절차와 무덤의 크기에 따라 죽은 자들이 다시 한 번 차별 대우를 받는 일도 사라져야 한다. 따라서 개인 장지(葬地)는 법적으로 금지되어야 한다. 이것은 국토의 효율적 관리에도 도움이 될 것이다. 모든 국민이 산과 들에 조상의 묘를 세우고 그것을 수백 수천 년 동안 유지한다면, 미래의 우리나라 국토의 모습이 어떻겠는가! 후손들이 복을 받는 길은 죽은 조상의 묘를 호화롭게 만드는 것이 아니라, 하나님의 계명에 따라 선을 행하며 이 땅 위에 정의를 세우는 데 있다. 많은 사람이 빚을 짊어지고 신음하며 살고 있는데, 풍수지리설을 따라 좋은 장지를 얻어 자기 혼자 호화로운 묘지에 누워 있다 하여 속이 편할까? 개인 장지에 대한 비사회적이고 개인주의적인 생각은 철폐되어야 한다. 생명을 원하시며 죽음을 원하시지 않는 하나님은, 온 인류가 인간답게 살 수 있고 또 인간답게 죽을 수 있는 생명의 세계를 이 땅 위에 이루기 원하시며, 이를 위하여 그의 자녀들을 부르신다.

잘 죽을 수 있는 길은 무엇일까?

이 책은 필자가 정년퇴임을 7, 8년 남겨두고 저술했던 책입니다. 책을 출판한 지 13년이 지난 지금, 죽음의 문제는 저에게 더욱 절실해졌습니다. 특별히 요즘은 저 자신의 죽음에 관한 문제를 더욱 절실하게 느낍니다. 나이가 들수록 신체 각 부분들의 기능이 나빠지는 것을 느낄 때, 죽음이 나에게 한 걸음씩 더 가까이 다가오고 있음을 의식하게 됩니다. 일 년이 정말 빠르게 지나가 버립니다. 그래서 스스로 이런 질문을 하곤 합니다. 마지막에 나는 어떻게 죽을 것인가? 잘 죽을 수 있는 길은 무엇일까? 유복하게 살다가 많은 사람의 애도 속에서 호화로운 장례를 치르고 큰 묘지를 세우는 것이 잘 죽는 길일까?

얼마 전 호스피스 자원봉사를 하는 한 지인에게서 다음과 같은 말을 들었습니다. 무신론자들이나 불교 신자들이 자기 죽음을 쉽게 받아들이는 반면, 개신교회 신자들은 죽음을 잘 받아들이지 못하고, 조금이라도 더 오래 살려고 발버둥을 치다가 죽는다는 것입니다.

이 말을 들으면서 저 스스로에게 이렇게 묻지 않을 수 없었습니다. 나는 어떤 모습으로 죽을 것인가? 내 생명을 하나님께 맡기고 담담하게 죽을 것인가, 아니면 끝까지 조금이라도 더 살아보려고 이를 악물고 싸우다가 죽을 것인가? 어떻게 하면 자식들에게 추한 모습을 보이지 않고 잘 죽을 수 있을까? 죽음 그 자체는 슬프고 고통스러운 일이지만, 그럼에도 아름다운 모습으로 죽을 수는 없을까?

하나의 생명이 태어나는 것도 중요한 사건이지만, 삶을 마감하고 죽음을 맞는 것 역시 중요한 사건인 것 같습니다. 내가 죽는 순간, 내가 남긴 삶의 족적이 나라는 인간을 결정할 것이고, 나에 대한 그 인상이 최소한 내 자녀들과 이웃의 기억에 오래오래 남을 것입니다. 대관절 나는 내 자녀들에게, 또 가까운 이웃에게 어떤 인상을 남기고 죽을 것인가? 잘 죽을 수 있는 길은 무엇인가? 이런 측면에서 저는 저의 죽음에 관한 생각을 정리해보아야겠다는 생각이 들었습니다. 제가 죽음에 관한 아무리 좋은 책을 쓴다해도, 저 자신이 좋은 죽음, 아름다운 죽음을 맞지 못한다면 무슨 소용이 있겠습니까? 아래의 글은 독자님들을 향한 글이기 이전에, 먼저 저 자신의 삶과 죽음에 대한 실존적 사색이요 고백입니다.

먼저, 사람이 아름답게 잘 죽을 수 있는 길은 삶을 풍요하게, 행복하게 사는 것이 아닐까 생각합니다. 그리고 삶을 충만하게, 행복하게 살기 위해서는 먼저 생명 유지를 위해 기본적으로 필요한 물질, 곧 돈이 있어야 하지 않을까요? 이 생각은 일견 매우 비신앙적이고 물질론적인 것처럼 들리겠지만, 정직한 얘기라 생각합니다. 돈이 없어서 한평생 굶주리고, 헐벗고, 질병으로 고통당하면서 풍요하고, 행복하게 산다고 말하는 것은 거짓말일 것입니다. 또 풍요하고 행복하게 살기 위해서는 적절한 영양섭취와 운동, 건강관리도 필요하겠지요. 그런데 이 같은 일도 돈이 있어야 가능합니다.

로마 가톨릭교회의 사제님들, 수녀님들과 수도사들은 돈에 집착하지 않고 사는 것 같습니다. 그들은 돈에 대한 염려를 초월한 것처럼 보입니다. 그런데 어느 사제님에게 들은 바에 의하면, 로마 가톨릭교회에는 하나님도 알지 못하는 한 가지 비밀이 있다고 합니다. 그것은 교회와 수도원, 그리고 교황청이 가진 재산이 얼마인지를 아무도 모른다는 것입니다. 그러니까 물질에 대한 염려를 초월하여 살아가는 사제님들, 수녀님들과 수도사님들 뒤에는 물질을 지원해주는 든든한 후원자가 있다는 얘기지요. 하나님도 알지 못하는 재정 규모를 가진 교회가 이분들의 생활을 돌보아주고, 은퇴 후 양로원과 의료시설까지 보장해주니, 물질에 대한 염려를 할 필요가 없겠지요. 그런데도 세상은 이 같은 후원자가 없는 개신교회 목사님들만 물질에 집착하는 속인으로 보는 것 같습니다. 최근 한 뉴스를 보고 마음이 정말 아팠습니다. 어떤 목사님이 자녀의 대학 등록금을 마련하기 위해 보이스피싱에 가담했다는 뉴스였는데, 생활이 얼마나 어려웠으면 그 지경에 이르렀을까, 하는 안타까움 때문에 답답한 마음을 금할 길이 없었습니다.

풍요하고 행복하게 살 수 있는 길은 삶의 세계를 충분히 경험하고 누리는 데 있다고 생각합니다. 가족과 친구, 이웃 간의 우애와 공동체적 유대관계는 우리의 삶을 풍요롭게 하는 기본 조건에 속합니다. 보람 있는 직장생활과 은퇴 후의 적절한 활동도 필요하겠지요. 또 아름다운 자연을 구경하고 즐거운 취미생활을 누리는 일과, 세계여행을 통해 세계의 다양한 삶의 현실을 경험할 때, 단 한 번밖에 없는 나의 삶을 더 풍요롭고 행복하게 살 수 있으리라 생각합니다.

요즘 저는 손녀 손자들을 보면서 이런 생각을 합니다. 곧 태어나서 자녀를 낳고, 또 손녀 손자들을 보는 것이 인간의 삶이요, 내 삶을 풍요롭게 하는 것이 아닌가 하고 말이지요. 자라나는 손녀 손자들을 보면서 기뻐하고, 이들과 사랑을 나누는 여기에 삶의 풍요와 행복이 있지 않은가! 만일 자녀도 없고, 손녀 손자들도 없었다면, 내 삶은 너무 메마르고 건조해지지 않았을까 하는 생각을 자주 합니다. 그래서 요즘 결혼과 자녀를 포기하고 혼자 사는 젊은이들을 볼 때, 참 안타까운 마음이 듭니다. 그들이 혹 제가 모르는 그들 나름의 삶의 풍요와 행복을 느끼는지는 모르겠습니다.

또 어떤 사람들은 자신이 갖고 싶은 모든 것을 가지고 삶을 향유하는 데 삶의 풍요함 내지 충만함, 기쁨과 행복이 있다고 생각하는 것 같습니다. 능력 있고 멋있는 배우자, 좋은 집과 주말농장, 값비싼 자동차, 명품 옷과 구두와 시계, 다이아몬드 반지와 목걸이, 값비싼 브랜드의 핸드백 등 갖고 싶은 것을 가질 때, 그들은 풍요롭고 행복한 삶을 산다고 생각합니다.

또 어떤 사람은 성적 쾌락을 무한히 누릴 때, 삶을 풍요롭고 행복하게 살 수 있다고 생각하는 것 같습니다. 그래서 수많은 여성과 잠자리를 하는 남성들도 있습니다. 이런 세태 속에서 몇 시간 방을 빌려주는 호텔 사업이 동네 주택가에 침투하고, 남성 전용 이발소는 윤락업소로 전락했을 정도입니다.

사실 우리 인간의 본능 가운데 가장 기초적인 본능은 자기의 생명을 유지하기 위한 소유욕과, 자기의 유전자를 확장시킴으로써 자기 생명을 확대시키려고 하는 성욕인 것 같습니다. 그런데 이 두 가지 욕구는 삶에 필수적 요소인 동시에 마성을 가지고 있습니다. 소유가 없으면 우리의 일상생활이 유지되기 어려워진다는 것은 부인할 수 없는 사실입니다. 그래서 사람은 누구든지 소유욕을 가집니다. 또한 소유욕이 있기 때문에, 열심히 노력하여 삶의 물질적 기반을 조성할 수 있는 것입니다. 그리고 이것으로 인해 나라의 경제도 윤택해질 수 있습니다.

그러나 우리 모두 잘 알다시피, 인간의 소유욕에는 한계가 없습니다. 일반적으로 자연의 짐승들은 소유의 축적을 알지 못합니다. 그들은 배가 부르는 것으로 만족합니다. 그러나 인간은 배가 불러도 만족하지 않습니다. 그는 아무리 많은 소유를 가져도 만족하지 못하고, 더 많은 물질을 쌓으려고 합니다. 그래서 전도서 기자는 이렇게 말합니다. "돈 좋아하는 사람은 돈이 아무리 많아도 만족하지 못하고, 부를 좋아하는 사람은 아무리 많이 벌어도 만족하지 못한다"(전 5:10). 이 무한한 소유욕으로 인해 소유물이 나를 위해 있는 것이 아니라, 내가 소유물을 위해 있는 꼴이 되어버립니다. 내가 소유를 지배하는 것이 아니라, 소유가 나를 자신의 노예로 만들어 나를 지배하게 됩니다. 이리하여 인간은 더 많은 소유를 최고의 가치로 생각하고, 돈의 노예가 되어버립니다. 바로 여기에 소유욕의 마성이 있습니다. 이 마성에 사로잡히지 않기 위해, 우리는 소유욕을 절제해야 합니다. 그래야 인간다운 인간이 될 수 있을 것입니다.

성욕도 마찬가집니다. 섹스를 좋아하지 않는 사람은 아마 없을 것입니다. 건전한 성생활은 건강에도 좋고, 삶을 활성화시키는 데 도움이 되며, 종족 유지에도 필수적인 일이라는 것을 우리 모두 잘 알고 있습니다. 만일 우리에게 성욕이 전혀 없다면, 인간의 종(種)은 사라질 것입니다.

그러나 인간의 성욕 역시 마성을 가집니다. 그것은 인간의 소유욕처럼 한계를 알지 못합니다. 소유욕과 마찬가지로 아무리 채워도 채워지지 않는 게 인간의 성욕입니다. 자연의 짐승들은 종(種)을 유지하기 위해 교배기에만 성관계를 갖는 데 반해, 인간은 종의 유지와 관계 없이 성적 쾌락 자체를 목적으로 성관계를 갖는 아주 특이한 동물입니다. 또 인간의 성욕은 한 대상에 만족하지 않고 새로운 성적 대상을 찾으며, 더 깊고 짜릿한 쾌락을 추구하는 특성이 있습니다.

여하튼 인간의 성욕은 소유욕과 마찬가지로 우리 인간을 자신의 노예로 만들고, 경우에 따라서는 짐승들도 하지 않는 일을 벌이는 난잡한 짐승으로 만들어버립니다. 초등학교 여자아이를 성욕의 대상으로 삼는 이런 죄악스러운 일이 세상 어디에 있겠습니까? 성욕 속에 숨어 있는 이 마성의 노예가 되지 않기 위해, 우리는 소유욕과 마찬가지로 성욕도 절제해야 합니다. 그래야 "짐승보다 못한 짐승", "가장 난잡하고 추한 짐승"이 되지 않을 것입니다.

언젠가 저는 많은 여성과 관계한 어느 재벌가 아들의 이야기를 직접 들은 적이 있습니다. 그는 어릴 때부터 무엇이든 자기가 하고 싶은대로 하고, 돈도 쓰고 싶은대로 마음껏 쓰면서 수많은 여성과의 잠자리를 경험했다고 합니다. 그러나 마지막에 그가 느낀 것은 "이게 아닌데"라는 공허함과, 짐승보다 못한 자신의 존재에 대한 경멸감이었다고 합니다. 아무리 돈이 많아도 어떤 향락을 누려도 그는 만족감을 얻을 수 없었습니다. 그래서 술과 마약에 빠지기도 했습니다. 그런데도 인생에 대한 허무감을 견디지 못해, 세 번이나 자살을 시도했다고 합니다. 다행히 이 청년은 교회에 다니기 시작하면서 이 같은 생활을 청산했다고 고백했습니다.

천문학적 액수의 소유와 무한한 성적 쾌락, 한계를 알지 못하는 소비 생활이 인간의 삶을 풍요롭고 행복하게 만드는 것이 아닙니다. 오히려 그 것은 우리의 존재를 타락시키고, 말할 수 없는 후회와 자괴감 속에서 살게 하며, 다가올 우리의 죽음을 비참하게 만들 것입니다. 저는 고속도로에서 굉음을 울리는 스포츠카가 차선을 제멋대로 변경하며 질주하는 것을 볼 때면, '얼마나 답답하고 괴로우면 저렇게 질주할까?' 하는 생각에 그들이 측은해집니다.

우리 자신의 죽음을 아름다운 죽음으로 승화시킬 수 있는 풍요롭고 충만한 삶, 행복한 삶은 어떤 삶일까요? 내 삶을 가치 있고 보람 있게 만들고, 그래서 내 죽음을 아름다운 죽음으로 만들 수 있는 풍요로운 삶, 행복한 삶이란 무엇일까요?

이 질문에 대해 저는 먼저 이렇게 생각해봅니다. 풍요롭고 충만한 삶, 행복한 삶이란 인간이 인간답게 사는 데 있지 않을까요? 아무리 돈이 많고 지위가 높다 할지라도, 또 친구들과 함께 전 세계를 여행다니고 즐기며 산다 할지라도, 인간이 인간답게 살지 못한다면 그는 풍요롭고 충만한 삶, 행복한 삶을 누린다 할 수 없겠지요.

그렇다면 인간이 인간답게 사는 것은 무엇일까요? 그것은 바로 우리 인간 안에 있는 선한 본성에 따라 사는 것입니다. 인간 안에는 선한 본성과 악한 본성이 공존합니다. 그럼 두 가지 본성 중에 어느 것이 본래적인 것일까? 저는 선한 본성이 본래적인 것이라 생각합니다. 우리는 이것을 일상생활에서 경험할 수 있습니다. 예를 들어 우리가 어려운 사람을 도와주면, 도움을 받는 사람뿐 아니라 우리 자신도 덩달아 기분이 좋아집니다. 그럴 때 우리는 삶의 보람을 느낍니다. 기분이 좋고 삶의 보람을 느끼면 몸도 가벼워지고, 소화도 잘 됩니다. 그런데 악한 일을 하면 기분이 나쁩니다. 또 양심의 가책을 느끼기도 합니다. 이때 우리는 얼굴 표정이 어두워지고, 삶의 활기를 잃으며, 소화에도 문제가 생길 수 있습니다. 소화에 문제가 생긴다는 것은, 사실상 온몸의 상태가 나빠진다는 것을 뜻합니다.

왜 이런 현상이 일어날까요? 왜 선한 일을 하면 기분이 좋고, 악한 일을 하면 기분이 나쁠까요? 저는 그것이 인간의 유전자가 선을 행하며 살도록 만들어져 있기 때문이라 생각합니다. 달리 말해 우리의 유전자는 본래부터 선한 본성을 갖고 있다고 할 수 있습니다. 어떤 생물학자는 이를 가리켜 "이기적 본성"에 역행하는 유전자의 "사회적 본성"이라 말하기도 하지요. 우리가 선한 일을 하면 유전자의 본래적 본성을 따르는 것이니 기분이 좋아지고, 악한 일을 하면 유전자의 본래적 본성을 거스르는 것이니 기분이 나빠지는 것입니다. 곧 선한 일을 행하면 유전자가 좋아하고, 악한 일을 행하면 유전자가 거부반응을 일으키는 것입니다. 만일 악한 본성이 우리 인간의 본래적 본성이라면, 우리는 악한 일을 할 때 기분이 좋아져야 할 것입니다. 그런데 거꾸로지요. 그러므로 저는 선한 본성이 우리 인간의 본래적 본성이라고 생각합니다. 우리가 죄를 지을 때 양심의 가책을 느끼는 것도 그 때문인 것 같습니다.

그렇다면 인간의 선한 본성은 어디에서 오는 것일까요? 생물학자들은 이것을 진화론적으로 설명합니다. 선을 행하며 살 때 생존할 수 있는 가능성이 더 커지는 것을 경험하기 때문에, 우리 인간은 선을 행하는 본성을 갖도록 진화되었다는 것이지요. 이에 반해 저는 인간의 선한 본성은 하나님의 창조를 통해 주어진 것이라 생각합니다. 사랑이신 하나님이(요일 4:8, 16) 우리를 그의 형상대로 창조했기 때문입니다. 아마 대부분의 그리스도인은 이렇게 생각할 것입니다.

인간은 하나님의 창조일까요, 아니면 진화의 산물일까요? 여기서 우리는 창조와 진화를 대립시킬 필요가 없습니다. 인간이 사회적 유전자의 진화를 통해 선한 본성을 갖게 된 진화의 과정 그 자체가 하나님의 창조일 수 있으니까요. 자연과학자들이 믿는 빅뱅도 하나님의 창조에 속할 수 있습니다. 아무것도 없는 것, 곧 무(無)에서 그것과 정반대되는 유(有)가 생겨난다는 것은 대폭발(빅뱅)에 견줄 수 있지 않을가요? 작은 비유에 불과하지만, 하나님의 창조란 생명이 태어날 때 산모와 아기가 경험하는 그 고통과 놀라움에 견줄 수 있지 않을까 생각해봅니다.

여하튼 태초의 창조든 진화 과정을 통한 창조든, 인간의 선한 본성은 하나님의 창조의 결과입니다. 하나님은 사랑의 하나님이시기 때문에(요일 4:8, 16), 인간이 선을 행하며 살도록 만들어져 있다는 것은 하나님의 창조 질서요, 하나님이 세우신 이 "땅의 기초"입니다(욥 38:4; 시 102:25; 사 48:13; 히 1:10).

인간이 인간답게 산다는 것은 하나님의 이 창조질서에 따라 사는 것을 말합니다. 이 질서에 따라 살 때, 곧 하나님의 선하심과 의로우심에 따라 살 때 우리는 인간다운 인간이 되고, 인간다운 인간으로 살 때 우리의 삶은 더 풍요롭고 행복해질 수 있을 것입니다.

우리의 삶을 정말 풍요롭게 하고 행복하게 만드는 것은 무엇일까요? 돈과 명예와 권세일까요? 아니면 사회적 업적일까요? 함께 담소하며 우정과 시간을 나눌 수 있는 넓은 인간관계일까요? 세계를 여행하는 것일까요? 아름다운 여가생활 내지 취미생활일까요? 많은 후손들일까요? 물론 이것들은 우리의 삶을 풍요롭고 행복하게 만드는 요소일 수 있습니다. 그러나 가장 본질적이고 없어서는 안 될 것은 하나님의 사랑입니다. 어려운 친척이나 이웃에게 베푸는 크고 작은 사랑의 행위, 하나님의 자비와 정의가 모든 것을 다스리는 새로운 생명의 세계에 대한 꿈과 헌신, 고난의 역사를 거듭해온 우리의 민족과 신음 속에 있는 피조물들에 대한 사랑과 봉사가 우리의 삶을 진정으로 풍요롭고 행복하게 만들 수 있고, 우리의 죽음을 헛되고 무의미하게 만들지 않을 것입니다. 민족의 역사와 사회에 대한 책임을 져야 할 위치에 있는 사람이 그 책임을 다하지 않았을 때, 과연 그의 죽음이 편할 수 있을까 생각해봅니다. 또 호화로운 묘지에 누워 있다 하여 마음이 편하고 후손들이 복을 받을 수 있을지도 의문입니다.

우리가 아름다운 모습으로 죽을 수 있기 위해 필요한 것은, 지금까지 살아온 삶에 대해 보람을 느끼는 것입니다. 만일 우리가 죽음의 순간에 지금까지의 삶에 아무 보람을 느끼지 못하고 "나의 삶은 무의미하고 헛된 것이었다"고 생각하게 된다면, 우리의 죽음은 매우 고통스러울 것입니다. 반대로 "나의 삶은 그래도 나름은 보람 있는 것이었다"고 생각될 때, 죽음을 받아들이는 일이 조금 더 수월해질 것입니다.

그럼 우리의 삶을 보람 있는 것으로 느낄 수 있는 길은 무엇일까요? 그것 역시 하나님의 사랑을 행하며 사는 데 있습니다. 아무리 많은 돈과 명예와 권세를 가졌다 해도, 아무리 큰 업적을 남겼다 해도, 자기밖에 모르는 삶은 무의미하고 헛될 것입니다. 자기가 남긴 업적도 사실은 자기를 위한 것이기 때문이지요. 우리가 죽었을 때, 우리 주변의 사람들이 "아까운 사람이 죽었다", "이런 사람은 더 살아야 하는데…"라는 말을 들을 수 있어야 하지 않을까요?

개인적인 이야기를 해서 좀 죄송합니다만, 제 어머니가 돌아가셨을 때, 많은 분이 먼 곳에서 배를 타고 또 기차나 시외버스를 타고 부산까지 문상을 하러 오셨습니다. 그리고 이런 말씀들을 하셨습니다. "법이 없어도 살 수 있는 분인데…", "아까운 분이 돌아가셨네…." 그 말씀들을 들으면서 이런 생각을 했습니다. 내가 죽었을 때, 나는 어떤 말을 들을까? "잘 뒈졌다"는 말을 들을까, 아니면 "아까운 분이 돌아가셨네"라는 말을 들을까? 나도 우리 할아버지처럼 지역민들의 공적비를 받을 수 있을까?[1] 저는 그러기에

---

1) 조선 말기 정변으로 한성에서 한산도로 피신한 제 할아버지는 정3품 당상관으로 무관 출신이셨다 합니다. 할아버지가 사용했던 각종 창과 칼들, 갑옷, 조선시대 관복을 입은 초상화 등을 지금도 기억하고 있습니다. 그의 공적비는 이순신 장군의 한산대첩이 있었던 한산면 면사무소 바로 옆에 "O政大夫前議官 金公柄鎬 施惠不OO"의 비문과 함께 지금도 보존되어 있습니다. 그러나 관리가 제대로 되지 않아, 글자가 제대로 보이지 않

는 아직 한참 멀었다고 생각합니다.

아름다운 죽음, 좋은 죽음을 경험하기 위해 또 한 가지 필요한 것은, 나에게 은혜를 베푼 사람들이나 기관에 받은 은혜를 갚는 일입니다. 은혜를 받기만 하고 그것을 갚지 않는 것은 사람의 도리가 아니겠지요. 나에게 은혜를 베푼 사람들이 세상을 떠났을 때에는, 그 후손들에게라도 은혜를 갚아야 합니다. 하나님의 은혜로 먹고 살만큼 되었는데 그 은혜를 되돌려드리지 않는다면, 편한 마음으로 죽음을 맞을 수 없을 것입니다. 물론 받은 은혜를 되돌려드리고 싶어도 되돌려드릴 형편이 되지 않는 경우에는 어쩔 수 없겠지요.

또 아직까지 용서하지 못한 사람이 있다면 용서하는 동시에, 내 자신의 실수와 죄를 용서받는 일도 죽음에 앞서 꼭 필요한 일입니다. 우리와 관계한 사람들과 마음의 응어리를 모두 풀고 화해해야 합니다. 나로 인하여 피해를 당한 사람에게는 보상을 해야 하고, 보상할 형편이 안 된다면 용서라도 받아야 합니다. 궁극적으로 우리는 주님의 용서를 받아야 합니다. 죄를 짊어지고 무덤으로 들어가는 것은 매우 고통스러운 일일 것입니다.

정말 잘 죽을 수 있는 길, 아름다운 죽음을 맞을 수 있는 길은 무엇일까 다시 한 번 생각해봅니다. 그것은 물질적 풍요 속에서 천년만년 장수하는 데 있지 않을 것입니다. 또 그것은 그저 인간답게 살다가 마지막 순간에 평안한 마음으로 죽는 것도 아닐 것입니다. 그것은 가치 있는 목적을 향해 가치 있게 살다가 가치 있게 죽는 것이라고 생각합니다.

"한국의 슈바이처", "한국의 청록수"로 알려진 장기려 선생님(1911-1995)은 참으로 잘 죽을 수 있는 길을 몸소 보여준 분입니다. 장기려 박사님은 우리나라 첫 의학박사로서 대학교수도 될 수 있었고, 대학병원의 병원장도 될 수 있었습니다. 그는 마음먹기 여하에 따라 얼마든지 편안하고 풍족한 삶을 누릴 수 있었습니다. 그러나 그분은 편한 길을 택하지 않고,

---

아 안타깝습니다.

무료진료소를 차려 세상을 떠나기 전까지 가난한 사람들을 돌보는 데 그의 전 삶을 다 바쳤습니다. "의사는 단순한 직업인이 아닙니다. 모든 사람의 건강과 행복을 위해 일하는 사람입니다. 돈과 명예에 집착하지 말고, 인간을 사랑하고 불쌍히 여기는 마음으로 일해야 합니다"라는 그분의 말씀은, 그리스도인으로서 참 삶의 풍요함과 행복이 무엇인지, 어떻게 해야 우리가 가치 있게 살다가 가치 있게 죽을 수 있는지를 잘 보여줍니다.

전라남도 광주시에 위치한 "해뜨는 식당"의 김선자 할머니도 우리에게 귀감이 됩니다. 그분은 적자가 날 것을 뻔히 알면서도, 어려운 노인들과 노숙자들에게 1,000원짜리 식사를 제공하였습니다. 굳이 1,000원을 받은 것은 식사하는 분들의 자존심을 지켜드리기 위한 것이었다고 합니다. 이분이 2014년 대장암으로 세상을 떠난 후, 시장 상인들이 이분의 뒤를 이어 그 식당을 계속해서 운영하고 있다고 합니다.

또 일제시대 우리나라의 독립을 위해 싸우다가 세상을 떠난 많은 조상들도 잘 죽을 수 있는 길을 보여줍니다. 1910년 우리나라가 일제에 강점되자, 서울에 살던 이회영 선생님의 여섯 형제는 명동 일대의 부동산을 처분해 거액의 돈을 가지고 만주로 건너가 독립운동을 했습니다. 그리고 그 여섯 형제 가운데 초대 부통령이 된 이시영 선생님 외에 다섯 분이 암살이나 옥사를 당했습니다. 이분들의 삶과 마지막 순간은 고통으로 가득했겠지만, 참으로 가치 있는 삶을 살다가 가치 있는 죽음을 맞이한 분들이라고 생각됩니다. 모세, 바울, 예수님도 마찬가지지요. 우리도 이분들의 뒤를 따라 가치 있는 목적을 향해 가치 있게 살다가 가치 있게 죽는 것이 "잘 죽을 수 있는 길"이라고 생각합니다.

결론적으로 "잘 죽을 수 있는 길"은 잘 사는 데 있습니다. 곧 "잘 사는 것이 잘 죽는 길이다"라고 바꾸어 말할 수 있겠지요. 많이 소유하고, 많이 향유하고, 자기의 명예와 권세를 자랑하고, 자기를 뽐내는 것이 잘 사는 것이 아니라, 가치 있는 목적을 향해 가치 있게 사는 것, 하나님 나라와 하나님의 정의를 위해 자기의 삶을 바치는 것, 자기가 속한 공동체를 위해 헌

　죽음과 부활의 신학

신하는 것, 이것이 잘 사는 길이자 잘 죽을 수 있는 길이 아닐까요!

　지금까지 "잘 죽을 수 있는 길"에 대한 저의 생각을 정리해보았습니다. 저 역시 아직 죽어본 적이 없기 때문에, 이런 생각들이 정말 옳은지, 또 연관된 모든 것을 다 얘기했는지는 장담할 수 없습니다. 그래서 주로 "생각합니다", "생각됩니다", "~라 하겠지요" 등의 조심스러운 표현을 사용했습니다. 저의 생각을 그저 참고만 해주시면 되겠습니다. 그리고 이 책을 읽는 독자 여러분 모두 잘 죽을 수 있는 길을 마련하기 위해 오늘을 최선을 다해 잘살 수 있기를 바랍니다. 감사합니다.

김균진 저작 전집
08

죽음과 부활의 신학

죽음 너머 영원한 생명을 희망하며

Copyright © 김균진 2015

1쇄 발행 2015년 6월 3일
3쇄 발행 2023년 4월 3일

지은이   김균진
펴낸이   김요한
펴낸곳   새물결플러스

편 집   왕희광 정인철 노재현 이형일 나유영 노동래
디자인   황진주 김은경
마케팅   박성민 이원혁
총 무   김명화 이성순
영 상   최정호 곽상원
아카데미 차상희

홈페이지 www.holywaveplus.com
이메일   hwpbooks@hwpbooks.com
출판등록 2008년 8월 21일 제2008-24호
주 소   (우) 04118 서울시 마포구 마포대로19길 33
전 화   02) 2652-3161
팩 스   02) 2652-3191

ISBN 979-11-86409-13-8 94230

책값은 뒤표지에 있습니다.